Die reine Unterhaltsstiftung

Karl-Alexander Neumann

Die reine Unterhaltsstiftung

Unter Berücksichtigung der Rechtslage
in der Schweiz, Liechtenstein,
Österreich, England sowie den USA

Bibliografische Information der Deutschen Nationalbibliothek
Die Deutsche Nationalbibliothek verzeichnet diese Publikation
in der Deutschen Nationalbibliografie; detaillierte bibliografische
Daten sind im Internet über http://dnb.d-nb.de abrufbar.

Zugl.: Hamburg, Bucerius Law School, Diss., 2013

Gedruckt auf alterungsbeständigem,
säurefreiem Papier.

H 360
ISBN 978-3-631-65207-7 (Print)
E-ISBN 978-3-653-04671-7 (E-Book)
DOI 10.3726/978-3-653-04671-7

© Peter Lang GmbH
Internationaler Verlag der Wissenschaften
Frankfurt am Main 2014
Alle Rechte vorbehalten.
PL Academic Research ist ein Imprint der Peter Lang GmbH.

Peter Lang – Frankfurt am Main · Bern · Bruxelles · New York ·
Oxford · Warszawa · Wien

Das Werk einschließlich aller seiner Teile ist urheberrechtlich
geschützt. Jede Verwertung außerhalb der engen Grenzen des
Urheberrechtsgesetzes ist ohne Zustimmung des Verlages
unzulässig und strafbar. Das gilt insbesondere für
Vervielfältigungen, Übersetzungen, Mikroverfilmungen und die
Einspeicherung und Verarbeitung in elektronischen Systemen.

Diese Publikation wurde begutachtet.

www.peterlang.com

Meinen Eltern Rosemarie und Karl Neumann

Vorwort

Diese Arbeit lag im Frühjahr 2012 an der Bucerius Law School – Hochschule für Rechtswissenschaft – als Dissertation vor. Die mündliche Prüfung fand am 12. Dezember 2013 statt. Spezialliteratur und Gesetzesentwicklungen haben weitgehend bis Februar 2014 Berücksichtigung gefunden. Die Kommentarliteratur ist auf dem Stand von April 2012.

Ich danke sehr herzlich meinem Doktorvater Herrn Prof. Dr. Karsten Thorn, LL.M. dafür, dass er mein Interesse am Stiftungsrecht geweckt und diese Arbeit betreut hat. Prof. Dr. Karsten Thorn, LL.M. hat mir während der Promotionszeit alle Freiheiten gelassen. Mein Dank gilt zudem Frau Prof. Dr. Birgit Weitemeyer für die Anfertigung des Zweitgutachtens.

Zu großem Dank verpflichtet bin ich Herrn Prof. Dr. Götz Schulze, der mir während meiner Assistenzzeit am Chaire de droit allemand – Lehrstuhl für Deutsches Recht an der Université de Lausanne stets für Fragen und Anregungen zur Verfügung stand.

Weiterhin möchte ich mich bei allen Freunden bedanken, die die Arbeit durch kritische Anmerkungen gefördert haben, insbesondere meinen ehemaligen Lehrstuhlkollegen aus Lausanner Zeiten Prof. Dr. Urs Lendermann, Timo Riester und Daniela Serracca Fraccalvieri sowie daneben Maximilian Apel und Moritz Merkenich, LL.M.

Mein größter Dank gilt abschließend meinen Eltern Rosemarie und Karl Neumann, deren liebevolle Unterstützung und vorbehaltloser Rückhalt das Gelingen meines Promotionsvorhabens erst ermöglicht haben. Ihnen widme ich diese Arbeit.

Hamburg, im Februar 2014   Karl-Alexander Neumann

Inhaltsverzeichnis

Abkürzungsverzeichnis XVII

Literaturverzeichnis XXIII

A. Einleitung 1

B. Grundlegendes 5
    I. Fragestellung und Gang der Darstellung 5
    II. Begriff der reinen Unterhaltsstiftung 6
        1. Stiftung 7
        2. Reine Unterhalts- (familien-) stiftung 8
    III. Historische Grundlagen des Stiftungsrechts 9
        1. Gemeinsame Wurzeln des kontinentalen Rechts 10
        2. Moderne Ausprägung des Stiftungsrechts 13
    IV. Gesellschaftliche und wirtschaftliche Bedeutung
        des Stiftungswesens..15
    V. Stiftungsmodernisierungsgesetz 17

C. Rechtliche Grundlagen der Unterhaltsstiftung 23
    I. Sedes Materiae 23
    II. Wesensgrundlage der Stiftung (Stiftungsbegriff) 23
        1. Stiftungszweck 24
            a. Ausgangslage (Gemeinwohlkonforme Allzweckstiftung)...........25
            b. Gemeinwohlvorbehalt...27
            c. Dauerhaftigkeit 30
            d. Fremdnützigkeit..31
            e. Regelungen der Landesstiftungsgesetze 32
        2. Stiftungsvermögen 33

	3. Stiftungsorganisation 36
III.	Stiftungserrichtung 38
	1. Stiftungsgeschäft 38
	2. Satzung 40
	a. Name 40
	b. Sitz 41
	c. Zweck 41
	d. Vermögen 44
	e. Vorstand 44
	3. Annerkennung 45
	a. Lebensfähigkeitsvorbehalt 47
	b. Gemeinwohlvorbehalt 49
	4. Vorstiftung 49
IV.	Stellung der Destinatäre 51
V.	Stiftungsaufsicht und Stiftungspublizität 54
	1. Stiftungsaufsicht 55
	2. Stiftungspublizität 60
	a. Registerpublizität 60
	b. Rechnungslegungspublizität 62
	c. Stellungnahme 63
VI.	Steuerliche Behandlung der Unterhaltsstiftungen 67
	1. Überblick über die Besteuerung der Stiftung 67
	2. Sonderregelungen der Besteuerung von Familienstiftungen 69
	a. Sondervorschriften bei Errichtung und Aufhebung 70
	b. Erbersatzsteuer (Sondervorschriften nach Errichtung der Stiftung) 71
	c. Gemeinwohlfördernde Stiftung als Familienstiftung 73
	a) Nächste Angehörige 74
	b) Angemessenheit 75
	c) Vorbelastetes Vermögen 76
	3. Zusammenfassung 79
VII.	Beendigung 80
	1. Allgemeines 80
	2. Aufhebung durch Hoheitsakt 82
	3. Auflösung aufgrund von Satzungsvorschriften 84
	4. Auflösung durch Organbeschluss 85

- D. Systemwidrigkeit der reinen Unterhaltsstiftung 87
  - I. Unterhaltsstiftung und moderne Gesellschaft........................ 87
    - 1. Bürgergesellschaft 89
    - 2. Stiftungen als Element der gesellschaftlichen Reproduktion....93
    - 3. Zusammenfassung..95
  - II. Unterhaltsstiftung und Problematik der „toten Hand" 96
  - III. Unterhaltsstiftung und Privileg der Rechtsfähigkeit 100
    - 1. Geschichtliche Entwicklung der juristischen Person................ 101
      - a. Frühzeit und Mittelalter 101
      - b. Theorienstreit der Neuzeit.. 103
        - a) Die wesentlichen Denkrichtungen 104
          - (1) Pandektenrecht 104
          - (2) Deutsches Privatrecht 105
          - (3) Naturrecht 106
        - b) Kodifikation durch das BGB 107
    - 2. Konsequenzen des Theorienstreits für die Stiftung als juristische Person.. 108
      - a. Unselbstständige Stiftung 110
        - a) Treuhandstiftung.. 111
          - (1) Treugeber 112
          - (2) Widerrufsrecht gemäß § 671 I BGB................... 112
          - (3) Stiftungstreuhand und Insolvenz 115
          - (4) Zusammenfassung.. 118
        - b) Schenkung unter Auflage 119
          - (1) Bereicherung des Stiftungsträgers (des Beschenkten).. 120
          - (2) Zusammenfassung.. 122
        - c) Moderne Konzeptionen 123
          - (1) Konzept von Westebbe....................................... 123
          - (2) Konzept von K. Schmidt..................................... 123
          - (3) Konzept von Koos 124
          - (4) Konzept von Geibel... 125
          - (5) Konzept von Bruns 125
          - (6) Konzept von Reuter... 126
          - (7) Zusammenfassung.. 127
      - b. Schlussfolgerungen... 128

IV.	Unterhaltsstiftung und Grundrecht auf Stiftung	130
	1. Vereinigungsfreiheit	132
	2. Spezialgrundrechte	132
	3. Eigentumsgarantie und allgemeine Handlungsfreiheit	135
	a. Eigentumsgarantie	136
	b. Allgemeine Handlungsfreiheit	138
	4. Aufnahme eines eigenen Grundrechts auf Stiftung in das Grundgesetz	140
	5. Schlussfolgerungen	141
V.	Unterhaltsstiftung und allgemeine Erbrechtsordnung	143
	1. Testierfreiheit/erbrechtliche Gestaltungsmittel	144
	a. Erbteilungsverbot	144
	b. Vor- und Nacherbschaft	145
	c. Testamentsvollstreckung	146
	d. Postmortale Vollmachtserteilung	151
	e. Auswahlbefugnis Dritter	151
	f. Auflage	152
	g. Vermächtnisanordnung	153
	h. Schranke des § 137 BGB (res extra commercium)	153
	i. Zusammenfassung	154
	2. Die Testierfreiheit beschränkende Regelungskomplexe	155
	a. Pflichtteilsrecht	156
	a) Gemeinnützige Stiftung und Pflichtteil	157
	b) Unterhaltsstiftung und Pflichtteil	158
	b. Erbschaftssteuer	161
	3. Schlussfolgerungen	164
VI.	Unterhaltsstiftung und Fideikommissauflösung	168
	1. Rechtsfigur Fideikommiss	168
	a. Historie und Auflösungsgesetzgebung	169
	b. Die Rechtsverhältnisse des Fideikommisses	175
	c. Rentengüter und Erbpacht	176
	2. Verallgemeinerungsfähige Aussage der Fideikommissauflösungsgesetzgebung	177
	a. Ratio legis	178
	b. Vergleichbarkeit Fideikommiss und reine Unterhaltsstiftung	179
	c. Konsequenzen aus Vergleichbarkeit/allgemeiner Rechtsgrundsatz	186
VII.	Unterhaltsstiftung und sonstige fideikommissähnliche Rechtsinstitute	188

	1. Land- und grundbezogenes Sondererbrecht	189
	a. Anerbenrecht (Höferecht)	189
	b. Zuweisung nach dem Grundstücksverkehrsgesetz	190
	c. Das Heimstättenrecht	191
	2. Sonstige Sondererbfolgen	191
	a. Wohnraummiete gemäß § 563 BGB	191
	b. Fortgesetzte Gütergemeinschaft gemäß §§ 1483 ff. BGB	192
	c. Wohnbesitzwohnung, § 62 d II Zweites Wohnbaugesetz	193
	d. Nachfolge gemäß §§ 56 ff. SGB I	193
	3. Zusammenfassung	194
VIII.	Unterhaltsstiftung, Leistungsfähigkeit und Eigenverantwortung	195
	1. Unterhaltsrecht	195
	2. Zivilrechtliches Haftungssystem	197
IX.	Familienverbundene Unternehmensstiftung	199
	1. Die Familienstiftung als Rechtsform der Unternehmung	200
	2. Erscheinungsformen der familienverbundenen Unternehmensstiftung	202
	a. Unternehmensträgerstiftung	203
	b. Unternehmensbeteiligungsträgerstiftung	203
	c. Doppelstiftung	204
	d. Stiftung & Co. KG/Stiftung & Co. KGaA	205
	3. Zulässigkeit der einzelnen Unternehmensstiftungen	206
	a. Ausgangslage	206
	b. Stiftungsrechtsreform	207
	c. Einwände gegen eine Verbindung von Stiftung und Unternehmen	209
	a) Ordnungs- und rechtspolitische Perspektive	210
	b) Stellungnahme	212
	(1) Ordnungspolitische Einwände	212
	(2) Rechtspolitische Einwände	217
	i. Kapitalaufbringung	219
	ii. Kapitalerhaltung	220
	d. Zulässigkeitskriterien im Einzelnen	220
	a) Zweckverwirklichungsbetrieb/ Mittelbeschaffungsbetrieb	220
	b) Offene/verdeckte Selbstzweckstiftung	221
	(1) Bindung an ein Unternehmen	224
	(2) Identität Stiftungsorgane und Unternehmensführung	226

		c) Funktionsstiftung und Doppelstiftung.. 226
		d) Stiftung & Co. KG 228
		(1) Stiftungsrechtliche Einwände.. 228
		(2) Gesellschaftsrechtliche Einwände 232
		(3) Weitere Gestaltungsmöglichkeiten...................................... 234
	4.	Stiftung als zweckmäßiges Gestaltungsmittel 235

X. Unterhaltsstiftung aus internationaler Perspektive 237
   1. Rechtsvergleichende Betrachtung 238
      a. Schweiz.. 238
         a) Gesellschaftliche und wirtschaftliche Bedeutung............. 239
         b) Rechtliche Ausgestaltung 239
            (1) Zweckumschreibung der Familienstiftung............. 240
            (2) Fideikommiss 242
         c) Trust.. 243
      b. Liechtenstein 244
         a) Gesellschaftliche und wirtschaftliche Bedeutung............. 245
         b) Rechtliche Ausgestaltung 245
            (1) Prinzip der Zweckoffenheit................................... 246
            (2) Asset Protection... 247
         c) Fideikommiss 249
      c. Österreich 250
         a) Gesellschaftliche und wirtschaftliche Bedeutung............. 250
         b) Rechtliche Ausgestaltung 251
         c) Fideikommiss 253
      d. England 253
         a) Gesellschaftliche und wirtschaftliche Bedeutung............. 253
         b) Rechtliche Ausgestaltung 254
            (1) Struktur des trust.. 254
            (2) Private trust 255
            (3) The Rule against Perpetuities............................... 256
            (4) The Rule against Excessive Accumulations 258
            (5) The Rule in Saunders v Vautier.................................... 258
         c) Entail.. 259
      e. USA 259
         a) Gesellschaftliche und wirtschaftliche Bedeutung............. 259
         b) Rechtliche Ausgestaltung 260
            (1) The Rule against Perpetuities............................... 261
            (2) The Rule in Saunders v Vautier 263
         c) Fee Tail... 264

		f. Vergleich 264
	2.	Unterhaltstiftung im Kollisionsrecht (Internationales Privatrecht) 268
		a. Staatsverträge 268
		a) Multilaterale Staatsverträge 268
		(1) Europarats-Konvention über die Anerkennung von Nichtregierungsorganisationen.................... 270
		i. Anwendungsbereich.................................... 270
		ii. Rechtsstellung der NGOs 272
		iii. NGO-Statut 272
		iv. Bedeutung des Abkommens für reine Unterhaltsstiftungen deutschen Rechts 273
		(2) Haager Trust-Abkommen 273
		i. Anwendungsbereich.................................... 274
		ii. Anerkennung des trust 276
		iii. Umfang des trust-Statuts 277
		iv. Bedeutung des Abkommens für reine Unterhaltsstiftungen deutschen Rechts 279
		b) Bilaterale Staatsverträge 282
		c) Rechtsakte der EU... 282
		b. Autonomes deutsches IPR... 283
		a) Gründungstheorie und Sitztheorie............................. 284
		(1) Zuzug 287
		(2) Wegzug.. 288
		(3) Zusammenfassung.. 289
		b) Vorgaben des Unionsrechts 289
		(1) Rechtsprechung des EuGH 290
		(2) Bedeutung der EuGH-Rechtsprechung für Stiftungen 290
		i. Stiftungen als Gesellschaften im Sinne von Art. 54 II VAEU...................................... 291
		ii. Erwerbszweck.. 291
		iii. Anforderungen gemäß Art. 54 I VAEU 293
		iv. Zwischenergebnis 294
		(3) Überlagerung des Stiftungsstatuts................... 294
		c) Abgrenzung Erbstatut – Stiftungsstatut 298
		(1) Destinatärsansprüche und Mitwirkungsrechte 299
		(2) Mehrheit von Erben 300
		(3) Erbgang... 301
		(4) Testamentsvollstreckung 301

		d) Kollisionsrecht und trust... 302
		c. Zusammenfassung... 305
		3. Unterhaltsstiftung und Idee einer Europäischen Stiftung.............. 306
	XI.	Zusammenfassung 309

E. Konsequenzen und Ausblick 313

F. Résumé 317
   I. Présentation sommaire.. 317
   II. Conséquences et perspective 319

Abkürzungsverzeichnis

a.A.	andere Ansicht
a.E.	am Ende
ABGB	Österreichisches Allgemeines Bürgerliches Gesetzbuch
ADAC	Allgemeiner Deutscher Automobil-Club e. V.
AEAO	Anwendungserlass zur Abgabenordnung
AG	Aktiengesellschaft
AGG	Allgemeines Gleichbehandlungsgesetz
AktG	Aktiengesetz
ALR	Allgemeines Landrecht für die Preußischen Staaten
AO	Abgabenordnung
Art.	Artikel
Aufl.	Auflage
Az.	Aktenzeichen
BayGVGl	Bayerisches Gesetz- und Verordnungsblatt
BBl.	Bundesblatt der Schweiz
Bd.	Band
Begr.	Begründer
BerlStifG	Berliner Stiftungsgesetz
BewG	Bewertungsgesetz
BFH	Bundesfinanzhof
BG	Schweizerisches Bundesgericht
BGB	Bürgerliches Gesetzbuch
BGB-E	Entwurf für das Bürgerliche Gesetzbuch
BGBl.	Bundesgesetzblatt
BGE	Entscheidungen des Schweizerischen Bundesgerichts
BGH	Bundesgerichtshof

BGHZ	Entscheidungen des Bundesgerichtshofs in Zivilsachen
BJM	Bundesjustizministerium
BMF	Bundesministerium der Finanzen
BND	Bundesnachrichtendienst
BörsG	Börsengesetz
BStBl	Bundessteuerblatt
BT-Drs.	Bundestagsdrucksache
BT-PlPr	Plenarprotokoll des Deutschen Bundestages
BVerfG	Bundesverfassungsgericht
BVerfGE	Entscheidungen des Bundesverfassungsgerichts
BVerwG	Bundesverwaltungsgericht
BVerwGE	Entscheidungen des Bundesverwaltungsgerichts
bzgl.	bezüglich
CA	Cour d'appel
CC	Code civil
CHF	Schweizerischer Franken
civ.	civil
D.	Digesten
ders.	derselbe
dies.	dieselbe(n)
Diss.	Dissertation
DJT	Deutscher Juristentag
DRK	Deutsches Rotes Kreuz
ebd.	ebendort
EGBGB	Einführungsgesetz zum Bürgerlichen Gesetzbuch
EGV	Vertrag zur Gründung der Europäischen Gemeinschaft
Einl	Einleitung
EMRK	Europäische Menschenrechtskonvention
ErbStG	Erbschaftssteuergesetz
EStG	Einkommenssteuergesetz
ETS	European Treaty Series
EU	Europäische Union

EuGH	Europäischer Gerichtshof
EuGVO	Verordnung über die gerichtliche Zuständigkeit und die Anerkennung und Vollstreckung von Entscheidungen in Zivil- und Handelssachen
EUV	Vertrag über die Europäische Union
EWG	Europäische Wirtschaftsgemeinschaft
f.	folgende(r)
FAZ	Frankfurter Allgemeine Zeitung
FernAbsG	Fernabsatzgesetz
ff.	folgende
FG	Finanzgericht
Fn.	Fußnote
FR	Finanzrundschau
Frhr.	Freiherr
FS	Festschrift
FU	Freie Universität
Gai Inst.	Institutiones des Gaius
GenG	Genossenschaftsgesetz
GG	Grundgesetz
GmbH	Gesellschaft mit beschränkter Haftung
GmbHG	Gesetz betreffend die GmbH
GrS	Großer Senat
GS	Gedächtnisschrift
GWB	Gesetz gegen Wettbewerbsbeschränkungen
h.L.	herrschende Lehre
h.M.	herrschende Meinung
Halbbd.	Halbband
HGB	Handelsgesetzbuch
Hrsg.	Herausgeber
HTÜ	Haager Trust Übereinkommen
insb.	insbesondere
InsO	Insolvenzordnung

intro.	introductory
IPR	Internationales Privatrecht
IPRG	IPR-Gesetz
Kdm GBlÖ	Kundmachung österreichisches Gesetzesblatt
KG	Kommanditgesellschaft
KGaA	Kommanditgesellschaft auf Aktien
KStG	Körperschaftsteuergesetz
LG	Landgericht
m.w.N.	mit weiteren Nachweisen
Mass.	Massachusetts
MitbestG	Mitbestimmungsgesetz
Mrd.	Milliarde(n)
n.v.	nicht veröffentlicht
NGO	Nichtregierungsorganisation
NRW	Nordrhein Westphalen
OFD	Oberfinanzdirektion
OGH	Österreichischer Oberster Gerichtshof
OHG	Offene Handelsgesellschaft
OLG	Oberlandesgericht
östBGBl	Österreichisches Bundesgesetzblatt
OVG	Oberverwaltungsgericht
PGR	Liechtensteinisches Personen- und Gesellschaftsrecht
ProstG	Prostitutionsgesetz
PSG	Privatstiftungsgesetz
PublG	Publizitätsgesetz
RegE	Regierungsentwurf
RFH	Reichsfinanzhof
RG	Reichsgericht
RGBl.	Reichsgesetzblatt
RGZ	Entscheidungen des Reichsgerichts in Zivilsachen
Rn.	Randnummer

Rom I-VO	EG-Verordnung über das auf vertragliche Schuldverhältnisse anzuwendende Recht
Rs.	Rechtssache
RStBl.	Reichssteuerblatt
S.	Seite
s.	section
SGB	Sozialgesetzbuch
Slg.	Sammlung
ss.	sections
SteG	Steuergesetz
Trib.	Tribunal
TU	Technische Universität
u.a.	und andere
USD	US-Dollar
UWG	Gesetz gegen den unlauteren Wettbewerb
v.	vom
v.d.H.	vor der Höhe
VAEU	Vertrag über die Arbeitsweise der Europäischen Union
VG	Verwaltungsgericht
vgl.	vergleiche
VO	Verordnung
Vorbem	Vorbemerkung
VwVfG	Verwaltungsverfahrensgesetz
WRV	Weimarer Reichsverfassung
ZGB	Schweizerisches Zivilgesetzbuch
ZPO	Zivilprozessordnung
ZustG	Zustimmungsgesetz

Die Abkürzungen betreffend die Namen von Zeitschriften entsprechen *von Hoffmann/Thorn* (Hrsg.), IPRax-Abkürzungsverzeichnis deutscher und ausländischer Periodika, Bielefeld (2005). Daneben sind ausgewählte Abkürzungen zur Verbesserung der Lesbarkeit im Text selbst definiert.

Literaturverzeichnis

Adams, Michael/ Maßmann, Jens	Vereinsreform in Deutschland, ZRP 2002, 128–132
Adloff, Frank	Zivilgesellschaft, Frankfurt am Main/New York (2005)
Altmeppen, Holger	Schutz vor „europäischen" Kapitalgesellschaften, NJW 2004, 97–104
American Law Institute (Hrsg.)	Restatement of the Law – Trusts (Third), Bd. I, St. Paul (2003), zitiert: Restatement of Trusts I
Dies.	Restatement of the Law – Trusts (Third), Bd. II, St. Paul (2003), zitiert: Restatement of Trusts II
Amstutz, Marc/Breitschmid, Peter/Furrer, Andreas/Girsberger, Daniel/Huguenin, Claire/ Müller-Chen, Markus/Roberto, Vito/Rumo-Jungo, Alexandra/ Schnyder, Anton K. (Hrsg.)	Handkommentar zum Schweizer Privatrecht, Zürich (2007), zitiert: CHK-*Bearbeiter*
Andrick, Bernd	Stiftungsrecht und Staatsaufsicht unter besonderer Berücksichtigung der nordrheinwestfälischen Verhältnisse, Baden-Baden (1988), zitiert: Stiftungsrecht und Staatsaufsicht
Andrick, Bernd/ Suerbaum, Joachim	Das Gesetz zur Modernisierung des Stiftungsrechts, NJW 2002, 2905–2910
Dies.	Stiftung und Aufsicht, München (2001)
Anheier, Helmut	Das Stiftungswesen in Deutschland: Eine Bestandsaufnahme in Zahlen, in: Bertelsmann Stiftung (Hrsg.), Handbuch Stiftungen, 2. Aufl., Wiesbaden (2003), S. 43–85

Anheier, Helmut/ Appel, Anja	Stiftungen in der Bürgergesellschaft: Grundlegende Fragen zu Möglichkeiten und Grenzen, Aus Politik und Zeitgeschichte B 14/2004, 8–15
App, Michael	Kurzüberblick über die Privatstiftung in Österreich, BWNotZ 1998, 93
Arnold, Arnd	Der Referentenentwurf eines Gesetzes zur Änderung des Vereinsrechts, ZRP 2005, 170
Ders.	Satzungsvorbehalt für die Vorstandsvergütung bei Vereinen und Stiftungen?, in: Martinek, Michael/Rawert, Peter/Weitemeyer, Birgit (Hrsg.), FS Reuter, Berlin/New York (2010), S. 3–16
Arnold, Nikolaus	Privatstiftungsgesetz, 2. Aufl., Wien (2007)
Attlmayer, Martin/ Rabanser, Wolfgang	Das neue liechtensteinische Stiftungsrecht, Wien (2009)
Audit, Bernard	Droit International Privé, 3. Aufl., Paris (2000)
Ballerstedt, Kurt/ Salzwedel, Jürgen	Soll das Stiftungsrecht bundesgesetzlich vereinheitlicht und reformiert werden, gegebenenfalls mit welchen Grundzügen? Gutachten für den 44. Deutschen Juristentag, in: Ständige Deputation des Deutschen Juristentages (Hrsg.), Verhandlungen des vierundvierzigsten Deutschen Juristentages Hannover 1962, Bd. I, 5. Teil, Tübingen (1962), zitiert: Gutachten 44. DJT
Bamberger, Heinz Georg/Roth, Herbert (Hrsg.), Kommentar zum Bürgerlichen Gesetzbuch	Bd. I (§§ 1–610), 2. Aufl., München (2007), zitiert: Bamberger/Roth-*Bearbeiter*
	Bd. III (§§ 1297–2385), 2. Aufl., München (2008), zitiert: Bamberger/Roth-*Bearbeiter*

Bar, Christian von	Rudimente des Fideikommißrechts im geltenden Bibliotheksrecht, in: Herschel, Wilhelm/Hubmann, Heinrich/Rehbinder, Manfred (Hrsg.), FS Roeber, S. 1–12
Ders./ Striewe, Peter	Die Auflösung der Familienfideikommisse im Deutschen Reich und in Preußen im 20. Jahrhundert – Ein Gesetzgebungsbericht –, ZNR 1981, 184–198
Bär, Rolf	Die privatrechtliche Rechtsprechung des Bundesgerichts im Jahre 2001, ZBJV 138 (2002), 776–789
Barrelet, Janne	Moderne Stiftungsformen – Die US-amerikanischen Donor-Advised Funds und ihre Umsetzbarkeit ins deutsche Recht, Köln (2007), zitiert: Moderne Stiftungsformen
Batiffol, Henri/Lagarde, Paul	Traité de Droit International Privé, Bd. I, 8. Aufl., Paris (1993), zitiert: Droit International Privé I
Bauer, Brigitte/ Wartenburger, Lucas	Reform des Erbschaftsteuer- und Bewertungsgesetzes, MittBayNot 2009, 85–99
Bauer, Dorthe	Vermögensverwaltung mittels Privatstiftungen und anderer Strukturen, Baden-Baden (2013), zitiert: Vermögensverwaltung
Bauer, Frank	Sitzungsbericht vom 9. Februar 2006, in: Sonnenberger, Hans Jürgen (Hrsg.), Vorschläge und Berichte zur Reform des europäischen und deutschen internationalen Gesellschaftsrechts, Tübingen (2007), S. 327–347
Baumbach, Adolf/ Hefermehl, Wolfgang (Begr.), Wettbewerbsrecht	Kommentar, 23. Aufl., München (2004), zitiert: Baumbach/Hefermehl-*Bearbeiter*

Baur, Fritz	Besprechung von: Enneccerus-Nipperday, Allgemeiner Teil des Bürgerlichen Rechts, 15. Aufl., Tübingen (1959–1960), JZ 1961, 334–335
Ders.	Fideikommissähnliche Unternehmensbindungen, in: Böckli, Peter/Eichenberger, Kurt/Hinderling, Hans/Tschudi, Hans Peter (Hrsg.), FS Vischer, Zürich (1983), S. 515–525
Ders./Stürner, Rolf	Sachenrecht, 18. Aufl., München (2009)
Baxendale-Walker, Paul	Purpose Trusts, London [u.a.] (1999)
Bayer, Bernhard	Sukzession und Freiheit – Historische Voraussetzungen der rechtstheoretischen und rechtsphilosophischen Auseinandersetzungen um das Institut der Familienfideikommisse im 18. und 19. Jahrhundert –, Berlin (1999), zitiert: Sukzession und Freiheit
Bayer, Walter/ Schmidt, Jessica	Grenzüberschreitende Sitzverlegung und grenzüberschreitende Restrukturierungen nach MoMiG, Cartesio und Trabrennbahn, ZHR 2009, 735–774
Beck'sches Notarhandbuch, Brambring, Günter/Jerschke, Hans-Ulrich (Hrsg.)	5. Aufl., München (2009), zitiert: Beck'sches Notarhandbuch-*Bearbeiter*
Becker, Hans-Jürgen	Der Städel-Paragraph (§ 84 BGB), in: Baumgärtel, Gottfried/Becker, Hans-Jürgen/Klingmüller, Ernst/Wacke, Andreas (Hrsg.), FS Hübner, Berlin/New York (1984), S. 21–33
Becker, Niels	Auskunftsansprüche des Pflichtteilsberechtigten gegenüber liechtensteinischen Stiftungen, ZEV 2009, 177–180

Beckert, Jens	Familiäre Solidarität und die Pluralität modemer Lebensformen. Eine gesellschaftstheorethische Perspektive des Pflichtteilsrechts, in: Röthel, Anne (Hrsg.), Reformfragen des Pflichtteilsrechts, Köln [u.a.] (2007), S. 1–21
Behrens, Peter	Erneuerung des Stiftungskollisionsrechts, in: Kohl, Helmut/Kübler, Friedrich/Ott, Claus/Schmidt, Karsten (Hrsg.), GS Walz, Köln [u.a.] (2008), S. 13–32
Ders.	Niederlassungsfreiheit und Internationales Gesellschaftsrecht, RabelsZ 52 (1988), 498–525
Beitzke, Günther	Konzessionssystem, Normativbestimmungen und freie Körperschaftsbildung, ZHR 108 (1941), 32–62
Bengel, Manfred/ Reimann, Wolfgang	Handbuch der Testamentsvollstreckung, 4. Aufl., München (2009), zitiert: Bengel/Reimann-*Bearbeiter*
Bernatzik, Edmund	Über den Begriff der juristischen Person, Wien (1996)
Berndt, Hans	Stiftung und Unternehmen, 7. Aufl., Herne [u.a.] (2003)
BGB Anwaltkommentar, Dauner-Lieb, Barbara/Heidel, Thomas/Ring, Gerhard (Gesamthrsg.)	Bd. I, Allgemeiner Teil mit EGBGB, Bonn (2005), zitiert: BGB Anwaltkommentar-*Bearbeiter*
Bianchini-Hartmann, Maren/ Richter, Andreas	Die Besteuerung von Familienstiftungen, in: Birk, Dieter (Hrsg.), FS zum zehnjährigen Bestehen von P + P Pöllath + Partners, München (2008), S. 337–362
Binz, Mark/ Sorg, Martin	Aktuelle Erbschaftssteuerprobleme der Familienstiftung, DStR 1994, 229–233
Bischoff, Friedrich	Auf dem Weg zu einer Reform des Stiftungsrechts, ZRP 1998, 391–394

Bisle, Michael	Asset Protection durch den Einsatz inländischer Familienstiftungen, DStR 2012, 525–527
Blumers, Wolfgang	Die Familienstiftung als Instrument der Nachfolgeregelung, DStR 2012, 1–7
Bluntschli, Johann Caspar	Deutsches Privatrecht, Bd. I, München (1853), zitiert: Deutsches Privatrecht I
Blydt-Hansen, Kristoffer	Die Rechtsstellung der Destinatäre der rechtsfähigen Stiftung Bürgerlichen Rechts, Frankfurt am Main (1998), zitiert: Rechtsstellung der Destinatäre
Böckenförde, Ernst-Wolfgang	Freiheitssicherung gegenüber gesellschaftlicher Macht, in: ders. (Hrsg.), Wissenschaft, Politik, Verfassungsgericht, Berlin (2011), S. 72–83
Böckle, Hermann	Gründung, Verwaltung, Auflösung von Stiftungen und Abgrenzung zu anderen Verbandspersonen, LichtstJZ 2001, 63–72
Bonomi, Andrea	Reconnaissance des trusts, trusts „internes" et fiducie – quelques remarques en guise de synthèse, in: Schweizerisches Institut für Rechtsvergleichung (Hrsg.), Zürich (2005), S. 115–120
Bopp, Ulrich	Jenseits von Staatsfürsorge und Gewinnabsicht – Zur Bedeutung privater Stiftungen für die Bürgergesellschaft, ZSt 2004, 155–119
Bösch, Harald	Liechtensteinisches Stiftungsrecht, Wien (2005)
Bracker, Susanne	Kohärenz und juristische Interpretation, Baden-Baden (2000)
Braun, Eberhard (Hrsg.), Insolvenzordnung	Kommentar, 4. Aufl., München (2010), zitiert: Braun-*Bearbeiter*

Brecher, Fritz	Subjekt und Verband, in: Dietz, Rolf/Nipperdey, Hans Carl/Ulmer, Eugen (Hrsg.), FS Hueck, München (1959), S. 233–259
Brierley, John	Regards sur le droit des biens dans le nouveau Code civil du Québec, Rev int dr comp 47 (1995), 33–49
Brockhoff, Klaus	Stiftungen als Innovatoren, in: Hüttemann, Rainer/Rawert, Peter/Schmidt, Karsten/Weitemeyer, Birgit (Hrsg.), Non Profit Law Yearbook 2007, Köln [u.a.] (2008), S. 21–43
Bruns, Patrick	Fiduziarische Stiftung als Rechtsperson, JZ 2009, 840–846
Bucher, Eugen	Rechtsüberlieferung und heutiges Recht, ZEuP 2000, 394–543
Bund, Elmar	Aufgaben und Risiko des Testamentsvollstreckers – BGHZ 41, 23, JuS 1966, 60–65
Bundesministerium der Justiz	Bericht der Bund-Länder-Arbeitsgruppe Stiftungsrecht vom 19. Oktober 2001, zitiert: Bericht der Bund-Länder-Arbeitsgruppe
Bunte, Hermann-Josef	Kartellrecht, 2. Aufl. München (2008)
Burdenski, Wolfhart/Maydell, Bernd von/Schellhorn, Walter (Begr.), Gemeinschaftskommentar zum Sozialgesetzbuch Allgemeiner Teil	2. Aufl., Neuwied (1981), zitiert: Burdenski/von Maydell/Schellhorn-*Bearbeiter*
Burgard, Ulrich	Das neue Stiftungsprivatrecht, NGZ 2002, 697–702
Ders.	Gestaltungsfreiheit im Stiftungsrecht, Köln (2006), zitiert: Gestaltungsfreiheit
Ders.	Ist § 31a BGB im Stiftungsrecht zwingend oder dispositiv? – Zur Auslegung von § 86 S. 1 Hs. 2 BGB, in: Martinek, Michael/Rawert, Peter/Weitemeyer, Birgit (Hrsg.), FS Reuter, Berlin/New York (2010), S. 43–52

Burn, Edward Hector/ Cartwright, John	Cheshire and Burn's Modern Law of Real Property, 7. Aufl., Oxford/New York (2006), zitiert: Modern Law of Property
Canaris, Claus-Wilhelm	Die Feststellung von Lücken im Gesetz, 2. Aufl., Berlin (1983), zitiert: Lücken im Gesetz
Ders.	Handelsrecht, 24. Aufl., München (2006)
Ders.	Systemdenken und Systembegriff in der Jurisprudenz, 2. Aufl., Berlin (1983), zitiert: Systemdenken und Systembegriff
Carstensen, Carsten	Vermögensverwaltung, Vermögenserhaltung und Rechnungslegung gemeinnütziger Stiftungen, 2. Aufl., Frankfurt am Main (1996), zitiert: Vermögensverwaltung
Chase, Edward E.	Property Law, Cincinnati (2002)
Claessens, Dieter	Familie und Wertsystem: eine Studie zur „zweiten, soziokulturellen Geburt" des Menschen und der Belastbarkeit der „Kernfamilie", Berlin (1979), zitiert: Familie und Wertsystem
Coing, Helmut	Europäisches Privatrecht, Bd. I, Älteres gemeines Recht (1500–1800), München (1985), zitiert: Europäisches Privatrecht I
Ders.	Rechtsformen der privaten Vermögensverwaltung, insbesondere durch Banken, in USA und Deutschland – Zugleich ein Beitrag zur Frage der Übernahme des Trustrechts –, AcP 167 (1967), 99–131
Conrad, Albrecht	Qualifikationsfragen des Trust im Europäischen Zivilprozeßrecht, Frankfurt am Main [u.a.] (2001), zitiert: Qualifikationsfragen des Trust
Conrad, Hermann	Deutsche Rechtsgeschichte, Bd. I, 2. Aufl., Karlsruhe (1962), zitiert: Deutsche Rechtsgeschichte I

Cornelius, Eike	Zuwendungen an Stiftungen und Pflichtteilsergänzung, ZErb 2006, 230–235
Cranshaw, Friedrich	Fundatio Europaea, Europäische Stiftung, DZWir 2013, 299–316
Creifelds, Carl (Begr.)	Rechtswörterbuch, 19. Aufl., München (2007)
Crezelius, Georg/ Rawert, Peter	Stiftungsrecht – quo vadis?, ZIP 1999, 337–347
Czermak, Peter	Der express trust im internationalen Privatrecht, Frankfurt am Main [u.a.] (1986), zitiert: express trust
Damrau, Jürgen	Vor-Stiftung und Pflichtteilsanspruch sowie dessen Verjährung, ZEV 2010, 12–17
Ders./ Wehinger, M.	Übersicht zum Mindeststiftungsvermögen nach dem Recht der Bundesländer, ZEV 1998, 178–179
Däubler, Wolfgang	Rechtsgeschäftlicher Ausschluß der Veräußerlichkeit von Rechten?, NJW 1968, 1117–1123
Ders.	Zur aktuellen Bedeutung des Fideikommissverbots, JZ 1969, 499–502
Dehesselles, Thomas	Insolvenz, Liquidation und Gemeinnützigkeit, in: Wachter, Thomas (Hrsg.), FS Spiegelberger, Bonn (2009), S. 1255–1263
Delle Karth, Gert	Die aktuelle Rechtsprechung des OGH im Stiftungsrecht, LichtstJZ 2008, 51–59
Delp, Udo	Die Stiftung & Co. KG: Eine Unternehmensform der rechts-gestaltenden Beratungspraxis, Heidelberg (1991), zitiert: Stiftung & Co. KG
Dicey, Albert Venn/Morris, John/Collins, Lawrence	The Conflict of Laws, Bd. II, 14. Aufl., London (2006), zitiert: The Conflict of Laws II
Donahue, Charles/Kauper, Thomas E./Martin, Peter W.	Property, an Introduction to the Concept and the Institution, 3. Aufl., St. Paul (1993), zitiert: Property

Doppstadt, Joachim	Das Stiftungswesen in Deutschland – eine Erfolgsgeschichte, in: Wachter, Thomas (Hrsg.), FS Spiegelberger, Bonn (2009), S. 1264–1271
Doralt, Peter/Kalss, Susanne	Stiftungen im österreichischen Recht, in: Hopt, Klaus/Reuter, Dieter (Hrsg.), Stiftungsrecht in Europa, Köln [u.a.] (2001), S. 419–440
Doralt, Peter/Nowotny, Christian/Kalss, Susanne (Hrsg.)	Privatstiftungsgesetz (PSG), Wien (2005), zitiert: KommPSG-*Bearbeiter*
Döring, Caterina	Die Stiftung als Finanzierungsinstrument für Unternehmen, Berlin (2010)
Dreier, Horst (Hrsg.), Grundgesetz Kommentar	Band 1 (Präambel, Artikel 1–19), 2. Aufl., Tübingen (2004), zitiert: Dreier-*Bearbeiter*
Druey, Jean Nicolas	Die Unternehmensstiftung als Instrument der Unternehmensnachfolge, WuR 1985, 95–106
Duden, Konrad	Für ein Bundesstiftungsgesetz, JZ 1968, 1–6
Ders.	Zur Verwendbarkeit der Stiftungsform für vergesellschaftete Betriebe, BB 1947, 142–144
Dukeminier, Jesse/ Krier, James E.	The Rise of the Perpetual Trust, UCLA Law Review 50 (2003), 1303–1343
Dworkin, Ronald	Law's Empire, Cambridge, Massachusetts (1986)
Ebenroth, Carsten	Erbrecht, München (1992)
Ders./ Bippus, Birgit	Die Sitztheorie als Theorie effektiver Verknüpfungen der Gesellschaft, JZ 1998, 677–683
Ebersbach, Harry	Handbuch des deutschen Stiftungsrechts, Göttingen (1972), zitiert: Stiftungsrecht
Ders.	Jochen Abr. Frowein: Grundrecht auf Stiftung. Dokumentation einer Vortragsveranstaltung anlässlich der Mitgliederversammlung des Stifterverbandes am 27. April 1976 in München, AöR 104 (1979), 157–160

Eckert, Jörn	Der Kampf um die Familienfideikommisse in Deutschland. Studien zum Absterben eines Rechtsinstituts, Frankfurt am Main (1992), zitiert: Fideikommisse
Edenfeld, Stefan	Europäische Entwicklungen im Erbrecht, ZEV 2001, 457–463
Ders.	Lebenslange Bindungen im Erbrecht, DNotZ 2003, 4–20
Edwards, Richard/ Stockwell, Nigel	Trusts and Equity, 5. Aufl., London [u.a.] (2002)
Egger, Philipp (Hrsg.)	Stiftungsparadies Schweiz, Basel/Genf/ München (2004)
Eggert, Manfred	Die deutsche Ultra-Vires-Lehre. Versuch einer Darstellung am Beispiel der Außenvertretung der Gemeinden, München (1977), zitiert: Die deutsche Ultra-Vires-Lehre
Ehrenforth, Werner	Finis Reichsheimstätte, NJW 1993, 2082–2083
Eichler, Hermann	Die Verfassung der Körperschaft und Stiftung, Berlin (1986), zitiert: Körperschaft und Stiftung
Eigler, Mira/ van Kann, Jürgen	Aktuelle Neuerungen des Corporate Governance Kodex, DStR 2007, 1730–1736
Einsele, Dorothee	Kollisionsrechtliche Behandlung von Wertpapieren und Reichweite der Eigentumsvermutung des § 1006 BGB, IPRax 1995, 163–166
Eiselsberg, Maximilian	10 Jahre Privatstiftungsrecht in Österreich, Rückblicke – Ausblicke, in: Umfahrer, Michael (Hrsg.), 10 Jahre Privatstiftungsrecht in Österreich, Wien (2004), S. 7–21

Eitel, Paul	Die Stiftung als Instrument zur Perpetuierung von Aktiengesellschaften?, in: Breitschmid, Peter/Portmann, Wolfgang/Rey, Heinz/Zobl, Dieter (Hrsg.), FS Riemer, Bern (2007), S. 79–97
Elland-Goldsmith, Michael	The trust and its use in commercial and financial transactions, Rev dr aff int 1985, 683–719 und 945–968
Enneccerus, Ludwig/ Nipperdey, Hans Carl	Allgemeiner Teil des Bürgerlichen Rechts, Bd. I/1. Halbbd., Tübingen (1959), zitiert: Allgemeiner Teil I/1
Erman, Walter (Begr.), Bürgerliches Gesetzbuch	Bd. I (§§ 1–758), 12. Aufl., Köln (2008), zitiert: Erman-*Bearbeiter*
	Bd. II (§§ 759–2385), 12. Aufl., Köln (2008), zitiert: Erman-*Bearbeiter*
Ettinger, Jochen/ Bauer, Dorthe Christina	Die Reform des Stiftungsrechts in Liechtenstein, RIW 2008, 445–453
Fasselt, Martin	Die Beteiligungsstiftung, Diss. FU Berlin (1988)
Feick, Martin/ Pawlytta, Mark	Stiftungen, Asset Protection und anwendbares Recht in deutsch-liechtensteinischen Fällen, liechtenstein-journal 2009, 71–80
Felix, Günther	Zur Pflicht des Steuergesetzgebers, die Sonderbesteuerung der Familienstiftung nach dem ErbStG zu sanieren, DStZ 1982, 355–358
Ferid, Murad	Das französische Zivilrecht, Bd. I, Frankfurt am Main/Berlin (1971), zitiert: Das Französische Zivilrecht I
Ders.	Die 9. Haager Konferenz, RabelsZ 27 (1962), 411–455
Fetsch, Johannes	Auslandsvermögen im Internationalen Erbrecht? Testamente und Erbverträge, Erbschein und Ausschlagung bei Auslandsvermögen?, RNotZ 2006, 1–42

Fischer-Dieskau, Christian	Die kollisionsrechtliche Behandlung von living und testamentary trusts, Bonn (1967)
Fischer, Michael	Dogmatik des unselbstständigen Stiftungsgeschäfts unter Lebenden und Steuerrecht, in: Martinek, Michael/Rawert, Peter/Weitemeyer, Birgit (Hrsg.), FS Reuter, Berlin/New York (2010), S. 73–91
Fleischer, Holger	Reichweite und Grenzen der unbeschränkten Organvertretungsmacht im Kapitalgesellschaftsrecht, NZG 2005, 529–537
Flume, Werner	Allgemeiner Teil des Bürgerlichen Rechts, Bd. I, 2. Teil: Die juristische Person, Berlin [u.a.] (1983), zitiert: Die juristische Person
Ders.	Der nichtrechtsfähige Verein, ZHR 148 (1984), 503–522
Ders.	Gesellschaft und Gesamthand, ZHR 136 (1972), 177–207
Frankenberger, Eva	Der funktionale Stiftungsbegriff als Denkmodell eines rechtsformübergreifenden Stiftungsrechts, Frankfurt am Main (2013), zitiert: Stiftungsbegriff
Fratcher, William F.	The Trust and Its Counterparts Outside the Common Law, in: International Encyclopedia of Comparative Law, Volume VI, Property and Trust, Chapter 11, The Trust and Its Counterparts Outside the Common Law, Tübingen [u.a.] (1973), zitiert: The Trust and Its Counterparts Outside the Common Law
Frey, Kaspar	Gesellschaftsrecht als Systembaukasten, NZG 2004, 169–177
Friedman, Lawrence M.	A History of American Law, New York (1973)
Friedrich, Till	Die Anlage des Stiftungsvermögens, Baden-Baden (2012), zitiert: Anlage des Stiftungsvermögens

Fritz, Stefan	Das Stiftungsvermögen und seine Anlage, in: Werner, Olaf/Saenger, Ingo (Hrsg.), Die Stiftung, Berlin (2008), S. 263–311
Ders.	Stifterwille und Stiftungsvermögen, Baden-Baden (2009)
Frobenius, Tilmann	„Cartesio": Partielle Wegzugsfreiheit für Gesellschaften in Europa, DStR 2009, 487–492
Frommhold, Georg	Die Familienstiftung, AcP 117 (1919), 87–142
Frowein, Jochen	Grundrecht auf Stiftung, Essen (1976)
Führ, Thorsten	Grundrechte und Testierfreiheit – „Preußen"-Beschluss und Pflichtteilsrecht, MittBayNot 2006, 461–468
Funke, Rainer	Stiftungsrechtsreform in Deutschland, in: Hopt, Klaus/Reuter, Dieter (Hrsg.), Stiftungsrecht in Europa, Köln [u.a.] (2001), S. 219–225
Gaier, Reinhard	Die Bedeutung der Grundrechte für das Erbrecht, ZEV 2006, 2–8
Galli, Albert	Die Rechnungslegung nichtwirtschaftlicher gemeinnütziger Vereine, DStR 1998, 263–268
Gallop, Bradley	Grenzüberschreitende Aktivitäten von Stiftungen, Stiftern und Spendern, in: Bertelsmann Stiftung (Hrsg.), Handbuch Stiftungen, 2. Aufl., Wiesbaden (2003), S. 983–1030 (in englischer Sprache ist der Beitrag erschienen als: Cross-border Issues facing Foundations and their Donors, in: Schlüter, Andreas/Walkenhorst, Peter/Then, Volker (Hrsg.), Foundations in Europe, Society Management in Law, London (2001), S. 744–795)
Gehrke, Matthias	Die Stiftung & Co. KGaA im Gesellschafts- und Steuerrecht, Frankfurt am Main (2007), zitiert: Stiftung & Co. KGaA

Geibel, Stefan	Treuhandrecht als Gesellschaftsrecht, Tübingen (2008), zitiert: Treuhandrecht
Geiger, Rudolf	Staatenimmunität: Grundsatz und Ausnahme, NJW 1987, 1124–1126
Geimer, Reinhold/ Schütze, Rolf	Europäisches Zivilverfahrensrecht, 3. Aufl., München (2010)
Gierke, Otto von	Das deutsche Genossenschaftsrecht, Bd. IV, Berlin (1913), zitiert: Genossenschaftsrecht IV
Ders.	Deutsches Privatrecht, Bd. I, Leipzig [u.a.] (1895), zitiert: Deutsches Privatrecht I
Ders.	Die Genossenschaftstheorie und die deutsche Rechtsprechung, Berlin (1887), zitiert: Genossenschaftstheorie
Ders.	Fideikommisse (Geschichte und Recht), in: Conrad, Johannes (Hrsg.), Handwörterbuch der Staatswissenschaften, Bd. IV, 3. Aufl., Jena (1909), S. 104–116
Goerdeler, Reinhard	Die Stiftung als Rechtsform für Unternehmen, ZHR 113 (1950), 145–165
Ders.	Stiftungen in der Bundesrepublik aus heutiger Sicht, in: Kübler, Friedrich/Mertens, Hans-Joachim/Werner, Winfried (Hrsg.), FS Heinsius, Berlin/New York (1991), S. 169–182
Ders.	Zur Problematik der Unternehmensträgerstiftung, NJW 1992, 1487–1489
Gottwald, Peter	Insolvenzrechtshandbuch, 3. Aufl., München (2006)
Grabitz, Eberhard/ Hilf, Meinhard (Hrsg.)	Das Recht der Europäischen Union (Loseblatt), München (Stand: Oktober 2009), zitiert: Grabitz/Hilf-*Bearbeiter*

Gröhs, Bernhard/ Staringer, Claus	Österreichische und liechtensteinische Stiftung in rechtsvergleichender Sicht, in: Csoklich, Peter/Müller, Michael/Gröhs Bernhard/Helbich, Franz (Hrsg.), Handbuch zum Privatstiftungsgesetz, Wien (1994), S. 293–316
Großfeld, Bernhard	Götterdämmerung, NJW 1995, 1719–1723
Ders.	„Unsterblichkeit" und Jurisprudenz – Eine rechtsmethodische Betrachtung, in: Merz, Hans/Schluep, Walter (Hrsg.), FS Kummer, Bern (1980), S. 3–14
Ders.	Zauber des Rechts, Tübingen (1999)
Ders./ Mark, Jürgen	Die Stiftung als Träger von Unternehmen im deutschen Recht, WuR 1985, 65–94
Großfeld, Bernhard/ Gersch, Hans-Georg	Zeitliche Grenzen von privaten Schuldverträgen, JZ 1988, 937–946
Großfeld, Bernhard/ Strotmann, Christian	Ausländische juristische Person aus Nicht-EG-Staat als Komplementär einer KG, IPRax 1990, 298 301
Grüninger, Harold	Schweiz: Haager Trust-Übereinkommen in Kraft, ZEV 2007, 431
Grziwotz, Herbert	Das Ende der agnatischen Familienstiftung, FamRZ 2005, 581–582
Günther, Klaus	Was heißt: „Jedem das Seine"? Zur Wiederentdeckung der distributiven Gerechtigkeit, in: Frankenberg, Günter (Hrsg.), Auf der Suche nach der gerechten Gesellschaft, Frankfurt am Main (1994), S. 151–181
Gutzwiller, Max (Hrsg.)	Schweizerisches Privatrecht, Bd. II, Einleitung und Personenrecht, Basel/Stuttgart (1967), zitiert: Schweizerisches Privatrecht II
Habermas, Jürgen	Strukturwandel der Öffentlichkeit, Neuwied (1962, 1. Neudruck Frankfurt am Main 1990)
Hager, Günther	Rechtsmethoden in Europa, Tübingen (2009)

Hague Conference on Private International Law/Conférence de la Haye de droit international privé (HCCH)	Actes et Documents de la Quinzième session/ Proceedings of the Fifteenth Session (1984), Bd. II, Den Haag (1985), zitiert: Actes et Documents/Proceedings
Hahn, Simon	Die organschaftliche Änderung der Stiftungssatzung nach der Reform der Landesstiftungsgesetze, Baden-Baden (2010), zitiert: Stiftungssatzung
Hammermann, Bernd	Gleich aber doch nicht gleich – die liechtensteinische Stiftung nach der Revision und ihr schweizerisches Pendant, Reprax 2009, 84–98
Happ, Annette	Stifterwille und Zweckänderung, Köln [u.a.] (2007)
Harris, Jonathan	The Hague Trusts Convention, Oxford/Portland, Oregon (2002)
Härtl, Peter	Ist das Stiftungsrecht reformbedürftig?, Baden-Baden (1990), zitiert: Reformbedürftigkeit
Häsemeyer, Ludwig	Insolvenzrecht, 4. Aufl., Köln [u.a.] (2007)
Hattenhauer, Hans	Grundbegriffe des Bürgerlichen Rechts, 2. Aufl., München (2000)
Hauger, Helmut	Die unselbstständige Stiftung, Begriff, Geschichte und Wesen, Diss. Heidelberg (1929), zitiert: Die unselbstständige Stiftung
Hayton, David	The Hague Convention on the Law Applicable to Trusts and their Recognition, 36 IntComplQuart (1987), 260–282
Ders./Matthews, Paul/Mitchell, Charles	Underhill and Hayton: Law of Trusts and Trustees, London (2010), zitiert: Law of Trusts and Trustees
Heintzeler, Frank	Der Fall „Zeiss", Baden-Baden (1972)
Heinzelmann, Jochen	Die Stiftung im Konzern, Baden-Baden (2003)

Heise, Arnold	Grundriß eines Systems des gemeinen Civilrechts zum Behuf von Pandecten-Vorlesungen, Heidelberg (1816), zitiert: Grundriß
Hennerkes, Brun-Hagen/ Binz, Mark/Sorg, Martin	Die Stiftung als Rechtsform für Familienunternehmen (I), DB 1986, 2217–2221
Dies.	Die Stiftung als Rechtsform für Familienunternehmen (II), DB 1986, 2269–2274
Hennerkes, Brun-Hagen/ Schiffer K. Jan	Regelung der Unternehmensnachfolge durch Stiftungskonstruktion?, BB 1992, 1940–1945
Hennerkes, Brun-Hagen/ Schiffer K. Jan/ Fuchs, Marcus	Die unterschiedliche Behandlung der unternehmensverbundenen Familienstiftungen in der Praxis der Stiftungsbehörden, BB 1995, 209–213
Herbst, Leonore	Der Fall „Zeiss" vor den ausländischen Gerichten, GRUR Int 1968, 116–127
Herrler, Sebastian	Gewährleistung des Wegzugs von Gesellschaften durch Art. 43, 48 EG nur in Form der Herausumwandlung – Anmerkung zum Urteil EuGH v. 16.12.2008 – Rs. C-210/06 (Cartesio) –, DNotZ 2009, 484–492
Herrmann, Markus	Funktioniert die Unternehmenskontrolle durch Stiftungen? – Eine empirische Untersuchung der Performance stiftungsgetragener Unternehmen, ZfbF 49 (1997), 499–534
Herzog, Rainer	Die unselbständige Stiftung des bürgerlichen Rechts, Baden-Baden (2006), zitiert: Unselbständige Stiftung
Herzog, Roman	Geleitwort – Zur Bedeutung von Stiftungen in unserer Zeit, in: Bertelsmann Stiftung (Hrsg.), Handbuch Stiftungen, Wiesbaden (1998), S. V–VIII
Hesse, Konrad	Grundzüge des Verfassungsrechts der Bundesrepublik Deutschland, 20. Aufl., Heidelberg (1995, Neudruck 1999), zitiert: Grundzüge

Hetmeier, Heinz	Grundlagen der Privaterbfolge in der Bundesrepublik Deutschland und in der DDR, Berlin (1990), zitiert: Privaterbfolge
Heuel, Markus	Die Entwicklung der Unternehmensträgerstiftung in Deutschland, Baden-Baden (2000), zitiert: Unternehmensträgerstiftung
Hippel, Thomas von	Bösch, Harald: Liechtensteinisches Stiftungsrecht, RabelsZ 72 (2008), 643–651
Ders.	Gilt die Business Judgment Rule auch im Stiftungsrecht?, in: Baum, Harald/Hellgardt, Alexander/Fleckner, Andreas/Roth, Markus (Hrsg.), FS Hopt, Berlin (2008), S. 167–189
Ders.	Zur Idee einer Europäischen Stiftung, ZSt 2008, 120–126
Hirte, Heribert	Die Europäische Aktiengesellschaft, NZG 2002, 1–10
Historisch-kritischer Kommentar zum BGB, Schmoeckel, Mathias/Rückert, Joachim/Zimmermann, Reinhard (Begr.)	1. Band: Allgemeiner Teil (§§ 1–240), Tübingen (2003), zitiert: HKK-BGB-*Bearbeiter*
Hoerner, Jasper von	Die Formulierungsfreiheit des Stifters als Ausfluss seiner Privatautonomie, Hamburg (2010), zitiert: Formulierungsfreiheit
Hof, Hagen	Die Vermögensausstattung von Stiftungen privaten Rechts (Teil I), DStR 1992, 1549–1552
Ders.	Die Vermögensausstattung von Stiftungen privaten Rechts (Teil II), DStR 1992, 1587–1591
Hof, Hagen/ Hartmann, Maren/ Richter, Andreas	Stiftungen, 2. Aufl., München (2010)
Hofer, Sibylle	Freiheit ohne Grenzen, Tübingen (2001)

Hoffmann, Bernd von/ Thorn, Karsten	Internationales Privatrecht, 9. Aufl., München (2007)
Holdsworth, William Searle	The Law of Trusts. By Austin Wakeman Scott, L.Q.Rev. 56 (1940), 405–407
Hommelhoff, Peter	Stiftungsrechtsreform in Europa, in: Hopt, Klaus/Reuter, Dieter (Hrsg.), Stiftungsrecht in Europa, Köln [u.a.] (2001), S. 227–240
Hondius, Frits W./ van der Ploeg, Tymen J.	Foundations, in: International Encyclopedia of Comparative Law, Volume XIII, Business and Private Organizations, Chapter 9, Foundations, Tübingen [u.a.] (2000), zitiert: Foundations
Honsell, Heinrich/ Mayer-Maly, Theo/ Selb, Walter	Römisches Recht, 4. Aufl., Berlin [u.a.] (1987)
Honsell, Heinrich/ Vogt, Nedim Peter/ Geiser, Thomas	Baseler Kommentar, Zivilgesetzbuch I (Art. 1–456 ZGB), 3. Aufl., Basel/Genf/München (2006), zitiert: BaK-*Bearbeiter*
Honsell, Thomas	Historische Argumente im Zivilrecht – Ihr Gebrauch und ihre Wertschätzung im Wandel unseres Jahrhunderts –, Ebelsbach (1982), zitiert: Historische Argumente im Zivilrecht
Hopt, Klaus/ von Hippel, Thomas	Die Europäische Stiftung – Zum Vorschlag der Europäischen Kommission für eine Verordnung über das Statut der Europäischen Stiftung (FE) –, ZEuP 2013, 235–262
Hornung, Anton	Finis Reichsheimstätte – auch im Konkurs, NJW 1994, 235–237
Horvath, Tanja	Stiftungen als Instrument der Unternehmensnachfolge – Eine rechtsvergleichende Betrachtung zu Deutschland und Italien, Frankfurt am Main [u.a.] (2010), zitiert: Stiftungen als Instrument der Unternehmensnachfolge

Hübner, Heinrich/Currle, Reinhold/Schenk, David	Die nichtrechtsfähige Stiftung als Familienstiftung, DStR 2013, 1966–1972
Hübner, Rudolf	Grundzüge des deutschen Privatrechts, 5. Aufl., Leipzig (1930)
Hübschmann, Walter/Hepp, Ernst/Spitaler, Armin (Hrsg.)	Abgabenordnung, Finanzgerichtsordnung (Loseblatt), Köln (Stand: Dezember 2008), zitiert: Hübschmann/Hepp/Spitaler-*Bearbeiter*
Hüffer, Uwe	Stiftungen mit Holdingfunktion – Anerkennung und rechtliche Behandlung, in: Ennuschat, Jörg/Geerlings, Jörg/Mann, Thomas/Pielow, Johann-Christian (Hrsg.), GS Tettinger, München (2007), S. 449–464
Hushahn, Johannes	Unternehmensverbundene Stiftungen im deutschen und schwedischen Recht, Köln (2009), zitiert: Unternehmensverbundene Stiftungen
Hüttemann, Rainer	Das Gesetz zur Modernisierung des Stiftungsrechts, ZHR 167 (2003), 35–65
Ders.	Der Grundsatz der Vermögenserhaltung im Stiftungsrecht, in: Jakobs, Horst/Picker, Eduard/Wilhelm, Jan (Hrsg.), FS Flume zum 90. Geburtstag (zitiert: FS Flume 90), Berlin [u.a.] (1998), S. 59–98
Ders.	Der Stiftungszweck nach dem BGB, in: Martinek, Michael/Rawert, Peter/Weitemeyer, Birgit (Hrsg.), FS Reuter, Berlin/New York (2010), S. 121–140
Ders.	Die EU entdeckt die Zivilgesellschaft – zum Vorschlag der Kommission für eine Europäische Stiftung, EuZW 2012, 441–443
Ders.	Die Vorstiftung – ein zivil- und steuerrechtliches Problem, in: Wachter, Thomas (Hrsg.), FS Spiegelberger, Bonn (2009), S. 1292–1300

Ders.	Gemeinnützige Stiftungen in der Nachfolgeplanung, in: von Bar, Christian/Hellwege, Heiko/Mössner, Jörg/Winkeljohann, Norbert (Hrsg.), GS Schindhelm, München (2009), S. 377–394
Ders.	Verfassungsrechtliche Grenzen der rechtsformbezogenen Privilegierung von Stiftungen im Spenden- und Gemeinnützigkeitsrecht, in: Kötz, Hein/Rawert, Peter/Schmidt, Karsten/Walz, Rainer (Hrsg.), Non Profit Law Yearbook 2001, Köln [u.a.] (2002), S. 145–168
Ders./ Rawert, Peter	Pflichtteil und Gemeinwohl – Privilegien für gute Zwecke?, ZEV 2007, 107–114
Hüttemann, Rainer/Richter, Andreas/Weitemeyer, Birgit	Handbuch Landesstiftungsrecht, Köln (2011)
Inwinkel, Petra	Das Modell der Abschaffung der österreichischen Erbschafts- und Schenkungssteuer, RIW 2008, 855–864
Isensee, Josef	Inhaltskontrolle des Bundesverfassungsgerichts über Verfügungen von Todes wegen – zum „Hohenzollern-Beschluss" des BVerfG –, DNotZ 2004, 754–766
Jakob, Dominique	Das neue System der Foundation Governance – interne und externe Stiftungsaufsicht im neuen liechtensteinischen Stiftungsrecht, LichtstJZ 2008, 83–89
Ders.	Das Stiftungsrecht der Schweiz zwischen Tradition und Funktionalismus, ZEV 2009, 165–170
Ders.	Die liechtensteinische Stiftung, Vaduz (2009)
Ders.	Schutz der Stiftung, Tübingen (2006)

Ders./ Picht, Peter	Trust und Nachlassplanung in der Schweiz nach der Ratifikation des HTÜ, in: Martinek, Michael/Rawert, Peter/Weitemeyer, Birgit (Hrsg.), FS Reuter, Berlin/New York (2010), S. 141–156
Jakob, Dominique/ Studen, Goran	Die European Foundation – Phantom oder Zukunft des europäischen Stiftungsrechts?, ZHR 174 (2010), 61–107
Jakob, Dominique/ Uhl, Matthias	Die liechtensteinische Familienstiftung im Blick ausländischer Rechtsprechung, IPRax 2012, 451–456
Jayme, Eric	Prozessuale Hindernisse für Timesharing-Anbieter in Auslandsfällen, IPRax 1996, 87–88
John, Uwe	Die organisierte Rechtsperson, Berlin (1977)
Jorde, Thomas/Götz, Hellmut	Ausländische Familienstiftungen und Trusts in der Gestaltungsberatung, in: Wachter, Thomas (Hrsg.), FS Spiegelberger, Bonn (2009), S. 1301–1320
Jud, Waldemar	Die Privatstiftung zur Begünstigung der Allgemeinheit, JBl 2003, 771–777
Jülicher, Marc	Nachfolgeplanung nach Kündigung des deutsch-österreichischen Doppelbesteuerungsabkommens zur Erbschaftssteuer – Renaissance der österreichischen Privatstiftung oder des Zuzugsstaates Schweiz?, ZEV 2008, 64–68
Jung, Stefanie	Die Europäische Stiftung als Innovationsfeld des Europäischen Gesellschaftsrechts?, BB 2012, 1743–1745
Kalss, Susanne	Der Einfluss von Begünstigten in der österreichischen Privatstiftung, in: Bitter, Georg/ Lutter, Marcus/Priester, Hans-Joachim/Schön, Wolfgang/Ulmer, Peter (Hrsg.), FS K. Schmidt, Köln (2009), S. 857–869

Kalteis, Günter	Der Stiftungsgedanke und seine Verwirklichung bei wirtschaftlichen Unternehmungen, Diss. München (1969), zitiert: Der Stiftungsgedanke
Kamp, Marcus	Die unternehmerische Mitbestimmung nach „Überseering" und „Inspire Art", BB 2004, 1496–1500
Kaper, Aaltje	Bürgerstiftungen, Baden-Baden (2004)
Karpen, Ulrich	Gemeinnützige Stiftungen im pluralistischen Rechtsstaat, Frankfurt am Main (1980)
Karper, Ines	Die Zusammenlegung von privatrechtlichen Stiftungen, Diss. Göttingen (1993), zitiert: Zusammenlegung
Kaufmann, Arthur	Über Gerechtigkeit, Köln [u.a.] (1993)
Kaufmann, Ekkehard	Zur Zulässigkeit der gesellschaftsvertraglichen Vermögensbindung, JZ 1959, 522–523
Kegel, Gerhard/ Schurig, Klaus	Internationales Privatrecht, 9. Aufl., München (2004)
Kemke, Andreas	Privatautonome Rechtsgestaltung im modernen Staat: Stiftungen in Ägypten, Deutschland und der Schweiz, Berlin (1998), zitiert: Privatautonome Rechtsgestaltung im modernen Staat
Kersten, Eduard	Stiftung und Handelsgesellschaft, in: Juristische Studiengesellschaft in Karlsruhe (Hrsg.), FS 45. Deutscher Juristentag, Karlsruhe (1964), S. 123–148
Kieninger, Eva-Maria	Anmerkung zu BGH v. 27.10.2008 (NJW 2009, 289), NJW 2009, 292–293
Kießling, Heinz/ Buchna, Johannes	Gemeinnützigkeit im Steuerrecht, 7. Aufl., Achim (2000)

Kindler, Peter	Neue Offenlegungspflichten für Zweigniederlassungen ausländischer Kapitalgesellschaften, Zur Umsetzung der Elften gesellschaftsrechtlichen Richtlinie der EG in deutsches Recht, NJW 1993, 3301–3306
Kisker, Klaus Peter	Die Erbschaftsteuer als Mittel der Vermögensredistribution, Berlin (1964), zitiert: Erbschaftsteuer
Kleensang, Michael	Familienerbrecht versus Testierfreiheit – Das Pflichtteilsentziehungsrecht auf dem Prüfstand des Bundesverfassungsgerichts, ZEV 2005, 277–283
Ders.	Strukturmerkmale des Erbrechts – historisch betrachtet – zugleich eine Besprechung von Beckert: Unverdientes Vermögen. Soziologie des Erbrechts, MittBayNot 2007, 471–475
Ders.	Zur „historischen Auslegung" der Pflichtteilsentziehungsvorschriften des BGB, DNotZ 2005, 509–523
Klein, Franz (Begr.), Abgabenordnung	9. Aufl., München (2006), zitiert: Klein-Bearbeiter
Klingelhöffer, Hans	Die Bedeutung des Steuerrechts bei der Auslegung und Anwendung zivilrechtlicher Normen, DStR 1997, 544–546
Knauer, Manfred	Anmerkung zu BGH v. 15.4.1959 – V ZR 5/58, RabelsZ 25 (1960), 313–338
Kocka, Jürgen	Die Rolle der Stiftungen in der Bürgergesellschaft der Zukunft, Aus Politik und Zeitgeschichte B 14/2004, 3–7
Koller, Arnold	Grundfragen einer Typuslehre im Gesellschaftsrecht, Freiburg/Schweiz (1967)

König, Dominik von	Drei Paradigmenwechsel, in: Mecking, Christoph/Schulte, Martin (Hrsg.), Grenzen der Instrumentalisierung von Stiftungen, Tübingen (2003), S. 9–12
Koos, Stefan	Fiduziarische Person und Widmung, München (2004), zitiert: Fiduziarische Person
Ders.	Rainer Becker, die fiducie von Québec und der Trust, ZHR 172 (2008), 214–220
Korezkij, Leonid	Familienstiftungen im neuen Erbschaftssteuerrecht, ZEV 1999, 132–138
Koschaker, Paul	Europa und das römische Recht, 2. Aufl., München (1966)
Koss, Claus	Stiftungen in Vereinsform, in: Strachwitz, Rupert Graf/Mercker, Florian (Hrsg.): Stiftungen in Theorie, Recht und Praxis, Berlin (2005), S. 251–256
Kötz, Hein	Die 15. Haager Konferenz und das Kollisionsrecht des trust, RabelsZ 50 (1986), 562–585
Ders.	Trust und Treuhand, Göttingen (1963)
Krause, Nils/ Thiele, Dominic	Die Reichweite der Stifterfreiheit bei der Anerkennung von Stiftungen, in: Hüttemann, Rainer/Rawert, Peter/Schmidt, Karsten/ Weitemeyer, Birgit (Hrsg.), Non Profit Law Yearbook 2007, Köln [u.a.] (2008), S. 133–147
Kreutz, Marcus	Verhaltenskodices als wesentliches Element von Corporate-Governance-Systemen in gemeinnützigen Körperschaften, ZRP 2007, 50–54
Kronke, Herbert	Die Stiftung im Internationalen Privat- und Zivilverfahrensrecht, in: von Campenhausen, Axel Frhr./Kronke, Herbert/Werner, Olaf (Hrsg.), Stiftungen in Deutschland und Europa, Düsseldorf (1998), S. 361–382

Ders.	Familien- und Unternehmensträgerstiftungen, in: Hopt, Klaus/Reuter, Dieter (Hrsg.), Stiftungsrecht in Europa, Köln [u.a.] (2001), S. 159–173
Ders.	Stiftungstypus und Unternehmensträgerstiftung, Tübingen (1988)
Ders./Melis, Werner/Schnyder, Anton K. (Hrsg.)	Handbuch Internationales Wirtschaftsrecht, Köln (2005), zitiert: Kronke/Melis/Schnyder-Bearbeiter
Kroppenberg, Inge	„Wer lebt hat Recht" – Lebzeitiges Rechtsdenken als Fremdkörper in der Inhaltskontrolle von Verfügungen von Todes wegen, DNotZ 2006, 86–105
Kübler, Friedrich	Generationengerechtigkeit und Stiftung, in: Kohl, Helmut/Kübler, Friedrich/Ott, Claus/Schmidt, Karsten (Hrsg.), GS Walz, Köln [u.a.] (2008), S. 373–384
Kummer, Max	Die Unternehmung Diesseits und Jenseits der Mauer, ZBJV 113 (1977), 465–509
Kunze, Otto	Diskussionsbeitrag, in: Ständige Deputation des Deutschen Juristentages (Hrsg.), Verhandlungen des vierundvierzigsten Deutschen Juristentages Hannover 1962, Bd. II, Sitzungsberichte, Tübingen (1964), G 50-G 52, zitiert: Diskussion 44. DJT
Ders.	Unternehmensträger-Stiftung und Unternehmensrechtsreform, in: Fischer, Robert/Möhring, Philipp/Westermann, Harry (Hrsg.), FS Barz, Berlin (1974), S. 171–188
Künzle, Hans Rainer	Familienstiftung – Quo vadis?, in: Breitschmid, Peter/Portmann, Wolfgang/Rey, Heinz/Zobl, Dieter (Hrsg.), FS Riemer, Bern (2007), S. 173–192

Lampert, Siegbert/ Taisch, Franco	Stiftungen im liechtensteinischen Recht, in: Hopt, Klaus/Reuter, Dieter (Hrsg.), Stiftungsrecht in Europa, Köln [u.a.] (2001), S. 521–540
Lange, Heinrich/ Kuchinke, Kurt	Erbrecht, 5. Aufl., München (2001), zitiert: Erbrecht
Lange, Knut	Das Gesetz zur Reform des Erb- und Verjährungsrechts, DNotZ 2009, 732–743
Ders.	Zur Pflichtteilsfestigkeit von Zuwendungen an Stiftungen, in: Wachter, Thomas (Hrsg.), FS Spiegelberger, Bonn (2009), S. 1321–1329
Larenz, Karl	Methodenlehre der Rechtswissenschaft, 6. Aufl., Berlin [u.a.] (1991), zitiert: Methodenlehre
Ders./ Canaris, Claus-Wilhelm	Methodenlehre der Rechtswissenschaft, 3. Aufl., Berlin [u.a.] (1995), zitiert: Methodenlehre
Larenz, Karl/ Wolf, Manfred	Allgemeiner Teil des Bürgerlichen Rechts, 9. Aufl., München (2004), zitiert: Allgemeiner Teil
Leach, W. Barton	Cases and Text on the Law of Wills, 2. Aufl., Cambridge (Massachusetts)/Los Angeles (1947), zitiert: Law of Wills
Lehleiter, Robert	Die Familienstiftung als Sicherung der Unternehmenskontinuität bei Familienunternehmen, Frankfurt am Main [u.a.] (1996), zitiert: Unternehmenskontinuität
Leible, Stefan	Die Stiftung im Internationalen Privatrecht, in: Saenger, Ingo/Bayer, Walter/Koch, Elisabeth/Körber, Torsten (Hrsg.), FS O. Werner, Baden-Baden (2009), S. 256–274
Leipold, Dieter	Erbrecht, 18. Aufl., Tübingen (2010)
Ders.	Wandlungen in den Grundlagen des Erbrechts?, AcP 180 (1980), 160–211

Leisner, Walter Georg	Die mildtätige Familienstiftung, DB 2005, 2434–2436
Lennert, Philipp	Liechtenstein: Änderungen im Stiftungsrecht, ZEV 2008, 79–80
Ders.	Liechtenstein, Stiftungsrechtsreform beschlossen, ZEV 2008, 429–430
Ders./ *Blum, Hans Christian*	Das neue liechtensteinische Stiftungsrecht: Zivil- und steuerrechtliche Einordnung nach der Stiftungsrechtsreform, ZEV 2009, 171–177
Lerche, Peter	Übermaß und Verfassungsrecht: zur Bindung des Gesetzgebers an die Grundsätze der Erforderlichkeit und der Verhältnismäßigkeit, Köln/Berlin/Bonn/München (1961), zitiert: Übermaß und Verfassungsrecht
Leuering, Dieter	Von Scheinauslandsgesellschaften hin zu „Gesellschaften mit Migrationshintergrund", ZRP 2008, 73–77
Lewis, William	Das Recht des Familienfideikommisses, Berlin (1868, Neudruck Aalen 1969)
Liebs, Rüdiger	Die unbeschränkte Verfügungsbefugnis, AcP 175 (1975), 1–43
Liermann, Hans	Die unselbstständigen Stiftungen, in: Albert K. Franz/Liermann, Hans/zur Nedden, Hans/von Pölnitz, Götz (Hrsg.), Deutsches Stiftungswesen 1948–1966, Bd. I, Tübingen (1968), S. 229–245, zitiert: Deutsches Stiftungswesen 1948–1966 I
Ders.	Handbuch des Stiftungsrechts, Bd. I, Tübingen (1963), zitiert: Handbuch des Stiftungsrechts I
Löwe, Christian von	Die steuerliche Behandlung der Familienstiftung, in: Wachter, Thomas (Hrsg.), FS Spiegelberger, Bonn (2009), S. 1370–1389

Ders.	Familienstiftung und Nachfolgegestaltung, Diss. Düsseldorf (1999)
Ders.	Österreichische Privatstiftung mit Stiftungsbeteiligten in Deutschland, IStR 2005, 577–584
Ders./ Pelz Christian	Die liechtensteinische Stiftung – Bermuda-Dreieck zwischen Schenkungssteuer, Steueramnestie und Steuerstrafrecht, BB 2005, 1601–1605
Löwe, Christian von/ du Roi Droege, Ralph	Ist die Erbersatzsteuer bei Familienstiftungen reformbedürftig?, ZEV 2006, 530–534
Ludwig, Ingo	Die Änderung der internationalen Zuständigkeit österreichischer Nachlassgerichte und ihre Auswirkung auf das österreichische Erbkollisionsrecht, ZEV 2005, 419–424
Luig, Klaus	Vernunftrecht, in: Erler, Adalbert/Kaufmann, Ekkehard (Hrsg.), Handwörterbuch der deutschen Rechtsgeschichte, Bd. IV, Berlin (1993), zitiert: Handwörterbuch IV
Luth, Sebastian	Die Vertretungsbefugnis des Vorstandes in rechtsfähigen Stiftungen des Privatrechts, Berlin (2005), zitiert: Vertretungsbefugnis
Luxton, Peter	The Law of Charities, Oxford/New York (2001)
MacCormick, Neil	Legal Reasoning and Legal Theory, Oxford (1995)
Mankowski, Peter	Der Tod des Trustees im deutschen Internationalen Privatrecht, in: Baur, Jürgen/Sandrock, Otto/Scholtka, Boris/Shapira, Amos (Hrsg.), FS Kühne, Frankfurt am Main (2009), S. 795–807
Manssen, Gerrit	Privatrechtsgestaltung durch Hoheitsakt, Tübingen (1994)

Manthe, Ulrich (Hrsg.)	Gaius Institutiones, Darmstadt (2004), zitiert: Gai Inst.
Marxer, Florian	Die liechtensteinische Familienstiftung. Ihre Eigenart im Verhältnis zum schweizerischen Recht, Schaan (1990), zitiert: Familienstiftung
Ders.	Streifzug durch das liechtensteinische Privatrecht, insbesondere das Stiftungs- und Gesellschaftsrecht, ZEuP 2004, 477–502
Matschke, Wolfgang	Gemeinnützige Stiftung und Pflichtteilsergänzungsanspruch, in: Westermann, Harm Peter/Mock, Klaus (Hrsg.), FS Bezzenberger, Berlin/New York (2000), S. 521–528
Mattheus, Daniela	Eckpfeiler einer stiftungsrechtlichen Publizität, DStR 2003, 254–259
Maurenbrecher, Romeo	Lehrbuch des gesamten heutigen gemeinen deutschen Privatrechtes, Bd. I, 2. Aufl., Bonn (1840), zitiert: Lehrbuch I
Maurer, Hartmut	Allgemeines Verwaltungsrecht, 17. Aufl., München (2009)
Mayer, Thomas	Die organisierte Vermögenseinheit gemäss Art. 150 des Bundesgesetzes über das Internationale Privatrecht: unter besonderer Berücksichtigung des Trust, Basel/Frankfurt am Main (1998), zitiert: Organisierte Vermögenseinheit
McGovern, William/Kurtz, Sheldon F.	Wills, Trusts and Estates, 3. Aufl., St. Paul (2004)
Mecking, Christoph	Facts and Figures: Rechtstatsachen zu Stiftern und Stiftungen in Deutschland, in: Werner, Olaf/Saenger, Ingo (Hrsg.), Die Stiftung, Berlin (2008), S. 57–92

Ders.	Zur Situation der Stiftungen in Deutschland, in: Hopt, Klaus/Reuter, Dieter (Hrsg.), Stiftungsrecht in Europa, Köln [u.a.] (2001), S. 33–54
Medicus, Dieter	Pflichtteilsergänzung wegen Zuwendungen an Stiftungen, in: Heldrich, Andreas/Schlechtriem, Peter/Schmidt, Eike (Hrsg.), FS Heinrichs, München (1998), S. 381–396
Meffert, Heribert	Vorwort, in: Bertelsmann Stiftung (Hrsg.), Handbuch Stiftungen, 2. Aufl., Wiesbaden (2003), S. XI-XII
Meier-Hayoz, Arthur (Hrsg.)	Berner Kommentar, 3. Abteilung, Dritter Teilband (Systematischer Teil und Kommentar zu Art. 80–89bis ZGB), 3. Aufl. (1975), zitiert: BK-*Bearbeiter*
Mercker, Florian	Die Familienstiftung, in: Strachwitz, Rupert Graf/Mercker, Florian (Hrsg.): Stiftungen in Theorie, Recht und Praxis, Berlin (2005), S. 328–336
Merkert, Hubert	Die Unternehmensstiftung als Rechtsproblem, Diss. Heidelberg (1963), zitiert: Unternehmensstiftung
Mestmäcker, Ernst	Recht und ökonomisches Gesetz. Über die Grenzen von Staat, Gesellschaft und Privatautonomie, Baden-Baden (1978), zitiert: Recht und ökonomisches Gesetz
Ders.	Soll das Stiftungsrecht bundesgesetzlich vereinheitlicht und reformiert werden, gegebenenfalls mit welchen Grundzügen? Referat für den 44. Deutschen Juristentag, in: Ständige Deputation des Deutschen Juristentages (Hrsg.), Verhandlungen des vierundvierzigsten Deutschen Juristentages Hannover 1962, Bd. II, Sitzungsberichte, Tübingen (1964), G 3-G 30, zitiert: Referat 44. DJT

Meyer zu Hörste, Gerhard	Die Familienstiftung als Technik der Vermögensverewigung, Diss. Göttingen (1976), zitiert: Familienstiftung
Milatz, Jürgen/Kemcke, Tom/ Schütz, Robert	Stiftungen im Zivil- und Steuerrecht, Heidelberg (2004)
Mirbach, Niklas	Stiftungszweck und Gemeinwohlgefährdung, Göttingen (2011)
Mohn, Reinhard	Geleitwort – Die Rolle von Stiftungen in einer modernen Gesellschaft, in: Bertelsmann Stiftung (Hrsg.), Handbuch Stiftungen, 2. Aufl., Wiesbaden (2003), S. V–X
Morris, J. H. C./ Leach, W. Barton	The Rule against Perpetuities, London (1956)
Motte, Frank	Die GmbH & Co. KGaA nach der Zulassung durch den BGH – die neue Rechtsform für den Mittelstand?, DStR 1997, 1539–1542
Mowbray, John/Tucker, Lynton/ Le Poidevin, Nicholas/Simpson, Edwin/Brightwell, James	Lewin on Trusts, 18. Aufl., London (2008)
Mrozynski, Peter, SBG I Kommentar	Sozialgesetzbuch (SGB I), 3. Aufl., München (2003), zitiert: SGB I
Mues, Gabor	Die Stiftungs-GmbH, in: Strachwitz, Rupert Graf/Mercker, Florian (Hrsg.): Stiftungen in Theorie, Recht und Praxis, Berlin (2005), S. 241–250
Mugdan, Bruno	Die gesammelten Materialien zum Bürgerlichen Gesetzbuch für das Deutsche Reich, Bd. I–IV, Berlin (1899), zitiert: Materialien I-IV
Mühlhäuser, Kurt	Publizität bei Stiftungen, Diss. München (1970)
Müller-Freienfels, Wolfram	Zur Lehre vom sogenannten „Durchgriff" bei juristischen Personen im Privatrecht, AcP 156 (1957), 522–543

Müller, Beate	Die privatnützige Stiftung zwischen Staatsaufsicht und Deregulierung, Baden-Baden (2009), zitiert: Die privatnützige Stiftung
Müller, Thorsten/ Schubert, Jörg	Die Stifterfamilie und die Sicherstellung ihrer Versorgung im Rahmen einer gemeinnützigen Stiftung – Gestaltungsmöglichkeiten aus zivil- und steuerrechtlicher Sicht –, DStR 2000, 1289–1297
Mummenhoff, Winfried	Gründungssysteme und Rechtsfähigkeit, Köln [u.a.] (1979)
Münchener Anwaltshandbuch Erbrecht	3. Aufl., München (2009), zitiert: MüAnwHdb. ErbR-*Berabeiter*
Münchener Handbuch des Gesellschaftsrechts	Bd. V, Verein, Stiftung bürgerlichen Rechts, 3. Aufl., München (2009), zitiert: MünchHdbGesR-*Bearbeiter*
Münchener Kommentar, Bürgerliches Gesetzbuch	Bd. I, Allgemeiner Teil (§§ 1–240), 4. Aufl., München (2001), zitiert: MüKo-*Bearbeiter*
	Bd. I/1. Halbbd., Allgemeiner Teil (§§ 1–240, ProstG), 5. Aufl., München (2006), zitiert: MüKo-*Bearbeiter*
	Bd. I, Allgemeiner Teil (§§ 1–240, ProstG, AGG), 6. Aufl., München (2012), zitiert: MüKo-*Bearbeiter*
	Bd. II, Schuldrecht – Allgemeiner Teil (§§ 241–432), 5. Aufl., München (2007), zitiert: MüKo-*Bearbeiter*
	Bd. III, Schuldrecht – Besonderer Teil (§§ 433–610), 5. Aufl., München (2008), zitiert: MüKo-*Bearbeiter*
	Bd. IV, Schuldrecht – Besonderer Teil II (§§ 611–704), 5. Aufl., München (2009), zitiert: MüKo-*Bearbeiter*

	Bd. VII/1. Halbbd., Familienrecht I (§§ 1297–1588), 5. Aufl., München (2010), zitiert: MüKo-*Bearbeiter*
	Bd. VIII, Familienrecht II (§§ 1589–1921), 5. Aufl., München (2008), zitiert: MüKo-*Bearbeiter*
	Bd. IX, Erbrecht (§§ 1922–2385), 5. Aufl., München (2010), zitiert: MüKo-*Bearbeiter*
	Bd. X, Internationales Privatrecht (Art. 1–46 EGBGB), 4. Aufl., München (2006), zitiert: MüKo-*Bearbeiter*
	Bd. X, Internationales Privatrecht (Rom I-Verordnung, Rom II-Verordnung, Art. 1–24 EGBGB), 5. Aufl., München (2010), zitiert: MüKo-*Bearbeiter*
	Bd. XI, Internationales Wirtschaftsrecht, Einführungsgesetz zum Bürgerlichen Gesetzbuche (Art. 50–245), 4. Aufl., München (2006), zitiert: MüKo-*Bearbeiter*
Muscheler, Karlheinz	Das vertragliche Stiftungsgeschäft, ZEV 2003, 41–49
Ders.	Das Wesen der Zustiftung, WM 2008, 1669–1671
Ders.	Die Rechtsstellung der Stiftungsdestinatäre, WM 2003, 2213–2221
Ders.	Plädoyer für ein staatsfreies Stiftungsrecht, ZRP 2000, 390–395
Ders.	Stiftung und Gemeinwohlgefährdung, NJW 2003, 3161–3166
Ders.	Stiftung und Schenkung, AcP 203 (2003), 469–510

Ders.	Stiftungsautonomie und Stiftereinfluss in Stiftungen der öffentlichen Hand, ZSt 2003, 67–78
Ders.	Stiftungsrecht, Baden-Baden (2005)
Ders./ Schewe, Markus	Die Reform des Stiftungsrechts und die Stiftungserrichtung von Todes wegen – Anmerkungen zu den von Bündnis90/Die Grünen und F.D.P. vorgelegten Gesetzesentwürfen zur Änderung des Stiftungsrechts, WM 1999, 1693–1697
Mutius, Albert von	Zur Grundrechtssubjektivität privatrechtlicher Stiftungen, VerwArchiv 65 (1974), 87–90
Naumann zu Grünberg, Klaus-Dieter	Die Stiftung in der Unternehmensnachfolge mit Auslandsbezug: Einsatzmöglichkeiten und Stiftungsstatut, ZEV 2012, 569–575
Neuhoff, Klaus	Die Bereitstellung von Unternehmenskapital für Stiftungen (Stiftungsunternehmen und unternehmensbezogene Stiftungen), Diss. Köln (1964), zitiert: Unternehmenskapital für Stiftungen
Ders.	„Ewige Dauer" als Problem des Stiftungsrechts, in: Kohl, Helmut/Kübler, Friedrich/Ott, Claus/Schmidt, Karsten (Hrsg.), GS Walz, Köln [u.a.] (2008), S. 465–483
Nietzer, Wolf/ Stadie, Volker	Die Familienstiftung & Co. KG – eine Alternative für die Nachfolgeregelung bei Familienunternehmen, NJW 2000, 3457–3461
Nissel, Reinhard	Das neue Stiftungsrecht, Baden-Baden (2002)
Nowotny, Christian	Stifterrechte – Möglichkeiten und Grenzen, JBl 2003, 778–783
Oakley, A.J.	Parker and Mellows: The Modern Law of Trusts, 8. Aufl., London (2003), zitiert: The Modern Law of Trusts

Oepen, Klaus	Eigenkapitalersatz bei Stiftungen, NZG 2001, 209–215
Oertzen, Christian von	Aktuelle Besteuerungsfragen inländischer Familienstiftungen, in: Wachter, Thomas (Hrsg.), FS Spiegelberger, Bonn (2009), S. 1390–1398
Ders.	Personengesellschaftsanteile im Internationalen Erbrecht, IPRax 1994, 73–80
Oetker, Hartmut	Das Allgemeine Gleichbehandlungsgesetz als Konkretisierung der Sittenordnung und seine Auswirkungen auf Stiftungen, in: Hoyer, Andreas/Hattenhauer, Hans/Meyer-Pritzl, Rudolf/Schubert, Werner (Hrsg.), GS Eckert, Baden-Baden (2008), S. 617–638
Ders.	Unternehmensmitbestimmung in der rechtspolitischen Diskussion – Ein Zwischenbericht, RdA 2005, 337–345
Ohler, Christoph	Die Bekanntgabe inländischer Verwaltungsakte im Ausland, DÖV 2009, 93–101
Opel, Andrea	Steuerliche Behandlung von Familienstiftungen, Stiftern und Begünstigten – in nationalen und internationalen Verhältnissen, Basel (2009), zitiert: Steuerliche Behandlung von Familienstiftungen
Orth, Manfred	Zur Rechnungslegung von Stiftungen, DB 1997, 1341–1351
Ott, Claus	Kontrolle und Transparenz von Nonprofit-Organisationen, in: Kohl, Helmut/Kübler, Friedrich/Ott, Claus/Schmidt, Karsten (Hrsg.), GS Walz, Köln [u.a.] (2008), S. 505–526

Overbeck, Alfred E. von	Rapport explicatif/Explanatory Report, in: Hague Conference on Private International Law/Conférence de la Haye de droit international privé (HCCH) (Hrsg.), Actes et Documents de la Quinzième session/Proceedings of the Fifteenth Session (1984), Bd. II, Den Haag (1985), S. 370–415
Pahlke, Armin/ Koenig, Ulrich	Abgabenordnung, 2. Aufl., München (2009), zitiert: Pahlke/Koenig-*Bearbeiter*
Palandt, Bürgerliches Gesetzbuch	69. Aufl., München (2010), zitiert: Palandt-*Bearbeiter*
Pankoke, Eckart	Stiftung und Ehrenamt, in: Bertelsmann Stiftung (Hrsg.), Handbuch Stiftungen, 2. Aufl., Wiesbaden (2003), S. 593–626
Pauli, Rudolf	Die Familienstiftung, FamRZ 2012, 344–349
Pavel, Uwe	Eignet sich die Stiftung für den Betrieb erwerbswirtschaftlicher Unternehmen?, Bad Homburg v.d.H. [u.a.] (1967), zitiert: Stiftung und Unternehmen
Pawlytta, Mark/ Schmutz, Patrick	Zuwendungen am Nachlass vorbei in Deutschland und der Schweiz, ZEV 2008, 59–64
Perscha, Alice/ Stögner, Markus/ Pawlytta, Mark	Zuwendungen am Nachlass vorbei – Erfahrungen aus Österreich unter dem deutschen Blickwinkel, ZEV 2008, 412–416
Petersen, Albert	Zum Verhältnis von Gesellschaftsvertrag und Erbrecht bei der Nachfolge von Erben in eine Personengesellschaft, JZ 1960, 211–212
Pirrung, Jörg	Zur Ratifikation des Trust-Übereinkommens, in: Lorenz, Stephan/Trunk, Alexander/ Eidenmüller, Horst/Wendehorst, Christiane/ Adolff, Johannes (Hrsg.), FS Heldrich, München (2005), S. 925–931

Pluskat, Sorika	Auf dem Weg zur Modernisierung des deutschen Stiftungsprivatrechts: der aktuelle Regierungsentwurf als Resultat jahrelanger Reformdiskussion, DStR 2002, 915–923
Pohlmann, Jörg	Entstehung, Rechtsträgerschaft und Auflösung der juristischen Person, Frankfurt am Main (2007)
Prütting, Hans	Insolvenz von Vereinen und Stiftungen, in: Kötz, Hein/Rawert, Peter/Schmidt, Karsten/Walz, Rainer (Hrsg.), Non Profit Law Yearbook 2002, Köln [u.a.] (2003), S. 137–155
Puchta, Georg Friedrich	Lehrbuch der Pandekten, 9. Aufl., Leipzig (1863), zitiert: Pandekten
Pues, Lothar/ Scheerbarth, Walter	Gemeinnützige Stiftungen im Zivil- und Steuerrecht, München (2001), zitiert: Gemeinnützige Stiftungen
Raiser, Ludwig	Rechtsschutz und Institutionenschutz im Privatrecht, in: Tübinger Juristenfakultät (Hrsg.), Summum ius summa iniuria, Tübingen (1963), S. 145–167
Raiser, Thomas	Der Begriff der juristischen Person. Eine Neubesinnung, AcP 199 (1999), 104–144
Ders.	Gesamthand und juristische Person im Licht des neuen Umwandlungsrechts, AcP 194 (1994), 495–512
Rassem, Mohammed	Entwurf einer Stiftungslehre, in: ders. (Hrsg,), Stiftung und Leistung: Essais zur Kultursoziologie, Mittenwald (1979), S. 163–274
Rasteiger, Christina	Österreichs Privatstiftungen unter der Lupe, Aufsichtsrat aktuell 6/2007, 6–10
Rawert, Peter	Charitable Correctness – Das OLG Dresden zu Spenden und Pflichtteilsergänzung, NJW 2002, 3151–3153

Ders.	Der Einsatz der Stiftung zu stiftungsfremden Zwecken, ZEV 1999, 294–298
Ders.	Der Nachweis organschaftlicher Vertretung im Stiftungsrecht – Zu den Rechtswirkungen von Stiftungsverzeichnissen und aufsichtsbehördlichen Vertretungsbescheinigungen –, in: Hönn, Günther/Oetker, Hartmut/Raab, Thomas (Hrsg.), FS Kreutz, Köln (2010), S. 825–836
Ders.	Der Stiftungsbegriff und seine Merkmale – Stiftungszweck, Stiftungsvermögen, Stiftungsorganisation –, in: Hopt, Klaus/Reuter, Dieter (Hrsg.), Stiftungsrecht in Europa, Köln [u.a.] (2001), S. 109–137
Ders.	Die Genehmigungsfähigkeit der unternehmensverbundenen Stiftung, Frankfurt am Main (1990) [u.a.], zitiert: Genehmigungsfähigkeit
Ders.	Die Stiftung als GmbH? Oder: Der willenlose Stifter, in: Hommelhoff, Peter/Rawert, Peter/Schmidt, Karsten (Hrsg.), FS Priester, Köln (2007), S. 647–659
Ders.	Grundrecht auf Stiftung, in: Martinek, Michael/Rawert, Peter/Weitemeyer, Birgit (Hrsg.), FS Reuter, Berlin/New York (2010), S. 1323–1338
Ders.	Kapitalerhöhung zu guten Zwecken – Die Zustiftung in der Gestaltungspraxis, DNotZ 2008, 5–18
Ders.	Stiftung und Unternehmen, in: Kötz, Hein/Rawert, Peter/Schmidt, Karsten/Walz, Rainer (Hrsg.), Non Profit Law Yearbook 2003, Köln (2004), S. 1–15

Ders.	Von süffigen Parolen, einem dicken Sargnagel und der Philosophie des „Als Ob" – Karsten Schmidt und das Stiftungsrecht, in: Bitter, Georg/Lutter, Marcus/Priester, Hans-Joachim/Schön, Wolfgang/Ulmer, Peter (Hrsg.), FS K. Schmidt, Köln (2009), S. 1323–1339
Ders./Katschinski, Ralf	Stiftungserrichtung und Pflichtteilsergänzung, ZEV 1996, 161–166
Rawls, John	A Theory of Justice, 5. Aufl., Cambridge, Massachusetts (1973)
Rebsch, Annette	Die Europäische Stiftung, Berlin (2007)
Rehbinder, Eckard	Buchbesprechung, Privatrechtliche Schranken der Perpetuierung von Unternehmen (Dieter Reuter), NJW 1973, 2016
Reibnitz, Kurt von	Familienfideikommisse, ihre wirtschaftlichen, sozialen und politischen Wirkungen, Berlin (1908), zitiert: Familienfideikomisse
Reimann, Wolfgang	Die „rules against perpetuities" im deutschen Erbrecht, NJW 2007, 3034–3037
Reithmann, Christian/Martiny, Dieter	Internationales Vertragsrecht, 7. Aufl., Köln (2010), zitiert: Reithmann/Martiny-*Bearbeiter*
Renaud, Achilles	Lehrbuch des gemeinen deutschen Privatrechts, Bd. I, Pforzheim (1848), zitiert: Deutsches Privatrecht I
Reuter, Dieter	Die Bestandssicherung von Unternehmen – ein Schlüssel zur Zukunft des Handelsgesellschaftsrechts, AcP 181 (1981), 1–30
Ders.	Die Mitbestimmung als Bestandteil des Normativsystems für die juristischen Personen des Handelsrechts, Berlin [u.a.] (1987), zitiert: Mitbestimmung

Ders.	Die Reform des Vereinsrechts – Zum Referentenentwurf zur Änderung des Vereinsrechts vom 25.8.2004, NZG 2005, 738–746
Ders.	Die Stiftungsabhängigkeit des Unternehmens – ein Mittel zur Lösung des Nachfolgeproblems?, GmbHR 1973, 241–250
Ders.	Die Stiftung zwischen Verwaltungs- und Treuhandmodell, in: Häuser, Franz/Hammen, Horst/Hennrichs, Joachim/Steinbeck, Anja/Siebel, Ulf/Welter, Reinhard (Hrsg.), FS Hadding, Berlin (2004), S. 231–251
Ders.	Die unselbstständige Stiftung, in: von Campenhausen, Axel Frhr./Kronke, Herbert/Werner, Olaf (Hrsg.), Stiftungen in Deutschland und Europa, Düsseldorf (1998), S. 203–228
Ders.	Gesellschaftsvertragliche Nachfolgeregelung und Pflichtteilsrecht (BGH, NJW 1970, 1638), JuS 1971, 289–294
Ders.	Konzessions- oder Normativsystem für Stiftungen, in: Hönn, Günther/Konzen, Horst/Kreutz, Peter (Hrsg.), FS Kraft, Neuwied (1998), S. 493–508
Ders.	Neue Impulse für das gemeinwohlorientierte Stiftungswesen? Zum Entwurf eines Gesetzes zur Modernisierung des Stiftungsrechts, in: Kötz, Hein/Rawert, Peter/Schmidt, Karsten/Walz, Rainer (Hrsg.), Non Profit Law Yearbook 2001, Köln [u.a.] (2002), S. 27–64
Ders.	Privatrechtliche Schranken der Perpetuierung von Unternehmen: ein Beitrag zum Problem der Gestaltungsfreiheit im Recht der Unternehmensformen, Frankfurt am Main (1973), zitiert: Perpetuierung
Ders.	Rechtsfähigkeit und Rechtspersönlichkeit, AcP 207 (2007), 673–717

Ders.	Stiftungsform, Stiftungsstruktur und Stiftungszweck, AcP 207 (2007), 1–27
Ders.	Stiftung und Staat, in: Hopt, Klaus/Reuter, Dieter (Hrsg.), Stiftungsrecht in Europa, Köln [u.a.] (2001), S. 139–158
Ders.	Wiederbelebung der Fideikommisse im Rechtskleid der privatnützigen Stiftung?, in: Hoyer, Andreas/Hattenhauer, Hans/Meyer-Pritzl, Rudolf/Schubert, Werner (Hrsg.), GS Eckert, Baden-Baden (2008), S. 677–693
RGRK (Hrsg. von Mitgliedern des Bundesgerichtshofs)	Das Bürgerliche Gesetzbuch mit besonderer Berücksichtigung der Rechtsprechung des Bundesgerichtshofs, Band I (§§ 1–240), 12. Aufl., Berlin/New York (1982), zitiert: RGRK-*Bearbeiter*
	Das Bürgerliche Gesetzbuch mit besonderer Berücksichtigung der Rechtsprechung des Bundesgerichtshofs, Band V 2. Teil (§§ 2147–2385), 12. Aufl., Berlin/New York (1975), zitiert: RGRK-*Bearbeiter*
Richter, Andreas	Anmerkungen zum Urteil des BFH vom 29.1.2003, Az. I R 106/00, ZSt 2003, 134–137
Ders.	Rechtsfähige Stiftung und Charitable Corporation, Berlin (2001)
Ders./ Wachter, Thomas	Handbuch des internationalen Stiftungsrechts, Angelbachtal (2007)
Richter, Andreas/ Sturm, Sebastian	Die Reform des englischen Stiftungsrechts, RIW 2004, 346–351
Dies.	Stiftungsrechtsreform und Novellierung der Landesstiftungsgesetze, NZG 2005, 655–659
Richter, Andreas/ Gollan, Anna	Fundatio Europaea – Der Kommissionsvorschlag für eine Europäische Stiftung (FE), ZGR 2013, 551–595

Dies.	Die Besteuerung der Kapitalerträge von Familienstiftungen, in: Martinek, Michael/Rawert, Peter/Weitemeyer, Birgit (Hrsg.), FS Reuter, Berlin/New York (2010), S. 1155–1166
Riemer, Hans Michael	Das deutsche Stiftungsrecht aus der Sicht des schweizerischen, in: von Campenhausen, Axel Frhr./Kronke, Herbert/Werner, Olaf (Hrsg.), Stiftungen in Deutschland und Europa, Düsseldorf (1998), S. 349–360
Ders.	Rechtsprobleme der Unternehmensstiftung, ZBJV 116 (1980), 489–531
Ders.	Stiftungen im schweizerischen Recht, in: Hopt, Klaus/Reuter, Dieter (Hrsg.), Stiftungsrecht in Europa, Köln [u.a.] (2001), S. 511–519
Rintelen, Helmut von	Rechtstatsachen zur Familienstiftung, in: Hauer, Rolf/Goerdeler, Reinhard/Kreuser, Kurt/von Pölnitz-Egloffstein, Winfrid Frhr. (Hrsg.), Deutsches Stiftungswesen 1977–1988, Bonn (1989), S. 143–149
Ritter, Wolfgang	Gedanken zur Erbschaftsteuer, BB 1994, 2285–2291
Röhl, Klaus	Allgemeine Rechtslehre, 2. Aufl., Köln [u.a.] (2001)
Rösing, Wolfgang	Die Entlastung im Stiftungsrecht, Hamburg (2013), zitiert: Entlastung
Rösner, Fabian	Die Konzernierung der Stiftung und ihr Einfluss auf die Pflichten des Stiftungsvorstands, Baden-Baden (2012), zitiert: Die Konzernierung der Stiftung
Röthel, Anne	Erbrechtliche Wirkungsgrenzen (§§ 2109, 2210 BGB) als Intentionalitätsgarantieen, in: Martinek, Michael/Rawert, Peter/Weitemeyer, Birgit (Hrsg.), FS Reuter, Berlin/New York (2010), S. 307–323

Dies.	Pflichtteil und Stiftungen; Generationengerechtigkeit versus Gemeinwohl?, ZEV 2006, 8–12
Dies.	Vermögenswidmung durch Stiften oder Vererben: Konkurrenz oder Konkordanz?, in: Kohl, Helmut/Kübler, Friedrich/Ott, Claus/Schmidt, Karsten (Hrsg.), GS Walz, Köln [u.a.] (2008), S. 617–634
Dies.	Was bringt die Pflichtteilsreform für Stiftungen, ZEV 2008, 112–116
Sachs, Michael	Kein Recht auf Stiftungsgenehmigung, in: Isensee, Josef/Lecheler, Helmut (Hrsg.), FS Leisner, Berlin (1999), S. 955–971
Ders. (Hrsg.), Grundgesetz Kommentar	5. Aufl., München (2009), zitiert: Sachs-*Bearbeiter*
Sack, Rolf	Typusabweichung und Institutsmißbrauch im Gesellschaftsrecht, DB 1974, 369–373
Saenger, Ingo/Inhester Michael (Hrsg.)	GmbHG, Baden-Baden (2011), zitiert: Saenger/Inhester-*Bearbeiter*
Saenger, Ingo/Arndt, Ingo	Reform des Stiftungsrechts: Auswirkungen auf unternehmensverbundene und privatnützige Stiftungen, ZRP 2000, 13–19
Sandberg, Berit	Grundsätze ordnungsgemäßer Jahresrechnung für Stiftungen, Baden-Baden (2001), zitiert: Jahresrechnung
Dies.	Rechnungslegung von Stiftungen – Überlegungen zur Anwendung handelsrechtlicher Vorschriften, ZHR 164 (2000), 155–175
Santo-Passo, Rolf	Die liechtensteinische Stiftung – Hausgemachte Problematik im Lichte der Stiftungsrechtsreform, LichtstJZ 2005, 1–6

Ders.	Family Estate Planning, in: Caspers, Wolfgang/Wagner, Jürgen/Künzle, Hans (Hrsg.), Die Liechtensteinische Stiftung, Zürich (2003), S. 43–66
Ders.	Family Estate Planning – Verselbstständigte Vermögensmassen als Zweckvermögen – eine liechtensteinische Spezialität?, LichtstJZ 2004, 16–23
Savigny, Friedrich Carl von	System des heutigen römischen Rechts, Bd. II, Berlin (1840), zitiert: System II
Schack, Haimo	Weiterleben nach dem Tod – juristisch betrachtet, JZ 1989, 609–615
Schauer, Martin	Der Schutz der Stifterinteressen im neuen Stiftungsrecht, LichtstJZ 2009, 40–50
Ders. (Hrsg.)	Kurzkommentar zum liechtensteinischen Stiftungsrecht, Basel (2009), zitiert: Schauer-*Bearbeiter*
Schauhoff, Stephan	Gemeinnützige Stiftung und Versorgung des Stifters und seiner Nachkommen, DB 1996, 1693–1696
Ders.	Neue Entwicklungen im Stiftungs- und Stiftungssteuerrecht, ZEV 1999, 121–125
Ders.	Unternehmensnachfolge mit Stiftungen, in: Wachter, Thomas (Hrsg.), FS Spiegelberger, Bonn (2009), S. 1341–1350
Scheuren-Brandes, Wolfgang	Auseinandersetzungsverbot und Dauertestamentsvollstreckung gemäß §§ 2209 ff. BGB, ZEV 2007, 306–309
Schick, Stefan	Die gemeinnützige Stiftung als Holding im Gesundheits- und Sozialwesen, in: Wachter, Thomas (Hrsg.), FS Spiegelberger, Bonn (2009), S. 1351–1357

Schiffer, K. Jan	Aktuelles Beratungs-Know-how Gemeinnützigkeits- und Stiftungsrecht, DStR 2003, 14–18
Ders.	Die Dresdner Frauenkirche, die Stiftung und der Pflichtteil, NJW 2004, 1565–1567
Ders.	Die Entwicklung des Stiftungszivilrechts in den Jahren 2004 bis 2006, NJW 2006, 2528–2531
Ders.	Fortsetzung der Diskussion zur unternehmensverbundenen Stiftung trotz des neuen Stiftungszivilrechts? – Ein Ruf aus der Praxis, ZSt 2003, 252–254
Ders.	Stiftungen und Familie: Anmerkungen zu „Familienstiftungen", in: Wachter, Thomas (Hrsg.), FS Spiegelberger, Bonn (2009), S. 1358–1369
Ders.	Zur Entwicklung des Stiftungszivilrechts in den Jahren 2000 bis 2003, NJW 2004, 2497–2500
Ders./ Pruns, Matthias	Die unternehmensverbundene Stiftung – ein Überblick zur vielfältigen Praxis, BB 2013, 2755–2763
Schiller, Thilo	Stiftungen im gesellschaftlichen Prozeß, Baden-Baden (1969)
Schilling, Wolfgang	Kontinuität und Wandel im Leben einer Stiftung, in: Haaß, Dieter (Hrsg.), Gemeinnützige Stiftungen als unternehmerische Aufgabe, Karlsruhe (1981), S. 9–11
Schindler, Ambros	Die Familienstiftung als Organisationsstruktur für Familienunternehmen, Hamburg (1974), zitiert: Organisationsstruktur
Ders.	Familienstiftungen – Recht, Steuer Betriebswirtschaft, Bielefeld (1975), zitiert: Familienstiftungen

Schlosser, Hans	Außenwirkungen verfügungshindernder Abreden bei der rechtsgeschäftlichen Treuhand, NJW 1970, 681–687
Schlüter, Andreas	Die Stiftung als Unternehmenseigentümerin, in: Strachwitz, Rupert Graf/Mercker, Florian (Hrsg.), Stiftungen in Theorie, Recht und Praxis, Berlin (2005), S. 315–327
Ders.	Stiftungsrecht zwischen Privatautonomie und Gemeinwohlbindung. Ein Rechtsvergleich Deutschland, Frankreich, Italien, England, USA, München (2004), zitiert: Stiftungsrecht
Ders./ Stolte, Stefan	Stiftungsrecht, München (2007)
Schmid, Cornelia	Stiftungsrechtliche Zuwendungen im Erb- und Familienrecht, Berlin (2007)
Schmidt-Jortzig, Edzard	Stifterfreiheit – Bedingungen eines Grundrechts auf Stiftung, in: Strachwitz, Rupert Graf/Mercker, Florian (Hrsg.), Stiftungen in Theorie, Recht und Praxis, Berlin (2005), S. 55–65
Schmidt, Karsten	Brave New World: Deutschland und seine Unternehmerserben auf dem Weg in ein Stiftungs-Dorado?, ZHR 166 (2002), 145–149
Ders.	Deregulierung des Aktienrechts durch Denaturierung der Kommanditgesellschaft auf Aktien?, ZHR 160 (1996), 265–287
Ders.	Die Personengesellschaft als Rechtsfigur des „Allgemeinen Teils", AcP 209 (2009), 181–204
Ders.	„Ersatzformen" der Stiftung – Unselbstständige Stiftung, Treuhand und Stiftungskörperschaft –, in: Hopt, Klaus/Reuter, Dieter (Hrsg.), Stiftungsrecht in Europa, Köln [u.a.] (2001), S. 175–195
Ders.	Gesellschaftsrecht, 4. Aufl., Köln [u.a.] (2002)

Ders.	Satzungsfreiheit, Individualrechte und Bindung von Rechtsnachfolgern – „Nach"-Denken über Dieter Reuters Grundlagenwerk von 1973, in: Kessal-Wulf, Sibylle/Martinek, Michael/Rawert, Peter (Hrsg.), Formale Freiheitsethik oder materielle Verantwortungsethik, Berlin (2006), S. 9–32
Ders.	Sitzverlegungsrichtlinie, Freizügigkeit und Gesellschaftsrechtspraxis, ZGR 1999, 20–35
Ders.	Wohin steuert die Stiftungspraxis?, DB 1987, 261–263
Schmidt, Wolf	Stiftungen als Innovationsagenturen und Wohltäter der Gesellschaft, in: Bertelsmann Stiftung (Hrsg.), Handbuch Stiftungen, 2. Aufl., Wiesbaden (2003), S. 87–125
Schnitger, Arne	Die Gestaltungsform der Doppelstiftung und ihre Probleme, ZEV 2001, 104–106
Schöbel, Sarah	Corporate Governance im Stiftungsrecht, Frankfurt am Main (2012), zitiert: Corporate Governance
Schöning, Anne	Privatnützige Stiftungen im deutschen und spanischen Zivilrecht, Köln (2003), zitiert: Privatnützige Stiftungen
Schönle, Herbert	Die Anerkennung liechtensteinischer juristischer Personen in Deutschland, NJW 1965, 1112–1117
Schotten, Günther/ Schmellenkamp, Cornelia	Das Internationale Privatrecht in der notariellen Praxis, 2. Aufl., München (2007), zitiert: Schotten/Schmellenkamp-*Bearbeiter*
Schuck, Frank	Die Doppelstiftung, Frankfurt am Main [u.a.] (2009)

Schulte, Hans	Zu den Gesichtspunkten des Bundesgerichtshofes bei der Fortbildung des Gesellschaftsrechts, in: Hefermehl, Wolfgang/Gmür, Rudolf/Brox, Hans (Hrsg.), FS Westermann, Karlsruhe (1974), S. 525–540
Schulte, Martin	Staat und Stiftung: verfassungsrechtliche Grundlagen und Grenzen des Stiftungsrecht und der Stiftungsaufsicht, Heidelberg (1989), zitiert: Staat und Stiftung
Schulze, Götz	Bedürfnis und Leistungsfähigkeit im internationalen Unterhaltsrecht, Heidelberg (1998), zitiert: Bedürfnis und Leistungsfähigkeit
Ders.	Die Naturalobligation, Tübingen (2008)
Ders.	Grundfragen zum Umgang mit modernisiertem Schuldrecht – Wandel oder Umbruch im Methodenverständnis?, in: Helms, Tobias/Neumann, Daniela/Caspers, Georg/Sailer, Rita/Schmidt-Kessel, Martin (Hrsg.), Jahrbuch Junger Zivilrechtswissenschaftler 2001, Stuttgart (2001), S. 167–186
Schulze, Rainer	Die Europäische Genossenschaft (SCE), NZG 2004, 792–796
Ders.	Die Gegenwart des Vergangenen – Zu Stand und Aufgabe der Stiftungsrechtsgeschichte, in: Hopt, Klaus/Reuter, Dieter (Hrsg.), Stiftungsrecht in Europa, Köln [u.a.] (2001), S. 55–72
Schurr, Francesco	Die Stiftung mit unternehmerischer Verantwortung, Baden-Baden (1997)
Schütz, Robert	Die Besteuerung ausländischer, insbesondere liechtensteinischer Familienstiftungen und ihrer Begünstigten in Deutschland, DB 2008, 603–607

Schwake, Johannes	Kapital und Zweckerfüllung bei Unternehmensstiftungen, Hamburg (2008), zitiert: Kapital und Zweckerfüllung
Ders.	Zum Mindestkapital bei rechtsfähigen Stiftungen des bürgerlichen Rechts, NZG 2008, 248–252
Schwarz, Günter	Die Stiftung als Instrument für die mittelständische Unternehmensnachfolge, BB 2001, 2381–2390
Ders.	Zur Neuregelung des Stiftungsprivatrechts (Teil I), DStR 2002, 1718–1725
Ders.	Zur Neuregelung des Stiftungsprivatrechts (Teil II), DStR 2002, 1767–1773
Schweizer, Heinrich	Stifterwille contra Vorstandswille: Der Fall Barnes Foundation, ZSt 2005, 129–136
Schwertmann, Philipp	Stiftungen als Förderer der Zivilgesellschaft, Baden-Baden (2006)
Schwintek, Sebastian	Stiftungsförderung durch Normativsystem?, ZRP 1999, 25–30
Ders.	Vorstandskontrolle in rechtsfähigen Stiftungen bürgerlichen Rechts, Baden-Baden (2001), zitiert: Vorstandskontrolle
Schwintowski, Hans-Peter	Die Stiftung als Konzernspitze, NJW 1991, 2736–2742
Schyle, Michael	Brennpunkte des liechtensteinischen Stiftungsrechts im Lichte insbesondere der neueren Rechtsprechung, LichtstJZ 2004, 181–216
Segna, Ulrich	Rechnungslegung und Prüfung von Vereinen – Reformbedarf im deutschen Recht, DStR 2006, 1568–1573
Ders.	Vereinsrechtsreform, NZG 2002, 1048–1055

Seifart, Werner/von Campenhausen, Axel Frhr. (Hrsg.)	Stiftungsrechtshandbuch, 3. Aufl., München (2009), zitiert: Seifart/von Campenhausen-*Bearbeiter*
Seppeler, Klaus	Der Unternehmer in der Stiftung, Diss. TU Berlin (1952)
Serick, Rolf	Rechtsform und Realität juristischer Personen, 2. Aufl., Tübingen (1980), zitiert: Rechtsform und Realität
Ders.	Zur Anerkennung der liechtensteinischen Treuunternehmen in Deutschland, RabelsZ 23 (1958), 624–642
Ders.	Zur Behandlung des anglo-amerikanischen Trust im kontinentaleuropäischen Recht, in: Dietz, Rolf/Hübner, Heinz (Hrsg.), FS Nipperdey, Bd. II, München/Berlin (1965), S. 653–666
Seyfarth, Sabine	Der Schutz der unselbstständigen Stiftung, Baden-Baden (2009)
Sherrin, C H/Barlow, R F D/Wallington, R A/Meadway Susannah L/Waterworth, Michael	Williams on Wills, Bd. I, 8. Aufl., London [u.a.] (2002), zitiert: Williams on Wills I
Sieker, Klaus	Der US-Trust, Baden-Baden (1991)
Soergel, Hans Theodor (Begr.), Kommentar zum Bürgerlichen Gesetzbuch	Bd. I, Allgemeiner Teil 1 (§§ 1–103), 13. Aufl., Stuttgart [u.a.] (2000), zitiert: Soergel-*Bearbeiter*
	Bd. XXI, Erbrecht 1 (§§ 1922–2063), 13. Aufl., Stuttgart [u.a.] (2001), zitiert: Soergel-*Bearbeiter*
	Bd. XXIII, Erbrecht 3 (§§ 2274–2385), 13. Aufl., Stuttgart [u.a.] (2003), zitiert: Soergel-*Bearbeiter*

Söldner, Ludwig	Die Behandlung des anglo-amerikanischen trust im internationalen Privatrecht, München (1954), zitiert: Die Behandlung des trust im IPR
Söllner, Alfred	Zur Rechtsgeschichte des Familienfideikommisses, in: Medicus, Dieter/Seiler, Hans Hermann (Hrsg.), FS Kaser, München (1976), S. 657–669
Sontheimer, Jürgen	Das neue Stiftungsrecht, 2. Aufl., Freiburg [u.a.] (2003)
Sorg, Martin	Die Familienstiftung, Baden-Baden (1984)
Ders.	Hat die Familienstiftung jetzt noch eine Überlebenschance, BB 1983, 1620–1627
Spickhoff, Andreas	Zum Internationalen Privatrecht der Stiftungen, in: Saenger, Ingo/Bayer, Walter/Koch, Elisabeth/Körber, Torsten (Hrsg.), FS O. Werner, Baden-Baden (2009), S. 241–255
Sprecher, Thomas/ von Salis, Ulysses	Die schweizerische Stiftung, Zürich (1999)
Staudinger, Julius von (Begr.), Kommentar zum Bürgerlichen Gesetzbuch	Buch 1, Allgemeiner Teil (§§ 1–89), 12. Aufl., Berlin (1980), zitiert: Staudinger-*Bearbeiter*
	Buch 1, Allgemeiner Teil (§§ 21–103), 13. Bearbeitung, Berlin (1995), zitiert: Staudinger-*Bearbeiter*
	Buch 1, Allgemeiner Teil (§§ 80–89), Neubearbeitung 2011, Berlin (2011), zitiert: Staudinger-*Bearbeiter*
	Buch 2, Recht der Schuldverhältnisse (§§ 516–534), Neubearbeitung 2005, Berlin (2005), zitiert: Staudinger-*Bearbeiter*
	Buch 2, Recht der Schuldverhältnisse (§§ 563–580a), Neubearbeitung 2006, Berlin (2006), zitiert: Staudinger-*Bearbeiter*

	Buch 2, Recht der Schuldverhältnisse (§§ 657–704), Neubearbeitung 2006, Berlin (2006), zitiert: Staudinger-*Bearbeiter*
	Buch 4, Familienrecht (§§ 1363–1563), Neubearbeitung 2007, Berlin (2007), zitiert: Staudinger-*Bearbeiter*
	Buch 5, Erbrecht (§§ 1967–2063), Neubearbeitung 2002, Berlin (2002), zitiert: Staudinger-*Bearbeiter*
	Buch 5, Erbrecht (§§ 2197–2264), Neubearbeitung 2003, Berlin (2003), zitiert: Staudinger-*Bearbeiter*
	Buch 5, Erbrecht (§§ 2265–2338), Neubearbeitung 2006, Berlin (2006), zitiert: Staudinger-*Bearbeiter*
	Einleitung EGBGB (Art. 1, 2, 50–218 EGBGB), Neubearbeitung 2005, Berlin (2005), zitiert: Staudinger-*Bearbeiter*
	Einführungsgesetz zum Bürgerlichen Gesetzbuche/IPR (Einleitung zur Rom I-VO, Art. 1–10 Rom I-VO), Internationales Vertragsrecht 1, Neubearbeitung 2011, Berlin (2011), zitiert: Staudinger-*Bearbeiter*
Stein, Lorenz von	Geschichte der sozialen Bewegung in Frankreich von 1789 bis auf unsere Tage, Bd. III, München (1921, Neudruck Darmstadt 1959), zitiert: Geschichte der sozialen Bewegung in Frankreich III
Stengel, Arndt	Stiftung und Personengesellschaft, Baden-Baden (1993)
Steuber, Elgin	Corporate Governance bei Stiftungen – eine Frage der Kontrolle oder der Moral, DStR 2006, 1182–1188

Stöber, Michael	Die geplante Europäische Stiftung, DStR 2012, 804–808
Strachwitz, Rupert Graf	Die Stiftung – Ein Paradox? Zur Legitimität von Stiftungen in einer demokratischen Ordnung, Stuttgart (2010)
Ders.	Die Zukunft des Stiftungswesens – Anmerkungen aus sozialwissenschaftlicher Sicht, ZSt 2003, 197–202
Ders.	Stiftungen in einer modernen Gesellschaft, in: Kohl, Helmut/Kübler, Friedrich/Ott, Claus/Schmidt, Karsten (Hrsg.), GS Walz, Köln [u.a.] (2008), S. 725–739
Streinz, Rudolf (Hrsg.)	EUV/EGV (Kommentar), München (2003), zitiert: Streinz-*Bearbeiter*
Strickrodt, Georg	Die Erscheinungsformen der Stiftungen des privaten und des öffentlichen Rechts, NJW 1962, 1480–1486
Ders.	Neuordnung des Stiftungsrechts? Zum Verhandlungsthema des Deutschen Juristentages, JR 1962, 285–290
Ders.	Stiftungsrecht: Geltende Vorschriften und rechtspolitische Vorschläge, Baden-Baden (1977), zitiert: Stiftungsrecht
Struck, Gerhard	Die paradoxe Funktionalität gesellschaftlicher Reproduktion und das Recht der Stiftung, in: Kohl, Helmut/Kübler, Friedrich/Ott, Claus/Schmidt, Karsten (Hrsg.), GS Walz, Köln [u.a.] (2008), S. 741–755
Stüber, Stephan	BVerfG zum Pflichtteilsrecht: Kein Beitrag zu mehr Klarheit!, NJW 2005, 2122–2124
Stumpf, Christoph/Suerbaum, Joachim/Schulte, Martin/Pauli, Rudolf	Stiftungsrecht, München (2011), zitiert: Stumpf/Suerbaum/Schulte/Pauli-*Bearbeiter*

Sudhoff, Heinrich	Unternehmensnachfolge, 5. Aufl., München (2005), zitiert: Sudhoff-*Bearbeiter*, Unternehmensnachfolge
Summer, Markus	„Vertrauen ist gut, Kontrolle ist besser" – die Auskunftsrechte von Begünstigten im liechtensteinischen Stiftungs- und Treuhandrecht, LichtstJZ 2005, 36–53
Süß, Rembert	Nachlassabwicklung im Ausland mittels postmortaler Vollmachten, ZEV 2008, 69–73
Tabet, Habib	La situation juridique des bénéficiaires de la fondation, Diss. Lausanne (2006), zitiert: Les bénéficiaires
Teichmann, Christoph	Reform des Gläubigerschutzes im Kapitalgesellschaftsrecht, NJW 2006, 2444–2451
Terner, Paul	Der Referentenentwurf eines Gesetzes zur Änderung des Vereinsrechts, ZRP 2005, 169
Theis, Alexander	Die Europäische Gegenseitigkeitsgesellschaft, Karlsruhe (2005)
Theuffel-Werhahn, Berthold	Unterliegen unselbständige Familienstiftungen der Ersatzerbschaftsteuerpflicht? – Zugleich eine Betrachtung des Begriffs „Stiftung" im Steuerrecht, ZEV 2014, 14–21
Thibaut, Anton	System des Pandektenrechts, Bd. I, 9. Aufl., Jena (1846), zitiert: System I
Thomas, Geraint/ Hudson, Alastair	The Law of Property, 2. Aufl., Oxford/New York (2010)
Dies.	The Law of Trusts, Oxford/New York (2004)
Thorn, Karsten	Das Centros-Urteil des EuGH im Spiegel der deutschen Rechtsprechung, IPRax 2001, 102–110
Ders.	Der Mobiliarerwerb vom Nichtberechtigten, Baden-Baden (1996)

Ders.	Koordinierung von Privatrechtsordnungen durch Anwendung ausländischen Kollisionsrechts, Habil. Trier (2003), zitiert: Koordinierung von Privatrechtsordnungen
Thymm, Niels	Das Kontrollproblem der Stiftung und die Rechtsstellung der Destinatäre, Köln (2007), zitiert: Das Kontrollproblem der Stiftung
Tiedau, Erwin	Gesellschaftsrecht und Erbrecht, MDR 1978, 353–356
Tielmann, Jörgen	Die Familienverbrauchsstiftung, NJW 2013, 2934–2939
Tipke, Klaus	Die Steuerrechtsordnung, Bd. I, 2. Aufl. (2000), zitiert: Die Steuerrechtsordnung I
Ders./ Kruse, Heinrich (Hrsg.)	Abgabenordnung – Finanzgerichtsordnung (Loseblatt), Köln (Stand: Dezember 2008), zitiert: Tipke/Kruse-*Bearbeiter*
Tipke, Klaus/Lang, Joachim	Steuerrecht, 20. Aufl., Köln (2010)
Tolksdorf, Georg	Stiftungsgeschäftliche Vermögensausstattung und Schenkung, Baden-Baden (2005), zitiert: Vermögensausstattung und Schenkung
Trott zu Solz, Thilo von	Erbrechtlose Sondervermögen: Über die Möglichkeit fideikommissähnlicher Vermögensbindungen, Frankfurt am Main (1999), zitiert: Erbrechtlose Sondervermögen
Tschütscher, Klaus	Das neue liechtensteinische Stiftungsrecht – Entstehungsgeschichte und Gesamtüberblick, LichtstJZ 2008, 79–82
Uhl, Matthias	Das Internationale Privatrecht der Stiftung und das Aufsichtsrecht, in: Hüttemann, Rainer/Rawert, Peter/Schmidt, Karsten/Weitemeyer, Birgit (Hrsg.), Non Profit Law Yearbook 2012/2013, S. 189–224

Uhlenbruck, Wilhelm/Hirte, Heribert/Vallender, Heinz (Hrsg.), Insolvenzordnung Kommentar	13. Aufl., München (2010), zitiert: Uhlenbruck-*Bearbeiter*
Ulmer, Peter	Die große, generationenübergreifende Familien-KG als besonderer Gesellschaftstyp, ZIP 2010, 549–558
Veen, Wimo van	Supervisions of Foundations in Europe: Post-incorporation Restrictions and Requirements, in: Schlüter, Andreas/Then, Volker/Walkenhorst, Peter (Hrsg.), Foundations in Europe, Society Management and Law, London (2001), S. 694–743
Venema, Uniken	Trustrecht en Bewind, Zwolle (1954)
Vetter, Eberhard	Deutscher Corporate Governance Kodex, DNotZ 2003, 748–764
Vinken, Horst	Die Stiftung als Trägerin von Unternehmen und Unternehmensteilen – ein Beitrag zur Morphologie der Einzelwirtschaften, Baden-Baden (1970), zitiert: Die Stiftung als Trägerin von Unternehmen
Vogel, Horst	Wertungsdivergenzen zwischen Steuerrecht, Zivilrecht und Strafrecht, NJW 1985, 2986–2991
Vogt, Benedikt	Publizität im Stiftungsrecht, Hamburg (2013), zitiert: Publizität
Vollmer, Lothar	Der europäische Verein, ZHR 157 (1993), 373–399
Wachter, Thomas	Die österreichische Privatstiftung als Instrument der Nachfolgeplanung für deutsche Stifter?, DStR 2000, 474–480
Ders.	Steuerliche Behandlung von Stiftungen zwischen Errichtung und Anerkennung, ZEV 2003, 445–449

Ders.	Steueroptimale Nachlassplanung mit einer österreichischen Privatstiftung, DStR 2000, 1037–1047
Wagner, Jürgen	Neues Stiftungsrecht in Liechtenstein – Weitere Schritte zur Reform, RIW 2008, 773–780
Wagner, Rolf/ Timm, Birte	Der Referentenentwurf eines Gesetzes zum Internationalen Privatrecht der Gesellschaften, Vereine und juristischen Personen, IPRax 2008, 81–90
Walz, Rainer	Grundrecht oder Menschenrecht auf Anerkennung der gemeinwohlkonformen Allzweckstiftung?, ZSt 2004, 133–140
Ders.	Rechnungslegung und Transparenz im Dritten Sektor, in: Hopt, Klaus/von Hippel, Thomas/Walz, Rainer, Nonprofit-Organisationen in Recht, Wirtschaft und Gesellschaft, Tübingen (2005), S. 259–282
Ders.	Stiftungsreform in Deutschland: Stiftungssteuerrecht, in: Hopt, Klaus/Reuter, Dieter (Hrsg.), Stiftungsrecht in Europa, Köln [u.a.] (2001), S. 197–215
Wälzholz, Eckhard	Die Reform des Erb- und Pflichtteilsrechts zum 1.1.2010 – Überblick mit Gestaltungsempfehlungen, DStR 2009, 2104–2110
Weber, Christiane	Stiftungen als Rechts- und Ausdrucksform Bürgerschaftlichen Engagements in Deutschland, Baden-Baden (2009), zitiert: Stiftungen
Webster, Noah	A Collection of Essays and Fugitiv Writings, Boston (1790, Neudruck New York 1984), zitiert: Essays and Fugitiv Writings
Weckbach, Thomas	Die Bindungswirkung von Erbteilungsverboten, Berlin (1987)
Weick, Günter	Sukzessionen – Nachfolgeprobleme in der Literatur und in der Gegenwart, NJW 2012, 716–719

Weidmann, Christina	Stiftung und Testamentsvollstreckung, Hamburg (2009)
Weimar, Robert/Geitzhaus, Georg/Delp, Udo	Die Stiftung & Co. KG als Rechtsform der Unternehmung, BB 1986, 1999–2010
Weiss, Egon	Institutionen des römischen Privatrechts, 2. Aufl., Basel (1949)
Weitemeyer, Birgit	Der Kommissionsvorschlag zum Statut einer Europäischen Stiftung, NZG 2012, 1001–1010
Dies.	Die Zukunft des Stiftungsrechts in Europa, in: Saenger, Ingo/Bayer, Walter/Koch, Elisabeth/Körber, Torsten (Hrsg.), FS O. Werner, Baden-Baden (2009), S. 288–305
Dies./ Vogt, Benedikt	Verbesserte Transparenz und Non-Profit Governance Kodex für NPOs, NZG 2014, 12–17
Welser, Rudolf	Die Reform des Pflichtteilsrechts in Österreich und Deutschland, ZfRV 2008, 175–184
Wening-Ingenheim, Johann Nepumuk von	Lehrbuch des gemeinen Civilrechtes, Bd. I, 4. Aufl., München (1831), zitiert: Lehrbuch I
Werkmüller, Maximilian	Steuerliche Aspekte der ausländischen Familienstiftung, ZEV 1999, 138–141
Werner, Olaf	Allgemeine Grundlagen, in: *Werner, Olaf/Saenger, Ingo* (Hrsg.), Die Stiftung, Berlin (2008), S. 1–22
Ders.	Der Verein als Stifter, in: Martinek, Michael/Rawert, Peter/Weitemeyer, Birgit (Hrsg.), FS Reuter, Berlin/New York (2010), S. 431–450
Ders.	Stiftungen und Pflichtteilsrecht – Rechtliche Überlegungen, ZSt 2005, 83–88
Werner, Rüdiger	Die Doppelstiftung, ZEV 2012, 244–249
Ders.	Die Familienstiftung als Instrument der Asset Protection, ZEV 2014, 66–72

Ders.	Stiftungen als Instrument der Pflichtteilsvermeidung, ZEV 2007, 560–564
Werthern, Hans Carl von	Unternehmensverfassungsrecht und Stiftung, Baden-Baden (1986)
Westebbe, Achim	Die Stiftungstreuhand: Eine Untersuchung des Privatrechts der unselbstständigen gemeinnützigen Stiftung mit rechtsvergleichenden Hinweisen auf den charitable trust, Baden-Baden (1993), zitiert: Stiftungstreuhand
Westermann, Harm Peter	Der strafende und disziplinierende Erblasser, in: Bucher, Eugen/Canaris, Claus-Wilhelm/Honsell, Heinrich/Koller, Thomas (Hrsg.), FS Wiegand, Bern [u.a.] (2005), S. 661–684
Ders.	Zur Theorie der Grundtypenvermischung – am Beispiel der GmbH & Co KG, in: Bitter, Georg/Lutter, Marcus/Priester, Hans-Joachim/Schön, Wolfgang/Ulmer, Peter (Hrsg.), FS K. Schmidt, Köln (2009), S. 1709–1729
Wieacker, Franz	Privatrechtsgeschichte der Neuzeit, 2. Aufl., Göttingen (1967), zitiert: Privatrechtsgeschichte
Wiederhold, Johannes	Stiftung und Unternehmen im Spannungsverhältnis, Bern [u.a.] (1971), zitiert: Stiftung und Unternehmen
Wiesner, Jens	Korporative Strukturen bei der Stiftung bürgerlichen Rechts, Hamburg (2012), zitiert: Korporative Strukturen
Wigand, Klaus/Haase-Theobald, Cordula/Heuel, Markus/Stolte, Stefan	Stiftungen in der Praxis, Wiesbaden (2007)
Windscheid, Bernhard/Kipp, Theodor	Lehrbuch des Pandektenrechts, Bd. I, 9. Aufl., Frankfurt am Main (1906), zitiert: Pandektenrecht I

Wittuhn, Georg	Das internationale Privatrecht des Trust, Frankfurt am Main [u.a.] (1987), zitiert: IPR des Trust
Wochner, Georg	Die unselbstständige Stiftung, ZEV 1999, 125–132
Ders.	Rechtsfähige Stiftungen – Grundlagen und aktuelle Reformbestrebungen, BB 1999, 1441–1449
Ders.	Stiftungen und stiftungsähnliche Körperschaften als Instrumente dauerhafter Vermögensbindung, MittRhNotK 1994, 89–112
Wolff, Martin	On the Nature of Legal Persons, LQuartRev 54 (1938), 494–521
Wriedt, Christian	Stifterland Deutschland, MUT 45 (2010), Nr. 508, 76–87
Wüst, Günther	Gestaltungsfreiheit und Typenkatalog im Gesellschaftsrecht, in: Pawlowski, Hans-Martin/Wiese, Günther/Wüst Günther (Hrsg.), FS Duden, München (1977), S. 749–771
Young, Dennis R./ Hammack, David C.	Nonprofit Organizations in a Market Economy: Common Threads and Research Issues, in: Hammack, David C./Young, Dennis R. (Hrsg.), Nonprofit Organizations in a Market Economy, S. 398–419
Zeiter, Alexandra	Die Erbstiftung: (Art. 493 ZGB), Freiburg/Schweiz (2001)
Zenus, Janina/ Schmitz, Benedikt	Die Familienstiftung als Gestaltungsinstrument zur Vermögensübertragung und -sicherung, NJW 2012, 1323–1329
Zielinski, Gustav	Grundtypenvermischung und Handelsgesellschaftsrecht. Der Eintritt von Kapitalgenossenschaften in Personengesellschaften, seine wirtschaftliche Bedeutung und rechtliche Zulässigkeit, Marburg (1925), zitiert: Grundtypenvermischung und Handelsgesellschaftsrecht

Zimmer, Annette	Der deutsche Nonprofit-Sektor. Ein empirischer Beitrag zur Bedeutung von Nonprofit-Organisationen in der Bundesrepublik Deutschland, in: Kötz, Hein/Rawert, Peter/Schmidt, Karsten/Walz, Rainer (Hrsg.), Non Profit Law Yearbook 2001, Köln [u.a.] (2002), S. 7–26
Zimmer, Maximilian	Die Fortdauer der Testamentsvollstreckung über den Zeitraum von 30 Jahren hinaus, NJW 2008, 1125–1128
Zimmermann, Reinhard	„Quod Titius voluerit" – höchstpersönliche Willensentscheidung des Erblassers oder „power of appointment"?, München (1991), zitiert: Quos Titius voluerit
Zimmermann, Walter	Anmerkung zu LG Berlin v. 15.2.2006 (ZEV 2006, 506), ZEV 2006, 508–509
Zippelius, Reinhold	Recht und Gerechtigkeit in der offenen Gesellschaft, 2. Aufl., Berlin (1996), zitiert: Recht und Gerechtigkeit
Ders./ Würtenberger, Thomas	Deutsches Staatsrecht, 32. Aufl., München (2008)
Zoppini, Andrea	Vier Thesen für ein Überdenken der Regelungen des Stiftungsrechts, in: von Campenhausen, Axel Frhr./Kronke, Herbert/Werner, Olaf (Hrsg.), Stiftungen in Deutschland und Europa, Düsseldorf (1998), S. 403–417
Zweigert, Konrad/Kötz, Hein	Einführung in die Rechtsvergleichung, 3. Aufl., Tübingen (1996)
Zwiefelhofer, Thomas	Liechtenstein: the reform of foundation law, Trusts & Trustees 2009, 373–381

A. Einleitung

„Eine besondere Art von Stiftungen, die Familienstiftung, hat bisher in der Wissenschaft sehr geringe Beachtung gefunden."[1]

Diese Feststellung aus dem Jahre 1919 ist so heute sicherlich nicht mehr gültig. In jüngerer Zeit ist das Stiftungswesen – und mit ihm die Familienstiftung – in einer Vielzahl von Ländern verstärkt in das Bewusstsein der öffentlichen Wahrnehmung gerückt. Dabei erfreut es sich nicht nur eines regen Interesses der Politik, sondern erfährt auch im juristischen Wissenschaftsdiskurs gesteigerte Beachtung. Immer knapper werdende öffentliche Mittel sind dafür verantwortlich, dass man sich von Neuem verstärkt des Dritten Sektors besinnt. Sicherlich haben auch die öffentlichkeitswirksam inszenierten Großstiftungen in Amerika hieran ihren Anteil. Man denke nur daran, welches Medienecho auch in Europa etwa Bill Gates und Warren Buffet mit ihrer Kampagne „The Giving Pledge" ausgelöst haben, mit welcher sie hunderte von US-Milliardären überzeugen möchten, einen Großteil ihres Vermögens zu Lebzeiten oder im Todesfall zu spenden.[2] Der Gesetzgeber war dementsprechend in jüngerer Zeit sowohl in Deutschland, als auch in einigen Nachbarländern um eine Reform des Stiftungsrechts bemüht. Die rechtlichen Regelungen sind überarbeitet und in der nunmehr gültigen Fassung mit dem so genannten Stiftungsmodernisierungsgesetz vom 15.7.2002[3] am 1.9.2002 in Kraft getreten. Bereits zuvor hatte das Gesetz zur weiteren steuerlichen Förderung von Stiftungen vom 14.7.2000[4] Vergünstigungen für Stiftungen im Bereich des Steuerrechts gebracht.

Neben dem bisherigen „klassischen" Verständnis der Stiftungen als Mittel zur Verwirklichung wohltätiger Zwecke, ist die Stiftung im Laufe der Zeit immer mehr als Modell zur Regelung erbrechtlicher und gesellschaftsrechtlicher Fragestellungen in den Blickwinkel der Beratungspraxis gerückt. In beiden Fällen wird

---

1 *Frommhold*, AcP 117 (1919), 87–142 (S. 87).
2 Hierzu Spiegel Online, http://www.spiegel.de/wirtschaft/soziales/0,1518,710806,00. html (zuletzt abgerufen am 28.3.2012).
3 BGBl. 2002 I, 2634.
4 BGBl. 2000 I, 1034.

die Rechtsfigur Stiftung in der Hauptsache nicht mehr nur zur Verwirklichung gemeinwohlförderlicher Ziele genutzt, sondern als Mittel zur Verfolgung rein privater, materieller Interessen. So soll durch die Errichtung einer Stiftung teils die Nachfolge im Unternehmen geregelt, teils eine bestimmte Unternehmenskultur erhalten, teils schlicht das materielle Wohlergehen einer Familie für lange Zeit gesichert werden. Mit Blick auf diese Gestaltungen individuellen, geschäftlichen Engagements als moderne Anwendungsfelder der Stiftung, drängt sich die Frage nach dem eigentlichen, originären Stiftungsbild und der Rolle auf, die eine Stiftung eigentlich innerhalb der Gesellschaft erfüllen sollte. Gibt es überhaupt noch ein solches Rollenbild? Wenn ja, welche Konsequenzen ergäben sich für die Stiftungspraxis? Sollte die Rechtsfigur Stiftung wirklich dazu genutzt werden, die Möglichkeiten gesellschaftsrechtlicher Gestaltungen zu erweitern oder die soziale Stellung einer bestimmten, abgegrenzten Gruppe von Begünstigten dauerhaft zu verfestigen? Diese Fragestellungen sind im Rahmen der erfolgten Gesetzesänderungen noch nicht auf befriedigende Weise beantwortet worden. Vielmehr zeigt sich nicht zuletzt durch einen Vergleich verschiedener europäischer Rechtsordnungen, wie unterschiedlich die Rolle der Stiftung in dieser Hinsicht aufgefasst werden kann.

Seit jeher sind Einfluß, Macht und sozialer Rang einer Familie auf das engste mit dem Besitz von Vermögenswerten verbunden. Soll dabei die einmal erworbene gesellschaftliche Stellung auch generationenübergreifend erhalten oder sogar ausgebaut werden, ist der Erhalt materieller Familiengüter von größter Bedeutung. Dynastisch denkenden Erblassern ist dies stets bewusst gewesen, weshalb sie angesichts der eigenen Vergänglichkeit von jeher bemüht waren, Vorkehrungen hinsichtlich der finanziellen Ausstattung der Familie für die Zeit nach dem eigenen Ableben zu treffen.[5] Dementsprechend heißt es etwa in der aktuellen Kampagne einer großen, internationalen Bank: „Preserving wealth. For generations. Preserving wealth is about patience as well as persistence. (…) we understand your wish to preserve wealth for now and for generations to come."[6] Die aktuelle Relevanz diesbezüglicher Fragestellungen ist erheblich. Nach Schätzungen kann für die Jahre 2011–2015 in Deutschland mit einem zu vererbenden Vermögen von etwa 1,3 Billionen Euro, bei einem privaten Gesamtvermögen in der Größenordnung von 10 Billionen Euro, gerechnet werden.[7]

---

5   Den zeitlichen Bogen zurück bis zum Alten Testament schlägt etwa *Weick*, NJW 2012, 716–719 (S. 716 ff.).
6   Kampagne der ABN AMRO, abgedruckt etwa in: Intelligent Life – The Economist Magazine (März/April 2012), S. 56 f.
7   So eine Studie der Dresdner Bank, vgl. Focus Money Online, http://www.focus.de/fin anzen/steuern/eine-billion-euro_aid_97917.html (zuletzt abgerufen am 24.7.2010).

Heute wird zu Zwecken der Nachfolgegestaltung immer öfter zum Errichten von Stiftungen geraten. In den folgenden Ausführungen soll daher die so genannte Unterhalts- (familien-) stiftung dargestellt werden. Es gilt zu untersuchen, ob sie eine zulässige Form der Vermögensbindung zu Gunsten einer einzelnen Familie darstellt oder ob sie nicht vielmehr grundlegenden Wertungen unserer Rechts- und Gesellschaftsordnung, wie etwa den Grundsätzen von Gleichheit und Chancengerechtigkeit, widerspricht und daher als ein Widersprüche hervorrufender Fremdkörper abzulehnen ist.

B. Grundlegendes

I. Fragestellung und Gang der Darstellung

Löst man sich von dem Kriterium eines gesetzgeberischen Willens[8] – die Ausblendung der subjektiv historischen Auslegung scheint einen europäischen Trend darzustellen –[9], so ist für die Auslegung des Stiftungsrechts und die Frage nach der Zulässigkeit von privatnützigen Stiftungen eine Prüfung anhand des Konsistenzgebotes[10] erforderlich.[11] Dabei ist derjenige Grad, mit dem das Konsistenzgebot verwirklicht wird umso höher, je größer die Stimmigkeit und Güte der jeweiligen Rechtsregel und ihre Interpretation ist. Insgesamt geht es um eine „*integrity of law*".[12] Dies bedeutet, dass diejenigen Stiftungszwecke unzulässig sind, die nicht mit dem Geist der Gesamtrechtsordnung und ihrer Dogmatik harmonieren sowie mit ihren Grundprinzipien übereinstimmen.[13] Gesetzliche Anknüpfungspunkte sind hierbei der Stiftungsbegriff und der Gemeinwohlvorbehalt gemäß § 80 II BGB, wobei unter Gemeinwohl das gesetzlich konkretisierte

---

8 Insbesondere die Rechtsprechung scheint dem Kriterium eines gesetzgeberischen Willens mitunter keine besonders große Bedeutung beizumessen, vgl. etwa BGH v. 19.5.1998, BGHZ 139, 36, 42 (zur Börsentermingfähigkeit nach § 53 II BörsG): „Unzutreffende Wertungen in Gesetzesmaterialien sind von vornherein ungeeignet, eindeutige Auslegungsergebnisse in Frage zu stellen." Ähnlich auch OLG München v. 25.1.2001, NJW 2001, 2263, 2264 zum Begriff des „dauerhaften Datenträgers" i.S.v § 2 III FernAbsG.
9 Vgl. *G. Schulze*, Jahrbuch Junger Zivilrechtswissenschaftler 2001, S. 167–186 (178 f.).
10 Zu den Begriffen der Konsistenz und der Kohärenz etwa *MacCormick*, Legal Reasoning and Legal Theory, S. 106, 152 ff., 195 ff.
11 Idealerweise hätte der Gesetzgeber des Stiftungsmodernisierungsgesetzes eben eine solche vorgenommen und die Frage nach der Zulässigkeit der reinen Unterhaltsstiftung in Übereinstimmung mit dem gefundenen Ergebnis beantwortet.
12 *Dworkin*, Law's Empire, S. 225: „According to the law as integrity, propositions of law are true if they figure in or follow from the principles of justice, fairness, and procedural due process that provide the best constructive interpretation of the community's legal practice."
13 *Hager*, Rechtsmethoden in Europa, S. 202.

Gemeinwohl zu verstehen ist. Reine Unterhaltsstiftungen sind folglich dann unzulässig, wenn sie im Widerspruch zu gesetzlichen Wertungen stehen oder gesetzlich gewollte Wirkungen vereiteln.[14]

Im Folgenden werden nunmehr zunächst in einem einführenden Teil unter B.II.-B.V. der historische Hintergrund des Stiftungswesens sowie seine heutige gesellschaftliche und wirtschaftliche Bedeutung herausgearbeitet. Eine gesonderte Berücksichtigung erfährt dabei in Abschnitt B.V. das Stiftungsmodernisierungsgesetz, indem seine Bedeutung für die Fragestellung dieser Arbeit beleuchtet wird. Im sich hieran anschließenden Kapitel folgt unter C. eine Darstellung der rechtlichen Grundlagen der Stiftung. Dies geschieht dabei mit einem besonderen Blick auf diejenigen Fragestellungen, die sich aus der Privatnützigkeit von Stiftungen ergeben. Der Kernteil der Arbeit untersucht danach in Abschnitt D. die Systemwidrigkeit der reinen Unterhaltsstiftung, indem herausgearbeitet wird, inwiefern sie in der bestehenden Rechts- und Gesellschaftsordnung Wertungs- und Wirkungswidersprüche hervorruft. Dabei bleiben die Darstellungen nicht auf das deutsche Recht beschränkt, sondern beziehen in rechtsvergleichender Weise die gesetzlichen Regelungen der Schweiz, Liechtensteins, Österreichs, Englands und der USA mit ein (D.X.1.). Es folgt eine Untersuchung des für Stiftungen geltenden Kollisionsrechts (D.X.2.) sowie eine Betrachtung des aktuellen Projektes einer Europäischen Stiftung (D.X.3.). Im abschließenden Teil E. der Arbeit werden zuletzt Konsequenzen und Schlußfolgerungen gezogen. Diese münden in einen Formulierungsvorschlag für einen neu zu fassenden § 80 IIa BGB, der geeignet erscheint, die fortbestehende Kontroverse um die Zulässigkeit der reinen Unterhaltsstiftung zu beenden. Am Ende der Arbeit findet sich eine Zusammenfassung in französischer Sprache.

II. Begriff der reinen Unterhaltsstiftung

Im Mittelpunkt der folgenden Ausführungen steht die reine Unterhaltstiftung. Dabei handelt es sich um eine Stiftung, die ihre zeitlich grundsätzlich unbegrenzten Leistungen zugunsten der Destinatäre nicht von zusätzlichen Merkmalen abhängig macht, die mittelbar einen Gemeinwohlbezug der Stiftungsleistungen herstellen.

---

14 So auch unter Berufung auf die Entstehungsgeschichte des § 138 I BGB MüKo-*Reuter*, Vor § 80 Rn. 49, §§ 80, 81 Rn. 99; *ders.*, AcP 207 (2007), 1–27 (S. 17 ff.); *ders.*, FS Kraft, S. 493–508 (500); vgl. auch *Schlüter*, Stiftungsrecht, S. 329 ff.; a.A. *Burgard*, Gestaltungsfreiheit, S. 58 ff.; Staudinger-*Hüttemann/Rawert*, Vorbem zu §§ 80 ff. Rn. 188, obgleich sie rechtspolitisch zustimmen.

1. Stiftung

Der Begriff Stiftung ist weder im BGB, noch in den Landesstiftungsgesetzen durch eine einheitliche Definition bestimmt. Im allgemeinen Sprachgebrauch ist Stiftung nicht nur das Rechtsinstitut selbst, sondern auch der Akt der freiwilligen Entäußerung von Vermögensgegenständen.[15] Der juristische Stiftungsbegriff knüpft dagegen allein an das Ergebnis des Stiftungsvorgangs an, so dass Stiftung im Rechtssinne nur die vom Stifter geschaffene Institution ist. Die Handlung des Stifters wird dabei Stiftungsgeschäft genannt.[16] Daraus ergibt sich nach heute herrschender Meinung folgende Definition der Stiftung im Sinne der §§ 80 ff. BGB:[17] Eine Stiftung ist eine rechtsfähige Organisation, welche bestimmte durch ein Stiftungsgeschäft festgelegte Zwecke mit Hilfe eines Vermögens verfolgt, das diesem Zweck dauernd gewidmet ist.[18] Im Unterschied zur Körperschaft verfügt sie demnach über keine Mitglieder. Anstelle eines Personenverbandes, der sich selbst seinen Zweck setzt, tritt das Stiftungsvermögen, welchem der Stifter einen bestimmten Zweck vorgibt.[19] Die Stiftung ist dabei ihrer Struktur nach unsterblich, was grundsätzlich auch für den im Stiftungszweck zum Ausdruck kommenden Willen des Stifters gilt. In der Folge mag man in der Stiftung „ein unsterbliches und mitgliederloses, folglich von der menschlichen Sterblichkeit und den mit ihr verbundenen Gebrechen und Nachfolge-Unwägbarkeiten befreites Allzweck-Rechtssubjekt"[20] sehen.

---

15 Soergel-*Neuhoff*, Vor § 80 Rn. 2.
16 Staudinger-*Rawert* (1995), Vorbem zu §§ 80 ff. Rn. 3 (m.w.N.).
17 Zum abweichenden, rechtsformunabhängigen so genannten *funktionalen Stiftungsbegriff*, wonach „Stiftung" ein Vermögen sein soll, das aufgrund eines freiwilligen und endgültigen Übertragungsaktes auf einen vom Stifter zu wählenden aber von ihm verschiedenen Rechtsträger *beliebiger Art* übergeht und von diesem nach Maßgabe bestimmter Zwecke als Sondervermögen dauerhaft verwaltet wird, *Schlüter*, Stiftungsrecht, S. 18 ff.; *Frankenberger*, Stiftungsbegriff; kritisch hierzu etwa MüKo-*Reuter*, Vor § 80 Rn. 53 ff.
18 BayObLG v. 25.10.1972, NJW 1973, 249; MüKo-*Reuter*, Vor § 80 Rn. 51; Erman-O. *Werner*, Vor § 80 Rn. 7; Palandt-*Ellenberger*, Vorb v § 80 Rn. 5; Seifart/von Campenhausen-*von Campenhausen*, § 1 Rn. 1; *Larenz/Wolf*, Allgemeiner Teil, § 12 Rn. 1, S. 219; Staudinger-*Hüttemann/Rawert*, Vorbem zu §§ 80 ff. Rn. 1.
19 MüKo-*Reuter*, Vor § 80 Rn. 51.
20 K. *Schmidt*, ZHR 166 (2002), 145–149 (S. 147.).

2. Reine Unterhalts- (familien-) stiftung

Landesrechtlich findet sich die Unterscheidung zwischen öffentlichen und privaten Stiftungen. Öffentliche Stiftungen dienen der Allgemeinheit, wohingegen private oder auch *privatnützige Stiftungen* nur einem bestimmten Personenkreis zugute kommen.[21] Soweit eine Stiftung private und öffentliche Zwecke verfolgt, ohne dass ein Überwiegen eines von ihnen festzustellen ist, spricht man von einer *gemischten Stiftung*.[22] Prototyp der privaten Stiftung ist die *Familienstiftung* (häufig mit Unternehmensbezug[23]), bei welcher der begünstigte Personenkreis durch die Familienzugehörigkeit bestimmt wird.[24] Ist es dabei nun Zweck der betreffenden Stiftung, zum Auskommen der Destinatäre beizutragen, handelt es sich um eine *Unterhaltsstiftung*[25]. Soweit die Stiftung ihre Leistungen dabei nicht von zusätzlichen Anforderungen abhängig macht – insbesondere durch eine Beschränkung auf eine besondere Bedürfnissituation der Destinatäre, etwa aufgrund einer Krankheit, einer Ausbildung, Heirat oder Existenzgründung (hierdurch würde die Stiftung zumindest mittelbar auch der Allgemeinheit dienen, da sie in solchen Situationen unterstützend tätig wird, in denen sonst ein solidarisch verfasstes Gemeinwesen den Betroffenen Hilfestellung leisten würde[26]) –, sondern sie vorbehaltlos gewährt, handelt es sich um eine so genannte *reine* Unterhaltsstiftung.[27] Hierbei ist der Familienbezug für die Qualifizierung als Unterhaltsstiftung grundsätzlich nicht erforderlich. Es genügt, dass die Gruppe der Begünstigten durch persönliche Merkmale gekennzeichnet ist.

Neben den allgemeinen Begrifflichkeiten *Familienstiftung* und *privatnützige Stiftung* sollen in den folgenden Ausführungen dementsprechend insbesondere

---

21 Staudinger-*Hüttemann/Rawert*, Vorbem zu §§ 80 ff. Rn. 117 ff.
22 Seifart/von Campenhausen-*Hof*, § 7 Rn. 64
23 In der Stiftungswirklichkeit sind Unterhalts- (familien) -stiftungen teilweise unternehmensverbunden. In einem solchen Fall liegt eine Mischform von Familienstiftung und unternehmensverbundener Stiftung vor. Ausführlich zu den unternehmensverbundenen Stiftungen unter D.IX.
24 Staudinger-*Hüttemann/Rawert*, Vorbem zu §§ 80 ff. Rn. 179.
25 Eventuell auch in der Form einer Verbrauchsstiftung, vgl. *Tielmann*, NJW 2013, 2934–2939 (S. 2934 ff.).
26 Vgl. auch Seifart/von Campenhausen-*von Campenhausen*, § 2 Rn. 3.
27 Daneben finden sich mit gleichem Bedeutungsgehalt die Begrifflichkeiten *voraussetzungslos berechtigende Familienstiftung* (MüKo-*Reuter*, §§ 80, 81 Rn. 96), *Vermögensverwaltungsstiftung* (*Kalteis*, Der Stiftungsgedanke, S. 102, 124) und *Vermögensverwaltungsstiftung/familienbezogene Vermögensverwaltungsstiftung* (MüKo-*Reuter* (4. Aufl.), Vor § 80 Rn. 40 ff.).

drei Begriffe verwendet werden, erstens derjenige der *reinen Unterhaltsstiftung* für vorbehaltlos Leistungen gewährende Stiftungen, zweitens derjenige der *Unterhaltsstiftung* für solche Stiftungen, die ihre Leistungen von besonderen Voraussetzungen abhängig machen sowie drittens derjenige der *(reinen) Unterhaltsfamilienstiftung* soweit im betreffenden Zusammenhang gerade der Familienbezug von Bedeutung ist.

III. Historische Grundlagen des Stiftungsrechts

Schon immer hat es den menschlichen Drang gegeben, Selbstverwirklichung über den eigenen Tod hinaus zu erstreben. Entsprechend stehen die ersten stiftungsähnlichen Rechtsgeschäfte des europäischen Raumes insbesondere im Zusammenhang mit dem Totenkult.[28] Dabei ist diese Erscheinung jedoch keineswegs auf den westlichen Kulturkreis beschränkt gewesen. Vielmehr erscheint es als ein gesellschaftsübergreifendes Phänomen, Teile des eigenen Vermögens dauerhaft bestimmten Zwecken zu widmen.[29] Obwohl die allerersten Frühformen der Stiftungsgeschäfte noch keinen unmittelbaren Zusammenhang mit der Entwicklung unseres heutigen Stiftungsrechts haben[30], geht der Stiftungsgedanke in seiner für unser Verständnis ursprünglichen Form immerhin bis auf die christliche Kaiserzeit zurück.[31] Im Folgenden soll die historische Entwicklung des Stiftungswesens nachgezeichnet werden. Diese ist insbesondere für die Frage nach dem ursprünglichen Zweck und der ursprünglichen Legitimation der Rechtsform Stiftung von Bedeutung. Ohne zuvor einen Blick auf die vorangegangene Entwicklung geworfen zu haben, ist eine abgerundete Einschätzung der Stiftungswirklichkeit und der Rolle, welche dem Institut Stiftung heutzutage zukommt, schwerlich möglich. Denn nur ein Blick auf die Geschichte des Rechtsinstituts Stiftung mag diejenigen Triebkräfte bloßzulegen, die in ihrem steten Voranschreiten zur heutigen Form der Stiftung geführt haben.[32]

---

28 Seifart/von Campenhausen-*von Campenhausen*, § 5 Rn. 4.
29 *R. Schulze*, Stiftungsrecht in Europa, S. 55–72 (55); Seifart/von Campenhausen-*von Campenhausen*, § 5 Rn. 1.
30 Seifart/von Campenhausen-*von Campenhausen*, § 5 Rn. 5.
31 *Jakob*, Schutz der Stiftung, S. 12.
32 Mitunter wird dementsprechend gefordert, die Rechtsüberlieferung als weitere verbindliche Rechtsquelle anzuerkennen und mittels Rechtsvergleichung in der historischen Tiefendimension verloren gegangenes Wissen zu bewahren, vgl. *Bucher*, ZEuP 2000, 394–543 (S. 394 ff.).

1. Gemeinsame Wurzeln des kontinentalen Rechts

Mit der christlichen Kaiserzeit seit Konstantin des Großen beginnt eine in ihrem Wirkungszusammenhang ununterbrochene Rechtstradition der Stiftung.[33] Niedergelegt ist sie in einigen Bestimmungen des Codex des byzantinischen Kaisers Justitian. Aus einer Verbindung von Recht und Religion entstand die Übung, durch letztwillige Verfügung einen Teil seines Vermögens für kirchlich-soziale Zwecke zu hinterlassen (sog. Sohnesteil Christi/portio christi).[34] Für einen Vermögenden war diese Übung ein theologischer Zwang, dem er sich kaum entziehen konnte. So wie heute die besten steuerlichen Anreize, brachte die Sorge um das eigene Seelenheil den einzelnen Stifter dazu, einen Teil seines Vermögens als Verfügung ad pias causas[35] zu hinterlassen.[36] Diese Verfügungen zu überwachen oblag dabei den Ortsbischöfen.[37] Schon die Wortwahl pia causa macht hier einen gewissen Gemeinnützigkeitsbezug des stiftungsrechtlichen Ausgangspunktes im römischen Recht deutlich. Gleichwohl war jedoch vor allem auch die Sorge um das eigene Seelenheil Antriebsfeder der Stifter, mithin Egoismus und nackte Furcht vor mangelnder Betreuung im Jenseits.[38] Diese frühe institutionalisierte Grundform dauerhaften Erhalts und der Verwendung von Vermögen zu frommen Zwecken war noch kein Rechtsinstitut mit eigener Identität.[39] Es zeigten sich jedoch schon erkennbare Linien und Privilegien, wie etwa der dauerhafte Erhalt des gestifteten Vermögens zur Verfolgung des durch den Stifter festgelegten Zwecks.[40]

Für Kontinuität des Stiftungsrechts sorgt im Mittelalter insbesondere die Kirche. Diese kann nach dem Untergang des römischen Reiches mangels

---

33 *R. Schulze*, Stiftungsrecht in Europa, S. 55–72 (57); Seifart/von Campenhausen-*von Campenhausen*, § 5 Rn. 6.
34 *R. Schulze*, Stiftungsrecht in Europa, S. 55–72 (58).
35 Zunächst sind hierunter Verfügungen zugunsten der Kirche und der Bedürftigen verstanden worden. Die spätmittelalterliche Kanonistik erfasst mit dem Begriff piae causae dann eine Reihe unterschiedlicher Zuwendungen, insbesondere an Christus, die Heiligen, die Kirche, an Hospitäler, Arme, Witwen oder zum Loskauf von Gefangenen. Daneben werden auch allgemeinnützliche Verfügungen, etwa zur Herstellung von Wegen und Brücken erfasst, vgl. *R. Schulze*, Stiftungsrecht in Europa, S. 55–72 (58, 62).
36 *R. Schulze*, Stiftungsrecht in Europa, S. 55–72 (58).
37 *Jakob*, Schutz der Stiftung, S. 13.
38 *Liermann*, Handbuch des Stiftungsrechts I, S. 2.
39 *Jakob*, Schutz der Stiftung, S. 13.
40 *R. Schulze*, Stiftungsrecht in Europa, S. 55–72 (58).

vergleichbarer Staatlichkeit am ehesten eine funktionsfähige Verwaltungsstruktur aufweisen.[41] Die religiöse Lehre vom Seelenheil und die römisch-kirchliche Fortentwicklung des Erb- und Vermögensrechts für die piae causae treffen nun jedoch auf Stammeskulturen, deren Vorstellungen ihnen gegenüber archaisch wirken.[42] Grund hierfür ist, dass die Nachfolge des römischen Reiches in Europa überwiegend von Königreichen angetreten werden, deren Kultur von Kriegern und Bauern germanischer, slawischer oder andere Stämme geprägt ist. Ergebnis des Zusammentreffens von römischer Antike, Christentum und Stammeskultur ist im Laufe der Jahrhunderte unsere alteuropäische Kultur.[43] Auch das Stiftungsrecht kann sich diesem Prozess nicht entziehen, wodurch seine typischen mittelalterlichen Konturen entstehen: die Stiftung wird zu einem fortdauernden Personenverband (universitas) der Gemeinschaft der Lebenden mit den Toten.[44] Der korporative Personenverband ist in diesem mittelalterlichen Stiftungsbild dementsprechend konstitutiv.[45] Gleichsam liegt im Mittelalter der Beginn einer Verweltlichung des Stiftungswesens.[46] Neben die religiösen Zwecke treten nun ebenfalls Stiftungen, die sich weltlichen Anliegen zuwenden, wie etwa die Spitalstiftung zur Pflege Alter und Kranker.[47] Dies bedeutet eine erste Erweiterung des Kreises zulässiger Stiftungszwecke.[48] Jedoch verfolgen auch die weltlichen Stiftungen im Wesentlichen gemeinnützige Zwecke. Dies gilt ebenso für die Familienstiftungen, welche erstmals im Mittelalter entstehen. Sie beschränken sich zwar darauf, Familienangehörige zu unterstützen, jedoch nur solche, die bedürftig geworden sind.[49] Je später das Mittelalter wird, desto drängender ist das

---

41 HKK-BGB-*Pennitz*, §§ 80–89 Rn. 10; *R. Schulze*, Stiftungsrecht in Europa, S. 55–72 (59).
42 *R. Schulze*, Stiftungsrecht in Europa, S. 55–72 (59).
43 *R. Schulze*, Stiftungsrecht in Europa, S. 55–72 (59).
44 Also eine Gemeinschaft mit dem verstorbenen Stifter; vorchristliche Wurzeln dieser Vorstellung sind der Opferkult und das Totenmahl, welche die Gemeinschaft mit dem Toten aufrechterhalten sollen. Ausführlich hierzu *R. Schulze*, Stiftungsrecht in Europa, S. 55–72 (59).
45 *Jakob*, Schutz der Stiftung, S. 13.
46 Der mit dem Dualismus von Kirche und Welt einhergehende Gegensatz sowie das Zusammenspiel von kirchlichem und weltlichem Recht (*ius canonicum* und *ius civile*) werden heute als grundlegend für die europäische Rechtsentwicklung angesehen, *R. Schulze*, Stiftungsrecht in Europa, S. 55–72 (61) (m.w.N.).
47 HKK-BGB-*Pennitz*, §§ 80–89 Rn. 11.
48 Staudinger-*Hüttemann/Rawert*, Vorbem zu §§ 80 ff. Rn. 50.
49 Beispiel ist etwa die Stiftung der Welser von 1539; siehe *R. Schulze*, Stiftungsrecht in Europa, S. 55–72 (60).

Bestreben weltlicher Räte, Einfluss auf die zuvor unter kirchlicher Verwaltung stehenden Stiftungen zu nehmen. In der Folge wird nicht selten versucht, die im jeweiligen kommunalen Einflussbereich liegenden Stiftungen in städtischen Behörden zu zentralisieren und von dort aus zu verwalten.[50]

Mit der Phase von Reformation und Aufklärung beginnt in den meisten europäischen Ländern die stiftungsfeindlichste Epoche in der gesamten Geschichte des Stiftungsrechts, die zu einer Abkehr vom vorangegangenen Stiftungsdenken führt.[51] Beginn dieser Entwicklung ist die Reformation im 16. Jahrhundert, als protestantische Theologen und Juristen sich zunehmend gegen Stiftungen für den Toten- und Heiligenkult wenden.[52] Die geistigen Grundlagen hierfür liefert die Aufklärung mit dem Gedanken an die Kraft der Vernunft. Das Individuum mit dem ihm zustehenden Recht auf freie Entfaltung der Persönlichkeit soll nun die metaphysisch begründeten Ketten ablegen. Diese philosophisch argumentierende Strömung wird darüber hinaus durch politische und wirtschaftlich-liberale Strömungen unterstützt.[53] Folgende Entwicklungen sind die Konsequenzen aus der veränderten Geisteshaltung gegenüber den bisherigen althergebrachten Stiftungen: Die bisher meist durch ein Näheverhältnis zu Kirche und religiösen Zwecken geprägten Stiftungen werden in ihrer Ausrichtung verweltlicht. Nunmehr tritt der gemeine Nutzen in den Vordergrund, wobei dieser durchaus vom Staat definiert werden kann und Vorrang vor den konkreten, durch den Stifter bestimmten Zwecken genießt.[54] Damit geht einher, dass die Stiftungsaufsicht teilweise nicht mehr von der Kirche, sondern von der staatlichen Gewalt ausgeübt wird.[55] Mit in diese Periode fällt die Entstehung des Systems der staatlichen Stiftungsgenehmigung.[56]

Grundsätzlich nimmt die Aufklärung eine kritische Haltung gegenüber Stiftungen ein. Es entsteht das Bild von der „Herrschaft der toten Hand", welche

---

50 Seifart/von Campenhausen-*von Campenhausen*, § 5 Rn. 19 ff. (m.w.N.); Staudinger-*Hüttemann/Rawert*, Vorbem zu §§ 80 ff. Rn. 51.
51 *Liermann*, Handbuch des Stiftungsrechts I, S. 169 ff.
52 Staudinger-*Hüttemann/Rawert*, Vorbem zu §§ 80 ff. Rn. 51; *R. Schulze*, Stiftungsrecht in Europa, S. 55–72 (63).
53 *Jakob*, Schutz der Stiftung, S. 14.
54 Seifart/von Campenhausen-*von Campenhausen*, § 5 Rn. 34 ff.
55 In den einzelnen Staaten wird versucht, Verwaltungseinrichtungen zur Stiftungsaufsicht aufzubauen und Grundsätze einer *Stiftungspolicey* zu entwickeln, *R. Schulze*, Stiftungsrecht in Europa, S. 55–72 (63).
56 *Jakob*, Schutz der Stiftung, S. 15; beispielhaft insofern das preußische ALR von 1794 (II, 19 §§ 33 ff.).

wirtschaftliche Güter noch aus dem Grabe heraus umklammere und auf diese Weise deren Verwendung entsprechend den Bedürfnissen der Gegenwart verhindere.[57] Ganz im etatistischen Sinne wird dabei die Sorge um das Gemeinwohl nun als Aufgabe des Territorialherren angesehen. Daher ist in der Folge für entsprechende private oder kirchliche Initiativen nun eine hoheitliche Genehmigung erforderlich.[58]

Im Widerspruch zur kritischen und die Freiheit des Individuums betonenden Geisteshaltung der Aufklärung stehen jedoch etwa Regelungen des preußischen ALR von 1794. Hier wird die Errichtung von Familienstiftungen und Fideikommissen zugelassen, die keinem gemeinen Wohl zu dienen bestimmt sein müssen, sondern allein dem Wohl einer bestimmten Familie zugute kommen, vgl. ALR (II, IV § 21 und II, IV § 23). Hieran zeigt sich deutlich, in welchem Maße die Gedanken der europäischen Aufklärung noch im Widerspruch zur politischen und wirtschaftlichen Realität ihrer Zeit stehen.[59]

2. Moderne Ausprägung des Stiftungsrechts

Nachdem sich das ältere Stiftungsrecht in seiner Entwicklung europaweit größteils in einer übergreifenden Tendenz herausgebildet hatte, ist die nachfolgende Entwicklung hin zu einem modernen Stiftungsdenken beeinflusst durch die Entstehung der Einzelstaaten und ihre jeweiligen neu geschaffenen nationalen Rechtsordnungen. Entsprechend partikular ist der Prozess verlaufen.[60]

Mit der Kodifikation des BGB ist die Stiftung heute als Rechtsperson eigener Art ausgestaltet.[61] Sie wird dabei im Unterschied zu den Personenverbänden (Korporationen) als ein Vermögen definiert, das einem bestimmten Zweck

---

57 *R. Schulze*, Stiftungsrecht in Europa, S. 55–72 (64)(m.w.N.); Später wird es dementsprechend in Art. 165 II der Paulskirchenverfassung vom 28. März 1849 heißen: „Für die tote Hand sind Beschränkungen des Rechts, Liegenschaften zu erwerben und über sie zu verfügen, im Wege der Gesetzgebung aus Gründen des öffentlichen Wohles zulässig."
58 HKK-BGB-*Pennitz*, §§ 80–89 Rn. 13.
59 Vgl. auch *R. Schulze*, Stiftungsrecht in Europa, S. 55–72 (63).
60 *R. Schulze*, Stiftungsrecht in Europa, S. 55–72 (64 f.).
61 Das Konzept der juristischen Person hat sich insbesondere gegen die Zweckvermögenslehre von *Brinz* durchgesetzt, welche auch unselbstständige Stiftungen erfasst hätte, vgl. hierzu HKK-BGB-*Pennitz*, §§ 80–89, Rn. 20 i.V.m. Fn. 90; vgl. unter D.III. zu der Frage, welche Konsequenzen sich daraus ergeben, dass die Stiftung als juristische Person anerkannt wird.

dient.⁶² Hiermit ist eine inhaltliche Bestimmung des Rechtsbegriffs Stiftung entwickelt worden, die sie von den bisherigen konkreten Zwecksetzungen der piae causae abstrahiert und von ihren älteren religiösen und politischen Grundlagen loslöst. Die Begründung und Definition der Stiftung erfolgt nun rein juristisch.⁶³

Der Durchbruch gelingt dieser neuen Sichtweise bereits mit dem Rechtsstreit um das Städel'sche Testament von 1815⁶⁴, wobei schon zu Beginn des 19. Jahrhunderts in der juristischen Wissenschaft vertreten wurde, dass die Stiftung als eigene Art von Rechtsperson mit den Personenverbänden auf eine Stufe zu stellen sei.⁶⁵ Die Gegenansichten, welche die Stiftung entweder als reale Verbandspersönlichkeit mit eigener sozialer Willensmacht verstehen wollten⁶⁶ oder allein den Stifterwillen als konstitutiv bedeutend ansehen⁶⁷, konnten sich dagegen nicht durchsetzen.

Letztlich kommt es zum Bruch mit dem tradierten und gewachsenen Verständnis der Stiftung als ursprünglich religiösem und dann zumindest noch karitativem Institut.⁶⁸ Heute entspricht es der herrschenden Ansicht, dass es sich bei der Stiftung um eine gemeinwohlkonforme Allzweckstiftung handelt.⁶⁹ Bereits bei den Vorarbeiten zum BGB wurden mit Blick auf eine potentielle Allzweckstiftung Bedenken geäußert, dass die Loslösung der Stiftung von der pia causa eine Gefahr für den Staat darstellen könne. Entsprechend müsse der Staat das Urteil über Wert oder Unwert des Zweckinhalts sprechen.⁷⁰ Hierfür formulierte die II. Kommission noch die Rücksicht auf das Gemeinwohl als das maßgebliche Kriterium.⁷¹ Da sich jedoch im BGB selbst kein Hinweis auf diesen Punkt wiederfindet, verlor er anschließend im Laufe der Zeit stetig an Bedeutung und mündete letztlich in die bereits angesprochene Lehre von der gemeinwohlkonformen Allzweckstiftung.⁷²

---

62 Seifart/von Campenhausen-*von Campenhausen*, § 5 Rn. 45 ff.
63 *R. Schulze*, Stiftungsrecht in Europa, S. 55–72 (66 f.).
64 *R. Schulze*, Stiftungsrecht in Europa, S. 55–72 (65); zum Städel'schen Testament *H.-J. Becker*, FS Hübner, S. 21–33 (21 ff.); Resultat dieses Rechtsstreits war letztlich die Einführung von § 84 BGB, dem so genannten Städel-Paragraphen.
65 *Heise*, Grundriß, S. 106 f.; *R. Schulze*, Stiftungsrecht in Europa, S. 55–72 (66).
66 *von Gierke*, Deutsches Privatrecht I, § 78, S. 645 ff.
67 Hierzu *H.-J. Becker*, FS Hübner, S. 21–33 (25 f.).
68 Verantwortlich für diesen Bruch war die Systematisierung der Pandektenwissenschaft, vgl. HKK-BGB-*Pennitz*, §§ 80–89, Rn. 19.
69 Str., hierzu unter B.V. und C.1.
70 Vgl. *Jakob*, Schutz der Stiftung, S. 17 (m.w.N.).
71 *Mugdan*, Materialien I, S. 660.
72 HKK-BGB-*Pennitz*, §§ 80–89 Rn. 23.

Ohne den weiteren Ausführungen vorweg greifen zu wollen, scheint bereits ein Blick zurück auf die Stiftungsgeschichte für die heutige Stiftungswirklichkeit einige Fragen aufzuwerfen. Gegenwärtig genießt das Stiftungswesen beinahe grenzenlose Freiheiten.[73] Gerade dies müsste jedoch aufhorchen lassen und zu der Frage verleiten, welche Rolle die Stiftungskultur in unserer Zeit denn eigentlich einnehmen sollte. Der Blick auf die Stiftungsgeschichte zeigt zunächst, dass Stiften traditionellerweise in hohem Maße mit kulturellen Aspekten und der Frage nach sozialen und gesellschaftlichen Werten verbunden gewesen ist. Vermischt hat sich dieser Aspekt dabei im Laufe der Zeit mit einer gewissen Skepsis des Staates gegenüber diesem Rechtsinstitut, welche zu einer verstärkten Einflussnahme der Herrschenden auf diesem Feld geführt hat.[74] Heute mag gegenwärtig wieder der Gedanke überwiegen, dass im Stiftungswesen eine Chance für die Gemeinschaft liegt.[75] Dabei herrscht eine im historischen Vergleich beinahe ungeheure Freiheit des Einzelnen, seine persönlichen Vorstellungen mithilfe der Stiftungsform umzusetzen. Zweifelhaft erscheint jedoch, ob die im Stiftungswesen liegende staatspolitische Chance[76] tatsächlich verwirklicht werden kann, indem jegliche materiellen Anforderungen an den Zweck der Stiftungen aufgegeben werden.[77] Es ist daher die Frage berechtigt, ob dem stifterischen Verwirklichungsdrang nicht gewisse Grenzen gezogen werden sollten, um zu verhindern, dass das Stiftungswesen möglicherweise an seiner eigenen Freiheit zugrunde geht.[78]

IV. Gesellschaftliche und wirtschaftliche Bedeutung des Stiftungswesens

In jüngerer Zeit sind Stiftungen wieder verstärkt in das allgemeine Bewusstsein gerückt. Dabei hat sich in den letzten Jahren eine allgemeine Renaissance des Stiftungswesens abgezeichnet, was deutlich anhand der Statistiken in Deutschland

---

73 Vgl. *Zoppini*, in: Stiftungen in Deutschland und Europa, S. 403–417 (403).
74 Ausdruck dieser Skepsis sind insbesondere die unterschiedlich stark ausgeprägten Gründungskontrollen bei der Zubilligung von Rechtsfähigkeit. Ein umfangreicher geschichtlicher Überblick hierzu findet sich am Beispiel des Vereins bei *Mummenhoff*, Gründungssysteme und Rechtsfähigkeit, S. 19 ff.
75 Ausführlich hierzu D.I.
76 MüKo-*Reuter* (4. Aufl.), Vor § 80 Rn. 5.
77 Abgesehen von dem Erfordernis, dass die Stiftung nicht das Gemeinwohl gefährden darf, § 80 II BGB.
78 Vgl. auch *Jakob*, Schutz der Stiftung, S. 20.

abzulesen ist.[79] So sind seit dem Jahr 2000 pro Jahr im Schnitt etwa 800 Stiftungen neu errichtet worden, so dass heute mehr als 17.000 rechtsfähige Stiftungen bürgerlichen Rechts bestehen.[80] In absoluten Zahlen besetzen die Stiftungen in der Institutionenlandschaft Deutschlands zwar einen relativ kleinen Bereich.[81] Gleichwohl sind die prozentualen Wachstumsraten beachtlich, im Vergleich mit den Vereinen fallen sie um den Faktor drei höher aus.[82] Die Gründe hierfür sind vielfältiger Natur: Leere öffentliche Kassen bei gleichzeitigem ungestörten Wachstum privaten Kapitals in Zeiten relativer außenpolitischer und wirtschaftlicher Stabilität in Verbindung mit dem Wunsch, dem Gemeinwesen etwas zurückgeben zu wollen, der Wunsch die eigene Steuerbelastung zu mindern oder der Eindruck medienwirksam inszenierter (insbesondere US-amerikanischer) Großstiftungen. Inzwischen kann sich über ein Drittel der deutschen Bevölkerung vorstellen, selbst eine Stiftung ins Leben zu rufen.[83] Auch die Politik hat die Stiftungen wiederentdeckt. Dies hat insbesondere im so genannten Stiftungsmodernisierungsgesetz von 2002 seinen Ausdruck gefunden.

Hinsichtlich des von den Stiftungen verwalteten Vermögens lassen sich letztlich kaum verlässliche Angaben machen. Die Kriterien der Bewertung von Stiftungsfinanzen sind zu unterschiedlich, uneinheitlich, unklar, umstritten oder bleiben gleich ganz verdeckt. Hinzu kommt, dass es sich bei den Vermögensangaben der Stiftungen häufig nur um Buchwerte handelt, die den allgemeinen Wert des Vermögens kaum widerspiegeln.[84] Gleichwohl dürften die bestehenden Stiftungen insgesamt etwa ein kumuliertes Vermögen in der Größenordnung von 60 Mrd. Euro verwalten.[85]

---

79 Das vorhandene statistische Material kann in empirischer Hinsicht letztlich allerdings keinen Anspruch auf Vollständigkeit erheben, vgl. zur Problematik der vorhandenen Datenquellen *Anheier*, Bertelsmann Handbuch Stiftungen, S. 43–85 (S. 48 ff.).
80 Vgl. Stiftungsverband Deutscher Stiftungen, http://www.stiftungen.org/fileadmin/bvds-/de/News_und_Wissen/Zahlen_und_Daten/Jahresstatistik.pdf (zuletzt abgerufen am 15.7.2010).
81 Als Vergleichsmaßstab seien etwa die Aktiengesellschaften genannt, von denen es in Deutschland nach Angaben des Statistischen Bundesamtes aktuell 619.029 Stück gibt, vgl. https://www.destatis.de/DE/ZahlenFakten/GesamtwirtschaftUmwelt/UnternehmenHandwerk/Unternehmensregister/Tabellen/UnternehmenRechtsformenWZ2008.html?nn=50674 (zuletzt abgerufen am 28.3.2012).
82 Vgl. *Mecking*, Die Stiftung, S. 57–92 (64); zur aktuellen Entwicklung auch *Doppstadt*, FS Spiegelberger, S. 1264–1271 (1264 ff.).
83 So *Pues/Scheerbarth*, Gemeinnützige Stiftungen, S. V.
84 *Mecking*, Die Stiftung, S. 57–92 (72).
85 *Mecking*, Die Stiftung, S. 57–92 (74 f.).

Etwa fünf Prozent der bestehenden rechtsfähigen Stiftungen verfolgen rein privatnützige Zwecke.[86] Dabei ist die genaue Anzahl allerdings nicht bekannt, da nach wie vor kein einheitliches Medium zur Erfassung aller Stiftungen in Deutschland besteht. Erschwerend kommen diesbezüglich die geringen Publizitätsverpflichtungen für privatnützige Stiftungen hinzu.[87] Entsprechend lassen sich kaum Angaben über das von den privatnützigen Stiftungen verwaltete Vermögen machen. Zumindest lässt sich deren volkswirtschaftliche Bedeutung erahnen, wenn man sich die Namen einiger bekannter und bedeutender Großunternehmen vor Augen führt, die in Stiftungsform verfasst sind.[88] Vor dem Hintergrund der zu erwartenden Erbwelle und einer Beratungspraxis, die in den letzten Jahren die Stiftung von neuem für sich zu entdecken scheint, dürfte sich dieser Trend in den nächsten Jahren noch verstärken.

V. Stiftungsmodernisierungsgesetz

Das deutsche Stiftungsrecht steht heute in einem Spannungsfeld zwischen Tradition und Funktionalismus. Dementsprechend haben sich im Laufe der Jahre im Wesentlichen zwei Denkschulen herausgebildet: Auf der einen Seite stehen die Anhänger eines instrumentalistischen Stiftungsverständnisses, das die Verwendung der Rechtsform Stiftung auch in anderen als den klassischen „stiftungshaften" (hierunter sind insbesondere solche mit Gemeinwohlbezug zu verstehen[89]) Zusammenhängen gutheißt. Hierzu zählt insbesondere die rechtsberatende Praxis, die „ein unsterbliches und mitgliederloses, folglich von der menschlichen Sterblichkeit und den mit ihr verbundenen Gebrechen und Nachfolge-Unwägbarkeiten befreites Allzweck-Rechtssubjekt"[90] begrüßen würde. Auf der anderen Seite stehen die Anhänger einer gewissermaßen konservativen Auffassung, die vermeiden möchte, dass die Stiftung als Rechtsform in Widerspruch zu anderen Wertentscheidungen der Rechtsordnung gerät und daher nur „privilegierte" und dadurch „stiftungsadäquate" Zwecke zulassen möchte. Die Folge dieser beiden Denkrichtungen ist ein bis heute andauernder jahrzehntelanger Streit um die Abgrenzung zulässiger von unzulässigen Stiftungszwecken.[91]

---

86 Stiftungsverband Deutscher Stiftungen, http://www.stiftungen.org/index.php?id=146 (zuletzt abgerufen am 15.7.2010); vgl. auch *Muscheler*, Stiftungsrecht, S. 321.
87 Siehe hierzu C.V.
88 Hierzu ausführlich D.IX.
89 Zur Geschichte des Stiftungswesens siehe B.III.
90 *K. Schmidt*, ZHR 166 (2002), 145–149 (S. 147).
91 *K. Schmidt*, ZHR 166 (2002), 145–149 (S. 149).

An diesem Zustand hat sich auch mit dem Gesetz zur Modernisierung des Stiftungsrechts nichts geändert. Es mag an dieser Stelle dahingestellt bleiben, ob das Gesetz den Begriff der Modernisierung[92] zu Recht im Namen führt[93], allein dem Wortlaut des nunmehr im BGB kodifizierten Stiftungsrechts kann jedenfalls keine zwingende Aussage darüber entnommen werden, in welchem Umfang privatnützige Stiftungen zulässig sind. Das Schweigen des Gesetzestextes könnte nun bedeuten, dass der Gesetzgeber Stiftungen zu ebensolchen Zwecken umfassend anerkannt hat, indem er sich nicht auf ablehnende Art und Weise über diese äußerte. Doch dies ist gerade nicht der Fall. Zwar mag der Begriff „Wille des Gesetzgebers" schon an sich ein zweifelhafter sein[94] und die Meinungen darüber auseinander gehen, auf welche Weise der maßgebliche Wille des Gesetzgebers zu bestimmen ist.[95] Hier muss das Schweigen des Gesetzestextes jedoch bedeuten, dass durch den Gesetzgeber „seinem Willen nach" gerade keine umfassende Anerkennung von privatnützigen Stiftungen erfolgt ist.[96] Als Willen des Gesetzgebers sind allein seine zutage liegenden Grundabsichten sowie diejenigen Vorstellungen aufzufassen, die in den Beratungen der

---

92 *G. Schulze*, Jahrbuch Junger Zivilrechtswissenschaftler 2001, S. 167–186 (168) bezeichnet es als Zeichen der Zeit und gleichsam Schwäche des Gesetzgebers, wenn Gesetze ideologisierende oder selbstlobende Attribute im Titel tragen.

93 MüKo-*Reuter*, Vor § 80 Rn. 25 mag allenfalls im Hinblick auf die Gesetzessprache, nicht jedoch im Hinblick auf den Gesetzesinhalt eine „Modernisierung" anerkennen; *Neuhoff*, GS Walz, S. 465–483 (S. 465) spricht von einer „Mini-Reform, die hinten und vorne nicht befriedigen konnte."

94 Dieser enthalte eine ungerechtfertigte Personifizierung, da ein Wille nur einer Person, allenfalls noch als gemeinsamer Wille einer Personenmehrheit zukomme, vgl. *Larenz*, Methodenlehre, S. 318 f.; *Larenz/Canaris*, Methodenlehre, S. 139 f.; als „Willen des Gesetzgebers" könne man – abgesehen von der ontologischen Überhöhung des Begriffs – alleine noch denjenigen erkennen, wiedergewählt zu werden, vgl. *G. Schulze*, Jahrbuch Junger Zivilrechtswissenschaftler 2001, S. 167–186 (179).

95 Die so genannte *subjektive Theorie* stellt auf den Willen des historischen Gesetzgebers ab und erklärt dessen Willen für verbindlich; anders die so genannte *objektive Theorie*, welche auf die vernünftige Bedeutung und Funktion einer Norm (Wille des Gesetzes) abstellt und den Willen des historischen Gesetzgebers für unbeachtlich hält, vgl. zu beiden Theorien ausführlich *Röhl*, Allgemeine Rechtslehre, S. 611 ff.

96 Aber a.A. etwa Palandt-*Ellenberger*, § 80 Rn. 8; Seifart/von Campenhausen-*Hof*, § 4 Rn. 4, 54 und § 11 Rn. 63; *Burgard*, Gestaltungsfreiheit im Stiftungsrecht, S. 127 ff., 169 ff.; *Hof/Hartmann/Richter*, Stiftungen, S. 214; *Schiffer*, NJW 2006, 2528–2531 (S. 2528 ff.); *ders.*, ZSt 2003, 252–254 (S. 252 ff.); *Pawlytta/Schmutz*, ZEV 2008, 59–64 (S. 61 Fn. 27); *Schwarz*, DStR 2002, 1767–1773 (S. 1768); *Hüffer*, GS Tettinger, S. 449–464 (456 f.).

gesetzlichen Körperschaft oder ihrer zuständigen Ausschüsse zum Ausdruck gebracht und ohne Widerspruch geblieben sind.[97] Unbeachtlich sind dagegen die subjektiven Vorstellungen der am Gesetzgebungsverfahren beteiligten Organe oder einzelner ihrer Mitglieder über die Bedeutung der Vorschrift.[98] Ein Wille des Gesetzgebers auf Zulässigkeit reiner Unterhaltsstiftungen kann dementsprechend nicht angenommen werden.[99] So genügt die Stellungnahme der Bund-Länder-Arbeitsgruppe zugunsten einer umfassenden Zulässigkeit von Familienstiftungen hierfür nicht.[100] Zwar ist die entsprechende Arbeitsgruppe durch den Bundesjustizminister eingesetzt worden und hat die entsprechende Stellungnahme unter Vorsitz des Bundesministeriums der Justiz angefertigt.[101] Dennoch ist sie nicht mit dem Willen des Gesetzgebers gleichzusetzen.[102] So spricht etwa die Bundesregierung lediglich davon, dass sie sich bezüglich ihres Gesetzesentwurfs am Bericht der Bund-Länder-Arbeitsgruppe orientiere und sich auf seinen rechtstatsächlichen Befund stütze.[103] Entscheidend müssen jedoch stets die parlamentarischen Äußerungen bleiben. In diesen findet sich keine explizite Bezugnahme auf Unterhaltsstiftungen. Lediglich der Gesetzesentwurf der FDP Fraktion erwähnt den Familienbezug von Stiftungen.[104] Eine inhaltliche Auseinandersetzung mit den privatnützigen Stiftungen erfolgt dann in der Begründung des Gesetzesentwurfs jedoch mit keinem Wort. Daneben geraten diese lediglich zweimal mittelbar in den Fokus, wenn in (voneinander getrennten) Anträgen von CDU/CSU-Fraktion[105] und PDS-Fraktion[106] gefordert wird, dass der Begriff „Stiftung" in Abgrenzung zu privatnützigen Stiftungen nur solchen mit Gemeinwohlorientierung vorbehalten bleiben sollte. Auch die Beschlussempfehlung und der Bericht des Rechtsausschusses, der sich mit dem Entwurf des Gesetzes zur Modernisierung des Stiftungsrechts befasst hat, entbehrt jeder Stellungnahme

---

97 *Larenz*, Methodenlehre, S. 329; *Larenz/Canaris*, Methodenlehre, S. 150.
98 BVerfG v. 21.5.1952, BVerfGE 1, 299, 312.
99 So auch MüKo-*Reuter*, Vor § 80 Rn. 49.
100 Vgl. Bericht der Bund-Länder-Arbeitsgruppe, S. 46 f.; dabei artikuliert *Reuter* die Mutmaßung, dass der Bericht schon den Unterschied zwischen Familienstiftung und reiner Unterhaltsstiftung verkannt und sich lediglich zur Zulässigkeit der ersteren geäußert habe, vgl. MüKo-*Reuter* (5. Aufl.), §§ 80, 81 Rn. 86.
101 Vgl. Bericht der Bund-Länder-Arbeitsgruppe, S. 8.
102 So auch *Schöning*, Privatnützige Stiftungen, S. 141.
103 BT-Drs. 14/8765, S. 7.
104 § 80 II BGB-E, BT-Drs. 14/5811, S. 3.
105 BT-Drs. 14/2029, S. 6.
106 BT-Drs. 14/3021, S. 3.

zu reinen Unterhaltsstiftungen.[107] Ein Hinweis auf den Gesetzesentwurf der Fraktion Bündnis90/Die Grünen aus der 13. Legislaturperiode[108], in welchem Einschränkungen für privatnützige Stiftungen vorgesehen waren, genügt nicht, um mit der Ablehnung dieser Vorschläge eine diese anerkennende Entscheidung des Gesetzgebers zu begründen. Zwar mag der Gesetzesentwurf der Fraktion Bündnis90/Die Grünen nicht Gesetz geworden sein. Dennoch stellt dies keine bewusste Entscheidung des Gesetzgebers *gegen* Einschränkungen für privatnützige Stiftungen und *für* eine uneingeschränkte Zulässigkeit ebendieser dar. Dies ergibt sich schon aus dem auf das Demokratieprinzip zurückgehenden Grundsatz der Diskontinuität des Bundestages, der neben der personellen und institutionellen Wirkung insbesondere eine materielle hat.[109] Der Gesetzesentwurf von Bündnis90/Die Grünen entstammt der 13. Legislaturperiode, wohingegen das Stiftungsmodernisierungsgesetz in der 14. verabschiedet wurde. Er hätte dementsprechend wiederum in den neu konstituierten Bundestag eingebracht werden müssen, um in der Willensbildung berücksichtigt werden zu können. Der in den 14. Bundestag tatsächlich eingebrachte Gesetzesentwurf von Bündnis90/Die Grünen enthielt aber gerade keine entsprechenden Einschränkungen für privatnützige Stiftungen mehr.[110]

Mithin wurde Jahrzehnte, nachdem sich der 44. Deutsche Juristentag schon im Jahre 1962 mit den reformbedürftigen Aspekten des deutschen Stiftungsrechts befasst hatte[111], die Möglichkeit vertan, die Frage nach der Zulässigkeit von reinen Unterhaltsstiftungen in einer für das Recht der selbstständigen Stiftung gemäß §§ 80 ff. BGB grundlegenden Weise fortzuentwickeln.[112] Von einem Willen des Gesetzgebers zugunsten einer generellen Anerkennung derselben kann dagegen nicht gesprochen werden.

Dementsprechend ist solchen Stellungnahmen nicht zu folgen, die den Streit um die privatnützigen Stiftungen allgemein als mit dem Stiftungsmodernisierungsgesetz im positiven Sinne für beantwortet erklären.[113] Die mit diesen

---

107 BT-Drs. 14/8894, S. 1 ff.
108 BT-Drs. 13/9320, S. 9 f.
109 Hierzu ausführlich *Zippelius/Würtenberger*, Deutsches Staatsrecht, § 38 Rn. 36 ff.; Sachs-*Magiera*, Art. 39 Rn. 11 ff.
110 Vgl. BT-Drs. 14/8277, S. 7 und BT-Drs. 13/9320, S. 9 f.
111 Zu den Familienstiftungen *Ballerstedt/Salzwedel*, Gutachten 44. DJT, S. 31 ff.
112 So auch *Schluter*, Stiftungsrecht, S. 90 f.
113 So aber etwa Palandt-*Ellenberger*, § 80 Rn. 8; Seifart/von Campenhausen-*Hof*, § 4 Rn. 4, 54 und § 11 Rn. 63; *Burgard*, Gestaltungsfreiheit im Stiftungsrecht, S. 127 ff., 169 ff.; *Hof/Hartmann/Richter*, Stiftungen, S. 214; *Schiffer*, NJW 2006, 2528–2531

verbundenen Wertungs- und Wirkungswidersprüche bestehen vielmehr nach wie vor fort. Die Frage, auf welche Weise die privatnützigen Stiftungen in die allgemeine Rechtsordnung einzufügen sind[114], bleibt daher weiterhin der Rechtsprechung und der Literatur zur Klärung überlassen.[115]

(S. 2528 ff.); *ders.*, ZSt 2003, 252–254 (S. 252 ff.); *Pawlytta/Schmutz*, ZEV 2008, 59–64 (S. 61 Fn. 27); *Schwarz*, DstR 2002, 1767–1773 (S. 1768); *Horvath*, Stiftungen als Instrument der Unternehmensnachfolge, S. 49 f.; *Ulmer*, ZIP 2010, 549–558 (S. 556 f.); *Muscheler*, Stiftungsrecht, S. 349.

114 Zum Gebot (dort für Vereinigungen), sich in die allgemeine Rechtsordnung einzufügen vgl. BVerfG v. 1.3.1979, NJW 1979, 699, 706.

115 So auch MüKo-*Reuter*, Vor § 80 Rn. 49 iVm §§ 80,81 Rn. 98; *ders.*, GS Eckert, S. 677–693 (677 ff.); *Neuhoff*, GS Walz, S. 465–483 (482 f.); *Hüttemann*, ZHR 167 (2003), 35–65 (S. 63); *Schöning*, Privatnützige Stiftungen, S. 141; *B. Müller*, Die privatnützige Stiftung, S. 53; *Mirbach*, Stiftungszweck und Gemeinwohlgefährdung, S. 114 f.; *Schlüter*, Stiftungsrecht, S. 90 f., 327 f.; *Hushahn*, Unternehmensverbundene Stiftungen, S. 36; *Schuck*, Die Doppelstiftung, S. 135 ff.

C. Rechtliche Grundlagen der Unterhaltsstiftung

I. Sedes Materiae

Die zivilrechtlichen Grundlagen der rechtsfähigen Stiftung des Bürgerlichen Rechts sind geprägt durch ein Nebeneinander von Bundes- und Landesrecht. Hinzu kommt das individuelle Satzungsrecht der jeweiligen Stiftung. Hieran hat sich durch die Herrschaft des Grundgesetzes nichts geändert.[116] Die Regelungen des Bundesstiftungsrechts finden sich in den §§ 80–88 BGB, wobei § 86 BGB auf Vorschriften des Vereinsrechts verweist. Mit diesen Regelungen wird ein Grundgerüst vorgegeben, das durch die Vorschriften des Landesstiftungsrechts vervollständigt wird.[117] Mit dem Gesetz zur Modernisierung des Stiftungsrechts wurde der Anteil des Bundesstiftungsrechts zu Lasten des Landesstiftungsrechts vergrößert.[118] Insbesondere wurden bundeseinheitliche Regelungen für die Errichtung von rechtsfähigen Stiftungen geschaffen.[119] Die Landesstiftungsgesetze regeln daneben öffentlich-rechtliche Fragen des Stiftungsrechts, wie etwa solche der Stiftungsaufsicht.[120]

II. Wesensgrundlage der Stiftung (Stiftungsbegriff)

Die Wesensgrundlage der Stiftung und damit der Stiftungsbegriff setzt sich aus drei konstitutiven Elementen zusammen: Stiftungszweck, Stiftungsvermögen und Stiftungsorganisation.[121]

---

116 Staudinger-*Hüttemann/Rawert*, Vorbem zu §§ 80 ff. Rn. 16.
117 Seifart/von Campenhausen-*von Campenhausen*, § 3 Rn. 2.
118 MüKo-*Reuter* (5. Aufl.), Vor § 80 Rn. 40.
119 *Hüttemann*, ZHR 167 (2003), 35–65 (S. 65).
120 Eine Übersicht über die geltenden Landesstiftungsgesetze findet sich bei MüKo-*Reuter*, Vor § 80 Rn. 45.
121 Staudinger-*Hüttemann/Rawert*, Vorbem zu §§ 80 ff. Rn. 44 (m.w.N.).

1. Stiftungszweck

Der Stiftungszweck im Sinne der §§ 80 ff. BGB ist der Zentralbegriff und das Zentralproblem des Stiftungsrechts.[122] Er stellt das Herzstück dar[123], indem er als identitätsbildendes Merkmal der Stiftung die Leitlinien ihrer Tätigkeit vorgibt.[124] Dementsprechend haben ihm gegenüber Stiftungsvermögen und Stiftungsorganisation allein eine dienende Funktion.[125] Denn der Stiftungszweck prägt das Stiftungsgeschäft und die Satzung bis in die Einzelheiten hinein, er bestimmt die Geschäftstätigkeit der Stiftung im Detail und zieht der staatlichen Aufsicht Grenzen. Dies wird immer dann deutlich, wenn er mit den von Destinatären, Stiftungsorganen oder auch der Stiftungsaufsicht verfolgten Zielen zusammentrifft. Nach ihm bestimmt sich, wer zu den Destinatären zählt, er ist Anstoß, Leitlinie und Schranke für die Stiftungsorgane und muss von den Aufsichtbehörden gewahrt und beachtet werden.[126] Denn letztlich existiert die Stiftung nur um der Zweckerfüllung willen.[127]

Den Stiftungszweck bestimmt der Stifter, vgl. § 81 I 2 BGB. Aufgrund seiner begrenzenden und maßstabsbildenden Funktion darf der Zweck dabei nicht jede Kontur vermissen lassen.[128] Dem Stifter steht es jedoch frei, der Stiftung einen oder auch mehrere Zwecke zu geben, diese untereinander nach freiem Ermessen durch Unterscheidung in Haupt- und Nebenzwecke unterschiedlich zu gewichten oder sie in eine zeitliche Reihenfolge zu setzen.[129] Grundsätzlich unschädlich ist es dabei, dass die Gründe des Stifters, welche ihn zur Errichtung der Stiftung veranlasst haben, vielschichtig und dabei zum Teil durchaus auch ganz und gar eigennützig gewesen sein mögen. Denn sicherlich wird mitunter etwa auch der Gedanke an das Errichten eines Denkmals für den eigenen Namen eine Rolle gespielt haben. Gleichwohl knüpft das Recht bei der Frage nach dem Zweck einer Stiftung an die nach außen gerichtete Ziel- und Aufgabenbeschreibung des

---

122 *K. Schmidt*, DB 1987, 261–263 (S. 261).
123 Seifart/von Campenhausen-*Hof*, § 7 Rn. 1.
124 *Happ*, Stifterwille und Zweckänderung, S. 9 f.
125 *Rawert*, Stiftungsrecht in Europa, S. 109–137 (115).
126 Seifart/von Campenhausen-*Hof*, § 7 Rn. 1 f.
127 Richter/Wachter-*Richter*, S. 773 Rn. 25.
128 Gem. BGH v. 3.3.1977, BGHZ 68, 142, 148 soll die Bestimmung des Stiftungszwecks „den Stiftungsorganen einen eindeutigen und klar abgrenzbaren Auftrag geben, um Rechtsunsicherheit, Willkür der Stiftungsverwaltung und eine Verzettelung der Stiftungsleistungen zu verhüten."
129 Seifart/von Campenhausen-*Hof*, § 7 Rn. 55.

Stifters an.¹³⁰ Diese sollte mit größter Sorgfalt formuliert werden, da eine zu enge Zweckbeschreibung die Stiftung lähmen, eine zu weite dagegen Missbrauchsmöglichkeiten eröffnen kann.¹³¹

Sowohl in der Theorie als auch in der Praxis kommt es hinsichtlich der im Stiftungsbegriff angelegten Rechtsfragen zu erheblichen Meinungsunterschieden. Eine der Kernfragen ist dabei diejenige nach den mit dem Stiftungsbegriff vereinbaren zulässigen Stiftungszwecken. Dabei befürworten die Vertreter eines eher instrumentalistischen Stiftungsverständnisses die Verwendung der Rechtsform Stiftung auch in anderen als den klassischen „stiftungshaften" Zusammenhängen, ohne hierfür eine besondere Legitimation zu verlangen.¹³² Eine diesbezüglich konservativere Gegenauffassung möchte vermeiden, dass die Stiftung in Widerspruch zu anderen Wertentscheidungen der Rechtsordnung tritt und weist dabei darauf hin, dass diese Figur bereits durch ihre Mitgliederlosigkeit, ihre potentielle Unsterblichkeit und ihr im Vergleich zu den sonstigen juristischen Personen nur gering ausgeprägtes Außenrecht bereits ein Exot unter den Rechtssubjekten sei.¹³³

a. Ausgangslage (Gemeinwohlkonforme Allzweckstiftung)

Gesetzlicher Anknüpfungspunkt für die Frage nach den zulässigen Stiftungszwecken ist § 80 II BGB. Demnach muss die dauernde und nachhaltige Erfüllung des Stiftungszwecks gesichert erscheinen. Zudem darf der Stiftungszweck das Gemeinwohl nicht gefährden.¹³⁴ In dieser Formulierung kommt das gesetzliche Leitbild der so genannten gemeinwohlkonformen Allzweckstiftung zum Ausdruck. Dies soll bedeuten, dass Stiftungen grundsätzlich zu jedem das Gemeinwohl nicht gefährdenden Zweck errichtet werden dürfen.¹³⁵ Stiftungen

---

130 *Kronke*, Stiftungstypus und Unternehmensträgerstiftung, S. 56; wenig Gewinn versprechen daher Versuche, den Stiftungszweck von Motiven des Stifters, der causa des Stiftungsaktes oder auch der Funktion und des Gegenstandes der Stiftung abzugrenzen; anders in Anlehnung an das Gesellschaftsrecht etwa *Burgard*, Gestaltungsfreiheit im Stiftungsrecht, S. 110 ff.
131 Seifart/von Campenhausen-*Hof*, § 7 Rn. 10.
132 Beispielhaft seien aus der jüngeren Literatur genannt: *Burgard*, Gestaltungsfreiheit im Stiftungsrecht; *Schlüter*, Stiftungsrecht; zu beiden *Reuter*, AcP 2007, 1–27 (S. 1 ff.).
133 Vgl. *Rawert*, Stiftungsrecht in Europa, S. 113; stellvertretend für diese Denkrichtung sei genannt: *Reuter*, Perpetuierung.
134 Hierzu C.II.1.
135 BT-Drs. 14/8765, S. 9; *Hüttemann*, ZHR 167 (2003), 35–65 (S. 57); Seifart/von Campenhausen-*Hof*, § 7 Rn. 61; *Burgard*, Gestaltungsfreiheit im Stiftungsrecht, S. 117 ff.

müssen demnach nicht gemein*nützig* sein, sondern dürfen das Gemeinwohl nur *nicht gefährden*.[136]

Schon vor der Stiftungsrechtsnovelle lag dieser Grundsatz der gemeinwohlkonformen Allzweckstiftung der vorherrschenden Ansicht zugrunde.[137] Nunmehr wird die Diskussion über die Frage nach den zulässigen Stiftungszwecken darüber hinaus als mit dem Reformgesetz für beendet erklärt. Der Gesetzgeber habe insbesondere den Streit um die Zulässigkeit der privatnützigen Stiftungen abschließend zu deren Gunsten entschieden.[138] Tatsächlich hat sich der Gesetzgeber jedoch nicht ausdrücklich zur Zulässigkeit von privatnützigen Stiftungen erklärt, sondern lässt eine ausdrückliche Regelung vermissen. Daher ist es nach wie vor an Rechtsprechung und Literatur, die ihre Zulässigkeit betreffenden Fragen zu klären.[139] Schon vor der Novellierung des Stiftungsrechts im Jahre 2002 ist die vorzugswürdige Ansicht – mit teils unterschiedlichen Begründungen[140] – jedenfalls von der Unzulässigkeit der reinen Unterhaltsstiftungen ausgegangen. An dieser Unzulässigkeit hat sich auch durch die stiftungsrechtliche Gesetzesreform nichts geändert.

Nachvollziehbar und sinnvoll war es jedoch, dass der Gesetzgeber darauf verzichtet hat, den Kreis zulässiger Stiftungszwecke positiv festzuschreiben. Ein solcher Katalog hätte notwendigerweise Härten und Abgrenzungsschwierigkeiten mit sich gebracht. Insbesondere ein Verweis auf die steuerrechtliche Gemeinnützigkeit als stiftungsrechtliches Zulässigkeitskriterium ist zu Recht unterblieben. Denn zum einen weist der Begriff der Gemeinnützigkeit wenige Konturen auf. Zum anderen erscheint es aus systematischen Gründen kaum erstrebenswert,

---

136 *Jakob*, Schutz der Stiftung, S. 27.
137 Statt vieler Palandt-*Ellenberger*, § 80 Rn. 6; *Rawert*, Stiftungsrecht in Europa, S. 109–137 (115); *Hüttemann*, ZHR 167 (2003), 35–65 (S. 56 ff.).
138 Statt vieler *Schiffer*, NJW 2006, 2528–2531 (S. 2528 ff.).
139 Ausführlich hierzu B.V.
140 MüKo-*Reuter* (4. Aufl.), Vor § 80 Rn. 36 hat sich für eine analoge Anwendung von § 22 BGB ausgesprochen; Staudinger-*Rawert* (1995), Vorbem zu §§ 80 ff. Rn. 11, 133 wollte eine Gesamtanalogie zur Anwendung bringen, die sich aus den zeitlichen Grenzen des Erbrechts (§§ 2044 II, 2109, 2162, 2163, 2210 BGB) ergeben sollte; *Däubler*, JZ 1969, 499–502 (S. 501 f.) verwies auf die Unzulässigkeit von Bindungen über Generationen hinweg; Soergel-*Neuhoff*, Vor § 80 Rn. 57 ging von einem Gemeinwohlgebot für sämtliche Stiftungen aus; *Kronke*, Stiftungstypus und Unternehmensträgerstiftung, S. 159, 161 sprach sich zumindest für eine beschränkte Zulässigkeit von Familienstiftungen aus, indem er es zur Voraussetzung machen möchte, dass der Destinatär neben der Abstammung weitere Kriterien, etwa solche einer Bedürftigkeit oder besonderen Würdigkeit erfüllen muss.

dem Steuerrecht zu einer solchen Maßgeblichkeit im Zivilrecht zu verhelfen, zumal es dann mittelbar an den Finanzgerichten gewesen wäre, zulässige von unzulässigen Stiftungszwecken zu scheiden. Vielmehr hätte, wenn überhaupt, ein eigener zivilrechtlicher Gemeinnützigkeitsbegriff entwickelt werden müssen.[141] Dies wäre jedoch wiederum mit großen Abgrenzungsschwierigkeiten verbunden gewesen, ganz abgesehen von den Problemen einer politischen Vermittelbarkeit und Mehrheitsfindung.

Die Probleme, welche mit einer positiven Umschreibung von zulässigen Stiftungszwecken bestanden haben mögen, entfielen jedoch für den Fall, dass lediglich die Unzulässigkeit bestimmter Stiftungszwecke in der gesetzlichen Regelung normiert worden wären. Eine solche Regelung zu Klarstellungszwecken ist jedenfalls de lege ferenda wünschenswert. Bis dahin sind die Grenzen zulässiger Stiftungszwecke auch weiterhin anhand des Stiftungsbegriffs und des Gemeinwohlvorbehalts zu bestimmen.[142]

b. Gemeinwohlvorbehalt

Das Stiftungsmodernisierungsgesetz hat mit dem Gemeinwohlvorbehalt in § 80 II BGB den nunmehr entscheidenden gesetzlichen Aufhänger für die Frage nach der Zulässigkeit der reinen Unterhaltsstiftungen formuliert. Demnach darf der jeweilige Stiftungszweck das Gemeinwohl nicht gefährden. Dabei ist das Gemeinwohl keine vorrechtliche Kategorie, sondern muss als konkretisiertes Gemeinwohl begriffen werden. Daher grenzt es als Kriterium der Anerkennungsfähigkeit solche Zwecke aus, deren Verfolgung im Widerspruch zu gesetzlichen Wertungen steht oder gesetzliche Wirkungen vereitelt.[143] Gerade die reinen Unterhaltsstiftungen stehen dabei auf vielfältige Weise im Widerspruch zu grundlegenden Wertungen der Rechtsordnung und sind geeignet, durch Gesetz angestrebte Wirkungen zu vereiteln.[144]

Unter dem gewählten Ausdruck der Gemeinwohlgefährdung wird vom Gesetzgeber eine hinreichende Wahrscheinlichkeit verstanden, eine bloß entfernt liegende Möglichkeit, dass die Erlangung der Rechtsfähigkeit und die damit

---

141 Vgl. auch *Hüttemann*, ZHR 167 (2003), 35–65 (S. 57).
142 *Jakob*, Schutz der Stiftung, S. 51; *Reuter*, AcP 2007, 1–27 (S. 17 f.); *Hüttemann*, ZHR 167 (2003), 35–65 (S. 58).
143 Dies ergibt sich aus der Entstehungsgeschichte von § 138 I BGB und der darin angelegten Nähe der Sittenwidrigkeit zur Systemwidrigkeit, *Reuter*, AcP 207 (2007), 673–717 (S. 689); *ders.*, AcP 207 (2007), 1–27 (S. 18); a.A. Staudinger-*Hüttemann/Rawert*, Vorbem zu §§ 80 ff. Rn. 188.
144 Hierzu ausführlich unter D.

verbundene Verfolgung des Stiftungszwecks durch die dann rechtsfähige Stiftung zu einer Beeinträchtigung von Verfassungsgütern führen würde.[145] Dieser Wahrscheinlichkeitsmaßstab soll die Gewähr dafür bieten, „dass auch schon solche Stiftungszwecke, die sich an der Grenze der Rechtswidrigkeit bewegen und diese jederzeit überschreiten können, der Anerkennung der Stiftung als rechtsfähig entgegenstehen können."[146] Hiermit wird von der bis dato vorherrschenden Auffassung abgewichen, die unter Gemeinwohlgefährdung eine von vornherein gegebene Gesetz- und/oder Sittenwidrigkeit der Erfüllung des Stiftungszwecks verstanden hat.[147] Dies erfolgt unter Hinweis auf ein Urteil des BVerwG, das in seiner Entscheidung zur „Schönhuber-Stiftung" Stellung zu dieser Problematik genommen hat.[148] Entsprechend der bisherigen Auslegung zu § 87 BGB ist eine Gemeinwohlgefährdung daneben weiterhin dann anzunehmen, wenn der Stiftungszweck gegen Gesetzesrecht verstößt. Diesbezüglich waren Änderungen gegenüber dem bisherigen Recht nicht beabsichtigt.[149]

Die Verpflichtung zukünftiger Stiftungen auf Gemeinwohlkonformität ist nicht nur nachvollziehbar, sondern letztlich eine Selbstverständlichkeit. Rechtsformen, die nicht mit dem gemeinen Wohl in Einklang stehen, haben ohnehin keine dauerhafte „Lebenserwartung".[150] Man kann sich daher schon fragen, ob eine ausdrückliche Erwähnung des Gemeinwohls in § 80 II BGB überhaupt erforderlich gewesen wäre. Denn schließlich schreibt dieser Ausdruck nur noch einmal das geltende Recht fest.[151] Keine Zustimmung kann jedenfalls der Rekurs auf die Begründung des Urteils in Sachen „Schönhuber-Stiftung" finden, das zu Recht harsch als „Rolle rückwärts ins Stiftungsrecht des 19. Jahrhunderts"[152], „Sieg des Rechtspaternalismus über die Stifterfreiheit"[153] und „Sündenfall des Stiftungsrechts"[154] kritisiert worden ist:

Zunächst einmal erscheint schon die Vorgehensweise des Gerichts, den vermeintlich gemeinwohlgefährdenden Stifterwillen anhand der allgemeinen Ziele

---

145 BT-Drs. 14/8765, S. 9.
146 BT-Drs. 14/8765, S. 9.
147 MüKo-*Reuter*, Vor § 80 Rn. 48 f.
148 BVerwG v. 12.2.1998, BVerwGE 106, 177 (Vorinstanz OVG Münster v. 8.12.1995, NVwZ 1996, 913).
149 *Hüttemann*, ZHR 167 (2003), 35–65 (S. 58).
150 Vgl. hierzu D.I.1.
151 *Hüttemann*, ZHR 167 (2003), 35–65 (S. 58).
152 *Reuter*, Stiftungsrecht in Europa, S. 139–158 (144).
153 *Rawert*, FAZ v. 23.4.2002, S. 51.
154 *Rawert*, FAZ v. 23.4.2002, S. 51.

der Stifterin (die Partei „Die Republikaner" – eine Partei, die die vom Gesetzgeber normierten Voraussetzungen für ein Parteiverbot nicht erfüllt) in Form von Äußerungen führender Parteimitglieder zu bestimmen, mehr als fragwürdig. Nicht nachvollziehbar ist desweiteren insbesondere der Gedankengang des Gerichts, die Stiftungserrichtung zwar in der Rechtsform der BGB-Stiftung zu untersagen, aber die Stifterin gleichwohl auf die Rechtsform des Vereins zu verweisen und so gravierende Wertungswidersprüche zwischen Stiftungsrecht, Vereinsrecht und Parteirecht in Kauf zu nehmen.[155] Hinzu kommt, dass das Gericht ein grundlegendes Missverständnis hinsichtlich der Aufgaben der Stiftungsaufsicht erkennen lässt, wenn es äußert, dass dieser mit der Entstehung der Stiftung eine besondere Mitverantwortung für die Verwirklichung des Stifterwillens zukomme. Denn die Stiftungsaufsicht ist allein Rechtsaufsicht und nicht Fachaufsicht. Ihr obliegt daher zwar die Prüfung, ob das Handeln der Stiftungsorgane in Übereinstimmung mit Gesetz und Satzung steht. Aufgaben von Mit-Verwaltung kommen der Aufsichtsbehörde dagegen nicht zu, so dass sie mangels Mit-Handelns auch keine Mit-Verantwortung treffen kann.[156]

Die Bezugnahme auf das genannte Urteil im Rechtssetzungsverfahren ist letztlich zudem deswegen bedenklich, weil es dem erklärten Ziel des Gesetzgebers widerspricht, durch eine „Modernisierung" des Stiftungsrechts das Stiftungswesen zu fördern und zu Neustiftungen zu animieren. Denn auf potentielle Stifter dürfte es abschreckend wirken, wenn sie im Stiftungsrecht lesen müssen, dass ihre Vorhaben zunächst einmal von der zuständigen Behörde daraufhin überprüft werden, ob sie nicht gemeinwohlgefährdend sind.[157] Gerade hierin liegt die schon genannte Rolle rückwärts ins Stiftungsrecht des 19. Jahrhunderts, nämlich darin, dass der Staat für sich das Monopol auf Definition und Durchführung des Gemeinwohls in Anspruch nimmt und diesbezügliche private Initiativen seinem behördlichen Anerkennungsermessen unterwirft. Denn mit dem Begriff des Gemeinwohlvorbehaltes hat sich der Staat letztlich eine politische Einflussnahme auf Stiftungsvorhaben gesichert, die insbesondere zu Lasten von Außenseitern gehen dürfte.[158] Gerade dies scheint bedenklich, da Stiftungen doch insbesondere auch unorthodoxe und nicht der Mehrheitsmeinung verpflichtete Projekte verfolgen und verwirklichen können sollen.

---

155 Vgl. *Muscheler*, NJW 2003, 3161–3166 (S. 3163); *Burgard*, Gestaltungsfreiheit im Stiftungsrecht, S. 125 f.
156 MüKo-*Reuter*, Vor § 80 Rn. 80; *Muscheler*, NJW 2003, 3161–3166 (S. 3163 f.); ausführlich zur Stiftungsaufsicht unter C.V.1.
157 *Muscheler*, NJW 2003, 3161–3166 (S. 3164).
158 *Burgard*, Gestaltungsfreiheit im Stiftungsrecht, S. 125.

Vorzugswürdig wäre es daher gewesen, wenn wie im Vorfeld des Modernisierungsgesetzes vorgeschlagen, anstatt des Gemeinwohlvorbehaltes lediglich auf die Vereinbarkeit des Stiftungszweckes mit dem Gesetz abgestellt worden wäre.[159] Hierdurch hätte man verhindern können, dass lediglich die aus staatlicher Sicht im Allgemeininteresse liegenden Stiftungsvorhaben ausgewählt würden.[160] Stattdessen wäre die allgemeine Grenze der Privatautonomie maßgeblich geworden, wonach als Stiftungszweck all das erlaubt ist, was mit dem Interesse der Allgemeinheit in Einklang steht.[161]

c. Dauerhaftigkeit

Stiftungen sollen nicht nur ganz kurzfristigen Vorhaben dienen. Aus diesem Grund ist das Merkmal der Dauerhaftigkeit des Zwecks auf Empfehlung des Bundesrates in die Gesetzesfassung mit aufgenommen worden.[162] Hiermit soll dem eigenen Wesen der Stiftung Rechnung getragen werden, dass sie grundsätzlich auf unbestimmte Dauer angelegt ist.[163] Konkret wird das Merkmal der Dauer uneinheitlich umschrieben. So soll es unter Bezugnahme auf die Vermögensausstattung einmal dann erfüllt sein, wenn der Stiftungszweck so beschaffen ist, dass er nicht durch einmalige Hingabe und kurzfristigen Verbrauch des Grundstockvermögens erfüllt werden kann.[164] Anderer Ansicht nach muss seine Dauer so bemessen sein, dass die Errichtung einer juristischen Person und die damit einhergehende rechtliche Verselbstständigung der Zweckverfolgung erforderlich erscheint.[165] Gleichwohl ist es daneben nicht ausgeschlossen, dass der Stifter eine Stiftung ins Leben ruft, deren Zweck zwar auf längere Dauer gerichtet, aber dennoch mit einem zeitlichen Ende verbunden ist.[166] Insbesondere die so genannten Verbrauchsstiftungen – diese sind darauf angelegt, angesichts einer ertragslosen Vermögensausstattung oder einer planmäßig begrenzten Lebensdauer den Stiftungszweck nicht (nur) aus den Erträgen des Stiftungsvermögens

---

159 *Hüttemann*, ZHR 167 (2003), 35–65 (S. 59); *Muscheler*, NJW 2003, 3161–3166 (S. 3161 ff.); *Burgard*, Gestaltungsfreiheit im Stiftungsrecht, S. 124; *Rawert*, FAZ v. 23.4.2002, S. 51.
160 Vgl. auch MüKo-*Reuter*, Vor § 80 Rn. 77.
161 *Mestmäcker*, Referat 44. DJT, G 3-G 30 (G 16).
162 *Burgard*, Gestaltungsfreiheit im Stiftungsrecht, S. 122.
163 Dies bedeutet jedoch nicht, dass nicht auch Stiftungen von befristeter Dauer zulässig sein können, vgl. ausführlich MüKo-*Reuter*, Vor § 80 Rn. 57.
164 *Burgard*, Gestaltungsfreiheit im Stiftungsrecht, S. 123.
165 MüKo-*Reuter*, Vor § 80 Rn. 57.
166 BT-Drs. 14/8765, S. 8; Staudinger-*Hüttemann/Rawert*, § 80 Rn. 17.

zu verwirklichen, sondern aus diesem selbst[167] – sind gem. § 80 II 2 BGB unter gewissen Voraussetzungen zulässig sein.

d. Fremdnützigkeit

Der Stiftungszweck muss fremdnützig[168] sein.[169] Dies folgt schon aus dem Wesen der Stiftung und dem Stiftungsbegriff, die eine Grenze zulässiger Stiftungszwecke bilden. Stiftungen müssen daher immer einem äußeren Zweck gewidmet sind.[170] Entsprechend unzulässig sind mithin die so genannten „Stiftungen für den Stifter".[171] Dies sind solche Stiftungen, die als Sondervermögen[172] lediglich dem eigenen Wohl des Stifters dienen und deren Vermögen mangels pfändbarer Mitgliedschafts- und klagbarer Destinatärsrechte zumindest nach Ablauf der insolvenzrechtlichen Anfechtungsfristen vollstreckungsfest und damit „gläubigerfrei" ist.[173] Durch die Anerkennung solcher Gestaltungen würden elementare Grundsätze des Haftungs- und Vollstreckungsrechts unterlaufen und außer Kraft gesetzt werden.[174] Da solche Stiftungsgebilde jedoch nicht mehr leisten, als bloße Vollstreckungsvereitelung fehlt ihnen schon das Element der zweckbestimmten Vermögenshingabe, das im Wortlaut von § 81 I 2 BGB zum Ausdruck kommt. Sie sind daher funktionslos und verdienen nicht den Schutz der

---

167 *Fritz*, Die Stiftung, S. 263–311 (276 f.)
168 Von der Fremdnützigkeit ist der Begriff der Privatnützigkeit zu unterscheiden. Privatnützig ist eine Stiftung, wenn ihre Begünstigten nicht durch die Zugehörigkeit zu einem offenen, prinzipiell jedermann zugänglichen Personenkreis bestimmt sind, sondern eine abgegrenzte Gruppe (Familie, Belegschaft, Verein) bilden, die zu begünstigen der öffentlichen Hand auf Grund ihrer Bindung an den Gleichheitssatz verwährt wäre, vgl. MüKo-*Reuter*, Vor § 80 Rn. 61.
169 So die h.M., siehe etwa MüKo-*Reuter*, Vor § 80 Rn. 59; Soergel-*Neuhoff*, Vor § 80 Rn. 70; Staudinger-*Hüttemann/Rawert*, Vorbem § 80 Rn. 8; anders etwa *Burgard*, Gestaltungsfreiheit im Stiftungsrecht, S. 132 ff.; zu den Konsequenzen für unternehmensverbundene Stiftungen (keine Zulässigkeit von Unternehmensselbstzweckstiftungen) siehe unter D.IX.
170 Bericht der Bund-Länder-Arbeitsgruppe, S. 37; *Hüttemann*, ZHR 167 (2003), 35–65 (S. 60 f.).
171 Statt vieler *Jakob*, Schutz der Stiftung, S. 51; *Hüttemann*, ZHR 167 (2003), 35–65 (S. 58).
172 Ein Sondervermögen ist ein Vermögen, dem das Gesetz neben dem sonstigen Vermögen einer Person eine rechtliche Sonderstellung einräumt, ohne dass eine juristische Person besteht, vgl. *Creifelds*, Rechtswörterbuch, S. 1056.
173 *Rawert*, Stiftungsrecht in Europa, S. 109–137 (116).
174 *Riemer*, Stiftungsrecht in Europa, S. 511–519 (518).

Rechtsordnung.[175] Vielmehr stehen sie im Widerspruch zum gesetzlich konkretisierten Gemeinwohl, da sie das Schaffen von Haftungsenklaven ermöglichen und so die Grundlagen des geltenden Haftungssystems unterlaufen würden. Hinzu kommt, dass sie geeignet wären, den Charakter der Stiftungen als Leistungsorganisationen zu deformieren und den (noch) guten Leumund der Stiftungen zu schädigen, was sich in der Folge zu einer Gefahr für das Stiftungswesen in seiner Gesamtheit auswachsen könnte.[176]

Reine Unterhaltsstiftungen stehen in vergleichbarer Weise wie die Stiftungen für den Stifter im Widerspruch zum Gemeinwohl. Denn hier wie dort können sich die Begünstigten der jeweiligen Stiftung gegenüber ihren Gläubigern als vermögenslos und ohne festes Einkommen darstellen und so die Grundregel des Haftungssystems außer Kraft setzen.[177]

e. Regelungen der Landesstiftungsgesetze

Neben den bundesgesetzlichen Vorschriften des BGB enthalten die Landesstiftungsgesetze Regeln für die öffentlich-rechtlichen Fragen des Stiftungsrechts, insbesondere der staatlichen Anerkennung von Stiftungen und der Stiftungsaufsicht. Insoweit ergänzen sie die privatrechtlichen Bestimmungen des BGB.[178] Seit der Modernisierung des Stiftungsrechts sind die Anerkennungsvoraussetzungen von Stiftungen jedoch abschließend in § 80 II BGB geregelt. In der Folge sind die Stiftungsgesetze der Länder zu reinen Stiftungsaufsichtsgesetzen geworden.[179] Auch formell wurden sie dementsprechend weitestgehend aufgehoben.[180] In der Folge lassen sich anhand bestehender, beziehungsweise ehemaliger landesrechtlicher Regelungen keine Argumente mehr für oder gegen die Zulässigkeit von reinen Unterhaltsstiftungen gewinnen. Entscheidend hierfür ist nunmehr die Frage, ob diese mit dem bundesrechtlichen Stiftungsbegriff und dem Gemeinwohlvorbehalt des § 80 II BGB vereinbar sind.[181]

---

175 Vgl. *Rawert*, Stiftungsrecht in Europa, S. 109–137 (116) unter Bezugnahme auf das schweizerische Recht; *Jakob*, Schutz der Stiftung, S. 52.
176 Hierzu D.I. und D.IX.
177 Ausführlich zu den reinen Unterhaltsstiftungen als Haftungsexklave unter D.VIII.
178 Das Nebeneinander von Bundes- und Landesrecht ist typisch für das Stiftungsrecht, vgl. Staudinger-*Hüttemann/Rawert*, Vorbem zu §§ 80 ff. Rn. 16.
179 Staudinger-*Hüttemann/Rawert*, Vorbem zu §§ 80 ff. Rn. 16.
180 Vgl. MüKo-*Reuter*, §§ 80, 81 Rn. 99.
181 Ausführlich zu den landesrechtlichen Regelungen Staudinger-*Hüttemann/Rawert*, Vorbem zu §§ 80 ff. Rn. 75 ff.; Hüttemann/Richter/Weitemeyer (Hrsg.), Landesstiftungsrecht.

2. Stiftungsvermögen

Der neue § 81 I 2 BGB verlangt vom Stifter die verbindliche Erklärung, ein Vermögen zur Erfüllung eines von ihm vorgegebenen Zweckes zu widmen.[182] Hierdurch wird klargestellt, dass taugliche Stiftungszwecke nur solche sein können, die zu ihrer Erfüllung den Einsatz von Vermögen erfordern.[183] Das Vermögen ist das Mittel, mit dem der durch die Stiftung institutionalisierte Zweck verwirklicht werden soll.[184] Im Gegensatz zu einer mitgliedschaftlich strukturierten Körperschaft, die ihre Zwecke teilweise ohne vermögenswerte Mittel durch den persönlichen Einsatz ihrer Mitglieder verwirklichen kann, ist die Stiftung auf eine ausreichende Vermögensausstattung angewiesen.[185] Es gilt der Grundsatz der Erhaltung des Stiftungsvermögens (Ausnahmen sind hiervon die so genannten Verbrauchsstiftungen[186]).[187] Dabei sind alle Güter und Rechte von wirtschaftlichem Wert als Vermögen im Sinne von § 81 I 2 BGB geeignet.[188] Allerdings ist aus Liquiditätsgründen zumindest ein gewisses Barkapital erforderlich, eine reine Sachstiftung ist nicht anerkennungsfähig.[189] Die Vermögensausstattung der Stiftung hat zweckadäquat zu erfolgen.[190] Dabei ist es nicht zwingend erforderlich,

---

182 Nach bisherigem Recht war umstritten, ob eine Vermögenszusage zwingendes Element des Stiftungsgeschäfts unter Lebenden ist, vgl. *Hüttemann*, ZHR 167 (2003), 35–65 (S. 48).
183 MüKo-*Reuter*, Vor § 80 Rn. 63.
184 Staudinger-*Hüttemann/Rawert*, Vorbem zu §§ 80 ff. Rn. 9. Teilweise wird dabei zwischen einem Stiftungsvermögen im engeren und einem Stiftungsvermögen im weiteren Sinne unterschieden. Im weiteren Sinn bezeichnet der Begriff Stiftungsvermögen sämtliche für die Stiftung verfügbaren Mittel. Im engeren Sinn meint Stiftungsvermögen lediglich das Stiftungskapital oder das Grundstockvermögen, das der Stifter der Stiftung zugewendet hat und das in seinem Bestand zu erhalten ist, vgl. Staudinger-*Hüttemann/Rawert*, Vorbem zu §§ 80 ff. Rn. 10; Seifart/von Campenhausen-*Hof*, § 9 Rn. 4 zählt in wirtschaftlicher Betrachtungsweise alle Vermögenswerte der Stiftung zum Stiftungsvermögen; enger *Carstensen*, Vermögensverwaltung, S. 71 ff.
185 *Ebersbach*, Stiftungsrecht, S. 17 f.
186 Zur Verbrauchsstiftung *Fritz*, Die Stiftung, S. 263–311 (276 f.).
187 Zu den landesgesetzlichen Regelungen Seifart/von Campenhausen-*Hof*, § 9 Rn. 60 Fn. 118 (m.w.N.).
188 Soergel-*Neuhoff*, Vor § 80 Rn. 15; zur Problematik der Unternehmensbeteiligung einer Stiftung vgl. D.IX.
189 *Hof*, DStR 1992, 1587–1591 (S. 1587).
190 MüKo-*Reuter*, Vor § 80 Rn. 63; Stumpf/Suerbaum/M. Schulte/Pauli-*Stumpf*, § 80 Rn. 60 f.

dass bereits die Anfangsausstattung durch den Stifter die Verwirklichung des Stiftungszweckes sicherstellt. Es soll auch berücksichtigt werden, „ob weitere ausreichende Zustiftungen bzw. Zuwendungen mit einer gewissen Sicherheit zu erwarten sind."[191] Unklar ist deswegen, ob nach neuer Rechtslage überhaupt eine Vermögensdotation durch den Stifter selbst zu fordern ist.[192]

Im Vorfeld des Stiftungsmodernisierungsgesetzes wurde darüber diskutiert, ob ein beziffertes Mindestkapital eingeführt werden sollte.[193] Kritisiert wurde vor allem, dass die Behörden trotz fehlender entsprechender Gesetzesregelung faktisch die Genehmigung einer Stiftung von einem solchen abhängig machen würden.[194] In der Praxis hätten demzufolge Stiftungsvorhaben mit weniger als 40.000–50.000 Euro keine Aussicht auf Genehmigung.[195] Ein beziffertes Mindestkapital ist durch das Modernisierungsgesetz jedoch zu Recht nicht eingeführt worden. Denn für die Frage nach der dauernden und nachhaltigen Zweckerfüllung gemäß § 80 II BGB ist nicht allein der Substanzwert entscheidend, sondern auch die Ertragskraft der Kapitalausstattung einer Stiftung.[196]

Erträge des Stiftungsvermögens[197] sind für den Stiftungszweck zu verwenden. Die Zuführung von Erträgen zum Grundstockvermögen ist dagegen nur begrenzt zulässig. Dies wird durch so genannte Admassierungsverbote sichergestellt.[198] Zu unterscheiden ist dabei zwischen dem stiftungsrechtlichen[199] und dem steuerrechtlichen[200] Admassierungsverbot gemäß § 58 Nr. 7a AO.

---

191 RegE, BT-Drucks. 14/8765, S. 8.
192 Hierzu *Hüttemann*, ZHR 167 (2003), 35–65 (S. 49 f.), der eine Vermögensdotation durch den Stifter selbst für nicht erforderlich hält; MüKo-*Reuter*, Vor § 80 Rn. 63.
193 *Rawert*, Stiftungsrecht in Europa, S. 109–137 (125) (m.w.N.); ausführlich zum Mindestkapital bei Stiftungen etwa *Schwake*, NZG 2008, 248–252 (S. 248 ff.).
194 Vg. Seifart/von Campenhausen-*Hof*, § 9 Rn. 28 ff.
195 *Rawert*, Stiftungsrecht in Europa, S. 109–137, (125); zur Praxis der Genehmigungsbehörden *Damrau/Wehinger*, ZEV 1998, 178–179 (179).
196 *Schwake*, NZG 2008, 248–252 (S. 250, 252); kritisch MüKo-*Reuter*, §§ 80, 81 Rn. 13.
197 Hierunter sind in Abgrenzung zu Spenden oder anderen Zuwendungen nur die Erträge des Grundstockvermögens zu verstehen, Staudinger-*Hüttemann/Rawert*, § 81 Rn. 54.
198 Ausführlich *Burgard*, Gestaltungsfreiheit, S. 494 ff.
199 Das stiftungsrechtliche Admassierungsverbot folgt aus dem Gebot der Erfüllung des Stiftungszwecks und dem damit einhergehenden Gebot, die Stiftungserträge für diesen zu verwenden, *Burgard*, Gestaltungsfreiheit, S. 494 f.; vgl. zu den landesgesetzlichen Regelungen Seifart/von Campenhausen-*Hof*, § 9 Rn. 137 (m.w.N.).
200 Das steuerrechtliche Admassierungsverbot gem. § 55 I Nr. 5 AO, wonach die Stiftungsmittel ausschließlich und zeitnah für die satzungsmäßigen Zwecke zu

Das Admassierungsverbot wird durch die landesrechtlichen Regelungen zum Grundsatz der Vermögenserhaltung eingeschränkt. Demnach ist das Stiftungsvermögen in seinem Bestand ungeschmälert zu erhalten.[201] Dies bedeutet, dass das Stiftungskapital nicht nur seinem Betrage nach, sondern auch nach seinem wirtschaftlichen Wert (im Sinne eines Nutzungswertes) für die Verfolgung des Stiftungszwecks zu erhalten ist.[202] Ausnahmsweise kann die Stiftungsbehörde eine Abweichung vom Gebot der Bestandserhaltung zulassen, wenn der Stifterwille anders nicht zu verwirklichen ist und der Bestand der Stiftung auch in diesem Fall für angemessene Dauer gewährleistet ist.[203]

Hinsichtlich des steuerrechtlichen Admassierungsverbotes werden gemeinnützige Stiftungen im Vergleich zu privatnützigen schlechter behandelt. Ersteren ist ein Ausgleich von Vermögensverlusten durch eine freie Rücklage nur im Rahmen der durch § 58 Nr. 7a AO gezogenen Grenze möglich, selbst wenn ihre Vermögensverluste tatsächlich höher sind. Für privatnützige Stiftungen wie die Unterhaltsstiftung gilt das steuerrechtliche Admassierungsverbot dagegen nicht in diesem Umfang. Sie können Verluste des Grundstockvermögens stets im vollen Maße durch Erträge ausgleichen. Hierin ist – auch mit Blick auf den Gleichbehandlungsgrundsatz des Art. 3 GG – eine nicht hinnehmbare Schlechterstellung der gemeinnützigen Stiftungen zu sehen. Privatnützigen Stiftungen ist es möglich, einer inflationsbedingten Vermögensauszehrung durch eine unbeschränkte Thesaurierung der erwirtschafteten Erträge entgegenzuwirken. Eine gemeinnützige Stiftung muss dagegen die Grenze des § 58 Nr. 7a AO (ein Drittel des Überschusses der Einnahmen über die Unkosten) beachten, wenn sie nicht die ihr gewährten Steuervergünstigungen gefährden will. Im Normalfall mag dieser gewährte Spielraum ausreichen, das Grundstockvermögen der

---

verwenden sind, betrifft nur gemeinnützige Stiftungen, ausführlich Seifart/von Campenhausen-*Hof*, § 9 Rn. 138.

201 Seifart/von Campenhausen-*Hof*, § 9 Rn. 141; dieser Grundsatz ist „innere Einschränkung" des stiftungsrechtlichen Admassierungsverbotes, vgl. auch Staudinger-*Hüttemann/Rawert*, § 81 Rn. 54.

202 Ausführlich zum Gebot der Vermögenserhaltung etwa *Burgard*, Gestaltungsfreiheit, S. 478 ff.; *Hüttemann*, FS Flume 90, S. 59–98 (59 ff.); *Friedrich*, Anlage des Stiftungsvermögens, S. 76 ff.; zum Verhältnis Vermögensanlage und Zweckverwirklichung ausführlich *Fritz*, Stifterwille und Stiftungsvermögen, S. 105 ff.

203 Eine solche Ausnahme lassen mit Ausnahme Bayerns alle Landesstiftungsgesetze zu. Dabei kann sie in Bremen, Hessen und Niedersachsen nur durch die Stiftungsbehörde zugelassen werden, wohingegen eine solche Ausnahmeregelung in allen anderen Bundesländern in der Stiftungssatzung verankert werden kann, vgl. Richter/Wachter-*Panse/Bär*, § 6 Rn. 4 Fn. 3.

Stiftung zu erhalten. Sollten die Stiftungsgeschäfte jedoch einmal eine Zeit lang schlechter laufen und dazu womöglich noch mit einer erhöhten Geldentwertung einhergehen, mag dies durchaus zum Bedürfnis einer höheren Thesaurierungsquote führen, als es der gemeinnützigen Stiftung durch das Gemeinnützigkeitsrecht zugestanden wird.[204]

3. Stiftungsorganisation

Die Stiftung als rechtlich verselbstständigtes Gebilde ohne Mitglieder bedarf einer Organisationsstruktur, um ihre Handlungsfähigkeit sicherzustellen.[205] Dabei bestimmt sich die Organisation der Stiftung primär nach der Satzung als eigenem Verfassungsrecht der Stiftung[206] und subsidiär nach dem BGB.[207] Als Mindestanforderung an die Stiftungsorganisation verlangt § 86 BGB in Verbindung mit § 26 I BGB die Einrichtung eines Vorstandes.[208] Neben diesem Leitungsorgan ist es in der Praxis üblich, Aufsichtsorgane, etwa in Form von Beiräten oder Kuratorien, zu installieren.[209] Im Verhältnis zu Stiftungszweck und Stiftungsvermögen darf die Organisation weder eindeutig über-[210] noch eindeutig unterdimensioniert sein.[211] Zudem muss sie widerspruchsfrei ausgestaltet werden.[212]

Bereits diskutiert wurde, inwiefern für wirtschaftlich tätige Stiftungen organisationsrechtliche Sonderregelungen geschaffen werden sollten, etwa bezüglich von Organhaftung und Organaufsicht. Jedenfalls durch das Gesetz zur Modernisierung des Stiftungsrechts sind keine diesbezüglichen Neuerungen eingeführt worden. Letztlich ist die Beantwortung dieser Fragestellung jedoch eng mit der

---

204 Ein Problem, das gerade im Zuge der 2007 begonnenen Finanzkrise bedeutsam geworden ist, vgl. *Weitemeyer*, FAZ v. 6.5.2009, S. 21; zum praktischen Problem der Vermögenserhaltung *Schiffer*, DStR 2003, 14–18 (S. 16 ff.).
205 MüKo-*Reuter*, Vor § 80 Rn. 62.
206 Staudinger-*Hüttemann/Rawert*, Vorbem zu §§ 80 ff. Rn. 11.
207 Staudinger-*Hüttemann/Rawert*, Vorbem zu §§ 80 ff. Rn. 11.
208 Daneben sieht etwa § 10 II BerlStifG für Familienstiftungen die Einrichtung eines Aufsichtsorgans vor. Auf diese Weise soll der Rückzug des Staates aus der Aufsicht über private Stiftungen legitimiert werden, indem die stiftungsinterne Kontrolle intensiviert wird, vgl. *Rawert*, Stiftungsrecht in Europa, S. 109–137 (127); zur Stiftungsaufsicht siehe C.V.1.
209 Zu Einzelfragen siehe Staudinger-*Hüttemann/Rawert*, § 86 Rn. 3 ff.; *Wigand/Haase-Theobald/Heuel/Stolte*, Stiftungen in der Praxis, § 3 Rn. 15 ff.; *Wiesner*, Korporative Strukturen, S. 99 ff.
210 *Burgard*, NZG 2002, 697–702 (S. 699).
211 Kritisch MüKo-*Reuter*, §§ 80, 81 Rn. 59.
212 RegE, BT-Drucks. 14/8765, S. 11.

Auseinandersetzung darüber verbunden, ob wirtschaftliche Stiftungen zugelassen werden sollen. Bejaht man letzteres, so wird man nicht umhin kommen, Stellung dazu zu beziehen, inwieweit gesellschafts- und mitbestimmungsrechtliche Standards für das Stiftungsrecht zu übernehmen sind.[213]

Umstritten ist weiterhin die Frage inwieweit es möglich ist, durch die Stiftungssatzung körperschaftliche Elemente in die Stiftungsorganisation hineinzutragen.[214] Hierdurch könnten etwa Mitwirkungsrechte für Spender, Zustifter oder Destinatäre geschaffen werden, um die Beachtung des Stifterwillens besser abzusichern.[215] Die so genannten Bürgerstiftungen[216] sind von derartigen Mitwirkungsrechten geprägt.[217] Allerdings ist eine „quasi-körperschaftliche Organisationsgestaltung von Stiftungen"[218] wohl kaum mit der Rechtsnatur der Stiftung vereinbar. Diese ist geprägt durch den verobjektivierten, ursprünglichen Willen des Stifters und soll gerade nicht einem wandelbaren Willen etwaiger der Stiftung verbundener Personen unterworfen werden.

Nicht anders kann die Beurteilung der vergleichbaren Frage ausfallen, ob dem noch lebenden Stifter quasi-körperschaftliche Befugnisse zukommen können. Für ihn kann letztlich nichts anderes gelten, als für Dritte.[219] Er kann sich zwar tatbestandlich konkret umrissene Änderungen der Stiftungsverfassung vorbehalten. Ein grundsätzliches, lebzeitiges Recht, den Zweck der von ihm gegründeten Stiftung jederzeit zu verändern[220], kann jedoch nicht mit dem Stiftungsbegriff in Einklang gebracht werden.[221]

---

213 *Rawert*, Stiftungsrecht in Europa, S. 109–137 (128); ausführlich hierzu D.IX.3.c. b)(2).
214 Zum Meinungsstand etwa MüKo-*Reuter*, Vor § 80 Rn. 62; Staudinger-*Hüttemann/ Rawert*, § 85 Rn. 9 ff.; *Rawert.*, Stiftungsrecht in Europa, S. 109–137 (128 f.); *Kronke*, Stiftungstypus und Unternehmensträgerstiftung, S. 120 ff.
215 Vgl. BGH v. 22.1.1987, NJW 1987, 2364, 2366.
216 Stiftungen von Bürgern für Bürger zur Förderung kultureller, sozialer oder ökologischer Zwecke in einem bestimmten geographischen Raum, vgl. *Schiffer*, NJW 2004, 2497–2500 (S. 2498), *ders.*, NJW 2006, 2528–2531 (S. 2529); zum mit den Bürgerstiftungen vergleichbaren US-amerikanischen Modell der so genannten Donor-Advised Funds siehe ausführlich *Barrelet*, Moderne Stiftungsformen, S. 8 ff.
217 MüKo-*Reuter*, Vor § 80 Rn. 62.
218 *Rawert*, Stiftungsrecht in Europa, S. 109–137 (129).
219 *Rawert*, Stiftungsrecht in Europa, S. 109–137 (130).
220 So vorgeschlagen durch die CDU/CSU-Fraktion, BT-Drucks. 14/2029, S. 2.
221 *Rawert*, Stiftungsrecht in Europa, S. 109–137 (130).

III. Stiftungserrichtung

Gemäß § 80 S. 1 BGB a.F. war für die Entstehung einer rechtsfähigen Stiftung außer dem Stiftungsgeschäft eine staatliche Genehmigung erforderlich. Hieran hat sich durch das Gesetz zur Modernisierung des Stiftungsrechts im Kern nichts geändert. Die Änderungen in § 80 I BGB sind diesbezüglich rein begrifflicher Natur.[222]

Nach herrschender Ansicht ist das Stiftungsgeschäft zweigeteilt: Es gliedert sich in einen organisationsrechtlichen (Stiftungssatzung) und einen vermögensrechtlichen (Ausstattungsversprechen) Teil.[223]

1. Stiftungsgeschäft

Das Stiftungsgeschäft kann gemäß § 81 I BGB als ein Rechtsgeschäft unter Lebenden oder gemäß § 83 BGB als Verfügung von Todes wegen vorgenommen werden. Als Rechtsgeschäft unter Lebenden ist es einseitige nicht empfangsbedürftige Willenserklärung.[224] Als Verfügung von Todes wegen richten sich die Wirksamkeitsvoraussetzungen und die Bedeutung von Willensmängeln nach den Vorschriften, die für letztwillige Verfügungen gelten.[225]

§ 81 BGB a.F. enthielt bisher lediglich Vorschriften zur Schriftform und zum Widerrufsrecht des Stifters. Schon vor dem Stiftungsmodernisierungsgesetz wurde daher gefordert, dass bundesrechtlich Anordnungen über Zweck, Vermögensausstattung, Sitz, Namen und Organe der Stiftung getroffen werden sollten.[226] Dem ist der Gesetzgeber mit der Neufassung von § 81 BGB nachgekommen, indem dieser nun inhaltliche Anforderungen an das Stiftungsgeschäft formuliert. Demnach muss das Stiftungsgeschäft eine Satzung mit Angaben über den Namen der Stiftung, ihren Sitz, ihren Zweck, ihr Vermögen sowie die Bildung ihres Vorstandes enthalten, § 81 I 3 BGB.[227]

---

222 *Hüttemann*, ZHR 167 (2003), 35–65 (S. 39).
223 MüKo-*Reuter*, §§ 80, 81 Rn. 3; *Sontheimer*, Das neue Stiftungsrecht, S. 36; a.A. *Muscheler*, ZEV 2003, 41–49 (S. 49).
224 Palandt-*Ellenberger*, § 81 Rn. 2.
225 Palandt-*Ellenberger*, § 83 Rn. 1.
226 Vgl. etwa Staudinger-*Rawert* (1995), § 80 Rn. 12; Soergel-*Neuhoff*, § 85 Rn. 10.
227 Zu den hiermit im Einzelfall verbundenen Detailfragen vgl. MüKo-*Reuter*, §§ 80, 81 Rn. 25 ff.

Gemäß § 81 I 1 BGB genügt für das Stiftungsgeschäft die Schriftform. Ob dies der Bedeutung des Stiftungsgeschäfts gerecht wird oder nicht vielmehr eine notarielle Beurkundung zu fordern wäre, ist dabei umstritten.[228]

Notwendiger vermögensrechtlicher Bestandteil des Stiftungsgeschäfts ist gemäß § 81 I 2 BGB die verbindliche Erklärung des Stifters, ein Vermögen zur Erfüllung eines von ihm vorgegebenen Zweckes zu widmen.[229] Hierdurch wird die Frage aufgeworfen, ob durch den Stiftungsbegriff des Modernisierungsgesetzes auch reine Funktionsstiftungen[230] erfasst werden.[231]

Umstritten ist weiterhin, inwieweit das Stiftungsgeschäft aufschiebend oder auflösend bedingt werden kann.[232] Verneint wird dies insbesondere mit dem Hinweis auf die Sicherheit des Rechtsverkehrs, der Gewissheit über die Existenz der Stiftung haben müsse.[233] Zudem sei eine juristische Person in ihrem Bestand per se bedingungsfeindlich.[234] Jedenfalls muss eine Bedingung im Rahmen der Anerkennung berücksichtigt werden. Schließlich ist ja eine verbindliche Erklärung des Stifters erforderlich, ein Vermögen zur Erfüllung des Stiftungszweckes hinzugeben, § 81 I 2 BGB. Verbindet der Stifter die Stiftungserrichtung jedoch

---

228 Für das Genügen der Schriftform etwa OLG Schleswig v. 1.8.1995, DNotZ 1996, 770; MüKo-*Reuter*, §§ 80, 81 Rn. 7; a.A. etwa *Hüttemann*, ZHR 167 (2003), 35–65 (S. 47 f.); Staudinger-*Rawert* (1995), § 81 Rn. 3 verlangte die notarielle Beurkundung zumindest dann, wenn zum Vermögen der Stiftung auch Grundstücke gehören sollen; diese Ansicht ist in der Neuauflage nunmehr unter Hinweis auf den im Stiftungsmodernisierungsgesetz zum Ausdruck kommenden Willen des Gesetzgebers aufgegeben, Staudinger-*Hüttemann/Rawert*, § 81 Rn. 15.
229 Umstritten ist die Rechtsnatur der Vermögenszusage des Stifters, vgl. hierzu MüKo-*Reuter*, §§ 80, 81 Rn. 22 ff.; zur Frage, ob eine Vermögensdotation durch den Stifter selbst erforderlich ist, vgl. bereits unter C.II.2.
230 Bei den Funktionsstiftungen (auch Funktionsträgerstiftungen) tritt die Vermögenskomponente weitgehend zurück. Es steht die Erfüllung spezieller Aufgaben im Vordergrund, die sich weder als finanzielle Hilfeleistungen, noch als Anstaltsbetrieb oder Unternehmensträgerschaft klassifizieren lassen, vgl. *Burgard*, Gestaltungsfreiheit, S. 31; ausführlich zur Funktionsstiftung unter D.IX.3.d.c).
231 Dagegen MüKo-*Reuter*, §§ 80, 81 Rn. 12; *Schwintek*, Vorstandskontrolle, S. 81; *K. Schmidt*, ZHR 166 (2002), 145–149 (S. 145 ff.); a.A. *Burgard*, Gestaltungsfreiheit, S. 146 f.
232 Dafür BGH v. 9.2.1978, BGHZ 70, 313; Staudinger-*Hüttemann/Rawert*, § 81 Rn. 11; *Burgard*, Gestaltungsfreiheit, S. 635 f.; a.A. Erman-*O. Werner*, § 81 Rn. 3.
233 Erman-*O. Werner*, § 81 Rn. 3.
234 MüKo-*Reuter*, §§ 80, 81 Rn. 44.

mit einer Bedingung, darf die Stiftung erst anerkannt werden, wenn die Bedingung eingetreten ist.[235]

Bis die Stiftung als rechtsfähig anerkannt wird, ist der Stifter berechtig, das Stiftungsgeschäft zu widerrufen, § 81 II 1 BGB. Sobald die Stiftung durch die zuständige Behörde anerkannt wurde, ist ein Widerruf nicht mehr möglich. Soweit die entsprechenden Voraussetzungen gegeben sind, verbleibt dem Stifter jedoch die Möglichkeit der Anfechtung gemäß §§ 119 ff. BGB.[236]

2. Satzung

Gemäß § 81 I 3 BGB muss die Stiftung durch das Stiftungsgeschäft eine Satzung erhalten. Dabei ist die Satzung selbst nicht Teil des Stiftungsgeschäfts, sondern enthält das Stiftungsgeschäft ergänzende Bestimmungen, durch welche die Verfassung der Stiftung geregelt wird. Zwischen Satzung und Stiftungsgeschäft gibt es dabei inhaltliche Schnittmengen, insbesondere hinsichtlich des Stiftungszweckes und des Stiftungsvermögens. Abgrenzen lassen sich beide wie folgt: Der Stiftungsakt im engeren Sinne, durch welchen mit der verbindlichen Erklärung des Stifters die Stiftung gegründet und das Vermögen der Erfüllung des Stiftungszweckes gewidmet wird, ist das Stiftungsgeschäft. Die Satzung enthält darüber hinausgehende nähere Bestimmungen zu Aufgaben und Organisation der Stiftung.[237] Das Stiftungsgeschäft gibt die Grundordnung der Stiftung vor, die Satzung enthält einen darüber hinausgehenden Aufgaben- und Organisationsplan für die Stiftung.[238] Aus § 81 I 3 Nr. 1–5 BGB ergibt sich, dass die Satzung Regelungen über den Namen, den Sitz, den Zweck, das Vermögen und die Bildung des Vorstandes der Stiftung enthalten muss.

a. Name

Der Name der Stiftung (§ 81 I 3 Nr. 1 BGB) gehört zu ihrer Identitätsausstattung als juristische Person und individualisiert sie im Rechtsverkehr. Er ist insoweit unverzichtbar.[239] Es sind die namensrechtlichen Anforderungen des § 12 BGB zu

---

235 Staudinger-*Hüttemann/Rawert*, § 81 Rn. 11; MüKo-*Reuter*, §§ 80, 81 Rn. 44.
236 Ausführlich zum Widerruf etwa *Sontheimer*, Das neue Stiftungsrecht, S. 39; MüKo-*Reuter*, §§ 80, 81 Rn. 45 ff.
237 Vgl. hierzu *Sontheimer*, Das neue Stiftungsrecht, S. 40.
238 *von Löwe*, Familienstiftung und Nachfolgegestaltung, S. 28.
239 *Schwarz*, DStR 2002, 1718–1725 (S. 1722).

beachten, wobei der Stifter ansonsten bei der Wahl des Namens frei ist. Es muss lediglich ein individueller Name erkennbar sein.[240]

b. Sitz

Der Sitz der Stiftung (§ 81 I 3 Nr. 2 BGB) bezeichnet den Standort für das Erscheinen der Stiftung im Rechtsverkehr.[241] Aus der Bestimmung des Stiftungssitzes ergibt sich mittelbar das auf die Stiftung anwendbare Landesstiftungsgesetz und die zuständige Behörde für die Anerkennung der Stiftung. Vor der Stiftungsrechtsreform kam der Wahl des Stiftungssitzes eine nicht unerhebliche Bedeutung zu, die sich aus der unterschiedlichen Genehmigungspraxis der einzelnen Landesstiftungsbehörden ergab.[242] Das BGB regelt die Anerkennungsvoraussetzungen nunmehr bundeseinheitlich, so dass die Suche nach einem stiftungsfreundlichen Bundesland entbehrlich sein sollte. Der Sitz der Stiftung kann nicht frei gewählt werden, sondern muss einen sachlichen Bezug zur Stiftung aufweisen.[243] Dieser sachliche Bezug kann sich aus der Belegenheit des Stiftungsvermögens oder aus der Ansässigkeit von Stiftungsorganen ergeben.[244] Die Stiftungssatzung kann die Möglichkeit einer Sitzverlegung vorsehen[245], wobei hierzu eine Genehmigung der zuständigen Stiftungsbehörde erforderlich ist.[246]

c. Zweck

Der Zweck der Stiftung (§ 81 I 3 Nr. 3 BGB) ist bereits Element der Wesensgrundlage der Stiftung und Teil des Stiftungsgeschäfts, vgl. § 81 I 2 BGB. Entsprechend wird in diesem bereits die generelle und grundsätzliche Zweckbestimmung der Stiftung festgeschrieben.[247] In der Stiftungssatzung erfolgt dann eine diesbezügliche Wiederholung und Konkretisierung.[248] Es geht insbesondere um die Bestimmung der Maßnahmen, durch welche der Stiftungszweck

---

240 So der RegE, BT-Drs. 14/8765, S. 10.
241 So der RegE, BT-Drs. 14/8765, S. 10.
242 *Sontheimer*, Das neue Stiftungsrecht, S. 41.
243 So der RegE, BT-Drs. 14/8765, S. 10; Palandt-*Ellenberger*, § 81 Rn. 6; MüKo-*Reuter*, §§ 80, 81 Rn. 28; Staudinger-*Hüttemann/Rawert*, § 81 Rn. 37; a.A. Erman-*O. Werner*, § 81 Rn. 11.
244 *Sontheimer*, Das neue Stiftungsrecht, S. 41. Zur Frage, ob die Stiftung mehrere Sitze haben kann vgl. MüKo-*Reuter*, §§ 80, 81 Rn. 28 (m.w.N.).
245 Erman-*O. Werner*, § 81 Rn. 13.
246 Staudinger-*Hüttemann/Rawert*, § 81 Rn. 37.
247 Hierzu C.II.1.
248 Erman-*O. Werner*, § 81 Rn. 14; *Schwarz*, DStR 2002, 1718–1725 (S. 1722).

verwirklicht werden soll.[249] Die Zweckangabe ist sowohl das wichtigste Element des Stiftungsgeschäfts als auch der Satzung.[250] Entsprechende Sorgfalt muss daher auf die Formulierung verwandt werden. Dabei ist der Stiftungszweck in der Satzung mit Blick auf den ursprünglichen Stifterwillen so bestimmt wie möglich, aber gleichzeitig unter Berücksichtigung der Dauerhaftigkeit der Stiftung nicht zu eng zu formulieren.[251] Den Stiftungsorganen soll durch den Stiftungszweck ein eindeutiger und klar abgegrenzter Auftrag gegeben werden, um Rechtsunsicherheit, Willkür der Stiftungsverwaltung und ein Verzetteln der Stiftungsleistungen zu verhüten.[252] Es können mehrere Stiftungszwecke nebeneinander und in einer Rangreihenfolge vorgegeben werden.[253] In der Satzung kann desweiteren bestimmt werden, inwiefern der Stiftungszweck geändert werden kann und wieweit die diesbezüglichen Befugnisse der Stiftungsorgane reichen. Eine Zweckänderung bedeutet für die Stiftung dabei stets eine Neuorientierung.[254] Daraus können sich Konsequenzen für die Destinatäre oder die steuerliche Begünstigung der Stiftung ergeben.[255] Wird durch die Zweckänderung die Grenze des § 87 I BGB berührt, setzt sich die Stiftung möglicherweise sogar der Gefahr einer hoheitlichen Auflösung aus. Obgleich Zweckänderung und Umwandlung die Existenz der betroffenen Stiftung unberührt lassen[256], stellt sich die Frage, ob und – wenn ja – unter welchen Voraussetzungen der Zweck einer Stiftung geändert werden darf.[257] Durch die Stiftungsrechtsreform wurde diese strittige Frage nicht geklärt.[258] In der Reformdiskussion erklang die Forderung, dem Stifter ausdrücklich das Recht einzuräumen, zu Lebzeiten den Stiftungszweck ändern zu können.[259] Dies ist so zwar nicht geschehen, dem Stifterwillen kommt in diesem Punkt dennoch eine gewisse Bedeutung zu. Jedenfalls sind Zweckänderungen nur unter bestimmten Voraussetzungen zuzulassen, wobei diese nicht

---

249 *Nissel*, Das neue Stiftungsrecht, S. 50.
250 So der RegE, BT-Drs. 14/8765, S. 10.
251 So der RegE, BT-Drs. 14/8765, S. 10; zum stiftungsrechtlichen Bestimmtheitsgebot etwa *Hüttemann*, FS Reuter, S. 121–140 (127 ff.).
252 BGH v. 3.3.1977, BGHZ 68, 142; zu den Entscheidungen, die ein Stiftungsvorstand zu treffen hat etwa *von Hippel*, FS Hopt, S. 168–189 (178 ff.).
253 MüKo-*Reuter*, §§ 80, 81 Rn. 33.
254 Seifart/von Campenhausen-*Hof*, § 7 Rn. 117.
255 Seifart/von Campenhausen-*Hof*, § 7 Rn. 117.
256 Staudinger-*Hüttemann/Rawert*, § 87 Rn. 12.
257 Vor Anerkennung der Stiftung als rechtsfähig durch die zuständige Behörde ist dies jederzeit möglich, vgl. hierzu *Sontheimer*, Das neue Stiftungsrecht, S. 61.
258 *Burgard*, NZG 2002, 697–702 (S. 701).
259 Antrag der Fraktion der CDU/CSU, BT-Drs. 14/2029, S. 2, 7.

im Gegensatz zum in der Satzung ausgedrückten oder mutmaßlichen Stifterwillen stehen dürfen.[260] Zu berücksichtigen ist stets der oberste stiftungsrechtliche Grundsatz der Maßgeblichkeit des Stifterwillens.[261] Entsprechend wird vertreten, dass eine Änderung des Stiftungszwecks nur für den Fall zuzulassen sei, dass der ursprüngliche Stiftungszweck wegen Unmöglichkeit nicht mehr erfüllt werden kann. Insoweit wird argumentiert, dass die Zweckvorgabe durch den Stifter das Wesen der Stiftung ausmache und dann keine Stiftung im Rechtssinne mehr vorliege, wenn die Änderung des Stiftungszweckes im Gutdünken von Stiftungsorganen liege.[262] Die überwiegende Ansicht möchte dagegen Zweckänderungen insoweit zulassen, als diese in der Stiftungssatzung ausdrücklich zugelassen sind.[263] Diese Ansicht erscheint vorzugswürdig. Denn letztlich ist ja allein dadurch, dass eine mögliche Zweckänderung in der Stiftungssatzung zugelassen wird, noch lange nicht gesagt, dass die betreffenden Stiftungsorgane willkürlich handeln könnten. Sie bleiben stets an den Willen des Stifters gebunden, der die Möglichkeit einer Zweckänderung ja an bestimmte Voraussetzungen knüpfen kann. Ändern sie den Stiftungszweck entsprechend den Vorgaben des Stifters, ist nicht ersichtlich, wieso dies dem erklärten Stifterwillen widersprechen sollte. Insofern wird nur konsequent das Prinzip verwirklicht, dass dem Stifterwillen im Stiftungsrecht größtmögliche Bedeutung beizumessen ist. Lediglich dann, wenn der Stifter eine Zweckänderung voraussetzungslos völlig frei in das Belieben bestimmter Stiftungsorgane stellt, sind Bedenken angebracht. Denn dann käme im Stiftungsgeschäft eigentlich gar kein eigener Stifterwille zum Ausdruck. Vielmehr würde der Stifter letztlich die Verwirklichung seines eigenen Willens von den zur Zweckänderung berechtigten Personen abhängig machen und sich in gewisser Weise unterordnen. Dies ist nicht mit dem Wesen der Stiftungsidee zu vereinbaren.[264] Dagegen dürfte es tatsächlich die Bereitschaft zu stiften erhöhen, wenn der Stifter sich oder den Stiftungsorganen unter gewissen Voraussetzungen eine

---

260 Seifart/von Campenhausen-*Hof*, § 7 Rn. 118. Die Landesstiftungsgesetze sind insoweit uneinheitlich, vgl. MüKo-*Reuter*, §§ 80, 81 Rn. 30 und Seifart/von Campenhausen-*Hof*, § 7 Rn. 121 ff. (m.w.N.).
261 *Happ*, Stifterwille und Zweckänderung, S. 40.
262 MüKo-*Reuter*, §§ 80, 81 Rn. 30; *Rawert*, FS Priester, S. 647–659 (652 ff.).
263 Seifart/von Campenhausen-*Hof*, § 7 Rn. 121; Erman-*O. Werner*, § 81 Rn. 15; Palandt-*Ellenberger*, § 81 Rn. 7; Staudinger-*Hüttemann/Rawert*, § 87 Rn. 12; *Schlüter*, Stiftungsrecht, S. 337; *Burgard*, NZG 2002, 697–702 (S. 701).
264 So auch *Rawert*, FS Priester, S. 647–659 (658 f.), der diesbezüglich vom „willenlosen Stifter" spricht.

Änderung des Stiftungszweckes in der Satzung vorbehalten kann.[265] Jedenfalls bedarf eine Zweckänderung durch Stiftungsorgane wie jede andere Satzungsänderung einer Genehmigung durch die Aufsichtsbehörde.[266]

d. Vermögen

Ebenso wie bereits der Stiftungszweck, gehört das Stiftungsvermögen zum Kern des Stiftungsgeschäfts, § 81 I 2 BGB.[267] Werden in Übereinstimmung mit § 81 I 3 Nr. 4 BGB Vorschriften über das Vermögen in die Satzung aufgenommen, so erfolgt dies wie bereits hinsichtlich des Stiftungszweckes in Ergänzung des Stiftungsgeschäfts. Die Vermögenszusage des Stiftungsgeschäfts lässt in der Satzung insbesondere dann Raum für weitergehende Regelungen, wenn der Zweck nicht nur mit dem bereits durch den Stifter zugesagten Vermögen, sondern mittels weiterer Zustiftungen[268] oder Spenden verwirklicht werden soll.[269] Daneben bestimmt die Satzung die allgemeinen Grundregeln der Vermögensbewirtschaftung, ermöglicht eine genaue Bezeichnung einzelner Vermögenswerte und kann für den Fall des Erlöschens der Stiftung Bestimmungen hinsichtlich des Vermögensanfalls treffen.[270]

e. Vorstand

Die gemäß § 81 I 3 Nr. 5 BGB zu treffenden Regelungen über den Vorstand stellen den wichtigsten organisatorischen Teil der Satzung dar.[271] Der Stiftungsvorstand ist der gesetzliche Vertreter der Stiftung, §§ 86, 26 BGB. Hinsichtlich der Bildung des Vorstandes hat der Stifter insbesondere die Anzahl seiner Mitglieder

---

265 So ja auch das fraktionsübergreifend erklärte Ziel der Stiftungsrechtsreform, vgl. RegE, BT-Drs. 14/8765, S. 7; Gesetzentwurf der Fraktionen SPD und Bündnis90/ Die Grünen, BT-Drs. 14/8277, S. 5; Antrag der Fraktion der CDU/CSU, BT-Drs. 14/2029, S. 1; Gesetzentwurf der FDP Fraktion, BT-Drs. 14/336, S. 2 und BT-Drs. 14/5811, S. 1 f.; Gesetzentwurf der Fraktion Bündnis90/Die Grünen, BT-Drs. 13/9320, S. 1 f.; Entschließungsantrag der PDS Fraktion, BT-Drs. 14/3021, S. 1; Beschlussempfehlung und Bericht des Rechtsausschusses, BT-Drs. 14/8894, S. 1.
266 Seifart/von Campenhausen-*Hof*, § 7 Rn. 118.
267 Siehe hierzu bereits die Ausführungen unter C.II.2.
268 Zur strittigen Frage, ob der Zustiftungsakt selbst obligatorischer Inhalt der Stiftungssatzung ist MüKo-*Reuter*, §§ 80, 81 Rn. 37 ff.; *Muscheler*, WM 2008, 1669–1671 (S. 1669 ff.); *Rawert*, DNotZ 2008, (S. 5 ff.).
269 MüKo-*Reuter*, §§ 80, 81 Rn. 35.
270 *Nissel*, Das neue Stiftungsrecht, S. 50.
271 *Nissel*, Das neue Stiftungsrecht, S. 50.

sowie die Möglichkeiten ihrer Bestellung und Abberufung festzulegen.[272] Unerheblich ist, ob der Vorstand in der Satzung als solcher bezeichnet wird.[273] Darüber hinaus können in der Satzung Bestimmungen über weitere Stiftungsorgane (etwa einen Beirat oder ein Kuratorium mit Kontrollbefugnissen) getroffen werden. Deren Zuständigkeit muss dann von derjenigen des Vorstandes abgegrenzt werden. Insgesamt müssen die Satzungsbestimmungen in sich widerspruchsfrei und vollziehbar sein. Nichts anderes gilt insoweit bezüglich der Stiftungsorgane.[274] Umstritten ist, ob durch die Satzung einer stiftungsfremden Person oder Institution die Kompetenz der Vorstandsbestellung übertragen werden kann.[275]

3. Annerkennung

Neben dem Stiftungsgeschäft ist gemäß § 80 I BGB die Anerkennung Entstehungsvoraussetzung der Stiftung. Diese steht selbstständig neben dem Stiftungsgeschäft.[276] Vor dem Stiftungsmodernisierungsgesetz erfolgte eine Genehmigung durch Verwaltungsakt[277], wobei vom so genannten Konzessionssystem gesprochen wurde.[278] In welchem Umfang bei der Stiftungserrichtung jedoch überhaupt staatliche Mitwirkung zu fordern sei, war schon seit langem Diskussionsgegenstand.[279] Es ging insbesondere um die Frage, ob für den Stifter ein Anspruch auf Genehmigung bestünde und welche Konsequenzen sich aus einem solchen Anspruch für die Genehmigungspraxis ergeben würden. Von der herrschenden

---

272 RegE, BT-Drs. 14/8765, S. 11; zur Frage eines Satzungsvorbehaltes für die Vorstandsvergütung siehe *A. Arnold*, FS Reuter, S. 3–16 (3 ff.); zur Frage der Entlastung des Stiftungsvorstandes *Rösing*, Entlastung.
273 Palandt-*Ellenberger*, § 81 Rn. 9.
274 *Nissel*, Das neue Stiftungsrecht, S. 51.
275 Ausführlich hierzu MüKo-*Reuter*, §§ 80, 81 Rn. 40 f. (m.w.N.).
276 BGH v. 9.2.1978, NJW 1978, 943, 944; BVerwG v. 26.4.1968, NJW 1969, 339.
277 Das Erfordernis einer staatlichen Genehmigung für das Entstehen von Stiftungen knüpft sich an die so genannte Fiktionstheorie, also die Übertragung der Rechtssubjektivität an einen Inbegriff von Vermögensrechten, HKK-BGB-*Pennitz*, §§ 80–89 Rn. 20, (Fn. 96 f.).
278 Von einem *Konzessionssystem* wird gesprochen, wenn die Entstehung einer juristischen Person von einer staatlichen Erlaubnis abhängt. In einem *Normativsystem* muss die juristische Person dagegen bei Erfüllung gewisser gesetzlicher Voraussetzungen als existent angesehen werden vgl. *Creifelds*, Rechtswörterbuch, S. 638; ausführlich Staudinger-*Hüttemann/Rawert*, § 80 Rn. 2 ff.; *Ballerstedt/Salzwedel*, Gutachten 44. DJT, S. 40 ff.
279 Zu dieser Frage bereits *Ballerstedt/Salzwedel*, Gutachten 44. DJT, S. 40 ff.

Ansicht wurde ein solcher Anspruch bejaht.[280] Die Rechtsprechung war insoweit nicht einheitlich.[281] Dies führte dazu, dass die Stiftungsbehörden erheblichen Einfluss im Rahmen der Stiftungserrichtung ausüben konnten und diese mitunter zur Verhandlungssache machten.[282] Dementsprechend diskutiert war, in welchem Umfang die Einflussnahme des Staates bei der Stiftungserrichtung zurückzunehmen sei. Der Meinungsaustausch spitzte sich in der Frage zu, ob das bisher bestehende Konzessionssystem durch ein Normativsystem ersetzt werden solle.[283] Der Gesetzgeber hat sich letztlich für eine Beibehaltung des Konzessionssystems entschieden, wobei allerdings der Begriff *Genehmigung* durch denjenigen der *Anerkennung* ersetzt wurde. Inhaltliche Änderungen gegenüber dem bisherigen Rechtszustand waren damit nicht verbunden, so dass kein grundlegender Wechsel des Errichtungssystems herbeigeführt wurde.[284] Durch die abschließende Normierung der Genehmigungsvoraussetzungen und die Anerkennung des Rechtsanspruchs des Stifters auf Genehmigung wurde das bisherige Konzessionssystem jedoch einem Normativsystem angenähert.[285]

Die Anerkennung erfolgt nur auf Antrag. Sachlich zuständig für diese sind die jeweiligen Landesregierungen oder Fachministerien.[286] Dabei wird über die Anerkennung durch gebundenen Verwaltungsakt gemäß § 80 II BGB entschieden. Diese erfolgt demnach, wenn die Voraussetzungen gemäß § 81 I BGB und die zusätzlichen Anforderungen gemäß § 80 II erfüllt sind.[287] Demnach muss die dauernde und nachhaltige Erfüllung des Stiftungszwecks gesichert erscheinen (Lebensfähigkeitsvorbehalt). Zudem darf keine Gemeinwohlgefährdung durch den Stiftungszweck vorliegen (Gemeinwohlvorbehalt).[288]

---

280 Vgl. Burgard, NGZ 2002, 697–702 (S. 698) (m.w.N.).
281 Offengelassen durch OVG Münster v. 21.12.2000, NVwZ 1996, 913 (914); dagegen VG Düsseldorf v. 25.3.1994, NVwZ 1994, 811, 812 (aufgehoben durch OVG Münster v. 8.12.1995, NVwV 1996, 913).
282 Antrag der Fraktion der CDU/CSU, BT-Drs. 14/2029, S. 6 f.
283 Vgl. etwa *Funke*, Stiftungsrecht in Europa, S. 219–225 (S. 222); die gesetzgeberischen Wahlmöglichkeiten beschränken sich jedoch nicht auf eine Entscheidung zwischen Konzessions-. und Normativsystem, vgl. insoweit *Ballerstedt/Salzwedel*, Gutachten 44. DJT, S. 41.
284 RegE, BT-Drs. 14/8765, S. 8; *Andrick/Suerbaum*, NJW 2002, 2905–2910 (S. 2906 f.); *Krause/Thiele*, Non Profit Law Yearbook 2007, 133–147 (S. 139).
285 *Hüttemann*, ZHR 167 (2003), 35–65 (S. 40).
286 Eine Übersicht zu den Zuständigkeiten etwa bei MüKo-*Reuter*, §§ 80, 81 Rn. 53.
287 Zu den Anforderungen gem. § 81 I BGB siehe bereits unter C.III.
288 Parallelvorschriften finden sich in §§ 43 I BGB, 396 I AktG, 62 GmbHG, 81 I GenG.

a. Lebensfähigkeitsvorbehalt

Der so genannte Lebensfähigkeitsvorbehalt ist bereits vor der Neuformulierung des § 80 II BGB eine Genehmigungsvoraussetzung gewesen, die sich in allen Landesstiftungsgesetzen auffinden lies.[289] Jeweils wurde in inhaltlich übereinstimmender Weise gefordert, dass die dauernde und nachhaltige Erfüllung des Stiftungszweckes gesichert erscheint. Vor der Stiftungsrechtsreform wurde dies in der Behördenpraxis dahingehend verstanden, dass möglichst solche Stiftungsvorhaben auszuschließen seien, die aufgrund ihrer wirtschaftlich oder organisatorisch unzureichenden Ausstattung eine Belastung für die Arbeit der Stiftungsaufsicht darstellen.[290] Ziel der Neuregelung ist es nun, zugunsten des Rechtsverkehrs der Dauerhaftigkeit der Stiftung als juristischer Person und dem der Rechtsform Stiftung eigenen Wesen gerecht zu werden.[291] Im Annerkennungsverfahren ist durch die Behörde diesbezüglich eine Prognoseentscheidung zu treffen.[292] Das Merkmal der Gewährleistung eines dauernden und nachhaltigen Stiftungszwecks stellt dabei einen unbestimmten Rechtsbegriff dar.[293]

Umstritten ist insoweit, auf welche Aspekte sich diese Prognoseentscheidung zu stützen hat. Insoweit wird vertreten, dass allein die Vermögensausstattung in ihrer Relation zum Stiftungszweck von Bedeutung sein könne. Ansonsten wäre die Anerkennungsentscheidung mit kaum justitiablen Prognoseentscheidungen belastet, welche das gesetzgeberische Ziel eines eindeutigen Rechtsanspruchs des Stifters vereiteln würden.[294] Nicht ganz eindeutig sind diesbezüglich die Gesetzgebungsmaterialien, welche einmal davon sprechen, dass „besonders"[295] die Vermögensausstattung von Bedeutung sei, ein anderes mal davon, dass es für die Prognoseentscheidung nur maßgeblich sei, „dass die Dauer [der Erfüllung des Stiftungszwecks] dadurch erzielt wird, dass das Stiftungsvermögen nicht einmalig oder schrittweise verbraucht wird"[296]. Im Gesetzestext selbst findet sich jedenfalls kein Hinweis auf die alleinige Maßgeblichkeit der Vermögensausstattung, weshalb letztlich davon ausgegangen werden kann, dass noch weitergehende

---

289 Vgl. MüKo-*Reuter*, §§ 80, 81 Rn. 57 (m.w.N.).
290 MüKo-*Reuter*, §§ 80, 81 Rn. 57.
291 RegE, BT-Drs. 14/8765, S. 8; kritisch hierzu MüKo-*Reuter*, §§ 80, 81 Rn. 57.
292 Beschlussempfehlung und Bericht des Rechtsausschusses, BT-Drs. 14/8894, S. 10.
293 Ausführlich zur Rechtsfigur des unbestimmten Rechtsbegriffs *Maurer*, Allgemeines Verwaltungsrecht, § 7 Rn. 26 ff., S. 143 ff.
294 *Hüttemann*, ZHR 167 (2003), 35–65 (S. 55).
295 RegE, BT-Drs. 14/8765, S. 8.
296 Beschlussempfehlung und Bericht des Rechtsausschusses, BT-Drs. 14/8894, S. 10.

Aspekte mit in die Prognoseentscheidung einbezogen werden dürfen.[297] Neben der Vermögensausstattung kann demnach insbesondere die Stiftungsorganisation für den Lebensfähigkeitsvorbehalt von Bedeutung sein.[298]

Umstritten ist letztlich jedoch schon, worum es bei der Prognose durch die Behörde eigentlich geht. Die Frage ist, an wem es sein soll, die Lebensfähigkeit der Stiftung zu prognostizieren. Einmal könnte dies vollumfänglich durch die Behörde geschehen, andererseits durch den Stifter, dessen Prognose dann nur noch im Rahmen einer Grenzkontrolle durch die Behörde geprüft würde.[299] Erklärtes Reformziel ist es gewesen, die rechtlichen Anforderungen für die Errichtung von Stiftungen transparenter und einfacher zu gestalten. Dementsprechend ist es nur konsequent, eine Einflussnahme der Anerkennungsbehörde soweit wie möglich zurückzuschrauben. Es sollte daher Sache des Stifters sein, einzuschätzen, in welchem Maße seine Stiftung einer Vermögensausstattung und Organisation bedarf. Daher spricht insoweit nichts dagegen, die Behörde auf eine Kontrolle von Prognosefehlern zu beschränken.[300]

Der Stiftungszweck soll „dauernd" und „nachhaltig" gesichert erscheinen. Mit „dauernd" ist dabei nicht gemeint, dass der Stiftungszweck eine ewige Dauer haben muss. Es soll stattdessen vielmehr um eine anhaltende Zwecksetzung und die Beständigkeit während des Bestehens der Stiftung gehen.[301] Dagegen ist der Begriff „nachhaltig" kein zusätzliches, eigenes Erfordernis für die Anerkennung der Rechtsfähigkeit. Er soll vielmehr den Aspekt der Dauerhaftigkeit ergänzen und verstärken.[302] Andersherum soll durch die bewusste Nebeneinanderstellung der beiden Begrifflichkeiten verhindert werden, dass „nachhaltig" als „besonders intensiv" missgedeutet werden könnte.[303]

---

297 Für eine über die Vermögensausstattung hinausgehende Berücksichtigung anderer Aspekte ebenso *Burgard*, NZG 2002, 697–702 (S. 699); *Schwarz*, DStR 2002, 1718–1725 (S. 1725); MüKo-*Reuter*, §§ 80, 81 Rn. 59.
298 Ausführlich zu den mit Stiftungsvermögen und -organisation verbundenen Fragen unter C.II.2 und C.II.3.
299 Für eine Prognose durch die Behörde etwa *Burgard*, NZG 2002, 697–702 (S. 699); a.A. MüKo-*Reuter*, §§ 80, 81 Rn. 57 f.
300 MüKo-*Reuter*, §§ 80, 81 Rn. 57 f. stellt insbesondere auf den grundrechtlichen Aspekt ab.
301 Beschlussempfehlung und Bericht des Rechtsausschusses, BT-Drs. 14/8894, S. 10.
302 Beschlussempfehlung und Bericht des Rechtsausschusses, BT-Drs. 14/8894, S. 10.
303 Unter Bezugnahme auf die Wortlautentwicklung im Gesetzgebungsverfahren *Schwarz*, DStR 2002, 1718–1725 (S. 1724).

Weist das Stiftungsgeschäft Mängel auf, werden diese durch die Anerkennung nicht geheilt.[304] Dennoch erwirbt die Stiftung auch bei fehlerhaftem Stiftungsgeschäft mit der Anerkennung uneingeschränkte Rechtsfähigkeit.[305] Die erteilte Anerkennung kann jedoch mit Wirkung ex nunc widerrufen werden.[306]

b. Gemeinwohlvorbehalt[307]

Es liegt dann eine Gemeinwohlgefährdung gemäß § 80 II BGB vor, wenn der Stiftungszweck gegen ein gesetzliches Verbot oder gegen die guten Sitten verstößt.[308] Das Gemeinwohl ist dabei als gesetzlich konkretisiertes Gemeinwohl aufzufassen, weshalb solche Zwecke auszugrenzen sind, deren Verfolgung im Widerspruch zu gesetzlichen Wertungen steht oder gesetzlich gewollte Wirkungen vereitelt.[309] Dagegen darf der Stifter jeden Zweck verfolgen, der mit der Rechtsordnung nicht im Widerspruch steht. Deswegen steht es ihm grundsätzlich frei, den Kreis der Destinatäre nach Religion, Herkunft oder Geschlecht einzuschränken. Er ist dabei nicht auf die Gründung einer gemeinnützigen Stiftung beschränkt.[310]

4. Vorstiftung

Nach allgemeiner Ansicht stellen Stiftungsgeschäft und Anerkennung im Rahmen der Stiftungserrichtung zwei selbstständige Voraussetzungen dar.[311] Es liegt daher in der Natur der Sache, dass beide Entstehungsvoraussetzungen durch einen gewissen Zeitraum getrennt sind. Fraglich ist, wie solche Rechtsgeschäfte zu beurteilen sind, die durch den Stifter oder durch die zukünftigen Organe der im Entstehen begriffenen Stiftung vorgenommen werden. Entweder sieht man diese als Rechtsgeschäfte der handelnden Person an oder man wendet die für

---

304 BGH v. 9.2.1978, NJW 1978, 943, 944; BVerwG v. 26.4.1968, NJW 1969, 339.
305 Palandt-*Ellenberger*, § 80 Rn. 2; *Schwarz*, DStR 2002, 1718–1725 (S. 1720); MüKo-*Reuter*, §§ 80, 81 Rn. 2; kritisch *Kronke*, Stiftungstypus und Unternehmensträgerstiftung, S. 45.
306 MüKo-*Reuter*, §§ 80, 81 Rn. 2; Palandt-*Ellenberger*, § 80 Rn. 2; *Kronke*, Stiftungstypus und Unternehmensträgerstiftung, S. 45 f.; zum Verhältnis von § 87 BGB und Widerruf der Anerkennung vgl. MüKo-*Reuter*, §§ 80, 81 Rn. 2.
307 Ausführlich zum Gemeinwohlvorbehalt bereits unter C.II.1.b.
308 Palandt-*Ellenberger*, § 80 Rn. 6; der Gemeinwohlvorbehalt ist eng auszulegen, vgl. *Muscheler*, NJW 2003, 3161–3166 (S. 3165 f.).
309 *Reuter*, AcP 207 (2007), 1–27 (S. 18).
310 Palandt-*Ellenberger*, § 80 Rn. 6.
311 BGH v. 9.2.1978, NJW 1978, 943, 944; Palandt-*Ellenberger*, § 80 Rn. 1 f.

Vor-Verein, Vor-GmbH, Vor-AG und Vor-Genossenschaft entwickelten Grundsätze an.[312] Dann wäre in analoger Anwendung dieser Regeln von einer Vor-Stiftung auszugehen, die bereits als selbstständige Teilnehmerin am Rechtsverkehr anzuerkennen wäre.[313] Die Meinungen hierzu gehen auseinander:[314] Für das Konzept einer Vor-Stiftung wird angeführt, dass durch die Stiftungsrechtsreform das bisherige Konzessionssystem dem für Kapitalgesellschaften und Vereine geltenden Normativsystem angenähert worden sei. Hieraus ergäbe sich, dass aufgrund der nunmehr weitgehend einheitlichen Ausgestaltung des Gründungsverfahrens eine einheitliche Betrachtung der mit diesem verbundenen Rechtsverhältnisse geboten sei. Hinzu komme, dass sich an die Auflösung der Stiftung ein Liquidationsverfahren anschließt (§ 88 S. 3 BGB in Verbindung mit §§ 46 ff. BGB), was eine stufenweise Beendigung der Stiftung zur Folge hat. Aus einer Spiegelung der Beendigung auf die Errichtung folge nun, dass auch diese stufenweise vonstatten gehen könne. Hieraus ergäbe sich die entsprechende Anwendbarkeit der Regelungen zur Vor-Gesellschaft auf die Vor-Stiftung.[315]

Diesen Argumenten kann so jedoch nicht gefolgt werden. Zwar ist der Begriff der Genehmigung durch denjenigen der Anerkennung ersetzt worden. Die Änderung ist jedoch rein begrifflicher Natur. Der Gesetzgeber hat am bisherigen Rechtszustand festgehalten, so dass es im Kern weiterhin bei einem Konzessionssystem geblieben ist.[316] Von einer Annäherung an das Normativsystem der Gesellschaften und Verbände kann daher nicht gesprochen werden. Somit ergibt sich hieraus auch kein Gebot einer Gleichbehandlung von Gesellschaft und Stiftung in der Gründungsphase. Daneben mag sich zwar an die Beendigung der Stiftung ein Liquidationsverfahren anschließen. Eine Übertragung dieses

---

312 Daneben wird noch vertreten, es bestehe im Errichtungsstadium der Stiftung ein Treuhandverhältnis nach den für die unselbstständige Stiftung entwickelten Grundsätzen, *Kronke*, Stiftungstypus und Unternehmensträgerstiftung, S. 48; a.A. Staudinger-*Hüttemann/Rawert*, § 80 Rn. 44; MüKo-*Reuter*, §§ 80, 81 Rn. 72.
313 Zur der Vor-Stiftung zugedachten Rolle im Rechtsverkehr Staudinger-*Hüttemann/Rawert*, § 80 Rn. 38.
314 Für eine Vor-Stiftung etwa Palandt-*Ellenberger*, § 80 Rn. 2; *Wachter*, ZEV 2003, 445–449 (S. 445 f.); *Hennerkes/Binz/Sorg*, DB 1986, 2269–2274 (S. 2270); Bamberger/Roth-*Schwarz/Backert*, § 80 Rn. 53; vgl. auch LG Heidelberg v. 3.4.1991, NJW-RR 1991, 969; *O. Werner*, FS Reuter, S. 431–450 (445 ff.) schlägt einen Verein als Vor-Stiftung vor; a.A. MüKo-*Reuter*, §§ 80, 81 Rn. 70 ff.; Staudinger-*Hüttemann/Rawert*, § 80 Rn. 39 ff.; Kronke, Stiftungstypus und Unternehmensträgerstiftung, S. 47 f.; offen gelassen durch *Muscheler*, ZEV 2003, 41–49 (S. 49).
315 *Wachter*, ZEV 2003, 445- 449 (S. 446).
316 Siehe hierzu ausführlich C.III.3.

„Stufensystems" auf die Errichtungsphase ist jedoch keinesfalls zwingend. Es ist durchaus möglich, die Errichtung einer juristischen Person und deren Beendigung unterschiedlich auszugestalten. Schließlich handelt es sich um zwei andersgeartete Konstellationen mit voneinander abweichenden Interessenlagen der Beteiligten. Vielmehr ist das Konstrukt einer Vor-Stiftung abzulehnen.[317] Eine Stiftung entsteht eben gerade nicht in einem allmählichen Prozess, sondern erlangt ihre Rechtsfähigkeit durch die Anerkennung. Zudem findet im Rahmen einer Stiftungserrichtung keine Verselbstständigung eines Vermögens statt, wie dies bei Vor-Gesellschaften regelmäßig der Fall ist.[318] Denn der Stifter ist gemäß § 82 S. 1 BGB erst mit der Anerkennung der Stiftung zur Übertragung des im Stiftungsgeschäft zugesicherten Vermögens verpflichtet und kann darüber hinaus das Stiftungsgeschäft bis zum Zeitpunkt der Anerkennung jederzeit widerrufen, § 81 II 1 BGB.

IV. Stellung der Destinatäre

Diejenigen natürlichen oder juristischen Personen, welchen die Vorteile der Stiftung zugute kommen sollen, werden Destinatäre genannt.[319] Mangels körperschaftlicher Organisation verfügt die Stiftung nicht über Mitglieder, wie etwa der Verein. Ihre Destinatäre sind lediglich Nutzer. In der Bestimmung dieser Destinatäre ist zumindest der Stifter einer Familienstiftung grundsätzlich frei und nicht an den Gleichheitssatz gemäß Art. 3 GG gebunden.[320] Insoweit bleibt es bei dem Grundsatz, dass der Grundrechtsschutz nicht zwischen Privaten wirkt.[321] Ansonsten würde eine schrankenlose Anwendung des Gleichbehandlungsgrundsatzes auf private Rechtsgeschäfte die Vertrags- und Testierfreiheit aushöhlen. Daher ist im Rahmen einer Familienstiftung etwa die Bevorzugung

---

317 Gegen eine Vorstiftung auch *Hüttemann*, FS Spiegelberger, S. 1292–1300 (1292 ff.) (m.w.N.).
318 BGB Anwaltkommentar-*Schiffer*, § 80 Rn. 41; Staudinger-*Hüttemann/Rawert*, § 80 Rn. 40.
319 Von lat. *destinare* (bestimmen).
320 Bamberger/Roth-*Schwarz/Backert*, § 85 Rn. 6; nur bei krassen Verstößen gegen die Rechtsmoral des Grundgesetzes greift § 138 I BGB ein. Zur Anwendbarkeit des AGG auf andere Stiftungen als Familienstiftungen siehe etwa *Oetker*, GS Eckert, S. 617–638 (634 ff.), der sich für eine Ausdehnung der AGG-Pflichtigkeit auf die Stiftungssatzung ausspricht; kritisch MüKo-*Reuter*, § 85 Rn. 37.
321 Allerdings können die Grundrechte teilweise mittelbar über §§ 138, 242 BGB Wirkung entfalten, vgl. für den Fall der Familienstiftungen *Grziwotz*, FamRZ 2005, 581–582 (S. 581).

erstgeborener männlicher Nachkommen möglich.[322] Allgemein werden die Destinatäre durch den Stiftungszweck umschrieben und dann durch die Stiftungssatzung konkreter bezeichnet.[323] Dabei können Einzelpersonen, Personenkreise oder die Allgemeinheit bzw. die Öffentlichkeit eingesetzt werden.[324]

Die §§ 80–88 BGB enthalten dabei keine Aussage hinsichtlich der Rechtsstellung der Destinatäre.[325] Unstrittig ist zunächst, dass die Destinatäre keine Organe der Stiftung sind, weder einzeln, noch in ihrer Gesamtheit. Möglich bleibt jedoch, in der Stiftungssatzung ein durch Destinatäre besetztes Organ vorzusehen, dem gewisse Mitbestimmungs- oder Kontrollfunktionen übertragen werden können.[326]

Dagegen hat die Frage, ob Destinatären Mitwirkungsrechte[327] oder Ansprüche auf Stiftungsleistungen zustehen sollen, Kontroversen hervorgerufen.[328] Nach heute insoweit herrschender Ansicht können diese in der Stiftungssatzung vorgesehen sein, sofern den Destinatären keine Einflussnahme ermöglicht wird, die auf eine vom ursprünglichen Stifterwillen gelöste autonome Willensbildung hinauslaufen würde.[329] Die dogmatischen Begründungsansätze variieren gleichwohl. Jedenfalls handelt es sich bei möglichen Ansprüchen von Destinatären nicht um eine Schenkung gemäß § 516 BGB oder ein Schenkungsversprechen gemäß

---

322 BGH v. 9.2.1978, BGHZ 70, 313, 326. Hieran ändert auch die staatliche Beteiligung im Rahmen der Anerkennung nichts, MüKo-*Reuter*, § 85 Rn. 36; kritisch *Grziwotz*, FamRZ 2005, 581–582 (S. 581), der eine Satzungsänderung alter Familienstiftungen für erforderlich hält, wenn es der Wille des Stifters ist, den Unterhalt derjenigen Familienangehörigen zu sichern, deren Unterhalt nicht durch die mit einer „Wegheirat" verbundene Verantwortung der neuen Familie sichergestellt ist.
323 Ausführlich zur Rechtsstellung der Destinatäre *Blydt-Hansen*, Rechtsstellung der Destinatäre.
324 BGB Anwaltkommentar-*Schiffer*, § 80 Rn. 46.
325 Die Landesstiftungsgesetze enthielten teilweise Sollvorschriften hinsichtlich der Satzungsregelungen zur Destinatärsstellung. Diese sind jedoch mit der Stiftungsrechtsreform obsolet geworden, vgl. MüKo-*Reuter*, § 85 Rn. 30 (m.w.N.).
326 BGB Anwaltkommentar-*Schiffer*, § 80 Rn. 50; MüKo-*Reuter*, § 85 Rn. 29; hierzu ausführlich unter C.V.1.
327 Jedenfalls unter dem Vorbehalt, dass die Stiftungsverfassung selbst nicht zur Disposition von Stiftungsorganen gestellt wird, scheint jedenfalls hinsichtlich von Mitwirkungsrechten Einigkeit im Blick auf deren Zulässigkeit zu herrschen, vgl. MüKo-*Reuter*, § 85 Rn. 29; Staudinger-*Hüttemann/Rawert*, § 85 Rn. 35 (m.w.N.).
328 *Thymm*, Das Kontrollproblem der Stiftung, S. 297 ff.; Staudinger-*Hüttemann/Rawert*, § 85 Rn. 35 ff.; MüKo-*Reuter*, § 85 Rn. 29 ff.; zu den aufsichtsrechtlichen Aspekten vgl. C.V.1.
329 Staudinger-*Hüttemann/Rawert*, § 85 Rn. 35; MüKo-*Reuter*, § 85 Rn. 30 f.

§ 518 BGB.³³⁰ Durch die 2. Kommission für den Entwurf eines BGB war diesbezüglich noch eine Analogie zum Vertrag zugunsten Dritter erwogen worden.³³¹ Hiergegen spricht jedoch, dass eine Stiftung gerade nicht durch Vertrag, sondern durch einseitiges Rechtsgeschäft entsteht.³³² Vertreten wurde daneben, dass es sich um mitgliedschaftsähnliche Ansprüche handeln würde.³³³ Hiergegen spricht jedoch wiederum, dass es sich bei Destinatären nicht um Mitglieder handelt, sondern um letztlich stiftungsfremde Personen, die von einer Bindungswirkung der Stiftungssatzung nicht tangiert werden.³³⁴ Es erscheint insgesamt diejenige Ansicht vorzugswürdig, welche auf eine Einordnung in bestehende Typologien verzichtet und von Destinatärsansprüchen als Ansprüchen sui generis ausgeht.³³⁵

Weniger kontrovers ist die Frage, ob dem einzelnen Destinatär – unabhängig von deren Rechtsnatur – nun überhaupt *klagbare* Ansprüche auf die Stiftungsleistung zukommen. Die Rechtsprechung hat insoweit folgende Grundsätze entwickelt:³³⁶ Ausgehend vom konkret in der Satzung niedergelegten Willen des Stifters entsteht dann ein klagbarer Anspruch des Destinatärs, wenn der Kreis der Stiftungsbegünstigten nach objektiven Kriterien zu bestimmen ist, durch das Erfüllen dieser Kriterien die Stellung eines Destinatärs unmittelbar erworben wird (ohne dass den Stiftungsorganen ein weiterer Entscheidungsspielraum verbleibt) und die sonstigen satzungsmäßigen Bestimmungen für den Genuss der Stiftungsleistungen erfüllt sind. Steht dem zuständigen Stiftungsgremium dagegen ein Auswahlermessen zu, so entsteht der Anspruch des Destinatärs erst dann, wenn ihm dieser zuerkannt worden ist.³³⁷ Diese Grundsätze scheinen nachvollziehbar, zumal

---

330 BGH v. 16.1.1975, NJW 1957, 708; Soergel-*Neuhoff*, § 85 Rn. 17; Bamberger/Roth-*Schwarz/Backert*, § 85 Rn. 6; Staudinger-*Hüttemann/Rawert*, § 85 Rn. 39; für eine Anwendung von Schenkungsrecht *Muscheler*, AcP 203 (2003), 469–510 (S. 479 f.); ders. WM 2003, 2213–2221 (S. 2216 f.).
331 *Mugdan*, Materialien I, S. 1189.
332 *Blydt-Hansen*, Rechtsstellung der Destinatäre, S. 110; MüKo-*Reuter*, § 85 Rn. 32.
333 RGRK-*Steffen*, § 85 Rn. 6.
334 MüKo-*Reuter*, § 85 Rn. 32; Staudinger-*Hüttemann/Rawert*, § 85 Rn. 39.
335 So die heute überwiegende Ansicht, etwa: Staudinger-*Hüttemann/Rawert*, § 85 Rn. 39; Bamberger/Roth-*Schwarz/Backert*, § 85 Rn. 6; kritisch demgegenüber MüKo-*Reuter*, § 85 Rn. 32; *Muscheler*, WM 2003, 2213, 2216 f. möchte Schenkungsrecht analog anwenden.
336 Zustimmend Soergel-*Neuhoff*, § 85 Rn. 13; Bamberger/Roth-*Schwarz/Backert*, § 85 Rn. 5; Palandt-*Ellenberger*, § 85 Rn. 4; diesen Grundsätzen jedenfalls nicht widersprechend Staudinger-*Hüttemann/Rawert*, § 85 Rn. 37; kritisch MüKo-*Reuter*, § 85 Rn. 30 ff.
337 BGH v. 16.1.1975, NJW 1957, 708; BGH v. 22.1.1987, NJW 1987, 2364, 2366 f.

sie durch den Willen des historischen Gesetzgebers gestützt werden.[338] Demzufolge soll es dem Stifter möglich sein, im Stiftungsgeschäft zu bestimmen, ob dem einzelnen Destinatär Ansprüche auf die Stiftungsleistung zukommen sollen oder nicht. Zuzustimmen ist jedoch auch der geforderten Einschränkung, dass die Bedürfnisse des Destinatärs trotz klagbarer Ansprüche hinter den Bedürfnissen der Stiftung zurückzutreten haben. Ist es etwa zur Fortführung der Stiftungstätigkeit – und damit verbunden auch zur Erfüllung des Stiftungszweckes – erforderlich, die Stiftungssatzung zu ändern, so wäre eine damit verbundene Minderung der Stiftungsleistungen keine entschädigungspflichtige Enteignung des einzelnen Destinatärs, sondern lediglich eine entschädigungslose Konkretisierung der immanenten Schranken seiner Stellung als Stiftungsbegünstigter.[339]

Mit Blick auf die reinen Unterhaltsstiftungen ergibt sich kein von den oben dargestellten Grundsätzen abweichendes Bild. Auch insofern bleibt es dem Stifter vorbehalten, die Stellung der Destinatäre auszugestalten. Ob er dies nun im Sinne konkreter Mitwirkungs- und Beteiligungsrechte tut oder es bei einer bloßen Genussberechtigung belässt, steht ihm frei. Zwar mögen die Begünstigten einer Familienstiftung in einem besonderen Verhältnis zur Stiftung stehen. Allein dies gebietet jedoch noch keine andere rechtliche Beurteilung ihrer Destinatärsstellung.[340]

V. Stiftungsaufsicht und Stiftungspublizität

Stiftungsaufsicht und Stiftungspublizität stehen in einem Zusammenhang, der sich aus der stiftungseigenen Struktur dieses Rechtsinstituts ergibt. Sowohl die Publizität der Stiftung als auch die Stiftungsaufsicht sind dabei beständig Diskussionsgegenstände im Rahmen des stiftungsrechtlichen Gedankenaustausches.[341] Da eine Stiftung, anders als Verbände, nicht über Mitglieder verfügt, ergibt sich eine die Verwirklichung des Stiftungszwecks betreffende Schutzlücke. Nicht zuletzt die ansonsten durch Verbandsmitglieder sichergestellte Interessenausgleichs- und Kontrollfunktion soll durch ein Zusammenspiel von

---

338   *Mugdan*, Materialien I, S. 665.
339   Bamberger/Roth-*Schwarz/Backert*, § 85 Rn. 6; *Blydt-Hansen*, Rechtsstellung der Destinatäre, S. 110 f.; a.A. wohl Palandt-*Ellenberger*, § 85 Rn. 4; zu den sonstigen Schutzrechten des Destinatärs ausführlich MüKo-*Reuter*, § 85 Rn. 34 f.
340   BGH v. 22.1.1987, NJW 1987, 2364, 2366; a.A. MüKo-*Reuter*, § 85 Rn. 35; *Blydt-Hansen*, Rechtsstellung der Destinatäre, S. 120 f.
341   Vgl. *Andrick/Suerbaum*, Stiftung und Aufsicht, S. 46; *Burgard*, NZG 2002, 697–702 (S. 700).

Stiftungsaufsicht und Stiftungspublizität verwirklicht werden.[342] Dabei sind unterhaltsstiftungstypische Besonderheiten zu berücksichtigen.

1. Stiftungsaufsicht

§ 87 I BGB setzt die Stiftungsaufsicht voraus. Diese wird durch die einzelnen Landesstiftungsgesetze geregelt. Der Stiftungsaufsicht kommt eine nicht zu unterschätzende Bedeutung zu. Möchte man vom Stifterwillen als dem Maß aller Dinge im Stiftungsrecht sprechen, erscheint die Stiftungsaufsicht als Garant des Stifterwillens.[343] Zwar wird mitunter eine Forderung nach einem Stiftungsrecht artikuliert, das möglichst frei von staatlichem Einfluss ist.[344] Die Notwendigkeit staatlicher Stiftungsaufsicht wird jedoch gemeinhin anerkannt.[345] Sie ergibt sich aus der ihr zukommenden Rolle. Diese besteht zunächst in der Überwachung der Einhaltung von Gesetz und Stiftungssatzung durch die Stiftungsorgane.[346] Insofern unterscheidet sie sich noch nicht von der Aufgabe, welche der Staat ansonsten gegenüber gesellschaftlichem Handeln hat. Die besondere Rolle der Stiftungsaufsicht ergibt sich erst aus dem Umstand, dass eine Stiftung – wie bereits erwähnt – keine Mitglieder hat und es daher keine mit vergleichbaren Rechten ausgestatteten Personen gibt, denen aus Eigeninteresse an gesetzes- und satzungsgemäßem Handeln der Stiftungsorgane gelegen wäre.[347]

Auch nach der Stiftungsrechtsreform bleibt es bei einer Stiftungsaufsicht durch Verwaltungseinheiten der Länder.[348] Hierbei handelt es sich um eine reine

---

342 Vgl. *Kronke*, Stiftungstypus und Unternehmensträgerstiftung, S. 166; kritisch *Muscheler*, ZRP 2000, 390–395 (S. 393).
343 Bericht der Bund-Länder-Arbeitsgruppe Stiftungsrecht, S. 54; BGB Anwaltkommentar-*Schiffer*, § 80 Rn. 100; *Hof*, DStR 1992, 1549–1552 (S. 1551).
344 *Muscheler*, ZRP 2000, 390–395 (S. 393 f.), der jedoch auch eine Restbeteiligung des Staates zulassen würde.
345 *Andrick/Suerbaum*, Stiftung und Aufsicht, S. 46 (m.w.N.).
346 BGB Anwaltkommentar-*Schiffer*, § 80 Rn. 101; *Härtl*, Reformbedürftigkeit, S. 23 ff.; kritisch zu möglichen Funktionen der Staatsaufsicht *Muscheler*, ZRP 2000, 390–395 (S. 392 f.); allgemein zum Schutz der Stiftung *Jakob*, Schutz der Stiftung.
347 *Kronke*, Stiftungstypus und Unternehmensträgerstiftung, S. 148; entsprechend problematisch ist in diesem Zusammenhang auch die neueingeführte Regelung des § 31a BGB, der die Haftung für Vorstände von Stiftungen auf Vorsatz und grobe Fahrlässigkeit beschränkt, siehe hierzu etwa *Burgard*, FS Reuter, S. 43–52 (43 ff.).
348 Zu den unterschiedlichen Ausgestaltungen durch die Länder etwa *Richter/Sturm*, NZG 2005, 655–659 (S. 657 f.).

Rechtsaufsicht, die keine Fragen der Zweckmäßigkeit berührt.[349] Entsprechend kritisch sind Vorschläge zu bewerten, welche der Stiftungsaufsicht eine darüber hinausgehende Rolle zuweisen möchten.[350]

Neben dem angesprochenen, strukturell begründeten Bedürfnis der Stiftung nach Schutz durch die Stiftungsaufsicht, werden noch andere Aspekte angeführt, welche die Notwendigkeit einer Stiftungsaufsicht begründen und diese gleichsam legitimieren sollen. Insbesondere bedarf das Stiftungsrecht neben einer rechtskontrollierenden Aufsicht noch einer betreuenden Fürsorge. Der Fürsorgegedanke sei insofern Allgemeingut der deutschen stiftungsrechtlichen Praxis.[351] Zwar sei es nicht das Ziel, die Stiftung durch den Staat zu bevormunden. Vielmehr solle eine schützende und fördernde Betreuung ausgeübt werden.[352] Doch dies klingt schon nicht mehr nach reiner Rechtsaufsicht. Entsprechend kritisch lesen sich Äußerungen zur Stiftungsaufsicht am Vorabend der Stiftungsrechtsreform.[353] Insbesondere ihre Rolle als eine verwaltungsrechtliche Stiftungsaufsicht, woraus teilweise eine Mitverantwortung hinsichtlich der Verwirklichung des Stiftungsvorhabens gefolgert wird[354], war Anlass zu kritischen Äußerungen.[355] Schon der 44. DJT hatte die Möglichkeit gesehen, dass anstatt einer Aufsicht durch die Verwaltung auch eine solche durch die Gerichtsbarkeit möglich wäre.[356] Durch den Bundesgesetzgeber sind jedoch keine der diesbezüglich gemachten Vorschläge[357] aufgegriffen worden. Grund hierfür scheint Unwillen der Länder gewesen zu sein, die um ihren Einfluss im Stiftungsrecht und finanzielle Mehrbelastungen gefürchtet haben.[358] Hätte

---

349 BVerwG v. 22.9.1972, BVerwGE 40, 347, 352; BGH v. 22.1.1987, BGHZ, 99, 344, 349; Palandt-*Ellenberger*, Vorb v § 80 Rn. 14; BGB Anwaltkommentar-*Schiffer*, § 80 Rn. 100; MüKo-*Reuter*, Vor § 80 Rn. 77; kritisch hinsichtlich der Aufsichtspraxis *Muscheler*, ZRP 2000, 390–395 (S. 393).
350 So etwa *Schlüter*, Stiftungsrecht, S. 372 ff., welcher eine Koordination der Gemeinwohlförderung durch die Stiftungsbehörde vorschlägt.
351 *Andrick/Suerbaum*, Stiftung und Aufsicht, S. 52 (m.w.N.).
352 *Andrick/Suerbaum*, Stiftung und Aufsicht, S. 52 (m.w.N.).
353 Etwa *Muscheler*, ZRP 2000, 390–395 (S. 391 f.); *Reuter*, Non Profit Law Yearbook 2001, 27–64 (S. 43 ff.).
354 BVerwG v. 12.2.1998, NJW 1998, 2545; Bamberger/Roth-*Schwarz/Backert*, Vor § 80 Rn. 27.
355 *Muscheler*, ZRP 2000, 390–395 (S. 391 f.).
356 *Ballerstedt/Salzwedel*, Gutachten 44. DJT, S. 48 ff.
357 Vgl. etwa den Vorschlag, die Stiftungsaufsicht einer Selbstverwaltungskörperschaft öffentlichen Rechts zu übertragen, Antrag der Fraktion der CDU/CSU, BT-Drs. 14/2029, S. 8 f.
358 So die Vermutung von *Hüttemann*, ZHR 167 (2003), 35–65 (S. 38).

man die staatliche Verantwortung bei der Verwirklichung des Stifterwillens mit der Rolle der Stiftungsaufsicht auf grundlegende Weise in Einklang bringen wollen, wäre es jedoch vorzugswürdig gewesen, die verwaltungsbehördliche Aufsicht durch eine gerichtliche zu ersetzen. Denn wie es sich aus den Gesetzgebungsmaterialien ergibt, soll der verwaltungsbehördlichen Aufsicht die Aufgabe zukommen, solche Stiftungsvorhaben auszusortieren und abzulehnen, deren Interessen denen von politischen oder sozialen Außenseitern entsprechen.[359] Hierbei wird auf die generelle politische Abhängigkeit der Verwaltung verwiesen, weshalb sie den herrschenden Gemeinwohlvorstellungen verpflichtet sei.[360] Dementsprechend werden durch die Stiftungsbehörde regelmäßig Entscheidungen zu treffen sein, welche auf Wertungen beruhen. Wie sich dies mit der insoweit eindeutigen Forderung nach Beschränkung auf eine Rechtsaufsicht unter Vermeidung von unzulässiger Fachaufsicht vertragen soll, erscheint zumindest fraglich.[361] Wollte man diesen Widerspruch umgehen, wäre eine Übertragung der Stiftungsaufsicht auf die Gerichtsbarkeit sicherlich eine zu bedenkende Möglichkeit.[362] Gerichte sind unabhängig und wären keinen politischen Gegebenheiten verpflichtet oder von diesen beeinflusst. Im Reformprozess konnten sich entsprechende Gedanken jedoch nicht durchsetzen.

Im Hinblick auf die Stiftungsaufsicht erfahren privatnützige Stiftungen, insbesondere Familienstiftungen, gesonderte Berücksichtigung.[363] Gefragt wird, ob in diesen Fällen keine oder zumindest nur eine eingeschränkte Stiftungsaufsicht zu leisten sei. In den landesrechtlichen Stiftungsgesetzen finden sich diesbezüglich unterschiedliche Varianten, die von einer eingeschränkten Rechnungsprüfung, über eine Einschränkung der Stiftungsaufsicht oder ein „Ruhen" derselbigen, bis

---

359 Vgl. MüKo-*Reuter*, Vor § 80 Rn. 73; hieran zeigt sich, dass die Anerkennung bereits Teil der Aufsicht ist, vgl. *Nissel*, Das neue Stiftungsrecht, S. 89.

360 Vgl. *Reuter*, Non Profit Law Yearbook 2001, 27–64 (S. 44); zum Unterschied zwischen politisch abhängiger und politisch unabhängiger Stiftungsaufsicht *van Veen*, Foundations in Europe, Society Management and Law, S. 695–743 (700 f.); generell zur Spannung zwischen behaupteter spezieller Mitverantwortung der Stiftungsbehörde für die Verwirklichung des Stiftungsvorhabens und dem Grundrecht auf Stiftung, vgl. MüKo-*Reuter*, Vor § 80 Rn. 74 (m.w.N.); zum Grundrecht auf Stiftung siehe D.IV.

361 Zu den Grenzen der Stiftungsaufsicht ausführlich etwa *von Hoerner*, Formulierungsfreiheit, S. 93 ff.

362 Für eine gerichtliche Stiftungsaufsicht schon *Mestmäcker*, Recht und ökonomisches Gesetz, S. 254, 276.

363 Zu den unterschiedlichen landesrechtlichen Ausgestaltungen etwa *Richter/Sturm*, NZG 2005, 655–659 (S. 658).

hin zu einem gänzlichen Verzicht auf Aufsicht reichen.[364] Als Begründung für die verminderte Aufsicht werden vor allem folgende Gründe angeführt: Zunächst sei der „Service"[365] einer Stiftungsaufsicht dort nicht gerechtfertigt, wo durch die Stiftung keinerlei Ziele verfolgt werden, die im Allgemeininteresse liegen. Die strukturelle Schwäche der Rechtsform Stiftung, welche auf das Fehlen von Mitgliedern zurückgehe, könne dagegen genauso gut durch die im Regelfall überschaubare Zahl an Destinatären ausgeübt werden, welche insoweit ein eigenes Interesse an ordnungsgemäßer Tätigkeit der Stiftungsorgane hätten.[366] Diesen Argumenten kann so jedoch nicht gefolgt werden. Eine Forderung nach einem gänzlichen Verzicht auf Stiftungsaufsicht stünde schon im Widerspruch zum bestehenden System der Anerkennung gemäß § 80 I, II BGB. Diese ist ja gleichfalls schon Stiftungsaufsicht.[367] Stellt man auf die fehlende Gemeinnützigkeit der privatnützigen Stiftungen ab und folgert hieraus, dass der „Service" einer Aufsicht solchen Stiftungen durch den Staat nicht geleistet zu werden brauche, wird eine Funktion der Aufsicht in den Vordergrund gerückt, die ihr letztlich gar nicht zukommt. Denn über die Anforderungen des Gemeinnützigkeitsprivilegs wacht schon die Finanzverwaltung.[368] Vielmehr soll durch die Aufsicht die ihrem Wesen nach wehrlose Stiftung vor den Begehrlichkeiten menschlichen Eigennutzes geschützt werden.[369] Diese Gefahrenlage besteht allerdings unabhängig davon, ob es sich um eine privat- oder eine fremdnützige Stiftung handelt. Insofern darf sich der Staat der Rechtswahrung nicht verweigern, um die es vor allem bei der Rechtsaufsicht geht.[370] Soweit nun keine anderweitig institutionalisierte Struktur besteht, welche den Schutz der Stiftung und die Kontrolle ihrer Exekutivorgane sicherstellt, kann auf die staatliche Stiftungsaufsicht daher auch für privatnützige Stiftungen nicht verzichtet werden. Bedenkenswert ist diesbezüglich auch eine weitere Funktion, welche der Stiftungsaufsicht zukommen kann: Nicht zuletzt ist es an ihr, darüber zu wachen, dass möglicherweise auftretende Diskrepanzen zwischen dem ursprünglichen Stiftungszweck und den Gemeinwohlvorstellungen zukünftiger Generationen bereinigt werden.[371] Weshalb diese Funktion der

---

364 Vgl. *Nissel*, Das neue Stiftungsrecht, S. 88 f. (m.w.N.); MüKo-*Reuter*, Vor § 80 Rn. 90 (m.w.N.).
365 So der Bericht der Bund-Länder-Arbeitsgruppe Stiftungsrecht, S. 56.
366 Bericht Bund-Länder-Arbeitsgruppe, S. 56 f.
367 *Nissel*, Das neue Stiftungsrecht, S. 89.
368 *Mattheus*, DStR 2003, 254–259 (S. 257); MüKo-*Reuter*, Vor § 80 Rn. 90.
369 *Andrick/Suerbaum*, Stiftung und Aufsicht, S. 54.
370 MüKo-*Reuter*, Vor § 80 Rn. 90.
371 *Kübler*, GS Walz, S. 373–384 (383).

Stiftungsaufsicht nicht auch im Hinblick auf Familienstiftungen von Bedeutung sein sollte, ist nicht ersichtlich.

Als Ersatz oder teilweise auch als Ergänzung für die Stiftungsaufsicht wurde angedacht, Destinatäre oder andere am Wohlergehen der Stiftung interessierte Personen mit einem eigenen Klage- oder Antragsrecht auszustatten.[372] Diese Möglichkeit scheint sich insbesondere bei privatnützigen Stiftungen anzubieten, ist aber grundsätzlich nicht auf diese beschränkt. Bisher stehen diesen Personengruppen derartige Rechte noch nicht allgemein aufgrund gesetzlicher Normierung zu.[373] Wünschenswert wäre zumindest ein der actio pro socio[374] vergleichbares Rechtsinstitut.[375] Daneben könnte es eine Möglichkeit sein, die zwingende Einrichtung eines internen Kontrollorgans für das Stiftungsgeschäft vorzuschreiben.[376] Ein solches durch am Wohlergehen der Stiftung interessierte Personen besetztes Organ ist durchaus in der Lage, die ansonsten der Stiftungsaufsicht zukommenden Aufgaben wahrzunehmen.[377]

Zusammenfassend lässt sich somit folgendes festhalten: Die Notwendigkeit einer Stiftungsaufsicht ist ein Erfordernis, das sich vorrangig aus der strukturellen Schutzbedürftigkeit der Rechtsform Stiftung ergibt. Vorzugswürdig erscheint eine gerichtliche Stiftungsaufsicht, wobei es jedoch nicht zwingend erforderlich ist, dass die Rechtswahrung überhaupt durch eine staatliche Aufsicht erfolgt. Denkbar wäre auch, diese über eigene Antrags- und Klagerechte stiftungsinteressierter Personen oder über eine dann verpflichtend einzurichtende stiftungsinterne Kontrollstruktur sicherzustellen.[378] Weshalb privatnützige Stiftungen eines geringeren Schutzes bedürfen sollten, ist nicht ersichtlich. Auch sie weisen die strukturell bedingten Schwächen der Rechtsfigur Stiftung auf.

---

372 *Reuter*, Non Profit Law Yearbook 2001, 27–64 (S. 47) (m.w.N.).
373 Vgl. BVerwG v. 10.5.1985, NJW 1985, 2964 f.; OVG NRW v. 14.1.1987 – 20 A 656/85 – (n.v.); OVG NRW v. 24.2.1995, OVG NRW, NWVBl. 1995, 318.
374 Hierzu ausführlich *K. Schmidt*, Gesellschaftsrecht, § 21 IV., S. 629 ff.
375 Ausführlich zu den Gründen MüKo-*Reuter*, § 85 Rn. 24 f., 29.
376 So für Familienstiftungen schon § 10 II StiftG Bln; ähnlich *Muscheler*, ZRP 2000, 390–395 (S. 393 f.), der die Staatsaufsicht ablehnt und eine „Zwei-Säulen-Lösung" vorschlägt.
377 Vgl. zum „Ruhen" der Stiftungsaufsicht bei gewährleisteter interner Kontrolle *Nissel*, Das neue Stiftungsrecht, S. 89 und Bericht der Bund-Länder-Arbeitsgruppe Stiftungsrecht, S. 55 f.
378 Die Tauglichkeit dieser internen Kontrollstruktur müsste selbstverständlich im Rahmen der Anerkennung überprüft werden. Ein Rest staatlicher Aufsicht würde also dennoch bestehen bleiben.

2. Stiftungspublizität

Das Publizieren von Daten, die zur eigenen Sphäre eines Rechtssubjekts gehören, bezweckt die Information anderer Rechtssubjekte oder auch des gesamten Rechtsverkehrs. Allerdings kann sich eine derartige Publizität nicht allein aus sich heraus legitimieren, sondern muss vielmehr einem berechtigten Informationsinteresse anderer Teilnehmer am Rechtsverkehr über das Bestehen von Rechten oder die Verhältnisse eines Geschäftspartners dienen. Daneben kann Publizität erforderlich sein, um das Interesse der Gemeinschaft an für sie relevanten Umständen zu befriedigen.[379] In Frage kommen hier sowohl Aspekte der reinen Statistik als auch operationelle, wie etwa solche der Aufsicht oder der Steuerbeitreibung.[380] Hinsichtlich der Stiftungen kommt der Publizität wie schon im Falle der Aufsicht eine besondere Stellung zu, die sich aus der mit dem Fehlen von Mitgliedern verbundenen strukturellen Schwächen dieser Rechtsform heraus erklärt. Das hierdurch verursachte Defizit eines privatrechtlichen Interessenausgleichs bestimmt die der Publizität zukommende Bedeutung.[381] Spezifische Publizitätsvorschriften finden sich dabei sowohl im BGB als auch in den Landesstiftungsgesetzen.[382] Dabei begann nicht erst mit Beginn der Arbeiten zum Stiftungsmodernisierungsgesetz ein ausführlicher Gedankenaustausch zu der Frage, ob beziehungsweise in welchem Umfang, Publizität der Stiftungen erforderlich oder zumindest wünschenswert ist.[383] Zu unterscheiden ist insoweit zwischen Register- und Rechnungslegungspublizität.[384]

a. Registerpublizität

Stiftungsrechtliche Registerpublizität dient insbesondere der Rechtssicherheit und dem gleichartigen Schutz des Bürgers und des Rechtsverkehrs vor mit der

---

379 Ursprünglich diente Publizität dazu, den Zusammenhang zwischen öffentlichem Räsonnements und der legislativen Begründung von Herrschaft sowie der kritischen Aufsicht über deren Ausübung zu garantieren, vgl. *Habermas*, Strukturwandel der Öffentlichkeit, S. 270.
380 *Kronke*, Stiftungstypus und Unternehmensträgerstiftung, S. 160.
381 Vgl. Seifart/von Campenhausen-*Orth*, § 38 Rn. 2.
382 Vgl. hierzu Seifart/von Campenhausen-*Orth*, § 37 Rn. 5, 13 ff.; § 38 Rn. 8 ff.
383 Vgl. etwa schon *Ballerstedt/Salzwedel*, Gutachten 44. DJT, S. 39, 41, 45, 50 f.; *Mestmäcker*, Referat 44. DJT, G 3-G 30 (G 22 f.); ausführlich *Mühlhäuser*, Publizität bei Stiftungen; *Vogt*, Publizität.
384 Ausführlich zur Rechnungslegungspublizität Seifart/von Campenhausen-*Orth*, § 37 und zur Registerpublizität Seifart/von Campenhausen-*ders.*, § 38.

Zulassung von rechtsfähigen Stiftungen verbundenen Risiken.[385] Gleichwohl ist von der Einführung eines amtlichen Bundesregisters für Stiftungen mit Publizitätswirkung durch das Stiftungsmodernisierungsgesetz abgesehen worden. Es bleibt damit bei den unterschiedlichen Regelungen durch die Ländergesetze.[386] Gegen die Einführung eines Bundesregisters wurde die insoweit nicht eindeutige Gesetzgebungskompetenz[387] sowie der Kostenaufwand angeführt, welcher insbesondere kleinere Stiftungen treffen würde.[388] Desweiteren sei eine dem Handelsregister vergleichbare Publizitätswirkung nicht erforderlich, da Stiftungen nur in einem vergleichsweise geringen Maße am Rechtsverkehr teilnähmen.[389]

Sicherlich richtig ist, dass nicht zwingend ein den Bedürfnissen des Handelsrechts entsprechender umfassender Vertrauensschutz durch ein Stiftungsregister geschaffen werden müsste.[390] Stiftungen, die in größerem Umfang am Wirtschaftsleben teilnehmen, sind ohnehin bereits heute zu einer weitergehenden Publizität nach handels- oder gesellschaftsrechtlichen Vorschriften verpflichtet.[391] Dennoch beansprucht das Gebot der Rechtssicherheit auch gegenüber allen anderen Stiftungen Geltung.[392] Hinzu kommen zahlreiche weitere positive Gesichtspunkte, die eine weitergehende Publizität der Stiftungen ratsam erscheinen lassen. Diese reichen von besseren Kontrollmöglichkeiten durch die Allgemeinheit[393] und eine damit verbundene gesteigerte Selbstkontrolle der Stiftungen, über eine höhere Effektivität der Stiftungsarbeit[394], bis hin zu neuen durch die Reaktionen der Öffentlichkeit veranlassten Impulsen für zukünftige Stiftungsprojekte.[395] Zwar bleibt es bei der insoweit unklaren Gesetzgebungskompetenz für ein amtliches Bundesregister.[396] Allein aus wertenden Gesichtspunkten heraus spricht

---

385 *Mattheus*, DStR 2003, 254–259 (S. 256); *Hüttemann*, ZHR 167 (2003), 35–65 (S. 43 f.); *Burgard*, NZG 2002, 697–702 (S. 700 f.).
386 Vgl. zu den Regelungen durch die Länder im Detail Seifart/von Campenhausen-*Orth*, § 38 Rn. 14 ff.; *Rawert*, FS Kreutz, S. 825–836 (827 ff.).
387 Bericht Bund-Länder-Arbeitsgruppe, S. 35.
388 Bericht Bund-Länder-Arbeitsgruppe, S. 33.
389 Bericht Bund-Länder-Arbeitsgruppe, S. 33.
390 Siehe zur Funktion des Handelsregisters *Canaris*, Handelsrecht, S. 43 ff.
391 Ausführlich Seifart/von Campenhausen-*Orth*, § 38 Rn. 5 ff.
392 Vgl. *Mattheus*, DStR 2003, 254–259 (S. 257).
393 *Mühlhäuser*, Publizität bei Stiftungen, S. 65, 70, 72, 81.
394 *Mühlhäuser*, Publizität bei Stiftungen, S. 84.
395 Seifart/von Campenhausen-*Orth*, § 38 Rn. 30.
396 *Hüttemann*, ZHR 167 (2003), 35–65 (S. 44).

jedoch einiges dafür, die Registerpublizität für Stiftungen – unabhängig von ihrer Zwecksetzung[397] – auszuweiten.

b. Rechnungslegungspublizität

Eine noch differenziertere Betrachtung erfordert die Frage nach einer stiftungsrechtlichen Rechnungslegungspublizität.[398] Hierbei geht es um Einblicke in die Zusammensetzung des Stiftungsvermögens, die Ertragsquellen und die Verwendung der Erträge zur Zweckerfüllung.[399] Rechtsquellen der bisherigen stiftungsrechtlichen Rechnungslegung sind das BGB und die jeweiligen Landesgesetze.[400] Dabei ist diese für privatrechtliche Stiftungen bisher allein auf eine interne Rechenschaftslegung hin ausgerichtet. Eine Pflicht zur Veröffentlichung der Rechnungslegung ergibt sich bisher für Stiftungen nur aus handelsrechtlichen Gesichtspunkten für die so genannten unternehmensverbundenen Stiftungen, soweit diese dem Publizitätsgesetz (§§ 1, 3 Nr. 4, 9, 11, 15 PublG) unterliegen, einen Gewerbebetrieb unterhalten oder Kaufmann im Sinne von §§ 1 ff. HGB sind.[401] Dies ist der Fall, wenn von den folgenden drei Merkmalen zwei durch die Stiftung verwirklicht werden: 65 Millionen Euro Bilanzsumme, 130 Millionen Euro Jahresumsatzerlös oder durchschnittlich mehr als 5000 Arbeitnehmer, vgl. § 1 PublG. Erfolgt eine darüber hinausgehende Offenlegung gegenüber der Allgemeinheit, so geschieht dies auf freiwilliger Basis. Ob dieser Zustand einer Änderung bedürfe, ist nicht erst seit kurzem eine strittige Frage.[402] Gleichwohl ist der Gesetzgeber den Vorschlägen der Bund-Länder-Arbeitsgruppe gefolgt und hat sowohl von einer Verschärfung der Rechnungslegungspflichten als auch von einer Regelung zur Veröffentlichung der Rechnungslegung abgesehen.[403]

---

397 *Mattheus*, DStR 2003, 254–259 (S. 256).
398 Zur Jahresrechnung von Stiftungen ausführlich *Sandberg*, Jahresrechnung; *Milatz/Kemcke/Schütz*, Stiftungen im Zivil- und Steuerrecht, S. 112 ff.
399 *Mattheus*, DStR 2003, 254–259 (S. 257).
400 Ausführlich Seifart/von Campenhausen-*Orth*, § 37 Rn. 5. Eine Darstellung der Rechnungslegung im Detail soll hier nicht erfolgen, siehe hierzu Seifart/von Campenhausen-*Orth*, § 37.
401 Für eine Stiftung & Co sind gem. § 264a HGB die §§ 264 ff. HGB anzuwenden.
402 Vgl. etwa *Carstensen*, Vermögensverwaltung, S. 80 ff., 210 ff.; *Orth*, DB 1997, 1341–1351 (S. 1341 ff.); *Sandberg*, ZHR 164 (2000), 155–175 (S. 155 ff.); *Kronke*, Stiftungstypus und Unternehmensträgerstiftung, S. 160 ff.; Seifart/von Campenhausen-*Orth*, § 37 Rn. 6 ff.; Bericht der Bund-Länder-Arbeitsgruppe, S. 59 ff.
403 Bericht der Bund-Länder-Arbeitsgruppe, S. 61 f.

Die Ablehnung weiterer Rechnungslegungspflichten wurde mit dem Argument einer starken finanziellen Belastung von kleineren Stiftungen begründet. Zudem könnten derartige Vorschriften dem „Stiften" abträglich sein.[404] Über die bisherigen Regelungen hinausgehende Veröffentlichungspflichten, die sich an der Größe der Stiftung orientierten, seien gleichfalls abzulehnen. Eine solche bestünde auch nicht für große Privatvermögen oder Vereine.[405] Zudem seien verpflichtende Publizitätsvorschriften angesichts der sich entwickelnden freiwilligen Publizität entbehrlich.[406]

c. Stellungnahme

Ohne die Diskussion allzu sehr vertiefen zu wollen, sei folgendes bemerkt: Mit Blick auf die Rechnungslegungspflichten mag es zwar sein, dass im Falle kleinerer Stiftungen eine Rechnungslegung nach den §§ 238 ff. HGB nicht zwingend erforderlich ist und für diese eine übermäßige Belastung darstellen können. Allerdings ist es durchaus eine Möglichkeit, nicht alle Stiftungen zu einer zusätzlichen Rechnungslegung zu verpflichten[407], sondern eine solche erst ab einer gewissen Größe vorzuschreiben[408]. Zumindest anzuzweifeln ist daneben der Einwand, Rechungslegungspflichten könnten vom „Stiften" abhalten. Denn ein Stifter müsste von dem Gedanken, dass diejenigen Stiftungsorgane, welche in Zukunft das von ihm aufgebrachte Vermögen verwalten werden, schon von Gesetzes wegen einer angemessenen Kontrolle durch Rechnungslegung unterworfen sind, gerade angetan sein.

Nicht überzeugen können die gegen eine Publizitätsverpflichtung vorgebrachten Argumente. Fragwürdig erscheint zunächst der Hinweis auf fehlende Publizitätspflichten für Vereine. Gerade für das Vereinsrecht wird teilweise vehement das Fehlen solcher Vorschriften und in der Folge eine Änderung der geltenden Rechtslage angemahnt.[409] Hier besteht aufgrund der unzureichenden

---

404 Bericht der Bund-Länder-Arbeitsgruppe, S. 61.
405 Bericht der Bund-Länder-Arbeitsgruppe, S. 61.
406 Hierzu Seifart/von Campenhausen-*Orth*, § 38 Rn. 24, insb. Rn. 28 ff.
407 So etwa noch der Vorschlag der Fraktion Bündnis90/Die Grünen, BT-Drs. 13/9320, S. 4.
408 Ebenso der Gesetzentwurf der FDP, BT-Drs. 14/5811, S. 3; zur Frage, ob eine Rechungslegung überhaupt gem. §§ 238 ff. HGB erfolgen sollte *Burgard*, NZG 2002, 697–702 (S. 701); betreffend NGOs *Weitemeyer/Vogt*, NZG 2014, 12–17 (S. 12 ff.).
409 *Segna*, NZG 2002, 1048–1055 (S. 1048); *ders.*, DStR 2006, 1568–1573 (S. 1568); *Adams/Maßmann*, ZRP 2002, 128–132 (S. 132 f.); zum Referentenentwurf eines Gesetzes zur Änderung des Vereinsrechts vom 25.8.2004 (inzwischen zurückgezogen,

Kontrolle und Transparenz des Finanzgebarens die greifbare Gefahr – insbesondere im Fall der Großvereine (etwa ADAC, DRK[410]) wird dies deutlich[411] –, dass sich der Vereinsvorstand einer wirksamen Kontrolle durch die Mitglieder entzieht.[412] Um möglichen Missbräuchen vorzubeugen, müssen die Vereine daher aus ihrem „Zustand der Unschuld"[413] herausgeführt werden. Hierzu wäre eine hinreichende Verpflichtung zur Transparenz erforderlich, die mittels erhöhter Anforderungen an Rechnungslegung[414], Publizität[415] und Abschlussprüfung[416] verbessert würde.[417] Behält man die mit einer Vereinsrechtsreform offenbaren politischen Schwierigkeiten[418] im Hinterkopf, muss der Beziehung zwischen Stiftungs- und Vereinsrecht im Hinblick auf eine Verbesserung von Kontrolle und Transparenz daher gerade ein anderer Aspekt abgewonnen werden: Zwar wäre es sicherlich vorzugswürdig, die Transparenz für Stiftungen und Vereine möglichst einheitlich zu regeln.[419] Damit ist jedoch nicht gesagt, dass eine Vorreiterrolle des Stiftungsrechts nicht einen positiven Impuls für die Reform des Vereinsrechts darstellen könnte. Der Einwand, Stiftungen würden durch erhöhte Publizitätsvorschriften gegenüber Vereinen benachteiligt, erscheint so in einem anderen Licht. Gerade durch eine verbesserte Transparenz des Stiftungsrechts würde zusätzlich der Druck auf den Gesetzgeber erhöht, das Vereinsrecht gegen bestehende Widerstände zu reformieren.[420]

---

vgl. Seifart/von Campenhausen-*Orth*, § 37 Rn. 8); *Damas*, ZRP 2005, 3–5 (S. 3 ff.); *Terner*, ZRP 2005, 169 (S. 169); *A. Arnold*, ZRP 2005, 170 (S. 170); *Reuter*, NZG 2005, 738–746 (S. 738 ff.).

410 *Walz*, Stiftungsrecht in Europa, S. 197–215 (S. 212 f.) spricht von untragbaren Zuständen.
411 Weitere Beispiele bei *Segna*, NZG 2002, 1048–1055 (S. 1048).
412 *Segna*, NZG 2002, 1048–1055 (S. 1048 f.), wobei beispielhaft jüngere Missbrauchsfälle benannt werden.
413 *Walz*, Nonprofit-Organisationen in Recht, Wirtschaft und Gesellschaft, S. 259–282 (261).
414 Zur bestehenden Rechtslage für den nichtwirtschaftlichen gemeinnützigen Verein *Galli*, DStR 1998, 263–268 (S. 263 ff.).
415 Zur bestehenden Rechtslage *Segna*, DStR 2006, 1568–1573 (S. 1569 f.).
416 Zur bestehenden Rechtslage *Segna*, DStR 2006, 1568–1573 (S. 1569 f.).
417 *Segna*, NZG 2002, 1048–1055 (S. 1055); *Adams/Maßmann*, ZRP 2002, 128–132 (S. 131 f.).
418 Vgl. etwa *Reuter*, NZG 2005, 738–746 (S. 738); *A. Arnold*, ZRP 2005, 170 (S. 170).
419 Insoweit sind die Reformvorschläge für das Vereinsrecht auf alle Nonprofit-Organisationen übertragbar, *Ott*, GS Walz, S. 505–526 (525).
420 Freilich kann hier eingewandt werden, dass es ja der Gesetzgeber selbst wäre, der dann den Druck auf sich erhöhen würde.

Wird nach einer stiftungsrechtlichen Rechnungslegungspublizität und einer Verpflichtung zur Offenbarung der Rechnungslegung gegenüber der Allgemeinheit de lege ferenda gefragt, kann die Vielfalt möglicher Stiftungszwecke nicht unberücksichtigt bleiben.[421] Unter Hinweis darauf, dass privatnützige Stiftungen insoweit Privatpersonen gleichzustellen seien, wird für diese eine Publizitätspflicht der Rechungslegung abgelehnt. Es sei für handelsrechtliche Publizitätserwägungen kein Raum, solange sich diese wie Privatpersonen im Rechtsverkehr bewegen würden.[422] Nichts anderes ergäbe sich dann, wenn die betreffende Stiftung über ein sehr großes Vermögen verfüge.[423] Allerdings sprechen durchaus Gründe für eine Offenbarungspflicht auch für privatnützige Stiftungen. Zunächst käme eine weitergehende Publizität den Destinatären zugute, deren Stellung hinsichtlich von Auskunftsansprüchen gegenüber der Stiftung häufig unklar ist.[424] Bisher wird für solche Destinatäre, denen ein Anspruch auf die Stiftungsleistung zusteht, zwar ein allgemeiner Auskunftsanspruch aus § 242 BGB abgeleitet.[425] Wie jedoch ein derartiges, der actio pro socio vergleichbares Notklagerecht ohne eine Publizitätspflicht der Stiftungsorgane gegenüber den möglicherweise Klageberechtigten Wirkung entfalten soll, ist schwer vorstellbar.[426] Zumindest ist daher eine Offenlegungspflicht der Rechnungslegung gegenüber solchen Personen zu befürworten, denen ein entsprechendes Klagerecht zukommen könnte. Doch auch eine weitergehende Publizität der Allgemeinheit gegenüber kann nicht auf überzeugende Weise mit dem Hinweis auf eine Erforderlichkeit der Gleichbehandlung von privatnütziger Stiftung und natürlicher Privatperson abgelehnt werden. Es mag zwar sein, dass eine Privatperson – unabhängig von der Größe ihres Vermögens – nicht zur Offenlegung ihrer Finanzverhältnisse gegenüber

---

421 Zur entsprechenden Fragestellung bei gemeinnützigen Stiftungen *Mattheus*, DStR 2003, 254–259 (S. 258 f.).

422 *Mattheus*, DStR 2003, 254–259 (S. 258); weder Gesichtspunkte von Anteilseigner-, Anleger- oder Gläubigerschutz sprächen hierfür, vgl. *Hommelhoff*, Stiftungsrecht in Europa, S. 227–240 (228 ff.); zustimmende Seifart/von Campenhausen-*Orth*, § 38 Rn. 27.

423 Bericht Bund-Länder-Arbeitsgruppe, S. 61.

424 Strittig ist, ob die Auskunfts- und Rechenschaftspflicht des Stiftungsvorstandes gegenüber den Destinatären oder gegenüber der Stiftung besteht. Für eine solche gegenüber der Stiftung etwa MüKo-*Reuter*, § 85 Rn. 30, a.A. *Blydt-Hansen*, Rechtsstellung der Destinatäre, S. 120 f.

425 Vgl. BGH v. 5.6.1985, NJW 1986, 1244, 1245; *Blydt-Hansen*, Rechtsstellung der Destinatäre, S. 120 f.; *Muscheler*, WM 2003, 2213–2221 (S. 2217); MüKo-*Reuter*, § 85 Rn. 35.

426 Zu einem solchen Notklagerecht siehe auch C.V.1.

der Allgemeinheit verpflichtet ist. Allerdings ist eine Stiftung nun einmal keine natürliche, sondern eine juristische Person.[427] Möchte sich die einzelne natürliche Person nun der durch die Rechtsordnung zur Verfügung gestellten juristischen Person und der mit dieser verbundenen Vorteile bedienen, so spricht dem Grunde nach nichts dagegen, wenn von der Rechtsordnung hieran gewisse Bedingungen gestellt werden.[428] Dass Publizität und die durch sie gesteigerte Transparenz die Akzeptanz einer Rechtsform steigern können, ist kein fernliegender Gedanke.[429] Publizität erhöht die Glaubwürdigkeit und Reputation.[430] Zudem gilt auch für privatnützige Stiftungen, dass eine verstärkte Publizität einen verbesserten Schutz vor Missbrauch und Inkompetenz darstellt.[431] Etwaige Schwächen der behördlichen Kontrolle durch die Stiftungsaufsicht könnten so abgefedert werden.[432] Schon im Rahmen der Debatte über ordnungsgemäße Unternehmensleitung und -überwachung (Corporate Governance) ist die Bedeutung von Rechnungslegungspublizität deutlich geworden.[433] Die Einführung entsprechender Verhaltenskodices auch für Stiftungen scheint im Interesse der Beteiligten zu liegen.[434] Der Corporate Governance-Ansatz für For-Profit-Unternehmen kann dabei für das Stiftungsrecht[435] Impulse geben, inwiefern eine weitere Verbesserung der Stiftungsverwaltung möglich ist.[436]

---

427 Zu den hiermit verbunden Konsequenzen D.III.
428 Siehe nunmehr etwa auch den Vorschlag der Europäischen Kommission für eine Verordnung über das Statut der Europäischen Stiftung v. 8.2.2012, COM(2012) 35 final, Art. 34.
429 *Burgard*, NZG 2002, 697–702 (S. 701); COM(2012) 35 final, Begründung 4.
430 Glaubwürdigkeit ist dabei ein marktwirtschaftliches Gut, das sich bis zum Machtfaktor auswachsen kann, vgl. *G. Schulze*, Die Naturalobligation, S. 591.
431 Generell ablehnend zu Publizitätspflichten von Privatstiftungen äußert sich dagegen *Ott*, GS Walz, S. 505–526 (525).
432 Kritisch MüKo-*Reuter*, Vor § 80 Rn. 96 (m.w.N.).
433 Zum Corporate-Governance Kodex *Vetter*, DNotZ 2003, 748–764 (S. 748 ff.); *Eigler/van Kann*, DStR 2007, 1730–1736 (S. 1730 ff.).
434 *Steuber*, DStR 2006, 1182–1188 (S. 1185 ff.); *Kreutz*, ZRP 2007, 50–54 (S. 54); ausführlich *Schöbel*, Corporate Governance.
435 Eine vergleichbare Diskussion wird für das Vereinsrecht geführt; vgl. *Ott*, GS Walz, S. 505–526 (510).
436 Zur Übertragbarkeit der Corporate Governance auf den Nonprofit-Sektor *Ott*, GS Walz, S. 505–526 (512 ff.).

VI. Steuerliche Behandlung der Unterhaltsstiftungen

Die gerechte Verteilung der Gesamtsteuerlast auf die einzelnen Bürger ist ein Imperativ der Ethik.[437] Nicht gesondert betont werden muss daher der Umstand, dass Stiftungen und gewisse mit ihnen in Verbindung stehende Personen nicht nur den allgemeinen Besteuerungsregeln unterliegen, sondern darüber hinaus eine Vielzahl von besonderen Besteuerungsregeln anwendbar sein können. Die Grundfragen der Besteuerung von Stiftungen[438], also die Fragen, ob und in welchem Ausmaß die Stiftung selbst oder Transaktionen mit ihr steuerpflichtig sind, finden ihre Antwort im Zusammenspiel einer Vielzahl von Vorschriften. Diese sind nur zum Teil aufeinander abgestimmt. Aus dem bestehenden „Wirrwarr"[439] lässt sich jedoch zumindest der – zugegebenermaßen recht grobe – Grundsatz ableiten, dass die Stiftung selbst steuerpflichtig ist und Transaktionen mit ihr Steuerpflicht auslösen.[440]

1. Überblick über die Besteuerung der Stiftung

Bevor auf die steuerlichen Eigenarten der Familienstiftungen als Sonderform der rechtsfähigen Stiftung des Privatrechts eingegangen wird, soll zunächst ein knapper Überblick der grundsätzlichen Besteuerung der Stiftung und der mit ihr verbundenen Personen vorangestellt werden.

Im Rahmen der Errichtung einer Stiftung unterliegt die Übertragung von Vermögenswerten der Erbschafts- und Schenkungssteuer.[441] Soweit Wirtschaftsgüter aus einem Betriebsvermögen auf die Stiftung übertragen werden, entsteht darüber hinaus regelmäßig Einkommens- oder Körperschaftssteuer beim Übertragenden aufgrund der Realisierung von stillen Reserven.[442] Daneben können Umsatzsteuer oder Verkehrssteuern anfallen.[443]

---

437 *Tipke*, Die Steuerrechtsordnung I, S. 236 ff.
438 Der Stiftungsbegriff des Steuerrechts ist nicht allgemeingültig definiert. Er umfasst je nach Sachzusammenhang neben der Stiftung der §§ 80 ff. BGB auch die nicht rechtsfähige Stiftung des privaten Rechts sowie die rechtsfähige bzw. nicht rechtsfähige Stiftung des öffentlichen Rechts. Ausführlich zum Begriff der Stiftung im Steuerrecht *Hüttemann*, Non Profit Law Yearbook 2001, S. 145–168 (148 ff.).
439 Seifart/von Campenhausen-*Pöllath/Richter*, § 39 Rn. 14.
440 Vgl. Seifart/von Campenhausen-*Pöllath/Richter*, § 39 Rn. 14.
441 Ausführlich Seifart/von Campenhausen-*Pöllath/Richter*, § 40 Rn. 5 ff.
442 Ausführlich Seifart/von Campenhausen-*Pöllath/Richter*, § 40 Rn. 43, 45 ff.
443 Ausführlich Seifart/von Campenhausen-*Pöllath/Richter*, § 40 Rn. 77 ff.; zur Umsatzsteuer bei Stiftungen Richter/Wachter-*Enderlein*, § 21.

Die laufende Besteuerung kann entweder die Stiftung selbst oder deren Begünstigte treffen. Die Stiftung selbst unterliegt der Körperschaftssteuer, soweit nicht eine Steuerbefreiung aufgrund der Verfolgung steuerbegünstigter Zwecke oder eine sonstige Ausnahme besteht.[444] Sie kann im Gegensatz zu Kapitalgesellschaften über gewerbliche und nichtgewerbliche Einkünfte verfügen. Letztere sind ausnahmslos steuerpflichtig, wobei in der Regel auch Gewerbesteuer anfällt.[445] Denkbar sind daneben weitere Steuern, etwa auf Grundbesitz, Verkehrsvorgänge, Umsatz oder Vermögen.[446] Die Begünstigung durch eine Stiftung kann für die betreffende Person entweder Vergütung oder Zuwendung sein. Soweit es sich um eine Vergütung als Gegenleistung handelt, ist diese beim Begünstigten in der Einkunftsart steuerpflichtig, in die sie fällt.[447] Soweit es sich dagegen um Zuwendungen als Leistungen einer nicht von der Körperschaftssteuer befreiten Stiftung handelt, sind diese als Einkünfte aus Kapitalvermögen zur Hälfte steuerpflichtig.[448] Möglich ist wiederum das Entstehen von Erbschafts- und Schenkungssteuer.[449]

Wird eine Stiftung aufgehoben, treten in steuerrechtlicher Hinsicht die gleichen Fragen wie bei ihrer Errichtung auf, diesmal nur andersherum.[450] Entsprechend unterliegt der Vermögensübergang wiederum der Erbschafts- und Schenkungssteuer. Mit Blick auf mögliche Wirtschaftsgüter der Stiftung ist an die Realisierung stiller Reserven und das Anfallen entsprechender Körperschaftssteuer zu denken. Zudem können unter Umständen Umsatz- und Verkehrssteuern entstehen.

Ebenso wie für Kapitalgesellschaften kann sich eine Steuerbefreiung für Stiftungen daraus ergeben, dass sie einen gemeinnützigen, mildtätigen oder kirchlichen

---

444 Ausführlich Seifart/von Campenhausen-*Pöllath/Richter*, § 41 Rn. 8 ff.
445 Vgl. Seifart/von Campenhausen-*Pöllath/Richter*, § 41 Rn. 68 ff.
446 Vgl. Seifart/von Campenhausen-*Pöllath/Richter*, § 41 Rn. 63, 75 ff, 82 ff.
447 Seifart/von Campenhausen-*Pöllath/Richter*, § 41 Rn. 60.
448 Seifart/von Campenhausen-*Pöllath/Richter*, § 41 Rn. 60 (Mit dem 1.1.2009 ist im Rahmen der Unternehmenssteuerreform 2008 das so genannte Halbeinkünfteverfahren entfallen. Von diesem Zeitpunkt an wird vorbehaltlich von Übergangsregeln auf alle Kapitalerträge eine Abgeltungssteuer von 25% erhoben. Zu den mit der Reform entstandenen Unsicherheiten *Richter/Gollan*, FS Reuter, S. 1155–1166 (1155 ff.). Zur Frage, inwieweit die Stiftung Aufwendungen und Ausschüttungen als Betriebsausgaben oder Werbungskosten absetzen kann, siehe Seifart/von Campenhausen-*Pöllath/Richter*, § 41 Rn. 45 ff.
449 Hierzu Seifart/von Campenhausen-*Pöllath/Richter*, § 41 Rn. 64 ff.
450 Seifart/von Campenhausen-*Pöllath/Richter*, § 39 Rn. 53 (m.w.N.).

Zweck verfolgen.[451] Die Steuerbefreiung hängt dabei in allen Steuerarten davon ab, ob das Einkommen der Stiftung für die begünstigten Zwecke verwendet wird. Mit Ausnahme der Erbschafts- und Schenkungssteuerfreiheit für Zuwendungen an die Stiftung entfällt die Steuerbefreiung jedoch dann, wenn die Stiftung Einkommen mittels eines wirtschaftlichen Geschäftsbetriebes erwirbt.

2. Sonderregelungen der Besteuerung von Familienstiftungen

Die rechtsfähige Familienstiftung[452] wird als juristische Person dem Grunde nach wie eine solche besteuert. Wegen des bestehenden Familienbezuges[453] ergeben sich jedoch Besonderheiten dergestalt, dass durch die ansonsten steuerlich verselbstständigte Stiftung hindurch ein „Durchgriff"[454] auf die begünstigten Familienmitglieder erfolgt. Die hieraus resultierenden Folgen sind ambivalent und können sich steuerlich sowohl vor- als auch nachteilig auswirken.[455]

Besondere Erwähnung sollen daneben zwei Aspekte verdienen: Dies ist zunächst das Bestehen einer Erbersatzsteuer für Familienstiftungen. Deren Verfassungsmäßigkeit ist zwar durch das Bundesverfassungsgericht festgestellt worden.[456] Dennoch werden inzwischen wieder Bedenken laut, dass sie in ihrer

---

451 Ausführlich Seifart/von Campenhausen-*Pöllath/Richter*, § 43.
452 Eine Familienstiftung im erbschaftssteuerlichen Sinne liegt gem. § 15 II 1 ErbStG dann vor, wenn die Stiftung im Inland im Wesentlichen im Interesse einer Familie oder bestimmter Familien errichtet ist. Dabei sind unter Familie der Stifter, seine Angehörigen und deren Abkömmlinge zu verstehen, vgl. R 2 II 1 ErbStR 2003. Laut BFH dient eine Stiftung dann wesentlich dem Interesse einer Familie im Sinne von § 1 I Nr. 4 ErbStG, wenn nach der Satzung und gegebenenfalls dem Stiftungsgeschäft ihr Wesen darin besteht, den Familien zu ermöglichen, das Stiftungsvermögen soweit möglich zu nutzen und die Stiftungserträge an sich zu ziehen. Nicht entscheidend ist dabei, ob von diesen Möglichkeiten tatsächlich Gebrauch gemacht wird, BFH v. 10.12.1997, BStBl II 1998, 114 ff.; zum Begriff der Familienstiftung im erbschaftssteuerlichen Sinne auch *Korezkij*, ZEV 1999, 132–138 (S. 132 f.); *Schiffer*, FS Spiegelberger, S. 1358–1369 (1358 ff.); zur Frage, ob auch eine unselbstständige Stiftung eine Stiftung im Sinne des ErbStG sein kann *Hübner/Currle/Schenk*, DStR 2013, 1966–1972 (S. 1966 ff.).
453 Es ist ein „wesentliches" Familieninteresse der Stiftung erforderlich. Zu den unterschiedlichen Auffassungen, ab wann ein solches gegeben ist, vgl. *Bianchi-Hartmann/Richter*, FS Pöllath + Partners, S. 337–362 (S. 346 f.).
454 *Bianchi-Hartmann/Richter*, FS Pöllath + Partners, S. 337–362 (S. 339).
455 Ausführlich *von Löwe*, FS Spiegelberger, S. 1370–1389 (1370 ff.).
456 BVerfG v. 8.3.1983, NJW 1983, 1841; BFH v. 10.12.1997, DStR 1998, 331; kritisch *Tipke/Lang*, Steuerrecht, § 13 Rn. 131 f., S. 521.

Ausgestaltung de lege lata nicht mehr den heutigen Umständen angemessen wäre.[457] Daneben sollen als zweites die bestehenden steuerlichen Gestaltungsmöglichkeiten aufgezeigt werden, in deren Rahmen auch mit Hilfe der „schlichten" gemeinwohlkonformen Allzweckstiftung das sonst üblicherweise mit der (reinen) Unterhaltsstiftung verfolgte Anliegen einer Versorgung nahestehender Personen erreicht werden kann.

a. Sondervorschriften bei Errichtung und Aufhebung

Die Besteuerung einer Familienstiftung weicht von der Besteuerung der „sonstigen" Stiftungen zunächst bei deren Errichtung und Aufhebung ab. Das Erbschafts- und Schenkungssteuerrecht unterteilt die Erwerber von Vermögen gemäß § 15 ErbStG nach ihrem persönlichen Verhältnis zum Erblasser oder Schenker in drei Steuerklassen. Da eine Familienstiftung als juristische Person in keinem persönlichen Verhältnis zum Stifter steht, wäre gemäß § 15 I ErbStG somit eigentlich die ungünstige Steuerklasse III mit dem höchsten Steuersatz anzuwenden. Insoweit sieht § 15 II 1 ErbStG jedoch begünstigenderweise vor, dass sich die anzuwendende Steuerklasse nach dem Verwandtschaftsverhältnis des nach der Stifterurkunde entferntest Berechtigten zum Stifter richtet. Nach Ansicht der Finanzverwaltung sind bei der Bestimmung des entferntest Berechtigten nicht nur die derzeit lebenden Familienmitglieder zu berücksichtigen, sondern auch alle potentiell Berechtigten zukünftiger Generationen.[458] Wird angestrebt, Steuerklasse I zur Anwendung zu bringen, sollten in der Stiftungssatzung daher lediglich der überlebende Ehegatte, die Kinder und die Abkömmlinge der Kinder des Stifters als Destinatäre bestimmt werden.[459]

Wird die Familienstiftung vollständig aufgelöst, gilt dies als Schenkung unter Lebenden und ist gemäß § 7 I Nr. 9 ErbStG schenkungssteuerpflichtig. Dabei gilt jedoch nicht die Stiftung als Schenker, sondern der Stifter. Dementsprechend wird die anzuwendende Steuerklasse des Anfallsberechtigten nach seinem Verwandtschaftsverhältnis zum Stifter bestimmt. Gleiches gilt für seine persönlichen

---

457 von *Löwe/du Roi Droege*, ZEV 2006, 530–534 (S. 530 ff.).
458 R 73 I ErbStR 2003.
459 Soweit ein weitergehender Personenkreis durch eine Familienstiftung begünstigt werden soll, könnte daran gedacht werden, mehrere Familienstiftungen zu errichten. So würden Freibeträge besser ausgeschöpft und die Progressionswirkung abgeschwächt.

Freibeträge. Soweit das Stiftungsvermögen jedoch an den Stifter selbst zurückfällt, gilt die ungünstigste Steuerklasse III.[460]

b. Erbersatzsteuer (Sondervorschriften nach Errichtung der Stiftung)
Für die Zeit nach Errichtung der Familienstiftung weist ihre Besteuerung eine Besonderheit in Form der so genannten Erbersatzsteuer auf, § 1 I Nr. 4 ErbStG.[461] Diese wurde im Jahr 1974 als faktische Vermögenssteuer[462] eingeführt.[463] Ziel war es zu verhindern, dass in Familienstiftungen gebundenes Vermögen über Generationen hinweg der Erbschaftssteuer entzogen wird.[464] Die dem Erbschaftssteuergesetz zugrunde liegende Konzeption ist, Vermögen im Generationenwechsel zumindest einmal mit Erbschaftssteuer zu belegen. Aufgrund der eigenen Rechtsposition der Destinatäre von Familienstiftungen, die nicht mit derjenigen von Anteilseignern vergleichbar ist, konnte das Vermögen der Familienstiftungen bis zur Einführung der Erbersatzsteuer nicht mit Erbschaftssteuer belegt werden. Um diese Begünstigung abzuschaffen, wurde die Besteuerung einer fiktiven Erbfolge eingeführt.[465]

Gemäß § 1 I Nr. 4 ErbStG unterliegt eine Familienstiftung demnach in Zeitabständen von 30 Jahren der Erbschaftssteuer.[466] Betroffen sind hiervon solche Familienstiftungen, die ihren Sitz oder ihre Geschäftsleitung im Inland haben, § 2 I Nr. 2 ErbStG.[467] Ausschlaggebend für die Steuerhöhe ist das am Stichtag vorhandene Stiftungsvermögen, §§ 1 I Nr. 4, 9 I Nr. 4, 10 I 6 ErbStG. Dessen Umfang wird im Wesentlichen anhand der §§ 1–16 BewG bestimmt, § 12 I ErbStG. Anwendbar bleiben die Steuerbefreiungsvorschriften gemäß § 13 ErbStG und

---

460 Obiter dictum in BFH v. 25.11.1992 – II R 77/90, BStBl. II 1993, 238 (239); a.A. *Binz/Sorg*, DStR 1994, 229–233 (S. 232).
461 Hierzu ausführlich Richter/Wachter-*Wachter*, § 22; *von Oertzen*, FS Spiegelberger, S. 1390–1398 (1390 ff.); der Begriff Erbersatzsteuer selbst wird im Gesetzestext nicht verwendet.
462 Richter/Wachter-*Wachter*, § 22 Rn. 2 Fn. 2; zu den Grenzen der Vermögenssteuer BVerfG v. 22.6.1995, NJW 1995, 2615.
463 Gesetz zur Reform des Erbschaft- und Schenkungssteuerrechts v. 17.4.1974, BGBl. I 1974, 933.
464 BFH v. 10.12.1997 – II R 25/94, BStBl. II 1998, 114.
465 Ziel war es, mehr soziale Gerechtigkeit herzustellen, vgl. BT-Drs. 7/1329, S. 1.
466 Schuldner der Steuer ist gem. § 20 I 1 ErbStG die Familienstiftung; ungeklärt ist, ob auch eine unselbstständige Familienstiftung unter die Erbersatzsteuer fällt, hierzu *Theuffel-Werhahn*, ZEV 2014, 14–21 (S. 14 ff.).
467 Zu den steuerlichen Aspekten einer ausländischen Familienstiftung etwa *Werkmüller*, ZEV 1999, 138–141 (S. 138 ff.).

die Begünstigung gemäß § 13a ErbStG. Dagegen sind Leistungen an die Berechtigten der Stiftung gemäß § 10 VII ErbStG nicht abzugsfähig. Als Freibetrag wird im Wege der so genannten „Zwei-Kinder-Fiktion"[468] der doppelte Freibetrag gemäß §§ 15 II 3, 16 I Nr. 2 ErbStG in Höhe von derzeit 800.000 Euro gewährt. Daneben kann die Familienstiftung verlangen, dass die Erbersatzsteuer gemäß § 24 I ErbStG verrentet wird. Diese ist dann in 30 gleichen jährlichen Teilbeträgen bei einem Zinssatz von 5,5 % zu entrichten. Gehört zum Stiftungsvermögen Betriebs- oder land- und forstwirtschaftliches Vermögen, kann die Steuer gemäß § 28 I, II ErbStG auf Antrag für längstens 10 Jahre bei einem Zinssatz von 6% gestundet werden, wenn dies zur Erhaltung des Betriebes notwendig ist.

Wegen veränderter Lebensverhältnisse erscheinen die bestehenden Regelungen der Erbersatzsteuer zumindest in Teilbereichen anpassungsbedürftig. Gemäß § 1 I Nr. 4 ErbStG wird ein Erbfall fingiert, der sich aus einem Generationenwechsel nach 30 Jahren ergibt. Dieser Zeitraum mag zwar im Jahr 1974, als die Erbersatzsteuer eingeführt wurde, dem zeitlichen Mittel eines Generationenwechsels entsprochen haben.[469] Inzwischen hat sich dieser Zeitraum jedoch aufgrund der gestiegenen Lebenserwartung um etwa 10 Jahre erhöht. Um eine entsprechende erbschaftssteuerliche Benachteiligung der Familienstiftungen zu vermeiden, die sich aus der kürzeren „Lebenserwartung" ergibt, müsste die Periode zwischen zwei Besteuerungsstichtagen daher angepasst und um 10 Jahre verlängert werden.[470] Daneben ist fragwürdig, inwieweit das in den Gesetzgebungsmaterialien formulierte Ziel einer Abbildung der Umstände einer „normalen" Erbschaft durch die „Zwei-Kinder-Fiktion" tatsächlich verwirklicht wird.[471] Zum einen weist die einzelne Familienstiftung möglicherweise einen größeren Destinatärskreis auf. Zum anderen wird die Ehefrau durch diese Regelung nicht berücksichtigt. Wäre dies der Fall, so müsste von einer Vierteilung ausgegangen werden, da jedes der beiden Kinder von jedem Elternteil gedanklich eine Zuwendung erhalten würde („Elternmodell").[472] Unberücksichtigt bleibt weiterhin, dass sich Familien in der Generationenabfolge dynamisch weiterentwickeln und es hierdurch zu einer Vermehrung der Erben kommen kann. Das starre Festhalten an der „Zwei-Kinder-Fiktion" auch nach dem Ablauf der zweiten 30-Jahre-Periode führt in der Folge zu einer höheren Erbschaftssteuerbelastung

---

468 *von Löwe/du Roi Droege*, ZEV 2006, 530–534 (S. 532).
469 Vgl. BVerfG v. 8.3.1983, NJW 1981, 1841; BT-Drs. 7/1333, S. 4.
470 Vgl. *von Löwe/du Roi Droege*, ZEV 2006, 530–534 (S. 532).
471 Vgl. BT-PlPr. 7/69, S. 4120.
472 *Felix*, DStZ 1982, 355–358 (S. 355 ff.); *von Löwe/du Roi Droege*, ZEV 2006, 530–534 (S. 532).

der Familienstiftung als es bei einem natürlichen Erbgang der Fall wäre. Grund hierfür ist, dass ihr nicht die gleichen Progressionseffekte und Freibeträge zugute kommen.[473]

Die beschriebenen Umstände lassen Forderungen nach einer Anpassung der Erbersatzsteuer de lege ferenda laut werden. Ein Vorschlag ist etwa, das bestehende Regelungsmodell durch einen anderen Ansatz zu ersetzen. Genannt wird dabei eine Erbschaftsbesteuerung der Stiftungszuwendungen auf Destinatärsebene oder die Erbschaftsbesteuerung eines fiktiven Erwerbs bei Eintritt in die Stellung als Destinatär einer Familienstiftung.[474] Zuzustimmen ist jedenfalls insoweit, als dass die dargestellten Schwachstellen neutralisiert werden sollten, wenn das bestehende Besteuerungsmodell beibehalten wird.[475]

c. Gemeinwohlfördernde Stiftung als Familienstiftung

Neben der „reinen" Familienstiftung besteht mit Hilfe des Ausnahmetatbestandes in § 58 Nr. 5 AO die Möglichkeit, auch eine ansonsten gemeinnützige Stiftung dem Wohle einer Familie dienen zu lassen.[476] Soweit dies innerhalb der rechtlichen Anforderungen des § 58 Nr. 5 AO geschieht, sind Unterhaltsleistungen an die Stifterfamilie nicht steuerschädlich.[477] Diese Regelung stellt eine Ausnahme von § 56 AO (Ausschließlichkeit) und § 55 I Nr. 1, 3 AO (Selbstlosigkeit) dar. Vor Einführung des § 58 Nr. 5 AO war es jahrzehntelang umstritten, inwiefern eine Stiftung ihr Vermögen zum Wohle des Stifters und seiner Familie verwenden darf. Die diesbezüglich vorangegangene Rechtsprechung war uneinheitlich. Teilweise wurde zwar eine Unterstützung des Stifters als unschädlich für die Gemeinnützigkeit der Stiftung angesehen.[478] Dennoch lehnten die Gerichte derartige Stiftungszuwendungen auch immer wieder als gemeinnützigkeitsschädlich ab.[479] Der Gesetzgeber gelangte schrittweise zur heute bestehenden Regelung.

---

473 *von Löwe/du Roi Droege*, ZEV 2006, 530–534 (S. 532); *Sorg*, Die Familienstiftung, S. 77, 85.
474 Ausführlich *von Löwe/du Roi Droege*, ZEV 2006, 530–534 (S. 532 f.).
475 *von Löwe/du Roi Droege*, ZEV 2006, 530–534 (S. 533 f.)
476 Diese Regelung erscheint im internationalen Vergleich einzigartig, vgl. Richter/Wachter-*Meyn/Schöning*, § 3 Rn. 47.
477 Daraus, dass § 58 Nr. 5 AO keine Steuervergünstigung begründet, sondern lediglich Tätigkeiten auflistet, die nicht steuerschädlich sind, ergibt sich, dass es sich bei den dort genannten Stiftungen nur um solche mit steuerbegünstigtem Satzungszweck handeln kann, vgl. *T. Müller/Schubert*, DStR 2000, 1289–1297 (S. 1294).
478 RFH v. 12.1.1933, RStBl. 1933, S. 193.
479 RFH v. 26.7.1929, RStBl. 1929, S. 519; RFH v. 24.9.1937, RStBl. 1937, S. 1104.

Zunächst wurde in § 5 Nr. 3 GemeinnützigkeitsVO eine Bestimmung aufgenommen, dass eine Stiftung höchstens 25% ihres Einkommens für die Grab- und Andenkenpflege des Stifters verwenden dürfe. Den gleichen Prozentsatz legte die ursprüngliche Fassung des § 58 Nr. 5 AO mit der Vorgabe fest, dass der Betrag für Leistungen an den Stifter und seine nächsten Angehörigen verwendet würde.[480] Diese Grenze hob dann das Vereinsförderungsgesetz auf ein Drittel an.[481]

Heute kann eine gemeinnützige Stiftung gemäß § 58 Nr. 5 AO einen Teil, jedoch höchstens ein Drittel ihres Einkommens dazu verwenden, um in angemessener Weise den Stifter und seine nächsten Angehörigen zu unterhalten, ihre Gräber zu pflegen und ihr Andenken zu ehren.[482]

a) Nächste Angehörige

Uneinigkeit besteht zunächst darüber, welche Angehörigen des Stifters in die Gruppe der „nächsten Angehörigen" im Sinne von § 58 Nr. 5 AO fallen. Diese umfasst nach allgemeiner Ansicht nur einen Teil der Angehörigen gemäß § 15 AO.[483] Wie weit die Restriktionen zu gehen haben, wird jedoch unterschiedlich beurteilt. Gemäß § 58 Rn. 6 AEAO sollen nur Ehegatten, Eltern, Großeltern, Kinder, Enkel (auch bei Adoption), Geschwister, Pflegeeltern und Pflegekinder erfasst werden. Hiergegen wird von anderer Seite jedoch der Einwand der Praxisferne vorgebracht. Schließlich würden Familienstiftungen regelmäßig für mehrere Generationen errichtet. Dies rechtfertige es, alle Verwandten und Verschwägerten in gerader Linie sowie andere, dem Stifter besonders nahestehende Personen, mit einzubeziehen.[484]

Vorzugswürdig erscheint ein Mittelweg. Jedenfalls sollten all jene Personen unter den Begriff der nächsten Angehörigen gefasst werden, die nach dem Gesetz in gerader Linie zur Erbfolge berufen sind und denen durch die Errichtung der Stiftung eine Anwartschaft auf Vermögen entzogen wird oder deren

---

480 Bereits vor der Normierung in § 58 Nr. 5 AO hatte die Finanzverwaltung 1977 entschieden, dass insoweit keine Bedenken bestünden, wenn einer gemeinnützigen Stiftung Rentenverpflichtungen zugunsten des Stifters oder seiner Angehörigen auferlegt würden, vgl. OFD Köln, Verfügung v. 29.6.1976 S. 1291 – 30 St 131, FR 1976, S. 407.
481 Gesetz v. 18.12.1989, BStBl. I 1989, S. 2212; dazu BT-Drs. 11/4176, S. 10.
482 Bei den Begünstigten bleiben die Ausschüttungen jedoch steuerpflichtig, vgl. *Schauhoff*, DB 1996, 1693–1696 (S. 1695 f.).
483 Seifart/von Campenhausen-*Pöllath/Richter*, § 43 Rn. 59 Fn. 267.
484 Tipke/Kruse-*Tipke*, § 58 Rn. 6.

Unterhaltsansprüche gegen den Stifter potenziell beeinträchtig werden.[485] Hierfür spricht die Einbeziehung aller Abkömmlinge in Steuerklasse I gemäß § 15 I Nr. 3 ErbStG und der theoretisch ewige Bestand der Stiftung.[486] Möchte der Stifter weitere, ihm nahestehende Personen begünstigen, so muss er dagegen auf andere rechtliche Instrumente zurückgreifen. Schließlich bleibt es ihm unbenommen, nicht sein gesamtes Vermögen in die Stiftung einzubringen, sondern für andere Zwecke zurückzuhalten. Dagegen wäre es trotz Stiftungs- und Vermögensdispositionsfreiheit nur schwer mit dem Konzept einer Gemeinnützigkeitskonstruktion zu vereinbaren, wenn die Stiftung dazu verwendet würde, eine extensive Versorgungsstruktur sicherzustellen.[487] Daneben ist es jedoch möglich, das einschränkende Kriterium der nächsten Angehörigen dadurch zu umgehen, dass die zu unterhaltende Person zum Stifter (Zustifter) gemacht wird. Dies kann geschehen, indem diese selbst oder der Testamentsvollstrecker für sie Vermögen der Stiftung zustiftet. Dabei kann dies auch Vermögen sein, dass der (Erst-)Stifter zuvor auf den Zustifter übertragen hat.[488]

b) Angemessenheit

Gemäß § 58 Nr. 5 AO dürfen der Stifter und seine nächsten Angehörigen nur in „angemessener Weise" unterhalten werden. Diese Angemessenheitsgrenze ist eine Ausformung des Grundsatzes der Selbstlosigkeit in § 55 I Nr. 3 AO.[489] Demnach darf eine Stiftung keine Person durch Ausgaben, die ihrem Zweck fremd sind oder durch unverhältnismäßig hohe Vergütungen begünstigen.

Umstritten ist hierbei, ob für die Festlegung der Angemessenheitsgrenze auf den Lebensstandard des Stifters zur Zeit der Stiftungserrichtung[490] oder auf den Lebensstandard des Unterhaltsempfängers abzustellen ist.[491] Für ein

---

485 So auch Hübschmann/Hepp/Spitaler-*Fischer*, § 58 Rn. 35; *T. Müller/Schubert*, DStR 2000, 1289–1297 (S. 1294).
486 Seifart/von Campenhausen-*Pöllath/Richter*, § 43 Rn. 59; *Schauhoff*, DB 1996, 1693–1696 (S. 1694 f.).
487 *T. Müller/Schubert*, DStR 2000, 1289–1297 (S. 1294).
488 Ermöglicht wird dies durch § 29 I Nr. 4 ErbStG.
489 *T. Müller/Schubert*, DStR 2000, 1289–1297 (S. 1296).
490 So etwa Tipke/Kruse-*Tipke*, § 58 Rn. 6; Hübschmann/Hepp/Spitaler-*Fischer*, § 58 Rn. 34.
491 So etwa *Schauhoff*, DB 1996, 1693–1696 (S. 1694); *Kießling-Buchna*, Gemeinnützigkeit im Steuerrecht, S. 147; Seifart/von Campenhausen-*Pöllath-Richter*, § 43 Rn. 59 Fn. 266. Dagegen möchte *Schiffer*, DStR 2003, 14–18 (S. 18) nicht auf den angemessenen Unterhalt, sondern auf den in angemessener Weise erfolgenden Unterhalt abstellen. Entscheidend seien demnach die Gesamtumstände, also

Abstellen auf den Unterhaltsempfänger wird angeführt, dass es dem Stifter darauf ankomme, seinen bedürftigen nächsten Angehörigen ein sorgenfreies Leben aus dem Stiftungseinkommen zu ermöglichen, ohne dass sie die Pflicht träfe, durch eigene Berufstätigkeit zum Unterhalt beizutragen.[492] Auch der Gedanke des Notbedarfs gemäß §§ 519, 528 BGB in Verbindung mit dem Maßstab des § 1610 I BGB spreche dafür, dass für die Angemessenheit auf die Person des Bedürftigen, also des Unterhaltsempfängers, abzustellen ist.[493] Vorzugswürdig ist jedoch eine Beurteilung anhand der Person des Stifters. Dem Stifter geht es darum, seine eigene Versorgung und diejenigen seiner nächsten Angehörigen in demjenigen Umfang sichergestellt zu wissen, den er im Zeitpunkt der Stiftungserrichtung finanziell verwirklichen kann. Hierzu muss er bereits im Zeitpunkt der Stiftungserrichtung abschätzen können, welchen gestalterischen Spielraum ihm § 58 Nr. 5 AO gewährt. Dabei sind zukünftige Entwicklungen vom Stifter nur bis zu einem gewissen Grade vorhersehbar, weshalb sie unberücksichtigt bleiben müssen. Sonst würde möglicherweise der durch § 58 Nr. 5 AO geschaffene Anreiz zur Stiftungsgründung neutralisiert. Denn der Stifter möchte zwar gemeinnützigen Zwecken dienen. Gleichzeitig liegt ihm jedoch auch daran, seine und die Versorgung seiner nächsten Angehörigen in einem von ihm selbst bestimmten und überblickten Rahmen abzusichern.

c) Vorbelastetes Vermögen

Grundsätzlich wird unter Einkommen im Sinne von § 58 Nr. 5 AO die Summe der Einkünfte aus den einzelnen Einkunftsarten gemäß § 2 I EStG verstanden, wobei unerheblich ist, ob diese steuerpflichtig oder steuerfrei sind.[494] Nicht eindeutig wird jedoch die Frage beantwortet, wie Belastungen zu behandeln sind, die bereits in Ausführung des Stiftungsgeschäfts auf die Stiftung übergehen. Umstritten ist insoweit, ob derartige Belastungen bei der Berechnung der Ein-Drittel-Höchstgrenze desjenigen Einkommens berücksichtigt werden sollen, das steuerlich unschädlich zum Unterhalt der Stifterfamilie verwendet werden kann. Bejaht man dies, so greift die Begrenzung auf ein Drittel und nächste Angehörige nicht ein, wenn die Stiftung die Leistung aufgrund eines Vorbehalts des

---

etwa auch inwieweit der Unterhaltsempfänger seine Bedürftigkeit verschuldet hat. Wegen der insoweit maßgeblichen Interessenlage des Stifters ist diese Sichtweise jedoch abzulehnen.
492 *Schauhoff*, DB 1996, 1693–1696 (S. 1694).
493 *T. Müller/Schubert*, DStR 2000, 1289–1297 (S. 1296).
494 Zu den Einzelheiten etwa *T. Müller/Schubert*, DStR 2000, 1289–1297 (S. 1295).

Zuwendenden (beispielsweise Nießbrauch)[495], einer Auflage[496] oder als Gegenleistung[497] erbringt.

Nach Auffassung des BFH sind in einem solchen Zusammenhang Verbindlichkeiten, die in Ausführung des Stiftungsgeschäfts auf die Stiftung übergehen, solche, die bereits im Vorfeld das der Stiftung zugewendete Vermögen mindern. Dieses könne daher in demjenigen Umfang, der zur Erfüllung der betreffenden Ansprüche aufgewendet werden muss, von vornherein nicht für die satzungsmäßigen Zwecke verwendet werden. Nach Rechtsauffassung des BFH stellt es somit keinen Verstoß gegen die Gebote der Selbstlosigkeit und der Ausschließlichkeit dar, wenn derartige Ansprüche erfüllt werden. Als Konsequenz hieraus sieht er keinen Raum für eine Anwendung von § 58 Nr. 5 AO.[498]

Dagegen darf entsprechend eines Nichtanwendungserlasses des BMF eine Stiftung nur insgesamt höchstens ein Drittel ihres Einkommens darauf verwenden, Leistungen zu erbringen, die gemäß § 58 Nr. 5 AO steuerlich unschädlich sind oder der Erfüllung von Ansprüchen dienen, welche durch die Übertragung von vorbelastetem Vermögen auf die Stiftung begründet worden sind.[499] Insoweit müsse es bei dem Grundsatz bleiben, dass eine gemeinnützige Körperschaft einen wesentlichen Teil ihres Einkommens für die Verwirklichung von steuerbegünstigten Zwecken verwendet.[500]

Überzeugender erscheint die Sichtweise des BFH.[501] Zwar mag es aus rechtspolitischer Sicht durchaus fragwürdig sein, dass es einer Stiftung ermöglicht wird, in den Genuss von Steuervergünstigungen zu kommen, obwohl sie unter Umständen lediglich eine theoretisch gemeinnützige ist und faktisch vielmehr den Großteil ihres Einkommens für Zwecke des Stifters und seiner nächsten Angehörigen verwendet. Auch die Entstehungsgeschichte des § 58 Nr. 5 AO, welche zeigt, dass der Gesetzgeber die Verwendung des Einkommens von gemeinnützigen Stiftungen für Zwecke im Sinne dieser Vorschrift nur partiell zulassen wollte,

---

495 Klein-*Gersch*, § 58 Rn. 7.
496 Seifart/von Campenhausen-*Pöllath/Richter*, § 43 Rn. 59.
497 Seifart/von Campenhausen-*Pöllath/Richter*, § 43 Rn. 49.
498 BFH v. 21.1.1998, II R 16–95, BStBl. II 1998, 758 ff.; zustimmend etwa Seifart/von Campenhausen-*Pöllath/Richter*, § 43 Rn. 59; Klein-*Gersch*, § 58 Rn. 7; *T. Müller/Schubert*, DStR 2000, 1289–1297 (S. 1295 f.).
499 BMF v. 6.11.1998, BStBl. I 1998, 1446, DStR 1998, 1876.
500 Vgl. AEAO § 58 Rn. 5 iVm § 55 Rn. 7.
501 Zustimmend Klein-*Gersch*, § 58 Rn. 7; Seifart/von Campenhausen-*Pöllath/Richter*, § 43 Rn. 59; a.A. etwa *Schauhoff*, DB 1693–1696 (S. 1694).

mag für die Sichtweise des BMF sprechen.[502] Schließlich habe der Gesetzgeber schon eine recht großzügige Regelung geschaffen, wenn es um die Frage geht, in welchem Rahmen eine eigentlich der Gemeinnützigkeit verpflichtete Stiftung ihre Mittel gemeinnützigkeitsfremd, aber steuerlich unschädlich, verwenden dürfen soll.[503]

So nachvollziehbar diese Einwände auch sein mögen, die für die Gegenansicht sprechenden Gesichtspunkte müssen letztlich den Ausschlag geben: Wird ein Vermögen übertragen, das bereits mit einem Recht belastet ist, so geht aus einer wirtschaftlichen Betrachtung heraus nur das insoweit geminderte Vermögen über.[504] Dementsprechend werden einer Stiftung, wenn sie eine Verpflichtung erfüllt, die bereits in ihrem Vermögen angelegt ist, keine Mittel entzogen.[505] Stattdessen standen ihr diese Mittel nie zur freien Verfügung. Dies gilt dabei sowohl für das „vorbelastete" Vermögen selbst als auch für die Erträge aus demselbigen.[506] Vergleichbar ist diese Situation mit den Fällen von Versorgungsleistungen im Zusammenhang mit einer Vermögensübertragung.[507] Hier wird Vermögen gerade deswegen übertragen, weil der Überträger aus dem Ertrag des Gegenstandes versorgt, diesen aber nicht mehr selbst erwirtschaften will. Dementsprechend behält er sich Erträge seines Vermögens in Form von Versorgungsleistungen vor, die jedoch der Übernehmer zu erwirtschaften hat.[508] Folgerichtig werden ihm diese daher als Berechtigtem in zivil- und steuerrechtlicher Hinsicht direkt zugerechnet.[509] Entsprechend verstößt eine Stiftung nicht gegen den Grundsatz der Selbstlosigkeit aus § 55 AO, wenn sie Verpflichtungen nachkommt, die bereits in der Vermögensübertragung angelegt waren, über diese Verpflichtungen Klarheit bestand und die Leistungen direkt aus dem belasteten Vermögen oder aus dessen Erträgen geleistet werden. Denn die Gemeinnützigkeitsvorschriften beziehen sich insoweit nur auf Vermögen, das einer Stiftung tatsächlich zur Verfügung

---

502 Vgl. *Schauhoff*, DB 1693–1696 (S. 1693 f.).
503 Aus dem Zusammenspiel von § 58 Nr. 5 mit Nr. 7a AO ergibt sich, dass dies mit bis zu 58,3% ihres Einkommens möglich ist; vgl. hierzu *Schauhoff*, DB 1693–1696 (S. 1694); zum Zusammenspiel von § 58 Nr. 5 und 7a ausführlich *T. Müller/Schubert*, DStR 2000, 1289–1297 (S. 1297).
504 So bereits RFH v. 12.1.1933, RStBl. 1933, 193 ff.
505 So aber FG München v. 12.1.1995, EFG 1995, 650 f.
506 *T. Müller/Schubert*, DStR 2000, 1289–1297 (S. 1295).
507 *T. Müller/Schubert*, DStR 2000, 1289–1297 (S. 1295 f.).
508 BFH v. 15.7.1991, GrS 1–90, BStBl. II 1992, 78 ff., DStR 1991, 1555.
509 Vgl. BMF v. 24.7.1998, BStBl. I 1998, 914 ff., DStR 1998, 1175, Rn. 41; § 55 Rn. 5 AEAO.

steht. Die Erfüllung der in Rede stehenden Verpflichtungen kann daher nicht gemeinnützigkeitsschädlich sein.[510]

3. Zusammenfassung

Die in der gebotenen Kürze ausgeführten Darstellungen zur steuerlichen Behandlung der Familienstiftung zeigen die Besonderheit dieser Rechtsfigur. Dabei wird nicht nur ein weiteres Mal die mit ihr verbundene Einzigartigkeit der Möglichkeiten verdeutlicht, einem bestimmten Personenkreis zu dienen, es treten gleichsam die hiermit verbunden (steuerlichen) Schwierigkeiten zu Tage. Es bestehen bereits eigens für Stiftungen geschaffene steuerliche Regelungen. Noch darüber hinausgehend sah der Gesetzgeber aber die Notwendigkeit, spezielle Regelungen für Familienstiftungen zu schaffen. Die hiermit verbundenen Kontroversen führen vor Augen, welche Schwierigkeiten mit dem Versuch verbunden sind, die Familienstiftung widerspruchsfrei in die Rechtsordnung einzugliedern. Allerdings sind insbesondere die mit den reinen Familienunterhaltsstiftungen verbundenen rechtlichen Problemstellungen nicht mit Einführung der Erbersatzsteuer gelöst. Die Einführung der Erbersatzsteuer hat lediglich die vormals bestehende Privilegierung der Familienstiftung in erbschaftssteuerlicher Hinsicht beseitigt.[511] Eine wertende Aussage über die Zulässigkeit von reinen Unterhaltsstiftungen war mit ihrer Einführung jedoch nicht verbunden. Auch in faktischer Hinsicht hat sie die mit reinen Unterhaltsstiftungen verbundenen Probleme nicht beseitigt. So hat sich die Annahme, dass die Erbersatzsteuer zu einem Aussterben der Familienstiftungen führen würde[512], nicht bestätigt. Zwar haben sich zunächst als Reaktion auf die Einführung der Erbersatzsteuer im Jahre 1974 einige Familienstiftungen aufgelöst oder in gemeinnützige Stiftungen umgewandelt. Dies wird jedoch mehr auf die relativ kurze Vorbereitungszeit von zehn Jahren bis zum ersten Fälligkeitstermin am 1.1.1984 (§ 9 I Nr. 4 ErbStG), als denn auf die eigentliche wirtschaftliche Belastung durch die Steuer zurückzuführen gewesen sein. Eine heute errichtete Familienstiftung könnte sich immerhin 30 Jahre auf den nächsten Fälligkeitstermin vorbereiten und entsprechende Rücklagen bilden (§ 9 I Nr. 4 ErbStG).[513] Letztlich ist

---

510 Zustimmend etwa Klein-*Gersch*, § 58 Rn. 7; Seifart/von Campenhausen-*Pöllath/ Richter*, § 43 Rn. 59.
511 Ausführlich zur Erbersatzsteuer C.VI.2.b.
512 Vgl. etwa *Eckert*, Fideikommisse, S. 784; *Burgard*, Gestaltungsfreiheit, S. 130; zur Erbersatzsteuer als Unterschied zwischen Fideikommiss und Familienstiftung auch der Bericht der Bund-Länder-Arbeitsgruppe, S. 46.
513 Vgl. hierzu auch *Reuter*, GS Eckert, S. 677–693 (685 f.).

es zudem schon aus systematischer Sicht fragwürdig, aus steuerlichen Regelungen heraus Rückschlüsse für das Zivilrecht zu ziehen.[514] Denn zwischen beiden Rechtsgebieten herrscht grundsätzlich kein vorgegebenes Rangverhältnis. Zivilrecht und Steuerrecht folgen jeweils anderen Wertungsgesichtspunkten.[515] Zwar darf es kein willkürliches Nebeneinander verschiedener Teilrechtsordnungen geben. Dies folgt schon aus der rechtsphilosophischen Einsicht, dass es eine prinzipielle Einheit der Rechtsordnung gibt. Möchte man jedoch die Normen des Zivil- und Steuerrechts in wertender Weise einander gegenüberstellen, so kann gerade nicht von einer Maßgeblichkeit des Steuerrechts für das Zivilrecht ausgegangen werden, sondern es zeigt sich vielmehr umgekehrt eine Maßgeblichkeit des Zivilrechts für das Steuerrecht.[516] Dementsprechend mag man davon sprechen, dass die Einführung der Erbersatzsteuer für die Familienstiftungen einen „Tod auf Raten"[517] darstelle. Aus systematischer Sicht bedeutet ihre Einführung jedoch nicht, dass die mit den Familienstiftungen verbundenen Rechtsfragen durch sie beantwortet worden wären.

VII. Beendigung

Selbstständige Stiftungen des BGB sind juristische Personen.[518] Daher ist zu ihrer Beendigung ein staatlicher Akt erforderlich, der ihnen die Rechtsfähigkeit entzieht.[519]

1. Allgemeines

Aus dem Gedanken der Subsidiarität ergibt sich, dass einem staatlichen Eingreifen grundsätzlich ein stiftungsinterner Beschluss voranzugehen hat.[520] Dabei wird entweder festgestellt, dass in der Satzung vorgesehene Erlöschensgründe eingetreten sind oder, dass die Auflösung der Stiftung aus anderen Gründen

---

514 So aber gerade *Meyer zu Hörste*, Die Familienstiftung, S. 27; zu bestehenden Wertungsdivergenzen zwischen Zivil- und Steuerrecht *Vogel*, NJW 1985, 2986–2991 (S. 2986 ff.); zur Bedeutung des Steuerrechts für das Zivilrecht *Klingelhöffer*, DStR 1997, 544–546 (S. 544 ff.).
515 Pahlke/Koenig-*Pahlke*, AO, § 4 Rn. 110.
516 Beck'sches Notarhandbuch-*Spiegelberger*, E Rn. 135; vgl. auch BFH BStBl. 1962 II, 310.
517 *Neuhoff*, GS Walz, S. 465–483 (483).
518 Zu den hieraus folgenden Konsequenzen D.III.
519 Bamberger/Roth-*Schwarz/Backert*, § 88 Rn. 2.
520 Ähnlich *Ebersbach*, Stiftungsrecht, S. 142; *Burgard*, Gestaltungsfreiheit, S. 640 f.; kritisch etwa MüKo-*Reuter*, § 87 Rn. 5.

geschieht. Derartige Stiftungsbeschlüsse sind jedoch letztlich nicht mehr als eine Anregung gegenüber zuständigen Behörde zum Tätigwerden nach § 87 BGB.[521] Die Kompetenz zur Aufhebung der Stiftung liegt letztlich allein bei ihr.[522] Dem entspricht, dass bei Vorliegen der Voraussetzungen des § 87 BGB stets auch eine Beendigung der Stiftung ohne vorherigen Beschluss ihrer Organe möglich ist. In jedem Fall bedarf ein solcher Organbeschluß zu seiner Wirksamkeit immer einer Genehmigung der zuständigen Behörde.[523] Hierin kommt einmal mehr ihre Funktion als Garantin des Stifterwillens zum Ausdruck.[524]

Das stiftungsinterne Entscheidungsverfahren über die Auflösung der Stiftung fällt in die Kompetenz des Stiftungsvorstandes. Dies kann sich aus Landesrecht[525] oder aus der Satzung ergeben. Der noch lebende Stifter kann dabei die behördliche Genehmigung zur Auflösung vor dem zuständigen Verwaltungsgericht anfechten.[526] Daneben ist eine solche durch die Stiftung selbst möglich.[527] Die Durchführung der Auflösung obliegt dem Stiftungsvorstand.[528] Soweit jedoch gerade Misswirtschaft des Vorstandes zur Auflösung geführt hat, kommen insoweit Ausnahmen in Betracht.[529]

Mit Genehmigung der Auflösung oder mit Verfügung der Auflösung durch die Behörde unterliegt die Stiftung der Liquidation.[530] Allein zu diesem Zweck

---

521 Staudinger-*Hüttemann/Rawert*, § 87 Rn. 4.
522 MüKo-*Reuter*, § 87 Rn. 5; Staudinger-*Hüttemann/Rawert*, § 87 Rn. 4.
523 Staudinger-*Hüttemann/Rawert*, § 87 Rn. 18.
524 Mit Verweisen auf die einzelnen Stiftungsgesetze der Länder Seifart/von Campenhausen-*Hof*, § 11 Rn. 2.
525 Nachweise der einzelnen landesrechtlichen Normen etwa bei Seifart/von Campenhausen-*Hof*, § 11 Rn. 5 Fn. 9; die kompetenzrechtliche Zulässigkeit der § 87 BGB ergänzenden landesrechtlichen Vorschriften ist umstritten, vgl. Staudinger-*Hüttemann/Rawert*, § 87 Rn. 4 (m.w.N.).
526 Seifart/von Campenhausen-*Hof*, § 11 Rn. 11.
527 Staudinger-*Hüttemann/Rawert*, § 87 Rn. 18.
528 MüKo-*Reuter*, § 87 Rn. 5.
529 Siehe hierzu Seifart/von Campenhausen-*Hof*, § 11 Rn. 12.
530 Zu den Einzelheiten *Burgard*, Gestaltungsfreiheit, S. 643 ff., 646 ff; eine Liquidation ist entbehrlich, wenn für die Stiftung infolge von Auflösung oder Aufhebung Gesamtrechtsnachfolge eintritt, etwa bei einem Vermögensanfall beim Fiskus, vgl. Seifart/von Campenhausen-*Hof*, § 11 Rn. 14. Daneben wird die Liquidation für entbehrlich gehalten, wenn die Stiftung über keinerlei Aktivvermögen verfügt, *Burgard*, Gestaltungsfreiheit, S. 643; a.A. diesbezüglich Seifart/von Campenhausen-*Hof*, § 11 Rn. 14 Fn. 21.

ist die Stiftung dann noch rechtsfähig.[531] Gemäß § 88 BGB sind die Vorschriften des Vereinsrechts (§§ 48 ff. BGB) für die Liquidation entsprechend anzuwenden. Soweit die Stiftungssatzung einen Träger benennt, der die Stiftung nach ihrer Auflösung als unselbstständige Stiftung fortführen soll oder die zuständigen Stiftungsorgane einen Fortsetzungsbeschluss fassen, kommt eine ebensolche in Betracht. Hierzu muss die Fortsetzung dem Stifterwillen entsprechen, der Auflösungs- oder Aufhebungsgrund beseitigt und das erforderliche Vermögen noch verfügbar sein. Zudem ist eine Genehmigung durch die Stiftungsaufsicht erforderlich.[532]

Der Vermögensanfall einer erloschenen Stiftung richtet sich nach § 88 BGB. Gemäß § 88 S. 1 BGB fällt das Vermögen der Stiftung an die in der Satzung bestimmten Personen.[533] Soweit eine solche Bestimmung nicht getroffen wurde, geht das Stiftungsvermögen an den Fiskus des Landes, in dem die Stiftung ihren Sitz hat, § 88 S. 2 BGB. Dabei erwirbt der Landesfiskus gemäß §§ 88, 46 BGB im Wege der Gesamtrechtsnachfolge, ohne dass eine Liquidation stattfindet. Andere Anfallsberechtigte erhalten schuldrechtliche Ansprüche gegen die Stiftung auf Auszahlung und Übertragung des nach der Liquidation verbleibenden Überschusses.[534]

2. Aufhebung durch Hoheitsakt

Unter den engen Voraussetzungen des § 87 I BGB[535] ist ein staatlicher Zwangseingriff und die Auflösung der Stiftung möglich. Dies ist dann der Fall, wenn die Erfüllung des Stiftungszwecks unmöglich geworden ist oder die Stiftung das Gemeinwohl gefährdet.

---

531 Seifart/von Campenhausen-*Hof*, § 11 Rn. 13; a.A. *Burgard*, Gestaltungsfreiheit, S. 645.
532 Vgl. Seifart/von Campenhausen-*Hof*, § 11 Rn. 20.
533 Der Stifter kann diese Personen frei bestimmen. Nur sich selbst kann er nicht einsetzen. Daneben können ein oder mehrere Stiftungsorgane in der Satzung ermächtigt werden, die Anfallsberechtigten zu bestimmen. Vgl. zu den insoweit zu fordernden Beschränkungen *Ebersbach*, Stiftungsrecht, S. 88.
534 Bamberger/Roth-*Schwarz/Backert*, § 88 Rn. 3; zur Liquidation auch *Dehesselles*, FS Spiegelberger, S. 1255–1263 (1255 ff.).
535 Weitere Möglichkeiten einer hoheitlichen Aufhebung der Stiftung sind: Widerruf und Rücknahme der Anerkennung, Aufhebung bei unwirksamem Stiftungsgeschäft, und Vereinigung; ausführlich zu diesen Möglichkeiten Seifart/von Campenhausen-*Hof*, § 11 Rn. 70 ff.

Die Unmöglichkeit der Zweckerfüllung ist dann anzunehmen, wenn dieser auf unabsehbare Zeit nicht mehr erfüllt werden kann, etwa weil die Mittel der Stiftung hierfür nicht ausreichen.[536] Eine nur teilweise Unmöglichkeit ist dabei grundsätzlich nicht ausreichend.[537] Der Begriff der Unmöglichkeit in § 87 I BGB deckt sich mit demjenigen in § 275 BGB.[538] Umstritten war, ob auch eine anfängliche Unmöglichkeit von § 87 I BGB erfasst wird. Teilweise wurde dies unter Hinweis auf § 44 II Nr. 4, 5 VwVfG verneint.[539] Allerdings wird vorzugswürdigerweise auch die anfängliche Unmöglichkeit unter § 87 I BGB zu fassen sein, weil diese Norm sachgerechter ist, indem sie primär auf Anpassung des Stiftunszwecks abzielt und nicht auf Aufhebung.[540]

Das Merkmal der Gemeinwohlgefährdung in § 87 BGB entspricht demjenigen des § 80 II BGB.[541] Dementsprechend stellen sich in § 87 BGB die gleichen Fragen, wie sie dort bestehen.[542] Folglich wäre es vorzugswürdig gewesen, die Beendigung der Stiftung nicht vom Begriff des Gemeinwohls abhängig zu machen, sondern davon, ob der Stiftungszweck mit dem Gesetz vereinbar ist.[543] So hätte effektiv eine Benachteiligung der Stiftung gegenüber anderen Rechtsformen verhindert werden können, die nunmehr besteht. Denn für die Beendigung anderer juristischer Personen ist weitergehend erforderlich, dass die Gemeinwohlgefährdung „durch eine Gesetzwidrigkeit" hervorgerufen wird (§§ 43 I BGB,

---

536 Daneben ist § 87 BGB sinngemäß anzuwenden und der Zweck der Stiftung entsprechend anzupassen, wenn dieser im Verhältnis zu den Mitteln unterdimensioniert, vgl. MüKo-*Reuter*, § 87 Rn. 6; Staudinger-*Hüttemann/Rawert*, § 87 Rn. 5.
537 Seifart/von Campenhausen-*Hof*, § 11 Rn. 59.
538 Bamberger/Roth-*Schwarz/Backert*, § 87 Rn. 2; zur wirtschaftlichen Unmöglichkeit MüKo-*Reuter*, § 87 Rn. 6; Staudinger-*Hüttemann/Rawert*, § 87 Rn. 5; zur Unmöglichkeit des Stiftungszwecks ausführlich *Hüttemann*, FS Reuter, S. 121–140 (137 ff.).
539 Vgl. MüKo-*Reuter*, § 87 Rn. 7.
540 Bamberger/Roth-*Schwarz/Backert*, § 87 Rn. 2; MüKo-*Reuter*, § 87 Rn. 7; Seifart/von Campenhausen-*Hof*, § 11 Rn. 59; Staudinger-*Hüttemann/Rawert*, § 87 Rn. 6.
541 § 87 I BGB erfasst dabei nur den Fall, dass der Stiftungszweck nachträglich gemeinwohlgefährdend wird. Soweit lediglich das faktische Handeln der Stiftungsorgane das Gemeinwohl gefährdet und insoweit gegen die Stiftungssatzung verstößt, hat die Stiftungsaufsicht satzungsgemäßes Handeln zu erzwingen. Kritisch zur Gesetzesbegründung des Gesetzes zur Modernisierung des Stiftungsrechts *Muscheler*, NJW 2003, 3161–3166 (S. 3161 f.).
542 Ausführlich unter C.II.1.b.
543 Auf das Verhalten der Stiftungsorgane kommt es jedenfalls nicht Fall an. Die Gemeinwohlgefährdung ist anhand des Stiftungszwecks zu bestimmen, vgl. Staudinger-*Hüttemann/Rawert*, § 87 Rn. 7 (m.w.N.).

396 I AktG, 62 GmbHG, 81 GenG). Eine solche Gesetzwidrigkeit ist jedoch für die Aufhebung der Stiftung gemäß § 87 I BGB und seinem Wortlaut nicht erforderlich.[544] Soll diese Ungleichbehandlung vermieden werden, muss § 87 I BGB daher entsprechend den Parallelvorschriften des Vereins- und Handelsgesellschaftsrechts ausgelegt werden, so dass eine Auflösung der Stiftung nur dann in Betracht kommt, wenn der Stiftungszweck das Gesetz verletzt.[545] Daneben liegen die Voraussetzungen des § 87 BGB auch im Falle einer Rechtsformverfehlung vor.[546] Da eine Stiftung, wie bereits erwähnt, auch dann voll wirksam als juristische Person entsteht, wenn sie trotz fehlender Anerkennungsfähigkeit von der zuständigen Behörde anerkannt wird, muss die Behörde zumindest dann reagieren, wenn sich die mit der Rechtsformverfehlung verbundenen Gefahren für den Rechtsverkehr im Einzelfall konkretisieren.

Soweit die Voraussetzungen des § 87 I BGB vorliegen, ist die Behörde zum Einschreiten verpflichtet. Das „kann" im Wortlaut ist insofern als „muss" zu lesen. Die qualitativen Grenzen des Einschreitens ergeben sich für die Behörde dabei aus dem Übermaßverbot, wobei die Schwere des Eingriffs an seiner Übereinstimmung oder Abweichung vom Stifterwillen zu bestimmen ist.[547] Umstritten ist, ob vor der Aufhebung eine Anhörung des Vorstandes erforderlich ist, da § 87 III BGB eine solche ausdrücklich nur vor der Umwandlung des Zwecks und der Änderung der Stiftungsverfassung vorsieht.[548]

3. Auflösung aufgrund von Satzungsvorschriften

Dem Stifter steht es frei, in der Satzung Umstände zu benennen, bei deren Eintritt die Stiftung ganz oder teilweise aufgelöst werden soll.[549] Derartige Angaben sind im Zweifel abschließend und daher eng auszulegen. In Betracht kommen daneben insbesondere eine Auflösung aufgrund von Zweckerfüllung, Fristablauf oder Eintritt einer auflösenden Bedingung.[550]

---

544 *Muscheler*, NJW 2003, 3161–3166 (S. 3165).
545 So auch MüKo-*Reuter*, § 87 Rn. 3, 8; Staudinger-*Hüttemann/Rawert*, § 87 Rn. 7.
546 Etwa im Falle einer (verdeckten) Selbstzweckstiftung, vgl. Staudinger-*Hüttemann/Rawert*, § 77 Rn. 7; MüKo-*Reuter*, § 87 Rn. 8; a.A. Seifart/von Campenhausen-*Hof*, § 10 Rn. 378.
547 MüKo-*Reuter*, § 87 Rn. 1.
548 Dafür die heute wohl h.M., vgl. etwa Erman-*O. Werner*, § 87 Rn. 4; Bamberger/Roth-*Schwarz/Backert*, § 87 Rn. 3; MüKo-*Reuter*, § 87 Rn. 11; Staudinger-*Hüttemann/Rawert*, § 87 Rn. 14; a.A. noch Staudinger-*Coing* (12. Aufl.), § 87 Rn. 10.
549 Seifart/von Campenhausen-*Hof*, § 11 Rn. 35.
550 Ausführlich Seifart/von Campenhausen-*Hof*, § 11 Rn. 29 ff.

4. Auflösung durch Organbeschluss

Nach allgemeiner Ansicht können auch die Organe der Stiftung ihre Aufhebung beschließen, sofern sie dazu vom Stifter ermächtigt sind.[551] Gleichwohl kann es der Stifter nicht allein ihrem Ermessen überlassen, ob die Stiftung fortgesetzt oder beendet wird.[552] Vielmehr hat er, vergleichbar dem Fall einer Zweckänderung, den Stiftungsorganen Vorgaben zu machen, an welche sich diese hinsichtlich eines etwaigen Auflösungsbeschlusses zu halten haben.[553] Sofern ergänzende oder abweichende landesrechtliche Bestimmungen weitergehende Kompetenzen der Stiftungsorgane regeln, sind diese Vorschriften unbeachtlich, da § 87 BGB die Voraussetzungen und Rechtsfolgen der Aufhebung erschöpfend erfasst.[554] Entsprechendes gilt für landesrechtliche Vorschriften, welche die Vereinigung (Fusion[555]) der Stiftung mit einer anderen vorsehen. Hierbei mag es sich zwar rein praktisch nicht um eine Beendigung der Stiftung handeln.[556] Gleichwohl stellt sie eine besondere Form der Aufhebung der Stiftung im Sinne von § 87 BGB dar, so dass es beim Vorrang der bundesrechtlichen Vorschrift bleibt.[557] Gleichwohl kann der Stifter wiederum eine solche Vereinigung im Stiftungsgeschäft ausdrücklich vorsehen. Hierbei kommen insbesondere drei Varianten in Betracht: Eine gemeinsame Verwaltung, eine Zulegung sowie eine Zusammenlegung.[558] Voraussetzung jeder Art von Vereinigung ist dabei, dass die beteiligten Stiftungen gleiche oder sehr ähnliche Zwecksetzungen verfolgen, dass das Vermögen der beteiligten Stiftungen zur je gesonderten Verfolgung ihrer Zwecke nicht mehr ausreicht oder eine eigene Verwaltung für die einzelne Stiftung zu aufwendig ist sowie das Vorliegen gleich gerichteter Entscheidungen der beteiligten Stiftungen[559] und einer aufsichtlichen Genehmigung.[560]

Am wenigsten weitgehend ist noch die Einrichtung einer gemeinsamen Verwaltung, die dann sinnvoll sein kann, wenn das Unterhalten einer eigenen

---

551 Staudinger-*Hüttemann/Rawert*, § 87 Rn. 17 (m.w.N.).
552 MüKo-*Reuter*, § 87 Rn. 5.
553 Vgl. insoweit schon zur Änderung des Stiftungszwecks C.III.2.c.
554 Staudinger-*Hüttemann/Rawert*, § 87 Rn. 4 (m.w.N.); a.A. Seifart/von Campenhausen, § 7 Rn. 122 ff.
555 *Kronke*, Stiftungstypus und Unternehmensträgerstiftung, S. 183 ff.
556 Vgl. Staudinger-*Hüttemann/Rawert*, § 87 Rn. 9 ff.
557 Staudinger-*Hüttemann/Rawert*, § 87 Rn. 3 f.; MüKo-*Reuter*, § 87 Rn. 14 ff.
558 Vgl. *Burgard*, Gestaltungsfreiheit, S. 629 ff.
559 Kritisch zur stiftungsautonomen Zusammenlegung bzw. Zulegung MüKo-*Reuter*, § 87 Rn. 14 f.
560 Ausführlich Seifart/von Campenhausen-*Hof*, § 11 Rn. 47 ff.

Organisation für die beteiligten Stiftungen zu aufwändig ist. Deren Rechtsfähigkeit bleibt dabei unberührt, ihr Vermögen wird getrennt gehalten und bewirtschaftet. Bei allen Beteiligten ist dennoch eine entsprechende Satzungsänderung erforderlich, die der Genehmigung durch die Aufsichtsbehörde bedarf.[561] Im Rahmen einer Zulegung wird das Vermögen einer (oder mehrerer Stiftungen) auf eine andere, bestehende Stiftung übertragen, was zum Verlust ihrer Rechtsfähigkeit führt.[562] Bei einer Zusammenlegung werden mehrere Stiftungen gleicher oder ähnlicher Zwecksetzung vereinigt.[563] Dabei entsteht eine neue Stiftung, wobei die ursprünglichen Stiftungen endgültig erlöschen und die neue deren Gesamtrechtsnachfolgerin wird.[564] Für eine Zulegung oder eine Zusammenlegung müssen dabei jeweils die Voraussetzungen des § 87 BGB gegeben sein.

---

561 Vgl. Seifart/von Campenhausen-*Hof*, § 11 Rn. 50.
562 Bamberger/Roth-*Schwarz/Backert*, § 87 Rn. 3; Staudinger-*Hüttemann/Rawert*, § 87 Rn. 11; MüKo-*Reuter*, § 87 Rn. 17.
563 Staudinger-*Hüttemann/Rawert*, § 87 Rn. 10; ausführlich *Karper*, Zusammenlegung.
564 MüKo-*Reuter*, § 87 Rn. 16; a.A. insoweit Staudinger-*Hüttemann/Rawert*, § 87 Rn. 10, wonach die Zusammenlegung als solche keine Gesamtrechtsnachfolge auslösen soll.

D. Systemwidrigkeit der reinen Unterhaltsstiftung

In den folgenden Ausführungen soll dargestellt werden, in welchem Maße Unterhaltsstiftungen geeignet sind, wertungsmäßige Konfliktsituationen hervorzurufen. Da das Recht kein sich selbst steuerndes autonomes Wesen ist, sondern als Kulturerscheinung in engster Verbindung mit Politik, Wirtschaft und Kultur steht[565], finden hierbei nicht nur rein rechtliche Aspekte Beachtung, sondern auch die insoweit bedeutsamen Grundlagen der geltenden Wirtschafts- und Gesellschaftsverfassung. Dabei wird auf vielfältige Weise letztlich die Systemwidrigkeit der reinen Unterhaltsstiftungen zu Tage treten.

I. Unterhaltsstiftung und moderne Gesellschaft

Stiftungen sind die ältesten bestehenden Organisationen bürgerschaftlichen Engagements und gehören so wie in vielen anderen Ländern auch in Deutschland zur kulturellen Tradition.[566] Dabei sind die Stiftungen insbesondere in jüngerer Zeit wieder verstärkt in den Blickwinkel von Politik und Öffentlichkeit gerückt. Sie seien „Pioniere auf dem Weg zur unmittelbaren, spontanen, dezentralen, effizienten, vielfältigen Verbindung von unternehmerischer Dynamik und Dienst am Gemeinwohl"[567] und „eines der wichtigsten Elemente der Pluralität, die Grundlage des demokratischen und sich inhaltlich mit keiner Meinung identifizierenden Rechtsstaates ist"[568]. So gelang es, Stiftungen wirkungsvoll aus einer doch schon recht angestaubten Ecke herauszuholen und wieder mit neuen Vokabeln wie bürgerliche Gesellschaft, Engagement, Innovation und Unternehmertum zu belegen und in den modernen Diskurs zu überführen.[569] Insbesondere

---

565 Vgl. *Eckert*, Fideikommisse, S. 785.
566 BT-Drs. 14/8900, S. 115 f.; zu den Stiftungen als Teil des so genannten Dritten Sektors/Nonprofit-Sektors *A. Zimmer*, Non Profit Law Yearbook 2001, S. 7–26 (7 ff.).
567 *Ro. Herzog*, Handbuch Stiftungen, V-VIII (S. V); vgl. auch *Young/Hammack*, Nonprofit Organizations in a Market Economy, S. 398–419 (419).
568 *Karpen*, Gemeinnützige Stiftungen im pluralistischen Rechtsstaat, S. 74.
569 *Anheier/Appel*, Aus Politik und Zeitgeschichte B 14/2004, 8–15 (S. 8); diesbezüglich kritisch *Adloff*, Zivilgesellschaft, S. 114.

die Politik sieht aktuell äußerst wohlwollend auf Stiftungen, die in Zeiten leerer Kassen einen wertvollen privaten Beitrag zur Erfüllung öffentlicher Aufgaben erbringen sollen.[570] Gleichwohl ist eine Akzeptanz der Stiftungen innerhalb der politischen Klasse keinesfalls mit einer ebensolchen durch die Bevölkerung als eigentlicher Trägerin unserer demokratischen Gesellschaft gleichzusetzen. Vielmehr hat es in Deutschland seit mehr als 100 Jahren keine ernstzunehmende Debatte mehr über die Existenzberechtigung von Stiftungen, ihren Stellenwert, ihre Aufgabe sowie ihre Grenzen und Möglichkeiten gegeben.[571] Die Politik mag Stiftungen heute als Ausdruck bürgerlicher Freiheit sehen, für viele sind sie dagegen auch weiterhin nicht vielmehr als eine Spielwiese und Narretei reicher Leute oder eine Beschäftigung gelangweilter Erben.[572] Die Stiftungen sollten jedoch gerade um ihre gesamtgesellschaftliche Akzeptanz bemüht sein, denn schließlich scheinen sie schon auf den ersten Blick einer Reihe demokratischer Grundregeln zu widersprechen, etwa wenn sie im politischen Diskurs allein Partikularinteressen im Sinne des Stifterwillens vertreten.[573] Den Stiftungen sollte daher daran gelegen sein, eine Antwort auf die Frage nach ihrer Daseinsberechtigung in einer demokratisch verfassten Gesellschaft zu finden und eine Theorie des Stiftungswesens zu entwickeln, das kritischen Nachfragen standhält.[574]

Entscheidende Bedeutung kommt dabei dem Aspekt zu, sich selbst als Teil der Bürgergesellschaft zu begreifen und sich so nicht nur allein die Sache der Stiftungen, sondern der Bürgergesellschaft insgesamt zu Eigen zu machen.[575]

---

570 Einen ausführlichen Überblick über das vielfältige Stiftungsengagement sortiert nach Aktionsfeldern gibt *W. Schmidt*, Handbuch Stiftungen, S. 87–125 (91 ff.).

571 *Graf Strachwitz*, ZSt 2003, 197–202 (S. 198); *ders.*, GS Walz, S. 725–739 (737); ähnlich auch *Anheier/Appel*, Aus Politik und Zeitgeschichte B 14/2004, 8–15 (S. 8, 11).

572 *Graf Strachwitz*, GS Walz, S. 725–739 (725, 738); *Anheier/Appel*, Aus Politik und Zeitgeschichte B 14/2004, 8–15 (S. 14 f.).

573 Es handele sich um undemokratische, quasiaristokratische Bollwerke in einer modernen, formal egalitären Gesellschaft, die letztlich der Elite und oberen Mittelklasse entspringen und so die Ungleichheit im Zugang zur politischen Meinungsfindung verstärken würden, vgl. *Anheier/Appel*, Aus Politik und Zeitgeschichte B 14/2004, 8–15 (S. 13).

574 Aus volkswirtschaftlicher Sicht sind Stiftungen dann legitimiert, wenn der durch die steuerlich privilegierte Stiftungstätigkeit erbrachte Nutzen größer ist, als der Nutzen staatlicher Tätigkeit, die mit der alternativ möglichen Einnahme von Steuern und ihrer Verwendung erzielt würde, vgl. *Brockhoff*, Non Profit Law Yearbook 2007, S. 21–43 (22, 25 f.).

575 *Graf Strachwitz*, GS Walz, S. 725–739 (736 f.); ausführlich zum Stiften als Ausdruck bürgerschaftlichen Engagements *Weber*, Stiftungen.

Dies bedeutet insbesondere, durch aktive Teilnahme am öffentlichen Leben staatliche Freiräume zu nutzen, gemeinnützige Aufgaben zu erfüllen und aktiv den politischen Ordnungsrahmen mitzugestalten. Hierzu leisten jedoch reine Unterhaltsstiftungen keinerlei Beitrag. Sie stehen daher einer Integration des Stiftungswesens in die Bürgergesellschaft entgegen und stellen eine Gefahr für die gesellschaftliche Akzeptanz der Stiftungen insgesamt dar.

1. Bürgergesellschaft

Der Begriff der Bürgergesellschaft ist alt.[576] Seine moderne Prägung hat er im 17. und 18. Jahrhundert durch die Autoren der Aufklärung erhalten, die mit ihm eine neue, erst noch zu verwirklichende, utopische Form des Zusammenlebens der Menschen als Bürger bezeichneten, die ohne allzu viel staatliche Gängelung selbstständig, friedlich und gleichberechtigt miteinander umgingen.[577] Heute steht der Begriff der Bürgergesellschaft im Zentrum vieler Podiumsdiskussionen und politischer Reden, bei gleichwohl varriierender Bedeutung und unterschiedlicher Stoßrichtung. Im Rahmen einer groben Umschreibung dieses schillernden Begriffes umfasst er nach heutigem Verständnis selbstorganisierte Initiativen, Bewegungen, Zirkel, Vereine und Organisationen, die weder der staatlichen Sphäre, noch dem Markt zuzurechnen sind und auch nicht zur Privatsphäre gehören. Stattdessen geht es um solche Unternehmungen, die *zwischen* Staat, Markt und Privatsphäre liegen. Der gemeinsame Nenner dieser so unterschiedlichen Phänomene ist die Selbstorganisation unter Betonung von individueller oder genossenschaftlicher Selbstständigkeit. Es handelt sich um den Typus eines sozialen Verhaltens, das als Ausgangspunkt zwar die jeweils eigenen, spezifischen und auch egoistischen Interessen und Erfahrungen hat, sich aber gleichzeitig auf das allgemeine Wohl bezieht, so verschieden dies durch die einzelnen Akteure auch definiert sein mag.[578]

Die Zugehörigkeit zu und die Rolle innerhalb der Bürgergesellschaft für die Stiftungen wird klarer, indem man sich an den Grenzen dieses Begriffs

---

576 Dabei gibt es keine allgemeingültige Definition dieses Begriffes. Teilweise wird synonym der Ausdruck „Zivilgesellschaft" gebraucht, vgl. *Bopp*, ZSt 2004, 115–119 (S. 117); ausführlich zum Begriff *Schwertmann*, Stiftungen als Förderer der Zivilgesellschaft, S. 19 ff.

577 *Kocka*, Aus Politik und Zeitgeschichte B 14/2004, 3–7 (S. 3).

578 *Kocka*, Aus Politik und Zeitgeschichte B 14/2004, 3–7 (S. 4); nicht verschwiegen sei jedoch die häufig kritisierte Unschärfe des Begriffes, weshalb ihm teilweise Beliebigkeit oder sogar Nutzlosigkeit nachgesagt wird, vgl. hierzu *Schwertmann*, Stiftungen als Förderer der Zivilgesellschaft, S. 13.

orientiert.⁵⁷⁹ Gleichzeitig wird dabei deutlich, wieso Unterhaltsstiftungen keinesfalls einen Beitrag zur Bürgergesellschaft erbringen⁵⁸⁰, sondern vielmehr eine Gefahr für die gesellschaftliche Akzeptanz und Verankerung des Stiftungswesens darstellen:

Zunächst einmal wendet sich der Begriff der Bürgergesellschaft gegen einen übermächtigen, gängelnden Obrigkeitsstaat. Hierbei stellen die Stiftungen eine wesentliche Quelle sozialer Selbstorganisation dar, welche der staatlichen Dominanz entgegenwirken kann.⁵⁸¹ In einer Zeit, in der praktisch die Hälfte unserer gesamtwirtschaftlichen Wertschöpfung direkt oder indirekt durch den Staat und seine Bürokratien beansprucht, bestimmt und neu verteilt wird, können die Stiftungen Wegbereiter von Reformen und Innovationen sein, indem sie ausgetretene Pfade verlassen, neue Wege beschreiten und unbequeme Wahrheiten aussprechen ohne dabei Abhängigkeiten fürchten oder bereits auf die nächste Wahl schielen zu müssen.⁵⁸² Derartige Motoren des Wandels können jedoch nur solche Stiftungen sein, die sich tatsächlich über die stiftungseigene Sache hinaus im Gemeinwesen engagieren. Rein privatnützig und dynastisch orientierte Unterhaltstiftungen erbringen jedoch gerade keinen entsprechenden Beitrag zum Nutzen der Bürgergesellschaft.

Weiterhin grenzt sich bürgerschaftliches Handeln von der Sphäre des Marktes, seinen Tauschvorgängen und der individuellen Nutzenmaximierung ab. Stiftungen sind im Ausgangspunkt keine Institutionen mit dem bloßen Ziel der Steigerung des ökonomischen Erfolges, sondern sind als Teil der Bürgergesellschaft

---

579 Zu den Grenzen des Begriffs der Bürgergesellschaft *Kocka*, Aus Politik und Zeitgeschichte B 14/2004, 3–7 (S. 4 f.).

580 Für eine umfassende Darstellung der diskutierten Stiftungsfunktionen innerhalb der Bürgergesellschaft siehe *Schwertmann*, Stiftungen als Förderer der Zivilgesellschaft, S. 91 (m.w.N.).

581 *Anheier/Appel*, Aus Politik und Zeitgeschichte B 14/2004, 8–15 (S. 9); zum diesbezüglichen noch relativ jungen Phänomen der Bürgerstiftungen vgl. *Pankoke*, Bertelsmann Handbuch Stiftungen, S. 593–626 (595 ff., 610 ff.); ausführlich zur Bürgerstiftung *Kaper*, Bürgerstiftungen; Seifart/von Campenhausen-*Hof*, § 14; in den USA existiert mit den Donor-Advised Funds schon seit etwa 100 Jahren ein den Bürgestiftungen vergleichbares Stiftungsmodell, vgl. hierzu ausführlich *Barrelet*, Moderne Stiftungsformen, S. 8 ff.

582 *Meffert*, Bertelsmann Handbuch Stiftungen, XII-XII (S. XI); *Mohn*, Bertelsmann Handbuch Stiftungen, V-X (S. V); *Bopp*, ZSt 2004, 115–119 (S. 117); *Schiller*, Stiftungen im gesellschaftlichen Prozeß, S. 202 ff.; *Schilling*, Gemeinnützige Stiftungen als unternehmerische Aufgabe, S. 9–11 (9 f.).

vor allem auch Unternehmungen zur Steigerung des allgemeinen Wohls.[583] Wieder geradezu andersherum verhält es sich mit den Unterhaltsstiftungen. Diese sollen vor allem den materiellen Unterbau als Fundament der sozialen Stellung eines abgegrenzten Personenkreises sichern und nach Möglichkeit über Generationen erhalten. Hierbei spielen gerade Werterhalt und Nutzenmaximierung des Stiftungsvermögens und seiner Erträge die entscheidende Rolle.

Zuletzt dienen Unterhaltsstiftungen auch nicht der dritten Stoßrichtung des „bürgergesellschaftlichen Programms", welches einer zunehmenden Fragmentierung unserer Gesellschaft entgegensteuern und den Gemeinsinn fördern möchte.[584] Denn sie fördern gerade nicht den durch eine fortschreitende Individualisierung gefährdeten Zusammenhalt der Gesellschaft, sondern betonen vielmehr soziale Unterschiede, was einem Zusammengehörigkeitsgefühl abträglich ist.

Die aktuell freundliche Stimmungslage den Stiftungen gegenüber darf nicht zu der Annahme verleiten, dass sich diese einer dauerhaften gesamtgesellschaftlichen Akzeptanz sicher sein könnten. Es ist keine vierzig Jahre her, dass der damalige Frankfurter Oberbürgermeister Rudi Arndt Stiftungen als Relikte aus der Feudalzeit bezeichnete und für ihre Abschaffung plädierte.[585] Ein ebensolches Schicksal haben bereits die Fideikommisse erfahren, welche aufgrund gewandelter Gesellschaftsumstände nicht mehr mit den modernen Sozialvorstellungen in Einklang standen und beseitigt wurden.[586] Auch das Stiftungswesen sollte darauf bedacht sein, an den sozialen Entwicklungen zu partizipieren, um nicht als Bedrohung für die Gesellschaft zu erscheinen und sich so der Gefahr der Beseitigung auszusetzen. Dementsprechend muss den Stiftungen daran gelegen sein, den Begriff und das Bild der Stiftung sauber zu halten.[587] Je intensiver sich das Stiftungswesen dabei in die Bürgergesellschaft integriert, desto nachhaltiger wird dessen gesellschaftliche Akzeptanz ausfallen. Eine Rechtsform, die mit der Förderung der Allgemeinheit verbunden ist, vermag eine Mobilisierung der

---

583 Vgl. *Graf Strachwitz*, ZSt 2003, 197–202 (S. 197), der jedoch ebenfalls darauf hinweist, dass Stiftungen nicht nur in Verbindung mit dem *staatlich definierten* Gemeinwohl legitim sind (ebd. S. 198).
584 *Kocka*, Aus Politik und Zeitgeschichte B 14/2004, 3–7 (S. 5).
585 Vgl. *Graf Strachwitz*, ZSt 2003, 197–202 (S. 197).
586 Ausführlich hierzu unter D.VI.
587 *Graf Strachwitz*, GS Walz, S. 725–739 (738) bezieht sich diesbezüglich vor allem auf die Erscheinungsform der unechten Stiftungen. Hier sei jedoch vor allem auch auf die Bedeutung eines guten Rufs der Stiftungen hingewiesen.

Bürgergesellschaft dabei konsequenter zu bewirken, als eine solche, die primär mit Privilegien weniger oder Steuersparmodellen assoziiert wird.

Letztlich gibt es keine Garantie dafür, dass unsere demokratische Gesellschaft die Stiftung als konkretes Konstrukt nicht einmal hinwegfegen wird.[588] Wie schnell eine ganze Institution in unserer heutigen schnelllebigen Zeit grundsätzlich in Frage gestellt werden kann, ist jüngst im Rahmen des Mißbrauchsskandals in der katholischen Kirche deutlich geworden, die sich aufgrund massiven öffentlichen Drucks und stetigem Mitgliederschwund mittlerweile existentielle Fragen stellen muss. Auch für das Stiftungswesen besteht eine diesbezügliche Gefahr. Die Debatte um liechtensteinische Stiftungen, die nicht zuletzt von prominenten Personen zur Vermeidung von Steuerzahlungen eingesetzt wurden, liegt noch nicht weit zurück. Dabei wäre es durchaus denkbar gewesen, dass sich die allgemeine Empörung bis auf die deutsche Stiftungslandschaft erstrecken und zu einer Infragestellung auch hiesiger Stiftungen hätte führen können. Hierfür hätten sich gerade die Unterhaltsstiftungen wegen ihrer dynastischen und elitären Ausrichtung als tauglicher Aufhänger angeboten.

Die rechtliche Privilegierung[589], Wirkungsmacht und gesellschaftliche Stellung der Stiftungen wird nur solange von Dauer sein, wie sie mit der gesellschaftlichen Entwicklung kompatibel ist. Denn die Gesellschaft neigt dazu, Rechte, die sie nicht mehr einsieht, im breiten Konsens zu beseitigen.[590] Wie wenig ein Rechtsinstitut, das allein der sozialen Stellung weniger dient, mit unserer Demokratie und unserem Verständnis von Wettbewerb und Chancengleichheit kompatibel ist, hat sich bereits in der Abschaffung der Fideikommisse erwiesen.[591] Umso ernster sind auch heute noch die Argumente der Stiftungskritik des 19. und 20. Jahrhunderts zu nehmen. Insbesondere die Liberalen hatten zur Mitte des 19. Jahrhunderts Stiftungen mit Misstrauen gegenübergestanden, weil sie diese als monarchisch ansahen und als Mittel zur dauerhaften Befestigung von Privilegien verstanden.[592] Möchte man die Stiftung als „Lehrmodell der gesellschaftlichen Institution überhaupt"[593] begreifen, kann die Unterhaltsstiftung daher keinen Platz in einem gesellschaftlich integrierten Stiftungswesen haben.

---

588 *Graf Strachwitz*, GS Walz, S. 725–739 (739).
589 Hierzu ausführlich D.I.
590 *Graf Strachwitz*, ZSt 2003, 197–202 (S. 199); als Beispiel sei die Diskussion um die Restitution von Immobilien in Ostdeutschland genannt, vgl. *ders.*, Die Stiftung – Ein Paradox?, S. 186; *K. Schmidt*, ZHR 166 (2002), 145–149 (S. 149).
591 Siehe D.III.
592 *Kocka*, Aus Politik und Zeitgeschichte B 14/2004, 3–7 (S. 6).
593 *Rassem*, Stiftung und Leistung: Essays zur Kultursoziologie, S. 163–274 (180).

2. Stiftungen als Element der gesellschaftlichen Reproduktion

Stiftungen können aufgrund ihrer inhaltlichen Ausrichtung Investitionen in die gesellschaftliche Zukunft eines Landes darstellen.[594] Sie gehören dementsprechend als Institution zur Sphäre der gesellschaftlichen Reproduktion. Hieraus folgt, dass Stiftungen nicht beliebig instrumentalisierbar sind. Eine Verwendung der Stiftung zu Zwecken außerhalb der gesamtgesellschaftlichen Reproduktionssphäre ist daher nach Möglichkeit zu vermeiden, um die Attraktivität der Stiftungsform, Bürgersinn zu leben, zu erhalten. Unterhaltsstiftungen, die allein dem Auskommen weniger dienen, sind daher nicht mit einem Verständnis der Stiftung als Element der Sphäre gesamtgesellschaftlicher Reproduktion vereinbar.

Die deutsche Rechtsordnung verkörpert in ihrem privatrechtlichen Teil eine grundlegende Unterscheidung zwischen dem Recht der Warenproduktion und -zirkulation und dem Recht, das die Reproduktion von Bevölkerung, Arbeitskraft und Sozialität bestimmt.[595] Ersteres reflektiert als funktionales Element in den Kategorien Vertragsfreiheit und Eigentum die Bewegungen von Waren und Dienstleistungen sowie die Verteilung von Produktionsergebnissen. Daneben steht als zweites das Recht der Reproduktionssphäre als jener Bereich, der den Erhalt der gesamtgesellschaftlichen Dauerhaftigkeit betrifft.[596] Diese diametrale Entgegenstellung der Sphäre der Privatautonomie einerseits und der Sphäre des reproduktiven Bereichs andererseits hat die Rechtsprechung etwa in der Entscheidung zur Empfängnisverhütung ausgesprochen. Dort wurde klargestellt, dass die Zeugung neuen Lebens sowohl dem Vertrags- als auch dem Deliktsrecht entzogen ist.[597]

Den soziologischen Hintergrund dieser Sphäre haben Realwissenschaftler mit dem Terminus „paradox-funktional" belegt.[598] Diese paradoxe Funktionalität ist durch eine Überindividualität von Rechtspositionen und eine Multifunktionalität von Handlungen gekennzeichnet.[599] Dies bedeutet, dass es zum einen

---

594 *Anheier/Appel*, Aus Politik und Zeitgeschichte B 14/2004, 8–15 (S. 14).
595 *Struck*, GS Walz, S. 741–755 (741).
596 *Struck*, GS Walz, S. 741–755 (742 ff.); zentrale Institution der gesellschaftlichen Reproduktion ist die Familie, so dass dementsprechend das Familienrecht (und hierbei insbesondere das Unterhaltsrecht) den Kernbereich des Rechts der Reproduktionssphäre darstellt.
597 D.h. demjenigen Recht, das auf Willen und Abschluss- bzw. Inhaltsfreiheit von Verträgen basiert, BGH v. 17.4.1986, BGHZ 97, 372.
598 Vgl. *Claessens*, Familie und Wertsystem, S. 175.
599 *Struck*, GS Walz, S. 741–755 (746).

keine eindeutige Zuordnung von Rechtspositionen gibt und zum anderen kein Do-ut-des-Geschehen. Geld ist hier daher nicht einfach nur eine bloße Messgröße, sondern gleichzeitig verkörperte Ethik.[600] Dementsprechend funktioniert das bei der Stiftung eingesetzte Vermögen als Instrument, ganz bestimmte, durch den Stifter ausgewählte Werte zuverlässiger und dauerhafter als mit Mitteln des Marktes zu transferieren. Dabei kann die Zuordnung zwischen Subjekt und Vermögen für echte Stiftungen nicht nach den im marktwirtschaftlichen Bereich geltenden Regeln auf eindeutige Weise erfolgen. Die paradoxe Funktionalität des Stiftens verdeutlicht sich nämlich daran, dass der Stifter dadurch gewinnt, dass er sich seines Vermögens zugunsten anderer entäußert. Dies ist keine Investition, kein Preis und stellt auch keine Kosten dar, sondern ist eine soziale Tat. Der Stifter tut sich selbst etwas Gutes und gleichzeitig auch anderen und der Gesellschaft insgesamt.[601]

Daraus, dass die Stiftung in Abgrenzung zur Produktions- und Zirkulationssphäre dem Bereich der sozialen Reproduktion angehört, folgt als praktische Konsequenz, dass die Rechtsform Stiftung nicht beliebigen Instrumentalisierungen offen steht.[602] Denn ihre multifunktionale Wirkung basiert wesentlich auf ihrem Ansehen und guten Ruf.[603] Eine andauernde Verwirklichung des Stiftungszweckes und Stifterwillens wird durch eine Gesellschaft nur solange Unterstützung finden, wie diese von der Idee der Stiftung überzeugt ist. Gleichzeitig werden sich potentielle Stifter nur solange zum Stiften entschließen, wie sie wiederum davon überzeugt sein können, dass ihr „Stiftungswerk" aufgrund der sozialen Verhältnisse dauerhaften Bestand hat. Diese gegenseitige Abhängigkeit verdeutlicht die Bedeutung, den guten Ruf des Stiftungswesens zu erhalten. Stiftungen, die in den Augen der Gesellschaft vorrangig mit Privilegien weniger oder Steuersparmodellen verbunden werden, diskreditieren jedoch die Idee des Stiftungsrechts. Hierdurch schrecken sie wiederum solche potentiellen Stifter ab, die sich am Gemeinwohl orientieren. Da dies für die gesellschaftliche

---

600 *Struck*, GS Walz, S. 741–755 (746 f.).
601 *Struck*, GS Walz, S. 741–755 (750, 754); in der Logik der Produktions- und Zirkulationssphäre könnte man sagen, der Stifter kauft sich Unsterblichkeit, indem er dafür sorgt, dass sein Name und die von ihm bestimmten Werte und Ideen durch die Stiftung erhalten bleiben.
602 *Struck*, GS Walz, S. 741–755 (754).
603 Dieser ist in der Vergangenheit bereits dafür missbraucht worden, Einrichtungen von mutmaßlich negativer Wertschätzung hinter dem Schild „Stiftung" zu tarnen, beispielsweise Ablegerorganisationen des amerikanischen Geheimdienstes CIA, siehe *Schiller*, Stiftungen im gesellschaftlichen Prozeß, S. 123.

Reproduktion und damit für die Dauerhaftigkeit unserer Gesellschaft nur negative Folgen haben kann, sollte reinen Unterhaltsstiftungen kein Raum gegeben werden.

3. Zusammenfassung

In ihrer Idealkonstruktion sind Stiftungen Manifestationen bürgerschaftlichen Engagements, indem ein Bürger sein eigenes Vermögen für einen von ihm festgesetzten gemeinnützigen Zweck zur Verfügung stellt.[604] Sie sind dabei auch ein ausgleichendes, korrigierendes und stabilisierendes Element in unserer Gesellschaft.[605] Dies bedeutet jedoch nicht, dass auf Seiten des Stifters nicht auch eigennützige Motive eine Rolle spielen und auch spielen dürfen. So kann neben der altruistischen Gesinnung des Stifters für ihn durchaus auch die Befriedigung persönlicher Liebhaberei von Bedeutung sein oder das Bemühen, das Andenken der Nachwelt an die eigene Person durch eine Stiftungserrichtung dauerhaft zu bewahren. Dies ist dabei solange unschädlich, als sich im Kern letztlich um Stiftungsvorhaben handelt, die in der Bürgergesellschaft verwurzelt sind.[606] Denn diese Verwurzelung gewährleistet auf Dauer, dass der Erhalt der einzelnen Stiftung und der Erhalt des gesamten Stiftungswesens sichergestellt sind. Setzt sich das Stiftungswesen, dem wegen des mit ihm verbundenen Gewinns für das Gemeinwesen der Charakter eines öffentlichen Gutes zukommt[607], dagegen in Widerspruch zur Gesellschaft, wird diese über kurz oder lang nach dessen Abschaffung trachten. In einem solchen Widerspruch zu den Vorstellungen der modernen Bürgergesellschaft stehen die Unterhaltsstiftungen, weil sie auf eine dynastische Vermögensverewigung zugunsten einiger weniger ausgelegt sind, die dem demokratischen Verständnis einer durch Chancengleichheit und Leistung geprägten aktiven Gesellschaft widersprechen. Hierdurch gefährden sie den zukünftigen Erfolg der Idee Stiftung, weil sie durch ihre rein egoistische Ausrichtung geeignet sind, den Ruf der Stiftungen in den Augen der Bürgergesellschaft insgesamt zu diskreditieren.[608]

---

604 *Schwertmann*, Stiftungen als Förderer der Zivilgesellschaft, S. 15.
605 Soergel-*Neuhoff*, Vor § 80 Rn. 6.
606 *Karpen*, Gemeinnützige Stiftungen im pluralistischen Rechtsstaat, S. 13; zum diesbezüglichen Negativbeispiel der Bertelsmann Stiftung *Rawert*, FAZ v. 11.9.2010, S. 35.
607 Vgl. Soergel-*Neuhoff*, Vor § 80 Rn. 6.
608 Nicht zuletzt deswegen wird gefordert, dass auch Familienstiftungen das Gemeinwohl in ihrer Zwecksetzung berücksichtigen müssten, vgl. Soergel-*Neuhoff*, Vor § 80 Rn. 57.

II. Unterhaltsstiftung und Problematik der „toten Hand"

Unterhaltsstiftungen, so vielfältig die mit ihnen angestrebten Ziele auch immer sein mögen, führen zu einer Verfestigung bestehender Vermögensverhältnisse. In der Errichtung wird die Stiftung mit einem Vermögen ausgestattet, das fortan der Verfolgung eines bestimmten durch den Stifter festgelegten Zweckes dienen soll. Änderungen dieses Zweckes sind grundsätzlich nur im engen durch § 87 BGB gezogenen Rahmen möglich. Dabei war das Stiftungsrecht bisher nicht das einzige Feld, auf dem der Rechtsanwender mit dem Symptom der Vermögensverfestigung umzugehen hatte.

In allen Rechtsordnungen ist auch heute noch die Problematik der „toten Hand" von Bedeutung.[609] Unter „toter Hand" verstand man ursprünglich vor allem die Kirche. In ihrer Hand kam es zur Zusammenballung von Vermögen, begünstigt durch ihre gesteigerte Erwerbsfähigkeit in Verbindung mit einem Verbot Kirchenvermögen zu veräußern.[610] Um dieser einseitigen Entwicklung entgegenzuwirken, wurden so genannte Amortisationsgesetze erlassen, welche der ungestörten Anhäufung von Vermögen in Händen der Kirche entgegenwirken sollten. Ziel war es, das wirtschaftliche Gleichgewicht wiederherzustellen, indem den wirtschaftlich Schwachen geholfen und die Macht der Starken eingeschränkt wurde.[611]

Weltlicher Versuch, Vermögen in der Hand einer Familie zu verewigen, war das Fideikommiss. Ihm war mit dem Übergang von der Feudal- zur liberalen Bürgergesellschaft jedoch die soziale Verankerung verloren gegangen. Ergebnis war die Abschaffung dieses Rechtsinstituts mit Art. 155 II 2 WRV.[612] Das mit der „toten Hand" und den Fideikommissen verbundene Problem der Herrschaft der Lebenden über die Toten hat sich jedoch nicht mit der Abschaffung der letzteren erledigt. Vielmehr zeigen sich auch heute noch die genannten Tendenzen zur Vermögensanhäufung und Verfestigung.

Es stellt sich die Frage, inwiefern die Existenz von (reinen) Unterhaltsstiftungen mit dem aus historischen Erfahrungen gewonnenen Vorbehalt gegenüber der „toten Hand" in Einklang gebracht werden kann. Die dauerhafte Anhäufung von Vermögen in der Hand weniger führte in der Vergangenheit bereits zu einer Einschränkung der Chancengleichheit, so dass ein Eingreifen des Gesetzgebers

---

609 Münch-Komm-*Reuter*, Vor § 80 Rn. 126.
610 *Großfeld*, Zauber des Rechts, S. 250 f.
611 *Großfeld*, Zauber des Rechts, S. 250 f.
612 Siehe D.VI.

notwendig geworden war, um eine „Entseelung"[613] des bürgerlichen Standes zu verhindern. Nicht zuletzt wegen des heute insgesamt gestiegenen Wohlstandsniveaus ist die Frage in den Blickwinkel gerückt, wie der gewonnene Wohlstand zwischen den Generationen gerechterweise verteilt werden soll. Gerechtigkeit kann dabei nicht allein dadurch verwirklicht werden, dass die materielle Versorgung sichergestellt wird. Ziel muss es sein, einen gerechten Zustand der Gesellschaft zu erreichen.[614] Der gewonnene Wohlstand, welcher an die nächste Generation weitergegeben werden soll, geht dabei über die rein materiellen Güter hinaus und erstreckt sich gleichfalls auf das gewonnene Wissen, die Kultur sowie die Methoden und Fähigkeiten, welche gerechte Institutionen und einen fairen Wert der Freiheit ermöglichen.[615] Die Grundrechte und die Privatrechtsordnung müssen demnach so gestaltet sein, dass der einzelne seine Angelegenheiten nach eigenen Vorstellungen entscheiden kann.[616] Generationengerechtigkeit bedeutet demnach auch, der nachfolgenden Generation nach Möglichkeit eine Gesellschaftsordnung zu hinterlassen, die von Freiheit und Chancengleichheit geprägt ist. Zumindest muss es der nachfolgenden Generation dabei freigestellt sein, die Regeln ihres Zusammenlebens durch Mehrheitsbeschluss festzulegen und die bestehende Privatrechtsordnung ihren Vorstellungen entsprechend zu ändern.[617] Im Beziehungsgeflecht zwischen den Generationen ist für die Verwirklichung des Ideals einer sukzessiven Souveränität der Generationen insbesondere die Sterblichkeit der einzelnen natürlichen Person von Bedeutung.[618] Mit dem Tod endet das Machtstreben des Einzelnen. Sein Ableben setzt die bisher in seiner Person gebundene Macht frei und ermöglicht eine Neuverteilung derselben. Auf diese Weise wird die soziale Beweglichkeit wiederhergestellt und jedem, ungeachtet seiner sozialen Stellung, eine Aufstiegschance ermöglicht. „Die Sterblichkeit des Menschen sorgt dafür, dass für den Habenichts der Himmel nicht

---

613 So die Begründung zum Entwurf eines Amortisationsgesetzes aus dem Jahre 1772, zitiert nach *Großfeld*, Zauber des Rechts, S. 251.
614 *Rawls*, A Theory of Justice, S. 288: „It is also characteristic of the contract doctrine to define a just state of society at which the entire course of accumulation aims."
615 *Rawls*, A Theory of Justice, S. 288: „It should be kept in mind here that capital is not only factories and machines, and so on, but also the knowledge and culture, as well as the techniques and skills, that make possible just institutions and the fair value of liberty."
616 *Kübler*, GS-Walz, S. 373–384 (374).
617 *B. Bayer*, Sukzession und Freiheit, S. 190; *Kübler*, GS-Walz, S. 373–384 (374).
618 Auch Thomas Jefferson hat den Grundsatz der Unabhängigkeit und Souveränität der Generationen zum Leibild seiner politisch-theoretischen Schriften gemacht, vgl. *B. Bayer*, Sukzession und Freiheit, S. 196 ff.

ausverkauft ist."[619] Hierin kommt einer der zentralen Kernpunkte des aufklärerischen Gedankengutes zum Ausdruck: Es soll nicht an der Vergangenheit sein, über die Gegenwart und Zukunft zu bestimmen, sondern die Gegenwart soll souverän ihre gesellschaftliche Welt erschaffen, ohne hieran durch Versuche der Verstorbenen, eine Herrschaft der Toten über die Lebenden zu errichten, gehindert zu sein.[620]

Gerade dies ist der neuralgische Punkt, an welchem das Rechtsinstitut (reine) Unterhaltsstiftung in das mit der Generationenabfolge entstehende Beziehungsgeflecht eingreift. Der Stifter möchte durch die Stiftung seine eigene Sterblichkeit überwinden und seinen Willen auf die Entwicklung der künftigen Generationen ausdehnen. Wie dargestellt kann er durch die Errichtung der Stiftung nicht nur eine dauernde Vermögensbindung herbeiführen, er bindet dieses Vermögen zudem an einen von ihm vorgegebenen Zweck.[621] Die nachfolgenden Generationen sind nun gerade nicht mehr frei darin, die Regeln ihres Zusammenlebens selbstständig durch Mehrheitsbeschluss festzulegen und die bestehende Privatrechtsordnung ihren Vorstellungen entsprechend zu ändern.[622] Durch die Verfestigung der Machtbestrebungen der Vorgängergeneration sind sie selbst in ihrem Bewegungsspielraum eingeschränkt. Aus diesem Grund ist es bereits möglich, generelle Zweifel an der Rechtsform Stiftung anzubringen, die sich bis auf die gemeinnützigen Stiftungen erstrecken. Denn in der Stiftung ist der Tote willensmäßig gegenwärtig und steuert die Welt nach wie vor.[623] Daran ändert sich nichts dadurch, dass der Wille des Toten auf etwas gemeinnütziges ausgerichtet ist.[624] Stiftungen sind vielmehr in ihrer Struktur tendenziell gerechtigkeitsschädlich. Denn „[t]here is no maxim more generally acknowledged than that the earth is the property of each generation. That the former generation should restrict them in their use of it is altogether absurd; it is theirs altogether as well as it was their predecessors in their day."[625]

Deutlich negativ im Hinblick auf die Verwirklichung von Generationengerechtigkeit stellt sich der Einfluss der Unterhaltsstiftungen dar. Wie gezeigt

---

619 *Großfeld*, Zauber des Rechts, S. 252.
620 *B. Bayer*, Sukzession und Freiheit, S. 189.
621 „First-Generation Monopoly", vgl. *Dukeminier/Krier*, UCLA L-Rev. 50 (2003), 1303–1343 (S. 1321 f.).
622 Vgl. auch *McGovern/Kurtz*, Wills, Trusts and Estates, S. 453 f.
623 *Großfeld*, Zauber des Rechts, S. 266.
624 Vgl. *Großfeld*, Zauber des Rechts, S. 268.
625 *Adam Smith*, Lectures of Jurisprudence, zitiert nach *B. Bayer*, Sukzession und Freiheit, S. 189.

bedeutet Generationengerechtigkeit auch, der nachfolgenden Generation eine Gesellschaftsordnung zu hinterlassen, die von Freiheit und Chancengleichheit geprägt ist. Wie aber sollen Freiheit und Chancengleichheit bestehen, wenn einer bestimmten Personengruppe dauerhaft das Privileg zu Teil wird, durch eine verewigte Vermögensmasse in Form einer Unterhaltsstiftung materiell gefördert zu werden?[626] „Die Freiheit ist erst eine wirkliche in dem, der die Bedingungen derselben, die materiellen und geistigen Güter als die Voraussetzungen der Selbstbestimmung, besitzt."[627] Die Verewigung einer Vermögensmasse in Form einer Stiftung stellt einen Eingriff in die Chancengleichheit dar, indem diese dem freien Spiel der Wettbewerbskräfte entzogen wird und dauerhaft der Verwirklichung des Stifterwillens dient. Wirtschaftlich-soziale Machtverhältnisse und Machtbildungen dürfen dabei jedoch nicht die Entstehung von Freiheit als realer Freiheit dadurch verhindern, dass Einzelnen oder bestimmten Gruppen die sozialen Voraussetzungen zur Realisierung ihrer rechtlichen Freiheit fehlen oder diese übermäßig beeinträchtigt werden. Der Unterschied des Besitzes vermittelt nun gerade gesellschaftliche Machtgegebenheiten, auf der einen Seite Machterwerb und -ausdehnung, auf der anderen Seite Machtverlust und Ohnmacht.[628] Dies ist im Ausgangspunkt hinzunehmen, da Rechtsgleichheit und allgemeine Erwerbsfreiheit notwendigerweise zu unterschiedlichen und ungleichen Ergebnissen führen. Dies folgt schon aus den ganz verschiedenen Anlagen und Talenten jedes einzelnen Menschen. Gleichwohl muss der Staat dort gesellschaftliche und wirtschaftliche Macht kanalisieren und begrenzen, wo sie gegenüber den Schwachen ihre Überlegenheit dergestalt ausspielt, dass deren rechtliche Freiheit erstickt wird.[629] Je stärker sich erworbenes Eigentum über Generationen akkumuliert, desto mehr ist es dabei geeignet Ungleichheiten zu verfestigen und Freiheit zu gefährden. Dies kann am Ende dazu führen, dass sich die allgemeine und für jedermann zu realisierende Freiheit verflüchtigt und zu einer bloßen leeren Hülle wird. Um einem solchen Ergebnis entgegenzuwirken, muss der Freiheitsausdehnung und dem Freiheitsgebrauch des einen (hier des Stifters) ein solches Maß gesetzt werden, dass die notwendigen Voraussetzungen zur Realisierung der Freiheit der anderen – auch der nachfolgenden Generationen – erhalten bleiben.[630]

---

626 Siehe auch *Dukeminier/Krier*, UCLA L-Rev. 50 (2003), 1303–1343 (S. 1323 ff.).
627 *von Stein*, Geschichte der sozialen Bewegung in Frankreich III, S. 104.
628 *Böckenförde*, Wissenschaft, Politik, Verfassungsgericht, S. 72–83 (74).
629 *Böckenförde*, Wissenschaft, Politik, Verfassungsgericht, S. 72–83 (74).
630 *Böckenförde*, Wissenschaft, Politik, Verfassungsgericht, S. 72–83 (78 f.).

Im Falle der gemeinnützigen Stiftungen kann der mit der Verewigung des Stifterwillens verbundene Eingriff in Freiheit und Generationengerechtigkeit noch durch deren Dienst und Orientierung am gemeinen Wohl gerechtfertigt werden. Dagegen vermitteln Unterhaltsstiftungen ihren Destinatären lediglich eine verbesserte Ausgangsposition im wirtschaftlichen und gesellschaftlichen Wettbewerb, indem sie ihnen – allerdings ohne dass dabei Wettbewerbskräfte wirken könnten – Leistungen zuteil werden lassen. Den Destinatären kommen so Begünstigungen zu, von welchen das Gros der Gesellschaft ausgeschlossen bleibt. Dies stellt eine Beeinträchtigung der Chancengleichheit dar und zwar über Generationen hinweg.[631] Denn aufgrund des „ewigen" Bestandes der Stiftungen unterbleibt jedwede Relativierung dieser wirtschaftlichen und gesellschaftlichen Ungleichheit. „Maßvoll" ist es daher, Unterhaltsstiftungen nicht allgemein, sondern nur mit Einschränkungen zuzulassen. Denn schließlich können diese die mit ihrer Existenz verbundene Einschränkung von Freiheit und Gleichheit nicht einmal mehr dadurch rechtfertigen, dass sie dem gemeinen Wohl dienen.

III. Unterhaltsstiftung und Privileg der Rechtsfähigkeit

Durch die Erhebung von gemäß §§ 80 ff. BGB errichteten Stiftungen in den Rang juristischer Personen wird diesen Rechtsfähigkeit und Rechtspersönlichkeit zuteil.[632] Hierdurch erhalten Stifter die Möglichkeit, ihre Ziele mittels Formulierung im Stiftungszweck mit einer Effektivität und Konstanz zu verfolgen, die über diejenigen Möglichkeiten hinausgeht, welche ihnen ansonsten durch die Privatautonomie eingeräumt werden. Dass Stiftungen heute überhaupt den Status von juristischen Personen innehaben, stellt dabei keinesfalls eine Selbstverständlichkeit dar. Denn im Grunde ist es eine wertende Entscheidung der Rechtsordnung, welche überindividuellen Organisationen sie als juristische Person anerkennt und so in den Genuß der damit verbundenen Privilegien einer rechtlichen Verselbstständigung und eines dauerhaften Bestandes kommen lässt.[633] Demnach müssen sich Stiftungen, denen das Privileg zu Teil wird, als juristische Personen anerkannt zu werden, gleichsam durch ihre Ausgestaltung

---

631 Zu den diesbezüglichen grundrechtlichen Aspekten siehe D.IV.
632 Ausführlich zu „Rechtsfähigkeit" und „Rechtspersönlichkeit" *Reuter*, AcP 207 (2007), 673–717 (S. 673 ff.)
633 Ebenso ist es eine wertende Entscheidung der einzelnen Privatrechtskonzeption, welche Grenzen sie der Privatautonomie zieht, *Hofer*, Freiheit ohne Grenzen, S. 275 ff.

in das Wertungsgefüge derjenigen Rechts- und Gesellschaftsordnung einpassen, der sie ihre Existenz verdanken.

Im Folgenden soll zunächst ausgehend von der historischen Kontroverse um das Wesen der juristischen Person herausgearbeitet werden, worin sich die mit dem Status einer juristischen Person einhergehenden Vorteile für die selbstständige BGB-Stiftung gegenüber den anderen zur Verfügung stehenden Gestaltungsvarianten als unselbstständige Stiftungen zeigen. Anschließend erfolgt eine Darstellung derjenigen Schlussfolgerungen, welche sich für die Zulässigkeit von reinen Unterhaltsstiftungen aus der bei der selbstständigen Stiftung erfolgenden Ablösung von der Verwurzelung des subjektiven Rechts in der individuellen Personalität[634] ergeben.

1. Geschichtliche Entwicklung der juristischen Person

a. Frühzeit und Mittelalter

Das Institut der juristischen Person zeichnet sich durch seine besondere Verwobenheit mit der Geschichte aus. Schon hieraus ergibt sich das Erfordernis einer kurzen Darstellung der historischen Zusammenhänge.[635] Dabei wurzelt die moderne Lehre der juristischen Person in der Fortbildung des römischen Rechts durch die romanistische und kanonistische Wissenschaft des Mittelalters und der Neuzeit.[636]

Der Ausgangspunkt des römischen Privatrechts liegt bei der Zuteilung von Berechtigungen an die einzelne natürliche Person. Entsprechend haben die Römer das Privatrecht stets als jenen Teil der Rechtsordnung aufgefasst, der den Belangen einzelner Menschen dient.[637] Auch das antike römische Recht kannte jedoch schon Körperschaften und Anstalten mit eigener Rechtspersönlichkeit.[638] Dabei wurde der Begriff der Persönlichkeit allerdings nicht mit aller Deutlichkeit abstrahiert.[639] Es bestand lediglich ein Instrumentarium, das die Idee der

---

634 Vgl. *Koos*, ZHR 172 (2008), 214–220 (S. 217 f.).
635 *Ferid*, Das Französische Zivilrecht I, S. 224.
636 *H. Honsell/Mayer-Maly/Selb*, Römisches Recht, S. 76.
637 Ulpian D. 1.1.2: „Publicum ius est quod ad statum rei Romanae spectat, privatum quod ad singulorum utilitatem."; hierzu auch *Weiss*, Institutionen des römischen Privatrechts, S. 117.
638 Die Antike insgesamt hat ebensowenig wie das römische Recht im Einzelnen nicht genau zwischen öffentlichrechtlichen und privatrechtlichen Verbänden unterschieden, vgl. *H. Honsell/Mayer-Maly/Selb*, Römisches Recht, S. 77 Fn. 5.
639 *Bernatzik*, Über den Begriff der juristischen Person, S. 6.

Rechtsfähigkeit enthielt.[640] Dementsprechend existierte noch keine allgemeine Theorie der juristischen Person.[641] So ist es nicht weiter verwunderlich, dass in ihrer tausendjährigen Entwicklungsgeschichte kein homogener Typus[642] der juristischen Person römischen Rechts bestanden hat.[643] Dennoch kann für die römischen Vereine[644] (*colegia, sodalitates*[645]) von einer Rechtsfähigkeit gesprochen werden, die damaligen Ansprüchen genüge getan hat.[646] Dabei war die Gründung dieser Vereine ursprünglich von staatlichen Beschränkungen frei. Nachdem es jedoch zuvor bereits mehrfach zur Auflösung von Vereinen wegen Missständen gekommen war, war mit Beginn der Kaiserzeit eine Vereinsgründung nur noch mit staatlicher Erlaubnis möglich.[647] Die Rechtsfähigkeit der Vereine war nun in der Folge ein Reflex der staatlichen Gründungserlaubnis.

Im Mittelalter[648] bestanden Personen- und Vermögensverbände kirchlichen und weltlichen Rechts. In ihrer Gesamtheit wurden sie als *universitates* bezeichnet. Dabei stellte dieser Begriff keinen rechtstechnischen Ausdruck dar, dem eine übergreifende oder ordnende Bedeutung hätte beigemessen werden können. Er

---

640 So kannte man etwa die Eigentumsfähigkeit sowie die Eigenschaft von Vereinen, selbst Gläubiger oder Schuldner zu sein, vgl. *Mummenhoff*, Gründungssysteme und Rechtsfähigkeit, S. 23 f. (m.w.N.).
641 *H. Honsell/Mayer-Maly/Selb*, Römisches Recht, S. 76 (m.w.N.).
642 Zum Begriff des Typus in der Rechtssprache, *Koller*, Grundfragen einer Typuslehre, S. 30 ff.
643 HKK-BGB-*Bär*, §§ 21–79 Rn. 3.
644 Beispiele für andere Körperschaften römischen Rechts sind etwa der Staat (*populus romanus*) sowie die Gemeinden und Provinzen (*muncipia* und *coloniae*), HKK-BGB-*Bär*, §§ 21–79 Rn. 3. Als Anstalten kannte das römische Recht insbesondere die Stiftung, vgl. hierzu bereits die historische Darstellung unter B.III.1.
645 Beispiele für diese Vereine mit mehr oder weniger öffentlichem Charakter sind die Verbände der einzelnen Stadtquartiere und Flurbezirke in Rom und in anderen Gemeinden (*montani, vicani, pagani*), die Vereine der niederen Stadtbediensteten (*decuriae apparitorum*), die Gesellschaften der Steuerpächter und Pächter von öffentlichen Arbeiten (*societates publicanorum*) sowie eine Vielzahl von Zünften, Handwerksgilden, geselligen oder kultischen Vereinigungen sowie von Begräbnisvereinen (*collegia funeraticia*), *H. Honsell/Mayer-Maly/Selb*, Römisches Recht, S. 78.
646 *Mummenhoff*, Gründungssysteme und Rechtsfähigkeit, S. 25.
647 *Mummenhoff*, Gründungssysteme und Rechtsfähigkeit, S. 22 f.; diese Gründungskontrolle gilt als Ursprung des heutigen Konzessionssystemns, *Beitzke*, ZHR 108 (1941), 32–62 (S. 34).
648 Dargestellt wird die germanisch-deutschrechtliche Entwicklungslinie.

war nicht mehr als eine Sammelbezeichnung.⁶⁴⁹ Im germanischen Recht war zwar die Rechtssubjektivität einer Gruppe von alters her bekannt.⁶⁵⁰ Es erfolgte jedoch bis zum Spätmittelalter noch keine Abstraktion der Gruppe von ihren Mitgliedern.⁶⁵¹ Insbesondere erfolgte keine eigene Verleihung von Rechtsfähigkeit, etwa an Zünfte oder andere Gemeinschaftsformen, obwohl diese bereits teilweise Elemente der Rechtsfähigkeit aufweisen konnten.⁶⁵² Vielmehr trat der Erwerb der Rechtssubjektivität hinter die Erlaubtheit der Gründung einer Zunft zurück.⁶⁵³ Soweit diese unangefochten war, stellte ihre Rechtsträgereigenschaft eine Selbstverständlichkeit dar.⁶⁵⁴ Der Beitrag der mittelalterlichen Rechtslehre zur Theorie der juristischen Person erschöpft sich dementsprechend darin, eine Antwort auf die Frage der Rechtsträgerschaft gefunden zu haben.⁶⁵⁵ Antwort auf die Frage nach dem Wesen der *universitates* wurde nicht erstrebt.⁶⁵⁶

b. Theorienstreit der Neuzeit

Eine starke Ausdifferenzierung erfuhr die Rechtsfigur der juristischen Person im 18. und 19. Jahrhundert. Nun entbrannte ein Streit über den Begriff und das Wesen der juristischen Person, der bis heute zu keiner einvernehmlichen Übereinkunft geführt hat.⁶⁵⁷ In der gebotenen Kürze seien im Folgenden die wesentlichen Denkrichtungen dargestellt, wobei eine umfassende Darstellung der diesbezüglich veröffentlichten Ansichten aufgrund der literarischen Fülle unterbleiben soll.⁶⁵⁸

---

649 Dieser Begriff umfasste eine vielfältige Anzahl von Verbänden: Zünfte und Innungen, Kaufmannsgilden, Verwaltungskollegien, Schulen, Hochschulen, die Gesamtheit der Bürger einer Stadt, die Bauernschaft in einem Dorf, den Staatsuntertanenverband, die einzelnen Städte sowie das Herrscherhaus, *Hattenheuer*, Grundbegriffe des Bürgerlichen Rechts, S. 20 f.
650 *H. Conrad*, Deutsche Rechtsgeschichte I, S. 31, 34, 40.
651 *Mummenhoff*, Gründungssysteme und Rechtsfähigkeit, S. 30.
652 *Mummenhoff*, Gründungssysteme und Rechtsfähigkeit, S. 30 (m.w.N.).
653 Dies bedeutet nicht, dass den *universitates* keine Rechtsfähigkeit zugekommen wäre. Die Korporationen wurden durchaus als rechtsfähige Wesen angesehen, vgl. *Hattenheuer*, Grundbegriffe des Bürgerlichen Rechts, S. 22. Die Rechtsfähigkeit wurde bloß nicht in einem eigenen zusätzlichen Akt verliehen, sondern ging wie im klassischen römischen Recht mit der Gründungserlaubnis einher.
654 *Mummenhoff*, Gründungssysteme und Rechtsfähigkeit, S. 31.
655 *Hattenheuer*, Grundbegriffe des Bürgerlichen Rechts, S. 22.
656 *Hattenheuer*, Grundbegriffe des Bürgerlichen Rechts, S. 22.
657 *T. Raiser*, AcP 199 (1999), 104–144 (S. 105).
658 Aufgrund der Fülle diesbezüglicher Literatur wurde bereits scherzhaft vorgeschlagen, die juristischen Schriftsteller danach einzuteilen, ob sie etwas über die

a) **Die wesentlichen Denkrichtungen**
Der Begriff „juristische Person" hat mit Beginn des 19. Jahrhunderts Eingang in die Rechtswissenschaft gefunden. Ungeachtet dieser Begrifflichkeit, lassen sich die rechtshistorischen Gedankenströmungen vor der Kodifikation des allgemeinen Zivilrechts in drei große Linien aufteilen: das Pandektenrecht, das deutsche Privatrecht und das Naturrecht.[659]

(1) Pandektenrecht
Wie dargestellt, existierte im römischen Recht keine geschlossene Lehre von der juristischen Person.[660] Dementsprechend wurde von der Pandektistik unter Bezugnahme auf die römisch-rechtlichen Quellen eine eigene Lehre entwickelt.[661] Die zuvor teilweise mit unterschiedlichem Bedeutungsgehalt verwendeten Begriffe wie *universitas*[662], *societas*[663] oder *moralische Person*[664] wurden unter dem Oberbegriff der juristischen Person zusammengefasst.

Die Lehre der Pandektenwissenschaft bezüglich der juristischen Person avancierte im 19. Jahrhundert zur damals bedeutendsten Lehrmeinung. Die insbesondere von von Savigny vertretene so genannte „Fiktionstheorie" erlangte dabei den Status der herrschenden Meinung.[665] Diese Theorie erkannte in Tradition des römischen Rechts[666] als geborene und der Rechtsordnung vorgegebene Rechtssubjekte im Ausgangspunkt nur natürliche Personen an.[667] Um gleichfalls

---

juristische Person geschrieben hätten oder nicht, vgl. *Wolff*, LQuartRev 54 (1938), 494–521 (S. 494).
659 *Pohlmann*, Entstehung, Rechtsträgerschaft und Auflösung der juristischen Person, S. 25–65.
660 Siehe D.III.1.a.
661 Die römisch-rechtlichen Rechtsbegriffe erfuhren durch die Pandektisten unwillkürlich und unbewusst eine Umgestaltung, *Koschaker*, Europa und das römische Recht, S. 281 f.
662 *Thibaut*, System I, § 113, S. 94.
663 *von Savigny*, System II, § 88, S. 260; *Thibaut*, System 1, § 113, S. 94; *Hattenheuer*, Grundbegriffe des Bürgerlichen Rechts, S. 23 f.
664 *Maurenbrecher*, Lehrbuch I, § 158, S. 347; der Begriff *persona moralis* wurde teilweise als Vorläufer des Begriffes der juristischen Person verwendet, *Hattenheuer*, Grundbegriffe des Bürgerlichen Rechts, S. 24.
665 *von Savigny*, System II, § 85, S. 235 ff.; HKK-BGB-*Bär*, §§ 21–79, Rn. 11.
666 Ebenso sind in ihr Elemente der christlichen Theologie, der Aufklärung sowie der idealistischen deutschen Philosophie enthalten, vgl. *T. Raiser*, AcP 199 (1999), 104–144 (S. 111).
667 *von Savigny*, System II, § 60, S. 2; *Puchta*, Pandekten, § 22, S. 37 ff.

überindividuellen sozialen Einheiten eine entsprechende Rechtsfähigkeit zukommen zu lassen, wurde durch einen im objektiven Recht begründeten Akt die Personenhaftigkeit des Menschen für die jeweilige Einheit fingiert.[668] Die juristische Person bezeichnete man entsprechend als „fingierte Person"[669], also als eine Person, die kraft Fiktion besteht.[670] Die Entstehung einer solchen Person setzte staatliche Anerkennung voraus.[671]

(2) Deutsches Privatrecht
Dem Pandektenrecht stand das deutsche Privatrecht als eine zweite geschlossene positive Rechtsordnung gegenüber.[672] Dabei widmeten sich die Germanisten zunächst der Erforschung der germanischen und deutschen Rechtsaltertümer oder den von der Pandektistik vernachlässigten allgemeinen und partikulären Materien des Privatrechts.[673] In Konflikt mit der romanistischen Zivilrechtswissenschaft der Pandektisten gerieten die Germanisten, als sie Ansprüche auf das gesamte Rechtsleben erhoben und gegen Ende des 18. Jahrhunderts versuchten, sich vom römischen Begriffsnetz zu befreien und eigene Konstruktionen und Rechtsinstitute zu entwickeln.[674]

Im Gegensatz zur Fiktionstheorie betonten die Germanisten die soziologische Wirklichkeit der Verbände und bezeichneten sie als natürliche Lebewesen.[675]

---

668 *T. Raiser*, AcP 199 (1999), 104–144 (S. 111 f.).
669 *Windscheid/Kipp*, Pandektenrecht I, S. 225.
670 Von einem Missverständnis der Lehre *von Savignys* als „Fiktionstheorie" spricht jedoch *Flume*, Die juristische Person, S. 3 ff. Bis heute ist die ursprüngliche Fiktionstheorie fortentwickelt worden. Dementsprechend tritt sie in vielfältiger Form auf. Die einzelnen Spielarten sollen hier nicht im Detail erörtert werden, hierzu ausführlich etwa MüKo-*Reuter*, Vor § 21 Rn.1; *Pohlmann*, Entstehung, Rechtsträgerschaft und Auflösung der juristischen Person, S. 25 ff.
671 *von Savigny*, System II, § 88, S. 257 ff; *von Wening-Ingenheim*, Lehrbuch I, § 65, S. 169 ff.; bereits für die Gründung einer *universitas* war ein kirchliches oder weltliches Privileg in Form eines Hoheitsaktes erforderlich, *Hattenheuer*, Grundbegriffe des Bürgerlichen Rechts, S. 25.
672 *Wieacker*, Privatrechtsgeschichte, S. 405.
673 *Wieacker*, Privatrechtsgeschichte, S. 405; *Bluntschli*, Deutsches Privatrecht I, S. 12 differenziert insofern wie folgt: Auf dem Gebiet des Personen-, Familien- und Sachenrechts herrsche deutsches, auf dem Gebiet des Obligationenrechts mit Ausnahme des Handelsrechts (dieses sei maßgeblich modern europäisch) römisches Recht.
674 *Pohlmann*, Entstehung, Rechtsträgerschaft und Auflösung der juristischen Person, S. 42 (m.w.N.).
675 *von Gierke*, Deutsches Privatrecht I, § 30, S. 265 ff.

Diese wurden als soziale Körper angesehen, die durch die für sie entscheidenden Personen wie durch Organe handeln würden. Deswegen bereitete es den Germanisten keine Schwierigkeiten, sie rechtlich wie natürliche Personen zu behandeln, soweit sie im gesellschaftlichen Leben als handelnde Einheiten auftraten und wahrgenommen wurden.[676]

Hinsichtlich der Errichtung eines Verbandes vertrat die deutsche Lehre des 19. Jahrhunderts – als Ausfluss eines germanischen Urrechts der freien Assoziation[677] – ein System der freien Körperschaftsbildung.[678] Dies galt jedoch nur insoweit, als der Verband lediglich nach allen Seiten eine privatrechtliche Existenz und Wirkung hatte, indem er allein auf gemeinnützige und gesellige Zwecke ausgerichtet war.[679]

(3) Naturrecht

Die Wissenschaft vom Naturrecht des 17. und 18. Jahrhunderts ist das Vernunftrecht.[680] Das System der Vernunftrechtler wurde von diesen ohne Rücksicht auf die Überlieferung entworfen[681], wobei sie in den Mittelpunkt ihrer Lehre den einzelnen Menschen mit den ihm angeborenen Freiheitsrechten stellten.[682]

Das Vernunftrecht dachte die Personenvereinigungen als verschiedene Stufen der Zusammenfassung von Individuen, die sich jeweils durch äußere Merkmale wie Geltung des Mehrheitsprinzips, Haftungsumfang oder ihre Auflösungsgründe voneinander unterschieden.[683] Ausgangspunkt war jeweils das Individuum. Der Verband wurde als in Individualverhältnissen beschlossen betrachtet. Dementsprechend trat er hinter dem Individualismus zurück.[684] Der Begriff der

---

676 *T. Raiser*, AcP 199 (1999), 104–144 (S. 112).
677 *von Gierke*, Genossenschaftstheorie, S. 80 f.
678 *Pohlmann*, Entstehung, Rechtsträgerschaft und Auflösung der juristischen Person, S. 46.
679 *Bluntschli*, Deutsches Privatrecht I, S. 147; insofern wohl abweichend *Renaud*, Deutsches Privatrecht I, § 59, S. 146 f., der das Erfordernis einer Genehmigung der Staatsgewalt oder eines auf Gewohnheit beruhenden Rechtssatzes zur Begründung der Genossenschaft fordert.
680 Zum Vernunftrecht ausführlich *Luig*, Handwörterbuch IV, Sp. 781–790 (781 ff.).
681 Die Vernunftrechtler befreiten die Privatrechtswissenschaft weithin von der prinzipiellen Bindung an die römischen Quellen und die älteren Autoritäten. So eröffneten sie durch ihre neue Gesamtanschauung gleichzeitig den Weg zu autonomer Systembildung, vgl. *Wieacker*, Privatrechtsgeschichte, S. 275.
682 *Hattenheuer*, Grundbegriffe des Bürgerlichen Rechts, S. 23.
683 *von Gierke*, Genossenschaftsrecht IV, S. 558 f.
684 *von Gierke*, Genossenschaftsrecht IV, S. 353 f., 378 f.

juristischen Person war den Vernunftrechtlern fremd. Sie verwendeten stattdessen die Ausdrücke *societas* und *moralische Person*. Mit *societas* sollte die rechtliche Bestimmung des Menschen als Person in seiner naturnotwendigen Verbindung mit anderen Personen kraft freien Willensentschlusses bezeichnet werden.[685] Der Begriff *moralische Person* wurde schließlich als Wendung für die Personenverbände (*societas*) geläufig, weil man diese gleichwie Personen betrachtete. Das Wort „moralisch" wurde verwendet, weil es beim Personsein der *societas* um etwas Unstoffliches und Vergeistigtes ging.[686]

Nach der vernunftrechtlichen Lehre war für die Entstehung eines Verbandes weder eine öffentlich-rechtliche Erlaubnis, noch eine sonstwie geartete Verleihung der Rechte einer *moralischen Person* erforderlich.[687] Die Kraft, eine soziale Gewalt zu erzeugen, wurde allein dem Vertragsschluss anheim gegeben.[688]

b) Kodifikation durch das BGB

Die Verfasser des BGB haben sich keiner der dargestellten Gedankenrichtungen angeschlossen, sondern sind bezüglich der Bestimmungen zur juristischen Person rein pragmatisch vorgegangen.[689] Der Begriff „juristische Person" selbst erscheint nicht im Gesetzestext, sondern lediglich in der Überschrift zum zweiten Titel des ersten Buches des BGB.[690] In den Motiven zum BGB wird klargestellt, dass es Aufgabe der Wissenschaft sei, den Begriff der juristischen Person zu konstruieren und zu rechtfertigen.[691]

Gleichwohl zeigt sich der Einfluss der Pandektistik. Deutlich wird dies etwa an der Übernahme des Begriffs von der juristischen Person, welcher der Pandektenwissenschaft entstammt.[692] Zuvor hatten schon das sächsische Gesetz von

---

685 *Hattenheuer*, Grundbegriffe des Bürgerlichen Rechts, S. 23.
686 *Hattenheuer*, Grundbegriffe des Bürgerlichen Rechts, S. 24; ausführlich zum Begriff der *moralischen Person* etwa *Pohlmann*, Entstehung, Rechtsträgerschaft und Auflösung der juristischen Person, S. 57–59.
687 *Pohlmann*, Entstehung, Rechtsträgerschaft und Auflösung der juristischen Person, S. 60.
688 *von Gierke*, Genossenschaftsrecht IV, S. 523.
689 *T. Raiser*, AcP 199 (1999), 104–144 (S. 115).
690 Nachträglich wurden mit Gesetz vom 5.3.1953 (BGBl. I S. 33) die den einer juristischen Person zustehenden Nießbrauch betreffenden §§ 1059a und e BGB eingefügt.
691 *Mugdan*, Materialien I, S. 395.
692 *Pohlmann*, Entstehung, Rechtsträgerschaft und Auflösung der juristischen Person, S. 63; dennoch waren auch die beiden anderen Hauptdenkrichtungen nicht ohne jeglichen Einfluss geblieben. So wirkte etwa das deutsche Privatrecht auf das

1868 und das sächsische BGB von 1863/1865 im Wesentlichen die Pandektenlehre übernommen.[693] Insgesamt halten sich jedoch die Motive, Protokolle und Denkschriften mit Äußerungen zur Konstruktion und Rechtfertigung der juristischen Person zurück, um dieses Feld der Wissenschaft zu überlassen.[694]

2. Konsequenzen des Theorienstreits für die Stiftung als juristische Person

Abgesehen von der Diskussion um die generelle Tauglichkeit von historischen Argumenten[695], stellt sich die Frage, inwieweit der historische Streitstand um die juristische Person von Bedeutung für das heutige Stiftungsrecht sein kann.

Seine Relevanz wird heute mitunter insgesamt relativiert. So heißt es etwa, dass die im 19. Jahrhundert heftig umstrittenen Fragen zum Wesen der juristischen Person für die Rechtspraxis und die systematische Rechtslehre weithin an Gewicht verloren hätten.[696] Ebenso sei zweifelhaft, ob für Problemlösungen bei der hoch abstrakten Rechtsfigur der juristischen Person begonnen werden sollte oder nicht stattdessen direkt bei dem jeweiligen Einzelproblem.[697] Nach verbreiteter Auffassung wird der Streit des 19. Jahrhunderts um das Wesen der juristischen Person dementsprechend als unlösbar und zur Klärung konkreter Probleme als ungeeignet angesehen.[698] Der Streit um das Wesen der juristischen Person sei abgeklungen.[699] Dementsprechend hat man sich teilweise mit den unüberbrückbaren Widersprüchen der sich gegenüberstehenden Ansichten abgefunden und einen modus vivendi für den Tagesgebrauch gefunden. Der vormals mit allem ernst geführte Meinungsaustausch ist einem pragmatischen common sense gewichen.[700] Nach heute vorherrschender Ansicht wird die juristische

---

Recht der Gesamthandsvermögen ein, vgl. ausführlich zum Einfluss der einzelnen Denkrichtungen in der Entstehungszeit des BGB *ders.*, ebd., S. 159 ff.

693 *Pohlmann*, Entstehung, Rechtsträgerschaft und Auflösung der juristischen Person, S. 106, 123, 166.
694 *Mugdan*, Materialien I, S. 78; entsprechende Bedeutung kommt daher den Vorschriften zum Vereinsrecht im Gesamtsystem des heutigen Rechtssystems zu, vgl. Staudinger-*Weick*, Einl zu §§ 21 ff. Rn. 2.
695 Genrell zum historischen Argument im Zivilrecht *T. Honsell*, Historische Argumente im Zivilrecht.
696 Soergel-*Hadding*, Vor § 21 Rn. 8; *Flume*, Die juristische Person, S. 21 (m.w.N.).
697 Staudinger-*Weick*, Einl zu §§ 21 ff. Rn. 17.
698 *T. Raiser*, AcP 199 (1999), 104–144 (S. 105).
699 Vgl. *Larenz/Wolf*, Allgemeiner Teil, § 9 Rn. 6, S. 148 f.
700 *Brecher*, FS Hueck, S. 233–259 (233).

Person daher schlicht als eine zweckgebundene Organisation, der die Rechtsordnung Rechtsfähigkeit verliehen hat, angesehen[701] und instrumentell als Systembegriff des geltenden Rechts mit rechtstechnischem Charakter verstanden.[702]
Gleichwohl kann die Kontroverse auch heute noch Bedeutung haben. So soll die Theorie der juristischen Person einem Juristen aus drei Gründen nicht gleichgültig sein: erstens gehöre das Hinterfragen von Rechtsfiguren zu den Grundanliegen der Rechtswissenschaft; zweitens könne nur auf diese Weise verhindert werden, dass sich die technisch ausgereifte Rechtsfigur der juristischen Person von ihren Wertungsgrundlagen loslöse und unkontrolliert verselbstständige; und drittens dürfe die Aufgabe der Rechtspolitik und -fortbildung nicht vergessen werden. Hierbei müsse sich der Jurist ständig auf die Wertungsgrundlagen dessen besinnen, was er technisch beherrsche.[703] Noch deutlicher wird die aktuelle Bedeutung des alten Streitstandes betont, wenn es heißt, derjenige glaube an ein Trugbild, der die Diskussion für überholt halte.[704] Der Disput zum Wesen der juristischen Person könne insbesondere für die Frage nach der Rechtsnatur der Gesamthand und der Subsumtion der Figuren des Privatrechts unter diese beiden Rechtsfiguren fruchtbar gemacht werden.[705] Daneben kommt der Frage nach dem Wesen der juristischen Person Bedeutung im Umwandlungsrecht und im Recht der Vorgesellschaften zu.[706]

---

701 *Enneccerus/Nipperdey*, Allgemeiner Teil I/1, § 103, S. 607 ff.; teilweise wird von der juristischen Person als „idealem Ganzen" gesprochen, vgl. *Flume*, ZHR 148 (1984), 503–522 (S. 504).
702 MüKo-*Reuter*, Vor § 21 Rn. 2; *T. Raiser*, AcP 199 (1999), 104–144 (S. 130).
703 *K. Schmidt*, Gesellschaftsrecht, § 8 II.1., S. 186 f.
704 *T. Raiser*, AcP 199 (1999), 104–144 (S. 107).
705 *T. Raiser*, AcP 199 (1999), 104–144 (S. 105); so wohl auch *K. Schmidt*, Gesellschaftsrecht, § 8 II. 1, S. 186 f.; zwischen juristischer Person und Gesamthand wird von der herrschenden Meinung ein unüberbrückbarer Gegensatz ausgemacht. Daher sei jede Rechtsform oder reale Personenvereinigung entweder dem einen oder dem anderen Modell zuzuordnen, *T. Raiser*, AcP 194 (1994), 495–512 (S. 495); kritisch hierzu jüngst *K. Schmidt*, AcP 209 (2009), 181–204 (S. 201 f.); im Gegensatz zur juristischen Person, der eigene Rechtsfähigkeit kraft ihrer körperschaftlichen oder anstaltlichen Struktur zukommt, sind Gesamthandsgemeinschaften durch individualrechtliche Bindungen geeinte Personenmehrheiten, vgl. ausführlich zum Gesamthandsbegriff *Flume*, ZHR 136 (1972), 177–207 (S. 184 ff.); deren Einheit erkennt das Recht zwar in einem gewissen Ausmaß an, Rechtspersönlichkeit kommt ihnen jedoch nicht zu, *T. Raiser*, AcP 194 (1994), 495–512 (S. 495).
706 *T. Raiser*, AcP 199 (1999), 104–144 (S. 120).

Im stiftungsrechtlichen Kontext ist der Streit um das Wesen der juristischen Person insbesondere deshalb von Bedeutung, weil er deutlich macht, dass es keine Selbstverständlichkeit darstellt, wenn die Rechtsordnung bestimmten Organisationen Rechtsfähigkeit und Rechtspersönlichkeit zuteil werden lässt. Dies ist vielmehr eine Privilegierung, was sich gerade in Abgrenzung und im Vergleich zu den verschiedenen Erscheinungsformen der unselbstständigen Stiftung zeigt.

a. Unselbstständige Stiftung

Als Ersatzformen der Stiftung kommen Gestaltungsvarianten der unselbstständigen Stiftung sowie Stiftungskörperschaften in Betracht. Bei letzteren handelt es sich insbesondere um die Stiftungs-GmbH und den Stiftungsverein. Im Falle von GmbH und Verein liegt dabei jeweils eine juristische Person vor. Da im Folgenden jedoch gerade die Unterschiede herausgearbeitet werden sollen, welche zwischen der Stiftung gemäß §§ 80 ff. BGB als juristischer Person und ihren Ersatzformen ohne diese Eigenschaft bestehen, werden sich die folgenden Ausführungen auf die unselbstständigen Stiftungen beschränken, welche keine juristischen Personen sind.[707] Dabei konzentrieren sich die Darstellungen auf die umstrittenen Punkte sowie auf diejenigen, welche für den Vergleich mit der selbstständigen Stiftung von Bedeutung sind.[708]

Eine unselbstständige Stiftung ist die Zuwendung von Vermögen durch den Stifter an eine natürliche oder juristische Person mit der Maßgabe, dauerhaft die übertragenen Werte zur Verfolgung eines durch den Stifter festgelegten Zweckes zu verwenden.[709] Dabei ist nach heute ganz herrschender Meinung die Errichtung einer unselbstständigen Stiftung ein Vertrag.[710] Um welchen Vertragstyp es sich dabei handelt, ist jedoch umstritten. Zur Diskussion stehen ein Treuhandvertrag,

---

707 Zur Stiftungs-GmbH ausführlich *Mues*, Stiftungen in Theorie, Recht und Praxis, S. 241–250 (241 ff.); zum Stiftungsverein ausführlich *Koss*, Stiftungen in Theorie, Recht und Praxis, S. 251–256 (251 ff.).

708 Für eine umfassende Darstellung des Rechts der unselbstständigen Stiftung siehe etwa Staudinger-*Hüttemann/Rawert*, Vorbem zu §§ 80 ff. Rn. 231 ff.; MüKo-*Reuter*, Vor § 80 Rn. 97 ff.; Soergel-*Neuhoff*, Vor § 80 Rn. 21 ff.; Seifart/von Campenhausen-*Hof*, § 36; *Westebbe*, Stiftungstreuhand.

709 OLG Hamburg v. 19.12.1985, NJW-RR 1986, 1305; Staudinger-*Hüttemann/Rawert*, Vorbem zu §§ 80 ff. Rn. 231; MüKo-*Reuter*, Vor § 80 Rn. 97; Soergel-*Neuhoff*, Vor § 80 Rn. 21; Palandt-*Ellenberger*, Vorb v § 80 Rn. 10; *Westebbe*, Stiftungstreuhand, S. 33; *K. Schmidt*, Stiftungsrecht in Europa, S. 175–195 (177 f.); zur unselbstständigen Stiftung als Gegenstand des Steuerrechts *Fischer*, FS Reuter, S. 73–91 (76 ff.).

710 Staudinger-*Hüttemann/Rawert*, Vorbem zu §§ 80 ff. Rn. 239.

eine Schenkung unter Auflage, ein Vertrag sui generis[711] und ein Vertrag zugunsten Dritter.[712] Zum Teil wird hierbei die Ansicht vertreten, das Stiftungsgeschäft sei je nach Einzelfall in verschiedenen Vertragstypen möglich. Der jeweilige Vertragstyp sei dabei durch Auslegung zu bestimmen.[713] Daneben stehen moderne Konzeptionen zur Verselbstständigung der unselbständigen Stiftung, welche sie hierdurch der selbstständigen Stiftung gemäß §§ 80 ff. BGB annähern möchten.

a) Treuhandstiftung
Nach einer Ansicht handelt es sich bei einer unselbstständigen Stiftung um ein Treuhandgeschäft zwischen Stifter und Stiftungsträger.[714] Dementsprechend sei sie entweder ein Auftrag gemäß §§ 662 ff. BGB oder bei entgeltlicher Tätigkeit des Stiftungsträgers ein Geschäftsbesorgungsvertrag gemäß § 675 BGB. Die Rechtsverhältnisse zwischen den Beteiligten würden dabei im Einzelnen durch die Bestimmungen des Treuhandvertrages festgelegt. Kern der Vereinbarung sei, dass der Stiftungsträger das Stiftungsvermögen vom Stifter als Fiduziar zur uneigennützigen Verwaltung übernimmt. Hieraus ergäbe sich für den Träger eine schuldrechtliche Verpflichtung gegenüber dem Stifter und dessen Rechtsnachfolgern, das überlassene Vermögen zur Verwirklichung des Stiftungszweckes einzusetzen.

Das Verständnis der unselbstständigen Stiftung als Treuhand ist verschiedenen Einwänden ausgesetzt. Diese gründen auf Fragen, die sich aus der Verbindung des Auftragsrechts mit dem stiftungseigenen Merkmal der Dauerhaftigkeit der Zweckverfolgung ergeben.[715]

---

711 In der älteren Literatur wurde teilweise noch die Ansicht vertreten, bei einer unselbstständigen Stiftung handele es sich um einen Vertrag sui generis. Diese Theorien haben sich jedoch nicht durchsetzen können, näher *Westebbe*, Stiftungstreuhand, S. 69 ff.
712 Siehe etwa *Seyfarth*, Der Schutz der unselbstständigen Stiftung, S. 22 ff.
713 *Ebersbach*, Stiftungsrecht, S. 172; *Liermann*, Deutsches Stiftungswesen 1948–1966 I, S. 229–245 (236); *Andrick*, Stiftungsrecht und Staatsaufsicht, S. 45 f; *Wochner*, ZEV 1999, 125–132 (S. 126); *Geibel*, Treuhandrecht, S. 422.
714 RG v. 8.11.1922, RGZ 105, 305, 308 f.; *Ballerstedt/Salzwedel*, Gutachten 44. DJT, S. 15 f.; Soergel-*Neuhoff*, Vor § 80 Rn. 21; *Westebbe*, Stiftungstreuhand, S. 188 ff.; *Eichler*, Körperschaft und Stiftung, S. 88 ff.; Staudinger-*Rawert* (1995), Vorbem zu §§ 80 ff. Rn. 163 hielt sowohl Treuhandvertrag als auch Schenkung unter Auflage für die Errichtung einer unselbstständigen Stiftung geeignet.
715 Vgl. Staudinger-*Hüttemann/Rawert*, Vorbem zu §§ 80 ff. Rn. 243.

(1) Treugeber
Zunächst wird eingeworfen, ein Treuhandverhältnis setze stets die Existenz eines Treugebers voraus.[716] Sollten also keine Rechtsnachfolger des Stifters gemäß § 672 BGB in die Treugeberposition des Stifters nachrücken können, fände die Treuhandstiftung ihr Ende. Diesem Einwand wird entgegengehalten, dass aus § 672 BGB gerade der gegenteilige Schluss gezogen werden müsse, wonach ein Auftraggeber keineswegs für den Bestand eines Auftragsverhältnisses notwendig sei.[717] Allerdings kann diesem Einwand nicht gefolgt werden, da es Normzweck des § 672 BGB ist, vom römisch-rechtlichen Grundsatz abzuweichen, wonach ein Auftrag mit dem Tod des Auftraggebers erlischt.[718] Denn dieser Grundsatz ging zwar auf das besondere Treueverhältnis zwischen Auftraggeber und Beauftragtem zurück[719], stand aber mit den Interessen der Erben an einem Fortbestand des Auftragsverhältnisses im Widerspruch.[720] Durch die Zweifelsregel des § 672 S. 1 BGB soll hier ein Interessenausgleich geschaffen werden. Daraus kann jedoch nicht der weitergehende Schluss gezogen werden, dass ein auftraggeberloses Auftragsverhältnis ermöglicht werden sollte.[721]

(2) Widerrufsrecht gemäß § 671 I BGB
Eine Gefährdung für die dauerhafte Zweckverfolgung droht einer Treuhandstiftung aus dem Lager des Stifters selbst (beziehungsweise seiner Rechtsnachfolger). Über das bei Dauerschuldverhältnissen bestehende Kündigungsrecht aus wichtigem Grund hinaus, steht dem Stifter als Auftraggeber das Widerrufsrecht aus § 671 I BGB zu.[722] Eine Ausübung dieses Rechts führt in der Folge zu einem Herausgabeanspruch des Stifters auf das Stiftungsvermögens gemäß § 667 BGB gegenüber dem Stiftungsträger. Der Stifter soll jedoch die Möglichkeit haben, auf das Widerrufsrecht aus § 671 I BGB verzichten zu können, so dass

---

716 MüKo-*Reuter*, Vor § 80 Rn. 97.
717 Seifart/von Campenhausen-*Hof*, § 36 Rn. 42 f.
718 *Mugdan*, Materialien II, S. 547; dies entspricht dem allgemeinen Grundsatz des § 1922 BGB, vgl. MüKo-*Seiler*, § 672 Rn. 1.
719 Gai Inst. III, 160: „Item si adhuc integro mandato mors alterutrius alicuius interveniat, id est vel eius, qui mandarit, vel eius, qui mandatum susceperit, solvitur mandatum."
720 Staudinger-*Martinek*, § 672 Rn. 2.
721 So auch MüKo-*Reuter*, Vor § 80 Rn. 97; *ders.*, Stiftungen in Deutschland und Europa, S. 203–228 (209).
722 Zum Widerrufsrecht gem. § 81 II BGB im Fall der selbstständigen Stiftung vgl. *Muscheler*, ZEV 2003, 41–49 (S. 44 ff.).

ihm und seinen Rechtsnachfolgern lediglich das – insoweit unverzichtbare[723] – Kündigungsrecht aus wichtigem Grund verbliebe.[724] Hierdurch würde die Dauerhaftigkeit der Treuhandstiftung verfestigt. Die Zulässigkeit eines solchen Rechtsverzichts ist jedoch umstritten. Grundsätzlich kann nach allgemeiner Ansicht auf das Widerrufsrecht gemäß § 671 I BGB nicht verzichtet werden, wenn der Auftrag ausschließlich den Interessen des Auftraggebers dient.[725] Dann ist das Widerrufsrecht Ausdruck der dem Auftrag wesensgemäßen Freiheit des Auftraggebers.[726] Er soll sich nicht uneingeschränkt an den Willen des Beauftragten binden, da dies nicht mit dem persönlichen Vertrauensverhältnis zwischen Auftraggeber und Beauftragten vereinbar sei.[727] Ein Verzicht auf das Widerrufsrecht durch den Auftraggeber soll jedoch dann zulässig sein, wenn der Auftrag neben den Interessen des Auftraggebers zugleich den Interessen des Beauftragten oder den Interessen eines Dritten dient.[728] Dabei wird gefordert, dass das Interesse des Beauftragten oder des Dritten dem Interesse des Auftraggebers zumindest gleichwertig ist.[729] Für den Fall der Treuhandstiftung stellt sich hinsichtlich eines Verzichts auf das Widerrufsrecht gemäß § 671 I BGB entsprechend die Frage, ob das zwischen Stifter und Stiftungsträger bestehende Auftragsverhältnis neben den Interessen des Stifters auch noch den Interessen des Stiftungsträgers oder den Interessen anderer Personen dient. Mit Hinweis auf die Destinatäre der Treuhandstiftung wird dies bejaht.[730] Andere wenden jedoch ein, dass es sich hierbei um eine petitio principii handele.[731] Mit der Behauptung, dass die Treuhandstiftung zugleich den Interessen der Destinatäre diene, sei nämlich die Unterstellung verbunden, dass sie wie eine rechtsfähige Stiftung im Auftrag einer von der Person des Stifters und seiner Rechtsnachfolger losgelösten Aufgabe

---

723 MüKo-*Seiler*, § 671 Rn. 7; Staudinger-*Martinek*, § 671 Rn. 2.
724 *Westebbe*, Stiftungstreuhand, S. 154 f.; *Koos*, Fiduziarische Person, S. 75 f.; *Wochner*, ZEV 1999, 125–132 (S. 126).
725 BGH v. 13.5.1971, WM 1971, 956; Palandt-*Sprau*, § 671 Rn. 2; Staudinger-*Martinek*, § 671 Rn. 8; MüKo-*Seiler*, § 671 Rn. 7.
726 Staudinger-*Martinek*, § 671 Rn. 8.
727 Vgl. *Mugdan*, Materialien II, S. 370, wonach sich der Auftraggeber nicht unter die Vormundschaft des Beauftragten stellen können soll.
728 Staudinger-*Martinek*, § 671 Rn. 10; Palandt-*Sprau*, § 671 Rn. 2.
729 BGH v. 13.5.1971, WM 1971, 956, 957; Staudinger-*Martinek*, § 671 Rn. 10; Palandt-*Sprau*, § 671 Rn. 2.
730 *Westebbe*, Stiftungstreuhand, S. 155; *Wochner*, ZEV 1999, 125–132 (S. 126).
731 MüKo-*Reuter*, Vor § 80 Rn. 98.

handele. Gerade dies gebe die Treuhandstiftung als Vertragsverhältnis jedoch nicht her.[732]

Ob der Stifter auf sein Widerrufsrecht verzichten kann, sollte anhand der Rechtsstellung der Destinatäre beurteilt werden. Steht diesen ein eigenes, mit dem Interesse des Stifters gleichwertiges Forderungsrecht gegenüber der Treuhandstiftung zu, ist ein Verzicht durch den Stifter möglich. Soweit dies nicht der Fall ist, muss dagegen auch ein Verzicht auf das Widerrufsrecht durch den Stifter ausscheiden. Jedenfalls im Falle einer eigennützigen Treuhand, die allein den Interessen des Stifters dient, scheidet eine Abdingbarkeit des Widerrufsrechts gemäß § 671 I BGB demnach aus.[733] Für die Stiftungstreuhand ist dementsprechend entscheidend, welche Rechtsstellung ihren Destinatären zukommt. Diese haben dann einen eigenen Anspruch auf Leistung, wenn die Stiftungstreuhand als Vertrag zugunsten Dritter ausgestaltet ist.[734] In einem solchen Fall stünde ihnen ein eigenes Forderungsrecht gegenüber dem Stiftungsträger zu.[735] Zum Teil wird jedoch schon bestritten, dass ein Stiftungsgeschäft überhaupt als Vertrag zugunsten Dritter ausgestaltet werden könnte. Dies erfolgt unter Hinweis darauf, dass der Kreis der Destinatäre hierfür zu unbestimmt sei.[736] Dem kann so jedoch nicht gefolgt werden. Zwar mag der Kreis der potentiellen Destinatäre zunächst unüberschaubar groß und mögen die letztendlich zu begünstigenden Personen bei Errichtung der Stiftungstreuhand im Einzelfall noch unbestimmt sein. Dies ist für die Ausgestaltung der Stiftungstreuhand als Vertrag zugunsten Dritter jedoch unschädlich. Die einzelnen begünstigten Dritten müssen im Moment des Vertragsschlusses zwischen Stifter und Stiftungsträger noch nicht konkret bestimmt sein. Es genügt vielmehr Bestimmbarkeit nach persönlichen oder sachlichen Kriterien.[737] Eine solche Bestimmbarkeit ist dann gegeben, wenn im Stiftungsgeschäft ein Verfahren zur Bestimmung der zukünftigen Destinatäre vorgesehen ist.[738] Ist ein solches Verfahren festgelegt worden, muss durch Auslegung ermittelt werden, ob diesen Destinatären mit ihrer Bestimmung auch ein

---

732   Müko-*Reuter*, Vor § 80 Rn. 98.
733   *Westebbe*, Stiftungstreuhand, S. 155.
734   Seifart/von Campenhausen-*Hof*, § 36 Rn. 71.
735   Dieses müsste zudem gleichwertig neben dem Interesse des Stifters stehen. Ob dies der Fall ist, sollte nach den Umständen des jeweiligen Einzelfalls beurteilt werden. Im Zweifel spricht das Vorliegen eines eigenen Forderungsrechts dabei wohl für eine Gleichwertigkeit.
736   *Hauger*, Die unselbstständige Stiftung, S. 22; *Ebersbach*, Stiftungsrecht, S. 172.
737   MüKo-*Gottwald*, § 328 Rn. 24.
738   *Westebbe*, Stiftungstreuhand, S. 72.

eigenes Forderungsrecht zukommen soll.[739] Soweit dies zu bejahen ist, spricht nichts gegen die Annahme, dass den jeweiligen Destinatären ein dem Interesse des Stifters gleichwertiges Forderungsrecht gegenüber der Stiftung zusteht. In diesen Fällen kann der Stifter somit auf sein Widerrufsrecht gemäß § 671 I BGB verzichten. In der Praxis wird jedoch ein eigenes Forderungsrecht der Destinatäre oft ausgeschlossen sein[740], was einen Widerrufsrechtsverzicht für den Stifter unmöglich macht.

Keinen Schutz für die Dauerhaftigkeit der Treuhandstiftung sind im Falle eines Widerrufs durch den Stifter die Regelungen gemäß §§ 55 I Nr. 4, 61 AO. Diese stellen zwar die Anforderungen der Gemeinnützigkeit nach endgültiger Vermögenswidmung des Stiftungsvermögens zugunsten eines gemeinnützigen Zweckes auf. Sie führen jedoch nicht dazu, dass eine Rückübertragung des Stiftungsvermögens auf den Stifter ausgeschlossen wird.[741] Vielmehr entfallen lediglich die durch die AO gewährten steuerlichen Vergünstigungen (vgl. § 59 AO)[742], falls die durch sie aufgestellten Anforderungen nicht erfüllt werden. Insofern ist es eine Frage der zivilrechtlichen Gestaltung einer Stiftungstreuhand, ob sie eine Vermögensbindung im Sinne von §§ 55 I Nr. 4, 61 AO aufweist. Aus den steuerrechtlichen Vorgaben lässt sich jedoch keine Immunität der unselbstständigen Stiftung gegen Rückforderungsansprüche des Stifters oder seiner Erben ableiten.[743]

(3) Stiftungstreuhand und Insolvenz
Eine weitere Gefährdung für die unselbständige Stiftung in Treuhandform stellt eine Insolvenz von Stifter oder Treugeber dar. In der Praxis mag ein solcher Fall eher unwahrscheinlich sein. Dennoch sollten die Wertungen des Insolvenzrechts nicht außer Acht gelassen werden, wenn es um die Frage nach dem Wesen der unselbstständigen Stiftung geht.[744]

---

739 Kommt ihnen ein eigenes Forderungsrecht zu, handelt es sich um einen so genannten „echten Vertrag zugunsten Dritter" i.S.v. § 328 I BGB. Besteht kein eigenes Forderungsrecht liegt ein so genannter „unechter Vertrag zugunsten Dritter" vor; siehe zur Abgrenzung MüKo-*Gottwald*, § 328 Rn. 1, 9.
740 Vgl. *Westebbe*, Stiftungstreuhand, S. 72.
741 Diese Schlussfolgerung jedoch bei *Westebbe*, Stiftungstreuhand, S. 142; siehe auch *Koos*, Fiduziarische Person, S. 113.
742 Ausführlich Klein-*Gersch*, § 59 Rn. 1 ff.
743 MüKo-*Reuter*, Vor § 80 Rn. 98.
744 *K. Schmidt*, Stiftungsrecht in Europa, S. 175–195 (184).

Fällt der Stiftungsträger in Insolvenz, besteht für den Stifter oder seine Rechtsnachfolger das Recht, das Stiftungsvermögen gemäß § 47 InsO auszusondern. Für den Fall der Zwangsvollstreckung gegen den Stiftungsträger kann gemäß § 771 ZPO Drittwiderspruchsklage erhoben werden.[745] Diese Rechte sollen darauf gründen, dass das Treugut – in diesem Fall also das Stiftungsvermögen – wirtschaftlich eher dem Vermögen des Treugebers als demjenigen des Treuhänders zuzurechnen sei.[746]

Unklar ist, inwieweit der Schutz des Treugutes durch das insolvenzrechtliche Unmittelbarkeitsprinzip[747] und das Surrogationsverbot[748] eingeschränkt wird.[749] Nach heute wohl vorherrschender Literaturauffassung sind beide Prinzipien nicht anzuwenden.[750] Dennoch hat die Rechtsprechung bisher nur bei Zahlungen von Dritten auf Treuhandkonten auf Forderung des Treugebers vom Grundsatz der Unmittelbarkeit abgesehen.[751] Gleichwohl ist der herrschenden

---

745 Seifart/von Campenhausen-*Hof*, § 36 Rn. 136; *Wochner*, ZEV 1999, 125–132 (S. 126 f.); Staudinger-*Hüttemann/Rawert*, Vorbem zu §§ 80 ff. Rn. 257; a.A *Westebbe*, Stiftungstreuhand, S. 145 für die unselbstständige gemeinnützige Stiftung, da in diesem Fall das Vermögen wirtschaftlich keinen Bezug mehr zum Stifter aufweise.

746 *Westebbe*, Stiftungstreuhand, S. 145; *Prütting*, Non Profit Law Yearbook 2002, S. 137–155 (153).

747 Das Unmittelbarkeitsprinzip besagt, dass aussonderungsfähiges Treugut nur dadurch geschaffen werden kann, dass der Treugeber einen Gegenstand aus seinem Vermögen ausscheidet und ihn unmittelbar auf den Treuhänder überträgt. Erwirbt der Treuhänder dagegen etwas von einem Dritten, so ist dies nicht Treugut, selbst wenn er den Erwerb mit Mitteln finanziert hat, die ihm vom Treugeber zur Verfügung gestellt wurden, hierzu ausführlich *Kötz*, Trust und Treuhand, S. 129 ff.

748 Durch das Surrogationsverbot wird verhindert, dass bestimmte Gegenstände aussonderungsfähiges Treugut werden. Hierunter fallen zunächst diejenigen, die vom Treugeber auf Grund eines zum Treugut gehörenden Rechts oder als Ersatz für die Zerstörung, Beschädigung oder Entziehung eines Treugutgegenstandes erlangt werden. Zudem werden auch diejenigen Gegenstände dem Surrogationsverbot unterworfen, welche der Treugeber auf Grund eines entgeltlichen Rechtsgeschäfts mit durch den Treugeber überlassenen Mitteln erwirbt. Im letzten Fall ist gleichfalls das Unmittelbarkeitsprinzip anwendbar; ausführlich zum Surrogationsverbot *Kötz*, Trust und Treuhand, S. 136 ff.

749 Staudinger-*Hüttemann/Rawert*, Vorbem zu §§ 80 ff. Rn. 257 (m.w.N.).

750 *Westebbe*, Stiftungstreuhand, S. 144 (m.w.N.).

751 BGH v. 19.11.1992, ZIP 1993, 213, 214; siehe auch Braun-*Bäuerle*, § 47 Rn. 65; weiterhin hat der BGH die Überweisung von Geldbeträgen auf ein Postscheckkonto genügen lassen, das nicht als Anderkonto eingerichtet war, sofern die den Zahlungen zugrundeliegenden Forderungen nicht in der Person des Treuhänders, sondern

Literaturauffassung zuzustimmen und die Anwendung von Unmittelbarkeitsprinzip und Surrogationsverbot abzulehnen. Abgesehen davon, dass sie in ihrer Schlichtheit ein zu grobes Kriterium sind, um der Vielzahl möglicher Konstellationen gerecht werden zu können[752], führen sie mitunter zu Ergebnissen, die dem billigen Rechtsempfinden massiv widersprechen.[753] Nach vorzugswürdiger Auffassung wäre in der Insolvenz des Treuhänders daher der Schutz der Treuhandstiftung nicht durch Anwendung des Unmittelbarkeitsprinzips und des Surrogationsverbotes eingeschränkt.

Anders verhält sich die Lage für den Fall einer Insolvenz des Stifters oder seiner Erben. Nimmt man den gesetzlich geregelten Normalfall als Ausgangspunkt, würde das zwischen Stifter und Stiftungsträger bestehende Auftragsverhältnis gemäß §§ 115 f. InsO erlöschen. In der Folge entstünde ein Rückforderungsanspruch gemäß § 667 BGB, auf welchen die Gläubiger, bzw. der Insolvenzverwalter zugreifen könnten.[754] Dieses Ergebnis stimmt mit der Sichtweise im Fall der Insolvenz des Stiftungsträgers überein. In diesem Fall wurde das Stiftungsvermögen wirtschaftlich dem Stiftungsträger zugerechnet, woran sich für den Fall seiner eigenen Insolvenz zunächst nichts ändert. Daher gehört das Stiftungsvermögen einer Treuhandstiftung in der Insolvenz des Stifters oder seiner Erben eigentlich zur Insolvenzmasse.[755] Es wird jedoch versucht, gerade dieses Ergebnis zu vermeiden. Um dies zu erreichen, wird eine Anwendung des § 115 InsO verneint.[756] Zur Begründung erfolgt ein Hinweis auf zwei Entscheidungen des Reichsgerichts[757], woraus sich die Insolvenzfestigkeit der Treuhandstiftung

---

unmittelbar in der Person des Treugebers entstanden waren, BGH v. 7.4.1959, NJW 1959, 1223, 1225.
752 Vgl. *Gottwald*, Insolvenzrechtshandbuch, § 40 Rn. 31.
753 Siehe etwa die als Beispiel bei *Kötz*, Trust und Treuhand, S. 136 aufgeführte Entscheidung RG v. 5.11.1918, RGZ 94, 305.
754 Vgl. Seifart/von Campenhausen-*Hof*, § 36 Rn. 79.
755 *Gottwald*, Insolvenzrechtshandbuch, § 40 Rn. 44.
756 Soergel-*Neuhoff*, Vor § 80 Rn. 26; siehe auch *Häsemeyer*, Insolvenzrecht, 30.21, S. 853.
757 RG v. 6.2.1905, RGZ 62, 386, 389 hält es zunächst für möglich, „dass mit der Leistung einerseits keine Schenkung bezweckt, andererseits keine Verpflichtung zu einer Gegenleistung oder zu einer Wiedererstattung begründet, sondern ein anderes Ziel, das insbesondere in einer von dem Empfänger zu wohltätigen, gemeinnützigen oder idealen Zwecken vorzunehmenden Handlung bestehen kann, erreicht werden soll." Darüber hinausgehend äußert sich RG v. 8.11.1922, RGZ 105, 305, 307 in einem obiter dictum zur Insolvenzfestigkeit des Vermögens unselbstständiger Stiftungen.

ergeben soll. Da sich die Parteien über einen endgültigen Vermögensübergang einig gewesen seien, zähle das Stiftungsvermögen nicht zum zur Insolvenzmasse gehörenden Vermögen.[758] Diese Sichtweise kann jedoch nicht mit der grundsätzlich bestehenden Pflicht für den Treuhänder, nach Erledigung des Treuhandzwecks das Treugut auf den Treugeber zurückzuübereignen, in Einklang gebracht werden.[759] Die Annahme eines endgültigen Vermögensüberganges auf den Treuhänder bedeutet in der Sache daher die Verneinung eines Treuhandverhältnisses.[760] Konsequenterweise ist diese Sichtweise daher abzulehnen und ein Erlöschen des Treuhandverhältnisses gemäß § 115 InsO in der Insolvenz des Treugebers anzunehmen.[761]

(4) Zusammenfassung
Die unselbstständige Stiftung in ihrer Ausgestaltung als Treuhandgeschäft weist im Vergleich zur Stiftung gemäß §§ 80 ff. BGB einige Schwachstellen auf. Diese führen im Ergebnis dazu, dass mit einer Treuhandstiftung nicht in gleich sicherere Weise Dauerhaftigkeit verwirklicht werden kann, wie dies mit Hilfe einer BGB-Stiftung als juristischer Person möglich ist.

Zunächst erfordert eine Treuhandstiftung stets einen Auftraggeber. Soweit dieser entfällt und kein Rechtsnachfolger existiert, endet das der Treuhandstiftung zugrunde liegende Auftragsverhältnis und mit ihm die Stiftung.

Zweiter Schwachpunkt der Treuhandstiftung ist das Widerrufsrecht des Stifters gemäß § 671 I BGB. Zwar mag der Stifter selbst hiervon noch keinen Gebrauch machen und der Stiftung somit durch ihn selbst keine Gefahr drohen. Fraglich ist jedoch, ob seine zukünftigen Rechtsnachfolger ebenfalls keinen Gebrauch von dem auf sie übergegangenen Widerrufsrecht machen würden. Der Stifter ist demnach auf deren Loyalität ihm gegenüber angewiesen, ohne sich diesbezüglich mit letzter Gewissheit rückversichern zu können. Zwar könnte er selbst zu Lebzeiten auf sein Widerrufsrecht mit Wirkung für seine Rechtsnachfolger verzichten. Diesen Rechtsverzicht müsste er sich jedoch damit erkaufen, dass er den Destinatären ein eigenes Forderungsrecht gegenüber der Stiftung zugesteht.

---

758 Soergel-*Neuhoff*, Vor § 80 Rn. 26.
759 Palandt-*Bassenge*, § 903 Rn. 40.
760 MüKo-*Reuter*, Vor § 80 Rn. 99.
761 So auch MüKo-*Reuter*, Vor § 80 Rn. 99; Wochner, ZEV 1999, 125–141 (S. 127); *Prütting*, Non Profit Law Yearbook 2002, S. 137–155 (153); kritisch *K. Schmidt*, Stiftungsrecht in Europa, S. 175–195 (185).

Noch deutlicher wird die schwächere Stellung der Treuhandstiftung in der Insolvenz von Stifter oder Stiftungsträger. Ist eine Stiftung gemäß §§ 80 ff. BGB in ihrer Existenz grundsätzlich unabhängig vom weiteren wirtschaftlichen Schicksal des Stifters und seiner Rechtnachfolger, stellt sich dies für die Treuhandstiftung anders dar. Diese ist grundsätzlich stets mit dem Schicksal von Stifter, Stiftungsträger und den jeweiligen Rechtsnachfolgern verbunden. In der Insolvenz des Stiftungsträgers stehen dem Stifter zwar das Recht auf Aussonderung gemäß § 47 InsO und die Möglichkeit einer Widerspruchsklage gemäß 771 ZPO zu. Beides erfährt jedoch in der Rechtsprechungspraxis eine Einschränkung durch das insolvenzrechtliche Surrogationsverbot und den Unmittelbarkeitsgrundsatz. Im Ergebnis kann dies soweit führen, dass dem Stifter keine Möglichkeit mehr verbleibt, das Stiftungsvermögen vor einer Verwertung durch die Gläubiger des Stiftungsträgers zu bewahren. Fallen dagegen der Stifter oder seine Rechtsnachfolger in die Insolvenz, so erlischt das die Treuhandstiftung begründende Auftragsverhältnis. In der Folge können die Gläubiger auf den Rückforderungsanspruch gemäß § 667 BGB zugreifen. Dagegen bietet sich mit der BGB-Stiftung eine taugliche Möglichkeit, das Stiftungsvermögen vor einem Gläubigerzugriff zu schützen.[762]

b) Schenkung unter Auflage
Verbreitet ist weiterhin die Sichtweise, bei einer unselbstständigen Stiftung handele es sich um eine Schenkung unter Auflage.[763] Wie sich aus dem Wortlaut von § 516 I BGB ergibt, liegt eine Schenkung dann vor, wenn der Empfänger durch eine Zuwendung aus dem Vermögen eines anderen bereichert wird und Einigkeit über die Unentgeltlichkeit dieser Zuwendung besteht. Eine Auflage im Sinne von § 525 BGB ist dabei die einer Schenkung hinzugefügte Bestimmung, dass der Empfänger zu einer Leistung verpflichtet sein soll, die auf der Grundlage und aus dem Wert der Zuwendung zu erfolgen hat.[764]

---

762 Hierzu D.VIII.2.
763 MüKo-*Reuter*, Vor § 80 Rn. 103 ff.; in Abkehr von der in der Vorauflage vertretenen Ansicht nunmehr auch Staudinger-*Hüttemann/Rawert*, Vorbem zu §§ 80 ff. Rn. 242; *Ra. Herzog*, Unselbstständige Stiftung, S. 63; *Schlüter*, Stiftungsrecht, S. 59 f.; *Eichler*, Körperschaft und Stiftung, S. 88 ff.; *Tolksdorf*, Vermögensausstattung und Schenkung, S. 249 ff. möchte Schenkungsrecht unter Fingierung eines Schenkungsvertrages analog anwenden.
764 Palandt-*Weidenkaff*, § 525 Rn. 1.

(1) Bereicherung des Stiftungsträgers (des Beschenkten)
Möchte man die unselbstständige Stiftung als Auflagenschenkung qualifizieren, so ist zu erklären, worin die Bereicherung des Beschenkten – also des Stiftungsträgers – besteht. Denn schließlich wird ihm das Stiftungsvermögen zunächst nur zu dem Zweck überlassen, den Stifterwillen zu erfüllen, welcher in der Auflage seinen Ausdruck findet.[765]

Für die Frage nach einer Bereicherung des Beschenkten ist dem Charakter einer Schenkung entsprechend zunächst von einer wirtschaftlichen Betrachtungsweise auszugehen. Eine Bereicherung ist demnach gegeben, wenn eine objektive Bereicherung auf seiner Seite vorliegt.[766] Es ist ein Vermögensvergleich vor und nach der Schenkung durchzuführen.[767] Allerdings muss es sich um eine materielle Bereicherung handeln. Eine nur formale Vermögensmehrung genügt nicht.[768] Daher handelt es sich in den Fällen nicht um eine Bereicherung des Beschenkten, in denen er lediglich Durchgangsstation des Vermögens ist und ihm eine eigene Nutzungsmöglichkeit des Vermögens verwehrt bleibt.[769] Entsprechend ist nach allgemeiner Ansicht in Fällen fiduziarischer Übertragung von Vermögenswerten eine Schenkung ausgeschlossen, in denen der Beschenkte nur in fremdem Interesse von den ihm überlassenen Vermögenswerten Gebrauch machen kann und jegliche Eigennutzung schon grundsätzlich ausgeschlossen ist.[770] Dies ist bei einer unselbstständigen Stiftung in Form einer Auflagenstiftung dann der Fall, wenn das Stiftungsvermögen zunächst ausschließlich für den Stiftungszweck verwendet werden muss und nach Unmöglichwerden des Stiftungszweckes nicht zu freier Verwendung im Vermögen des Stiftungsträgers verbleibt.[771] Denkbar ist etwa, dass es bei Beendigung der Stiftung[772] stattdessen an den Stifter zurückfällt oder an einen Dritten zu übertragen ist. Soweit es jedoch im Vermögen des bisherigen Stiftungsträgers verbleiben würde[773], könnte

---

765 Entsprechend wird eine Bereicherung mitunter abgelehnt, vgl. etwa *Ballerstedt/Salzwedel*, Gutachten 44. DJT, S. 15; *Westebbe*, Stiftungstreuhand, S. 68 f.
766 Staudinger-*Wimmer-Leonhardt*, § 516 Rn. 26; MüKo-*Koch*, § 516 Rn. 11.
767 MüKo-*Koch*, § 516 Rn. 11.
768 Staudinger-*Wimmer-Leonhardt*, § 516 Rn. 27.
769 MüKo-*Koch*, § 516 Rn. 12.
770 Staudinger-*Wimmer-Leonhardt*, § 516 Rn. 28.
771 Selbstverständlich darf den Stiftungsträger kein Verschulden hinsichtlich des Unmöglichwerdens treffen, vgl. MüKo-*Reuter*, Vor § 80 Rn. 106.
772 Die Stiftung endet bei Unmöglichwerden oder bei Erfüllung des Stiftungszwecks, vgl. *Westebbe*, Stiftungstreuhand, S. 165.
773 Dies ist der Normalfall. Ein Rückforderungsanspruch des Stifters bestünde nur im Falle von Verschulden des Stiftungsträgers, MüKo-*Reuter*, Vor § 80 Rn. 99.

es dagegen als materielle Bereicherung angesehen werden.[774] Denn eine Eigennutzung durch den Beschenkten ist hier gerade nicht ausgeschlossen. Freilich wird man stets einen genauen Blick auf die Formulierung der Auflage haben müssen. Denn soweit der Stiftungszweck gar nicht unmöglich werden kann, wäre eine Eigennutzung durch den Stiftungsträger letztlich eben doch ausgeschlossen.

Die rein objektive Betrachtung bei der Fragestellung nach dem Vorliegen einer Bereicherung im Falle einer Schenkung gemäß § 516 I BGB erfährt bei einer Auflagenschenkung gemäß § 525 I BGB eine Anreicherung durch ein subjektives Element. Selbst wenn der Wert der Schenkung nicht mehr größer ist als der Wert der Auflage, kann noch eine Bereicherung des Beschenkten gegeben sein. Hierzu müsste lediglich nach der subjektiven Meinung der Parteien dem Beschenkten eine Bereicherung verbleiben, wobei diese auch in einem rein immateriellen Vorteil bestehen kann.[775] Dementsprechend wird teilweise anerkannt, dass eine Bereicherung dann vorliegt, wenn der Beschenkte eine juristische Person ist, deren satzungsgemäßer oder gesetzlicher Zweck den Stiftungszweck umfasst.[776] Zwar ist es mit Blick auf die Anforderungen hinsichtlich einer Bereicherung im Rahmen des § 525 BGB konsequent, eine solche in den gerade genannten Fällen anzunehmen. Allerdings erscheint die Unterscheidung zwischen juristischen und natürlichen Personen willkürlich.[777] Schließlich kann der Stiftungszweck sich gleichsam mit dem immateriellen Interesse einer natürlichen Person decken. Wieso in einem solchen Fall für eine juristische Person eine Bereicherung gegeben sein soll, für eine natürliche Person jedoch nicht, ist nicht nachvollziehbar. Man mag allein daran denken, dass die innere Einstellung einer natürlichen Person selten so gut dokumentiert und entsprechend nachvollziehbar sein wird, wie diejenige einer juristischen Person, etwa anhand ihrer Satzung. Zudem mag eine geschriebene Satzung in der Regel weniger Wankelmut unterworfen sein, als Motive und Einstellungen einer natürlichen Person. Allein hieraus lässt sich jedoch die unterschiedliche Behandlung nicht rechtfertigen. Schließlich gehen

---

774 MüKo-*Reuter*, Vor § 80 Rn. 112; BGH v. 10.12.2003, NJW 2004, 1382, 1383.
775 Staudinger-*Wimmer-Leonhardt*, § 525 Rn. 2; MüKo-*Koch*, § 525 Rn. 5.
776 Staudinger-*Wimmer-Leonhardt*, § 516 Rn. 29, § 525 Rn. 21; MüKo-*Koch*, § 525 Rn. 5; *Ebersbach*, Stiftungsrecht, S. 175 f.; *Andrick*, Stiftungsrecht und Staatsaufsicht, S. 45; a.A. *Westebbe*, Stiftungstreuhand, S. 68 f., der auf die fremdnützige Verwendung der Schenkung sowie auf das Eigenleben der juristische Person hinweist, woraus sich Widersprüche zwischen Auflagenbestimmung und Interessen der juristischen Person ergeben könnten.
777 So auch Staudinger-*Hüttemann/Rawert*, Vorbem zu §§ 80 ff. Rn. 249 f.; vgl. ebenfalls *K. Schmidt*, Stiftungsrecht in Europa, S. 175–195 (182).

letztlich auch die satzungsgemäßen Zwecke einer juristischen Person auf die Entscheidungen natürlicher Personen zurück und können sich entsprechend verändern.[778]

Ob eine unselbstständige Stiftung in Form einer Auflagenschenkung möglich ist, hängt somit davon ab, ob eine Bereicherung beim Stiftungsträger (dem Beschenkten) bejaht werden kann. Zusammenfassend ergibt sich dabei folgendes Bild: Eine Bereicherung des Stiftungsträgers liegt einmal dann vor, wenn diesem nach Unmöglichwerden des Stiftungszweckes das Stiftungsvermögen zufällt. Zum zweiten ist eine solche dann zu bejahen, wenn sich der Stiftungszweck mit den eigenen Interessen des Stiftungsträgers deckt und diesem daher zumindest ein immaterieller Vorteil durch die Verwirklichung des Stiftungszwecks zukommt.

(2) Zusammenfassung

Soweit die unselbstständige Stiftung als Auflagenschenkung errichtet wird, können die mit der Konstruktion als Treuhandstiftung verbundenen Schwachpunkte weitestgehend vermieden werden. Allerdings fällt bei Insolvenz des Stiftungsträgers einer Auflagenschenkung auch das Stiftungsvermögen in die Insolvenzmasse.[779] Wegen der Einschränkungen durch das insolvenzrechtliche Surrogationsverbot und den Unmittelbarkeitsgrundsatz bedeutet dies jedoch letztlich de facto keinen Nachteil gegenüber einer Gestaltung als Stiftungstreuhand.[780] Allerdings muss tatsächlich eine Bereicherung des Beschenkten vorliegen. Denn ansonsten wäre der Stiftungsträger nicht beschenkt, sondern beauftragt. Es läge dann keine Auflagenschenkung vor, sondern eine Treuhand.[781] Dies hätte die mit der Stiftungstreuhand geschilderten Probleme zur Folge. Letztlich kann jedoch auch eine Auflagenschenkung dem Interesse des Stifters nach Dauerhaftigkeit, Beständigkeit und Sicherheit hinsichtlich der Erfüllung des von ihm bestimmten Stiftungszwecks nicht in dem Maße gerecht werden, wie dies eine Stiftung gemäß §§ 80 ff. BGB vermag.

---

778 Zu beachten sind jedoch im Einzelfall die steuerlichen Anforderungen daran, dass die gemeinnützige Mittelverwendung sichergestellt ist. Hierfür kann es erforderlich sein, dass tatsächlich eine juristische Person mit gemeinnützigem Zweck als Stiftungsträger ausgewählt werden muss, vgl. MüKo-*Reuter*, Vor § 80 Rn. 112.
779 MüKo-*Reuter*, Vor § 80 Rn. 114; a.A. *Schlüter*, Stiftungsrecht, S. 62, 236 f.
780 Vgl. D.III.2.a.a).
781 MüKo-*Reuter*, Vor § 80 Rn. 108.

c) Moderne Konzeptionen

Neben den beiden bisher dargestellten und in gewisser Weise schon traditionellen Konzeptionen der unselbstständigen Stiftung als Treuhand oder als Auflagenschenkung, haben sich weitergehende Gedankenmodelle entwickelt. Dabei eint alle der Versuch, die Unzulänglichkeiten[782] des bestehenden Rechts der unselbstständigen Stiftung im Vergleich zum Recht der selbstständigen BGB-Stiftung abzumildern.

(1) Konzept von Westebbe

Westebbe schlägt dementsprechend vor, den Anknüpfungspunkt der §§ 47 InsO, 771 ZPO zu verändern, wenn der Stiftungsträger einer Treuhandstiftung in die Insolvenz fällt.[783] Es soll nicht mehr entscheidend sein, dass das Stiftungsvermögen wirtschaftlich dem Stifter gehört, sondern dass es dem Stiftungsträger nicht gehört.[784] Die Rechte gemäß §§ 47 InsO, 771 ZPO sollen entsprechend nur noch ausnahmsweise dem Stifter selbst zustehen, ansonsten allerdings den Destinatären oder den nach Beendigung des Treuhandverhältnisses Anfallsberechtigten.[785] Die Rechte sollen dabei zugunsten des Treuhänders geltend gemacht werden. Angestrebt wird in der Konsequenz die Schaffung eines Sondervermögens, das insolvenzfest ist.[786] Der Versuch einer rechtlichen Verselbstständigung der Treuhandstiftung tritt hier deutlich zutage.

(2) Konzept von K. Schmidt

Eine andere Konzeption, welche die Aufwertung der unselbstständigen Stiftung verfolgt, ist diejenige der virtuellen juristischen Person von Karsten Schmidt.[787] Ergebnis dieses Gedankenmodels ist eine unselbstständige Stiftung, die mit einzelvertraglichen Mitteln zu einer echten Stiftung wird.[788] Hierzu werden sowohl Elemente der Auflagenschenkung als auch Elemente der Treuhand einbezogen: Der Vermögenstransfer auf den Stiftungsträger soll mittels Schenkung erfolgen, die Organisation der Stiftung mittels Treuhand und beides letztlich durch die

---

782 Vgl. *Ballerstedt/Salzwedel*, Gutachten 44. DJT, S. 15.
783 *Westebbe*, Stiftungstreuhand, S. 146 ff.
784 *Westebbe*, Stiftungstreuhand, S. 147.
785 *Westebbe*, Stiftungstreuhand, S. 147 f.
786 Ausdrücklich *Westebbe*, Stiftungstreuhand, S. 149.
787 *K. Schmidt*, Stiftungsrecht in Europa, S. 175–195; siehe hierzu etwa *Rawert*, FS K. Schmidt, S. 1323–1339 (1332 ff.).
788 *K. Schmidt*, Stiftungsrecht in Europa, S. 175–195 (177 f.).

Auflage miteinander verbunden sein.[789] Kennzeichen dieser Stiftung als virtueller juristischer Person sei, dass der Stiftungsträger im Außenverhältnis zwar das Stiftungsvermögen trage, im Innenverhältnis jedoch als virtuelles Organ einer virtuellen Rechtsperson agiere.[790] Gleichwohl sollen dem Stifter oder einem sonstigen Inhaber des Anspruchs auf Vollziehung der Auflage im Außenverhältnis die Rechte gemäß §§ 47 InsO, 771 ZPO zustehen, so wie dies im Falle der Treuhand allgemein anerkannt wird.[791]

(3) Konzept von Koos
Koos vertritt die Ansicht, dass das Treuhandverhältnis – vergleichbar der Gesamthand im Personenverband – zwischen Stifter und Stiftungsträger zu einer Teilpersonifikation führt. Diese sei als Zuordnungssubjekt des wirtschaftlichen Eigentums anzusehen.[792] Dabei werde das Zuordnungssubjekt durch einen Widmungsvertrag begründet, der sowohl ein schuldrechtliches Zuwendungsversprechen als auch einen organisationsrechtlichen Schöpfungsakt enthalte.[793] Der Stifter selbst werde ebenfalls Teil der Stiftungsorganisation. Dementsprechend stünden ihm seine Rechte als ursprünglichem Treugeber nur noch stiftungsbezogen und -gebunden zu.[794] Resultat dieser Konstruktion ist die Vermeidung der ansonsten mit der Treuhandstiftung verbundenen Schwächen, welche aus der Rolle des Stifters als Auftraggeber folgen.[795] Angestrebt wird eine grundsätzliche Gleichstellung der unselbständigen Stiftung mit der Stiftung gemäß §§ 80 ff. BGB. Es soll die Möglichkeit eröffnet werden, Stiftungsvermögen nicht nur durch staatliche Anerkennung, sondern auch auf anderem Wege verselbstständigen zu können.[796]

---

789 K. Schmidt, Stiftungsrecht in Europa, S. 175–195 (181).
790 K. Schmidt, Stiftungsrecht in Europa, S. 175–195 (183); vorsichtig *Schlüter*, Stiftungsrecht, S. 64 f.; dabei wird vorgebracht, dass ein erster Anfang zur Außenwirkung der virtuellen Person bereits mit BGH v. 28.1.1988, BGHZ 103, 171 gemacht worden sei, indem die Namensträgerschaft einer unselbstständigen Stiftung anerkannt worden sei.
791 K. Schmidt, Stiftungsrecht in Europa, S. 175–195 (184 f.).
792 *Koos*, Fiduziarische Person, S. 248 ff., 354 f.
793 *Koos*, Fiduziarische Person, S. 342.
794 *Koos*, Fiduziarische Person, S. 354.
795 Vgl. hierzu D.III.2.a.a).
796 *Koos*, Fiduziarische Person, S. 135 ff., 285 ff., 353 ff.

(4) Konzept von Geibel
Nach der Treuhandtheorie von Geibel sollen die als Treuhand verfassten, unselbstständigen Stiftungen, als atypische BGB-Gesellschaften zu qualifizieren sein.[797] In der Folge sei die unselbstständige Treuhandstiftung nicht mehr als wirtschaftliches Eigentum des Stifters zu begreifen, sondern als rechtsfähiger Stiftungsträger.[798] Dementsprechend könne sie in gewissen Grenzen so ausgestaltet werden, dass der Stifter das Treuhandverhältnis nicht mehr beherrsche und somit der Stiftungszweck von seinem Willen unabhängig und losgelöst bleibe. Soweit durch bestimmte Ausgestaltungen des Stiftungsvertrages sichergestellt sei, dass der Stiftungszweck als konstitutives Element der Stiftung einen Wechsel im Gesellschafterverband überdauert, könne daher auch die Rechtsfähigkeit der Stiftungstreuhand angenommen werden.[799]

(5) Konzept von Bruns
Mit Hinweis auf eine stiftungstypische Gefährdungslage[800] und unter Berufung auf ein Grundrecht auf Stiftung[801] erhebt Bruns die Forderung, dass auch die Rechtspersönlichkeit der organisierten fiduziarischen Stiftung anzuerkennen sei. Aufgrund der verfassungsrechtlichen Ausgangslage läge sonst ein Fall von blanker Rechtsverweigerung vor.[802] Zudem folge es schon aus dem Gebot der einheitlichen Gestaltung der Rechtsverhältnisse, dass fiduziarische Stiftungen als Rechtspersonen zu akzeptieren seien.[803] Diese Forderung wird insbesondere mit den Schwächen der staatlichen Stiftungsaufsicht begründet, die nur bedingt tauge. Insbesondere bei der Durchsetzung des Gebotes der Kapitalerhaltung erscheine sie hilflos.[804] Aufgrund des bestehenden Grundrechts auf Stiftung müsse aber zumindest irgendeine Rechtsform verfügbar sein, die eine dauerhafte Zweckverfolgung ermögliche. Eine solche sei zwar mit der BGB-Stiftung gegeben. Da die fiduziarische, rechtsfähige Stiftung von dieser jedoch nur durch das Erfordernis der staatlichen Anerkennung getrennt werde, sei dies als Sperre für

---

797 Als „(…) „höchst" atypische Gesellschaft (…)", *Geibel*, Treuhandrecht, S. 423.
798 *Geibel*, Treuhandrecht, S. 422.
799 *Geibel*, Treuhandrecht, S. 422, 425.
800 Diese ergibt sich daraus, dass die Stiftung anders als Verbände nicht über Mitglieder verfügt, welche eine Interessenausgleichs- und Kontrollfunktion übernehmen könnten; ausführlich hierzu unter C.V.1.
801 Hierzu ausführlich unter D.IV.
802 *Bruns*, JZ 2009, 840–846 (S. 846).
803 *Bruns*, JZ 2009, 840–846 (S. 842).
804 *Bruns*, JZ 2009, 840–846 (S. 845).

eine weitere Stiftungsform unverhältnismäßig.[805] Sowohl die BGB-Stiftung als auch die satzungsgestützte fiduziarische Stiftung erfüllten die materiellen Anforderungen der §§ 80, 81 BGB mit den drei Hauptkriterien Zweck, Vermögen und Organisation. Da auch die rechtsfähige fiduziarische Stiftung dabei kein personelles Substrat habe, handele es sich bei ihr nicht nur um ein rechtsfähiges Gebilde, sondern auch um eine juristische Person.[806]

(6) Konzept von Reuter
Reuters Vorschlag entsprechend sei es vorzugswürdig, die rechtliche Verselbstständigung der Stiftungstreuhand an ein Treuhandmodell anzulehnen, das dem Gesetzgeber bereits dazu gedient habe, Vermögen teilweise zu verselbstständigen, das Treuhandmodell des bis zum 1.1.2004 geltenden Investmentrechts.[807] Durch eine Anlehnung hieran werde die rechtliche Verselbstständigung der unselbstständigen Stiftung nicht freihändig vorgenommen, sondern an einem vorhandenen Vorbild im deutschen Recht orientiert.[808]

Die dem Stiftungsträger insoweit funktional vergleichbare AG (Kapitalanlagegesellschaft, KAG) sei nicht Organ, sondern Treuhänder des Investmentfonds gewesen, die Anleger des Investmentfonds so wie die Destinatäre der unselbstständigen Stiftung nur Nutznießer und keine Mitglieder des Fonds. Gegenüber Gläubigern hätte der Investmentfonds nicht für Verbindlichkeiten der KAG gehaftet. Soweit die KAG den Investmentfonds jedoch durch schuldhaft pflichtwidriges Verhalten geschädigt habe, hätte sie von der Depotbank als weiterem Treuhänder des Investmentfonds auf Schadensersatzzahlung in den Fonds in Anspruch genommen werden können. Daneben sei es der Depotbank möglich gewesen, die KAG unter bestimmten Voraussetzungen durch einen anderen Haupttreuhänder zu ersetzen.[809]

Durch eine dem Treuhandmodell des Investmentrechts vergleichbare Ausgestaltung der unselbstständigen Stiftung könnten die Bedürfnisse hinsichtlich der bisher noch mit ihr verbundenen Schwachstellen befriedigt werden.[810] Dennoch ergäben sich Unterschiede im Vergleich zur selbstständigen Stiftung. So blieben die Anforderung an die unselbstständige Stiftung teilweise hinter den

---

805 *Bruns*, JZ 2009, 840–846 (S. 842).
806 *Bruns*, JZ 2009, 840–846 (S. 846).
807 MüKo-*Reuter*, Vor § 80 Rn. 121.
808 MüKo-*Reuter*, Vor § 80 Rn. 121; zu diesem Vorschlag *Fischer*, FS Reuter, S. 73–91 (74 ff.).
809 MüKo-*Reuter*, Vor § 80 Rn. 121 (m.w.N.).
810 MüKo-*Reuter*, Vor § 80 Rn. 121.

Anforderungen der §§ 80 ff. BGB zurück[811], gingen jedoch zum Teil auch darüber hinaus.[812] Keine Veränderungen ergäben sich im Hinblick auf die Anforderungen des Stiftungsbegriffs.[813]

(7) Zusammenfassung
Auch ohne die dargestellten Vorschläge jeweils einer ausführlichen Kritik zu unterziehen, lässt sich ihrem inhaltlichen Gedankengang eine Gemeinsamkeit entnehmen. Im Kern streben die dargestellten jüngeren Konzeptionen eine Verselbstständigung der bisher unselbstständigen Stiftung an und führen in ihrer Ausgestaltung zu einer Annäherung zwischen dieser und der selbstständigen Stiftung gemäß §§ 80 ff. BGB.[814] Hintergedanke ist jeweils, die mit den tradierten Ausgestaltungen der unselbstständigen Stiftung verbundenen Schwächen[815] abzumildern. Auf jeweils unterschiedliche Weise setzen sich die einzelnen Vorschläge mit den für die unselbstständige Stiftung angestrebten Eigenschaften

---

811 So seien zwar die Anforderungen des § 81 I 3 BGB mit Ausnahme von Nr. 5 zu erfüllen, nicht jedoch diejenigen von § 80 II BGB. Als Grund werden die fehlende Mitverantwortung der Stiftungsbehörde bei der Verwirklichung des Stifterwillens im Falle einer unselbstständigen Stiftung genannt sowie die Schutzfunktion für den Rechtsverkehr von § 80 II BGB, MüKo-*Reuter*, Vor § 80 Rn. 122.

812 So sei ein funktionsfähiger Ersatz für den Ausfall der Stiftungsbehörde als Garant der gesetz- und satzungsgemäßen Verwaltung des Stiftervermögens zu finden. Bis zu seinem Tod könne diese Funktion durch den Stifter ausgeübt werden, im Anschluss sei grundsätzlich eine Kontrolle durch die Destinatäre vorzugswürdig, MüKo-*Reuter*, Vor § 80 Rn. 122; zum hiermit verbunden Problem des unbestimmten Kreises von Destinatären bei gemeinnützigen Stiftungen MüKo-*Reuter*, Vor § 80 Rn. 123.

813 MüKo-*Reuter*, Vor § 80 Rn. 122.

814 Zumindest die Anerkennung als Steuersubjekt ist der unselbstständigen Stiftung bisher zuteil geworden, vgl. § 1 I Nr. 5 KStG. Hieraus hat der BFH für das Steuerrecht eine Rechts- und Parteifähigkeit im finanzgerichtlichen Prozess abgeleitet, BFH v. 29.1.2003, mit Anmerkungen *Richter*, ZSt 2003, 134–137 (S. 134 ff.); kritisch diesbezüglich MüKo-*Reuter*, Vor § 80 Rn. 120.

815 In praktischer Hinsicht werden jedoch folgende Punkte als vorteilhaft gegenüber der Errichtung einer BGB-Stiftung angesehen: das Fehlen eines langwierigen und komplizierten Genehmigungsverfahrens sowie das Entfallen einer staatlichen Aufsicht über die laufende Stiftungstätigkeit, die Freiheit von staatlicher Einwirkung bei Satzungsänderung und Auflösung, die unkomplizierte Anerkennung der Gemeinnützigkeit durch die Steuerbehörden sowie allgemeine Kostenvorteile, da keine gesonderte Beratung bezüglich Rechts-, Steuer- oder Programmfragen erforderlich sei, vgl. ausführlich Seifart/von Campenhausen-*Hof*, § 36 Rn. 12.

auseinander: Immunität des Stiftungsvermögens gegenüber dem rechtlichen Schicksal des Stiftungsträgers, Haftung des Stiftungsträgers für Beschädigungen des Stiftungsvermögens sowie der Existenz einer Instanz, welche den Stiftungsträger verlässlich zur gesetzes- und vertrags- beziehungsweise satzungsgemäßen Verwaltung des Stiftungsvermögens anhält.[816]

b. Schlussfolgerungen

Es besteht ein grundsätzliches Bedürfnis des Menschen an Zusammenschlüssen in überindividuellen Organisationen. Diese sind ein Grundelement des sozialen Lebens und Teil jeder höheren Kultur.[817] Dabei ist die juristische Person jedoch nicht die einzige Möglichkeit des Zusammenschlusses, die durch das Organisationsrecht eröffnet wird.[818] In welchem Maße dabei einzelnen sozialen Zusammenschlüssen der Status der juristischen Person zuteil wird, ist nicht zuletzt Ergebnis des Zusammenspiels von gesellschaftlichen Realitäten, politischen Vorstellungen und rechtlichen Regelungen.[819] Denn die juristische Person steht substantiell auf einem rechtsethischen und -soziologischen Fundament.[820] Dementsprechend verdanken selbstständige Stiftungen ihre Existenz als juristische Person der Anerkennung durch eine bestimmte Gesellschafts- und Wirtschaftsordnung.[821] Dabei ist diese Anerkennung und die mit ihr einhergehende Zuerkennung von Rechtsfähigkeit ein Privileg.[822] Denn erst dadurch, dass der Stiftung diese Eigenschaft verliehen wird und ihre Anerkennung förmlich zum Ausdruck kommt, wird für sie derjenige Freiraum begründet, in welchem sie sich ihrer

---

816 Müko-*Reuter*, Vor § 80 Rn. 121; *Westebbe*, Stiftungstreuhand, S. 127 ff., 186 ff.
817 Staudinger-*Weick*, Einl zu §§ 21 ff. Rn. 6.
818 Einen Überblick zu den sonstigen Möglichkeiten findet sich etwa bei *John*, Die organisierte Rechtsperson, S. 95 ff. oder bei Staudinger-*Weick*, Einl zu §§ 21 ff. Rn. 9 ff.
819 *T. Raiser*, AcP 199 (1999), 104–144 (S. 114): „Realität und Rechtsbegriff der juristischen Personen konkretisieren sich nach alledem im Spannungsfeld zwischen vorrechtlicher Eigendynamik der Verbände und ihrer Formung durch das Recht nach den in diesem wirkenden Ordnungsvorstellungen und politischen Entscheidungen."
820 MüKo-*Reuter*, Vor § 21 Rn. 3 f. (m.w.N.); für eine Darstellung der diesbezüglich neueren Gedankenströmungen siehe *T. Raiser*, AcP 199 (1999), 104–144 (S. 105 ff., 121 ff.)
821 *Müller-Freienfels*, AcP 156 (1957), 522–543 (S. 538).
822 Soergel-*Neuhoff*, Vor § 80 Rn. 57a.

Zweckbestimmung nach innerhalb der Gesellschaft nachhaltig verwirklichen kann.[823]

Durch den vorangegangenen Vergleich mit den unterschiedlichen Spielarten der unselbstständigen Stiftung hat sich gezeigt, dass die BGB-Stiftung letztlich am eindeutigsten die wesentlichen Strukturmerkmale der Stiftungsidee zum Ausdruck bringt[824] und sich dabei als wesentlicher Unterschied zwischen beiden darstellt, dass erstere keine juristischen Personen sind. Daher bedürfen sie stets eines Trägers, um rechtswirksam handeln zu können.[825] Zwar erscheinen die unselbstständigen Stiftungen so als einfachere Grundform der Stiftung gemäß §§ 80 ff. BGB.[826] Aus dieser „Einfachheit" folgen jedoch Nachteile, die sich grob in drei Problemkreisen zusammenfassen lassen:[827] Erstens besteht keine hinreichende Sicherung des Stiftungsvermögens vor Zugriffen der Gläubiger von Stifter und Stiftungsträger; zweitens kann nicht in ausreichendem Maße sichergestellt werden, dass Schädigungen der unselbstständigen Stiftung durch den Stiftungsträger unterbleiben oder etwaiger entstandener Schaden ausgeglichen wird; drittens ist es praktisch kaum möglich, einen dauerhaften Bestand und eine dauerhafte Stiftungsarbeit im Sinne des Stifters aufrechtzuerhalten.

Die Anerkennung der Stiftung als juristische Person hat gleichsam zur Folge, dass mit ihr eine (grundsätzlich kontrollbedürftige[828]) Machtballung einhergeht, die sozialverträglich sein muss. Denn zum einen beansprucht sie nunmehr als juristische Person Geltung über die an ihrem Zustandekommen beteiligten Personen hinaus[829] und zum anderen wird ihr zusätzlich eine Kontinuität verliehen, die weit über die Lebensdauer eines Menschen reicht[830]. Diesbezüglich ist die Art und Weise bezeichnend, auf welche der Gesetzgeber in jüngerer Zeit wirtschaftlichen Körperschaften gegenübergetreten ist. Von diesen verlangt er ab einer bestimmten Größenordnung nicht mehr nur allein risikobewusstes Verhalten,

---

823 *T. Raiser*, AcP 199 (1999), 104–144 (S. 134).
824 Vgl. Soergel-*Neuhoff*, Vor § 80 Rn. 9.
825 Seifart/von Campenhausen-*Hof*, § 36 Rn. 1.
826 Seifart/von Campenhausen-*Hof*, § 36 Rn. 1; *K. Schmidt*, Stiftungsrecht in Europa, S. 175–195 (177) bezeichnet sie als Lehrmeister, wobei Lernziel das Stiftungsrecht sei; *Seyfarth*, Der Schutz der unselbstständigen Stiftung, S. 18 f. spricht von einer „flexiblen Stiftungsform".
827 Vgl. *Westebbe*, Stiftungstreuhand, S. 185 ff.
828 Dieses Kontrollbedürfnis hatte sich traditionellerweise in einem Konzessionserfordernis für juristische Personen geäußert, MüKo-*Reuter*, Vor § 21 Rn. 6; vgl. auch HKK-BGB-*Bär*, §§ 21–79 Rn. 1; *T. Raiser*, AcP 199 (1999), 104–144 (S. 114).
829 MüKo-*Reuter*, Vor § 21 Rn. 6 (m.w.N.).
830 *Serick*, Rechtsform und Realität, S. 26.

sondern darüber hinaus sozial verantwortungsbewusstes.[831] Dieses Verlangen hat seinen Ausdruck etwa im Mitbestimmungsgesetz[832] gefunden. Hierdurch soll dem Auseinanderfallen des Gebrauchs von Eigentum und der Verantwortung für diesen entgegengewirkt werden.[833] Dementsprechend muss sich auch jede einzelne Stiftung in das Wertungsgefüge des BGB einpassen.[834] Denn diese sind wie alle anderen juristischen Personen von der geltenden öffentlichen Ordnung als Inbegriff der die jeweilige Gesellschaftsordnung beherrschenden Prinzipien abhängig.[835] Daher ist zu verhindern, dass sich einzelne Stiftungen nicht widerspruchslos in die gesellschaftliche Werteordnung einfügen und ihnen so ungerechtfertigterweise das Privileg der Rechtsfähigkeit zu Teil würde. Denn juristische Personen verdanken ja gerade dieser Werteordnung ihre Existenz und dürfen daher nicht gegen ihre Grundlagen verstoßen, noch überhaupt zu einer Gefahr für sie werden.[836] Reinen Unterhaltsstiftungen, die auf vielfältige Weise systemwidrig sind[837], können daher nicht die Privilegien zu Teil werden, die mit einer Anerkennung als juristische Person einhergehen.[838]

IV. Unterhaltsstiftung und Grundrecht auf Stiftung

Die Frage nach einem Grundrecht auf Stiftung ist keineswegs von rein akademischem Interesse. Bereits erwähnt wurden etwa die Mitwirkung des Staates bei der Stiftungsentstehung oder die Befugnisse der Stiftungsaufsicht, welche durch die Grundrechtsordnung beeinflusst werden. Darüber hinaus ist es auch für die Fragestellung nach den zulässigen Stiftungszwecken mitentscheidend, ob ein Grundrecht auf Stiftung besteht. Von den Befürwortern eines solchen Grundrechts wird diesem in der Regel eine weitreichende Bedeutung zugemessen.

---

831 MüKo-*Reuter*, Vor § 21 Rn. 79.
832 Mitbestimmungsgesetz vom 4.5.1976 (BGBl. I S. 1153); sozial missbilligte Entscheidungen sollen nicht mehr im Schutz anonymisierter Entscheidungsprozesse innerhalb der juristischen Person getroffen werden können, sondern durch ein internes soziales Gewissen in Gestalt der Mitbestimmung kompensiert werden, *Reuter*, Mittbestimmung, S. 16 ff.
833 BVerfG v. 1.3.1979, BVerGE 50, 290, 348.
834 Staudinger-*Rawert* (1995), Vorbem zu §§ 80 ff. Rn. 133; dem Kriterium der Systemwidrigkeit rechtspolitisch noch zustimmend, ansonsten aber kritisch nunmehr Staudinger-*Hüttemann/Rawert*, Vorbem zu §§ 80 ff. Rn. 187 f.
835 *Müller-Freienfels*, AcP 156 (1957), 522–543 (S. 537 f.).
836 *Müller-Freienfels*, AcP 156 (1957), 522–543 (S. 538).
837 Siehe hierzu umfassend Kapitel D.
838 Vgl. auch *Kemke*, Privatautonome Rechtsgestaltung im modernen Staat, S. 358.

Hinsichtlich der reinen Unterhaltsstiftungen bedeutet dies, dass aus dem Bestehen eines Grundrechts auf Stiftung auf deren Zulässigkeit geschlossen wird.

Jahrzehntelang wurde ein vermeintlich bestehender Konsens über das Bestehen eines Grundrechts auf Stiftung nicht kritisch hinterfragt.[839] Folge dieser fehlenden inhaltlichen Auseinandersetzung war, dass der Behauptung eines Grundrechts auf Stiftung eine „per-se-Überzeugungskraft"[840] beigegeben wurde. Dementsprechend enthält der Bericht der Bund-Länder-Arbeitsgruppe Stiftungsrecht[841] zwar einen Hinweis auf einen grundrechtlich geschützten Anspruch auf Errichtung einer Stiftung, entbehrt jedoch jeden Versuchs einer inhaltlichen Begründung desselben.[842] Abgesehen davon, dass auch zwischen den Befürwortern eines Grundrechts auf Stiftung seit jeher Uneinigkeit darüber herrscht, auf welches Grundrecht dieses konkret zu stützen sei, kann der vormals bestehende positive Konsens über das generelle Bestehen eines Grundrechts auf Stiftung inzwischen als aufgekündigt gelten.[843]

Ungeachtet der Diskussion um das Bestehen eines Grundrechts auf Stiftung ist der grundrechtliche Schutz der bereits bestehenden selbständigen Stiftung des Privatrechts gemeinhin anerkannt. Dieser wird ihr über Art. 19 III GG zuteil.[844] Die nachfolgenden Ausführungen werden sich daher lediglich auf die Frage konzentrieren, ob ein eigenständiges Grundrecht auf Neuerrichtung einer

---

839 Begründer dieses Konsenses und der plakativen Formel vom „Grundrecht auf Stiftung" ist *Frowein*, Grundrecht auf Stiftung, S. 11 ff; ähnlich bereits *Strickrodt*, Stiftungsrecht, S. 69 ff.
840 *Reuter*, Stiftungsrecht in Europa, S. 139–158 (145).
841 Dieser Bericht und seine rechtstatsächlichen Befunde dienten im Gesetzgebungsverfahren als Orientierung, RegE, BT-Drs. 14/8765, S. 7.
842 Bericht der Bund-Länder-Arbeitsgruppe, S. 26.
843 Für ein solches Grundrecht etwa Seifart/von Campenhausen-*Hof*, § 4 Rn. 8 ff.; Staudinger-*Rawert* (1995), Vorbem zu §§ 80 ff. Rn. 43; *ders.*, Die Genehmigungsfähigkeit der unternehmensverbundenen Stiftung, S. 64 ff.; *Frowein*, Grundrecht auf Stiftung, S. 11 ff.; *Kronke*, Stiftungstypus und Unternehmensträgerstiftung, S. 39; *M. Schulte*, Staat und Stiftung, S. 41 ff.; MüKo-*Reuter*, Vor § 80 Rn. 35 f.; *Burgard*, Gestaltungsfreiheit, S. 41 ff.; *Jakob*, Schutz der Stiftung, S. 108 ff.; *Hof/Hartmann/Richter*, Stiftungen, S. 161 ff.; a.A. *Sachs*, FS Leisner, S. 955–971 (955 ff.); *Manssen*, Privatrechtsgestaltung durch Hoheitsakt, S. 217 ff.; *Andrick/Suerbaum*, Stiftung und Aufsicht, S. 60 ff. kritisch nunmehr auch Staudinger-*Hüttemann/Rawert*, Vorbem zu §§ 80 ff. Rn. 32 ff.; *Rawert*, FS Reuter, S. 1323–1338 (1323 ff.).
844 BVerfG v. 11.10.1977, NJW 1978, 581; Seifart/von Campenhausen-*Hof*, § 4 Rn. 110 ff.; Staudinger-*Hüttemann/Rawert*, Vorbem zu §§ 80 ff. Rn. 42; *Sachs*, FS Leisner, S. 955–971 (964); *von Mutius*, VerwArchiv 65 (1974), 87–90 (S 87 ff.).

Stiftung für den Stifter besteht und welche Konsequenzen sich hieraus für die Zulässigkeit von reinen Unterhaltsstiftungen ergeben. Der Grundrechtsschutz bestehender Stiftungen soll dagegen nicht das Thema sein.[845]

1. Vereinigungsfreiheit

Keine taugliche Verortung für ein Grundrecht auf Stiftung stellt die Vereinigungsfreiheit gemäß Art. 9 I GG dar. Zwar verweist § 86 BGB für Stiftungen auf eine entsprechende Anwendung der vereinsrechtlichen Vorschriften, so dass eine formspezifische Verankerung innerhalb dieser Norm zumindest denkbar wäre.[846] So werden durch die Rechtsprechung etwa grundrechtliche Wertungen der Vereinigungsfreiheit bemüht, um Schlüsse für das Recht der Stiftung gemäß §§ 80 ff. BGB zu ziehen.[847] Dennoch ist nicht zu verkennen, dass zwischen Stiftung und Verein ein wesensgemäßer Unterschied dergestalt besteht, dass der Verein ein Zusammenschluss natürlicher oder juristischer Personen ist, die Stiftung jedoch – so die Wortwahl der Rechtsprechung – eine „personenlose Vereinigung"[848] darstellt. Jedenfalls setzt die Vereinigungsfreiheit das Zusammenwirken mehrerer Personen voraus, weshalb sie nicht für Stiftungen fruchtbar gemacht werden kann, die gerade eines solchen Personenzusammenschlusses entbehren.[849] Daran ändert sich nichts dadurch, dass eine Stiftung auch durch zwei oder mehr Stifter errichtet werden kann.[850] Die Stiftung selbst bleibt „personenlos". Ein Grundrecht auf Stiftung ist somit nicht aus Art. 9 GG ableitbar.

2. Spezialgrundrechte

Auch die Verortung eines Grundrechts auf Stiftung innerhalb der Spezialgrundrechte, die sich an der inhaltlichen Orientierung der jeweiligen Stiftung

---

845 Hierzu ausführlich Seifart/von Campenhausen-*Hof*, § 4 Rn. 110 ff.
846 *Krause/Thiele*, Non Profit Law Yearbook 2007, S. 133–147 (135).
847 So etwa VG Düsseldorf v. 25.3.1994, NVwZ 1994, 811, 812 ff.
848 VG Düsseldorf v. 25.3.1994, NVwZ 1994, 811, 813, wogegen sich jedoch das BVerwG wendet, vgl. BVerwG v. 12.2.1998, NJW 1998, 2545 f.
849 *Sachs*, FS Leisner, S. 955–971 (957); Sachs-*Höfling*, Art. 9 Rn. 10; *von Mutius*, Jura 1984, 193 (S. 194); *Krause/Thiele*, Non Profit Law Yearbook 2007, S. 133–147 (135); BVerwG v. 12.2.1998, NJW 1998, 2545 f.; VG Düsseldorf v. 25.3.1994, NVwZ 1994, 811, 813; *Walz*, ZSt 2004, 133–140 (S. 136).
850 Vgl. zu diesem Gedanken unter Bezugnahme auf die EMRK und darauf, dass für das menschenrechtliche Schrifttum vertreten wird, die Stifterfreiheit werde durch Art. 11 EMRK erfasst, welcher die Vereinigungsfreiheit schützt *Walz*, ZSt 2004, 133–140 (S. 134 f.).

orientieren soll, kann letztlich nicht überzeugen. Je nach Stiftungszweck wäre dann ein anderes Spezialgrundrecht einschlägig, anhand dessen der grundrechtliche Schutz des einzelnen Stiftungsvorhabens zu bemessen wäre.[851] In Frage sollen hierbei insbesondere die folgenden Grundrechte kommen:[852] Art. 4 I, II GG bei der Errichtung einer religiösen Stiftung, Art. 5 I GG bei einer Stiftung mit Bezug zu den Grundrechten der freien Meinungsäußerung, Art. 5 III GG für Stiftungen im Bereich von Lehre, Forschung oder Kunst, Art. 6 I GG für die Errichtung einer Familienstiftung sowie Art. 7 IV GG hinsichtlich einer Stiftung, welche eine Privatschule trägt. In der Konsequenz bestünde ein grundrechtlich geschütztes Recht auf Stiftungserrichtung soweit, wie sich eine einmal errichtete Stiftung nach Gründung im Rahmen ihrer Tätigkeit auf Grundrechte berufen könnte.[853] Insofern wäre dann nicht die individuelle Autonomie des Stifters maßgeblich, sondern ein Zusammenklang von privater Initiative und öffentlichem Wohl. Nur soweit der Stiftungszweck ein solcher wäre, der generationenübergreifend in der objektiven Ordnung des Grundgesetzes angelegt ist, könnte sich der Stifter auf das einzelne Spezialgrundrecht berufen.[854] Die Rechtsposition des Stifters soll dementsprechend ein Reflex der besonderen Grundrechtsaffinität des jeweiligen Stiftungszwecks sein, die Stiftung selbst ein Element generationenübergreifender objektiver (nicht staatlicher) Ordnung. Dieser generationenübergreifende Charakter der Stiftung rechtfertige einen Schutz durch die nicht marktbezogenen Spezialgrundrechte und ihre Funktion als objektive Werteordnung. Grund hierfür sei, dass es bei der Stifterfreiheit nicht ausschließlich um die Erweiterung der Privatautonomie gehe, sondern auch darum, dass neben dem Staat gleichfalls der individuelle mündige Bürger für das öffentliche Wohl zuständig sei.[855]

Der dargestellten Ableitung eines Grundrechts auf Stiftung aus den genannten Spezialgrundrechten ist zunächst entgegenzuhalten, dass die Wahl einer

---

851 *Frowein*, Grundrecht auf Stiftung, S. 11 ff.; *Kronke*, Stiftungstypus und Unternehmensträgerstiftung, S. 39; *Jakob*, Schutz der Stiftung, S. 108 ff.; *Walz*, ZSt 2004, 133–140 (S. 139 f.); *Kübler*, GS Walz, S. 373–384 (382 f.); ebenfalls unter Bezugnahme auf Spezialgrundrechte, aber mit Art. 2 I GG als Ausgangspunkt Seifart/von Campenhausen-*Hof*, § 4 Rn. 8 ff.
852 *Frowein*, Grundrecht auf Stiftung, S. 11 ff.
853 *Walz*, ZSt 2004, 133–140 (S. 140).
854 *Walz*, ZSt 2004, 133–140 (S. 140).
855 *Kübler*, GS Walz, S. 373–384 (382); zustimmende hinsichtlich der autonomen Gestaltung des Gemeinwohls durch den einzelnen Bürger *Richter*, Rechtsfähige Stiftung und Charitable Corporation, S. 403.

Rechtsform zur Verfolgung eines bestimmten Zwecks einen neutralen Akt darstellt. Daher fällt der stifterische Willensakt selbst nicht in den Schutzbereich der genannten Grundrechte.[856] Vielmehr könnte sich der Stifter nur dann auf ein Grundrecht auf Stiftung berufen, wenn die Wahl der Rechtsform einer Stiftung gemäß §§ 80 ff. BGB notwendige Bedingung zur Verwirklichung der entsprechenden grundrechtlichen Freiheiten wäre.[857] Gerade dies ist jedoch nicht der Fall, da sich die durch den Stifter angestrebten Ziele regelmäßig auch in anderen Rechtsformen verwirklichen lassen, etwa mittels eines Vereins, einer GmbH oder einer unselbstständigen Stiftung.[858] Gegen eine Verankerung des Grundrechts auf Stiftung in den Spezialgrundrechten spricht weiterhin die Dogmatik der Freiheitsrechte: Nach allgemeiner Auffassung ist die Allgemeine Handlungsfreiheit gemäß Art. 2 I GG ein Grundrecht mit so genannter Auffangfunktion.[859] Wenn nun eine Verortung des Grundrechts auf Stiftung in Art. 2 I GG abgelehnt und dieses vielmehr auf die Spezialgrundrechte gestützt wird[860], würde hierdurch die allgemeine Grundrechtsdogmatik in Frage gestellt. Denn die Spezialgrundrechte sind im Verhältnis zu Art. 2 I GG nicht alia, sondern leges speciales. Daher ist die Frage nach einem Grundrecht auf Stiftung im Bereich der Spezialgrundrechte genauso wie für Art. 2 I GG eine Frage nach der Reichweite und den Grenzen der verfassungsrechtlichen Anerkennung des privaten Stifterwillens, die Verwendung und Verwaltung seines Vermögens über den eigenen Tod hinaus bindend zu regeln.[861] Wenn diese Anerkennung schon im Rahmen des Auffanggrundrechts in Art. 2 I GG versagt wird, kann sie demnach in der

---

856 *Rawert*, Genehmigungsfähigkeit, S. 65 f.; *Schmidt-Jortzig*, Stiftungen in Theorie, Recht und Praxis, S. 55–65 (59); vgl. auch Staudinger-*Hüttemann/Rawert*, Vorbem zu §§ 80 ff. Rn. 37.

857 *Rawert*, Genehmigungsfähigkeit, S. 66 unter Hinweis auf BVerfG v. 4.10.1965, BVerfGE 19, 129, 133 (zur Religionsfreiheit) sowie BVerfG v. 25.1.1984, BVerfGE 66, 116, 134 (zur Pressefreiheit); vgl. auch Staudinger-*Hüttemann/Rawert*, Vorbem zu §§ 80 ff. Rn. 37.

858 *Burgard*, Gestaltungsfreiheit, S. 42 f.; *Manssen*, Privatrechtsgestaltung durch Hoheitsakt, S. 218; *Ebersbach*, AöR 104 (1979), 157–160 (S. 159); vgl. auch *Rawert*, FS Reuter, S. 1323–1338 (1336).

859 Dreier-*Dreier*, Art. 2 I Rn. 30; auch durch das Sondervotum des Richters Grimm wird diese Auffangfunktion nicht in Frage gestellt, sondern lediglich der Kreis der Anwendungsfälle enger gezogen, vgl. BVerfG v.6.6.1989, BVerfGE 80, 137, 164 ff.

860 Zu den Gründen vgl. insoweit *Walz*, ZSt 2004, 133–140 (S. 139 f.).

861 MüKo-*Reuter*, Vor § 80 Rn. 33.

Folge nicht in den Spezialgrundrechten anerkannt werden, ohne das allgemein anerkannte Subsidiaritätsverhältnis in Frage zu stellen.[862]

Jedenfalls würde auch ein in Art. 6 GG verankertes Grundrecht auf Familienstiftung nicht die Zulässigkeit von reinen Unterhaltsstiftungen bedeuten.[863] Denn gemäß Art. 6 I GG stehen zwar Ehe und Familie unter dem besonderen Schutz der staatlichen Ordnung. Wegen der eigentlichen Zielrichtung von Art. 6 I GG, der das ungestörte Zusammenleben[864] in Ehe und Familie nach familiärer Eigengesetzlichkeit[865], als einen von öffentlicher Kontrolle freien Raum[866] und geschlossenen, gegen den Staat abgeschirmten Autonomie- und Lebensbereich[867] schützt, müsste eine differenzierte Betrachtung erfolgen. Nicht zwingend wäre es, jegliche Stiftung mit Familienbezug unter den Schutz von Art. 6 GG zu stellen und in der Folge ein ihrem Stifter zukommendes Recht auf Stiftungserrichtung anzuerkennen. Vielmehr käme nur solchen Familienstiftungen grundrechtlicher Schutz zu, die nach dem Willen des Stifters gerade den Erhalt und die Verstärkung der familiären Bindung fördern sollen und nicht wie die reinen Unterhaltsstiftungen nur den Zusammenhalt eines bestimmten Vermögens bezwecken.[868]

3. Eigentumsgarantie und allgemeine Handlungsfreiheit

Eine weitere Ansicht hält eine Verortung des Grundrechts auf Stiftung in den Art. 2 I, 14 GG für vorzugswürdig. Teilweise wird dabei vorrangig auf Art. 14 I GG

---

862 Zugegeben sei, dass ein entsprechendes Grundrechtsverständnis zumindest noch nicht durch die Rechtsprechung des BVerfGs gedeckt ist. Zur Frage, ob Art. 2 I GG in sachlicher Hinsicht nur zum Tragen kommt, soweit nicht der Schutzbereich eines anderen spezielleren Grundrechts eröffnet ist vgl. Dreier-*Dreier*, Art. 2 I Rn. 93 (m.w.N.).
863 Vgl. aber etwa *Röthel*, GS Walz, S. 617–634 (S. 621); *Strickrodt*, Stiftungsrecht, S. 116.
864 BVerfG v. 4.5.1971, BVerfGE 31, 58, 67.
865 BVerfG v. 18.4.1989, BVerfGE 80, 81, 92 einschränkend hinsichtlich der Außenwirkung der Familie; BVerfG v. 29.7.1959, BVerfGE 10, 59 (85); BVerwG v. 29.10.1992, BVerwGE 91, 130, 134.
866 BVerfG v. 5.2.1981, BVerfGE 57, 170 (178).
867 BVerwG v. 29.10.1992, BVerwGE 91, 130 (134).
868 So Seifart/von Campenhausen-*Hof*, § 4 Rn. 88, Rn. 186; Staudinger-*Rawert* (1995), Vorbem zu §§ 80 ff. Rn. 52 lehnt einen grundrechtlichen Schutz für die errichtete Familienstiftung mit der Begründung ab, der individualrechtlich geprägte Familienbegriff sei seinem Wesen nach nicht auf juristische Personen anwendbar.

abgestellt[869], wobei mitunter flankierend die Grundrechte der Art. 4, 5 und 7 GG bemüht werden[870]. Andere spalten die Stiftungserrichtung in eine vermögensrechtliche Verfügung einerseits und einen Organisationsakt andererseits auf, weshalb sowohl Art. 2 I als auch Art. 14 I GG von Bedeutung wären.[871] Eine letzte und vorzugswürdige Ansicht verortet die Problematik um ein Grundrecht auf Stiftung in Art. 2 I GG.[872] Dabei stellt Art. 2 GG jedoch kein „Grundrecht auf Stiftung" dar, sondern vielmehr *nur* dasjenige Grundrecht, in dessen Lichte im Rahmen der Stiftungserrichtung das einfache Recht auszulegen ist.

a. Eigentumsgarantie

Eine Verortung des Grundrechts auf Stiftung in Art. 14 I GG erfolgt unter Hinweis auf den durch die Eigentums- und Erbrechtsgarantie gewährleisteten Schutz der grundsätzlichen Verfügungsbefugnis. Demnach fallen alle Befugnisse, welche die Rechtsordnung einem Eigentümer zu einem beliebigen Zeitpunkt zuweist, unter den Eigentumsbegriff des Art. 14 I GG. Wenn nun der Stiftungsakt für den Stifter eine vermögensrechtliche Verfügung darstelle, falle sie daher als ein Akt der Vermögensverwendung in den Schutzbereich des Art. 14 I GG. Nichts anderes gelte für das Erbrecht. Ebenso wie die Rechte des Eigentümers würden die Rechte des Erblassers durch das einfache Recht definiert, so dass auch derjenige Stifter, welcher von Todes wegen verfügt, unter grundrechtlichem Schutz stehe.[873]

---

869 *Saenger/Arndt*, ZRP 2000, 13–19 (S. 17 f.), die insbesondere die gleichsam durch Art. 14 I GG geschützte Testierfreiheit bemühen, um ein Grundrecht auf Stiftung zu begründen.

870 Vgl. *M. Schulte*, Staat und Stiftung, S. 37 ff.; *Kronke*, Stiftungstypus und Unternehmensträgerstiftung, S. 39.

871 Staudinger-*Hüttemann/Rawert*, Vorbem zu §§ 80 ff. Rn. 33 f.; *O. Werner*, Die Stiftung, S. 1–22 (17 f.); *von Hoerner*, Formulierungsfreiheit, S. 77; MüKo-*Reuter*, Vor § 80 Rn. 34 ff. stellt insbesondere die Erbrechtsgarantie und die Bedeutung des jeweiligen Stiftungszwecks in den Vordergrund; *Burgard*, Gestaltungsfreiheit, S. 41 ff. unterscheidet ebenfalls zwischen Vermögensverfügung und Organisationsakt, sieht jedoch den Organisationsakt als vorrangig an und kommt daher „nur" zu einer Anwendung von Art. 2 I GG.

872 Allerdings ohne Begründung *Pluskat*, DStR 2002, 915–923 (S. 920); *Hof/Hartmann/Richter*, Stiftungen, S. 161; Seifart/von Campenhausen-*Hof*, § 4 Rn. 8 ff., der daneben jedoch auch noch andere Spezialgrundrechte für anwendbar hält, § 4 Rn. 83 ff.

873 Staudinger-*Hüttemann/Rawert*, Vorbem zu §§ 80 ff. Rn. 33; *Krause/Thiele*, Non Profit Law Yearbook 2007, S. 133–147 (136).

Diese Begründung eines Grundrechts auf Stiftung ist seit langem zu Recht anhaltender Kritik ausgesetzt.[874] Vermögensfreiheit bedeutet eine grundsätzliche Freiheit der Verfügung über privates Vermögen unter Lebenden, Vererbungsfreiheit die grundsätzliche Freiheit der Verfügung über privates Vermögen von Todes wegen zugunsten anderer Lebender. Eine Vermögensbindung an die „tote Hand"[875] unter Ausschluss jeglicher Korrektur durch gegenwärtige oder künftige Lebende hat dagegen weder mit dem einen, noch mit dem anderen etwas zu tun.[876] Zudem liegt die Errichtung einer Stiftung schon thematisch außerhalb des Art. 14 I GG. Denn bei der Errichtung einer Stiftung geht es nicht um die originär durch Art. 14 I GG geschützte Verfügungsbefugnis über das Eigentum, vielmehr steht eine mit erheblichem rechtlichem Aufwand abgesicherte, zweckbestimmte Vermögensverwendung nach Vermögensentäußerung im Vordergrund.[877] Darüber hinaus werden Inhalt und Schranken der Eigentums- und Erbrechtsgarantie durch die Gesetze bestimmt, Art. 14 I 2 GG.[878] Die Ausgestaltung der konkreten Möglichkeit zur Freiheitsentfaltung im Rahmen von Art. 14 I GG ist dementsprechend gesetzlich disponibel. Es handelt sich um ein normgeprägtes Grundrecht, so dass es kein der Rechtsordnung vorausliegendes Eigentum gibt, sondern stets der Gesetzgeber bestimmt, was Eigentum ist.[879] Eine Grenze dieses Ausgestaltungsauftrages findet sich für den Gesetzgeber in der Institutsgarantie des Art. 14 GG. Institutsgarantien gewährleisten auf verfassungsrechtlicher Ebene die historische Kontinuität bestimmter Grundlagen der gesellschaftlichen Ordnung. Mit Blick auf Art. 14 GG folgt hieraus etwa, dass das Privateigentum als ein Element der objektiven Werteordnung grundsätzlich erhalten bleiben muss.[880] Würde nun aber ein Grundrecht auf Stiftung anerkannt, wäre dies gleichbedeutend mit der Anerkennung eines Rechts auf bestimmte Normenkomplexe. Eine Ansiedlung desselben in Art. 14 I GG bedeutete dementsprechend, es zu einem

---

874 Anschaulich und deutlich insoweit die Wortwahl von *Ballerstedt/Salzwedel*, Gutachten 44. DJT, S. 68: „Versuche, einen grundrechtlichen „Anspruch" *auf stifterische Privatautonomie* auf Art. 14 GG zu stützen, sind von vornherein zum Scheitern verurteilt."
875 Zu diesem Aspekt ausführlich D.II.
876 *Ballerstedt/Salzwedel*, Gutachten 44. DJT, S. 68; *Sorg*, Die Familienstiftung, S. 64.
877 *Manssen*, Privatrechtsgestaltung durch Hoheitsakt, S. 219; *Burgard*, Gestaltungsfreiheit, S. 43.
878 Ausführlich zu mit Art. 14 I 2 GG verbundenen Einzelfragen etwa Dreier-*Wieland*, Art. 14 Rn. 86 ff.
879 *Zippelius/Würtenberger*, Deutsches Staatsrecht, S. 325.
880 *Zippelius/Würtenberger*, Deutsches Staatsrecht, S. 180.

Bestandteil der Institutsgarantie zu machen. Dies ist jedoch nicht möglich, da lediglich ein Kernbestand an Normen geschützt wird, ohne dass sich dies im Hinblick auf einzelne Normen absolut fixieren lässt.[881] Keinesfalls ist dagegen immer die von einem Grundrechtsträger gewünschte rechtliche Gestaltungsmöglichkeit auch verfassungsrechtlich geboten.[882] Insoweit ist nicht ersichtlich, wieso die Möglichkeit, eine rechtswirksame Stiftung zu gründen, zu dem Mindestmaß an Privatautonomie gehören soll, die das Grundgesetz den Menschen garantiert.[883]

b. Allgemeine Handlungsfreiheit

Vorzugswürdig ist eine Verankerung des Stiftens in der durch Art. 2 I GG geschützten allgemeinen Handlungsfreiheit. Ihr Schutzbereich ist gegenständlich nicht beschränkt, so dass hierunter jedes menschliche Verhalten fällt.[884] Entsprechend erfasst der Schutzbereich von Art. 2 I GG auch die Errichtung einer Stiftung, insbesondere soweit sie einen Organisationsakt darstellt.[885] Denn insoweit die Zivilrechtsordnung bestimmte Rechtsformen bereitstellt, die dem Einzelnen die Macht geben, rechtsverbindliche Folgen zu setzen, fällt der Gebrauch dieser Rechtsformen in den Schutzbereich des Art. 2 I GG. Insoweit ist er ein verfassungsrechtlich geschützter Akt privatautonomer Lebensgestaltung.[886]

Gleichwohl kann trotz einer Verortung des *Stiftens* in Art. 2 I GG nicht von einem *Grundrecht auf Stiftung* gesprochen werden. Zwar handelt es sich bei der Errichtung einer Stiftung um einen grundrechtlich geschützten Akt. Allerdings ist zu differenzieren: Art. 2 I GG schützt zwar den Gebrauch derjenigen Rechtsformen, welche von der Zivilrechtsordnung bereitgestellt werden. Allerdings ist deshalb nicht der Rückschluss zulässig, dass der Bestand an diesen Rechtsformen nun gleichsam an sich unter den Grundrechtsschutz des Art. 2 I GG fällt. Es ist vielmehr zwischen dem Grundrecht auf Bestand derjenigen Bewirkungsrechte, welche „der Selbstbestimmung des Einzelnen im Rechtsleben einen

---

881 *Manssen*, Privatrechtsgestaltung durch Hoheitsakt, S. 219.
882 *Sachs*, FS Leisner, S. 955–971 (960 f.); vgl. auch BVerwG v. 24.4.1979, BVerwGE 58, 26 und BVerwG v. 20.3.1979, NJW 1979, 2265 wonach nicht zwangsläufig die Verleihung von Rechtsfähigkeit an einen Verein verlangt werden kann.
883 *Sachs*, FS Leisner, S. 955–971 (961).
884 BVerfG v. 6.6.1989, BVerfGE 80, 137, 152.
885 Staudinger-*Hüttemann/Rawert*, Vorbem zu §§ 80 ff. Rn. 34; *Burgard*, Gestaltungsfreiheit, S. 44; Seifart/von Campenhausen-*Hof*, § 4 Rn. 8 ff.; *Pluskat*, DStR 2002, 915–923 (S. 919 f.); *O. Werner*, Die Stiftung, S. 1–22 (17 f.).
886 Staudinger-*Hüttemann/Rawert*, Vorbem zu §§ 80 ff. Rn. 34.

angemessenen Betätigungsraum eröffnen"[887] und derjenigen Freiheit zu trennen, diese Bewirkungsrechte im Falle ihres Bestehens ungehindert ausüben zu dürfen.[888] Dagegen stellt es eine petitio principii dar, wenn bei einem gesetzesakzessorischen Grundrechtsschutz wie demjenigen der Stiftungsfreiheit versucht wird, die Reichweite der gesetzlichen Gestaltungsmacht vom Grundrecht her zu bestimmen.[889] Ausgangspunkt bleibt das einfache Recht, dieses ist dann jedoch im Lichte des Art. 2 I GG auszulegen.[890]

Gegen ein *Grundrecht auf Stiftung* gemäß Art. 2 I GG spricht weiterhin die Problematik der „toten Hand"[891]: Zwar schützt Art. 2 I GG ein gewisses Maß an Privatautonomie. Allerdings geht es diesbezüglich darum, die Privatautonomie des Lebenden zu schützen, der seine Individualität verwirklichen möchte. Dagegen besteht kein grundrechtlicher Anspruch darauf, seine Individualität auch noch künftigen Generationen aufzwingen zu können. Ein *Grundrecht auf Stiftung* hat daher mit Art. 2 I GG dann nichts mehr zu tun, wenn der persönliche Wille im Falle einer Stiftungserrichtung nicht vorrangig entfaltet, sondern insbesondere verewigt werden soll.[892] Denn die Anwendung der grundrechtlichen Freiheitsgarantien auf das Stiften darf das Selbstbestimmungsrecht der Nachgeborenen, welches gleichsam durch Art. 2 I GG geschützt ist, nicht aus dem Blick verlieren.[893] Es besteht gerade kein Recht auf einen postmortalen Persönlichkeitsschutz ohne jede Zeitbegrenzung.[894] Daher könnte man durchaus grundsätzlich verneinen, dass es mit Art. 2 I GG vereinbar ist, künftige Generationen durch eine zeitlich unbegrenzte Bindung von Vermögen an einen Stiftungszweck zu fesseln. Denn künftigen Generationen darf nicht das

---

887 BVerfG v. 19.10.1993, BVerfGE 89, 214, 231.
888 *Sachs*, FS Leisner, S. 955–971 (960).
889 *Sachs*, FS Leisner, S. 955–971 (959 ff.); *Walz*, ZSt 2004, 133–140 (S. 139); *Schmidt-Jortzig*, Stiftungen in Theorie, Recht und Praxis, S. 55–65 (61); *Manssen*, Privatrechtsgestaltung durch Hoheitsakt, S. 218, der insbesondere die Vergleichbarkeit der Stifterfreiheit mit der Vertragsfreiheit (bzw. Freiheit im wirtschaftlichen Verkehr oder Privatautonomie) herausstellt; zur grundrechtlichen Verortung und Problematik der Vertragsfreiheit *ders.*, ebd, S. 130 ff. und *Burgard*, Gestaltungsfreiheit, S. 45 ff.
890 *Krause/Thiele*, Non Profit Law Yearbook 2007, S. 133–147 (138).
891 Hierzu unter D.II.
892 *Ballerstedt/Salzwedel*, Gutachten 44. DJT, S. 67; zustimmend *Manssen*, Privatrechtsgestaltung durch Hoheitsakt, S. 219 und *Sachs*, FS Leisner, S. 955–971 (961 f.).
893 *Kübler*, GS Walz, S. 373–384 (381).
894 Ein solches lasse sich auch nicht aus der Mephisto-Entscheidung des BVerfG (BVerfG v. 24.2.1971, BVerfGE 30, 173) ableiten, *Kübler*, GS Walz, S. 373–384 (382).

Recht entzogen werden, nach ihren eigenen Vorstellungen und Bedürfnissen über die Verwendung der vorhandenen Güter zu verfügen. Vorzugswürdiger erscheint jedoch eine differenzierte Betrachtung, welche zwischen rein privatnützigen Stiftungen und solchen unterscheidet, die der Förderung sozialer Anliegen dienen.[895] Lediglich erstere bewirken eine unverhältnismäßige Bevormundung der Vermögensnachfolger des Stifters. Durch letztere verewigt der Stifter hingegen seine Persönlichkeit nicht allein durch die Bevormundung anderer Personen, sondern auch durch die Wahrnehmung solcher Interessen, die sich der Zuordnung zu konkreten Personen entziehen. Dadurch überwiegen in einem solchen Fall die am gemeinen Wohl orientierten Ziele des Stifters die ebenfalls durch Art. 2 I GG geschützten Gegeninteressen seiner Vermögensnachfolger.[896]

4. Aufnahme eines eigenen Grundrechts auf Stiftung in das Grundgesetz

Ein Weg, die Diskussion um die zulässigen Stiftungszwecke zu beenden, wäre die ausdrückliche Aufnahme eines entsprechenden Grundrechts auf Stiftung in das Grundgesetz. Gerade dies ist jedoch unter dem Aspekt der Generationengerechtigkeit kritisch zu sehen und nach Möglichkeit zu vermeiden.[897] Denn Verfassungen werfen diesbezügliche Probleme dort auf, wo sie sich nicht mit einer Verbürgung der Menschenrechte oder der Verfahrensregeln demokratischer Willens- und Entscheidungsbildung begnügen, sondern darüber hinausgehend materielle Vorschriften wirtschaftlicher Organisation und sozialer Verteilung inkorporieren. Soweit solche Bestimmungen darüber hinausgehend als unabänderlich deklariert werden, verschärft sich der Konflikt noch einmal. Denn auf diese Weise werden spätere Generationen Regeln unterworfen, die möglicherweise gar nicht mehr ihren Bedürfnissen und Gerechtigkeitsvorstellungen entsprechen, die sie aber nur noch mit größtem Aufwand verändern können.[898]

---

895 Kritisch *Kübler*, GS Walz, S. 373–384 (381 f.); *Saenger/Arndt*, ZRP 2000, 13–19 (S. 18 f.) halten eine Beschränkung auf gemeinwohlbezogene Vorhaben grundsätzlich für verfassungsrechtlich gerechtfertigt.
896 Vgl. auch MüKo-*Reuter*, Vor § 80 Rn. 34 f.
897 Zum Aspekt der Generationengerechtigkeit bereits D.II.
898 *Kübler*, GS Walz, S. 373–384 (379); jüngst ist diese Problematik im Rahmen der Ausgestaltung des Fiskalpaktes zur Bewältigung der europäischen Schuldenkrise zurück ins allgemeine Bewusstsein geraten, als im Bundestag angemerkt wurde, dass ein zukünftiger Ausstieg aus der einmal vereinbarten „Schuldenbremse" nur sehr schwer möglich sein dürfte, vgl. http://www.sueddeutsche.de/wirtschaft/fiskalpakt

Diesbezüglich ist etwa an die gemäß Art. 79 II GG erforderliche Zwei-Drittel-Mehrheit zu denken, aber auch an die Wesensgehaltsgarantie des Art. 19 II GG. Wie wenig Autorität der lebenden Generation dagegen über die nachfolgenden zukommen sollte, wurde schon im Nachklang auf die amerikanische Verfassung vom 17.9.1789 artikuliert: „The very attempt to make *perpetual* constitutions, is the assumption of a right to control the opinions of future generations; and to legislate for those over whom we have as little authority as we have over a nation in asia."[899] Jedenfalls scheint zumindest die Wahrscheinlichkeit, dass ein Grundrecht auf Stiftung in näherer Zukunft in ausdrücklicher Form seinen Weg ins Grundgesetz finden könnte, nicht allzu groß zu sein.[900]

5. Schlussfolgerungen

Wie die vorangegangenen Darstellungen deutlich gemacht haben, kann von einem Konsens im Hinblick auf ein „Grundrecht auf Stiftung" keine Rede sein. Neben kritischen Literaturstimmen steht eine diesbezüglich vorsichtige Rechtsprechung, welche einem eigenständigen Grundrecht auf Stiftung zumindest indirekt eine Absage erteilt, indem sie einen Anspruch auf Stiftungsgenehmigung (heute: Anerkennung) nur insoweit zugesteht, als die Stiftungsbehörde die spätere Mitwirkung des Staates bei der Beaufsichtigung der Stiftung politisch verantworten kann.[901] Diese Argumentationsweise der Rechtsprechung mag streitbar sein.[902] Jedenfalls überzeugt der vorgebrachte Einwand, dass sich ein

---

-soll-europa-stabilisieren-sparen-bis-in-alle-ewigkeit-1.1321101 (zuletzt abgerufen am 29.3.2012).
899 *Webster*, Essays and Fugitive Writings, S. 47.
900 *Schöning*, Privatnützige Stiftungen, S. 120: „Dass es zur Aufnahme eines ausdrücklichen Schutzes in das Grundgesetz kommen könnte, erscheint ausgeschlossen."
901 OVG Münster v. 8.12.1995, NVwZ 913 ff.; BVerwG v. 12.2.1998, NJW 1998, 2545 ff. Keine gerichtliche Klärung hat dagegen jüngst die Debatte um die so genannte Gäfgen-Stiftung erfahren. In diesem Fall wollte ein verurteilter Kindesmörder eine Stiftung für jugendliche Verbrechensopfer gründen, was von der zuständigen Aufsichts- und Dienstleistungsdirektion in Rheinland-Pfalz unter Hinweis auf einen Verstoß gegen die guten Sitten abgelehnt worden war. Ausführlich hierzu *Krause/Thiele*, Non Profit Law Yearbook 2007, S. 133-147 (133 ff.).
902 So etwa *Reuter*, Stiftungsrecht in Europa, S. 139-158 (144), wonach die Mitverantwortung der Stiftungsbehörde für die Verwirklichung des Stifterwillens die Grenzen der politischen Verantwortbarkeit von Verwaltungshandeln zu Grenzen der Stiftungsfreiheit mache. Dies sei stiftungsrechtspolitisch eine Rolle rückwärts in das 19. Jahrhundert; *Rawert*, FAZ v. 23.4.2002, S. 51 spricht von einem Sündenfall des Stiftungsrechts; hierzu auch unter C.III.3.

Grundrechtsschutz des Stiftens nicht uneingeschränkt darauf erstrecken kann, andere in ihren Angelegenheiten zu bevormunden.[903] Denn wäre dies der Fall, würde die Grundrechtsordnung nicht mehr die ihr zukommende Aufgabe wahrnehmen, die Freiheit des (verstorbenen) Stifters von derjenigen der Nachkommen abzugrenzen. Doch gerade auf eine solche Zielvorstellung geht das zur Auflösung von Grundrechtskollisionen entwickelte Prinzip der praktischen Konkordanz zurück[904], indem es die Kant'sche Aussage wieder aufgreift, dass Freiheit im Staat in einem größtmöglichen Grade angetroffen werden müsse.[905] Dabei muss auch die Freiheit der dem Stifter nachfolgenden Generationen gewahrt bleiben. Sie darf nicht dadurch unverhältnismäßig beeinträchtigt werden, dass dem Interesse des Stifters an einer Verewigung seiner Persönlichkeit zu weiter Raum gegeben wird. Vielmehr darf seiner Selbstbestimmung im Rechtsleben lediglich ein angemessener Betätigungsraum eröffnet werden.[906] Dabei ist es nicht generell erforderlich, „dass der Stifter, der seine Persönlichkeit in der Gründung einer sozialen Anstalt verwirklicht, zu seinen Lebzeiten die Möglichkeit haben muss, eine Sicherung dieser Anstalt auch für die Zeit nach seinem Tode zu erreichen"[907]. Dies folgt auch nicht aus einem postmortal wirkenden Persönlichkeitsrecht des Stifters. Denn ein solches wirkt nicht ewig über den Tod hinaus.[908]

Aus den dargestellten Gründen sind die Bestrebungen einem *eigenen* Grundrecht auf Stiftung zur Anerkennung zu verhelfen und sie unmittelbar neben die Vertrags- und Testierfreiheit zu stellen, abzulehnen.[909] Für die Zulässigkeit

---

[903] MüKo-*Reuter*, Vor § 80 Rn. 34; *Ballerstedt/Salzwedel*, Gutachten 44. DJT, S. 67; *Manssen*, Privatrechtsgestaltung durch Hoheitsakt, S. 219; *Sachs*, FS Leisner, S. 955–971 (961 f.).

[904] *Hesse*, Grundzüge, Rn. 72, 317 ff., wonach die entgegenstehenden verfassungsrechtlich geschützten Rechtsgüter einander so zugeordnet werden müssen, dass beide zu optimaler Wirksamkeit gelangen können. *Lerche*, Übermaß und Verfassungsrecht, S. 125 ff. fordert einen nach beiden Seiten möglichst schonenden Ausgleich. Diesen Argumentationsmustern hat sich das BVerfG angeschlossen, BVerfG v. 27.11.1990, BVerfGE 83, 130, 143.

[905] *Zippelius/Würtenberger*, Deutsches Staatsrecht, § 1 Rn. 33.

[906] BVerfG v. 19.10.1993, BVerfGE 89, 214, 231.

[907] *Frowein*, Grundrecht auf Stiftung, S. 16.

[908] BVerfG v. 24.2.1971, BVerfGE 30, 173, 194. Lediglich die Menschenwürdegarantie ist mit einer postmortalen Nachwirkung ausgestattet, welche gleichsam im Laufe der Zeit abnehmen kann, BVerfG v. 24.2.1971, BVerfGE 30, 173, 194.

[909] Zum verfassungsrechtlichen Schutz der Vertragsfreiheit ausführlich *Manssen*, Privatrechtsgestaltung durch Hoheitsakt, S. 119 ff.

von reinen Unterhaltsstiftungen bedeutet dies, dass für sie keine eigenständige verfassungsrechtliche Absicherung besteht.[910] In der Folge kann nicht von grundrechtlichen Wertungen auf ihre Zulässigkeit geschlossen werden. Ausgangspunkt einer Beurteilung des Stiftens bleibt vielmehr das einfache Recht, das dann einzelfallbezogen im Lichte der Grundrechte auszulegen ist.[911]

V. Unterhaltsstiftung und allgemeine Erbrechtsordnung

Durch das Errichten einer reinen Unterhaltsstiftung soll ein Vermögen langfristig zugunsten eines bestimmten Personenkreises gebunden werden. Neben dem Stiftungsrecht bietet auch das Erbrecht eine Reihe von Gestaltungsmöglichkeiten an, mit deren Hilfe gleichfalls eine längerfristige Vermögensbindung erreicht werden kann. Beide Rechtsgebiete dienen dementsprechend der Gestaltung von Vermögensnachfolge und erfüllen vergleichbare Aufgaben innerhalb der Rechtsordnung.[912]

In Deutschland spricht man für die Stiftungserrichtung teilweise vom „kleinen Erbfall".[913] Dies ist insofern nicht verwunderlich als zwischen Erb- und Stiftungsrecht historische und grundrechtliche Verbindungslinien bestehen.[914] Schon das römische Recht hat einen Zusammenhang des Rechts der Privatstiftung mit dem Erbrecht anerkannt, indem es das *fideicommissum* im Rahmen des Legatrechts behandelt hat.[915] Mit Blick auf die Frage nach der Zulässigkeit von Stiftungen, die eine dauerhafte Bindung von Vermögen zu Unterhaltszwecken bewirken sollen, scheint das Bestehen von Regelungen zum Erbteilungsverbot, der Testamentsvollstreckung, der Auflage oder auch der Anordnung von

---

910 Im Gegenteil erscheint es vielmehr so, dass der Gesetzgeber seine Schutzpflicht gegenüber dem Selbstbestimmungsrecht der Vermögensnachfolger verletzt hat, als er auf eine ausdrückliche Beschränkung der reinen Unterhaltsstiftungen verzichtet hat, MüKo-*Reuter*, §§ 80, 81 Rn. 96; a.A. insofern *Röthel*, FS Reuter, S. 307–323 (307 ff.).
911 So auch *Krause/Thiele*, Non Profit Law Yearbook 2007, S. 133–147 (138), für welche die Terminologie vom „Grundrecht auf Stiftung" grundrechtsdogmatisch neben der Sache liegt. Insoweit werde die erforderliche Differenzierung zwischen Grundrechten und Grundrechtsausübung außer Acht gelassen; ähnlich *Hahn*, Stiftungssatzung, S. 80.
912 Vgl. *Röthel*, GS Walz, S. 617–634 (818).
913 *Muscheler*, ZSt 2003, S. 67–78 (S. 73).
914 Zu den historischen Gesichtspunkten siehe B.III., zu den grundrechtlichen Aspekten D.IV.
915 *Coing*, Europäisches Privatrecht I, S. 577 ff.

Vor- und Nacherbschaft für eine ebensolche zu sprechen. Denn wenn es einerseits im Rahmen erbrechtlicher Regelungen möglich ist, dem eigenen Willen als Erblasser über den Tod hinaus Geltung zu verschaffen, könnte ein solches Bestreben andererseits nicht im Stiftungsrecht unzulässig sein. Bei näherer Betrachtung wird jedoch gerade das Gegenteil deutlich. Die Ausgestaltung der betreffenden erbrechtlichen Regelungen zeigt, dass dem Gestaltungs- und Fortwirkungswillen des Erblassers Grenzen gesetzt sind. Diese sind sowohl zeitlicher als auch sachlicher Natur. Hinzu kommen die Regelungen des Pflichtteils- und Erbschaftssteuerrechts, die beide jeweils darauf hinweisen, dass der bestehenden Testierfreiheit des Erblassers Grenzen gezogen sind und eine grenzenlose Gestaltungsfreiheit zum Zwecke einer „Willensverewigung" im Erbrecht keine Stütze findet. Inwiefern sich hieraus ein Rückschluss hin auf eine Einschränkung von stifterischen Gestaltungsinitiativen ziehen lässt, soll im Folgenden herausgearbeitet werden.

1. Testierfreiheit/erbrechtliche Gestaltungsmittel

Die aus der Erbrechtsgarantie und der Privatautonomie folgende Testierfreiheit gibt dem Erblasser die Möglichkeit seine Vermögensnachfolge einseitig zu gestalten.[916] Hierzu stehen ihm eine Reihe von erbrechtlichen Instrumenten zur Verfügung. Gleichwohl haben diese Gestaltungsmittel in ihrer rechtlichen Ausgestaltung sachliche und zeitliche Begrenzungen erfahren. Die Testierfreiheit des Erblassers ist keine unbeschränkte.

a. Erbteilungsverbot

§ 2044 BGB enthält eine Ausnahme von § 2042 BGB, wonach jeder Miterbe jederzeit die Auseinandersetzung verlangen kann. Um die Einheit des Nachlasses zu erhalten und seine Teilung zu erschweren, kann der Erblasser eben diese ganz oder teilweise ausschließen, von einer Kündigung abhängig machen oder nur dann zulassen, wenn sie von einer Mehrheit der Miterben getragen wird.[917] Dabei erzeugt das Erbteilungsverbot jedoch keine dingliche Wirkung. Es wird nur das Recht des einzelnen Erben eingeschränkt, von den anderen jederzeit die Auseinandersetzung zu verlangen, vgl. § 137 BGB.

Grenzen des Erbteilungsverbotes bestehen in sachlicher Hinsicht gemäß § 2044 I 2, §§ 749 II, III, 750, 751 BGB sowie in zeitlicher Hinsicht gemäß

---

916 Zum Verhältnis von Testierfreiheit und Privatautonomie *H. Lange/Kuchinke*, Erbrecht, § 2 IV, S. 25 ff.; *Leipold*, Erbrecht, § 3 Rn. 59 ff., S. 21 ff.
917 Bamberger/*Roth-Lohmann*, § 2044 Rn. 1.

§ 2044 II BGB. Sachlich bleibt eine Erbteilung gemäß § 2044 I 2, § 749 II BGB somit möglich, wenn ein wichtiger Grund vorliegt, im Zweifelsfalle mit dem Tode eines Miterben gemäß § 2044 I 2, § 750 BGB sowie bei Pfändung eines Anteils durch einen Gläubiger, wenn der Titel nicht nur vorläufig vollstreckbar ist, § 2044 I 2, § 751 S. 2 BGB. Ist ein Erbe zugleich pflichtteilsberechtigt und übersteigt sein Erbteil nicht die Hälfte des gesetzlichen Erbteils, gilt der Ausschluss der Auseinandersetzung ihm gegenüber als nicht angeordnet, § 2306 BGB. Desweiteren wirkt das Erbteilungsverbot gemäß § 84 II 2 InsO nicht gegen die Insolvenzmasse eines Miterben und nicht bei Wiederverheiratung eines Elternteils, der mit minderjährigen Kindern in Erbengemeinschaft lebt.[918] In zeitlicher Hinsicht ist der Ausschluss der Auseinandersetzung gemäß § 2044 II 1 BGB auf 30 Jahre begrenzt. Eine Verlängerung dieser Frist ist gemäß § 2044 II 2 BGB möglich, indem der Erblasser auf den Eintritt eines bestimmten Ereignisses in der Person eines Miterben, den Eintritt der Nacherbfolge[919] oder den Anfall eines Vermächtnisses abstellt.

Schon in der Ausgestaltung seiner Wirkungen zeigen sich die Grenzen der Gestaltungsmöglichkeiten des Erblassers mit Hilfe des Erbteilungsverbotes. Mangels dinglicher Wirkung kann er zwar die Erbteilung untersagen, diese aber letztlich nicht verhindern. Denn die Miterben können sich einvernehmlich über das Erbteilungsverbot hinwegsetzen.[920] Im Hinblick auf die Zulässigkeit von Unterhaltsstiftungen sind daneben insbesondere die zeitlichen Einschränkungen von Interesse. Eine dauerhafte Wirkung des Erbteilungsverbotes lässt das BGB gerade nicht zu. Seine Wirkung ist vielmehr grundsätzlich auf 30 Jahre begrenzt. Selbst wenn aufgrund der Ausnahmetatbestände des § 2044 II 2 BGB im Einzelfall eine Wirkung über 30 Jahre hinaus erreicht werden kann, ändert dies nichts daran, dass dem Gestaltungswillen des Erblassers hier eine zeitliche Grenze gezogen wird.

b. Vor- und Nacherbschaft

Ein anderes Gestaltungsmittel des Erblassers, um die Einheit des Nachlasses über einen längeren Zeitraum zu erhalten und Einfluss darauf zu nehmen, wem dieser in der ferneren Zukunft zufällt, ist die Anordnung von Vor- und Nacherbschaft,

---

918 Palandt-*Edenhofer*, § 2044 Rn. 1 (m.w.N.).
919 Fraglich ist, ob im Falle der Nacherbfolge die zeitliche Schranke wiederum Anwendung auf den Nacherben findet, dafür etwa Staudinger-O. *Werner*, § 2044, Rn. 17; a.A. *Weckbach*, Die Bindungswirkung von Erbteilungsverboten, S. 45 f.
920 Palandt-*Edenhofer*, § 2044 Rn. 2 f.

§§ 2100 ff. BGB. Dabei fällt der Nachlass zunächst dem Vorerben an, von einem bestimmten Zeitpunkt oder Ereignis an dagegen dem Nacherben, § 2139 BGB. Dem Vorerben steht dabei allein die Nutzung der Erbschaft, nicht jedoch deren Substanz zu. Dem Vorerben erliegen wesentliche Beschränkungen hinsichtlich seiner Verfügungsrechte auf, was seiner Rechtsposition ein treuhänderisches Element gibt.[921] Dadurch, dass der Erblasser auch mehrere Nacherben hintereinander einsetzen kann, ergibt sich für ihn im Ausgangspunkt die Möglichkeit seinem Willen über mehrere Generationen hinweg bestimmenden Einfluss zu erhalten.[922] Einem unbeschränkten zukunftsgestaltenden Fortwirken seiner Anordnungen schiebt jedoch § 2109 BGB einen zeitlichen Riegel vor. Demnach wird die Einsetzung eines Nacherben mit dem Ablauf von 30 Jahren nach dem Erbfall unwirksam, wenn nicht vorher schon der Fall der Nacherbfolge eingetreten ist. Als Rechtsfolge verbleibt die Erbschaft dann endgültig demjenigen Vorerben, der bei Ablauf der 30-Jahresfrist Vorerbe ist. Ausnahmen von dieser Grundregel enthält § 2109 I 2 BGB, wodurch die Wirksamkeit der Nacherbschaft über die Grenze des § 2109 I 1 BGB ausgedehnt werden kann. Insbesondere dann, wenn als Nacherbe ein noch nicht erzeugter Nachkömmling des Vorerben eingesetzt wird[923], kann sich eine Dauer der Nacherbschaft ergeben, die über 30 Jahre hinausreicht.[924] Gleichwohl ist eine dauerhafte Fortwirkung des Erblasserwillens, etwa gerichtet auf Erhaltung des Nachlasses als Einheit, mittels der Anordnung von Nacherbschaft ausgeschlossen.[925]

c. Testamentsvollstreckung

Möchte der Erblasser sein Vermögen auch nach dem Erbfall als Einheit erhalten wissen, kommt neben der Berufung von Nacherben die Anordnung von Testamentsvollstreckung in Betracht, §§ 2197 ff. BGB.[926] Dabei ernennt der Erblasser

---

921   Zur Rechtsstellung des Vorerben ausführlich *H. Lange/Kuchinke*, Erbrecht, § 28 III, IV, S. 581 ff.; Palandt-*Edenhofer*, § 2100 Rn. 10.
922   Palandt-*Edenhofer*, § 2100 Rn. 1.
923   Insofern liegt ein Ereignis in der Person des Vorerben i.S.v. § 2109 I 2 Nr. 1 vor, vgl. MüKo-*Grunsky*, § 2109 Rn. 3.
924   Siehe zu den einzelnen denkbaren Fällen ausführlich Palandt-*Edenhofer*, § 2109 Rn. 2 ff.; MüKo-*Grunsky*, § 2109 Rn. 3 ff.; Erman-*M. Schmidt*, § 2109 Rn. 2; Bamberger/Roth-*Litzenburger*, § 2109 Rn. 2 f.
925   Hinzu kommt die Möglichkeit, dass Vor- und Nacherbe gemeinsam entgegen der Anordnungen des Erblassers verfügen, vgl. BGH v. 25.9.1963, BGHZ 40, 115, 117 f.; *Liebs*, AcP 175 (1975), 1–43 (S. 4).
926   Besonders effektiv ist dabei insbesondere die Kombination von Nacherbschaft und Testamentsvollstreckung, vgl. hierzu *Edenfeld*, DNotZ 2003, 4–20 (S. 10 f.).

den Testamentsvollstrecker, der in der Folge neben dem Erben steht und diesem im Umfang seiner eigenen Befugnisse die Verwaltung des Nachlasses und die Verfügung über die Nachlassgegenstände entzieht. In der Folge bewirkt die Testamentsvollstreckung im Bereich der Herrschaftsrechte des Testamentsvollstreckers eine absolute Verfügungsbeschränkung des Erben und gewährt dem Vollstrecker im entsprechenden Maße eine umfassende Verwaltungs- und Verfügungsmacht.[927] Der Erblasser kann sowohl Abwicklungsvollstreckung gemäß §§ 2203–2207 BGB als auch Dauervollstreckung gemäß § 2209 BGB anordnen.[928] Insbesondere letztere bietet dem Erblasser die Möglichkeit, die Herrschaft über sein Vermögen nicht mit dem eigenen Ableben aufgeben zu müssen, sondern sie darüber hinaus längerfristig durch die Person des Testamentsvollstreckers weiterhin auszuüben.[929]

Die Dauer der Testamentsvollstreckung richtet sich grundsätzlich nach den Verfügungen des Erblassers. Dabei kann er durch Verfügung von Todes wegen gemäß § 2197 I BGB einen oder mehrere Testamentsvollstrecker ernennen, für den Fall des Wegfalles eines vorgesehenen Testamentsvollstreckers gemäß § 2197 II BGB einen anderen ernennen oder auch einen Dritten, den Testamentsvollstrecker selbst oder das Nachlassgericht dazu ermächtigen, einen Nachfolger zu benennen, §§ 2198 ff. BGB. Hierdurch wird eine relativ lange Perpetuierung des Erblasserwillens ermöglicht. Gleichwohl ist auch für die Verwaltungsvollstreckung gemäß § 2210 BGB grundsätzlich eine zeitliche Höchstgrenze von 30 Jahren vorgesehen.[930] Hierdurch wollte der Gesetzgeber verhindern, dass mit dem Mittel der Testamentsvollstreckung letztlich stiftungsgleiche Wirkungen erzielt

---

927 *H. Lange/Kuchinke*, Erbrecht, § 31 II., S. 666 ff.
928 In der Anordnung von Dauervollstreckung ist jedoch nicht zugleich die Anordnung zu sehen, dass der Erblasser auch die Auseinandersetzung gem. § 2044 BGB untersagt (so aber zu Unrecht die so genannte „Flad'sche Regel"), *Scheuren-Brandes*, ZEV 2007, 306–309 (S. 306 ff.). Gleichwohl findet diese vermeintliche Regel immer noch Anwendung, mit teilweise gravierenden Folgen für die Erben, vgl. etwa die jüngere Entscheidung des OLG Karlsruhe v. 6.8.2004, ZEV 2005, 256.
929 *M. Zimmer*, NJW 2008, 1125–1128 (S. 1125); es verbleibt allerdings die Möglichkeit, dass Testamentsvollstrecker und Erbe gemeinsam entgegen der Anordnungen des Erblassers verfügen, BGH v. 18.6.1971, BGHZ 56, 275, 278 ff.; zu den Einzelheiten des Rechts der Testamentsvollstreckung siehe ausführlich *H. Lange/Kuchinke*, Erbrecht, § 31, S. 664 ff.
930 Dies gilt jedoch nicht für die Abwicklungsvollstreckung. Für diese ist der Gesetzgeber davon ausgegangen, dass sie sich in angemessener Zeit von selbst erledigt, vgl. Palandt-*Edenhofer*, §§ 2210 Rn. 1.

und der Nachlass verewigt werden könnten.[931] Dabei ermöglichen die Ausnahmen gemäß § 2210 S. 2 BGB bei entsprechenden begünstigenden Voraussetzungen im Einzelfall ein erhebliches Überschreiten der Regelfrist.[932] Dies ist nicht unbedenklich, da Erben die Testamentsvollstreckung mitunter als übermäßige Gängelung empfinden. Dabei kann es durchaus vorkommen, dass der Erblasser aus einer hämischen Gesinnung oder aus Herrschsucht heraus gerade eine solche beabsichtigt. Hinzu mag treten, dass der einzelne Testamentsvollstrecker, bestimmt durch sein Amt und dessen Nutzen, die Testamentsvollstreckung zu seiner Lebensaufgabe macht.[933] Daher sollten die Ausnahmen gemäß § 2210 S. 2 BGB in sinnvoller Weise begrenzt werden, um die Interessen zwischen Erblasser und seinen Erben in Einklang zu bringen. Interessen des Testamentsvollstreckers sind dabei kaum von Belang, da Testamentsvollstreckung im Interesse des Nachlasses und nicht im Interesse des Testamentsvollstreckers angeordnet wird.[934]

Die Ausnahmen gemäß § 2210 S. 2 1. und 3. Fall BGB lassen eine über den Zeitraum von 30 Jahren fortdauernde Wirksamkeit der Testamentsvollstreckung zu, wenn angeordnet wird, dass die Verwaltung bis zum Tode des Erben fortdauern soll. Erbe kann dabei auch der Nacherbe sein.[935] Eine solche Anordnung ist insbesondere dann sinnvoll, wenn die Umstände dies erfordern, etwa weil das Kind des Erblassers von Geburt an geistig behindert ist.[936] Dagegen erscheint es allerdings grundsätzlich zweifelhaft, ob eine Laufzeit der Testamentsvollstreckung,

---

931 Vgl. BGH v. 5.12.2007, BGHZ 174, 346 Rn. 13; daneben hat der BGH die Gefahr gesehen und in der Folge seine diesbezüglich ablehnende Haltung zum Ausdruck gebracht, dass der Erblasser mit Hilfe der Testamentsvollstreckung eine Verfügung über Nachlassgegenstände vollständig ausschließt und so *res extra commercium* schafft, vgl. BGH v. 25.9.1963, BGHZ 40, 115; BGH v. 18.6.1971, BGHZ 56, 275, 278; BGH v. 24.9.1971, BGHZ 57, 84.

932 Zu den Einzelheiten *Reimann*, NJW 2007, 3034–3037 (S. 3036 f.).

933 Beispielhaft genannt sei der Streit im Hause Fresenius zwischen Gabriele Kröner, der Tochter der Unternehmensgründer und Dieter Schenk, einem der Testamentsvollstrecker ihrer Mutter, vgl. etwa http://www.stern.de/wirtschaft/news/unternehmen/erbstreit-bei-weltkonzern-fresenius-denver-clan-in-hessen-700152.html (zuletzt abgerufen am 28.3.2012); siehe auch *H. Lange/Kuchinke*, Erbrecht, § 31 II. 2., S. 668.

934 Ansonsten läge ein Vermächtnis oder ein Nießbrauch vor, *W. Zimmermann*, Anmerkung zu LG Berlin v. 15.2.2006, ZEV 2006, 508–509 (S. 508).

935 Palandt-*Edenhofer*, § 2210 Rn. 3.

936 Vgl. *W. Zimmermann*, Anmerkung zu LG Berlin v. 15.2.2006, ZEV 2006, 508–509 (S. 508); *M. Zimmer*, NJW 2008, 1125–1128 (S. 1126).

die weit über 30 Jahre hinausreicht, noch mit der in § 2210 S. 1 BGB zum Ausdruck kommenden Wertung vereinbar ist. Schließlich wird hier im Grundsatz eine klare zeitliche Grenze gezogen.[937] Besonders fragwürdig erscheint dabei die Ausnahmeregelung in § 2210 S. 2 2. Fall BGB, die auf den Tod des Testamentsvollstreckers abstellt. Hier erschließt es sich nicht sofort, weshalb der Gesetzgeber diese eingeräumt hat.[938] Denn wie bereits erwähnt, erfolgt die Testamentsvollstreckung ja nicht im Interesse des Testamentsvollstreckers. Dennoch mag der Erblasser der Person des von ihm ernannten Testamentsvollstreckers ein besonderes Vertrauen entgegenbringen und mit ihm die spezielle Hoffnung verbinden, dass der Nachlass bei ihm im Interesse der Erben in guten Händen ist. Gleichwohl muss sich dies notwendigerweise auf denjenigen Testamentsvollstrecker beschränken, der vom Erblasser selbst ernannt worden ist. Soweit mit Hilfe von § 2210 S. 2 2. Fall BGB dagegen in der Hauptsache angestrebt wird, eine möglichst lang andauernde Testamentsvollstreckung sicherzustellen, besteht eine solche mit den grundsätzlichen Wertungen des § 2210 BGB in Einklang stehende Interessenlage nicht mehr. Entsprechend kritisch ist die jüngste Entscheidung des BGH zur zeitlichen Höchstdauer von Dauertestamentsvollstreckungen zu sehen.[939] Der Entscheidung liegt eine Nachlassgestaltung des ehemaligen Kronprinzen Wilhelm Prinz von Preußen zugrunde, die ersichtlich darauf abzielt, eine möglichst lange, wenn nicht sogar dauerhafte Testamentsvollstreckung und einen damit einhergehenden Zusammenhalt des Nachlasses zu erreichen. Hierzu machte der Erblasser von der Möglichkeit Gebrauch, anzuordnen, dass ein wegfallender Testamentsvollstrecker durch einen Nachfolger ersetzt wird, dessen Bestimmung wiederum einem anderen obliegt.[940] Dadurch, dass er eine Mehrzahl von Personen zu Testamentsvollstreckern ernannt hat, würde so niemals das gemäß § 2210 S. 2 2. Fall BGB maßgebliche Ereignis, nämlich der Tod *der* Testamentsvollstrecker, eintreten. Eine solche Gestaltungsmöglichkeit in Form

---

937 Kritisch auch *Reimann*, NJW 2007, 3034–3037 (S. 3036 f.); eine an den Grundrechten orientierte Auslegung erbrechtlicher Gestaltungen hat bereits das BVerfG vorgenommen, vgl. BVerfG v. 22.3.2004, NJW 2004, 2008.
938 *Reimann*, NJW 2007, 3034–3037 (S. 3037) spricht von einem Fremdkörper.
939 BGH v. 5.12.2007, BGHZ 174, 346.
940 Vgl. zum Sachverhalt BGH v. 5.12.2007, BGHZ 174, 346: „Die Verwaltung der Testamentsvollstrecker soll so lange bestehen, als es das Gesetz zulässt (BGB § 2210), also mindestens 30 Jahre nach dem Tode des Kronprinzen, mindestens bis zum Tode des Erben (Nacherben) und mindestens bis zum Tode der Testamentsvollstrecker oder ihrer Nachfolger."

einer Endlosschleife kann jedoch nicht von § 2210 BGB gewollt sein.[941] Darüber, wie die Fortdauer der Testamentsvollstreckung sinnvoll begrenzt werden solle, gehen die Meinungen auseinander. Bis zur Entscheidung des BGH ging die herrschende Meinung in Anlehnung an §§ 2109 I 2 Nr. 1, 2163 I Nr. 1 BGB davon aus, dass sich die Testamentsvollstreckung nur bis zum Tode eines solchen nachgerückten Testamentsvollstreckers erstrecken kann, der bereits zum Zeitpunkt des Erbfalls gelebt hat.[942] Ein anderer Vorschlag wollte eine Testamentsvollstreckung bis zum Tod eines Nachfolgers zulassen, wenn dieser noch innerhalb der 30-Jahresfrist ernannt war.[943] Diese Sichtweise hat sich nunmehr der BGH zu eigen gemacht. Hierdurch eröffnet er die Möglichkeit, eine Testamentsvollstreckung weit über die grundsätzliche zeitliche Grenze von 30 Jahren aufrecht zu erhalten. Denn bei der Bestimmung eines Ersatzvollstreckers ist es nicht erforderlich, dass dieser bereits geboren oder voll geschäftsfähig sein muss. Es genügt, wenn er bei Annahme des Amtes geschäftsfähig ist, § 2201 BGB.[944] Vorzugswürdig wäre es jedoch gewesen, die zeitliche Dauer der Testamentsvollstreckung stärker zu begrenzen, um eine unangemessen lang andauernde Bevormundung der Erben zu vermeiden. Daher sollte für die Ausnahme des § 2210 S. 2 2. Fall BGB grundsätzlich nur auf den Tod des erstbestellten Testamentsvollstreckers ankommen. Denn allein seine Bestellung lässt sich noch auf den konkreten Erblasserwillen zurückführen und steht mit ihm im unmittelbaren Zusammenhang.[945] Gleichwohl ist auch nach der Sichtweise des BGH eine dauerhafte Verfestigung des Nachlasses nicht möglich. Hierin befindet sie sich im Einklang mit den Vorstellungen des historischen Gesetzgebers.[946]

---

941 *M. Zimmer*, NJW 2008, 1125–1128 (S. 1127); *Reimann*, NJW 2007, 3034–3037 (S. 3036).
942 *Bund*, JuS 1966, 60–65 (S. 62); Palandt-*Edenhofer*, § 2210 Rn. 4; Staudinger-*Reimann*, § 2210 Rn. 11; Erman-*M. Schmidt*, § 2210 Rn. 3; *Edenfeld*, DNotZ 2003, 4–20 (S. 8, 11).
943 RGRK-*Kregel*, § 2210 Rn. 2.
944 RGRK-*Kregel*, § 2201 Rn. 2; zu den hierdurch ermöglichten Varianten vgl. *M. Zimmer*, NJW 2008, 1125–1128 (S. 1127 f.).
945 Entsprechendes gilt jedoch auch, wenn der Erblasser, weil der zuerst berufene Testamentsvollstrecker ausfällt, selbst noch einen Ersatzvollstrecker namentlich benannt hat, vgl. *W. Zimmermann*, ZEV 2006, 508–509 (S. 509); zustimmend *Reimann*, NJW 2007, 3034–3037 (S. 3037).
946 Vgl. die Urteilsbegründung BGH v. 5.12.2007, BGHZ 174, 346 Rn. 13.

d. Postmortale Vollmachtserteilung

Neben der Testamentsvollstreckung steht dem Erblasser das Mittel der Vollmacht zur Verfügung, um seinem Willen über den eigenen Tod hinaus Geltung zu verschaffen.[947] Der postmortal Bevollmächtigte[948] vertritt die Erben und kann grundsätzlich alle Rechtsgeschäfte vornehmen, die auch der Erblasser hätte vornehmen können.[949] Gleichwohl eignet sich die postmortale Vollmacht nicht, den Erblasserwillen dauerhaft zu verfestigen. Zwar kann sie ungeachtet der Möglichkeit des Widerrufs aus wichtigem Grund durchaus befristet unwiderruflich erteilt werden. Abgesehen davon, ist es jedoch als Konsequenz des Prinzips der Gesamtrechtsnachfolge jedem Alleinerben stets möglich, die vom Erblasser erteilte Vollmacht zurückzuziehen und die Einflussnahme des vormals Bevollmächtigten auf den Nachlass zu beenden. Gleiches gilt bei Erbengemeinschaften für jeden Miterben, der stets für seine Person widerrufsberechtigt ist.[950] Möchte der Erblasser dem Bevollmächtigten gegenüber den Erben eine stärkere Position verleihen, ist er auf die sonstigen erbrechtlichen Instrumentarien beschränkt.[951] Denkbar ist es etwa die Erben mittels Auflage zu verpflichten, die Vollmacht nicht zu widerrufen oder den Nicht-Widerruf zur aufschiebenden Bedingung der Erbeneinsetzung zu machen.[952]

e. Auswahlbefugnis Dritter

Der Erblasser kann ein Testament nur persönlich errichten, § 2064 BGB. Dementsprechend fordert § 2065 BGB von ihm eine höchstpersönliche Willensentscheidung und vollständige Willensbildung, wobei es dem Erblasser grundsätzlich untersagt ist, die Auswahl der Erben einem Dritten zu überlassen.[953] Soweit die Bestimmung des Erben einer klaren Individualisierung ermangelt, ist sie

---

947 Das Verhältnis von postmortaler Vollmacht und Testamentsvollstreckung ist umstritten, zum Meinungsstand ausführlich *Ebenroth*, Erbrecht, § 10 I 3., S. 421.
948 Zu unterscheiden ist dabei zwischen der so genannten „postmortalen Vollmacht im engeren Sinn", die erst mit dem Tod des Bevollmächtigenden zum Handeln ermächtigt und der so genannten „transmortalen Vollmacht", die bereits zu Lebzeiten des Vollmachtgebers ausgeübt werden kann, Bengel/Reimann-*Bengel*, 1. Kapitel Rn. 35.
949 BGH v. 23.2.1983, BGHZ 87, 19; OLG Hamburg v. 27.5.1966, DNotZ 1967, 30.
950 Zu den Einzelheiten Bengel/Reimann-*Bengel*, 1. Kapitel Rn. 55 ff.
951 Ausführlich zu den Gestaltungsmöglichkeiten eines „strafenden und disziplinierenden" Erblassers *Westermann*, FS Wiegand, S. 661–684 (661 ff.).
952 Bengel/Reimann-*Bengel*, Testamentsvollstreckung, 1. Kapitel Rn. 60 (m.w.N.).
953 Vgl. Palandt-*Edenhofer*, § 2065 Rn. 1.

lediglich dann als wirksam anzusehen, wenn der Bedachte von jeder mit genügend Sachkunde ausgestatteten Person bezeichnet werden kann, ohne dass deren Ermessen auch nur mitbestimmend ist.[954] Hierdurch wird verhindert, dass der Erblasser den Dritten als verlängerten Arm dazu einsetzt, das Vermögen nach dem Erbfall zusammenzuhalten.[955] Auch wenn § 2065 BGB keine zeitliche Begrenzung enthält, ist sie daher eine weitere erbrechtliche Norm die deutlich macht, dass das BGB dauerhaften Vermögensbindungen und -konzentrationen ablehnend gegenübersteht.

f. Auflage

Das Erbrecht bietet dem Erblasser mit der Auflage eine weitere Möglichkeit, um längerfristig auf das Verhalten der von ihm bedachten Personen einzuwirken, §§ 2192 ff. BGB. Hierzu kann er den Erben oder einen Vermächtnisnehmer schuldrechtlich zu einer Leistung verpflichten. Dabei wird dem durch die Auflage Begünstigten allerdings kein Anspruch auf die Leistung eingeräumt, § 1940 BGB.[956] Die Begünstigten können daher die Erfüllung der Auflage nicht im eigenen Interesse von dem Beschwerten verlangen, da ihnen kein Vollziehungsrecht und in der Folge kein klagbarer Anspruch zusteht. Ein solches Recht wird gemäß § 2194 BGB jedoch bestimmten Personen und Behörden eingeräumt. Von Vorteil aus Sicht des Erblassers ist, dass die Auflage keiner zeitlichen Beschränkung unterliegt. Dementsprechend wurde sie schon im römischen Recht als Fideikommiss behandelt[957] und soll heute auch stiftungsähnlichen Zwecken dienen[958]. Verstärkt wird diese Stiftungsähnlichkeit durch § 2194 S. 2 BGB wonach die zuständige Behörde die Vollziehung der Auflage verlangen kann, wenn diese im öffentlichen Interesse liegt (vergleichbar der Stiftungsaufsicht) und solche Auflagen im öffentlichen Interesse nicht dem Verjährungsgedanken unterworfen sein sollen.[959] Sie dauerten dann ebenso wie Stiftungen „ewig". Ist dem

---

954 BGH v. 18.11.1954, BGHZ 15, 199; BGH v. 14.7.1965, NJW 1965, 2201; BayObLG v. 27.11.1990, FamRZ 91, 610; Palandt-*Edenhofer*, § 2065 Rn. 8; kritisch hierzu R. *Zimmermann*, Quod Titius voluerit, S. 52.
955 *Edenfeld*, DNotZ 2003, 4–20 (S. 13 f.).
956 Palandt-*Edenhofer*, § 2192 Rn. 1.
957 *H. Lange/Kuchinke*, Erbrecht, § 30 I 2, S. 653; zum Fideikommiss ausführlich D.VI.1.
958 Palandt-*Edenhofer*, § 2192 Rn. 2.
959 So die h.L. vgl. *Neuhoff*, GS Walz, S. 465–483 (481) (m.w.N.); *Reuter*, Stiftungen in Deutschland und Europa, S. 203–228 (S. 225 ff.) möchte die 30 Jahre Grenze in Analogie zu § 2210 BGB auf die Auflage anwenden; siehe auch *ders.*, FS Hadding,

Erblasser jedoch daran gelegen, das zu vererbende Vermögen dauerhaft zusammenzuhalten, wird er dieses Ziel nicht „bis in alle Ewigkeit" mit Hilfe der Auflage erreichen. Denn er kann zwar mittels Auflage die Auseinandersetzung des Nachlasses ausschließen. Dabei begründet er jedoch allein ein schuldrechtliches Verbot, das die Auseinandersetzung letztlich nicht verhindern kann. Allenfalls kommen im Einzelfall Schadensersatzansprüche von gemäß § 2194 BGB Vollziehungsberechtigten in Betracht, welche die Erben zur Beachtung der Auflage motivieren könnten.[960] Eine dauerhafte Vermögensverfestigung mittels einer Auflage gemäß §§ 2192 ff. BGB ist jedoch nicht möglich.[961]

g. Vermächtnisanordnung

Gemäß § 2147 BGB kann der Erbe oder ein anderer Vermächtnisnehmer mit einem Vermächtnis beschwert werden. Dieses ist die Zuwendung eines Vermögensvorteils durch den Erblasser an einen anderen, ohne ihn zum Erben einzusetzen, § 1939 BGB. Dabei kann der Erblasser das Vermächtnis unter eine aufschiebende Bedingung stellen oder einen Anfangstermin festlegen, §§ 2177, 2074 BGB. Hierdurch wird es ihm ermöglicht, die Vermögenszuwendung von der Befolgung seines im Testament zum Ausdruck gebrachten Willens abhängig zu machen. Um zu vermeiden, dass der Erblasser die Vermächtnisanordnung dazu verwendet, seinen Willen zu verewigen und die durch das Testament Begünstigten dauerhaft an sich zu binden, zieht § 2162 BGB hier ähnlich wie im Fall der Nacherbschaft eine zeitliche Schranke von 30 Jahren.[962] Auch wenn § 2163 BGB hiervon in bestimmten Fällen Ausnahmen zulässt, kommt in § 2162 BGB dennoch wiederum zum Ausdruck, dass das BGB einer dauerhaften Verfestigung von Rechtspositionen im Grunde ablehnend gegenübersteht.

h. Schranke des § 137 BGB (res extra commercium)

Rechtsgeschäftliche Veräußerungsverbote unter Lebenden oder von Todes wegen entfalten keine dingliche Wirkung, § 137 S. 1 BGB. Dennoch könnte der Erblasser versuchen, seinem Willen durch noch lebzeitig abgeschlossene, sehr langfristige Verpflichtungsgeschäfte im Sinne von § 137 S. 2 BGB dauerhaft

---

S. 231–251 (248 ff.); zu den mit *Reuters* Auffassung verbundenen Konsequenzen für die unselbstständige Stiftung *K. Schmidt*, Stiftungsrecht in Europa, S. 175–195 (186 ff.).
960 Bamberger/Roth-*Lohmann*, § 2044 Rn. 5.
961 Diesbezüglich und zur unselbstständigen Stiftung siehe D.III.2.a.
962 Vgl. Palandt-*Edenhofer*, § 2162 Rn. 1.

Wirkung zu verschaffen. Abgesehen davon, dass Verträge mit Bindungswirkung über eine Generation hinaus stets problematisch sind[963], können solche Verfügungsgeschäfte aufgrund drohender Schadensersatzansprüche dazu führen, dass die Verfügungsmacht der Erben über den Nachlass praktisch ausgehöhlt wird.[964] Dies ist insofern bedenklich, als § 137 S. 1 BGB gerade den Freiheitsraum des einzelnen Rechtsinhabers schützen möchte.[965] Eine „Sklaverei in vermögensrechtlicher Hinsicht" soll dementsprechend verhindert werden.[966] Hierzu gehört es, die Macht des Erblassers einzuschränken.[967] Es soll auf rechtsgeschäftlichem Wege gerade kein *res extra commercium* geschaffen werden können, weil solches eine Quelle von Rechtsunsicherheiten darstellt.[968] Wenn nun aber der Freiheitsraum des Erben faktisch ebenso eingeschränkt wird, wie durch eine dinglich wirkende Absprache, steht dies in elementarem Widerspruch zum in § 137 S. 1 BGB zum Ausdruck kommenden Rechtsgedanken. Es sollen durch Testament gerade keine „privaten Fideikommisse" geschaffen werden können.[969] Daher ist ein entsprechendes lebzeitiges „ewiges" Verpflichtungsgeschäft in Analogie zu § 137 S. 1 BGB als unwirksam anzusehen und gemäß §§ 139 f. BGB in ein solches mit angemessener Laufzeit umzudeuten. Eine Orientierung kann hierbei insbesondere die 30 Jahres-Frist der bereits dargestellten erbrechtlichen Gestaltungsmittel bieten.[970]

i. Zusammenfassung

Unstreitig ist es, dass dem Erblasser aufgrund seiner Testierfreiheit das Recht zukommt, die Rechtsverhältnisse seines Nachlasses einseitig zu gestalten. Dies schließt sogar solche Maßnahmen ein, die getrost als disziplinierend oder gar strafend bezeichnet werden können.[971] Gleichwohl ist die Testierfreiheit des

---

963 Ausführlich hierzu *Großfeld/Gersch*, JZ 1988, 937–946 (S. 937 ff.).
964 *Schack*, JZ 1989, 609–615 (S. 612).
965 *Großfeld/Gersch*, JZ 1988, 937–946 (S. 944).
966 So *Baur*, JZ 1961, 334–335 (S. 335).
967 Vgl. zu den Funktionen des § 137 BGB *Liebs*, AcP 175, 1–43 (S. 23 f.).
968 So die h.M. MüKo-*Armbrüster*, § 137 Rn. 4 (m.w.N.); *Liebs*, AcP 175 (1975), 1–43 (S. 11 f.) (m.w.N.); *Reuter*, GmbHR 1973, 241–250 (S. 247); a.A. *Schlosser*, NJW 1970, 681–687 (S. 683); *Däubler*, NJW 1968, 1117–1123 (S. 1118).
969 *Liebs*, AcP 175, 1–43 (S. 28); zum Fideikomiss auch D.VI.
970 Vgl. *Großfeld/Gersch*, JZ 1988, 937–946 (S. 944); im Ergebnis mit Einschränkungen zustimmend *Schack*, JZ 1989, 609–615 (S. 612).
971 *Westermann*, FS Wiegand, S. 661–684 (S. 662); vgl. auch *Kroppenberg*, DNotZ 2006, 86–105 (S. 86 ff.).

Erblassers keine grenzenlose. Dem Erbrecht ist an einem Interessenausgleich zwischen der Testierfreiheit des Erblassers und der künftigen Entscheidungsfreiheit der Erben gelegen.[972] Eine unbeschränkte Herrschaft der „toten Hand" wird durch die aufgezeigten Grenzen der erbrechtlichen Gestaltungsmittel verhindert.[973] Insbesondere die immer wiederkehrende zeitliche Grenze von 30 Jahren macht deutlich, dass dem BGB in grundsätzlicher Weise daran gelegen ist, die Herrschaft über den eigenen Tod hinaus auf die Dauer einer Generation zu beschränken.[974] Dies zeigt sich daneben auch am Recht der Verjährung, selbst wenn diese aktuell mehr und mehr zur Disposition der Parteien gestellt wird. Denn von ganz wenigen Ausnahmen abgesehen, gibt es keine Verjährung über 30 Jahre hinaus.[975] „Alte Hüte" sollen nicht ewig nachwirken und so den Rechtsfrieden dauerhaft behindern können.[976] An diesem Befund können auch die zugelassenen Ausnahmen, etwa in §§ 2210 S. 2, 2044 II 2, 2109 I 2 Nr. 1, 2163 I Nr. 1 BGB, nichts ändern.[977] Vielmehr verdeutlichen die genannten Vorschriften das Bestreben der Rechtsordnung, die Belastungen durch den Erblasser für die nachfolgenden Generationen in vernünftigen Schranken zu halten.[978]

2. Die Testierfreiheit beschränkende Regelungskomplexe

Die dargestellten erbrechtlichen Gestaltungsmittel geben dem Erblasser ein variantenreiches Instrumentarium an die Hand, um den eigenen Willen seinen Vorstellungen entsprechend über den Tod hinaus gestalten und wirken lassen zu können.

---

972 Zur diesbezüglichen Bedeutung der Grundrechte im Erbrecht *Gaier*, ZEV 2006, 2–8 (S. 2 ff.).

973 *Großfeld*, FS Kummer, S. 3–14 (6 ff.); *ders.*, NJW 1995, 1719–1723 (S. 1722); *Schack*, JZ 1989, 609–615 (S. 612); *Däubler*, JZ 1969, 499–502 (S. 501); *Edenfeld*, DNotZ 2003, 4–20 (S. 12 f.); *B. Bayer*, Sukzession und Freiheit, S. 189 f.; ausführlich zur Problematik der toten Hand unter D.II.

974 Die zeitliche Grenze von 30 Jahren findet sich über die bereits dargestellten Gestaltungsmittel hinaus auch bei der Testamentsanfechtung gem. § 2082 III BGB und bei der Anfechtung der Annahme bzw. Ausschlagung der Erbschaft gem. § 1954 IV BGB.

975 Anders etwa im Falle der unvordenklichen Verjährung, wonach ein Zustand der seit Menschengedenken bestanden hatte, rechtlich nicht mehr angefochten werden sollte. Hier wurde die Unvordenklichkeit des betreffenden Zustandes durch die Aussage von glaubwürdigen Zeugen mit vierzigjähriger Lebenserfahrung bewiesen, RG v. 16.10.1903, RGZ 55, 373; ausführlich MüKo-*Grothe*, Vor § 194 Rn. 3.

976 *Neuhoff*, GS Walz, S. 465–483 (480).

977 A.A. *Schack*, JZ 1989, 609–615 (S. 612).

978 *Großfeld/Gersch*, JZ 1988, 937–946 (S. 943).

Dabei enthalten jedoch schon diese einzelnen Gestaltungsmittel sachliche und zeitliche Schranken und verdeutlichen, dass die Testierfreiheit des Erblassers keine grenzenlose ist. Sie kollidiert mit dem Selbstbestimmungsrecht seiner Erben, weshalb die zivilrechtliche Erbrechtsordnung bemüht ist, einen angemessenen Ausgleich zwischen diesen Interessen herzustellen.[979] Daneben schränken zwei weitere Regelungskomplexe die Testierfreiheit des Erblassers ein, das Pflichtteilsrecht und das Erbschaftssteuerrecht. Beide verdeutlichen in ihrer Ausgestaltung einmal mehr, dass die Rechtsordnung einer Vermögensverewigung und dabei insbesondere einer dauerhaften Vermögenskonzentration ablehnend gegenübersteht.[980]

a. Pflichtteilsrecht

Der erwähnte verfassungsrechtliche Schutz der Erben vor wirtschaftlicher Bevormundung korreliert mit einem gleichsam verfassungsrechtlich geschützten Anspruch auf Vermögensteilhabe.[981] Neben den bereits erwähnten, dem Erblasser auferlegten Beschränkungen bei der Gestaltung seines Nachlasses, stellt insbesondere das Pflichtteilsrecht ein Mindestmaß an Schutz für die zukünftigen Vermögenserwartungen der Erben dar, §§ 2303 ff. BGB.[982] Gerade das Pflichtteilsrecht und die mit ihm verbundene rechtspolitische Diskussion der vergangenen Jahre verdeutlicht plastisch die widerstreitenden Interessen von Erblasser und Erben.[983] Auf der einen Seite steht das Familienerbrecht und die auf ihm beruhende gesetzliche Erbfolge, auf der anderen Seite die Testierfreiheit, welche es dem Erblasser erlaubt, durch eine höchstpersönliche Entscheidung gerade diese gesetzliche Erbfolge zu verdrängen.[984] Dabei führt jede Abkehr von

---

979 Vgl. etwa *Kleensang*, DNotZ 2005, 509–523 (S. 509 ff.).
980 *Reuter*, JuS 1971, 289–294 (S. 294) sieht in Pflichtteilsrecht und Erbschaftssteuer die wesentlichen Instrumente zur Verhinderung einer wirtschaftlichen Oligokratie.
981 *Röthel*, GS Walz, S. 617–634 (633 f.).
982 Dieses ist durch Art. 14 I 1 i.V.m. Art. 6 I GG geschützt, vgl. BVerfG v. 19.4.2005, BVerfGE 112, 332.
983 Dabei war die Aufnahme des Pflichtteilsrechts schon bei Abfassung des BGB umstritten, vgl. *Kleensang*, ZEV 2005, 277–282 (S. 277) (m.w.N.).
984 *Großfeld*, JZ 1968, 113–122 (S. 118). Dabei ist die Deutung der Testierfreiheit als familienfeindlicher Individualismus nicht zwingend. In Frankreich etwa sieht man in ihr gerade ein Schutzinstrument zugunsten der Familie, vgl. zu den nationalen Unterschieden in der soziologischen Ausdeutung des Erbrechts ausführlich *Kleensang*, MittBayNot 2007, 471–475 (S. 471 ff.); zur Entwicklung des Zusammenspiels von Testierfreiheit und Pflichtteilsrecht in Europa *Edenfeld*, ZEV 2001, 457–463 (S. 457 ff.).

der gesetzlichen Erbfolge automatisch zu einer Bevorzugung, beziehungsweise spiegelbildlich zu einer Benachteiligung der betroffenen Erben. Das Pflichtteilsrechts definiert nun gerade den geschützten Raum an vermögensmäßigen Erberwartungen der Nachkommen, in welchen der Erblasser nicht aufgrund der ihm zukommenden Testierfreiheit eingreifen kann. Dabei hat das Bundesverfassungsgericht nunmehr dieses Pflichtteilsrecht nicht nur als zulässige Inhalts- und Schrankenbestimmung des Erbrechts für verfassungsgemäß erklärt, sondern ihm zugleich Verfassungsrang zuerkannt.[985] Dies bedeutet gleichsam, dass die eine Vermögenskonzentration begünstigende Testierfreiheit zugunsten des eine Vermögensaufsplittung fördernden Familienerb- und Pflichtteilsrechts eine Beschränkung erfahren hat. Dies ist nicht ohne Auswirkungen auf das Stiftungsrecht und die (reinen) Unterhaltsstiftungen, denn diese stellen gerade eine dauerhafte Verfestigung von Vermögen dar und widersprechen dem in der Entscheidung des Bundesverfassungsgerichts neu zum Ausdruck gekommenen zentralen Anliegen unserer auf liberalem Denken aufbauenden demokratischen Gesellschaftsordnung, eine Eigentumsstreuung und Umverteilung zumindest zu begünstigen. So wie der Freiheit des Erblassers eine Grenze gezogen worden ist, wurde auch der Stifter durch den Anspruch der Erben auf vermögensmäßige Teilhabe am familiären Vermögen beschränkt.[986]

a) Gemeinnützige Stiftung und Pflichtteil

Bis zur Entscheidung des BGH („Dresdner Frauenkirche")[987] war umstritten, ob Zuwendungen an gemeinnützige Stiftungen Pflichtteilsergänzungsansprüche auslösen können.[988] Insbesondere der Fall von lebzeitigen Zuwendungen des Erblassers an eine Stiftung und die Anwendung des Pflichtteilsergänzungsanspruchs gemäß § 2325 BGB auf einen solchen Fall war unklar.[989] Der BGH hat

---

985   BVerfG v. 19.4.2005, BVerfGE 112, 332; hierzu ausführlich *Führ*, MittBayNot 2006, 461–468 (S. 461 ff.); *Kleensang*, ZEV 2005, 277–283 (S. 277 ff.); kritisch zu diesem Urteil *Isensee*, DNotZ 2004, 754–766 (S. 754 ff.); *Stüber*, NJW 2005, 2122–2124 (S. 2122 ff.).
986   Siehe auch *Röthel*, GS Walz, S. 617–634 (632 f.).
987   BGH v. 10.12.2003, BGHZ 137, 178; ausführlich und kritisch zu dieser Entscheidung *Schmid*, Stiftungsrechtliche Zuwendungen im Erb- und Familienrecht, S. 41 ff.
988   Vgl. *Lange*, FS Spiegelberger, S. 1321–1329 (1325 f.) (m.w.N.).
989   Ausführlich zur Anwendung von Schenkungsrecht auf das Stiftungsgeschäft *Rawert/Katschinski*, ZEV 1996, 161–166 (S. 161 ff.); *R. Werner*, ZEV 2007, 560–564 (S. 560 ff.); *Medicus*, FS Heinrichs, S. 381–396 (385 ff.); zur Vor-Stiftung und Pflichtteilsanspruch sowie dessen Verjährung *Damrau*, ZEV 2010, 12–17 (S. 12 ff.).

nunmehr jedoch festgestellt, dass Gemeinnützigkeit nicht vor Pflichtteilsansprüchen schützt und dies auch dann nicht, wenn die Stiftung durch solche in ihrer Existenz bedroht wird.[990] Daher wurde vorgeschlagen in Form eines so genannten „Freiteils für gemeinnützige Zuwendungen" ein Privileg für gute Zwecke einzuführen.[991] Hierzu sollte der Wert des Pflichtteils eines weiteren hypothetischen Kindes – nach Art des christlichen Sohnesteils (portio christi)[992] – zugunsten gemeinnütziger Zwecke als pflichtteilsfrei gelten, da Pflichtteilsberechtigte keinen Anspruch auf einen Pflichtteil in einer bestimmten Höhe hätten.[993] Solchen Überlegungen zur pflichtteilsrechtlichen Privilegierung von gemeinnützigen Zuwendungen hat der Gesetzgeber im Rahmen der Reform des Pflichtteilsrechts jedoch eine Absage erteilt.[994] Für die reinen Unterhaltsstiftungen hätte dies jedoch ohnehin keine Konsequenzen gehabt, da diese ihrem Zweck nach rein privatnützig sind. Gleichwohl ist auch für sie der Aspekt von Pflichtteilsansprüchen der Erben des Erblassers von Bedeutung, als diese zu einer erheblichen Schwächung der finanziellen Ausstattung der Stiftung führen können und ein Mittel für die berechtigten Erben sind, sich dem ansonsten verfestigten Willen des Erblassers zumindest in Teilen zu entziehen.

b) Unterhaltsstiftung und Pflichtteil

Für den Fall der (reinen) Unterhaltsstiftung stellt sich jedoch weiterhin die Frage, ob durch die Übertragung des Vermögens auf eine solche Stiftung nicht gerade denjenigen Interessen entsprochen wird, die ansonsten das Pflichtteilsrecht als Ausprägung des Familienerbrechts schützt und Pflichtteils- oder Pflichtteilsergänzungsansprüche dementsprechend ausgeschlossen sein müssten.

Dabei ist zunächst insbesondere von der älteren Rechtsprechung und Literatur mit § 2325 I BGB und dem in ihm enthaltenen Schenkungsbegriff argumentiert worden. Bei Errichtung einer Familienstiftung seien die Zuwendungen

---

990 BGH v. 10.12.2003, BGHZ 157, 178; Pflichtteilsansprüche können zum Verlust der Anerkennungsfähigkeit oder zur Auflösung der Stiftung führen, *Rawert/Katschinski*, ZEV 1996, 161–166 (S. 161).

991 *Hüttemann/Rawert*, ZEV 2007, 107–114 (S. 107 ff.); *Matschke*, FS Bezzenberger, S. 521–528 (521 ff.).

992 Vgl. hierzu B.III.1.

993 *Hüttemann/Rawert*, ZEV 2007, 107–114 (S. 112); *Rawert*, NJW 2002, 3151–3153 (S. 3153).

994 Hierzu *Röthel*, ZEV 2008, 112–116 (S. 112 ff.); *dies.*, ZEV 2006, 8–12 (S. 8 ff.); zur Reform des Erb- und Pflichtteilsrechts ausführlich *Wälzholz*, DStR 2009, 2104–2110 (S. 2104 ff.).

des Stifters an die Stiftung nicht schenkungsgleich, da die Stiftung diese nicht unentgeltlich erwerbe, sondern den von ihr begünstigten Destinatären als Gegenleistung Renten gewähren müsse. Allerdings gilt bei Zuwendungen an eine Familienstiftung nichts anderes als bei Zuwendungen an eine gemeinnützige Stiftung. Derartige Zuwendungen müssen aufgrund ihrer Unentgeltlichkeit auch im Falle von Unterhaltsstiftungen unter den Schenkungsbegriff des § 2325 I BGB gefasst werden.[995] Denn auch hier erhält der Erblasser für die Einbringung seines Vermögens in die Stiftung keine Gegenleistung.[996] Da für die Frage nach der Unentgeltlichkeit allein auf das Verhältnis Stifter-Stiftung abgestellt werden darf, haben die späteren Ausschüttungen der Stiftung an die Destinatäre auf die Frage nach der Unentgeltlichkeit der Zuwendungen des Stifters an die Stiftung keinen Einfluss.[997] § 2325 I BGB ist daher auch auf die Errichtung einer (reinen) Unterhaltsstiftung anwendbar.

Daneben stellen Zuwendungen an eine (reine) Unterhaltsstiftung auch keinen Fall von § 2330 BGB (analog) dar, der geeignet wäre, § 2325 BGB einzuschränken. Dem Argument, dass durch das Errichten einer Stiftung zur Versorgung von Angehörigen einer sittlichen Pflicht entsprochen würde und die Zuwendung daher nicht unentgeltlich sei, kann nicht gefolgt werden. Zwar kann ein Fall von § 2330 BGB vorliegen, wenn die Schenkung erfolgt, um dem Beschenkten eine Versorgung zu sichern.[998] Allerdings erfolgt bei einer Stiftungserrichtung ja gerade keine Schenkung an einen Bedürftigen, sondern eine Zuwendung an die Stiftung. Ein Fall von § 2330 BGB liegt daher nicht vor. Auch analog findet § 2330 BGB auf die Errichtung einer reinen Unterhaltsstiftung keine Anwendung, da es zwar einer sittlichen Pflicht entsprechen kann, den Unterhalt von

---

995 Staudinger-*Olshausen*, § 2325 Rn. 19; *Muscheler*, AcP 2003 (203), 469–510 (S. 492 ff.); eine vermittelnde Ansicht möchte Zuwendungen an Stiftungen „in der Regel" als Schenkungen behandeln Soergel-*Dieckmann*, § 2325 Rn. 33.
996 *Rawert/Katschinski*, ZEV 1996, 161–166 (S. 163); R. *Werner*, ZEV 2007, 560–564 (S. 561 f.).
997 R. *Werner*, ZEV 2007, 560–564 (S. 562); *Rawert/Katschinski*, ZEV 1996, 161–166 (S. 163); auch der BGH stuft Zuwendungen an Stiftungen grundsätzlich als Schenkungen ein, BGH v. 10.12.2003, BGHZ 137, 178; anders noch die Vorinstanz OLG Dresden v. 2.5.2002, ZEV 2002, 415, hierzu *Schiffer*, NJW 2004, 1565–1567 (S. 1565 ff.); kritisch zur Entscheidung des BGH unter Berücksichtigung der Rechtsform Stiftung als Institut der gesellschaftlichen Reproduktionssphäre *Struck*, GS Walz, S. 741–755 (50 ff.).
998 Palandt-*Edenhofer*, § 2330 Rn. 3.

Bedürftigen sicherzustellen, auf der anderen Seite aber ebenso eine sittliche Pflicht ist, nicht den Pflichtteilsanspruch der eigenen Angehörigen auszuhöhlen.[999]

Folglich ist § 2325 I BGB auf die Errichtung einer (reinen) Unterhaltsstiftung grundsätzlich anwendbar. Es stellt sich jedoch weiterhin die Frage, ob sich die Destinatäre einer Stiftung, die zugleich Pflichtteilsberechtigte des Erblasers sind, Leistungen der Stiftung auf ihren Pflichtteilsergänzungsanspruch gemäß § 2327 BGB anrechnen lassen müssen. Denn schließlich erhalten sie in Form der Stiftungsleistungen eine Kompensation für die Schmälerung ihrer Pflichtteilsrechte. Zudem ist zu bedenken, dass nicht jeder Pflichtteilsberechtigte zugleich Destinatär der Unterhaltsstiftung sein muss und es daher zu einer Ungleichbehandlung unter mehreren grundsätzlich zu gleichen Teilen pflichtteilsberechtigten Erben kommen kann.[1000] Diese Gesichtspunkte haben daher bereits das Reichsgericht zu einer analogen Anwendung von § 2327 BGB auf den Fall einer Familienstiftung veranlasst.[1001] Gleichwohl ist eine solche Anwendung von § 2327 BGB auf Unterhaltsstiftungen grundsätzlich abzulehnen.[1002] Der Pflichtteilsanspruch des Berechtigten ist auf die Zahlung eines einmaligen und sofort fälligen Geldbetrages gerichtet, wohingegen die Leistungen der Stiftung zeitabschnittsweise erbracht werden. Hierdurch haben sie eher den Charakter einer Rente und sind zudem mit dem Risiko der zukünftigen Zahlungsunfähigkeit der Stiftung behaftet.[1003] Hinzu kommt, dass die Destinatäre in der Regel keinen klagbaren Anspruch auf die Stiftungsleistung haben und dadurch der Zusammenhang zwischen Stiftungsgeschäft und Zuwendungsempfang durch eine Entscheidung der Stiftung unterbrochen wird. Dies gilt auch dann, wenn der Stifter selbst Vorstand der Stiftung ist, weil er seine Organfunktion nicht dazu benutzen kann, seinen aktuellen Willen an die Stelle seines in der Satzung verewigten Stifterwillens zu setzen.[1004] Allein dann, wenn den Destinatären zu Lebzeiten des Stifters Leistungen zu Teil wurden, auf die sie einen klagbaren Anspruch hatten,

---

999 *R. Werner*, ZEV 2007, 560–564 (S. 563).
1000 *Rawert/Katschinski*, ZEV 1996, 161–166 (S. 164 f.).
1001 RG v. 30.4.1903, RGZ 54, 399, 401; dem ist die Literatur zum Teil gefolgt, vgl. etwa Staudinger-*Ferid/Cieslar* (12. Aufl.), § 2327 Rn. 5.
1002 Entsprechendes gilt für eine ebenfalls diskutierte Anwendung von § 2307 BGB, da ein Wahlrecht zwischen Ergänzungspflichtteil mit evtl. verminderten zukünftigen Ausschüttungen auf der einen Seite und einem ungeschmälerten Stiftungskapital auf der anderen Seite ausgeschlossen ist, vgl. *R. Werner*, ZEV 2007, 560–564 (S. 563); a.A. *Röthel*, GS Walz, S. 617–634 (633).
1003 *Rawert/Katschinski*, ZEV 1996, 161–166 (S. 165).
1004 *Rawert/Katschinski*, ZEV 1996, 161–166 (S. 165 f.).

ist eine analoge Anwendung von § 2327 BGB gerechtfertigt.[1005] Denn dann wird der Zusammenhang zwischen Stiftungsgeschäft und Zuwendungsempfang beim Destinatär nicht durch eine eigene Entscheidung der Stiftung unterbrochen. Vielmehr steht der Umfang der Bereicherung, über welche der Destinatär frei verfügen kann, genau fest.[1006]

Es hat sich gezeigt, dass auch durch die Errichtung einer Unterhaltsstiftung nicht die Ansprüche von Pflichtteilsberechtigten umgangen werden können. Vielmehr wird die Freiheit des Stifters, den eigenen Willen durch eine Stiftungserrichtung zu verfestigen, schon zu seinen Lebzeiten durch das Pflichtteils(-ergänzungs-)recht beschränkt.[1007]

b. Erbschaftssteuer

Neben dem Pflichtteilsrecht führt insbesondere die Erbschaftssteuer dazu, dass der Erblasser sein Vermögen nicht in umfassender Übereinstimmung mit seinem Willen auf die nächste Generation übertragen kann.[1008] Diese wird als Erbanfallsteuer von demjenigen Vermögen erhoben, das beim Tode einer natürlichen Person auf einen anderen übergeht und schmälert so letztlich die Bereicherung die beim Erben ankommt.[1009] Zur Rechtfertigung der Erbschaftssteuer sind eine Vielzahl von Aspekten angeführt worden, die sich jedoch zum Teil erledigt haben, wie etwa die Deutung der Erbschaftssteuer als Ersatz eines Staatserbrechts, der Ausgleich für eine Verwandtenstellung des Staates, gewonnener Freizeitnutzen oder die Deutung als Kontroll- beziehungsweise Nachholsteuer für die laufende Besteuerung des Einkommens und Vermögens.[1010] Als Rechtfertigungsgründe haben sich dagegen zwei Gesichtspunkte gehalten, nämlich die Erhöhung der

---

1005 Zur Klagbarkeit von Destinatärsansprüchen bereits C.IV.
1006 Ausführlich *Rawert/Katschinski*, ZEV 1996, 161–166 (S. 166); zustimmend *Röthel*, ZEV 2006, 8–12 (S. 12); *O. Werner*, ZSt 2005, 83–88 (S. 84); a.A. unter Hinweis auf ein Wahlrecht der Pflichtteilsberechtigten, entweder die Zuwendungen der Stiftung in Anspruch zu nehmen oder im Anschluss an die Geltendmachung von Pflichtteilsansprüchen subsidiär auf die Stiftung zuzugreifen *R. Werner*, ZEV 2007, 560–564 (S. 563); *Cornelius*, ZErb 2006, 230–235 (S. 232 ff.).
1007 Zu Pflichtteilsvermeidungsstrategien auf tatsächlicher Ebene ausführlich *R. Werner*, ZEV 2007, 560–564 (S. 563 f.); *Cornelius*, ZErb 2006, 230–235 (S. 232 ff.).
1008 Die Erbschaftssteuer zählt zu den ältesten Steuern; zur Geschichte der Erbschaftssteuer *Leipold*, AcP 180 (1980), 160–211 (S. 166 ff.); *Ritter*, BB 1994, 2285–2291 (S. 2285 f.); *H. Lange/Kuchinke*, Erbrecht, § 52 I. 1., S. 1305 f.
1009 *H. Lange/Kuchinke*, Erbrecht, § 52 I. 2., S. 1237.
1010 *Ritter*, BB 1994, 2285–2291 (S. 2286).

Leistungsfähigkeit des Erben und die Umverteilung. Im Hinblick auf die Zulässigkeit von reinen Unterhaltsstiftungen ist dabei insbesondere letzterer von Interesse.[1011] Das Errichten einer reinen Unterhaltsstiftung soll einer Vermögensauf- und Umverteilung entgegenwirken, ein Aspekt, den die Erbschaftssteuer jedoch gerade begünstigt.[1012] So verweist etwa die bayerische Verfassung darauf, dass die Erbschaftssteuer auch dazu diene, die Ansammlung von Riesenvermögen in den Händen einzelner zu verhindern, Art. 123 III 1 BayVerf.

Trotz dieses erklärten Zieles ist die Erbschaftssteuer nicht das geeignete Mittel, um einer wirtschafts- und sozialpolitisch bedenklichen Ansammlung von übermäßigem Vermögen in den Händen Weniger auf sinnvolle Weise entgegenzuwirken. Dies zeigt sich schon daran, dass, wenn der Erblasser entferntere Verwandte bedenken möchte, die erheblichen Unterschiede in den Steuersätzen bereits aus rein wirtschaftlichen Gründen dazu führen, dass der Erblasser im Regelfall seine engere Familie bedenkt, vgl. §§ 15 ff. ErbStG. Dies stellt faktisch eine Einschränkung seiner Testierfreiheit dar, die hier aber gerade nicht dazu führt, dass Vermögen aufgespalten, sondern innerhalb des engsten Familienkreises vererbt wird. Auch im Bereich des Personengesellschaftsrechts und der Familienunternehmen wirkt die Erbschaftssteuer im Ergebnis nicht vermögensaufspaltend, sondern konzentrativ. Denn die Belastung durch die Erbschaftssteuer kann zwar zunächst dazu führen, dass ein Unternehmen verkauft werden muss.[1013] Dies lässt jedoch in vielen Fällen nur die vormals eigenständig am Wirtschaftsleben teilnehmende Einheit ausscheiden, so dass ihre Marktanteile verbleibende Konkurrenten – insbesondere „unsterbliche" Aktiengesellschaften und GmbHs – übernehmen.[1014] Nicht verwunderlich war es daher, dass die Übertragung von betrieblichem Vermögen von Anfang an im Zentrum der erbschaftssteuerlichen Reformdiskussion stand.[1015] Doch auch nach der jüngsten

---

1011 Zum Aspekt der erhöhten Leistungsfähigkeit des Erben ausführlich *Ritter*, BB 1994, 2285–2291 (S. 2285 f.).
1012 Zur Erbersatzsteuer für Familienstiftungen siehe auch C.VI.2.b.
1013 Die damit teilweise einhergehende Zerschlagung einer eigenständigen wirtschaftlichen Einheit und das Verramschen eines Unternehmens sind in der Folge zu Recht Gegenstände der Kritik am geltenden Erbschaftssteuersystem. Hinzu kommt die Gefahr der Abwanderung „intelligenter" Unternehmensaktivitäten ins Ausland, vgl. *Ritter*, BB 1994, 2285–2291 (S. 2287 f., 2289 f.).
1014 *Ebenroth*, Erbrecht, § 19 I. 2. Rn. 1337, S. 923; *Großfeld*, JZ 1968, 113–122 (S. 120 ff.); Kapitalgesellschaften haben nicht mit finanziellen Belastungen durch eine Erbschaftssteuer zu kämpfen; zurückhaltender diesbezüglich *Kisker*, Erbschaftsteuer, S. 122 ff.
1015 Ausführlich hierzu *B. Bauer/Wartenburger*, MittBayNot 2009, 85–99 (S. 92 ff.).

Erbschaftssteuerreform bleibt es dabei, dass durch diese beim Tod des Unternehmers die Unternehmenssubstanz von Personengesellschaften gefährdet wird, was zur Zerstörung sinnvoller, erhaltenswerter wirtschaftlicher Einheiten führen und die Unternehmenskonzentration fördern kann.[1016] Konsequenterweise wirft dies die Frage auf, inwiefern eine Erbschaftssteuer überhaupt noch verfassungsrechtlich zulässig und gesellschaftspolitisch richtig ist.[1017] Tatsächlich zeigt ein Blick ins Ausland, dass es nicht zwingend eine Erbschaftssteuer geben muss, um die traditionell mit ihr verfolgten Ziele zu erreichen. So ist diese jüngst in Österreich abgeschafft worden und stand auch in Deutschland nach einem Urteil des Bundesverfassungsgerichts[1018] auf dem Prüfstand.[1019] Insgesamt hätte dabei aufgrund der bereits zu Lebzeiten erfolgenden massiven Geldabschöpfung letztlich nichts dagegen gesprochen, die Erbschaftssteuer auch in Deutschland abzuschaffen.[1020]

Auch wenn sie nicht das geeignete Mittel ist, die mit ihr eigentlich angestrebten Ziele zu verwirklichen und die Erbschaftssteuer im Einzelfall gerade einen gegenteiligen Effekt haben mag, ist sie dennoch Ausdruck dafür, dass der Rechtsordnung daran gelegen ist, sozial und wirtschaftlich schädliche Vermögenskonzentrationen zu vermeiden. Dabei stellt sie in ihrer Ausgestaltung zumindest in faktischer Hinsicht eine Einschränkung der Testierfreiheit des Erblassers da, da er, um größere steuerliche Belastungen zu vermeiden, sein Vermögen im Regelfall nur im engsten Familienkreis überragen wird.

1016 *Leipold*, AcP 180 (1980), 160–211 (S. 204 ff.); *Ritter*, BB 1994, 2285–2291 (S. 2287); allerdings gibt es auch keinen positiven Satz oder ein Rechtsprinzip, nach welchem Familiengesellschaften im Wirtschaftsleben besonders zu schützen wären, vgl. *E. Kaufmann*, JZ 1959, 522–523 (S. 523); zu den Berührungspunkten von Erb- und Gesellschaftsrecht *Tiedau*, MDR 1978, 353–356 (S. 353 ff.); *Reuter*, JuS 1971, 289–294 (S. 289 ff.); *Petersen*, JZ 1960, 211–212 (S. 211 f.); in der jüngsten Erbrechtsreform ist jedoch insbesondere der Bereich Pflichtteil und Unternehmensnachfolge nicht angegangen worden, vgl. *K. Lange*, DNotZ 2009, 732–743 (S. 743) (m.w.N.).
1017 *Leipold*, AcP 180 (1980), 160–211 (S. 170 f.).
1018 BVerfG v. 7.11.2006, BVerfGE 117, 1.
1019 Zur Abschaffung der Erbschaftssteuer in Österreich *Inwinkl*, RIW 2008, 855–864 (S. 855 ff.).
1020 Zum Zusammenspiel von Einkommens- und Erbschaftssteuer *Ritter*, BB 1994, 2285–2291 (S. 2286, 2291); *Leipold*, AcP 180 (1980), S. 160–211 (S. 170 ff.); *Kleensang*, MittBayNot 2007, 471–475 (S. 474).

3. Schlussfolgerungen

Zwischen Erb- und Stiftungsrecht bestehen vielfältige Verbindungslinien. Wie gezeigt werden konnte, finden sich im Erbrecht zahlreiche Rechtspositionen und Regelungen, die einer dauerhaften postmortalen Vermögensbindung und der damit im Regelfall beabsichtigten Verfestigung privater Machtpositionen über Generationen hinweg entgegenwirken möchten. Dies macht deutlich, dass die Erhaltung von Vermögenseinheiten kein Ziel des BGB ist, sondern dort vielmehr die Idee von Eigentumsstreuung und Umverteilung als zentrales Anliegen liberalen Denkens und einer demokratischen Gesellschaftsordnung ihren Ausdruck findet.[1021] Das BGB ist privilegienfeindlich und gibt sich dementsprechend nicht für die dauerhafte Erhaltung und Zementierung von durch Privatrechtssubjekte geschaffene Sonderstellungen über den Tod hinaus her.[1022] Gezeigt hat sich jedoch auch, dass Eigentumsstreuung und Umverteilung keinen Wert an sich haben und ein diesbezüglich allzu schablonenhaftes Vorgehen gerade einen gegenteiligen negativen Effekt haben kann, indem es letztlich zu einer gesteigerten Vermögenskonzentration führt.[1023]

Insgesamt hat die in den erbrechtlichen Regelungen zum Ausdruck kommende Zielvorstellung einer Verhinderung übermäßig langer Vermögensbindungen eine kollektiv-gesellschaftspolitische und eine individualrechtliche Dimension:[1024]

Die individualrechtliche Dimension zeigt sich im Widerstreit der beiden erbrechtlichen Prinzipien von Familienerbrecht (gesetzliche Erbfolge) und Testierfreiheit. Die Ausübung der Testierfreiheit durch den Erblasser bringt im Regelfall eine Abänderung der gesetzlichen Erbfolge mit sich und stellt dementsprechend einen Eingriff in die familiären Verhältnisse dar. Ist dem Erblasser an einer Verewigung seines Willens gelegen, steht seiner grundrechtlich geschützten Testierfreiheit der Anspruch der Erben auf vermögensmäßige Teilhabe am familiären Vermögen und auf Schutz vor unverhältnismäßiger Bevormundung gegenüber.[1025] Daher sind der Testierfreiheit des Erblassers zumindest im Bereich des

---

1021 Vgl. *Großfeld*, JZ 1968, 113–122 (S. 120); *Röthel*, GS Walz, S. 617–634 (632).
1022 *Neuhoff*, GS Walz, S. 465–483 (S. 480).
1023 Zu den diesbezüglichen Problemen bei der erbschaftssteuerlichen Behandlung von Unternehmen vgl. D.V.2.b) und ausführlich *Ritter*, BB 1994, 2285–2291 (S. 2287 f., 2289 f.).
1024 Die angeführten erbrechtlichen Vorschriften dienen dementsprechend nicht allein ausschließlich der Klärung von erbrechtlichen Verhältnissen und der Befriedigung von Erbstreitigkeiten.
1025 Zur grundrechtlichen Perspektive ausführlich D.IV.

Pflichtteilsrechts Grenzen gezogen und eine dauerhafte Bindung des Vermögens an seinen Willen hier unzulässig.[1026] Entsprechend können sich Erben zumindest im Umfang eines bestehenden Pflichtteilsrechts gegen die Errichtung einer Stiftung wehren.

Daneben zeigt sich die Zurückhaltung des Erbrechts gegenüber dauerhaften Willens- und Vermögensverewigungen und dementsprechend auch im Hinblick auf die Zulässigkeit von (reinen) Unterhaltsstiftungen noch deutlicher aus seiner kollektiv-gesellschaftspolitischen Perspektive. Wie gezeigt, sind der Testierfreiheit des Erblassers und damit der mit ihr einhergehenden Tendenz zur Vermögenskonzentration Grenzen gezogen. Auf der einen Seite soll er zwar die Möglichkeit haben, die mit seinem Vermögen für die Familie verbundene Machtposition ungeschmälert auf die nächste Generation übertragen zu können. Auf der anderen Seite ist dem Erbrecht aber auch daran gelegen, eben diese Machtpositionen wieder aufzulösen und eine gewisse Gleichheit der Chancen wiederherzustellen.[1027] Die für die einzelnen erbrechtlichen Gestaltungsmittel herausgearbeiteten Beschränkungen – insbesondere die immer wiederkehrende 30-Jahresfrist macht dies deutlich – zeigen, dass sich das Erbrecht einer dauerhaften Versteinerung von Vermögen und Willen des Erblassers widersetzt. Die Mittel des Erbrechts sollen es eben nicht ermöglichen, dass Nachlassbindungen in ihrer Wirkung verschleierten Fideikommissen oder Stiftungen entsprechen.[1028]

Dagegen kann dem diesbezüglichen Gegeneinwand, die in der Stiftung angelegte Perpetuierung des Stifterwillens über einen unbeschränkten Zeitraum sei als gesetzesgewollte Ausnahme zum in den erbrechtlichen Regeln der §§ 20, 44 II, 2109, 2162, 2210 BGB zum Ausdruck kommenden Grundsatz anzusehen, nicht gefolgt werden.[1029] Denn angesichts der Komplexität der Entwicklung im 19. Jahrhundert kann man schwer davon sprechen, der Gesetzgeber habe sich bewusst gegen eine Abstimmung von Stiftungs- und Erbrecht entschieden.[1030] Vielmehr drängt sich im Gegenteil die Schlussfolgerung auf, die zeitlichen Schranken des Erbrechts – insbesondere die stetig wiederkehrende Grenze von

---

1026 Siehe BVerfG v. 19.4.2005, BVerfGE 112, 332; zur Bedeutung der Grundrechte für das Erbrecht ausführlich *Gaier*, ZEV 2006, 2–8 (S. 2 ff.).
1027 *Großfeld*, JZ 1968, 113–122 (S. 120); kritisch bezüglich einer redistributiven Wirkung des deutschen Erbschaftssteuersystems *Kisker*, Erbschaftsteuer, S. 96 ff., 125 f., 186 ff.; hierzu auch D.V.2.b.
1028 *Großfeld*, JZ 1968, 113–122 (S. 120).
1029 So aber *Schwintek*, ZRP 1999, 25–30 (S. 30).
1030 *Richter*, Rechtsfähige Stiftung und Charitable Corporation, S. 385 f. (m.w.N.).

30 Jahren – auf das Stiftungsrecht zu übertragen.[1031] Dabei ist der hiergegen vorgebrachte Einwand, eine zeitliche Beschränkung von Unterhaltsstiftungen widerspreche dem stiftungstypischen Element der Dauerhaftigkeit auf den ersten Blick allerdings nicht ganz von der Hand zu weisen.[1032] Denn das neu in das Stiftungsrecht aufgenommene Vokabular von „dauernd" und „nachhaltig" (§ 80 II BGB) weist scheinbar gerade darauf hin, dass dem Element einer zeitlichen Beständigkeit von Stiftungen durch den Gesetzgeber eine besondere Aufmerksamkeit zuteil geworden ist.[1033] Allerdings bedeutet „dauernd" im Sinne des Gesetzestextes dabei gerade nicht, dass die Stiftung ewigen Bestand haben muss. Es geht vielmehr darum, dass für die Zeit des Bestehens der Stiftung Beständigkeit derselben gewährleistet ist.[1034] Das Bestehen selbst muss dagegen nicht beständig, also „dauernd" im Sinne von ewig sein. Vielmehr ist der Gedanke eines ewigen Lebens von Stiftungen eine „Ungeheuerlichkeit"[1035] und ein Privileg, das Stiftern als Gegenleistung eingeräumt wird, weil sie mit ihrer Vermögenshergabe und der damit einhergehenden Umverteilung einen friedensstiftenden Akt zugunsten des Gemeinwohls erbringen.[1036] Privatnützige Stiftungen wie Unterhaltsstiftungen erbringen dagegen grundsätzlich keinen gemeinnützigen Beitrag, weshalb gedanklich nichts dagegen spräche, ihnen auch das „Privileg der Ewigkeit" zu verweigern und für sie etwa eine zeitliche Befristung festzuschreiben. Dieser Befund wird insbesondere durch einen rechtsvergleichenden Befund bestärkt, der zeigt, dass für das Rechtsinstitut der privatnützigen Stiftungen eine zeitliche Begrenzung geradezu typisch ist. Dagegen ist die zeitlich schrankenlose Zulassung von privatnützigen Stiftungen im Kontext von wirtschaftlich vergleichbar verfassten Rechtsordnungen die Ausnahme.[1037]

1031 So insbesondere Staudinger-*Rawert* (1995), Vorbem zu §§ 80 ff. Rn. 11, 133; daran anschließend der Vorschlag von Bündnis90/Die Grünen, BT-Drs. 13/9320, S. 3, 10; a.A. nunmehr allerdings Staudinger-*Hüttemann/Rawert*, Vorbem zu §§ 80 ff. Rn. 184 ff. unter Hinweis auf einen diesbezüglich im Stiftungsmodernisierungsrecht zum Ausdruck gekommenen Willen des Gesetzgebers, den sie gleichwohl für rechtspolitisch fragwürdig halten.
1032 Vgl. *Schwintek*, ZRP 1999, 25–30 (S. 30); differenzierend *Neuhoff*, GS Walz, S. 465–483 (482 f.).
1033 Ausführlich hierzu *Neuhoff*, GS Walz, S. 465–483 (S. 465 ff.).
1034 Vgl. hierzu bereits C.II.1.c.
1035 *Neuhoff*, GS Walz, S. 465–483 (S. 481).
1036 *Neuhoff*, GS Walz, S. 465–483 (S. 481).
1037 *Kronke*, Stiftungstypus und Unternehmensträgerstiftung, S. 73; ausführlich zur rechtsvergleichenden Perspektive D.X.1.

Daneben ist der Hinweis, eine zeitliche Befristung von Unterhaltsstiftungen sei eine Beschneidung förderungswürdiger positiver Entwicklungstendenzen im Stiftungswesen[1038], nicht überzeugend.[1039] Denn dabei sind im Kern neue Impulse für ein gemeinwohlorientiertes Stiftungswesen angesprochen, die von Unterhaltsstiftungen als genuin privatnützigen Stiftung mangels Gemeinwohlbezuges gerade nicht zu erwarten sind.[1040]

Die Regelungen des Erbrechts zeigen somit, dass das BGB dauerhaften Vermögens- und Willensverewigungen („industriellen Erbhöfen"[1041]) ablehnend gegenübersteht. Daher sollte es aufgrund der gleichen Interessen- und Wertungslage keinen Unterschied machen, ob der Erblasser eine solche mit Mitteln des Erb- oder des Stiftungsrechts anstrebt. Im Lichte der erbrechtlichen Regelungen erscheinen daher Unterhaltsstiftungen entsprechend kritisch, deren Zweck es ja gerade ist, Vermögen dauerhaft als Einheit zu erhalten.[1042] Durchaus

---

1038 Zur Förderungswürdigkeit des Stiftungswesens vgl. etwa RegE, BT-Drs. 14/8765, S. 7; *Muscheler/Schewe*, WM 1999, 1693–1697 (S. 1693).
1039 So aber *Schwintek*, ZRP 1999, 25–30 (S. 30).
1040 RegE, BT-Drs. 14/8765, S. 7; *Richter*, Rechtsfähige Stiftung und Charitable Corporation, S. 386 f. weist darauf hin, dass dann eine positive Entwicklungstendenz auch darin gesehen werden müsste, dass viele Erblasser das im Verhältnis zur Privatstiftung funktionsgleiche Rechtsinstitut der Verwaltungstestamentsvollstreckung anordneten.
1041 Der insoweit bekannteste Fall der Schaffung eines „industriellen Erbhofes" ist das Unternehmen Krupp, dem nur aufgrund eines Sondererlasses eine vom BGB abweichende Erbfolge gestattet wurde. Dabei dürfte dies nicht zum Selbstzweck geschehen sein, sondern um das Unternehmen gerade in seiner Rolle als Rüstungsunternehmen und Waffenlieferant als Einheit und entsprechend handlungsfähig zu erhalten, vgl. Erlass des Führers über das Familienunternehmen der Firma Fried. Krupp vom 12.11.1943, RGBl. 1943 I, 655.
1042 *Rawert*, ZEV 1999, 294–298 (S. 297); Staudinger-*ders.* (1995), Vorbem §§ 80 ff. Rn. 132 ff.; *Reuter*, Non Profit Law Yearbook 2001, S. 27–64 (49 ff.); *ders.*, AcP 2007, 1–27 (S. 22 f.); *ders.*, Perpetuierung, S. 109 f.; *ders.*, FS Hadding, S. 231–251 (249); *Kronke*, Stiftungstypus und Unternehmensträgerstiftung, S. 75; *ders.*, Stiftungsrecht in Europa, S. 159–173 (160 f.); *Duden*, JZ 1968, 1–6 (S. 4); *Däubler*, JZ 1969, 499–502 (S. 501); *Crezelius/Rawert*, ZIP 1999, 337–347 (S. 339, 345); *Richter*, Rechtsfähige Stiftung und Charitable Corporation, S. 384 ff.; *Bischoff*, ZRP 1998, 391–394 (S. 393); *Großfeld*, JZ 1968, 113–122 (S. 120); *Hüttemann*, ZHR 167 (2003), 35–65 (S. 63); *Schöning*, Privatnützige Stiftungen, S. 147; zu den diesbezüglichen Wirkungsgrenzen der Erbschaftssteuer *Kisker*, Erbschaftsteuer, S. 186 f.; a.A. *Saenger/Arndt*, ZRP 2000, 13–19 (S. 15 ff.); *Schwarz*, DStR 2002, 1767–1773 (S. 1768); *Wochner*, BB 1999, 1441–1449 (S. 1442 f.); *Röthel*, GS Walz, S. 617–634 (630 ff.); *Schauhoff*,

wünschenswert wäre es daher gewesen, wenn im Zuge der Stiftungsrechtsreform diejenigen Vorschläge in der Umsetzung mehr Berücksichtigung gefunden hätten, die sich unter Hinweis auf das Erbrecht für eine Beschränkung von Familien- bzw. Unterhaltsstiftungen ausgesprochen haben.[1043] Jedenfalls bleibt die Frage nach einem Verbot oder eben einer zeitlichen Befristung derselben weiterhin Wissenschaft und Praxis zur Klärung überlassen.[1044]

VI. Unterhaltsstiftung und Fideikommissauflösung

Reine Unterhaltsstiftungen und Fideikommiss weisen eine starke Ähnlichkeit auf. Die beiderseitige Nähebeziehung äußert sich in der rechtlichen Ausgestaltung dieser Rechtsinstitute und ihrer vergleichbaren Zielsetzung. Dabei ist das Fideikommiss inzwischen durch eine umfangreiche Auflösungsgesetzgebung abgeschafft worden.[1045] Anhand der Fideikommissauflösungsgesetzgebung soll im Folgenden untersucht werden, ob das Fideikommiss und die reine Unterhaltsstiftung vergleichbar sind, ob sich der Auflösungsgesetzgebung ein verallgemeinerungsfähiger Rechtsgedanke entnehmen lässt und welche Rückschlüsse sich aus einem solchen für die Zulässigkeit von reinen Unterhaltsstiftungen ergeben.

1. Rechtsfigur Fideikommiss

Mit Hilfe des Rechtsinstituts Fideikommiss konnte ein lediglich innerhalb der Familie ungeteilt vererbliches und darüber hinaus unveräußerliches Sondervermögen durch Rechtsgeschäft geschaffen werden. Es diente dem *splendor familiae*

ZEV 1999, 121–125 (S. 121 ff.); *Burgard*, Gestaltungsfreiheit, S. 130 f.; *B. Müller*, Die privatnützige Stiftung, S. 56 f.; Seifart/von Campenhausen-*Pöllath/Richter*, § 13 Rn. 29; *Sorg*, Die Familienstiftung, S. 129 f.; *Meyer zu Hörste*, Die Familienstiftung, S. 30 f.; Erman-*O. Werner*, Vor § 80 Rn. 17; Bamberger/Roth-*Schwarz/Backert*, Vor § 80 Rn. 15; Palandt-*Ellenberger*, § 80 Rn. 8; differenzierend *Neuhoff*, GS Walz S. 465–483 (S. 482 f.); unter Aufgabe der in der Vorauflage vertretenen Ansicht nunmehr auch Staudinger-*Hüttemann/Rawert*, Vorbem zu §§ 80 ff. Rn. 184 ff.

1043 Vgl. diesbezüglich insbesondere den Vorschlag der Fraktion Bündnis90/Die Grünen, BT-Drs. 13/9320, S. 3, 10; zur Stiftungsrechtsreform und den entsprechenden Vorschlägen siehe auch B.V.
1044 *Hüttemann*, ZHR 167 (2003), 35–65 (S. 63).
1045 In Randbereichen unserer Rechtsordnung gelten Rudimente des Fideikommissrechts nach wie vor fort, etwa im Bibliotheksrecht, vgl. hierzu ausführlich *von Bar*, FS Roeber, S. 1–12 (1 ff.).

et nominis[1046] und sollte die privilegierte Stellung einer Familie auch für nachfolgende Generationen sicherstellen.[1047]

a. Historie und Auflösungsgesetzgebung

Zu unterscheiden ist zwischen dem römisch-rechtlichen und dem deutschrechtlichen Fideikommiss.[1048] Seinem römisch-rechtlichen Ursprung nach ist das Fideikommiss ein Rechtsinstitut rein erbrechtlicher Natur (*fidei tuae committo*).[1049] Seit Justitian[1050] blieb dieses dabei nur bis zur vierten Generation wirksam. Als familienrechtliches Institut scheint es seinen Ursprung dagegen im deutschen Recht zu haben.[1051] Hier ist es durch „die Errichtung einer Stiftung[1052] zum Besten einer Familie mit Einführung eines besonderen Veräußerungsverbotes" gekennzeichnet.[1053] Aufgrund seiner zeitlichen Begrenzung gelangte das (römisch-rechtliche) Fideikommiss zunächst zu keiner besonderen Bedeutung in Deutschland. Dies änderte sich erst, nachdem im Jahre 1654 die Begrenzung des Fideikommisses auf vier Generationen aufgehoben wurde.[1054] Positiv auf die Akzeptanz des Fideikommisses wirkte sich ebenfalls dessen strukturelle Ähnlichkeit mit dem im Deutschland des Mittelalters weit verbreiteten Lehnswesen aus. Als zu Beginn des 18. Jahrhunderts die Auflösung der Lehen einsetzte, sahen

---

1046 *Baur/Stürner*, Sachenrecht, § 27 Rn. 23, S. 354.
1047 *Däubler*, JZ 1969, 499–502 (S. 500).
1048 *von Bar/Striewe*, ZNR 1981, 184–198 (S. 184).
1049 *Söllner*, FS Kaser, S. 657–669 (657).
1050 Zum vorjustitianischen Recht vgl. *Lewis*, Das Recht des Familienfideikommisses, S. 8 ff.
1051 *von Bar/Striewe*, ZNR 1981, 184–198 (S. 184); *Söllner*, FS Kaser, S. 657–669 (662 ff.) weist dabei insbesondere auf die römisch-rechtlichen Ursprünge hin.
1052 Mit dem Begriff „Stiftung" ist hier keine Stiftung im Sinne von §§ 80 ff. BGB gemeint. Vielmehr geht es allgemein um den Gedanken der Widmung und Hingabe von Vermögen zu einem bestimmten Zweck.
1053 Landesamt für Familiengüter, Rechtsentscheid vom 21. Juli 1921, JW 1921, 410.
1054 Hierfür verantwortlich war der Eßlinger Stadtsyndikus Philipp Knipschildt mit seinem Traktat *de fideicommissis familiarum nobilium sive de bonis, quae pro familiarum nobilium conservatione constituuntur*, vgl. hierzu und zum für die Verbreitung des Fideikommisses gleichsam bedeutenden Einfluss des spanischen Majorats *Schöning*, Privatnützige Stiftungen, S. 62 f. (m.w.N.). Bereits zuvor war im Jahre 1611 durch Nicolas Betsius (in seinem Werk *de statutis, pactis et consuetudinibus familiarum illustrium et nobilium*) die zeitliche Begrenzung auf 4 Generationen angegriffen worden, vgl. hierzu *Söllner*, FS Kaser, S. 657–669 (661 f.).

die Lehnsherren im Fideikommiss eine Möglichkeit, die Struktur der Lehen trotz der veränderten rechtlichen Lage weitestgehend aufrechterhalten zu können.[1055]

Das Tauziehen um die Rechtsfigur Fideikommiss hat dazu geführt, dass dieses Rechtsinstitut in der jüngeren Geschichte „verschlungene Wege" durchlaufen hat.[1056] Während in Frankreich bereits 1792 erstmals eine Abschaffung der Fideikommisse erfolgte[1057], setzte im Deutschland des 19. Jahrhunderts eine lebhafte Auseinandersetzung um das Fideikommiss ein. Bereits im Grundrechtsteil der Paulskirchenverfassung von 1849 war ein Verbot neuer und die Auflösung bestehender Fideikommisse vorgesehen.[1058] Allerdings fanden diese Pläne gemeinsam mit dem Scheitern der Revolution ein Ende.[1059] Ähnlich erging es Art. 40 der preußischen Verfassungsurkunde von 1850, dessen Aufhebung im Jahr 1852 erfolgte. Hierin war ebenfalls die Neuerrichtung von Familienfideikommissen untersagt sowie die Umwandlung bestehender in freies Eigentum gefordert worden.[1060] Obgleich die Kodifikation des BGB 1900 vom Zeitgeist des Liberalismus geprägt gewesen ist, änderte sich nichts an dem vorangegangen Rechtszustand. Vielmehr stellte die Tatsache, dass die Fideikommisse in Art. 59 EGBGB der Landesgesetzgebung unterworfen wurden, faktisch ihre Anerkennung dar.[1061] Die Bedeutung der Fideikommisse blieb beträchtlich.[1062]

Mit dem Ende des ersten Weltkrieges begann die jüngere Geschichte der Familienfideikommissauflösungsgesetzgebung vor Schaffung der Bundesrepublik. Diese lässt sich grob in drei Phasen unterteilen: [1063] Ausgangspunkt stellt Art. 155 II 2 WRV vom 11. August 1919 dar, wonach Fideikommisse aufzulösen seien.[1064]

1055 *Hübner*, Grundzüge des deutschen Privatrechts, S. 376.
1056 *von Bar/Striewe*, ZNR, 1981, 184–198 (S. 184).
1057 Auch der Code Civil (Art. 896) hielt die Beseitigung der Fideikommisse aufrecht. Napoleon führte mit Dekret vom 30. März 1806 die Familienfideikommisse als so genannte Majorate wieder ein. 1807 wurde Art. 896 CC dann dahingehend erweitert, dass die Stiftung von Majoraten durch den Kaiser zugunsten eines *chef de famille* zugelassen wurde, vgl. hierzu *Söllner*, FS Kaser, S. 657–669 (665 ff.).
1058 *Eckert*, Fideikommisse, S. 476 ff.
1059 Vgl. *Söllner*, FS Kaser, S. 657–669 (667).
1060 Vgl. *Söllner*, FS Kaser, S. 657–669 (667 f.).
1061 *von Bar/Striewe*, ZNR 1981, 184–198 (S. 185); *Däubler*, JZ 1969, 499–502 (S. 500).
1062 1908 waren 6,3% der Gesamtfläche in Preußen fideikommissarisch gebunden, wobei 24% der ertragsfähigen Fläche auf diese oder auf andere vergleichbare Weise dem Verkehr entzogen waren, vgl. *von Reibnitz*, Familienfideikommisse, S. 18.
1063 Vgl. *von Bar/Striewe*, ZNR 1981, 184–198 (S. 186).
1064 Teilweise wurde schon vor Inkrafttreten der Weimarer Reichsverfassung damit begonnen, die Fideikommisse aufzuheben. So erging in Preußen die Verordnung über

Dieses Gebot war ausschließlich an den Gesetzgeber gerichtet. Die Landesgesetzgebung wurde für zuständig erklärt und ermächtigt, die Fideikommisse in freies, den allgemeinen Regeln des Erbrechts unterliegendes Eigentum umzuwandeln, wobei die hierzu erforderliche Aufhebung fideikommissarischer Rechte auch ohne Entschädigung der Berechtigten vorgenommen werden konnte. Die in der Folge erlassenen landesgesetzlichen Bestimmungen wichen mitunter stark voneinander ab. In der Regel wurde die schrittweise allmähliche Auflösung der Familienfideikommisse angeordnet, indem die fideikommissarischen Bindungen beim Tode des bei Beginn der Auflösung vorhandenen Fideikommissbesitzers entfallen sollten. Daneben ordneten einzelne Landesgesetze jedoch auch das sofortige Erlöschen der Fideikommisse an.[1065]

In der zweiten Phase wurde das Auflösungsrecht der Länder abgeändert und ersetzt, wobei eine formelle und materielle Vereinheitlichung der Fideikommissauflösung durch die Reichsgesetzgebung erfolgte. Nach der Beseitigung der Staatlichkeit der Länder wurde die Auflösung der Fideikommisse verstärkt betrieben.[1066] Dabei schuf das „Gesetz zur Vereinheitlichung der Fideikommissauflösung (FVG)" vom 26. Juni 1935[1067] einheitliche Fideikommissauflösungsbehörden.[1068] Die materielle Vereinheitlichung des Auflösungsrechts erfolgte durch das „Gesetz über das Erlöschen der Familienfideikommisse und sonstiger

---

Familiengüter vom 10. März 1919 (Preußische Gesetzessammlung 1919, 36; hieran schloss sich eine weitere Verordnung vom 19. November 1920 über die Zwangsauflösung von Familiengütern und Hausvermögen an, Preußische Gesetzessammlung 1920, 463) und in Bayern das Gesetz über die Aufhebung der Familienfideikommisse vom 28. März 1919 (BayGVGl 1919, S. 114).

1065 Ausführlich hierzu von Bar/Striewe, ZNR 1981, 184–198 (S. 186 ff.).

1066 Dies wurde ermöglicht durch die Verordnung zum Schutze von Volk und Staat vom 28. Februar 1933 (RGBl. 1933 I, S. 83), das so genannte Ermächtigungsgesetz vom 24. März 1933 (Gesetz zur Behebung der Not von Volk und Reich, RGBl. 1933 I, S. 141), das Vorläufige Gesetz zur Gleichschaltung der Länder mit dem Reich vom 31. März 1933 (RGBl. 1933 I, S. 153), das Zweite Gleichschaltungsgesetz vom 7. April 1933 (RGBl. 1933 I, S. 173 in der Fassung vom 14. Oktober 1933, RGBl. 1933 I, S, 736) und das Gesetz über den Neuaufbau des Reiches vom 30. Januar 1934 (RGBl. 1934 I, S. 75).

1067 RGBl. 1935 I, S. 785 ff.; vgl. auch die Durchführungsverordnung vom 24. August 1935 (RGBl. 1935 I, S. 1103 ff.).

1068 Zuständig waren in erster Instanz die Fideikommissenate am Oberlandesgericht (§§ 1 I, 6 I FVG), wobei gegen deren Beschlüsse das Rechtsmittel der sofortigen Beschwerde (§§ 9 ff. FVG) an das beim Justizministerium angesiedelte Oberste Fideikommissgericht (§ 2 I FVG) stattfand.

gebundener Vermögen (FEG)" vom 6. Juli 1938[1069]. Zuvor waren mit Verordnung vom 28. Juni 1938[1070] bereits die Fristen der Landesgesetze für das Erlöschen der Fideikommisse für vorläufig unanwendbar erklärt worden. Gemäß § 1 FEG sind mit dem 1. Januar 1939 alle zu diesem Zeitpunkt noch bestehenden Fideikommisse erloschen. Landesgesetzliche Regelungen sind diesbezüglich endgültig außer Kraft getreten. Das bisherige Fideikommissvermögen ist gemäß §§ 2, 11 FEG zu freiem Vermögen des zu diesem Zeitpunkt vorhandenen letzten Fideikommissbesitzer geworden, soweit sich nicht aus § 11 FEG etwas anderes ergab. Danach erlangte der Fideikommissbesitzer nicht direkt mit dem Erlöschen des Fideikommisses am 1. Januar 1939 die Befugnis zur freien Verfügung über das nun allodifizierte Vermögen. Vielmehr begann mit dem 1. Januar 1939 eine Sperrfrist zu laufen, innerhalb derer das bisherige Fideikommissvermögen im durch § 11 FEG beschriebenen Schutzumfang fortgalt. Dabei waren insbesondere für Schutz- und Sicherungsmaßnahmen im öffentlichen und privaten Interesse aus Anlass des Wegfalls der fideikommissarischen Bindung die Familiensatzung, welche Grundlage des Fideikommisses war oder subsidiär die Landesgesetze anzuwenden.[1071] Mit Erteilung eines Fideikommissauflösungsscheins endete diese Sperrfrist. Dem Fideikommissauflösungsschein kam hinsichtlich der Fideikommissauflösung jedoch keinerlei konstitutive Wirkung zu. Seine Erteilung hob lediglich die lebzeitigen Verfügungsbeschränkungen des ehemaligen Fideikommissbesitzers auf, das Erlöschen der Fideikommisse erfolgte jedoch bereits durch Gesetz am 1. Januar 1939.[1072] Neben der bloßen Auflösung der Fideikommisse enthält das FEG Regelungen zum Schutz von Allgemeininteressen, die mit der fideikommissarischen Bindung verknüpft waren. So konnten rechtsgeschäftliche Verfügungen über (ehemaliges) Fideikommissvermögen etwa wegen seines kulturellen Wertes von einer behördlichen Genehmigung abhängig gemacht werden, § 6 FEG, §§ 7 f. der Durchführungsverordnung zum FEG. Eine solche Genehmigung war dabei stets dann erforderlich, wenn der noch fideikommissarisch gebundene Besitzer über forstwirtschaftliche Grundstücke und Gegenstände oder Sachgesamtheiten von besonderem künstlerischem, wissenschaftlichem oder heimatlichem Wert oder über gemeinnützige Einrichtungen verfügen wollte, § 24 III FEG. Insbesondere die Errichtung einer Stiftung durch

---

1069 RGBl. 1938 I, S. 825 ff.; vgl. auch die hierzu ergangene Durchführungsverordnung vom 20. März 1939 (RGBl. 1939 I, S. 509 ff.).
1070 RGBl. 1938 I, S. 698.
1071 Vgl. *von Bar/Striewe*, ZNR 1981, 184–198 (S. 192).
1072 *von Bar/Striewe*, ZNR 1981, 184–198 (S. 192); *von Bar*, FS Roeber, S. 1–12 (5); *Däubler*, JZ 1969, 499–502 (S. 500); *Griziwotz*, FamRZ 2005, 581–582 (S. 581).

das Fideikommissgericht kam dabei als Sicherungs- und Schutzmaßnahme in Betracht, § 7 FEG, § 10 der Durchführungsverordnung zum FEG. Soweit jedoch land- und forstwirtschaftlicher Grundbesitz zum Vermögen einer fideikommissauflösungshalber errichteten Stiftung gehörte, mussten diese Grundstücke grundsätzlich bis zum 1. Januar 1941 veräußert werden, § 18 FEG.[1073] Dabei wurde dieses Gebot durch Verordnung vom 17. Mai 1940[1074] auch auf solche Familienstiftungen ausgedehnt, die nicht im Zuge der Fideikommissauflösung errichtet worden waren.[1075]

In der dritten Phase der Fideikommissauflösungsgesetzgebung vor Schaffung der Bundesrepublik war die Entwicklung nach dem Ende des Zweiten Weltkrieges durch die Gesetzgebung der Besatzungsmächte geprägt. In den Gebieten unter sowjetischer oder polnischer Besatzung machte die völlige Enteignung des Großgrundbesitzes alle weiteren Auflösungsbemühungen gegenstandslos.[1076] Im Westen wurde dagegen der Grundsatz der Umwandlung von Fideikommissen in freies, den allgemeinen Gesetzen unterliegendes Eigentum durch den Alliierten Kontrollrat bestätigt.[1077] Grundsätzlich lag der Kontrollratsgesetzgebung daran, die Auflösung der Fideikommisse zu beschleunigen.[1078]

1073 Waldforste wurden als „Schutzforste" vor einer Zersplitterung geschützt. Dabei war eine Einbringung des Vermögens in bestehende Wald-, Wein-, Deich- und Landgüter untersagt. Soweit andere Formen des Waldschutzes bestanden, waren diese in „Schutzforste" umzuwandeln, §§ 5, 16 f. FEG, § 9 der Durchführungsverordnung zum FEG i.V.m. der Schutzforstverordnung vom 21. Dezember 1939 (RGBl. 1939 I, S. 2459 ff.).
1074 RGBl. 1940 I, S. 806.
1075 Die Frist zur Veräußerung des land- und forstwirtschaftlichen Besitzes wurde zunächst mehrmals verlängert (zunächst bis zum 1. Januar 1945 durch Verordnung vom 24. Oktober 1941, RGBl. 1941 I, S. 661, dann bis zum 1. Januar 1948 durch Verordnung vom 4. Dezember 1942, RGBl. 1942 I, S. 675), zuletzt „bis auf weiteres" (durch Gesetz vom 28. Dezember 1950, BGBl. 1950 I, S. 820 f.).
1076 *von Bar/Striewe*, ZNR 1981, 184–198 (S. 193 f.); vgl. auch *Baur*, FS Vischer, S. 515–525 (518), der diesbezüglich von einem „Treppenwitz der Geschichte" spricht.
1077 Art. III Abs. 2 des Kontrollratsgesetzes Nr. 45 vom 20. Februar 1947 (Amtsblatt des Kontrollrats in Deutschland 1947, 256), wonach „[a]lle anderen land- und forstwirtschaftlichen Grundstücke, die bisher in der Rechtsform einer besonderen Güterart besessen wurden, wie beispielsweise [...] Fideikommisse [...] freies, den allgemeinen Gesetzen unterworfenes Grundeigentum [werden]".
1078 Vgl. insoweit ausführlich zu den auf Art. XI Kontrollratsgesetz Nr. 45 gründenden Ermächtigungen der Zonenbefehlshaber, vom Kontrollratsgesetz abweichende Bestimmungen zu erlassen, *von Bar/Striewe*, ZNR 1981, 184–198 (S. 194 f.).

Seit Inkrafttreten des Grundgesetzes besteht eine konkurrierende Gesetzgebung hinsichtlich des Bodenrechts für den Bund und die Länder, Art. 74 Nr. 18 GG. Ob die vorangegangene reichsrechtliche Fideikommissauflösungsgesetzgebung fortgilt, richtet sich gemäß Art. 123 I GG danach, ob sie dem Grundgesetz widerspricht. In materieller Hinsicht käme allein ein Widerspruch zu Art. 14 GG in Betracht, weil diese ein grundsätzlich entschädigungsloses Erlöschen der Anwartschafts- und Anfallsrechte anordnet, § 3 FEG. Allerdings war das gesetzlich angeordnete Erlöschen der Fideikommisse bei Inkrafttreten des Grundgesetzes bereits ein abgeschlossener Tatbestand, der daher nicht an einer grundgesetzlichen Rechtsnorm gemessen werden kann. Daher wird die Fideikommissauflösungsgesetzgebung schon im Kern nicht von Art. 14 GG erfasst. Auch nach Inkrafttreten des Grundgesetzes ändert sich somit nichts daran, dass die Fideikommisse aufgelöst sind.[1079] Dabei gilt die reichsrechtliche Fideikommissauflösungsgesetzgebung heute als Bundesrecht gemäß Art. 125 GG fort.[1080] Allerdings sind mit dem Zweiten Gesetz über die Bereinigung von Bundesrecht im Zuständigkeitsbereich des Bundesjustizministeriums der Justiz[1081] die Regelungen der Fideikommissauflösungsgesetzgebung aufgehoben worden. Hieraus ergibt sich jedoch solange keine Änderung des Rechtszustandes, wie nicht diesbezügliche landesrechtliche Regelungen erlassen worden sind, Art. 64 § 2 des Bereinigungsgesetzes. Insbesondere werden durch die Aufhebung des Fideikommissauflösungsrechts weder frühere Rechtszustände wiederhergestellt, noch Wiederaufnahme-, Rücknahme- oder Widerrufstatbestände begründet.

Zusammengefasst stellt sich das Fideikommissauflösungsrecht wie folgt dar:[1082] Formelle Fragen, insbesondere nach Zuständigkeiten, richten sich nach dem FEG und den hierzu ergangenen Durchführungsverordnungen.

1079 Ausführlich zur Vereinbarkeit mit Art. 14 GG *von Bar/Striewe*, ZNR 1981, 184–198 (S. 196); *von Bar*, FS Roeber, S. 1–12 (7 f.).

1080 Zu den Einzelheiten *von Bar/Striewe*, ZNR 1981, 184–198 (S. 196 ff.); *von Bar*, FS Roeber, S. 1–12 (5 ff.). Eine Änderung erfuhr die vorangegangene reichsrechtliche Fideikommissauflösungsgesetzgebung durch das „Bundesgesetz zur Änderung von Vorschriften des Fideikommiß- und Stiftungsrechts" vom 28. Dezember 1950 (BGBl. 1950, S. 820; geändert durch Gesetz vom 3. August 1967, BGBl. 1967, S. 839). Hierdurch wurden die Landesgesetzgeber ermächtigt, hinsichtlich der geltenden Fideikommissauflösungs- und Waldschutzvorschriften abweichende landesrechtliche Regelungen zu erlassen. Diese Regelung war erforderlich geworden, weil Art. 59 EGBGB durch die vereinheitlichende reichsrechtliche Auflösungsgesetzgebung obsolet geworden war, *von Bar/Striewe*, ZNR 1981, 184–198 (S. 197 Fn. 138).

1081 BGBl. 2007 I, S. 2614.

1082 Vgl. *von Bar/Striewe*, ZNR 1981, 184–198 (S. 198).

Hinsichtlich materieller Aspekte ist ebenfalls das FEG mit seinen ergänzenden Verordnungen maßgeblich. Für Einzelfragen sind jedoch die ergangenen Änderungen der Nachkriegsgesetzgebung zu beachten.

b. Die Rechtsverhältnisse des Fideikommisses

Die Rechtsverhältnisse des Fideikommisses sind komplex. Mit den folgenden Ausführungen soll ein gewisser Überblick über dieses Rechtsinstitut von seiner Stiftung bis zu seiner Beendigung gegeben werden.

Das Fideikommiss ist ein selbstständiges Sondervermögen.[1083] Dabei wurde es durch den Stifter mittels privatrechtlichen Stiftungsgeschäfts errichtet. Dies geschah durch testamentarische Bindung oder durch Erklärung unter Lebenden. Dabei lag es in der Hand des Stifters die Sukzessionsordnung zu bestimmen, in welcher das Fideikommissgut von dem einen Fideikommissbesitzer[1084] auf den anderen übergehen sollte.[1085] In der Regel war diese so ausgestaltet, dass der erstgeborene Sohn des jeweiligen Fideikommissbesitzers in den Fideikommissbesitz nachfolgte.[1086] Der Ausschluss weiblicher Nachkommen erfolgte mit dem Gedanken, dass nur durch männliche Nachkommen der Familienname als äußeres Erkennungszeichen der Familie weitergegeben würde.[1087] Mit Errichtung des Fideikommisses erlegte der Stifter dem Fideikommissbesitzers verschiedene Restriktionen auf. Dementsprechend wurde regelmäßig bestimmt, dass der Grund und Boden künftig unveräußerlich sein solle.[1088] Obwohl das römische Recht ursprünglich keine solche dinglich-nichtige Wirkung eines Veräußerungsverbotes kannte[1089], wurde diese Hürde für das Fideikommiss dennoch mit der

---

1083 Das gemeine Recht sah den Fideikommissinhaber als rechtlich gebundenen Eigentümer des Fideikommissgutes an, vgl. *Eckert*, Fideikommisse, S. 96. Das preußische ALR gestand dem Fideikommissinhaber dagegen lediglich das Nutzeigentum zu und betrachtete die Familie als Obereigentümerin, vgl. *Eckert*, Fideikommisse, S. 97.
1084 Der unmittelbare Nutznießer des Fideikommisses wird auch als Kondominat bezeichnet.
1085 Vgl. *von Gierke*, Handwörterbuch der Staatswissenschaften III, S. 111: „Die Folgefähigkeit richtet sich nach der Anordnung des Stifters, der beliebige Bedingungen setzen kann."
1086 Vgl. *Lewis*, Das Recht des Familienfideikommisses, S. 372.
1087 Dieser sei untrennbar mit dem *splendor familiae et nominis* verbunden, vgl. *Lewis*, Das Recht des Familienfideikommisses, S. 341.
1088 *Pactum de non aliendo*.
1089 „Nemo paciscendo efficere potest, ne [...] vicino invito praedium alienet [...]", *Windscheid/Kipp*, Pandektenrecht I, S. 903.

Begründung genommen, dass die vertragliche Errichtung eines Fideikommisses rechtlich wie eine letztwillige Errichtung zu behandeln sei.[1090] Das Fideikommiss, dem ursprünglich allein eine obligatorische Wirkung zukam, erlangte mithin den Status einer dinglich geschützten Obligation, so dass die Anordnung eines Veräußerungsverbotes durch den Fideikommissstifter auch dingliche Wirkung hatte.[1091] Dieses Veräußerungsverbot erfasste ebenfalls eine Hypothekenbestellung auf das Fideikommissgut sowie die Bestellung einer Emphyteuse[1092]. Das Fideikommiss selbst haftete lediglich für die so genannten Fideikommissschulden, worunter solche Verbindlichkeiten verstanden wurden, die der Fideikommissinhaber zur Erhaltung oder Wiederherstellung des Fideikommissgutes, zur Ablösung von Lasten, zur Tilgung von Fideikommissschulden oder zur Führung von Fideikommissprozessen eingegangen war.[1093] Soweit keine Rückzahlung dieser Fideikommissschulden erfolgte, konnte es zur Zwangsversteigerung des Fideikommissgutes kommen.[1094] Dem jeweiligen Fideikommissbesitzer standen lediglich die Einkünfte aus dem Fideikommissvermögen zur freien Verfügung (so genanntes Allod).[1095] Verfügte er dagegen über Fideikommissgegenstände, konnte der jeweilige Erwerber mit einer dinglichen Klage auf Herausgabe belangt werden.[1096]

c. Rentengüter und Erbpacht

Der Vollständigkeit halber seien an dieser Stelle noch zwei weitere Rechtsinstitute erwähnt, die ebenso wie das Fideikommiss geeignet waren, um Vermögen langfristig zu binden, nämlich das Rentengut und die Erbpacht (bzw. das

---

1090 B. *Bayer*, Sukzession und Freiheit, S. 71.
1091 B. *Bayer*, Sukzession und Freiheit, S. 76 f.
1092 Eine Emphyteuse war ein veräußerliches und übertragbares dingliches Nutzungsrecht auf Zeit oder auf Dauer. Die Stellung des Inhabers einer Emphyteuse war dementsprechend eine eigentumsähnliche, die ihm das *dominium utile* an dem jeweils betreffenden Grundstück verschaffte, vgl. B. *Bayer*, Sukzession und Freiheit, S. 72.
1093 *Eckert*, Fideikommisse, S. 102; enger diesbezüglich die meisten Partikularrechte, etwa das preußische, welches nur in außerordentlichen Fällen zur Wiederherstellung eines ruinierten Fideikommisses aufgenommene Schulden anerkannte, vgl. *ders.*, ebd., S. 103.
1094 *Eckert*, Fideikommisse, S. 104.
1095 *Reuter*, GS Eckert, S. 677–693 (678).
1096 *von Gierke*, Handwörterbuch der Staatswissenschaften, S. 110; zu den sonstigen Rechtsfolgen unzulässiger Veräußerungen, B. *Bayer*, Sukzession und Freiheit, S. 77 f.

Bündner- oder Häuslerrecht). Gesetzliche Erwähnung finden beide noch heute in Art. 62 f. EGBGB. Sie sind jedoch ebenso wie das Fideikommiss durch das entsprechende Reichsgesetz vom 6.7.1938 am 1.1.1939 abgeschafft worden.[1097]
Art. 62 EGBGB setzt den Begriff des Rentenguts als bekannt voraus. Das preußische Recht beschrieb es als ein Grundstück, das gegen Übernahme einer festen Geldrente zu Eigentum zu übertragen war.[1098] Dabei war es möglich, die Rente mit beiderseitiger Zustimmung gegen einen vorher bestimmten Betrag abzulösen. Da diese Ablösbarkeit jedoch auch von der Zustimmung des Rentengutsausgebers abhängig war, konnte sie faktisch zu einer ewigen Rente werden und so den Eigentümer des Grundstücks dauerhaft binden.[1099]

Die Erbpacht[1100] war daneben ein dingliches, frei veräußerliches, belastbares und vererbliches Nutzungsrecht an einem fremden Grundstück gegen die Verpflichtung zu bestimmten Leistungen. Dem Erbpächter kam demzufolge das so genannte Nutzeigentum zu, dem Grundeigentümer verblieb das Obereigentum.[1101] Da eine zeitliche Beschränkung der Erbpacht nicht bestand, fielen hier Eigentumsrecht und Nutzungsrecht dauerhaft auseinander. Soweit die Bewirtschaftung keine Gespannskraft erforderte, sprach man anstelle von Erbpacht vom Bündnerrecht. Für eine kleine Hofstelle mit Gartenland, die der Ansässigmachung der ländlichen Bevölkerung diente, fand der Begriff des Häuslerrechts Verwendung.[1102]

2. Verallgemeinerungsfähige Aussage der Fideikommissauflösungsgesetzgebung

Die Fideikommissauflösungsgesetzgebung kann nur dann von Relevanz für die Zulässigkeit der Vermögensverwaltungsstiftung sein, wenn sich der Fideikommissauflösungsgesetzgebung eine der Verallgemeinerung zulässige *ratio legis* entnehmen lässt. Zu prüfen ist dabei, ob die Auflösungsgesetzgebung durch solche Besonderheiten geprägt ist, dass eine Verallgemeinerung der ihr zugrunde liegenden Wertungen und deren Übertragung auf die Frage nach der Zulässigkeit

---

1097 MüKo-*Säcker*, Art. 62 EGBGB Rn. 1; MüKo-*ders.*, Art. 63 EGBGB Rn. 1; a.A. Staudinger-*Albrecht*, Art. 62 EGBGB Rn. 2 ff.; Staudinger-*ders.*, Art. 63 EGBGB Rn. 2.
1098 Vgl. Staudinger-*Albrecht*, Art. 62 EGBGB Rn. 4.
1099 Vgl. Staudinger-*Albrecht*, Art. 62 EGBGB Rn. 7.
1100 Von der Erbpacht zu unterscheiden ist das Erbbaurecht, das jedoch umgangssprachlich teilweise ebenfalls als Erbpacht bezeichnet wird; siehe zum Erbbaurecht ausführlich *Baur/Stürner*, Sachenrecht, § 29 Rn. 28 ff., S. 385 ff.
1101 Vgl. Staudinger-*Albrecht*, Art. 63 EGBGB Rn. 4.
1102 Staudinger-*Albrecht*, Art. 63 EGBGB Rn. 4.

der reinen Unterhaltsstiftung unmöglich wird. Dies wäre insbesondere dann der Fall, wenn beide Sachverhalte nicht in für die rechtliche Beurteilung maßgeblicher Weise miteinander vergleichbar sind.[1103]

a. Ratio legis

Der tiefere Grund für die Bemühungen um die Abschaffung der Fideikommisse lässt sich schon aus dem Grunde ihrer Errichtung ableiten. Ein Rechtsinstitut, das dem *splendor familiae et nominis* dienen soll, steht zwangsläufig im Widerspruch zum durch Chancengleichheit geprägten Selbstverständnis einer demokratischen Gesellschaft. So war es nicht verwunderlich, dass mit der revolutionären Überwindung der Adels- und Feudalgesellschaft Forderungen zur Abschaffung dieses Rechtsinstituts aufkamen. Gerade das Fideikommiss schien mit „anmutendem Perfektionismus"[1104] die Herrschaft der regierenden Klasse abzusichern. Dadurch, dass die Fideikommisse einzelnen Familien ihre privilegierte Stellung sicherten, dienten sie zugleich der Verfestigung der gesellschaftlichen Strukturen überhaupt. Insbesondere die Machtposition der Grundbesitzerschicht wurde auf diese Weise sichergestellt.[1105]

Neben den soziologischen Aspekt gesellte sich zudem eine wirtschaftstheoretische Überlegung: Die neue Wirtschaftsordnung sollte durch Wettbewerb geprägt sein. Hierfür war ein freier Zugang zu den Produktionsmitteln zwingende Voraussetzung. Fideikommissgüter bestanden in den meisten Fällen aus Grund und Boden. Dies war nun jedoch gerade ein Gut, dass nicht beliebig vermehrt werden konnte. Dadurch, dass ein wesentlicher Teil des Grund und Bodens faktisch dem Wirtschaftsverkehr entzogen wurde, war diesbezüglich ein freier Wettbewerb nicht gegeben.[1106]

Ein weiterer Aspekt, der den Gedanken von Chancengleichheit und Wettbewerb vereint, ist der folgende: Durch die fideikommissarische Bindung stehen dem Kondominaten Zeit seines Lebens die Nutzungen des Fideikommissgutes zur Verfügung und zwar ohne eigenes Zutun – abgesehen von dem Arbeitseinsatz, den beispielsweise die Bewirtschaftung eines Landgutes zwingend mit sich bringt – stets in mehr oder weniger unveränderter Höhe und Umfang. Mit Blick auf die persönlichen Fähigkeiten des Kondominaten ist dies ist nach zwei Seiten hin problematisch: Zunächst ist an einen Kondominaten zu denken, der seinen

---

1103 Vgl. *Larenz/Wolf*, Allgemeiner Teil, § 4 Rn. 80, S. 94.
1104 *Däubler*, JZ 1969, 499–502 (S. 499).
1105 *Däubler*, JZ 1969, 499–502 (S. 500).
1106 Vgl. *Burgard*, Gestaltungsfreiheit, S. 128 f.

persönlichen Fähigkeiten entsprechend, das Fideikommissgut im freien Wettbewerb vermindern würde. Es stellt sich die Frage, weshalb dieser Kondominat besonderen Schutz durch die Beschränkung der Verfügungsmöglichkeiten und den weitgehenden Ausschluss der Zwangsvollstreckung verdient. Dieser Kondominat scheint vielmehr grundlos bevorzugt. Zum anderen ist an einen Kondominaten zu denken, der wiederum entsprechend seinen persönlichen Fähigkeiten, das Fideikommissgut vergrößern würde, falls er es denn in seiner Gesamtheit dem Wettbewerb aussetzen dürfte. Als Mittel stehen auch ihm stattdessen lediglich die Nutzungen des Fideikommissguts zur Verfügung. Eine Verfügung über das Fideikommissgut selbst ist ihm dagegen versagt. In diesem Fall scheint der Kondominat durch die Verfügungsbeschränkung ungerechtfertigt benachteiligt. Denn könnte er auch das Fideikommissgut selbst im freien Wettbewerb einsetzen, wären ihm noch größere Gewinne möglich. So bleiben ihm allein die Nutzungen, mit denen er sich am Wirtschaftsverkehr beteiligen kann. Die fideikommissarische Bindung steht daher einem der fundamentalen Grundsätze unserer Wirtschaftsordnung entgegen, wonach Tüchtige erwerben und – wenn nicht mehr tüchtig genug (z.B. Nachkommen) – wieder an Tüchtigere verlieren sollen. Denn Ressourcen folgen der Schwerkraft.[1107]

Es lässt sich somit feststellen, dass das Fideikommiss keinen Platz in einer durch Chancengleichheit, Wettbewerb und Demokratie geprägten Gesellschaft hat. Seine Abschaffung erfolgte daher im Gleichklang mit der Veränderung der politischen und wirtschaftlichen Verhältnisse. Dem Fideikommiss mag zur Zeit der Adels- und Feudalherrschaft noch ein innerer Rechtfertigungsgrund innegewohnt haben. Dieser war jedoch mit dem Übergang zur Demokratie entfallen.

b. Vergleichbarkeit Fideikommiss und reine Unterhaltsstiftung

Die vorangegangenen Darstellungen haben deutlich gemacht, dass das Rechtsinstitut Fideikommiss mit dem Wandel der vorherrschenden Gesellschaftsvorstellungen von einer Monarchie hin zu einer grundsätzlich privilegienfreien Demokratie nicht mehr vereinbar gewesen ist. In den Ausführungen zur Fideikommissauflösungsgesetzgebung ist diese Entwicklung dargestellt worden. Für die Beantwortung der Frage, ob sich aus dem Fideikommissauflösungsprozess Konsequenzen für die Zulässigkeit von reinen Unterhaltsstiftungen ergeben, ist es von Bedeutung, wie weit eine Vergleichbarkeit beider Rechtsinstitute geht. Diese wäre umso weit reichender, je mehr sich beide in ihren rechtlichen Ausgestaltungen und Funktionen ähneln.

1107 *Bär*, ZBJV 138 (2002), 776–789 (S. 781).

Die Ansichten darüber, inwieweit die reine Unterhaltsstiftung mit dem Fideikommiss vergleichbar ist, gehen auseinander. Zwar wird eine gewisse Nähe beider Rechtsinstitute in der Regel nicht geleugnet. Dennoch erfolgt eine unterschiedliche Bewertung dieser Nähebeziehung. Soweit reine Unterhaltsstiftungen als zulässig erachtet werden, erfolgt eine Betonung der verbleibenden Unterschiede.[1108] Ihre Kritiker unterstreichen dagegen die Vergleichbarkeit beider Rechtsinstitute und leiten aus den hinter der Fideikommissauflösungsgesetzgebung stehenden Zielen einen verallgemeinerungsfähigen allgemeinen Grundsatz ab, aus welchem sich die Unzulässigkeit von reinen Unterhaltsstiftungen ergäbe.[1109] Dem ist im Ergebnis zuzustimmen.

Selbst Kritiker einer Vergleichbarkeit beider Rechtsinstitute erkennen an, dass zwischen Fideikommiss und reiner Unterhaltsstiftung Gemeinsamkeiten bestehen.[1110] Gleichzeitig führen sie jedoch verschiedene Aspekte ins Feld, welche eine unterschiedliche Bewertung der beiden Rechtsinstitute rechtfertigen sollen. Zunächst unterschieden sich Fideikommiss und reine Unterhaltsstiftung schon nach ihrer Rechtsnatur. Das Fideikommiss sei ein bloßes Sondervermögen, die Stiftung jedoch juristische Person.[1111] Weiterhin verfolgten beide unterschiedliche Ziele. Dem Fideikommiss gehe es vorrangig um den *splendor familiae et nominis* und die hiermit verbundenen wirtschaftlichen Aspekte, Familienstiftungen (in diesem speziellen Zusammenhang wird dabei explizit dieser Terminus „Familienstiftung" verwendet) verfolgten jedoch auch kulturelle Zwecke im Allgemeininteresse.[1112] Daneben sei eine unterschiedliche rechtliche Bewertung aufgrund der durch Fideikommiss und reine Unterhaltsstiftung gebundenen Vermögenswerte geboten.

1108 *Burgard*, Gestaltungsfreiheit, S. 127 ff.; *von Trott zu Solz*, Erbrechtlose Sondervermögen, S. 127 ff.; *Sorg*, Die Familienstiftung, S. 44 f.; *Meyer zu Hörste*, Die Familienstiftung, S. 14 ff.

1109 MüKo-*Reuter*, §§ 80, 81 Rn. 97 ff.; *ders.*, GS Eckert, S. 677–693 (677 ff.); *Däubler*, JZ 1969, 499–502 (S. 499 ff.); *Duden*, JZ 1968, 1–6 (S. 4); wohl auch *Schöning*, Privatnützige Stiftungen, S. 146; vergleichbar für das schweizerische Recht so auch *Baur*, FS Vischer, S. 515–525 (S. 521).

1110 *Schurr*, Die Stiftung mit unternehmerischer Verantwortung, S. 62; *von Trott zu Solz*, Erbrechtlose Sondervermögen, S. 125; *Burgard*, Gestaltungsfreiheit, S. 130; *Kronke*, Stiftungstypus und Unternehmensträgerstiftung, S. 60 spricht von funktionaler Nähe von Fideikommiss und Familienstiftung.

1111 RG v. 26.5.1905, RGZ 61, 28, 34; *Meyer zu Hörste*, Die Familienstiftung, S. 14 ff., 22; *Sorg*, Die Familienstiftung, S. 44 f.; *Mercker*, Stiftungen in Theorie, Recht und Praxis, S. 328–336 (329); Seifart/von Campenhausen-*Pöllath/Richter*, § 13 Rn. 29.

1112 *Sorg*, Die Familienstiftung, S. 45; *von Rintelen*, Deutsches Stiftungswesen 1977–1988, S. 143–149 (143 ff.); vgl. auch *Baur*, FS Vischer, S. 515–525 (525).

Fideikommisse bündelten vornehmlich Grund und Boden in den Händen einzelner Personen. Dies sei bei den reinen Unterhaltsstiftungen aber gerade nicht der Fall.[1113] Schließlich sei es zudem ein bedeutsamer rechtlicher Unterschied, dass Stiftungen mit ihrem gesamten Vermögen haften, wohingegen das Fideikommissgut grundsätzlich einem Gläubigerzugriff entzogen gewesen sei.[1114]

Allerdings können die angeführten Argumente gegen eine Vergleichbarkeit von Fideikommiss und reine Unterhaltsstiftung letztlich nicht überzeugen. Zunächst genügt der Hinweis auf die bestehenden Unterschiede beider Rechtsinstitute als Sondervermögen auf der einen und als juristische Person auf der anderen Seite nicht, um deren rechtliche Vergleichbarkeit hinsichtlich der Zulässigkeit von Familienvermögensverwaltungen zu verneinen.[1115] Dies wäre nur dann der Fall, wenn die Interessen des Rechts- und Wirtschaftsverkehrs durch reine Unterhaltsstiftungen in geringerem Maße beeinträchtigt würden, als durch Fideikommisse. Grundsätzlich ist die Beeinträchtigung dabei umso geringer, je weniger die Verkehrsfähigkeit von Vermögen eingeschränkt wird.[1116] Als Sondervermögen ist das Fideikommissgut zwar rechtlich gebundenes Vermögen. Aber dennoch ist es gleichsam Eigentum des Fideikommissinhabers. Ist das betreffende Vermögen dagegen solches einer reinen Unterhaltsstiftung, ist die rechtliche Verselbstständigung eine weitergehende, die zwingend mit der juristischen Persönlichkeit der Stiftung verbunden ist. Die Eigentümerstellung nimmt hier die Stiftung selbst ein. Aus diesem Grund kommt eine Berechtigung des Stiftungsvorstandes zur Veräußerung und Belastung des Stiftungsvermögens von vorneherein nicht in Betracht.[1117] Diese dürfen nur im durch den Stiftungszweck gezogenen Rahmen erfolgen. Regelmäßig wird ein solcher Rahmen jedoch äußerst eng sein, wenn mit der Stiftung die Wirkungen eines Fideikommisses nachgebildet werden sollen.[1118] Es verbleibt insoweit jedoch der Unterschied,

---

1113 *Söllner*, FS Kaser, S. 657–669 (669); *Baur*, FS Vischer, S. 515–525 (520); *Burgard*, Gestaltungsfreiheit, S. 128 f.; zu den agrarpolitischen Motivationen der Fideikommissauflösungsgesetzgebung auch *Ballerstedt/Salzwedel*, Gutachten 44. DJT, S. 31.
1114 *Burgard*, Gestaltungsfreiheit im Stiftungsrecht, S. 129 f.; Bericht der Bund-Länder-Arbeitsgruppe, S. 46.
1115 Der Hinweis auf die unterschiedliche Rechtsnatur trifft zu für das gemeine Recht, nicht aber etwa für das preußische ALR als wichtigstem deutschen Partikularrecht, vgl. *Eckert*, Fideikommisse, S. 96 f.
1116 Vgl. *Baur*, FS Vischer, S. 515–525 (518).
1117 Vgl. *Reuter*, GS Eckert, S. 677–693 (680).
1118 Gerade dies dürfte regelmäßig der Fall sein, vgl. *Baur*, FS Vischer, S. 515–525 (521 f.); *Duden*, JZ 1968, 1–6 (S. 4); *Däubler*, JZ 1969, 499–502 (S. 500).

dass die Bindung des Stiftungsvorstandes lediglich eine schuldrechtliche ist (*dürfen*), wohingegen der Fideikommissinhabers einer dinglichen Bindung unterlag (*können*). Denn juristische Personen des Privatrechts können auch außerhalb ihres eigentlichen Zweckes Rechte und Pflichten erwerben. Gemäß der insoweit regulativen Leitidee, dass der Schutz des Rechtsverkehrs demjenigen des Vertretenen vorgehen solle, erfuhr die so genannte *Ultra-Vires-Lehre*[1119] zumindest im Privatrecht eine Absage.[1120] Dieser Unterschied zwischen Fideikommiss und Stiftung fällt jedoch nicht übermäßig ins Gewicht.[1121] Der grundsätzlich bestehende Unterschied wird darüber hinaus durch die Lehre vom Missbrauch der Vertretungsmacht[1122] und die Fallgruppen der Rechtsgeschäfte mit nahestehenden Personen[1123] eingeschränkt.

Gegen eine Vergleichbarkeit von Fideikommiss und Familienstiftung kann desweiteren nicht vorgebracht werden, dass letztere anders als das Fideikommiss nicht nur rein wirtschaftliche, sondern darüber hinaus kulturelle Zwecke verfolge.[1124] Dieser Einwand geht hier letztlich an der Sache vorbei. Denn es geht nicht um die generelle Vergleichbarkeit von Fideikommiss und jedweder Art von Familienstiftung. Vielmehr steht in Frage, welche Konsequenzen sich aus der Fideikommissauflösungsgesetzgebung für die Zulässigkeit von fideikommissersetzenden Familienstiftungen ergeben, die durch eine entsprechende Gestaltung der Stiftung versuchen, die Wirkungen eines Fideikommiss nachzubilden. Dagegen geht es gerade nicht um solche Familienstiftungen, deren Zweck es beispielsweise ist, kulturell wertvolle Sammlungen als Einheit zu erhalten und für die Nachwelt zu bewahren oder Familienangehörige in Zeiten besonderer Bedürftigkeit zu unterstützen. So enthält schon das FEG entsprechende Sonderregelungen zum Schutz von Allgemeininteressen, die mit der fideikommissarischen Bindung verknüpft waren und sieht dabei ausdrücklich die Errichtung von Stiftungen als Sicherungs- und Schutzmaßnahme vor.[1125] Gleiches gilt für

---

1119 Ausführlich *Eggert*, Die deutsche Ultra-Vires-Lehre; *Luth*, Vertretungsbefugnis, S. 54 ff.; Im englischen Recht ist die Ultra-Vires-Lehre gleichsam auf dem Rückzug, vgl. *Fleischer*, NZG 2005, 529–537 (S. 531).
1120 Zur Geltung der Ultra-Vires-Lehre im öffentlichen Recht BGH v. 28.2.1956, BGHZ 20, 119.
1121 *Reuter*, GS Eckert, S. 677–693 (680).
1122 Hierzu ausführlich MüKo-*Schramm*, § 164 Rn. 106 ff.
1123 Hierzu *Fleischer*, NZG 2005, 529–537 (S. 535 ff.).
1124 So *von Rintelen*, Deutsches Stiftungswesen 1977–1988, S. 143–149 (143 ff.).
1125 § 6 FEG, §§ 7 f. der Durchführungsverordnung zum FEG und § 7 FEG, § 10 der Durchführungsverordnung zum FEG.

die Unterstützung bestimmter Personenkreise, soweit diese aufgrund gewisser Umstände besonders bedürftig sind, etwa aufgrund von Krankheit oder der Kosten einer Berufsausbildung. Eine solche Unterstützung liegt zumindest mittelbar im Allgemeininteresse. Denn in einer Gesellschaft, die den Gedanken der Solidarität zu ihren Werten zählt und auf ihm aufbaut, müsste ansonsten die Allgemeinheit versuchen, die anfallenden Kosten zu tragen. Die Existenz von Familienstiftungen mit Zwecken im Allgemeininteresse spricht jedoch nicht dagegen, dass das Fideikommissverbot auch einer Zulässigkeit von fideikommissersetzenden Familienstiftungen (reinen Unterhaltsstiftungen) entgegensteht.

Keine große Überzeugungskraft kann man weiterhin dem Argument zubilligen, die unterschiedliche Zusammensetzung des Vermögens von Fideikommiss und heutigen Stiftungen mache beide Rechtsinstitute unvergleichbar.[1126] Insofern wird behauptet, dass sich die Fideikommissauflösungsgesetzgebung insbesondere gegen die Bindung von Grund und Boden und die gesellschaftliche Schieflage gewandt hat, die durch die Anhäufung von Grundbesitz als dem maßgeblichen Wirtschaftsgut der vorindustriellen Zeit in den Händen weniger entstanden war.[1127] Diese Vorbehalte könnten nicht auf die reinen Unterhaltsstiftungen übertragen werden, da sich deren Vermögen heute insbesondere aus Forderungen zusammensetze.[1128] Dabei wird angeführt, dass eine dauerhafte Bindung von Grundbesitz erheblich bedenklicher sei, als eine vergleichbare Bindung von Forderungsvermögen. Denn Grundvermögen sei anders als Forderungen nicht beliebig vermehrbar, leichter über Generationen hinweg zu erhalten und dabei einem Inflations- und Innovationsdruck in erheblich geringerem Maße ausgesetzt.[1129] Zwar ist richtig, dass mit der Abschaffung des Fideikommisses intendiert war, ein Rechtsinstitut feudaler Gesellschaftsordnung zu beseitigen.[1130] Allerdings sind durch die Fideikommissauflösungsgesetzgebung jedwede Fideikommisse

---

1126 Vgl. *Kronke*, Stiftungstypus und Unternehmensträgerstiftung, S. 60.
1127 Vgl. etwa *Ballerstedt/Salzwedel*, Gutachten 44. DJT, S. 31; *Baur*, FS Vischer, S. 515–525 (518) spricht vom „Feudalismusargument".
1128 *Richter*, Rechtsfähige Stiftung und Charitable Corporation, S. 407; *Burgard*, Gestaltungsfreiheit, S. 128; *Röthel*, GS Walz, S. 617–634 (632 f.); *Saenger/Arndt*, ZRP 2000, 13–19 (S. 15 f.).
1129 *Burgard*, Gestaltungsfreiheit, S. 128 f.
1130 RGZ v. 11.3.1927, 116, 268, 274 zum Ziel von Art. 155 WRV: „Die Vorschrift des Art. 155 wendet sich gegen die übergroße Ansammlung von Grundbesitz in den Händen einzelner Personen und weiter dagegen, daß das Land oder die in ihm ruhenden Bodenschätze in gewinnsüchtiger Absicht der Allgemeinheit vorenthalten oder ihr doch nur unter wucherischer Ausbeutung der Volksgenossen zugänglich gemacht werden."

abgeschafft worden, nicht nur diejenigen in der Land- und Forstwirtschaft. Daneben ist nicht gesagt, dass das einzelne Stiftungsvermögen tatsächlich nur aus Forderungen und nicht eben doch aus erheblichem Grundvermögen besteht, und selbst dann, wenn es im wesentlichen Teil „noch" aus Forderungen besteht, bedeutet dies nicht, dass es nicht in Sachwerte, wie eben Immobilienvermögen umgeschichtet werden könnte. Dass dies in der Regel geschehen dürfte, folgt gerade aus der beliebigen Vermehrbarkeit von Forderungen. Nicht zum ersten Mal ist mit der im Jahre 2008 begonnenen globalen Finanz- und Wirtschaftskrise deutlich geworden, als wie wenig substantiell sich eben gerade Forderungen herausstellen können, nicht zuletzt *weil* sie beliebig vermehrbar sind. Umsichtige und nachhaltige Anleger – und zu diesen dürfte man wohl einen wesentlichen Teil der Stiftungen zählen – achten daher seit jeher auf Wertbeständigkeit und Nachhaltigkeit ihrer Investitionen. Verwiesen sei nur auf das schon reflexartig einsetzende Interesse an Gold, sobald sich wirtschaftlich oder politisch schwierigere Phasen andeuten. So lies die im Zuge der Griechenlandkrise gefolgte Euro-Debatte mehr als erahnen, dass die europäische Gemeinschaftswährung nicht gezwungenermaßen eine Sache für die Ewigkeit sein muss. Im Falle einer Inflation und/oder Währungsreform – die Wahrscheinlichkeit einer ebensolchen lässt sich anhand der regelmäßig stattfindenden europäischen Regierungsgipfel ablesen – und des damit einhergehenden Wertverlustes von Forderungen wäre dann eben doch die Konzentration von Grund und Boden in den Händen weniger (Stiftungen) genauso wie im 18. und 19. Jahrhundert von neuem ein Problem. Unabhängig vom Wirtschaftsgut Grund und Boden, stellt jedoch auch jede andere Ansammlung großer Vermögen eine potentielle Gefahr für die Freiheit des Wettbewerbs und damit für die Grundlage unserer sozialen Marktwirtschaft dar. Denn die Wirtschaftsordnung muss als ein stetig fließender Kreislauf verstanden werden, womit die Bündelung von zentralen Wirtschaftsgütern über Generationen hinweg in der Hand einiger weniger unvereinbar ist.[1131] Ausdruck dieser Vorstellung ist das Kartellrecht (GWB), das zum Ziel hat, die Freiheit des Wettbewerbs zu schützen und wirtschaftliche Macht dort zu begrenzen, wo sie die Wirksamkeit des Wettbewerbs und die ihm innewohnenden Tendenzen zur Leistungssteigerung beeinträchtigt.[1132] Ob sich diese wirtschaftliche Macht nun durch die Bündelung von Grundvermögen wie in der vorindustriellen Zeit manifestiert oder in der Bündelung von Forderungen und Industrievermögen kann

---

1131 *Saenger/Arndt*, ZRP 2000, 13–19 (S. 16).
1132 Baumbach/Hefermehl-*Köhler*, Einl UWG Rn. 6.1; *Bunte*, Kartellrecht, S. 2 f.; *Däubler*, JZ 1969, 499–502 (S. 501).

dabei keinen Unterschied machen. Daher ist nicht ersichtlich, weshalb die diesbezüglich gegen das Fideikommiss vorgebrachten Bedenken nicht auf die reine Unterhaltsstiftung übertragbar sein sollen. Nicht von der Hand zu weisen ist jedoch, dass wirtschaftliche Machtkonzentration heute insbesondere auch durch Kapitalgesellschaften und die mit ihnen einhergehende Trennung von Eigentum und Unternehmensführung bewirkt wird.[1133] Allerdings lässt der Hinweis von einem kleineren Übel auf ein größeres das erstere nicht hinfällig werden. Daher kann der Hinweis auf das Bestehen von großen Kapitalgesellschaften nicht die mit stiftungsrechtlichen Mitteln erstrebte schädliche Vermögenskonzentration rechtfertigen.[1134] Vielmehr gilt es einer solchen in beiden Fällen gleichermaßen entgegenzuwirken.

Gegen die Vergleichbarkeit von Fideikommiss und reiner Unterhaltsstiftung soll weiterhin sprechen, dass das Fideikommiss anders als die Stiftung gegen eine Vollstreckung durch Gläubiger immun gewesen sei.[1135] Dies ist jedoch in dieser Absolutheit nicht richtig. Das Fideikommiss unterlag für Fideikommissschulden durchaus einer Haftung für Fideikommissschulden. Soweit eine Befriedigung der Gläubiger unterblieb, war in der Folge durchaus eine Zwangsversteigerung des Fideikommissgutes möglich.[1136] Dementsprechend war durch das Fideikommissrecht für Fideikommissanwärter zum Teil ausdrücklich die Möglichkeit vorgesehen, gerichtliche Hilfe anzurufen, wenn durch schlechte Verwaltung des Fideikommissinhabers der Bestand des Fideikommisses gefährdet war.[1137] Daher ist die Aussage, dass ein Fideikommiss selbst bei Misswirtschaft des Fideikommissinhabers ungeschmälert erhalten geblieben ist, nicht allgemeingültig.[1138] Zuzugestehen ist jedoch, dass eine Gefährdung des Fideikommissgutes verglichen mit derjenigen einer Stiftung in dem Maße geringer war, als der Fideikommissinhaber eine Haftung des Fideikommissgutes nur innerhalb des Fideikommisszweckes begründen *konnte*. Dagegen *darf* der Stiftungsvorstand keine Haftung für das Stiftungsvermögen außerhalb des Stiftungszweckes begründen,

---

1133 Vgl. etwa *Beckert*, Reformfragen des Pflichtteilsrechts, S. 1–21 (10); *K. Schmidt*, Formale Freiheitsethik oder materielle Verantwortungsethik, S. 9–32 (13 ff.); zur diesbezüglichen Bedeutung der Erbschaftssteuer siehe D.V.2.b.
1134 Vgl. aber *Röthel*, GS Walz, S. 617–634 (S. 632 f.).
1135 *Kronke*, Stiftungstypus und Unternehmensträgerstiftung, S. 60; *Burgard*, Gestaltungsfreiheit, S. 129 f.; Bericht der Bund-Länder-Arbeitsgruppe, S. 46.
1136 Vgl. D.VI.1.b.
1137 *Eckert*, Fideikommisse, S. 98; vgl. auch *Reuter*, GS Eckert, S. 677–693 (681).
1138 So etwa *Burgard*, Gestaltungsfreiheit, S. 129.

aber er *kann* es.[1139] Letztlich spricht dieser Unterschied jedoch nicht gegen eine Vergleichbarkeit von reiner Unterhaltsstiftung und Fideikommiss. Gleiches gilt für den Einwand, durch ein Anwartschaftsrecht der Nachfolger würde der Fideikommissinhaber anders als ein Stiftungsvorstand in seinen Verfügungsmöglichkeiten beschränkt.[1140] Auch der Stiftungsvorstand kann durch den im Stiftungszweck zum Ausdruck kommenden Willen des Stifters zugunsten der Dauerhaftigkeit der Stiftung und zum Wohle der in der Generationenfolge nachrückenden Destinatäre in seinem Verfügungsspielraum beschränkt werden.

Zusammenfassend lässt sich somit festhalten, dass Fideikommiss und reine Unterhaltsstiftung in den für die rechtliche Wertung maßgeblichen Hinsichten vergleichbar sind. Der Stifter von Fideikommiss und reiner Unterhaltsstiftung kann die Begünstigten jeweils frei bestimmen. Dabei ist er an keine zeitlichen Grenzen gebunden, weshalb in beiden Fällen eine generationenübergreifende Regelung möglich ist. Die Begünstigten selbst sind auf die Erträge des jeweiligen Vermögens beschränkt, ohne selbst auf den Vermögensstamm zugreifen zu können. Dies macht beide zu wirkungsvollen Rechtsinstrumenten zur Absicherung des Vermögens gegenüber unfähigen Erben und zu tauglichen Mitteln der Unterhaltssicherung.[1141] Auf diese Weise stellen beide effektive vermögenserhaltende Maßnahmen dar, die der Gefahr einer Vermögenszersplitterung strukturell entgegenwirken. Deutlich tritt die Vergleichbarkeit hierbei zutage, wenn das Fideikommiss mitunter ausdrücklich als Sonderform der Stiftung bezeichnet wird.[1142]

c. Konsequenzen aus Vergleichbarkeit/allgemeiner Rechtsgrundsatz

Ob sich aus der gegebenen Vergleichbarkeit von Fideikommiss und reiner Unterhaltsstiftung Konsequenzen für die Zulässigkeit der letzteren ergeben, hängt davon ab, ob die der Fideikommissauflösungsgesetzgebung zugrunde liegenden Wertungen tatsächlich verallgemeinerungsfähig sind. Gegen eine Verallgemeinerungsfähigkeit scheinen hierbei aber einige Regelungen der Fideikommissauflösungsgesetzgebung zu sprechen, nach welchen bestimmte Fideikommisse gerade in Stiftungen umgewandelt werden konnten.[1143] Insofern könnte die

---

1139 Vgl. auch *Reuter*, GS Eckert, S. 677–693 (681 f.).
1140 *Kronke*, Stiftungstypus und Unternehmensträgerstiftung, S. 60.
1141 Vgl. *Burgard*, S. 130.
1142 *Neuhoff*, GS Walz, S. 465–483 (480).
1143 Vgl. unter Hinweis auf die standesrechtlichen und agrarpolitischen Motive etwa *Ballerstedt/Salzwedel*, Gutachten 44. DJT, S. 31.

Schlussfolgerung gezogen werden, dass durch die Fideikommissauflösungsgesetzgebung zwar die Fideikommisse aufgelöst werden sollten, darüber hinaus aber keinerlei Wertung getroffen wurde, inwiefern eine Vermögensbindung durch Stiftungen möglich ist. Letztlich sprechen die Regelungen über die Umwandlung von Fideikommissen in Stiftungen jedoch nicht gegen eine Verallgemeinerungsfähigkeit der *ratio legis* der Fideikommissauflösungsgesetzgebung. Denn die Möglichkeit der Umwandlung in Stiftungen war in erster Linie nur für solche Fideikommisse vorgesehen, deren Erhaltung als Einheit im Allgemeininteresse lag.[1144] Zwar spricht das Bundesverfassungsgericht über solche im Zuge der Fideikommissauflösung entstandenen Stiftungen als von einer neuen zulässigen Form der Gebundenheit von Familienvermögen.[1145] Diese weisen jedoch nur in nachrangiger Weise eine Zwecksetzung auf, die der Unterstützung von Destinatären dient. Vorrangig sollen sie vielmehr die ungeteilte Erhaltung von Schlössern, Sammlungen und Gegenständen mit besonderem künstlerischem, wissenschaftlichem oder heimatlichem Wert sicherstellen.[1146] Dagegen hat der Gesetzgeber gerade die Gefahr gesehen, dass die Rechtsfigur der reinen Unterhaltsstiftung zum Erhalt von Fideikommissen missbraucht werden könnte.[1147] Dies hat er nicht zuletzt mit dem Erlass der Verordnung vom 17. Mai 1940[1148] zum Ausdruck gebracht, welche die Fideikommissauflösungsgesetzgebung auch auf die Familienstiftungen ausgedehnt hat. Hiervon waren zwar die Fideikommissauflösungsstiftungen gemäß § 4 der VO ausgenommen. Dies erfasste aber eben nur diejenigen Fideikommisse, die der Gesetzgeber als im Allgemeininteresse erhaltenswert angesehen hat. Dieser Interpretation steht es nicht entgegen, dass die VO vom 17. Mai 1940 mit Gesetz vom 28. Dezember 1950[1149] abgeschafft wurde. Hierdurch hat sich der Bundesgesetzgeber nicht generell zu jedweder Form von Familienstiftungen – einschließlich der reinen Unterhaltsstiftung – bekannt, sondern nur zu solchen Familienstiftungen, die sich von der gemeinnützigen Stiftung nicht durch ihren Zweck, sondern lediglich durch die Begrenzung der Begünstigten auf einen durch persönliche Merkmale bestimmten Personenkreis unterscheiden.[1150]

1144 Vgl. hierzu ausführlich das Kapitel zur Fideikommissauflösungsgesetzgebung D.VI.
1145 BVerfG v. 25.6.1974, BVerfGE 37, 328, 336.
1146 *Meyer zu Hörste*, Die Familienstiftung, S. 155 f.
1147 Vgl. *Schöning*, Privatnützige Stiftungen, S. 72.
1148 Vgl. hierzu D.VI.1.a.
1149 BGBl. 1950, S. 820.
1150 Vgl. *Reuter*, GS Eckert, S. 677–693 (688 f.), der die Annahme eines derartigen „Schildbürgerstreichs" des Gesetzgebers für absurd hält.

Die Abschaffung der Fideikommisse erfolgte als Konsequenz auf die veränderten gesellschaftlichen Umstände und den Übergang von einer Monarchie hin zu einer Demokratie. Als Rechtsinstitut einer auf feudalistischen Strukturen basierenden Gesellschaftsordnung hatte es sich überlebt. Der Fideikommissauflösungsgesetzgebung lässt sich als verallgemeinerungsfähige Aussage entnehmen, dass die Rechtsordnung solchen Rechtsinstituten ablehnend gegenüber steht, die allein der Institutionalisierung und Absicherung einer privilegierten Stellung von Einzelpersonen oder bestimmten Personengruppen dienen. Soweit die Rechtsordnung wie etwa im Falle der Fideikommissauflösungsstiftungen dennoch eine Sonderstellung gewährt und entsprechende Rechtsinstitute anerkennt, geschieht dies aus Gründen im Allgemeininteresse, etwa zum Erhalt von Kulturgütern.

VII. Unterhaltsstiftung und sonstige fideikommissähnliche Rechtsinstitute

Allein das in Aufhebung von Art. 59 EGBGB ausgesprochene Verbot der Fideikommisse in Art. 155 WRV bedeutet nicht das vollständige Verschwinden fideikommissartiger Konstruktionen aus der Rechtswirklichkeit. Solche finden sich nach wie vor im landwirtschaftlichen Sondererbrecht, im Mietrecht sowie im Bereich der gewerblichen Unternehmen. Denn das hinter dem Rechtsinstitut des Fideikommisses stehende menschliche Bedürfnis, einmal erworbenes Vermögen über Generationen zu erhalten, ist keineswegs entfallen. Daher sollen im Folgenden fideikommissartige Ersatzlösungen dargestellt werden. Hierbei handelt es sich insbesondere um Sondererbfolgen. Daneben wird allerdings auch mittels gesellschaftsvertraglicher Gestaltungsmöglichkeiten versucht, in Unternehmenszusammenhängen dem Fideikommiss vergleichbare Bindungen zu erzeugen. Auf die Darstellung der gesellschaftsrechtlichen Gestaltungsversuche außerhalb von Stiftungszusammenhängen soll im Folgenden jedoch verzichtet werden. Denn bei diesen handelt es sich letztlich eben nur um Versuche einer Vermögensverewigung, die dauerhaft jedenfalls daran scheitern müssen, dass die betreffenden Gesellschaften im Wettbewerb stehen. Sie sind daher stets einer latenten Auflösungsbedrohung ausgesetzt und müssen sich dementsprechend täglich neu bewehren. Wie die jüngeren weltweiten wirtschaftlichen Entwicklungen gezeigt haben, gibt es diesbezüglich insbesondere kein „too big to fail" mehr (zumindest wenn man die staatlichen Interventionen zugunsten von so genannten „systemrelevanten" Unternehmen außer Acht lässt und einen rein marktwirtschaftlichen Maßstab anlegt).[1151]

Durch das Errichten eines Fideikommisses konnten die allgemeinen Regeln des Erbrechts umgangen werden, um so ein bestehendes Vermögen zusammenzuhalten. Die inhaltliche Nähe zur reinen Unterhaltsstiftung wurde dabei deutlich. Die folgenden Sondererbfolgen gehen dem allgemeinen Grundsatz der Universalsukzession gemäß §§ 1922, 1967 BGB vor. Es soll diesbezüglich untersucht werden, in welchem Maße durch die nachfolgend dargestellten Ersatzlösungen die mit der Errichtung einer reinen Unterhaltsstiftung angestrebten Wirkungen erreicht werden können. Soweit man aus dem Fideikommissverbot eine verbotsähnliche Ausstrahlungswirkung auf die Zulässigkeit der reinen Unterhaltsstiftungen annimmt, müsste sich aus der Existenz von anderen rechtlich zulässigen fideikommissähnlichen Rechtsinstituten wiederum Gegenteiliges ableiten lassen, nämlich gerade die Zulässigkeit von reinen Unterhaltsstiftungen. Dieser Schluss wäre jedoch dann nicht zu ziehen, wenn die fideikommissähnlichen Rechtsinstitute ihre Existenz durch besondere Gründe rechtfertigen können, die im Allgemeininteresse liegen und welche für reine Unterhaltsstiftungen nicht bestehen.

1. Land- und grundbezogenes Sondererbrecht

a. Anerbenrecht (Höferecht)

Das Anerbenrecht weist in Abänderung der Regeln des allgemeinen Bürgerlichen Rechts den Hof ungeteilt einem unter mehreren sonst berufenen Erben zu.[1152] Eine umfassende Darstellung des Anerbenrechts soll an dieser Stelle unterbleiben. Lediglich auf einige wesentliche Abweichungen von der allgemeinen Erbrechtsordnung sei hingewiesen:[1153] Das Prinzip der Universalsukzession wird

---

1151 Zu entsprechenden Gestaltungsvarianten siehe etwa *Baur*, FS Vischer, S. 515–525 (S. 515 ff.).

1152 Dementsprechend versteht Art. 64 EGBGB unter dem komplexen Begriff des Anerbenrechts die Gesamtheit all jener Bestimmungen, die bezwecken, in Abkehr vom allgemein geltenden Erbrecht land- oder forstwirtschaftlichen Grundbesitz einschließlich des Zubehörs unter Vermeidung der erbengemeinschaftlichen Beteiligung mehrerer und unter Vermeidung oder Minderung von Abfindungsbelastungen einem Einzelnen zukommen zu lassen, vgl. Staudinger-*J. Mayer*, Art. 64 EGBGB Rn. 18.

1153 Zum heute geltenden Anerbenrecht siehe auch Staudinger- *J. Mayer*, Art. 64 EGBGB Rn. 80 ff.

durchbrochen. Der Hof (das Anerbengut, geschlossene Hofgut, Landgut) unterliegt stattdessen einer besonderen Erbfolge und geht geschlossen auf einen Erben über (Anerbe, Hoferbe). Hierdurch entstehen zwei Erbmassen: erstens der Hof und zweitens das sonstige Vermögen des Erblassers zuzüglich des Wertes des Hofes. Der Hof wird entsprechend nach Anerbenrecht vererbt, das sonstige Vermögen nach allgemeinem Bürgerlichen Erbrecht.

Teilweise wird das Höferecht wegen seiner rechtlichen Ausgestaltung bildhaft als „bäuerliches Fideikommissrecht" bezeichnet.[1154] Anders als der Fideikommiss dient das Anerbenrecht jedoch noch einem weitergehenden Zweck als schlicht dem Erhalt des Hofes im Familienbesitz oder dem *splendor familiae et nominis*.[1155] Zwar soll durch die Sondererbfolge zunächst ebenfalls die Zersplitterung des Grundbesitzes im Erbgang verhindert werden. Dies dient jedoch vorrangig der Erhaltung des Bauernstandes mit wirtschaftlich gesunden Besitzverhältnissen. Hierdurch soll eine Gefährdung der Agrarstruktur verhindert werden, da landwirtschaftliche Höfe dauerhaft nur ab einer gewissen Größe und nur als wirtschaftliche Einheit überlebensfähig sind. Schutzgut des Anerbenrechts ist im Gegensatz zum Fideikommiss nicht ein kollektives Familieninteresse, sondern der aus agrarpolitischen Gründen erhaltenswerte, lebensfähige Hof.[1156] Hierdurch wird nicht nur dem zunächst unmittelbar betroffenen wirtschaftlichen Interesse des einzelnen Hoferben entsprochen, sondern durch die Stabilisierung der landwirtschaftlichen Produktion mittelbar ebenfalls dem Allgemeininteresse gedient.

b. Zuweisung nach dem Grundstücksverkehrsgesetz

Mit Wirkung zum 1.1.1962 ist mit dem Grundstücksverkehrsgesetz[1157] eine bundesweit einheitliche Regelung hinsichtlich der Zuweisung eines nicht dem Anerbenrecht unterstehenden landwirtschaftlichen Betriebes in Kraft getreten. Demnach kann das Landwirtschaftsgericht die Grundstücke eines landwirtschaftlichen Betriebes, der eine bäuerliche Familie unterhalten kann – bei

---

1154 *E. Kaufmann*, JZ 1959, 522–523 (S. 523).
1155 Vgl. Staudinger-*J. Mayer*, Art. 64 EGBGB Rn. 2.
1156 BVerfG v. 20.3.1963, BVerfGE 15, 337, 342; BVerfG v. 16.10.1984, BVerfGE 67, 348, 367; *H. Lange/Kuchinke*, Erbrecht, § 53 1. b), S. 1338; Staudinger-*J. Mayer*, Art. 64 EGBGB Rn. 2.
1157 BGBl. 1961 I, S. 1091.

Zulässigkeit der Auseinandersetzung und fehlender Einigung über diese – auf Antrag einem Miterben zu Eigentum zuweisen.[1158]

Das Zuweisungsverfahren dient dem Anerbenzweck und wird dementsprechend auch als „kleines Höferecht" bezeichnet. Wie im Fall des Anerbenrechts selbst, ist es daher Ziel des Zuweisungsverfahrens, den Hof als wirtschaftliche Einheit im Familienbesitz zu halten und eine funktionsfähige Agrarstruktur zu fördern. Mithin führt auch die Zuweisung dazu, dass ungeteilter Grundbesitz als Eigentum in der Hand einer bestimmten Familie verfestigt wird. Diese fideikommissartigen Züge werden jedoch wiederum durch die Vorteile aufgewogen, welche eine funktionierende Agrarstruktur für die Allgemeinheit hat.

c. Das Heimstättenrecht

Eine dem Fideikommiss nahe kommende Ausgestaltung wies das Recht der Heimstätte auf. Dieses sollte die Ansiedlung und Seßhaftmachung von Angehörigen der unteren und mittleren Einkommensschichten erleichtern. Dabei zeigten sich insbesondere hinsichtlich des Schutzes vor Gläubigern und in der Verfügungsbeschränkung Ähnlichkeiten zum Recht des Fideikommisses und des Anerbenrechts.[1159] Gänzlich entgegengesetzt war jedoch die Zielrichtung. Während das Fideikommiss die privilegierte Stellung bestimmter Schichten absichern sollte, diente das Heimstättenrecht seiner Intention nach einem sozialen Zweck.[1160] Mittlerweile wurde das Recht der Heimstätte mit Gesetz vom 17.6.1993 aufgehoben.[1161]

2. Sonstige Sondererbfolgen

a. Wohnraummiete gemäß § 563 BGB

Eine weitere Sonderrechtsnachfolge findet sich in § 563 BGB. Durch diese Vorschrift geht beim Tode des Mieters das Mietverhältnis nicht automatisch gemäß §§ 1922 I, 1967 BGB im Wege der Gesamtrechtsnachfolge auf die Erben über. Stattdessen wird das Mietverhältnis mit den „Hausgenossen"[1162] des Verstorbenen fortgesetzt. Entsprechend den Zielen des sozialen Mietrechts soll dem

---

1158 Ausführlich bei *H. Lange/Kuchinke*, Erbrecht, § 53 IX, S. 1365 ff.
1159 *Baur/Stürner*, Sachenrecht, § 27 Rn. 24, S. 354.
1160 *Baur/Stürner*, Sachenrecht, § 27 Rn. 24, S. 354; *Däubler*, JZ 1969, S. 499–502 (501).
1161 BGBl. I, S. 912; zu den Übergangsregelungen *Ehrenforth*, NJW 1993, 2082–2083 (S. 2082 f.) und *Hornung*, NJW 1994, 235–237 (S. 235 ff.).
1162 BGH v. 9.7.2003, NJW 2003, 3265, 3266.

Ehegatten und sonstigen dem Mieter persönlich eng verbundenen Personen Bestandsschutz hinsichtlich des Mietverhältnisses über Wohnraum zu Teil werden.[1163]

Parallelen zum Fideikommiss werden in der Diskussion um die Rechtsnatur des § 563 BGB und seiner Vorgängervorschriften gezogen. So wurde davon gesprochen, dass es sich bei dem Eintrittsrecht der begünstigten Personen um die Nachfolge in ein „Mieter-Fideikommiss"[1164] handeln würde, das „wie die Hofesnachfolge im bäuerlichen Anerbenrecht die Universalnachfolge des Erben"[1165] verdrängt.

Ungeachtet möglicher Ähnlichkeiten dient jedoch auch § 563 BGB wie das bereits dargestellte Heimstättenrecht vorrangig einem sozialen Zweck und verfolgt keine dynastischen Ziele wie das Fideikommiss. Ziel ist es lediglich den begünstigten Personen die den Lebensmittelpunkt bildende Wohnung zu erhalten.[1166]

b. Fortgesetzte Gütergemeinschaft gemäß §§ 1483 ff. BGB

Regelungsziel der in den §§ 1483 ff. BGB geregelten fortgesetzten Gütergemeinschaft ist es, das gemeinschaftliche Vermögen bis zum Tode des überlebenden Ehegatten zum gemeinsamen Nutzen der Familie zusammenzuhalten.[1167] Die Ähnlichkeit zum Fideikommiss wird noch deutlicher, wenn man sich vor Augen führt, dass die fortgesetzte Gütergemeinschaft insbesondere auf patriarchalisch geführte Familienbetriebe zugeschnitten ist.[1168] Der Kern des gemeinsamen Vermögens soll bewahrt und eine „Abschichtung" auf die nachfolgenden Generationen hinausgeschoben werden.[1169]

Anders jedoch als das Fideikommiss, das eine Aufspaltung des Fideikommissgutes „auf Ewig" verhindern sollte, wird durch die §§ 1483 ff. BGB lediglich die Gütergemeinschaft, welche zwischen den Ehegatten bestanden hatte, zwischen dem überlebenden Ehegatten und den gemeinschaftlichen Abkömmlingen fortgesetzt. Die Auseinandersetzung der Erbmasse wird hierdurch nur hinausgeschoben, nicht gänzlich verhindert. Dem überlebenden Ehegatten soll allein die Auseinandersetzung mit den Abkömmlingen erspart werden.[1170] Bedeutung hat

---

1163 Staudinger-*Rolfs*, § 563 Rn. 3.
1164 BGH v. 10.1.1962, NJW 1962, 487, 487.
1165 BGH v. 10.1.1962, NJW 1962, 487, 487.
1166 MüKo-*Häublein*, § 563 Rn. 1.
1167 MüKo-*Kanzleiter*, Vor § 1483 Rn. 3.
1168 Staudinger-*Thiele*, Vorbem zu §§ 1483–1518 Rn. 1.
1169 Staudinger-*Thiele*, Vorbem zu §§ 1483–1518 Rn. 1.
1170 MüKo-*Kanzleiter*, Vor § 1483 Rn. 3.

die fortgesetzte Gütergemeinschaft heutzutage im Wesentlichen nur noch bei (insbesondere landwirtschaftlichen) Betrieben im Familienbesitz.[1171] Insgesamt scheint die fortgesetzte Gütergemeinschaft aus dem Blickwinkel der Beratungspraxis zu verschwinden.[1172]

c. Wohnbesitzwohnung, § 62 d II Zweites Wohnbaugesetz

Eine § 563 BGB entsprechende Intention hat der deutsche Gesetzgeber mit der Übertragung des Wohnbesitzes gemäß § 62 d II Zweites Wohnbaugesetz verfolgt.[1173] Hierdurch wurde eine Sondererbfolge für die damalige Wohnbesitzwohnung geschaffen. Es handelte sich um einen Mischtatbestand aus einer Beteiligung an einem zweckgebundenen Vermögen und einem schuldrechtlichen Dauerwohnrecht.[1174] Letzteres war der so genannte Wohnbesitz.

Vorrangiger Zweck der Regelungen über den Wohnbesitz war wiederum ein sozialer. Es sollte den zum Bezug von Sozialwohnungen berechtigten und sparwilligen Bevölkerungskreisen eine neue Form der Vermögensbildung eröffnet werden, indem ihnen über die wirtschaftliche Beteiligung im Wohnungsbau zugleich zu einem auf Dauer gesicherten Wohnrecht verholfen wurde. Die Regelungen zum Wohnbesitz hatten somit gemeinwohlfördernden Charakter, indem sie durch die Verbesserung der materiellen Situation minderprivilegierter Bevölkerungsschichten zumindest zur Sicherung des sozialen Friedens beitrugen.

d. Nachfolge gemäß §§ 56 ff. SGB I

Eine weitere Sonderrechtsnachfolge enthalten die §§ 56 ff. SGB I. Hierin wird die Rechtsnachfolge in laufende Geldleistungen in Abweichung von der allgemeinen Regel der Universalsukzession gemäß §§ 1922, 1967 BGB geregelt. Dabei verdrängen die §§ 56 ff. SGB I sowohl die gesetzliche, wie auch die testamentarische Erbfolge.[1175] Hierin erschöpft sich jedoch schon die Nähe zum Fideikommiss. Das Regelungsziel der §§ 56 ff. SGB I ist ein sozialpolitisches. Zwar können Sozialleistungen immer nur von einem Familienmitglied beansprucht werden,

---

1171 MüKo-*Kanzleiter*, Vor § 1483 Rn. 9.
1172 MüKo-*Kanzleiter*, Vor § 1483 Rn. 10.
1173 In der Fassung vom 1.9.1976 (BGBl. I, S. 2673); mittlerweile wurden die Vorschriften zur Wohnbesitzwohnung durch Gesetz vom 11.7.1985 aufgehoben (BGBl. I, S. 1277).
1174 Soergel-*Stein*, § 1922 Rn. 85.
1175 *Mrozynski*, SGB I, § 56 Rn. 3.

decken sollen sie jedoch den gesamten Familienunterhalt.[1176] Durch die Anordnung der Sonderrechtsnachfolge sollen nun die Nachteile ausgeglichen werden, die noch zu Lebzeiten des Leistungsberechtigten in dessen Haushalt durch die nicht rechtzeitig erfolgte Auszahlung entstanden sind.[1177]

3. Zusammenfassung

Obwohl mit Art. 155 II 2 WRV die Abschaffung der Fideikommisse in Deutschland begonnen worden war, zeigt sich, dass dessen ungeachtet unvermindert ein Bedürfnis nach Vermögensverfestigung besteht. In Teilbereichen wird dies von der Rechtsordnung durch entsprechende Regelungen entgegenkommend unterstützt, so etwa im Anerbenrecht. Gerade an diesem Beispiel zeigt sich andererseits jedoch auch, dass ein solches Entgegenkommen der Rechtsordnung auf handfesten praktischen Erwägungen beruht. Die Vermögensverfestigung wird nicht zum Selbstzweck zugelassen, sondern weil durch sie mittelbar angestrebt wird, einen positiven Effekt für das Gemeinwohl zu bewirken. Im Fall des Anerbenrechts soll etwa eine gesunde Agrarstruktur aufrechterhalten werden, um die Produktion von landwirtschaftlichen Gütern stabil zu halten.

Entsprechend muss das Urteil ausfallen, wenn man die anderen genannten Sondererbfolgen betrachtet. Auch in diesen Fällen wird stets ein sozialer Zweck verfolgt, durch welchen sich die durch die Rechtsordnung eingeräumte Sonderstellung rechtfertigen lässt. Es lässt sich somit feststellen, dass es in der deutschen Rechtsordnung eine Ausnahme darstellt, wenn in bestimmten Fällen die Möglichkeit eröffnet wird, unter Umgehung einzelner Regelungsbereiche (etwa des Erbrechts) Vermögen in gesteigerter Form an einzelne Personen oder Zwecke zu binden. Diese Ausnahmen sind dabei stets durch im Gemeinwohl liegende Interessen gerechtfertigt. Daraus folgt im Umkehrschluss die, dass dort wo ein solches, im Gemeinwohl liegendes Interesse fehlt, auch keine gesteigerte Vermögensverfestigung ermöglicht werden sollte. So wie sich eine solche in Form eines Fideikommisses mangels Gemeinwohlorientierung nicht rechtfertigen lässt, muss sie daher konsequenterweise auch dann unterbunden werden, wenn sie durch die Errichtung einer reinen Unterhaltsstiftung verwirklicht werden soll.

1176 *Mrozynski*, SGB I, § 56 Rn. 3.
1177 Burdenski/von Maydell/Schellhorn-*von Maydell*, § 56 Rn. 13.

VIII. Unterhaltsstiftung, Leistungsfähigkeit und Eigenverantwortung

Reine Unterhaltsstiftungen stehen im Widerspruch zu den Grundsätzen von Leistungsfähigkeit und Eigenverantwortung, die leitende Grundgedanken unserer Rechtsordnung sind. So prägen sie insbesondere das Unterhaltsrecht und sind zudem grundlegend für unser zivilrechtliches Haftungssystem. Die in ihnen zum Ausdruck kommenden Wertungen sind nicht mit reinen Unterhaltsstiftungen vereinbar.

Die Verankerung der Prinzipien von Leistungsfähigkeit und Eigenverantwortung innerhalb der Rechtsordnung ist letztlich Voraussetzung dafür, dass diese einmal den Höchstwert des Rechts, nämlich die Gerechtigkeit[1178] erreichen kann. Schon im römischen Recht wurde diese Gerechtigkeit als der feste und beständige Wille definiert, jedem das Seine zu gewähren.[1179] *Suum cuique tribuere*[1180] bedeutet dabei zunächst, dass jeder ein seinen Anlagen gemäßes Leben führen, sich frei entfalten darf.[1181] Daneben bedeutet es jedoch auch die Pflicht, für sich selbst einzustehen.[1182] Diese Pflicht fordert die persönliche Tüchtigkeit heraus und bringt dadurch die Individualität des Einzelnen zur Entfaltung.[1183] Hierdurch wird sie der menschlichen Natur gerecht, welche die mit Risiken verbundene Chance sucht, sich im Leben zu beweisen und sich von anderen abzuheben.[1184]

1. Unterhaltsrecht

Im Unterhaltsrecht findet der Grundsatz der leistungsfähigkeitsbezogenen Eigenverantwortung seinen Ausdruck in § 1569 BGB im Rahmen des Unterhaltsanspruchs des geschiedenen Ehegatten und in den §§ 1602 f. BGB im Rahmen des Verwandtenunterhalts. Danach trifft den Unterhaltsberechtigten die Obliegenheit, den eigenen Unterhaltsbedarf unter Ausnutzung der persönlichen

---

1178 Man unterscheidet herkömmlich zwischen *objektiver* (das höchste Prinzip zur Rechtfertigung normativer Ordnungen) und *subjektiver* (im Sinne einer Tugend) Gerechtigkeit, siehe A. Kaufmann, Über Gerechtigkeit, S. 27.
1179 Ulpian D. 1.10: „Justitia est constans et perpetua voluntas ius suum cuique tribuendi."
1180 So die Formel bei *Cicero*, De officiis, I 15.
1181 *A. Kaufmann*, Über Gerechtigkeit, S. 33.
1182 *Zippelius*, Recht und Gerechtigkeit, S. 316.
1183 *Zippelius*, Recht und Gerechtigkeit, S. 315.
1184 Vgl. *K. Obermayer*, Sozialstaatliche Herausforderung, S. 11.

Arbeitsmöglichkeiten soweit wie möglich selbst zu decken.[1185] Der Grundsatz der Eigenverantwortung und die Unterhaltstatbestände stehen hierbei in einem Regel-Ausnahme-Verhältnis.[1186] Reine Unterhaltsstiftungen verkehren diesen Grundsatz und die in ihm zum Ausdruck kommenden Wertungen nun jedoch in ihr Gegenteil. Dadurch, dass sie dem Destinatär ihre Leistungen vorbehaltlos zukommen lassen, neutralisieren sie dessen Verpflichtung zur Eigenverantwortung. Hierdurch sind sie zugleich geeignet, die Ausbildung von Eigeninitiative, Verantwortungsbewusstsein und Kreativität zu behindern. Diese dauerhafte, durch den Stifterwillen fremdbestimmte Zuteilung von Leistungen stellt dementsprechend eine Beeinträchtigung des Leistungsprinzips dar und ist in diesem Sinne *ungerecht*. Denn die Verteilung von Gütern sollte sich aufbauend auf den Grundsätzen von Leistung und Eigenverantwortung nach den Fähigkeiten der Menschen richten, diese Güter vernünftig zu gebrauchen, um ein auf der Entwicklung und Kultivierung eigener Fähigkeiten basierendes Leben in optimaler Selbstverwirklichung zu führen.[1187] Dementsprechend ist die Berücksichtigung von Bedürfnis und Leistungsfähigkeit im Unterhaltsrecht (entsprechendes gilt für das Sozialrecht[1188]) ein eigener materieller Leit- und Gerechtigkeitsgedanke.[1189] Die reine Unterhaltsstiftung nimmt eine begriffliche Anleihe am Rechtsbegriff Unterhalt, ohne dessen rechtliche Grundwertungen zu berücksichtigen. Dabei entsprechen zwar die Regelungen des Unterhaltsrechts mit ihrer Orientierung an Eigenverantwortung und Leistungsfähigkeit dem allgemeinen Rechtsprinzip des *suum cuique tribuere* als Ausprägung der Gerechtigkeitsidee, reine Unterhaltsstiftungen aufgrund ihrer gleichmacherischen und bevormundenden Ausgestaltung jedoch nicht.[1190]

1185 MüKo-*Maurer*, § 1569 Rn. 3; MüKo-*Born*, § 1602 Rn. 6.
1186 MüKo-*Maurer*, § 1569 Rn. 4.
1187 *Günther*, Auf der Suche nach der gerechten Gesellschaft, S. 151–181 (175).
1188 Gem. § 33 SGB I ist bei der Ausgestaltung von Rechten und Pflichten insbesondere auch die Leistungsfähigkeit des Berechtigten zu berücksichtigen. Dementsprechend gilt gem. § 119 SGB III nicht als arbeitslos, wer sich nicht selbst bemüht, seine Beschäftigungslosigkeit zu beenden. Im Rahmen der sozialen Pflegeversicherung sieht § 6 SGB XI unter der Überschrift „Eigenverantwortung" vor, dass die Versicherten durch gesundheitsbewußte Lebensführung, Vorsorgemaßnahmen und aktive Mitwirkung eine eigene Pflegebedürftigkeit vermeiden sollen.
1189 *G. Schulze*, Bedürfnis und Leistungsfähigkeit, S. 88.
1190 Dementsprechend basiert das Verbot der reinen Unterhaltsstiftung im schweizerischen Recht gem. Art. 335 ZGB auch auf der Erwägung, Familienangehörige vor Müßiggang zu bewahren, vgl. *Opel*, Steuerliche Behandlung von Familienstiftungen, S. 24 f.; ausführlich zum schweizerischen Recht D.X.1.a.

2. Zivilrechtliches Haftungssystem

Daneben sind reine Unterhaltsstiftungen geeignet, das geltende zivilrechtliche Haftungssystem auszuhöhlen. Dies geschieht durch eine dauerhafte Trennung von wirtschaftlichem und rechtlichem Eigentum am Stiftungsvermögen, was es in der Folge für den Destinatär überflüssig macht, sich eigenverantwortlich um seine Leistungsfähigkeit zu bemühen. Hierdurch ergibt sich innerhalb der geltenden Rechtsordnung ein Wertungs- und Wirkungswiderspruch, der wegen der damit einhergehenden Systemunverträglichkeit gegen eine Vereinbarkeit von reinen Unterhaltsstiftungen mit dem Gemeinwohlvorbehalt des § 80 II BGB und damit für deren Unzulässigkeit spricht.

Reine Unterhaltsstiftungen bewirken eine dauerhafte Trennung von Nutzung und Haftung des Stiftungsvermögens und ermöglichen eine Immunisierung desselben gegen den Zugriff von Gläubigern der Destinatäre:[1191] Zum einen sind die Destinatäre zwar bei wirtschaftlicher Betrachtung diejenigen, denen das Stiftungsvermögen zugute kommt (wirtschaftlich betrachtet ist es also ihr Vermögen), rein rechtlich können sie jedoch nicht auf das Stiftungsvermögen zugreifen. Sie haben im Regelfall keinen klagbaren Anspruch gegen die Stiftung auf Leistungen und verfügen wie bereits dargestellt über kein Mitgliedschaftsrecht an ihr.[1192] Hieraus folgt, dass auch die Gläubiger der Destinatäre weder einen solchen Anspruch, noch ein Mitgliedsschaftsrecht zur Befriedigung ihrer Forderungen gegenüber dem Destinatär verwerten können.[1193] Es entsteht eine Haftungsexklave. Obgleich sich der Destinatär nach außen also als vermögenslos und ohne Einkommen darstellen kann, vermag die reine Unterhaltsstiftung ihm dennoch ein sorgenfreies und mitunter sogar luxuriöses Leben zu ermöglichen. Denn ihre Leistungen an den Destinatär muss sie nicht gezwungenermaßen dadurch erbringen, dass sie ihm selbst Ausschüttungen zugute kommen lässt. Vielmehr kann sie direkt die betreffenden Rechnungen des Destinatärs begleichen und so einen Gläubigerzugriff vermeiden.[1194] Es erübrigt sich nun für den Destinatär, sich zukünftig um die eigene Leistungsfähigkeit bemühen zu müssen. Ein solches Bemühen wird jedoch als Prämisse unseres Haftungssystems grundsätzlich bei jedermann unterstellt. Denn der Gläubiger kann sich ja heute nicht

---

1191 Vgl. auch *Däubler*, JZ 1969, 499–502 (S. 502).
1192 Zur Stellung der Destinatäre ausführlich C.IV.
1193 Staudinger-*Hüttemann/Rawert*, Vorbem zu §§ 80 ff. Rn. 8; *Schlüter*, Stiftungsrecht, S. 329 f.; *Weidmann*, Stiftung und Testamentsvollstreckung, S. 33 ff.
1194 *Reuter*, AcP 207 (2007), 1–27 (S. 22); vgl. auch R. *Werner*, ZEV 2014, 66–72 (S. 67); *Bisle*, DStR 2012, 525–527 (S. 526).

mehr dadurch befriedigen, dass er seinen nicht zahlungsfähigen Schuldner zum Arbeitssklaven macht. Auch einen Schuldturm braucht der Schuldner heutzutage nicht mehr zu fürchten.[1195] Diese Prämisse wird nun jedoch unterhöhlt, wenn die reine Unterhaltsstiftung dem Destinatär auch ohne eigene wirtschaftliche Leistungsfähigkeit ein finanziell sorgenfreies Auskommen ermöglicht.[1196] Reine Unterhaltsstiftungen sind daher auch unter dem Aspekt des Gläubigerschutzes als nicht systemkonform und damit als unzulässig anzusehen.[1197]

In diesem Punkt systemkonform sind jedoch mittelbar gemeinnützige Unterhaltsstiftungen. Denn die Rechtsordnung kennt durchaus Vermögensbestandteile, die einer Pfändung durch Gläubiger wegen ihrer Zweckgebundenheit entzogen sind, vgl. nur § 811 ZPO. Soweit die Unterhaltsstiftung ihre Leistungen an eine bestimmte Bedürfnissituation des Destinatärs knüpft, stellt dies – auch wegen des damit verbundenen mittelbaren Gemeinwohlbezugs – daher keinen Widerspruch zum geltenden Haftungssystem dar. Denn insoweit besteht ein von der Rechtsordnung anerkannter sachlicher Grund dafür, dass Gläubiger auf die entsprechenden Vermögenswerte nicht zugreifen dürfen.[1198]

Bei Drittzahlungen handelt es sich der Sache nach um kein spezifisches Problem der Stiftungen. Denkbar ist etwa, dass für den Einzelnen ein wohlhabender Gönner eine mit den Unterhaltsstiftungen vergleichbare Rolle einnimmt und dessen (zukünftige) Rechnungen bezahlt. Dann hätten die Gläubiger gleichfalls keine Möglichkeit ihre Forderungen gegenüber dem Schuldner zu befriedigen. Es entstünde ein mit der Haftungsexklave im Falle von reinen Unterhaltsstiftungen vergleichbarer Effekt. Gleichwohl ist die Qualität in beiden Konstellationen eine andere. Denn die Haftungsexklave im Falle der Unterhaltsstiftung ist institutionalisiert. Soweit dies im Stiftungszweck vorgesehen ist, kann die Stiftung letztlich gar nicht anders, als dem Destinatär im Widerspruch zum geltenden Haftungssystem ein finanzielles Auskommen zu sichern. Dagegen gründen sich die Leistungen des wohlwollenden Gönners jedes Mal von neuem auf einem frei gefassten Entschluss. Er kann jederzeit seine Unterstützung einstellen und vor diesem Hintergrund auch einen motivierenden Einfluss auf den Betreffenden ausüben, sich wieder selbst um die eigene Leistungsfähigkeit zu sorgen.

1195 Vgl. *Reuter*, GS Eckert, S. 677–693 (692).
1196 *Reuter*, GS Eckert, S. 677–693 (692).
1197 Anders etwa *Burgard*, Gestaltungsfreiheit, S. 131 f.; *Schlüter*, Stiftungsrecht, S. 330; *Däubler*, JZ 1969, 499–502 (S. 502) möchte daher für Gläubiger einen Durchgriff auf das Stiftungsvermögen zulassen.
1198 So auch *Reuter*, GS Eckert, S. 677–693 (691 ff.); MüKo-*ders.*, §§ 80, 81 Rn. 66; *ders.*, AcP 207 (2007), 1–27 (S. 22 f.).

Auch die bestehenden insolvenzrechtlichen Vorschriften bieten in den beschriebenen Fällen von Drittzahlungen keine Abhilfe. Denn die diesbezüglich in Frage kommenden Anfechtungsgründe greifen hier im Regelfall nicht. So müsste der begünstigte Gläubiger im Falle des § 130 I 1 Nr. 1 InsO selbst Insolvenzgläubiger sein. Soweit die Verbindlichkeiten durch den Destinatär jedoch erst nach Eröffnung des Insolvenzverfahrens begründet werden, ist dies jedoch nicht der Fall, vgl. § 38 InsO. Auch § 134 InsO hilft nicht weiter. Denn die Anfechtung unentgeltlicher Leistungen bezieht sich hier auf Leistungen durch den (späteren) Insolvenzschuldner.[1199]

IX. Familienverbundene Unternehmensstiftung

Eine besondere Ausprägung der Stiftung stellt die so genannte Unternehmensstiftung dar. Dabei bedeutet der Begriff „Unternehmens"-stiftung nicht notwendigerweise, dass das Führen eines Unternehmens tatsächlich der maßgebliche Zweck ist, welchen die Stiftung verfolgt. Zumindest verweist diese Bezeichnung jedoch darauf, dass das Stiftungsvermögen in einem Unternehmen angelegt ist oder die Vermögensmittel der Stiftung aus einem Unternehmen herrühren.[1200] Dabei ist es denkbar, dass unternehmensverbundene Stiftungen als ihren eigentlichen Zweck die Versorgung eines durch persönliche Merkmale bestimmten Personenkreises sicherstellen sollen, also als unternehmensverbundene Unterhaltsstiftungen ausgestaltet sind.[1201] Für derartige Stiftungskonstruktionen stellen sich, neben den ohnehin für Unterhaltsstiftungen bestehenden Problemkreisen, weitergehende eigene Fragen. Diese sind sowohl stiftungs- als auch gesellschaftsrechtlicher Natur.

Im 19. Jahrhundert traten die ersten unternehmensverbundenen Stiftungen stärker in Erscheinung, wobei insbesondere die im Jahre 1889 von Prof. Ernst Abbe errichtete Carl-Zeiss-Stiftung in Jena bis heute für das Stiftungswesen von

---

1199 Uhlenbruck-*Hirte*, § 134 Rn. 11 ff.; siehe auch BGH v. 15.12.1982, NJW 1983, 1679; BGH v. 19.3.1998, NJW 1998, 2593.

1200 Vgl. Seifart/von Campenhausen-*Pöllath/Richter*, § 12 Rn. 1. Insgesamt ist die in der Literatur verwendete Terminologie nicht einheitlich. Teilweise werden als Synonym oder zur Beschreibung von Sonderformen die Ausdrücke „Unternehmensträgerstiftung", „Stiftungsunternehmen" oder „unternehmensbezogene Stiftung" und „unternehmensverbundene Stiftung" verwendet, vgl. *Schwintek*, Vorstandskontrolle, S. 48 (m.w.N.).

1201 *Leisner*, DB 2005, 2434–2436 (S. 2434); *Schwarz*, BB 2001, 2381–2390 (S. 2381); zum Begriff der unternehmensbezogenen Familienstiftung auch *Schindler*, Familienstiftungen, S. 21 ff.

Bedeutung ist.[1202] In der Nachkriegsphase des zweiten Weltkrieges wurde die Unternehmensstiftung sogar als Alternative zur Sozialisierung diskutiert.[1203] Heute sind Unternehmensstiftungen im Verhältnis zu den übrigen rechtsfähigen Stiftungen in Deutschland rein zahlenmäßig immer noch eine Randerscheinung, obwohl Unternehmer die größte Berufsgruppe unter den Stiftern darstellen.[1204] So existierten im Jahre 2000 lediglich 255 Stiftungen mit dem Schwerpunkt Unternehmen und Belegschaft, was 1,42 % der damaligen Stiftungen darstellte.[1205] Gleichwohl ist dies nicht mit einer ihnen zukommenden geringen Bedeutung gleichzusetzen. Gerade das Gegenteil wird erkennbar, wenn man sich verdeutlicht, dass sich unter den gegenwärtigen (und vormaligen) unternehmensverbundenen Stiftungen einige der bekanntesten und bedeutendsten deutschen Unternehmen befinden, so etwa Aldi (Nord und Süd), Bauknecht, Bertelsmann, Breuninger, Eckes, Klöckner, Krups, Lidl, Sedus, der Suhrkamp Verlag, Vorwerk, Würth und Zeiss.[1206]

1. Die Familienstiftung als Rechtsform der Unternehmung

Unternehmensstiftungen sind in der Regel familienverbunden[1207], wobei sie hinsichtlich der Neugründungen von Familienstiftungen den überwiegenden Teil seit 1945 ausmachen.[1208] Gerade in jüngerer Zeit ist die Stiftung dabei immer mehr in den Fokus geraten, wenn sich Inhaber von (traditionsreichen)

1202 Dieser brachte seine Anteile an den Firmen Zeiss und Schott in die Stiftung ein, vgl. *Hennerkes/Binz/Sorg*, DB 1986, 2217–2221 (S. 2219).
1203 *Ballerstedt/Salzwedel*, Gutachten 44. DJT, S. 27; *Duden*, BB 1947, 142–144 (S. 142); *Hennerkes/Binz/Sorg*, DB 1986, 2217–2221 (S. 2219); *K. Schmidt*, DB 1987, 261–263 (S. 261).
1204 So der Vorsitzende des Stiftungsvorstandes der Körber-Stiftung *Christian Wriedt* in seiner Festrede „Stifterland Deutschland" anlässlich des Roland-Essens 2009 des Industrie-Clubs Bremen, abgedruckt in MUT, 45 (2010), Nr. 508, 76–87 (S. 84).
1205 Vgl. *Mecking*, Stiftungsrecht in Europa, S. 33–54 (51); der Bericht der Bund-Länder-Arbeitsgruppe geht für die unternehmensverbundenen Stiftungen von einem Anteil an allen Stiftungen von unter 5% aus, vgl. Bericht der Bund-Länder-Arbeitsgruppe, S. 47.
1206 Vgl. etwa *Schiffer*, ZSt 2003, 252–254 (S. 253); für weitere Beispiele bekannter unternehmensverbundener Stiftungen in Deutschland siehe *Berndt*, Stiftung und Unternehmen, Rn. 1456 ff. oder *Weimar/Geitzhaus/Delp*, BB 1986, 1999–2010 (S. 2000); *Schwintowski*, NJW 1991, 2736–2742 (S. 2737).
1207 Daneben sind gemeinnützige Unternehmensstiftungen häufig, vgl. Seifart/von Campenhausen-*Pöllath/Richter*, § 12 Rn. 1.
1208 *Meyer zu Hörste*, Familienstiftung, S. 168.

Familienunternehmen mit der eigenen Nachfolge auseinandersetzen.[1209] Dies förderten nicht zuletzt die Neuerungen des am 1.1.2009 in Kraft getretenen Erbschaftsteuerreformgesetzes, wonach die Einbringung unternehmerischen Vermögens in eine Familienstiftung weitgehend steuerneutral möglich ist.[1210] Von einer Stiftungskonstruktion versprechen sich die Stifter darüber hinaus insbesondere Unternehmenskontinuität.[1211] Sie setzen ihre Hoffnung darauf, dass durch das Errichten einer Stiftung mögliche Interessenkonflikte zwischen den Erben behoben und Erbstreitigkeiten vermieden werden können, einer Überfremdung des Unternehmens gegengesteuert wird und für die Zukunft eine Lösung für den Fall des Fehlens einer geeigneten Unternehmerpersönlichkeit bereitsteht.[1212] Daneben kann jedoch durch die Errichtung einer unternehmensverbundenen Familienstiftung gleichsam die finanzielle Absicherung der Familienangehörigen sichergestellt werden.[1213] Zuletzt geht mit der beabsichtigten Unternehmenskontinuität gleichsam ein Aspekt einher, der an das mit dem Fideikommiss bezweckte Ziel der Erhaltung des splendor familiae et nominis erinnert.[1214] Ein großes, bekanntes und erfolgreiches Unternehmen ist letztlich ein ausgezeichneter Garant für Anerkennung und Bedeutung einer Familie, umso mehr wenn das in Rede stehende Unternehmen den Namen der Familie trägt. Soweit der Familienunternehmer also durch das Errichten einer Unternehmensstiftung für Erhalt und Kontinuität des Unternehmens sorgt, gewährleistet er nicht nur die Absicherung seiner Angehörigen, sondern auch, dass die soziale Stellung und das Ansehen seiner Familie erhalten bleiben.

Die Errichtung einer Stiftung mag aufgrund der genannten Erwägungen zwar auf den ersten Blick als geeigneter Weg für den Erhalt eines Familienunternehmens über mehrere Generationen erscheinen. Gleichwohl ergeben sich für die Stiftung als Gestaltungsmittel im Recht der Unternehmungen verschiedene

---

1209 Ausführlich zu den Motiven für die Verbindung eines Unternehmens mit einer Stiftung auch *Döring*, Die Stiftung als Finanzierungsinstrument für Unternehmen, S. 38 ff.; *Blumers*, DStR 2012, 1–7 (S. 1 ff.); *Pauli*, FamRZ 2012, 344–349 (S. 344 ff.); *Schiffer/Pruns*, BB 2013, 2755–2763 (S. 2757 f.).
1210 *Zensus/Schmitz*, NJW 2012, 1323–1329 (S. 1323 ff.).
1211 Zum Begriff der Unternehmenskontinuität *Lehleiter*, Unternehmenskontinuität, S. 29 ff., der zwischen formaler und materieller Unternehmeskontinuität.unterscheidet.
1212 *Hennerkes/Schiffer/Fuchs*, BB 1995, 209–213 (S. 209).
1213 Dabei ist die Unterstützung entfernter Verwandter der Ausnahmefall, vgl. *Meyer zu Hörste*, Familienstiftung, S. 178.
1214 Zum Fideikommiss bereits unter D.VI.

Probleme, sowohl gesellschafts- als auch stiftungsrechtlicher Natur.[1215] Daneben stellt es sich als ein Zweckmäßigkeitsproblem und eine Gestaltungsaufgabe dar, wenn dem Unternehmen durch Organisation und Kontrolle der Stiftungsorgane ein entpersonifizierter, potentiell ewiger Eigentümer gegeben werden soll.[1216]

2. Erscheinungsformen der familienverbundenen Unternehmensstiftung

Im Wesentlichen können die Unternehmensstiftungen in fünf Erscheinungsformen unterteilt werden. Ausgangspunkt ist dabei zunächst die „klassische" Unterscheidung in Unternehmensträgerstiftung und Unternehmensbeteiligungsträgerstiftung.[1217] Daneben existieren drei „Sonderformen": Doppelstiftung, Stiftung & Co. KG, und Stiftung & Co. KGaA.[1218] Neben denjenigen Stiftungen, welche die Anforderungen der §§ 80 ff. BGB erfüllen, existieren weiterhin solche Gebilde, die zwar stiftungsartige Zwecke verfolgen können, aber keine Stiftungen im bürgerlichrechtlichen Sinne sind. Hierzu zählen insbesondere stiftungsrechtliche Körperschaften, wie etwa der stiftungsartige Idealverein oder die Stiftungs-GmbH.[1219] Diese Rechtsformen zählen zwar zum Gesamtgebiet des Gemeinnützigkeitsrechts und des „Dritten Sektors", gehören aber nicht zum Stiftungsrecht im engeren Sinne. Wesensmäßig unterscheiden sie sich von

---

1215 Hierzu ausführlich D.IX.3.c.a).
1216 Vgl. Seifart/von Campenhausen-*Pöllath/Richter*, § 12 Rn. 33; hierzu ausführlich D.IX.3.c.a).
1217 Teilweise wird allein von Unternehmensträgerstiftungen gesprochen und dabei dann zwischen *unmittelbaren* Unternehmensstiftungen (die Stiftung betreibt selbst das Unternehmen wie ein Einzelkaufmann nach § 33 HGB oder ist Gesellschafter einer Personengesellschaft) und *mittelbaren* Unternehmensstiftungen (Beteiligung der Stiftung an einer Kapitalgesellschaft oder einer Personengesellschaft) unterschieden, vgl. *Goerdeler*, FS Heinsius, S. 169–182 (172); kritisch und ablehnend einer solchen Unterteilung gegenüber *Kronke*, Stiftungstypus und Unternehmensträgerstiftung, S. 196 (m.w.N.).
1218 Die Darstellung soll sich auf diese drei Formen beschränken. Die verschiedenen rechtlichen Gestaltungs- und Kombinationsmöglichkeiten zur Institutionalisierung eines Unternehmens sind jedoch theoretisch nahezu unendlich, vgl. diesbezüglich Seifart/von Campenhausen-*Pöllath/Richter*, § 12 Rn. 15 ff.
1219 Etwa die Robert Bosch Stiftung (die größte „Stiftung" privaten Rechts nach Vermögen, vgl. Bundesverband Deutscher Stiftungen, http://www.stiftungen.org/fileadmin/bvds/de/-News_und_Wissen/Zahlen_und_Daten/2010_05_19_GroessteStiftungen.pdf, zuletzt abgerufen 10.8.2010); hierzu ausführlich *K. Schmidt*, Stiftungsrecht in Europa, S. 175–195 (175 ff.); *Schlüter*, Stiftungsrecht, S. 258 ff.

der BGB-Stiftung insbesondere dadurch, dass für sie die Verbindlichkeit des Stifterwillens zumindest stark gelockert ist oder vollständig entfällt.[1220] Im Folgenden wird sich die Darstellung daher auf diejenigen Konstruktionen beschränken, die Stiftungen im Sinne der §§ 80 ff. BGB sind.[1221]

a. Unternehmensträgerstiftung

Eine Unternehmensträgerstiftung betreibt ein Unternehmen als Einzelkaufmann unmittelbar selbst. Das diesbezüglich bedeutendste und vielgenannte Beispiel war die Carl-Zeiss-Stiftung.[1222] Im Rahmen einer Stiftungsreform im Jahre 2004 sind die beiden vormaligen Stiftungsunternehmen Carl Zeiss und Schott jedoch ausgegliedert und in Aktiengesellschaften überführt worden. Die Carl-Zeiss-Stiftung ist damit keine Unternehmensträgerstiftung mehr, sondern nun eine Unternehmensbeteiligungsträgerstiftung. Diese Umwandlung stellte die Reaktion auf Akzeptanzprobleme dar, die insbesondere im internationalen Rahmen aufgetreten waren.[1223] Auch im Übrigen hat sich die Form der Unternehmensträgerstiftung kaum durchgesetzt.[1224]

b. Unternehmensbeteiligungsträgerstiftung

Die Unternehmensbeteiligungsträgerstiftung ist eine Stiftung, die als Gesellschafterin an einer unternehmenstragenden Personen- oder Kapitalgesellschaft beteiligt ist.[1225] Dabei kann sie als Dotationsquelle für verschiedenste Zwecke, als Familientreuhänder oder auch als Führungsinstrument für das Unternehmen dienen.[1226] Wird sie zum letztgenannten Zweck eingesetzt, tritt sie mitunter als reine Funktionsstiftung auf.[1227] Dabei ist sie dann mit einem (symbolischen) Vermögen ausgestattet, aber mit dem Auftrag versehen, das Gesellschaftsunternehmen

---

1220 *Jakob*, Schutz der Stiftung, S. 79 f.; die Unterscheidung zwischen Körperschaft und Stiftung wird klassisch mit dem Begriffspaar *universitas personarum* (Körperschaften) und *universitas bonorum* (Stiftungen) ausgedrückt, vgl. *Schlüter*, Stiftungsrecht, S. 250.
1221 Zur unselbstständigen Stiftung bereits D.III.2.a.
1222 Ausführlich zur Carl-Zeiss-Stiftung *Heintzeler*, Der Fall „Zeiss"; *Herbst*, GRUR Int 1968, S. 116–127 (S. 116 ff.); *Heuel*, Unternehmensträgerstiftung, S. 19 ff.
1223 So die Carl-Zeiss-Stiftung in Eigenauskunft, http://www.carl-zeiss-stiftung.de/2-0-Ueber-uns.html (zuletzt abgerufen am 11.1.2010).
1224 Vgl. *Schiffer*, ZSt 2003, 252–254 (S. 252).
1225 *Schwintowski*, NJW 1991, 2736–2742 (S. 2738); *Jakob*, Schutz der Stiftung, S. 78.
1226 *Schiffer*, ZSt 2003, 252–254 (S. 253).
1227 Zur Funktionsstiftung D.IX.3.d.d).

im Sinne des Stifters zu leiten und weiterzuentwickeln oder zumindest mit Hilfe einer Sperrminorität solche Veränderungen zu verhindern, die dem Stifter unerwünscht sind.[1228] Daneben kann die Stifterin Allein- oder Mehrheitsgesellschafterin sein und die Beteiligung allein als austauschbare Dotationsquelle halten.[1229] Der Geschäftsbetrieb erfolgt dann nur aus Gründen der Mittelbeschaffung.[1230]

c. Doppelstiftung

Eine eigene Gestaltungsform ist die so genannte Doppelstiftung.[1231] Unter diesem Begriff wird eine Konstruktion verstanden, bei der eine Familienstiftung (in diesem Fall eine Funktionsstiftung) und eine gemeinnützige Stiftung als Gesellschafter einer GmbH eingesetzt sind.[1232] Hierdurch soll der Einfluss der Familie auf das Unternehmen für die Zukunft gesichert und gleichzeitig die mit einer gemeinnützigen Stiftung verbundenen steuerlichen Vorteile[1233] ausgenutzt werden. Das Besondere an dieser Konstruktion ist die abweichende Gestaltung der Beteiligungsquoten der Stiftungen an Vermögen, Stimmrecht und Gewinn: Den ganz überwiegenden Beteiligungsbesitz hält die im steuerrechtlichen Sinn gemeinnützige Stiftung, der jedoch im Wesentlichen als ein stimmrechtsloser ausgestaltet ist. Die Stimmrechte konzentrieren sich dagegen bei der nicht gemeinnützigen Funktionsstiftung, die lediglich so viele Anteile am Unternehmen hält, wie für die in der Satzung vorgesehene Unterstützung von Familienmitgliedern und der nachfolgenden Generationen erforderlich ist.[1234] Auf diese Weise ermöglicht die Konstruktion einer Doppelstiftung die mit einer gemeinnützigen

---

1228 In der Praxis sind Stiftungen mit einem solchen alleinigen Zweck selten geworden, da sie von den Stiftungsbehörden seit längerem nicht mehr anerkannt werden, vgl. MüKo-*Reuter*, §§ 80, 81 Rn. 103.
1229 Seifart/von Campenhausen-*Pöllath/Richter*, § 12 Rn. 50. Möglicherweise ist die Stiftung durch ein Verbot der Veräußerung und/oder der Kündigung jedoch in eine symbiotische Verbindung mit dem Unternehmen gezwungen.
1230 *Hüttemann*, ZHR 167 (2003), 35–65 (S. 62).
1231 Seifart/von Campenhausen-*Pöllath/Richter*, § 12 Rn. 77 sprechen von einem „Nebeneinander" von Stiftungen; ausführlich *R. Werner*, ZEV 2012, 244–249 (S. 244 ff.).
1232 Denkbar ist dabei nicht ausschließlich eine GmbH, sondern grundsätzlich jede Kapitalgesellschaft; kritisch diesbezüglich zur AG wegen ihrer eingeschränkten Satzungsautonomie für die Gestaltung der Doppelstiftung mit abweichender Gewinnbeteiligung *Schnitger*, ZEV 2001, 104–106 (105).
1233 Zu den steuerlichen Regelungen siehe C.VI.
1234 Vgl. MüKo-*Reuter*, §§ 80, 81 Rn. 103; *Schnitger*, ZEV 2001, 104–106 (S. 105); Richter/Wachter-*Richter*, S. 822 Rn. 223.

Stiftung verbundenen steuerlichen Vorteile auszunutzen und der Familie den bestimmenden Einfluss auf das Unternehmen zu erhalten.[1235]

d. Stiftung & Co. KG/Stiftung & Co. KGaA

Eine weitere, in ihrer Zulässigkeit umstrittene[1236], aber dennoch in der Praxis geläufige Form der Unternehmensstiftung, ist die Stiftung & Co. KG.[1237] Hierbei verbindet sich die Stiftung als Komplementärin mit einem oder mehreren Kommanditisten, die im Falle von Familienunternehmen insbesondere Familienmitglieder sein werden. Dabei soll die Stiftung entweder dazu dienen, den Kommanditisten die Kontrolle über das Unternehmen zu vermitteln (vergleichbar einer GmbH & Co. KG-Konstruktion) oder gerade im Gegenteil dazu, eine Einflussnahme anderer Gesellschafter zu verhindern, weil diese eine Stiftung wesensmäßig anders als eine GmbH eben nicht kontrollieren können.[1238] Insgesamt wird die Konstruktion der Stiftung & Co. KG gegenüber einer GmbH & Co. KG als vorzugswürdig angesehen. Diesbezüglich angeführte Vorteile sind eine noch „perfektere" Haftungsbeschränkung der natürlichen Personen[1239], die Trennung von Herrschaftsmacht und Gesellschafterstellung[1240], die Sicherung der Unternehmenskontinuität[1241] sowie eine Einschränkung von Mitbestimmungs- und Publizitätsvorschriften[1242].

1235 Zu den steuerlichen Vorteilen und dem Problem inkongruenter Ausschüttung bei der Doppelstiftung *Schnitger*, ZEV 2001, 104–106 (S. 105 f.); anschaulich insofern der Fall „Hertie" bzw. „Kargsche Familienstiftung", hierzu *Muscheler*, Stiftungsrecht, S. 342 ff.; kritisch zum Negativbeispiel Bertelsmann Stiftung *Rawert*, FAZ v. 11.9.2010, S. 35.
1236 Zur Zulässigkeit der Stiftung als Gesellschafterin im Personengesellschaftsrecht (Stiftung & Co. KG/Stiftung & Co. KGaA) siehe D.IX.3.d.d).
1237 Gemeinhin geht man von etwa 100 derartig organisierten Stiftungen aus, vgl. Seifart/von Campenhausen-*Pöllath/Richter*, § 12 Rn. 86; *Wochner*, MittRhNotK 1994, 89–112 (S. 94).
1238 Seifart/von Campenhausen-*Pöllath/Richter*, § 12 Rn. 86; Richter/Wachter-*Richter*, S. 823 Rn. 229.
1239 *Hennerkes/Binz*/Sorg, DB 1986, 2269–2274 (S. 2271); Hennerkes/*Schiffer*, BB 1992, 1940–1945 (S. 1942).
1240 *Wochner*, MittRhNotK 1994, 89–112 (S. 94).
1241 *Weimar/Geitzhaus/Siegen*, BB 1999, 1999–2010 (S. 2006 f.).
1242 *Hennerkes/Schiffer*, BB 1992, 1940–1945 (S. 1943); *Wochner*, MittRhNotK 1994, 89–112 (S. 94).

Eine weitere Gestaltungsvariante für Unternehmensstiftungen ist die Stiftung & Co. KGaA. Hierbei handelt es sich um eine KGaA[1243], deren einziger Komplementär eine Stiftung ist.[1244]

3. Zulässigkeit der einzelnen Unternehmensstiftungen

a. Ausgangslage

Schon aus ökonomischer Sicht zeigt sich ein Spannungsfeld, wenn Stiftung und Unternehmen eine gemeinsame Verbindung eingehen. Zwar mögen Unternehmer geborene Stifter sein, die aufgrund ihrer Talente und ihres Vermögens in gesteigertem Maße in der Lage sind, zur Entwicklung der Stiftungslandschaft beizutragen.[1245] Dennoch sind Unternehmen nach Gewinn strebende und in eine den Regeln der freien Marktwirtschaft folgende Ordnung eingebettete Konstrukte, wohingegen Stiftungen idealtypisch nicht vorrangig nach Vermögensmehrung streben, sondern nach Vermögenserhaltung bei gleichzeitig möglichst weitgehender Erfüllung des Stiftungszwecks.[1246] Sie streben nach Leistung, nicht nach Erwerb.[1247] Dieser bestehende Interessenkonflikt scheint dadurch bestätigt zu werden, dass stiftungsgetragene Unternehmen de facto eine signifikant niedrigere Ausschüttungsquote aufweisen als börsennotierte Unternehmen.[1248]

Dementsprechend ist die Frage, ob eine Stiftung mit einem Unternehmen verbunden sein soll, seit jeher umstritten.[1249] Es werden dabei zum einen ordnungspolitische Vorbehalte hinsichtlich der Zweckmäßigkeit der Stiftung als Rechtsform für Unternehmen vorgebracht. Zum anderen bestehen Zweifel in

---

1243 Zur KGaA siehe die Legaldefinition in § 278 I AktG.
1244 Ausführlich hierzu *Gehrke*, Die Stiftung & Co. KGaA, S. 103 ff.
1245 So *Rawert*, Non Profit Law Yearbook 2003, S. 1–15 (1).
1246 *von Werthern*, Unternehmensverfassungsrecht und Stiftung, S. 128 ff.
1247 *Wochner*, MittRhNotK 1994, 89–112 (S. 93).
1248 *Herrmann*, ZfbF 49 (1997), 499–534 (S. 515 ff.). Andere eindeutige und der Verallgemeinerung zugängliche Ergebnisse konnten durch empirische Untersuchungen bisher jedoch nicht gewonnen werden (gem. *Rawert*, Non Profit Law Yearbook 2003, S. 1–15 (2) möglicherweise aufgrund der vielfältigen Erscheinungsformen von Stiftungsunternehmen).
1249 Vgl. etwa *Goerdeler*, ZHR 113 (1950), 145–165 (S. 145 ff.); *Merkert*, Unternehmensstiftung; *Neuhoff*, Unternehmenskapital für Stiftungen; *Pavel*, Stiftung und Unternehmen; *Schindler*, Organisationsstruktur; *Seppeler*, Der Unternehmer in der Stiftung; *Vinken*, Die Stiftung als Trägerin von Unternehmen; *Wiederhold*, Stiftung und Unternehmen; *Kronke*, Stiftungstypus und Unternehmensträgerstiftung; *Rawert*, Genehmigungsfähigkeit; *Heuel*, Unternehmensträgerstiftung.

rechtspolitischer Hinsicht dergestalt, ob nicht unternehmensrechtliche Regelungsdefizite des Stiftungsrechts gegen die einzelnen Formen der Unternehmensstiftungen sprechen.[1250]

Insgesamt hält die auch schon bisher überwiegende Ansicht Unternehmensstiftungen trotz der genannten Bedenken für grundsätzlich anerkennungsfähig.[1251] Daneben wurde vor der Stiftungsrechtsreform im Jahre 2002 vorgeschlagen, § 22 BGB analog anzuwenden und ausgehend von der These der Vergleichbarkeit einer wirtschaftlichen Betätigung von Vereinen und Stiftungen zwischen ohne weiteres genehmigungsfähigen Idealstiftungen und regelmäßig nicht genehmigungsfähigen wirtschaftlichen Stiftungen zu unterscheiden.[1252] Hierdurch sollte sichergestellt werden, dass die Führung eines stiftungsverbundenen Unternehmens der nichtwirtschaftlichen Haupttätigkeit der Stiftung funktional untergeordnet bleibt. Die angesprochenen Diskrepanzen zwischen Stiftungs- und Gesellschaftsrecht wollte man eben gerade nur für solche Stiftungen in Kauf nehmen, deren Hauptbetätigung eine nichtwirtschaftliche und damit eine solche im Gemeinwohlinteresse wäre.[1253]

b. Stiftungsrechtsreform

Ebenso wie zu den familienverbundenen Stiftungen enthält das Gesetz zur Modernisierung des Stiftungsrechts keine besonderen Regelungen zu unternehmensverbundenen Stiftungen. Die einzelnen Entwürfe im Rahmen des Reformprozesses enthielten jedoch verschiedene Vorschläge, auf welche Weise und in welchem Umfang die Zulässigkeit von unternehmensverbundenen Stiftungen

---

1250 Vgl. *Burgard*, Gestaltungsfreiheit, S. 137.
1251 Bamberger/Roth-*Schwarz/Backert*, Vor § 80 Rn. 18; Erman-*O. Werner*, Vor § 80 Rn. 20; Seifart/von Campenhausen-*Pöllath/Richter*, § 12 Rn. 18 ff.; Richter/Wachter-*Richter*, S. 822 Rn. 222 ff.; *Burgard*, Gestaltungsfreiheit, S. 138 ff.; *Kunze*, FS Barz, S. 171–188 (178 f.); differenzierend *Schwintek*, Vorstandskontrolle, S. 50 ff.; *Ballerstedt/Salzwedel*, Gutachten 44. DJT, S. 37 f.; *Mercker*, Stiftungen in Theorie, Recht und Praxis, S. 328–336 (333); Palandt-*Ellenberger*, § 80 Rn. 9; siehe nunmehr auch den Vorschlag der Europäischen Kommission für eine Verordnung über das Statut der Europäischen Stiftung v. 8.2.2012, COM(2012) 35 final, Art. 11.
1252 *Reuter*, Perpetuierung, S. 257 ff., 446 ff.; MüKo-*ders.* (4. Aufl.),Vor § 80 Rn. 7, 43 ff.; *Rawert*, Genehmigungsfähigkeit, S. 80 ff.; Staudinger-*ders.* (1995), Vorbem zu §§ 80 ff. Rn. 83 ff., 94 ff.; *ders.*, Non Profit Law Yearbook 2003, S. 1–15 (4); *ders.*, Stiftungsrecht in Europa, S. 109–137 (122 ff.); siehe auch den Reformvorschlag der Fraktion Bündnis90/Die Grünen, BT-Drs. 13/9320, S. 3, 9 f.
1253 *Rawert*, Non Profit Law Yearbook 2003, S. 1–15 (4).

einzuschränken wäre. Den bereits genannten Vorschlag einer analogen Anwendung von § 22 BGB machte sich die Fraktion Bündnis90/Die Grünen mit einem entsprechenden Gesetzesverweis zueigen.[1254] Daneben hat die FDP-Fraktion vorgeschlagen, Stiftungen das Recht zuzubilligen, Unternehmen zu betreiben oder an solchen beteiligt zu sein, sofern sich ihre Tätigkeit nicht im Betrieb eines Handelsgewerbes erschöpft und soweit sie nicht persönlich haftende Gesellschafterin einer Personenhandelsgesellschaft wäre.[1255] Die Bund-Länder-Arbeitsgruppe Stiftungsrecht hat sich in ihrem Bericht gegen Beschränkungen der unternehmensverbundenen Stiftungen ausgesprochen.[1256] Dagegen äußert sich der Gesetzesentwurf der Bundesregierung zu den diesbezüglichen Fragestellungen mit keinem Wort.[1257] Gleichwohl ist die Diskussion um die Zulässigkeit von Unternehmensstiftungen mit der Feststellung, dass diese nun allgemein zulässig seien, teilweise für beendet erklärt worden.[1258] Einer solchen Sichtweise kann jedoch nicht gefolgt werden. Vielmehr bedeutet das Schweigen des Gesetzgebers zu den mit den Unternehmensstiftungen verbundenen Fragen, dass sich die Zulässigkeit ebendieser am Wortlaut des Gesetzes zu orientieren hat.[1259]

Die vor der Modernisierung des Stiftungsrechts vertretene Auffassung einer analogen Anwendung des zu § 22 BGB entwickelten Nebentätigkeitsprivilegs konnte sich im Rahmen des Gesetzgebungsverfahrens nicht durchsetzen.

1254 Allerdings in der insoweit vorangegangenen 13. Legislaturperiode, vgl. BT-Drs. 13/9320, S. 3, 9 f.

1255 § 81 BGB-E, BT-Drs. 14/336, S. 3; damit sollten unternehmensverbundene Stiftungen und Familienstiftungen ausdrücklich zugelassen werden, so lange dem gemeinnützigen Charakter von Stiftungen und der Sicherung des Stiftungskapitals in ausreichendem Maße entsprochen worden wäre, vgl. S. 6 der Begründung des Gesetzesvorschlages. Allerdings enthielt der nachfolgende Gesetzesentwurf in BT-Drs. 14/5811, S. 3 keine derartige Einschränkung mehr.

1256 Bericht der Bund-Länder-Arbeitsgruppe, S. 47 ff.

1257 Vgl. BT-Drs. 14/8765; ebenso enthält der Entwurf der Fraktionen SPD und Bündnis90/Die Grünen keinen Bezug auf Unternehmensstiftungen, siehe BT-Drs. 14/8277.

1258 Ausdrücklich *Schiffer*, ZSt 2003, 252–254 (S. 253 f.); Palandt-*Ellenberger*, § 80 Rn. 9; ähnlich auch *Nissel*, Das neue Stiftungsrecht, S. 73; *Burgard*, NZG 2002, 697–702 (S. 700); *Schwarz*, DStR 2002, 1767–1773 (S. 1768); *Hüffer*, GS Tettinger, S. 449–464 (456 f.).

1259 *Hüttemann*, ZHR 167 (2003), 35–65 (S. 60); zustimmend *Rawert*, Non Profit Law Yearbook 2003, S. 1–15 (6); *Schlüter*, Stiftungen in Theorie, Recht und Praxis, S. 315–327 (318); MüKo-*Reuter*, Vor § 80 Rn. 50.

Sie gilt gemeinhin als gescheitertes rechtspolitisches Desiderat.[1260] Wenngleich auch eine wirtschaftliche Betätigung von Verein und Stiftung nach wie vor vergleichbar erscheinen mag und daher eine Ungleichbehandlung dieser beiden Rechtsformen mit Blick auf die Regelung in § 22 BGB nicht zwingend schlüssig erscheint, ist anzuerkennen, dass sich der Vorschlag einer Anwendung des Nebentätigkeitsprivilegs auch auf Fälle einer wirtschaftlichen Betätigung von Stiftungen im Gesetzgebungsverfahren nicht durchsetzen konnte.[1261] „Der Streit um die Zulässigkeit von unternehmensverbundenen Stiftungen wird (und muss) [gleichwohl] weitergehen."[1262]

c. Einwände gegen eine Verbindung von Stiftung und Unternehmen

Auch diejenigen Ansichten, welche schon vor der Modernisierung des Stiftungsrechts Unternehmensstiftungen am Maßstab des § 22 BGB messen wollten, strebten nie ein Verbot derselbigen an.[1263] Vielmehr bewerteten diese Autoren vor dem Hintergrund der bezüglich von unternehmensverbundenen Stiftungen bestehenden Bedenken, ob diese nicht aufgrund des gesellschaftspolitischen Wertes der einzelnen Stiftung überwunden werden könnten.[1264] Nach der Reform ist die Zulässigkeit von unternehmensverbundenen Stiftungen anhand des Gemeinwohlvorbehaltes in § 80 II BGB und des Stiftungsbegriffs zu beurteilen.[1265] Dabei kommt insbesondere dem Erfordernis einer dauernden und nachhaltigen Erfüllung des Stiftungszwecks in § 80 II BGB Bedeutung zu.

1260 Schwarz, DStR 2002, 1718–1725 (S. 1768); *Schiffer*, ZSt 2003, 252–254 (S. 254).
1261 Dementsprechend hat *Rawert*, Non Profit Law Yearbook 2003, S. 1–15 (5 f., insb. Fn. 21) unter Hinweis auf das nunmehrige Fehlen einer Regelungslücke seine bis dahin vertretene Ansicht aufgegeben; siehe nun auch Staudinger-*Hüttemann/Rawert*, Vorbem zu §§ 80 ff. Rn. 148; anders hingegen noch MüKo-*Reuter* (5. Aufl.), §§ 80, 81 Rn. 94, 95; in der Folgeauflage wird diese Ansicht jedoch ebenfalls nicht mehr vertreten, siehe MüKo-*Reuter*, §§ 80, 81 Rn. 108; bereits zurückhaltender *ders.*, GS Eckert, S. 677–693 (692).
1262 *Hüttemann*, ZHR 167 (2003), 35–65 (S. 60).
1263 Ausdrücklich *Rawert*, Non Profit Law Yearbook 2003, S. 1–15 (4); *Reuter*, Non Profit Law Yearbook 2001, S. 27–64 (55).
1264 *Reuter*, Perpetuierung, S. 129.
1265 MüKo-*Reuter* (5. Aufl.), §§ 80, 81 Rn. 95 spricht von Schranken auf Grund der Wesenselemente der Stiftung.

a) Ordnungs- und rechtspolitische Perspektive

Die Einwände, welche gegen Unternehmensstiftungen vorgebracht werden, sind vielfältig und sowohl rechts- als auch ordnungspolitischer Natur.[1266]

Aus *ordnungspolitischer* Sicht wird zunächst bemängelt, dass die Stiftung als Rechtsform für Unternehmen nicht zweckmäßig sei. Dies ergäbe sich aus dem mit der Zweckbindung einhergehenden grundsätzlich statischen Ansatz der Stiftungsstruktur.[1267] Dieser sei auch im Hinblick auf den Rechtsgedanken des § 137 BGB bedenklich, der res extra commercium verhindern möchte und der daher einer dauerhaften Bindung von Unternehmen an eine bestimmte Familie entgegenstehe.[1268] Die über die Einhaltung des Stifterwillens wachende Stiftungsaufsicht tue diesbezüglich ihr übriges, um einem flexiblen Agieren der Stiftungsorgane entgegenzuwirken.[1269] Dies lasse Stiftungen als zum Betrieb von Unternehmen ungeeignet erscheinen. Denn mangelnde Flexibilität führe zu Wettbewerbsnachteilen und könne in letzter Konsequenz das Ausscheiden aus dem Markt nach sich ziehen.[1270] Dadurch dass echte unternehmerische Entscheidungen zum Gegenstand staatlicher Kontrolle würden,[1271] werde nicht zuletzt verhindert, dass ein Stiftungsunternehmen Anziehungskraft auf geeignete und unternehmerisch begabte Persönlichkeiten ausübe.[1272] Hinzu kämen eigene Probleme bei der Kapitalbeschaffung, da die Stiftung – mangels Vereins- (Verbands-) mitglieder, die Kapitaleinlagen zum Eigenkapitalbedarf beitragen könnten – im Wesentlichen auf Fremdfinanzierung angewiesen sei.[1273] Daneben sei es

---

1266 Dabei erfolgt die Zuteilung der einzelnen Problemstellung zur rechts- bzw. ordnungspolitischen Seite uneinheitlich, vgl. etwa nur *Burgard*, Gestaltungsfreiheit, S. 136 ff. und *Kronke*, Stiftungstypus und Unternehmensträgerstiftung, S. 197 ff.

1267 *Duden*, BB 1947, 142–144 (S. 143); *Schlüter*, Stiftungen in Theorie, Recht und Praxis, S. 315–327 (327); *Ballerstedt/Salzwedel*, Gutachten 44. DJT, S. 35; *Kunze*, FS Barz, S. 171–188 (177); vgl. auch Seifart/von Campenhausen-*Pöllath/Richter*, § 12 Rn. 5; *Reuter*, GmbHR 1973, 241–250 (S. 242).

1268 *Reuter*, GmbHR 1973, 241–250 (S. 247).

1269 Vgl. *Wochner*, MittRhNotK 1994, 89–112 (S. 93); zur Rolle der Stiftungsaufsicht diesbezüglich etwa *Ballerstedt/Salzwedel*, Gutachten 44. DJT, S. 35.

1270 *Reuter*, Perpetuierung, S. 25 f.

1271 *Mestmäcker*, Referat 44. DJT, G 3-G 30 (G 18).

1272 *Mestmäcker*, Referat 44. DJT, G 3-G 30 (G 19).

1273 *Duden*, BB 1947, 142–144 (S. 143); *Wochner*, MittRhNotK 1994, 89–112 (S. 93); *Goerdeler*, FS Heinsius, S. 169–182 (S. 176); *ders.*, NJW 1992, 1487–1489 (S. 1489); *Kunze*, FS Barz, S. 171–188 (178); im Gegenzug dürfe sich jedoch auch keine Bevorzugung der Unternehmensstiftungen ergeben, die aus einer erhöhten Thesaurierung von Gewinnen folgen könnte, vgl. *Ballerstedt/Salzwedel*, Gutachten 44. DJT, S. 37.

schon im Kern nicht mit der geltenden Rechts- und Wirtschaftsordnung vereinbar, dass mit der Stiftung eine Rechtsform für Unternehmen Verwendung findet, die weder durch Eigentümer- noch durch Mitgliederinteressen geprägt werde.[1274] Denn die Vermögensinteressen des Eigentümers seien mit dem wirtschaftlichen Erfolg des Unternehmens verknüpft, weshalb hinter dem Unternehmen stehende natürliche Personen schon aus Eigeninteresse auf Änderungen des Marktes reagieren und die Unternehmenspolitik den neuen Marktanforderungen anpassen würden. Aufgrund der fehlenden Folgen von unternehmerischen Fehlentscheidungen für die Stiftungsorgane selbst, könne von diesen dagegen nur im Idealfall ein vergleichbar effektives Verhalten erwartet werden.[1275] Daneben sei es aus ordnungspolitischer Sicht problematisch, wenn durch Unternehmensstiftungen eine Vermögensakkumulation und in der Folge der Aufbau von endgültigen Machtpositionen erfolgt – die schon mit den Fideikommissen verbundenen Problematiken treten hier einmal mehr in den Vordergrund[1276] –, deren Ausübung einer unkontrollierten und sich selbst protegierenden Funktionärsklasse überlassen bleibt.[1277] Ein solches Auseinanderfallen von wirtschaftlicher Macht und Eigentum sei zu verhindern.[1278] Insgesamt zeige sich somit aus ordnungspolitischer Sicht, dass die Stiftung wegen den mit ihr verbundenen Widersprüchen zu den elementaren Erfordernissen der Unternehmenswirtschaft kaum als Organisationsform für Unternehmen geeignet sei.[1279] Gerade die Verwirklichung der folgenden Vorstellung gelte es zu vermeiden: „Eine Marktwirtschaft aus lauter Unternehmensstiftungen: ein Meer roter Rosen auf Karl Marxens Grab."[1280]

Die *rechtspolitischen* Einwände gegen die Unternehmensstiftungen verweisen auf ein unternehmensrechtliches Regelungsdefizit des Stiftungsrechts.[1281]

1274 *Mestmäcker*, Referat 44. DJT, G 3-G 30 (G 19); *Großfeld/Mark*, WuR 1985, 65–94 (S. 87, 92); *Kersten*, FS 45. DJT, S. 123–148 (129); *Schlüter*, Stiftungen in Theorie, Recht und Praxis, S. 315–327 (323); hierzu auch *Kronke*, Stiftungstypus und Unternehmensträgerstiftung, S. 215 ff.
1275 Vgl. *Großfeld/Mark*, WuR 1985, 65–94 (87 f.).
1276 Zum Fideikommiss ausführlich D.VI.
1277 *Großfeld/Mark*, WuR 1985, 65–94 (90 f.); vgl. auch *Schwintowski*, NJW 1991, 2736–2742 (S. 2738).
1278 Unter Hinweis auf die US-amerikanische Gesetzgebung *Schlüter*, Stiftungen in Theorie, Recht und Praxis, S. 315–327 (322 ff.); *Wochner*, MittRhNotK 1994, 89–112 (S. 92); vgl. hierzu auch *Burgard*, Gestaltungsfreiheit, S. 20 f.
1279 *Ballerstedt/Salzwedel*, Gutachten 44. DJT, S. 35; *Wochner*, MittRhNotK 1994, 89–112 (S. 93).
1280 *Kummer*, ZBJV 113 (1977), 465–509 (S. 465).
1281 *Burgard*, Gestaltungsfreiheit, S. 137.

Zunächst sei kein ausreichender Gläubigerschutz vorhanden, da das Stiftungsrecht weder Kapitalaufbringungs- oder Kapitalerhaltungsvorschriften wie für Kapitalgesellschaften, noch eine persönliche Haftung wie für die handelsrechtlichen Personengesellschaften anordne.[1282] Hinzu komme, dass für Unternehmensstiftungen nicht der Grundsatz der Unbeschränktheit und Unbeschränkbarkeit der Organvertretungsmacht gelte (§§ 86, 26 II 2 BGB)[1283] und die insolvenzrechtlichen Organpflichten (§§ 86, 42 II S. 1 BGB) nicht strafbewehrt seien.[1284] Daneben seien die Publizitätsvorschriften für Unternehmensstiftungen unzureichend[1285]. Schließlich ergäben sich Verwerfungen mit den Regeln der Mitbestimmung, welche grundsätzlich nicht umgangen werden dürften.[1286]

b) Stellungnahme

Auch wenn die gegen die Unternehmensstiftungen vorgebrachten Einwände gewichtig sind, können sie letztlich kein die Verbindung von Unternehmen und Stiftung grundsätzlich ablehnendes Urteil rechtfertigen. Zwar haben sie alle ihre Berechtigung und verlangen danach berücksichtigt zu werden. Ob eine Unternehmensstiftung zulässig ist, muss jedoch eine Entscheidung des Einzelfalls bleiben.

(1) Ordnungspolitische Einwände

Dies gilt zunächst für die ordnungspolitischen Einwände, welche zeigen sollen, dass die Stiftung als Rechtsform für Unternehmen nicht geeignet ist. Der Einwand, Stiftungen seien aufgrund ihres statischen Ansatzes zu unflexibel, um sich beständig den geänderten Herausforderungen des freien wirtschaftlichen Wettbewerbes anpassen zu können, ist zwar im Ausgangspunkt zutreffend. Diese Unflexibilität ergibt sich insbesondere aus der Bindung an den Stiftungszweck und den hierin zum Ausdruck kommenden Stifterwillen. Allerdings ist es möglich, dieses Handicap durch eine entsprechend geeignete satzungsmäßige

---

1282 *Großfeld/Mark*, WuR 1985, 65–94 (S. 86 ff., 92); *Kunze*, Diskussionsbeitrag 44. DJT, G 50 f.; *Kronke*, Stiftungstypus und Unternehmensträgerstiftung, S. 208.
1283 Vgl. hierzu *Hennerkes/Binz/Sorg*, DB 1986, 2269–2274 (S. 2270); Sudhoff-*Froning*, Unternehmensnachfolge, § 50 Rn. 35.
1284 *Burgard*, Gestaltungsfreiheit, S. 137; *Rawert*, Non Profit Law Yearbook 2003, S. 1–15 (3).
1285 *Goerdeler*, FS Heinsius, S. 169–182 (176); *Burgard*, Gestaltungsfreiheit, S. 140; *Großfeld/Mark*, WuR 1985, 65–94 (S. 89).
1286 *Ballerstedt/Salzwedel*, Gutachten 44. DJT, S. 36; *Kunze*, FS Barz, S. 171–188 (181 f.); *Mestmäcker*, Gutachten 44. DJT, G 22; *Schwintowski*, NJW 1991, 2736–2742 (S. 2740).

Gestaltung weitestgehend abzumildern und den Stiftungsorganen ausdrücklich die Möglichkeit einzuräumen, die Satzung an geänderte wirtschaftliche Verhältnisse anzupassen.[1287] Ob eine solche Änderungsmöglichkeit dabei die Gefahr von Missbrauch durch die Stiftungsorgane erhöht oder fördert, stellt wiederum keinen spezifisch die Beweglichkeit von Unternehmensstiftungen betreffenden Aspekt dar, sondern ist eine Frage der Effektivität der Stiftungsaufsicht.[1288] Gleichsam ist es zwar richtig, dass die Stiftungsaufsicht über die Einhaltung des Stiftungszwecks wacht und auch bei Zweckänderungen Einfluss nehmen kann. Dennoch bedeutet dies nicht zwingend, dass hiermit eine geringere Effektivität der Stiftungstätigkeit in wirtschaftlicher Hinsicht gegeben wäre. Schließlich kann eine gewisse, mit der Kontrolle durch die Stiftungsaufsicht einhergehende Verlangsamung von Entscheidungsprozessen, durchaus vor vorschnellen Entscheidungen bewahren und zu einer intensiveren Reflexion anhalten. Zwar mag dies den einen oder anderen davon abhalten, seine Dienste einer Unternehmensstiftung zur Verfügung zu stellen. Dagegen dürften jedoch andere, nicht minder qualifizierte Persönlichkeiten gerade durch das mit einer Stiftung verbundene Renommée angezogen werden.[1289]

Was den Aspekt der Finanzierung betrifft, sind Unternehmensstiftungen in der Regel zwar ausschließlich auf Fremdfinanzierung angewiesen. Allerdings sind für diese im Rahmen der Kreditvergabe keine anderen Hindernisse zu überwinden, als für jeden anderen Teilnehmer am Wirtschaftsleben auch. Kapitalgeber machen ihre Kreditzusage stets von den vorhandenen Sicherheiten sowie der zu erwartenden Leistungsfähigkeit des Unternehmens abhängig.[1290] Für Unternehmensstiftungen gilt dabei nichts anderes.[1291] Insbesondere die vom Stiftungszweck abhängige Kapitalbasis der Stiftung ist für ihre Kreditwürdigkeit von

---

1287 *Kunze*, FS Barz, S. 171–188 (177); *Burgard*, Gestaltungsfreiheit, S. 138 f.; zur Satzungs- (bzw. Zweckänderung) bereits unter C.III.2.c.
1288 *Kunze*, FS Barz, S. 171–188 (177); kritisch insoweit etwa *Ballerstedt/Salzwedel*, Gutachten 44. DJT, S. 35 f., die jedoch eine Satzungsänderung zumindest innerhalb der durch das „Wesen" der Stiftung gezogenen Grenzen zulassen; ebenso *Großfeld/Mark*, WuR 1985, 65–94 (S. 86 f.).
1289 Diesen Punkt betonen etwa *Hennerkes/Binz/Sorg*, DB 1986, 2269–2274 (S. 2271); Sudhoff-*Froning*, Unternehmensnachfolge, § 50 Rn. 35; *Nietzer/Stadie*, NJW 2000, 3457–3461 (S. 3460).
1290 Der pauschalen Behauptung, dass Stiftungen Kredite etwa im Vergleich zu Aktiengesellschaften nur zu teureren Bedingungen erhalten würden, kann dagegen nicht zugestimmt werden, so aber *Ballerstedt/Salzwedel*, Gutachten 44. DJT, S. 37.
1291 So auch *Strickrodt*, JR 1962, 285–290 (S. 289).

Bedeutung.[1292] Es verbleibt lediglich bei dem genannten Unterschied, dass eine Einwerbung von Mitteln der Eigenfinanzierung mangels Vereins- (Verbands-) mitglieder kaum möglich sein dürfte.

Andererseits muss jedoch auch eine Bevorzugung der Unternehmensstiftung aufgrund ihrer Rechtsform vermieden werden. Eine solche kann sich aus einem fehlenden Eigentümerinteresse an einer entsprechenden Ausschüttung ergeben, was eine erhöhte Gewinnthesaurierungsquote und damit einen geringeren Fremdfinanzierungsbedarf zur Folge hat.[1293] Entsprechend darf die Unternehmensstiftung nur einen solchen Teil ihrer Gewinne zur Stärkung der eigenen Finanzkraft im Unternehmen zurückbehalten, wie aus wirtschaftlicher Sicht noch erforderlich ist. Der restliche Betrag ist für den Stiftungszweck zu verwenden.[1294] Handelt es sich um eine gemeinnützige Unternehmensstiftung, kann sich zudem ein Konflikt mit Art. 107 VAEU (Art. 87 a.F.) ergeben, wenn die Stiftung dem Unternehmen dank gewährter Steuerbegünstigungen in wettbewerbsverzerrender Weise billigeres Kapital zur Verfügung stellt.[1295] In der Rechtssache *Cassa di Risparmio* hat der EuGH bereits festgestellt, dass Stiftungen Unternehmen im Sinne der europarechtlichen Beihilferegelungen sein können und dementsprechend Steuervergünstigungen an diese Stiftungen als verbotene staatliche Beihilfen gemäß Art. 107 VAEU (Art. 87 a.F.) qualifiziert werden müssen.[1296]

Dem Argument, für Unternehmensstiftungen könne man aufgrund ihrer strukturell fehlenden Eigentumsbezogenheit nicht von einem beständig am wirtschaftlichen Erfolg des Unternehmens orientierten Verhalten ausgehen, wird die Situation bei großen Publikumsgesellschaft entgegengehalten. Denn auch dort sei ein Trend zum neutralen, eigentümerlosen Unternehmen zu erkennen.[1297] Obwohl den Bedenken gegen Unternehmensstiftungen aufgrund von fehlenden

---

1292 Dabei scheinen allerdings kleinere Stiftungsunternehmen schwerer Zugang zu Fremdkapital zu finden, wohingegen stiftungsabhängige Großunternehmen nicht zuletzt aufgrund der Stiftungsaufsicht eine hohe Kreditwürdigkeit genießen, vgl. *Weimar/Geitzhaus/Delp*, BB 1986, 1999–2010 (S. 2007) (m.w.N.).
1293 *Kronke*, Stiftungstypus und Unternehmensträgerstiftung, S. 221 f.; *Ballerstedt/Salzwedel*, Gutachten 44. DJT, S. 37.
1294 Ansonsten ergäbe sich ein Konflikt mit dem Verbot der Selbstzweckstiftung; hierzu D.IX.3.d.b).
1295 *Walz*, Stiftungsrecht in Europa, S. 197–215 (211 f.); MüKo-*Reuter*, §§ 80, 81 Rn. 109 ff.; auf die Gefahr, dass die Stiftung als zinsgünstige Kapitalreserve missbraucht werden könnte hat bereits hingewiesen *ders.*, Perpetuierung, S. 232 f.
1296 EuGH v. 10.1.2006, Rs. C-222/04, Slg. 2006, I-289.
1297 *Kunze*, FS 45. DJT, S. 123–148 (129 f.); *Burgard*, Gestaltungsfreiheit, S. 139; kritisch *Reuter*, Perpetuierung, S. 258 ff.

Eigentümer- oder Mitgliederinteressen am Ende gleichwohl widersprochen werden muss, taugt allein dieser Vergleich mit den großen Publikumsgesellschaften noch nicht als Argument. Denn diese stehen zumindest unter der Kontrolle des Kapitalmarktes. Gleich wie weit der Aktienbesitz einer AG gestreut sein mag, ist es doch niemals ausgeschlossen, dass diese schnell zu einer Gesellschaft mit erheblichen Anteilseignern wird.[1298] Eine solche Entwicklung würde dabei durch eine schlechte wirtschaftliche Unternehmensentwicklung und den damit einhergehenden sinkenden Börsenkurs möglicherweise noch befördert („Übernahmekandidat"). Dies kann im Einzelfall spürbare Konsequenzen für unerfolgreiche Manager haben, wenn sich diese bei einer in der Folge veränderten Aktionärsstruktur einem starken und engagierten Aktionär gegenübersehen. Die jüngere Wirtschaftsgeschichte mit dem vermehrten Auftreten von Private-Equity-Firmen zeigt eine Vielzahl entsprechender Beispiele, in denen ein starker Minderheitsaktionär aktiv auf die Unternehmensführung einwirkt. Eine solche Entwicklung wäre für Unternehmensstiftungen dagegen so nicht denkbar. Dennoch können auch für diese Strukturen geschaffen werden, welche die fehlende Kontrolle durch einen Eigentümer ausgleichen.[1299] Hierzu können bestimmte Aufsichtsorgane installiert werden, etwa eine Stifter- oder Destinatärsversammlung, ein Aufsichts- beziehungsweise Beirat oder ein Stiftungskuratorium.[1300] Daneben verbleibt im Einzelfall noch die Stiftungsaufsicht, deren Aufgabe es ist, über die Einhaltung des Stifterwillens – bezüglich Unternehmensstiftungen also auch ein angemessenes unternehmerisches Wirtschaften – zu wachen.[1301] Die Gefahr, dass erhebliches Produktivvermögen dauerhaft in den unkontrollierten Händen von Funktionären liegen könnte, ist bei entsprechender Stiftungsorganisation also nicht höher als bei anderen Gesellschaftsformen auch.

Die Gründe, welche zur Abschaffung der Fideikommisse geführt und zu Recht auch gegen die Zulässigkeit der reinen Unterhaltsstiftung vorgebracht werden[1302], haben im Hinblick auf Unternehmensstiftungen nicht die gleiche Durchschlagskraft. Dies folgt im Wesentlichen daraus, dass das Unternehmen eben im Wettbewerb steht. Eine dauerhafte Vermögenskonzentration ist hier nur so lange von Dauer, wie das Unternehmen in der freien Marktwirtschaft

---

1298 So auch *Kunze*, Diskussion 44. DJT, G 51.
1299 *Burgard*, Gestaltungsfreiheit, S. 139 f.; *Kunze*, FS Barz, S. 171–188 (178).
1300 Siehe auch C.III.2.e.
1301 Zu den Maßnahmen und Mitteln der Stiftungsaufsicht zum Schutze der Stiftung *Jakob*, Schutz der Stiftung, S. 259 ff.; zweifelnd, ob die Stiftungsaufsicht diese Funktion tatsächlich effektiv ausfüllen kann *Reuter*, Perpetuierung, S. 251 f.
1302 Hierzu bereits D.VI.

bestehen kann. Das mit der (Familien-) Stiftung verbundene Unternehmen ist daher beständig einer Auflösungsdrohung ausgesetzt. Es besteht also faktisch gerade keine Gefahr, dass dauerhaft entgegen der Wertung des § 137 BGB *res extra commercium* geschaffen würde. Dass dabei auch die Größe des Unternehmens keine Rolle spielt, ist in den Verwerfungen der jüngeren Kredit- und Wirtschaftskrise einmal mehr deutlich geworden. Ein „too big to fail" gibt es nicht, was etwa ein Blick zurück auf die Entwicklungen der bisherigen Familienunternehmen Porsche oder Sal. Oppenheim zeigt.[1303] Selbst politisch motivierte, staatliche Interventionen sichern nicht dauerhaft den Bestand eines strukturell nicht wettbewerbsfähigen Unternehmens. Dies hat sich etwa im Fall der Hypo Real Estate bewahrheitet, wo die komplette Verstaatlichung der letzte Weg gewesen ist. Im Falle von Unternehmensstiftungen werden die Vermögen gerade nicht dem Wettbewerb entzogen, sondern müssen sich täglich von neuem beweisen, um in ihrem Bestand erhalten zu bleiben. Dabei kann dies auf Dauer nur eine bestmögliche Nutzung der vorhandenen Mittel gewährleisten. Als Beispiel sei die Klöckner-Stiftung genannt, welche aufgrund von Ölspekulationen in Schieflage geraten ist.[1304] So kritisch man die Konzentrationstendenzen im Wirtschaftsleben sehen mag, diese sind nicht auf die Rechtsform der Stiftung begrenzt. Die AG ist gleichfalls bestens dafür geeignet, enorme Vermögen auf sich zu vereinigen. Diesbezüglich können Unternehmensstiftungen in volkswirtschaftlicher Hinsicht vielmehr eine positive Wirkung haben. Gerade wenn das Unternehmen einen Familienbezug aufweist und der Stifter diesen erhalten möchte, kann er durch die Errichtung einer Stiftung eine kleinere wirtschaftliche und rechtliche Einheit schaffen, die den Zentripetalkräften einer gesamtwirtschaftlichen Vermögensakkumulation entgegenwirkt.[1305] Hierdurch kann der Stiftungsrechtsform im Falle von (kleineren) Unternehmensstiftungen eine mittelstandspolitische Bedeutung zukommen, indem sie Übernahmeintentionen wirtschaftlich gewichtigerer Konkurrenten strukturell entgegensteuert.[1306] Daher sind Unternehmensstiftungen insoweit wettbewerbsfördernd, als sie den Erhalt eines bestimmten Marktteilnehmers und Mitbewerbers sicherzustellen suchen.

1303 Der Autobauer und die Privatbank haben aufgrund von Fehlspekulationen ihre Unabhängigkeit verloren, vgl. etwa FAZ v. 31.12.2009, S. 22.
1304 http://www.zeit.de/1988/43/Vom-Erbe-befreit (zuletzt abgerufen am 6.12.2009).
1305 Zu dieser Entwicklung auch *Reuter*, AcP 181 (1981), 1–30 (S. 22 ff.).
1306 *Kronke*, Stiftungstypus und Unternehmensträgerstiftung, S. 222 (m.w.N.); angedeutet bereits bei *Rehbinder*, NJW 1973, 2016 (S. 2016).

(2) Rechtspolitische Einwände
Die aus rechtspolitischer Sicht gegen Unternehmensstiftungen vorgebrachten Einwände unterscheiden sich in solche, die spezifisch stiftungsrechtlicher Natur sind und solche, die verallgemeinerungsfähig gleichfalls für anderer Gesellschaftsformen angemahnt werden können und angemahnt werden müssen.[1307]

Zu letzteren zählen die Aspekte der Beschränkbarkeit von Organvertretungsmacht, unzureichender Publizitätsvorschriften sowie der Inkonsistenz der gesetzlichen Bestimmungen zur Unternehmensmitbestimmung.

Soweit die Vertretungsmacht eines Geschäftsführungsorgans beschränkt wird, stellt dies stets eine Beeinträchtigung des Rechtsverkehrs dar, die zu Rechtsunsicherheit führt. Dementsprechend ist § 26 II 2 BGB eine rechtspolitisch fragwürdige Regelung.[1308] Gleichwohl findet § 26 II 2 BGB nicht allein für Stiftungen Anwendung, sondern gilt ebenso für den Verein. Daher kann sie nicht als zwingendes Argument gegen die Zulässigkeit von Unternehmensstiftungen angeführt werden. Vergleichbares ist bereits zu den reformbedürftigen Aspekten der Publizität ausgeführt worden.[1309] Hierbei handelt es sich nicht um ein rechtspolitisches Desiderat, das auf das Stiftungsrecht beschränkt wäre. Vielmehr besteht diesbezüglich gerade auch im Vereinsrecht Änderungsbedarf.[1310]

Ähnliches gilt für den Aspekt der Mitbestimmung, soweit kritisiert wird, dass die Stiftung missbraucht werde, um eine ebensolche zu umgehen. Es mag zwar sein, dass mit Ausnahme von Familienstiftungen, auf welche die arbeitsrechtlichen Mitbestimmungen des Betriebsverfassungsgesetzes von 1972 anwendbar sind, Stiftungen im Übrigen nicht von der unternehmerischen Mitbestimmung betroffen sind.[1311] Allerdings kann dies nicht zum tauglichen Argument gegen die Verwendung der Stiftung für Unternehmen verwandt werden. Denn die Arbeitnehmermitbestimmung war bereits seit ihren Anfängen in der Weimarer

---

1307 *Burgard*, Gestaltungsfreiheit, S. 140 ff.; vgl. auch *Kronke*, Stiftungstypus und Unternehmensträgerstiftung, S. 207 f., 222.
1308 Ausführlich zu § 26 II 2 BGB etwa *K. Schmidt*, Gesellschaftsrecht, § 24 III.2.c), S. 689 f.; aus der Rechtsprechung etwa BGH v. 22.4.1996, NJW-RR 1996, 866.
1309 Hierzu bereits C.V.2.
1310 Siehe auch *Koch*, NJW 1989, 3134–3143 (S. 3134).
1311 *Nietzer/Stadie*, NJW 2000, 3457–3461 (S. 3460); *Hennerkes/Binz/Sorg*, DB 1986, 2269–2274 (S. 2272); MüKo-*Reuter*, §§ 80, 81 Rn. 121; *Weimar/Geitzhaus/Delp*, BB 1999–2010 (S. 2009 Fn. 175) (m.w.N.) halten aufgrund einer Gleichheit der Interessenlage eine analoge Anwendung der Regelungen des MitbestG für denkbar; der Vorschlag der Europäischen Kommission für eine Verordnung über das Statut der Europäischen Stiftung v. 8.2.2012, COM(2012) 35 final, Art. 38 f., sieht eine Arbeitnehmerbeteiligung vor.

Zeit Gegenstand politischer Kontroversen, wobei stets die Forderungen laut wurden, diese wieder abzuschaffen.[1312] Jedenfalls seit den Urteilen des EuGH zur Niederlassungsfreiheit[1313] kann sie nun durch die Gründung einer ausländischen Gesellschaft unterlaufen werden.[1314] So sind durch die europäische Rechtsprechung in gewissem Sinne die „Rufe nach Abschaffung der Mitbestimmung"[1315] erhört worden.[1316] Daneben konnte die Mitbestimmung bereits zuvor aufgrund der Inkonsistenz der gesetzlichen Regelungen durch entsprechende gesellschaftsrechtliche Gestaltungen entschärft werden.[1317] Wenn die Mitbestimmung aus rechtspolitischer Perspektive jedoch bereits heftig umstritten und zudem in rechtstatsächlicher Hinsicht nicht einmal mehr im Rahmen ihres eigentlichen Geltungsbereiches umfassende Anwendung findet, kann kaum gegen die Zulässigkeit von Unternehmensstiftungen eingewandt werden, diese vermieden mitunter eine Arbeitnehmermitbestimmung. Ergänzend sei hinzugefügt, dass offenbar von Arbeitnehmerseite gerade entgegengesetzte Versuche unternommen werden, nämlich durch Stiftungsmodelle einen über die eigentliche Mitbestimmung hinausgehenden Einfluss zu erlangen.[1318]

Der Einwand, im Stiftungsrecht sei kein ausreichender Gläubigerschutz gewährleistet, kann nicht durchdringen. Sicherlich entfällt für Stiftungen eine persönliche Haftung, so wie sie für die handelsrechtlichen Personengesellschaften angeordnet ist. Dies kann jedoch aufgrund des bei der Stiftung fehlenden

---

1312 Zur Debatte um die Mitbestimmung *Oetker*, RdA 2005, 337–345 (S. 337 f.).
1313 Grundlegend insoweit die bisher ergangenen Entscheidungen EuGH v. 27.9.1988, EuGH Slg. 1988, 5483 (*Daily Mail*); EuGH v. 9.3.1999, EuGH Slg. 1999, I-1459 (*Centros*); EuGH v. 5.11.2002, EuGH Slg. 2002, I-9919; EuGH v. 30.9.2003, EuGH Slg. 2003, I-10155 (*Inspire-Art*); EuGH v. 13.12.2005, EuGH Slg. 2005, I-10805 (*Sevic*); EuGH v. 16.12.2008, NJW 2009, 569 (*Cartesio*).
1314 Vgl. *Kamp*, BB 2003, 1496–1500 (S. 1496 ff.).
1315 Vgl. FAZ v. 15.12.2003, S. 17.
1316 Zu den Einzelheiten und zum verbleibenden Gestaltungsspielraum des Gesetzgebers vgl. *Kamp*, BB 2004, 1496–1500.
1317 Etwa durch die Errichtung einer GmbH & Co. KG, hierzu *Burgard*, Gestaltungsfreiheit, S. 678 (m.w.N.).
1318 Vgl. etwa den im Rahmen der Umstrukturierung von Schaeffler/Continental gemachten Vorschlag von Gewerkschaftsseite, der die Schaffung einer Stiftung vorsah, welche eine Sperrminorität von 25% am zukünftigen Konzern halten sollte. In der Stiftung sollten Bund und Länder auf der einen sowie die Arbeitnehmer auf der anderen Seite gleich stark vertreten sein. Hierdurch wären den Beschäftigten wesentliche Kontroll- und Entscheidungsrechte zugekommen (http://www.spiegel.de/wirtschaft/0,1518,druck-612591,00.html, zuletzt abgerufen am 11.3.2009).

personellen Bezugspunktes nicht weiter verwundern. Daneben bedeutet auch das Fehlen von spezifischen Kapitalaufbringungs- oder Kapitalerhaltungsvorschriften, wie sie im Kapitalgesellschaftsrecht bestehen, nicht gezwungenermaßen einen mangelhaften Gläubigerschutz.[1319]

i. Kapitalaufbringung
Hinsichtlich der Kapitalaufbringung ist ein gesetzlich vorgeschriebenes Mindestkapital im Stiftungsrecht grundsätzlich nicht erforderlich.[1320] Die Vorschriften in §§ 80 II, 81 I 2 BGB fragen im Rahmen des Anerkennungsverfahrens danach, ob die künftigen Stiftungserträge voraussichtlich zur dauernden und nachhaltigen Erfüllung des Stiftungszwecks ausreichen, also danach ob Vermögensausstattung und Stiftungszweck zusammenpassen. So wird bereits die Gründung von materiell unterkapitalisierten Stiftungen ausgeschlossen.[1321] Hierdurch verwirklicht das Stiftungsrecht im Rahmen der Kapitalaufbringung sogar einen weitergehenden Gläubigerschutz als das Kapitalgesellschaftsrecht, wo allein durch die in § 7 AktG, § 5 I GmbHG gesetzten Untergrenzen von 50.000 bzw. 25.000 Euro keine im Verhältnis zum Geschäftsumfang angemessene Kapitalausstattung gewährleistet ist.[1322] Denn die Höhe des Mindestkapitals muss für Kapitalgesellschaften in keinem sachlichen Zusammenhang zum voraussichtlichen Geschäftsumfang stehen. Gleichwohl darf die Stiftungsform nicht dazu missbraucht werden, die Kapitaluntergrenzen der AG und der GmbH zu umgehen.[1323] Dementsprechend hat die Stiftungsbehörde in jedem Einzelfall gesondert zu prüfen, ob eine rechtsmissbräuchliche Stiftungsgründung beabsichtigt ist und im entsprechenden Fall die Anerkennung zu verweigern.[1324]

1319 Abgesehen von der Tatsache, dass das deutsche gesellschaftsrechtliche Modell eines Gläubigerschutzes in seiner jetzigen Form aufgrund eines gesteigerten internationalen Wettbewerbes der Gesellschaftsrechte Gegenstand einer umfassenden Reformdiskussion ist, hierzu *Teichmann*, NJW 2006, 2444–2451 (S. 2444 ff.).
1320 Zu diesem Aspekt bereits C.II.2.; *Burgard*, Gestaltungsfreiheit, S. 141 (m.w.N.) weist darauf hin, dass § 82 BGB als Kapitalaufbringungsvorschrift verstanden werden könne.
1321 BT-Drs. 14/8765, S. 8 f.; *Schwake*, NZG 2008, 248–252 (S. 252).
1322 Dementsprechend ist Unterkapitalisierung einer der Hauptgründe für Unternehmensinsolvenzen, vgl. *K. Schmidt*, Gesellschaftsrecht, § 18 II. 4. b), S. 524.
1323 Vgl. *Kronke*, Stiftungstypus und Unternehmensträgerstiftung, S. 212; *K. Schmidt*, DB 1987, 261–263 (S. 262); *Wochner*, MittRhNotK 1994, 89–112 (S. 93); *Hennerkes/Binz/Sorg*, DB 1986, 2269–2274 (S. 2269 f.).
1324 *Kronke*, Stiftungstypus und Unternehmensträgerstiftung, S. 212; *Schwake*, NZG 2008, 248–252 (S. 252).

ii. Kapitalerhaltung
Daneben kann auch nicht deswegen von einem mangelhaften Gläubigerschutz im Stiftungsrecht gesprochen werden, weil dieses keine ausdrücklichen Kapitalerhaltungsvorschriften kenne.[1325] Denn eine entsprechende Wirkung kommt den landesrechtlichen Geboten einer ungeschmälerten Erhaltung des Stiftungsvermögens zu.[1326] Zwar ist der Ansatz des stiftungsrechtlichen Vermögenserhaltungsgebots zunächst ein ganz anderer. Denn er dient nicht wie die Kapitalerhaltungsvorschriften dem Schutz der Gesellschaft und der Gläubiger vor einer Einlagenrückgewähr ohne Kapitalherabsetzung, sondern der Erhaltung der Leistungskraft der Stiftung und ist daher eine Vorschrift im Interesse des im Stiftungszweck zum Ausdruck kommenden Stifterwillens.[1327] Gleichwohl wird durch ihn letztlich ein effektiverer Gläubigerschutz verwirklicht als bei anderen Rechtsformen. Dementsprechend kann auch die fehlende Strafbewehrung der konkursrechtlichen Organpflichten nicht ins Gewicht fallen, wobei ohnehin schon die zivilrechtlichen Haftungsfolgen einer verzögerten Antragsstellung eine erhebliche Sanktionswirkung entfalten können, vgl. § 42 II 2 BGB.[1328]

d. Zulässigkeitskriterien im Einzelnen

a) Zweckverwirklichungsbetrieb/Mittelbeschaffungsbetrieb
Soweit die wirtschaftliche Betätigung dem ideellen Stiftungszweck untergeordnet ist, ist sie allgemein als zulässig anzusehen.[1329] Eine solche Unterordnung liegt vor, wenn der Geschäftsbetrieb unmittelbar der Verwirklichung des ideellen Stiftungszwecks dient (Zweckverwirklichungsbetrieb[1330]) oder wenn dem

---

1325 Zum Fehlen von Kapitalerhaltungsregeln im Stiftungsrecht etwa *Oepen*, NZG 2001, 209–215 (S. 210 f.); *Großfeld/Mark*, WuR 1985, 65–94 (S. 88 f.).
1326 *Burgard*, Gestaltungsfreiheit, S. 141; zum Gebot der Vermögenserhaltung bereits C.II.2.
1327 *Oepen*, NZG 2001, 209–215 (S. 210); *Burgard*, Gestaltungsfreiheit, S. 478.
1328 *Burgard*, Gestaltungsfreiheit, S. 142.
1329 MüKo-*Reuter*, §§ 80, 81 Rn. 106, 112; *Rawert*, Non Profit Law Yearbook, S. 1–15 (5 ff.); *Hüttemann*, ZHR 167 (2003), 35–65 (S. 62); *Ballerstedt/Salzwedel*, Gutachten 44. DJT, S. 37; zustimmend, aber kritisch hinsichtlich der Kreativität („Scheinheiligkeit") von Stifter und Beratern bei der Formulierung des Zweck-Mittel-Verhältnisses, Seifart/von Campenhausen-*Pöllath/Richter*, § 12 Rn. 48 ff., insb. Rn. 63.
1330 Die Terminologie ist uneinheitlich. Es finden sich ebenfalls Begriffe wie „Zweckverwirklichungsunternehmen" (*Burgard*, Gestaltungsfreiheit, S. 150), „Stiftungszweckbetrieb", (*Rawert*, Non Profit Law Yearbook 2003, S. 1–15 (11)), „Anstaltsstiftung" (Seifart/von Campenhausen-*Pöllath/Richter*, § 12 Rn. 35) oder „Zweckbetrieb" (§ 65 AO, hierzu Seifart/von Campenhausen-*Pöllath/Richter*, § 43 Rn. 133 ff.).

Geschäftsbetrieb die Funktion einer reinen Dotationsquelle zukommt (Mittelbeschaffungsbetrieb[1331]). Im ersten Fall laufen die Interessen von Unternehmen und Stiftung im Wesentlichen parallel. Stiftungszweck und Unternehmensziel decken sich. Dementsprechend kommt es zwischen beiden in der Regel zu keinen Spannungen.[1332] Im zweiten Fall dient das Unternehmen allein der Erzielung von Gewinnen, um diese anschließend für einen außerhalb des Unternehmens liegenden und eigentlichen Stiftungszweck verwenden zu können (im Folgenden soll dieser „eigentliche" Stiftungszweck als „äußerer Stiftungszweck" bezeichnet werden). Soweit keine institutionalisierte Bindung zwischen Stiftung und Unternehmen besteht und eine Unternehmensbeteiligung gegebenenfalls durch ein anderes rentables Vermögen ersetzt werden kann, ist eine solche Verbindung von Stiftung und Unternehmen unproblematisch und anerkennungsfähig.[1333]

b) Offene/verdeckte Selbstzweckstiftung

Die äußerste Grenze der Zulässigkeit von Unternehmensstiftungen stellt das Verbot der Selbstzweckstiftungen dar.[1334] Diese, bildhaft als perpetuum mobile[1335] bezeichneten Stiftungskonstrukte, erschöpfen sich in der Verwaltung und Bewirtschaftung des eigenen Vermögens und sind generell unzulässig.[1336] Gesetzlichen Ausdruck findet das Verbot der Selbstzweckstiftung in § 81 I 2 BGB. Demnach muss das Stiftungsgeschäft die Erklärung des Stifters enthalten, ein Vermögen *zur* Erfüllung eines von ihm vorgegebenen Zweckes zu widmen. Das Vermögen ist mithin Mittel zur Zweckerreichung in dienender Funktion. Hieraus folgt, dass es kein anerkennungsfähiger Stiftungszweck ist, wenn das Vermögen nur um seiner selbst gewidmet wird.[1337] Folgerichtig kann es dann

---

1331 Hierzu etwa *Hennerkes/Binz/Sorg*, DB 1986, 2217–2221 (S. 2220).
1332 Siehe hierzu ausführlich *Schwake*, Kapital und Zweckerfüllung, S. 121 ff.
1333 Vgl. auch *Reuter*, Non Proft Law Yearbook 2003, S. 1–15 (12).
1334 Teilweise werden dennoch Vorbehalte bzgl. des Verbotes der Selbstzweck artikuliert, vgl. etwa Seifart/von Campenhausen-*Pöllath/Richter*, § 12 Rn. 142 ff.; *Burgard*, Gestaltungsfreiheit, S. 148; *D. Bauer*, Vermögensverwaltung, S. 151 f.
1335 *Riemer*, ZBJV 116 (1980), 489–531, (S. 505); ders., Stiftungsrecht in Europa, S. 511–519 (517).
1336 Dies ist Kernbestand der juristischen Lehre, vgl. MüKo-*Reuter*, §§ 80, 81 Rn. 106 ff.; Erman-*O. Werner*, Vor § 80 Rn. 25; *Ballerstedt/Salzwedel*, Gutachten 44. DJT, S. 34; *Hüttemann*, ZHR 167 (2003), 35–65 (S. 60 f.); *Rawert*, Non Proft Law Yearbook 2003, S. 1–15 (15); Bericht der Bund-Länder Arbeitsgruppe, S. 47; *Stengel*, Stiftung und Personengesellschaft, S. 40 f.; *Schauhoff*, FS Spiegelberger, S. 1341–1350 (1342).
1337 Gegen die Selbstzweckstiftungen spricht ebenfalls, dass eine dem Stiftungszweck angemessene Vermögensausstattung verlangt wird, vgl. BT-Drs. 14/8765, S. 8 f.

auch kein anerkennungsfähiger Zweck einer Stiftung sein, allein ein Unternehmen fortzuführen und zu erhalten (Unternehmensselbstzweckstiftung).[1338] Dabei besteht die Schwierigkeit im Einzelfall darin, festzustellen, bis wohin noch eine Unternehmensselbstzweckstiftung vorliegt und ab wann der Stiftungszweck nicht mehr bloßer Selbstzweck ist.[1339] Eine Unternehmensstiftung berührt naturgemäß vielseitige gesellschaftliche Bereiche. Allein solche gesamtgesellschaftlich positiven Effekte, die notwendigerweise mit dem Betrieb eines Unternehmens verbunden sind, können daher nicht genügen, um der Unternehmensstiftung den Charakter einer Selbstzweckstiftung zu nehmen. Hierunter fallen etwa das Schaffen und Erhalten der für den Geschäftsbetrieb notwendigen Arbeitsplätze, das Herstellen und Weiterentwickeln der Produkte oder das Unterhalten von Gebäuden und Anlagen.[1340] Der fremdnützige Stiftungszweck[1341] muss mehr sein als bloßer Nebeneffekt oder Reflex[1342] der Unternehmenstätigkeit. Als taugliche Stiftungszwecke sind daher etwa das verstärkte Schaffen von Arbeitsplätzen für unterstützungsbedürftige Gesellschaftsgruppen (beispielsweise

---

  Könnte auch ein Vermögen um seiner selbst Willen gewidmet werden, wäre die Vermögensausstattung immer angemessen. Eine ausdrückliche Forderung nach einer angemessenen Vermögensausstattung wäre dann überflüssig, vgl. auch *Rawert*, Non Profit Law Yearbook 2003, S. 1–15 (7). Für die Bund-Länder-Arbeitsgruppe ergibt sich das Verbot von Selbstzweckstiftungen schon daraus, dass eine Stiftung aufgrund ihres Wesens stets einen „äußeren" Zweck haben müsse, vgl. Bericht der Bund-Länder-Arbeitsgruppe, S. 37.

1338 *Hüttemann*, ZHR 167 (2003), 35–65 (S. 61); *Rawert*, Non Profit Law Yearbook 2003, S. 1–15 (8); *Schwintek*, Vorstandskontrolle, S. 49 f.; Erman-O. *Werner*, § 80 Rn. 20; offengelassen durch Seifart/von Campenhausen-*Pöllath/Richter*, § 12 Rn. 142 f.; a.A. Bamberger/Roth-*Schwarz/Backert*, Vor § 80 Rn. 17; differenzierend *Burgard*, Gestaltungsfreiheit, S. 151 ff., der für Unternehmensselbstzweckstiftungen verneint, dass es sich um Selbstzweckstiftungen handelt.

1339 Beispielhaft für einen Grenzfall sei aus dem Bereich der Kulturstiftungen der Fall der Barnes Foundation genannt. Hierbei handelt es sich um den Fall einer Kunstsammlung (unter anderem 180 Renoirs, 69 Cézannes, 60 Matisse), die nur äußerst restriktiv der Öffentlichkeit zugänglich gemacht wird. Gleichwohl handelt es sich dennoch nicht um eine Selbstzweckstiftung, weil der Stifter mit ihr ein bestimmtes pädagogisches Konzept, wenn auch ein sehr eigenes, verfolgt; ausführlich zur Barnes Foundation etwa *Schweizer*, ZSt 2005, 129–136 (S. 129 ff.).

1340 A.A. etwa *Schwintek*, Vorstandskontrolle, S. 53; *Schiffer*, ZSt 2003, 252–254 (S. 253); differenzierend *Burgard*, Gestaltungsfreiheit, S. 148 ff., 155.

1341 Seifart/von Campenhausen-*Pöllath/Richter*, § 12 Rn. 143 sprechen diesbezüglich von einem „Nebenzweck".

1342 *Rawert*, Non Profit Law Yearbook 2003, S. 1–15 (8).

Behinderte, Alleinerziehende, Resozialisierte), das Entwickeln von ansonsten nicht lukrativen Produkten (beispielsweise Medikamente für äußerst seltene Krankheiten, Spezialausrüstung für Forschungsprojekte) oder das Unterhalten von denkmalgeschützten Gebäuden, die in gewissem Rahmen auch der Allgemeinheit zugänglich gemacht werden, etwa als Veranstaltungsort oder Museum, denkbar.[1343] Der Stiftungszweck muss über den Betrieb des Unternehmens hinauswirken.[1344] Dementsprechend unterscheidet etwa die Satzung der Carl-Zeiss-Stiftung zwischen Zwecken, die sie innerhalb und solchen, die sie außerhalb des Unternehmens verfolgt.[1345]

In Einzelfällen ist die Abgrenzung zwischen einer unzulässigen Unternehmensselbstzweckstiftung und den zulässigen Formen von Unternehmensstiftungen schwierig. Denn in der stiftungsrechtlichen Praxis kommen letztlich kaum Stiftungen vor, die offen ausweisen würden, dass sich ihr Zweck auf die Erhaltung und Weiterentwicklung eines Unternehmens beschränkt (*offene* Unternehmensselbstzweckstiftung).[1346] Diese Erscheinungsform der Stiftung beschränkt sich letztlich auf die so genannten Funktionsstiftungen.[1347] Das Abgrenzungsproblem findet in dem Begriff der *verdeckten* Selbstzweckstiftungen seinen Ausdruck. So werden diejenigen Stiftungen bezeichnet, die zwar in der Satzung vordergründig einen fremdnützigen (äußeren) Hauptzweck ausweisen, jedoch faktisch in einer solchen symbiotischen Verbindung zu einem Unternehmen stehen, dass der Erfolg des Unternehmens für sie zur Existenzfrage und damit zur vorrangigen tatsächlichen Sorge werden kann. Die Selbstbezogenheit der Stiftung tritt dabei nicht offen zutage, sondern verdeckt.[1348] Es erfolgt eine „idealistische

---

1343 Kritisch zu einer solchen Differenzierung *Schwintek*, Vorstandskontrolle, S. 53.
1344 A.A. etwa *Schwintek*, Vorstandskontrolle, S. 53, der eine solche Unterscheidung stiftungsrechtlich nicht für begründbar hält. Diesbezüglich finde eine entsprechende und ausreichende Differenzierung bereits durch das Stiftungssteuerrecht statt; vgl. auch *Burgard*, Gestaltungsfreiheit, S. 153.
1345 Vgl. § 1 Nr. 2 der Stiftungssatzung (abrufbar unter: http://www.carl-zeiss-stiftung. de/files/stiftungsstatut_czstiftung.pdf, zuletzt abgerufen am 17.11.2009).
1346 Vgl. MüKo-*Reuter*, §§ 80, 81 Rn. 106; entsprechend sehen Seifart/von Campenhausen-*Pöllath/Richter*, § 12 Rn. 144 die Schwäche des Verbotes der Selbstzweckstiftung darin, dass es den Verfasser des Stiftungsgeschäfts lediglich vor eine Formulierungsaufgabe bezüglich des Stiftungszwecks stelle. Ein Stiftungszweck der nicht nur Selbstzweck sei, lasse sich praktisch immer formulieren.
1347 *Reuter*, Non Profit Law Yearbook 2001, S. 27–64 (56); zur Zulässigkeit der Funktionsstiftungen D.IX.3.d.c).
1348 Zur Begrifflichkeit MüKo-*Reuter*, §§ 80, 81 Rn. 109; *ders.*, Non Profit Law Yearbook 2001, S. 27–64 (56); *Rawert*, Non Profit Law Yearbook 2003, S. 1–15 (9 f.);

Überhöhung des Unternehmensführungsauftrages".[1349] Für die rechtliche Beurteilung kann es jedoch keinen Unterschied machen, ob es sich um eine offene oder eine verdeckte Selbstzweckstiftung handelt. Auch letztere ist Selbstzweckstiftung und demzufolge unzulässig.

Die Feststellung, ob eine verdeckte Selbstzweckstiftung vorliegt, obliegt in der Praxis den Anerkennungsbehörden. Dementsprechend ist es an ihnen, die Motive des Stifters zu erforschen und im Einzelfall Umgehungstatbestände aufzudecken. Dabei wird dies teilweise mit größeren faktischen Schwierigkeiten verbunden sein. Zumindest weisen dabei jedoch die Bindung einer Stiftung mit nicht unternehmensbezogenem Zweck an ein bestimmtes Unternehmen und eine rechtliche oder faktische Identität von Stiftungsorganen und Unternehmensführung auf das Vorliegen einer verdeckten Selbstzweckstiftung hin.[1350]

(1) Bindung an ein Unternehmen
Die Bindung der Stiftung an ein bestimmtes Unternehmen kann rechtlicher oder faktischer Natur sein. Im ersten Fall folgt sie meistens aus einer Festsetzung der Stiftungssatzung in Form eines Verfügungsverbotes. Soweit sie faktischer Natur ist, liegt in der Regel eine Doppelstiftung vor.[1351] Allein ein satzungsmäßiges Verfügungsverbot ist jedoch noch nicht Grund genug, einer Unternehmensstiftung die Anerkennung zu versagen. Sie ist jedenfalls soweit unschädlich, als es sich bei dem betreffenden Unternehmen um einen Zweckverwirklichungsbetrieb handelt.[1352] Denn dann ist das Unternehmen gerade Mittel zum äußeren Stiftungszweck. Daneben muss gemäß § 80 II BGB grundsätzlich entscheidend sein, ob das Verfügungsverbot der dauernden und nachhaltigen Erfüllung des äußeren Stiftungszwecks entgegensteht. Dies wäre etwa dann der Fall, wenn aufgrund einer mangelnden wirtschaftlichen Ertragskraft des Unternehmens dauerhaft

---

[1349] Hiermit wird auf lediglich „zwangsläufige" gemeinwohlförderliche Folgen einer Unternehmensführung wie etwa den Erhalt von Arbeitsplätzen oder das Erwirtschaften von Steuern und Sozialabgaben angespielt, vgl. *Hüttemann*, ZHR 167 (2003), 35–65 (S. 61).

[1350] Beide Indizien seien jedoch widerleglich: Eine Bindung der Stiftung an ein Unternehmen sei etwa dann zulässig, wenn es sich bei diesem um einen Stiftungszweckbetrieb handele. Daneben soll eine Identität von Stiftungsorganen und Unternehmensführung dann unschädlich sein, wenn diese bei einem dauerhaften Konflikt zwischen Stiftungszwecken und Unternehmensinteressen auf einen Vorrang der Stiftungszwecke verpflichtet sind, vgl. *Rawert*, Non Profit Law Yearbook 2003, S. 1–15 (10 ff.).

[1351] Zur Zulässigkeitsfrage der Doppelkonstruktion (Funktionsstiftung) D.IX.3.d.c).

[1352] *Reuter*, Non Profit Law Yearbook 2003, S. 1–15 (11).

keine nennenswerten finanziellen Beträge zu erwarten wären, die zur Erfüllung des äußeren Stiftungszwecks verwendet werden könnten. Eine unzulässige verdeckte Selbstzweckstiftung liegt jedoch nicht alleine deswegen vor, weil für den äußeren Stiftungszweck nur insoweit Mittel zur Verfügung stehen, als diese nicht zur wirtschaftlichen und zukunftsorientierten Fortführung des Unternehmens in diesem verbleiben oder reinvestiert werden müssen. Denn insoweit kommen diese Mittel letztlich ebenfalls dem äußeren Stiftungszweck zugute, als mit der Ertragskraft und Wettbewerbsfähigkeit des Unternehmens gleichsam die Geldquelle der Stiftung selbst erhalten bleibt.[1353] Würde dagegen allein die Erfüllung des äußeren Stiftungszweck für die Höhe der Mittelausschüttung zum Maßstab gemacht und nicht eine an unternehmerischen Gesichtspunkten orientierte Entscheidung den Ausschlag über die Ausschüttungshöhe geben, bestünde die Gefahr, dass Beträge über das betriebswirtschaftlich vertretbare Maß hinaus ausgeschüttet werden.[1354] Sollte sich eine solche Ausschüttungsübung im einzelnen Fall zum Standard entwickeln, würde aus der Unternehmensstiftung wegen des mit den übermäßigen Ausschüttungen verbundenen Auszehrungsprozesses letztlich eine Verbrauchsstiftung. Dies dürfte jedoch nur im Einzelfall mit dem Stifterwillen vereinbar sein. Daher ist es grundsätzlich unschädlich, wenn die Erfüllung des äußeren Stiftungszwecks unter den Vorbehalt des wirtschaftlich Machbaren gestellt wird.[1355] Denn es ist immer einmal denkbar, dass die wirtschaftliche Situation es erfordert, einen Großteil des Ertrages dem Unternehmen zur Erhaltung und Stärkung seiner Wettbewerbsfähigkeit zu belassen. Langfristig wird hierdurch und durch den Erhalt des Stiftungsunternehmens aber nur die Erfüllung des äußeren Stiftungszwecks sichergestellt. Wie sonst allgemein Stiftungserträge nur unter Berücksichtigung des Grundsatzes der Vermögenserhaltung für den Stiftungszweck zu verwenden sind[1356], dürfen eben auch dem Stiftungsunternehmen nur in betriebswirtschaftlich verantwortbarer Weise Gelder entnommen werden.[1357] Unzulässig ist es dagegen, wenn die äußeren Stiftungszwecke

---

1353 Zustimmend *Hüttemann*, ZHR 167 (2003), 35–65 (62); *Burgard*, Gestaltungsfreiheit, S. 152.
1354 Daher kann Forderungen, dass im Zweifel die Stiftungsinteressen den Unternehmensinteressen vorzugehen haben, derart pauschal nicht gefolgt werden, so aber etwa *Rawert*, Non Profit Law Yearbook 2003, S. 1–15 (13).
1355 A.A. MüKo-*Reuter*, §§ 80, 81 Rn. 112, der solche „Sekundärzwecke" nicht genügen lässt.
1356 Hierzu bereits C.II.2.
1357 Vgl. insoweit § 1 Nr. 2. b) erster Absatz (a.E.) der Satzung der Carl-Zeiss-Stiftung, wonach die Zwecke der Stiftung verfolgt werden, „soweit die wirtschaftliche Lage

dauerhaft dem Erhaltungsinteresse des Unternehmens untergeordnet werden, sei es aufgrund der Satzung oder aufgrund der tatsächlichen (wirtschaftlichen) Verhältnisse. Daher müssen die Stiftungsorgane in solchen Fällen berechtigt sein, sich von unrentablen Unternehmensbeteiligungen zu trennen.[1358]

(2) Identität Stiftungsorgane und Unternehmensführung
Vergleichbares wie im Falle der Stiftungsbindung an ein Unternehmen gilt für eine rechtliche oder faktische Identität von Stiftungsorganen und Unternehmensführung.[1359] Eine solche ist solange unschädlich, wie die entsprechenden Organe stets die Erfüllung des äußeren Stiftungszwecks im Blick haben und entsprechend agieren. Wenn sie aber etwa, ohne hierzu aus hinreichenden wirtschaftlichen Gründen veranlasst worden zu sein, stets die Thesaurierung eines Großteils der Erträge im Unternehmen beschließen, liegt eine unzulässige verdeckte Unternehmensselbstzweckstiftung vor.[1360] In einem solchen Fall kann ein Tätigwerden der Stiftungsaufsicht erforderlich werden, um die Organe zu angemessenen Ausschüttungen an die Stiftung zu veranlassen.

c) Funktionsstiftung und Doppelstiftung

Eine Funktionsstiftung ist eine Stiftung, die eine Unternehmensentwicklung im Sinne des Stifters sicherstellen soll. Hierzu kann sie einmal als Komplementärin einer KG die Unternehmensleitung im Sinne des in der Stiftungssatzung zum Ausdruck kommenden Stifterwillens ausüben (Stiftung & Co. KG/Stiftung & Co. KGaA[1361]). Daneben kann sie Kommanditistin einer KG oder GmbH-

---

des jeweiligen Stiftungsunternehmens eine solche Förderung zulässt." (Satzung abrufbar unter: http://www.carl-zeiss-stiftung.de/files/stiftungsstatut_czstiftung.pdf, zuletzt abgerufen am 17.11.2009)

1358 *Hüttemann*, ZHR 167 (2003), 35–65 (S. 62); *Rawert*, Non Profit Law Yearbook 2003, S. 1–15 (10 f.); MüKo-*Reuter*, §§ 80, 81 Rn. 112; *ders.*, Non Profit Law Yearbook 2001, S. 27–64 (56); Seifart/von Campenhausen-*Pöllath/Richter*, § 12 Rn. 148 f. weisen darauf hin, dass es auch im Sinne des Stifterwillens sein dürfte, zuerst eine Veränderung bezüglich des Unternehmens vorzunehmen, bevor eine Veränderung des Stiftungszweckes erfolge; zur diesbezüglichen Bedeutung von satzungsmäßigen Verfügungsbeschränkungen siehe etwa *Burgard*, Gestaltungsfreiheit, S. 144; *Reuter*, Perpetuierung, S. 130 ff.

1359 Kritisch zur Personalunion von Stiftungsorganen und Unternehmensleitung bereits *Reuter*, Unternehmensperpetuierung, S. 254.

1360 Vgl. MüKo-*Reuter*, §§ 80, 81 Rn. 112 f.

1361 Zu den mit der Stiftung & Co. KG/Stiftung & Co. KGaA verbundenen Fragestellungen D.IX.3.d.d).

Gesellschafterin sein und den Auftrag haben, dem Stifter unerwünschte Veränderungen des Unternehmens zu verhindern (Doppelstiftung[1362]).[1363] Um diese Funktion erfüllen zu können, erhält die Stiftung dabei im Wesentlichen keine nennenswerten Vermögensanteile, sondern die entscheidenden Stimmrechte.[1364]

Teilweise werden Funktionsstiftungen als verdeckte Selbstzweckstiftungen für unzulässig gehalten.[1365] Ob einer Funktionsstiftung als Bestandteil einer Doppelstiftung[1366] im Einzelfall die Anerkennung zu versagen ist, ist wiederum anhand von zwei Kriterien zu beurteilen. Erstens darf sich der Zweck der Funktionsstiftung nicht darauf beschränken, allein den Erhalt und die Fortführung eines Unternehmens sicherzustellen. Zweitens muss die dauernde und nachhaltige Erfüllung des Stiftungszwecks sowohl der Funktionsstiftung selbst, wie auch der mit ihr kombinierten gemeinnützigen Stiftung, sichergestellt sein. Beiden Anforderungen ist bei der Ausgestaltung der Funktionsstiftung gerecht zu werden. Die Erfüllung beider Voraussetzungen geht im Rahmen der Doppelstiftung Hand in Hand. Die Funktionsstiftung muss neben dem reinen Unternehmensführungsauftrag im Sinne des Stifters gleichsam den Zweck verfolgen, im Rahmen des wirtschaftlich vertretbaren Maßes ausreichend Mittel an die gemeinnützige Stiftung auszuschütten, um so wiederum deren Zweckverwirklichung sicherzustellen. Ist dies der Fall, dient sie einem über das alleinige Unternehmensführungs- und Erhaltungsinteresse hinausgehenden Zweck. Gleichzeitig ist jedoch auch die dauernde und nachhaltige Zweckerfüllung von Funktions- und gemeinnütziger Stiftung – im Rahmen des wirtschaftlich vertretbaren – sichergestellt. Soweit jedoch der Zweck der gemeinnützigen Stiftung aufgrund dauerhaft ausbleibenden Mittelzuflusses nicht mehr erfüllt werden kann, muss eine Vermögensumschichtung möglich bleiben.[1367]

1362 Zur Doppelstiftung bereits D.IX.3.d.c).
1363 MüKo-*Reuter*, §§ 80, 81 Rn. 109; *Burgard*, Gestaltungsfreiheit, S. 146 f.
1364 Kritisch hierzu MüKo-*Reuter*, §§ 80, 81 Rn. 109 f.; a.A. *Burgard*, Gestaltungsfreiheit, S. 146 f.
1365 So etwa für die Doppelstiftungen *Rawert*, Non Profit Law Yearbook 2003, S. 1–15 (10).
1366 Hier wird zunächst allein auf die Doppelstiftungen Bezug genommen; zur Funktionsstiftung als Komplementärin einer Stiftung & Co. KG/Stiftung & Co. KGaA siehe D.IX.3.d.c).
1367 Hierzu bereits im Rahmen der Selbstzweckstiftung D.IX.3.d.b).

d) Stiftung & Co. KG

Nachdem seit Einführung der Erbersatzsteuer für Familienstiftungen im Jahre 1974 die rein unternehmerisch tätige Stiftung erheblich an Attraktivität verloren hat, wird seitdem – und in jüngerer Zeit noch verstärkt – insbesondere die Stiftung & Co. KG als privatnützige Unternehmensrechtsform beworben.[1368] Die einen sehen hierin eine Gestaltung, mit welcher dem Stiftungsgedanken Gewalt angetan wird und lehnen sie ab.[1369] Dabei bringen die Kritiker stiftungsrechtliche und gesellschaftsrechtliche Einwände vor. Die anderen halten sie für zulässig und sehen in ihr eine interessante Alternative zur Regelung von Unternehmensnachfolgen.[1370] Im Mittelpunkt der Diskussion steht die Frage, ob eine Stiftung persönlich haftende Gesellschafterin einer Personengesellschaft sein darf. Dabei gebieten die vorgebrachten Bedenken und Einwände jedoch keine generelle Ablehnung der Stiftung & Co. KG/Stiftung & Co. KGaA. Soweit gewisse gesellschafts- und stiftungsrechtliche Grundsätze im jeweiligen Einzelfall Beachtung finden, sind diese Gestaltungsformen daher als zulässig anzusehen.[1371]

(1) Stiftungsrechtliche Einwände
Aus stiftungsrechtlicher Perspektive werden, abgesehen von den bereits genannten Bedenken gegenüber Unternehmensstiftungen[1372], darüber hinaus

---

1368 Ausführlich *Delp*, Stiftung & Co. KG; zur Stiftung & Co. KG/Stiftung und Co. KgaA bereits D.IX.3.d.d).

1369 *K. Schmidt*, DB 1987, 261–263 (S. 262); *Hüttemann*, ZHR 167 (2003), 35–65 (S. 61); *Wochner*, MittRhNotK 1994, 89–112 (S. 94); Soergel-*Neuhoff*, Vor § 80 Rn. 70; *Duden*, JZ 1968, 1–6 (S. 6); *Ballerstedt/Salzwedel*, Gutachten 44. DJT, S. 37; *Strickrodt*, NJW 1962, 1480–1486 (S. 1484 f.); MüKo-*Reuter*, §§ 80, 81 Rn. 116; schon ablehnend gegenüber der GmbH & Co. KG *ders.*, Perpetuierung, S. 239 f.

1370 *Weimar/Geitzhaus/Delp*, BB 1999–2010 (1999 ff.); *Sudhoff*-Froning, Unternehmensnachfolge, § 50 Rn. 31 ff.; *Schwarz*, BB 2001, 2381–2390 (S. 2381 ff.); *Nietzer/Stadie*, NJW 2000, 3457–3461 (S. 3457 ff.); *Hennerkes/Binz/Sorg*, DB 1986, 2269–2274 (S. 2269 ff.); *Hennerkes/Schiffer*, BB 1992, 1940–1945 (S. 1940 ff.); *Kersten*, FS 45. DJT, S. 123–148 (123 ff.); differenzierend hinsichtlich der Vorteilhaftigkeit Seifart/von Campenhausen-*Pöllath/Richter*, § 12 Rn. 97 ff.

1371 Entsprechend differenzierend und die Beachtung entsprechender Aspekte bei Errichtung und Genehmigung der Stiftung & Co. KG/Stiftung & Co. KGaA sowie im Rahmen der Ausgestaltung des Gesellschaftsvertrages fordernd *Hof*, DStR 1992, 1587–1591 (S. 1589 f.); *Großfeld/Mark*, WuR 1985, 65–94 (S. 92); *Burgard*, Gestaltungsfreiheit, S. 685 ff.; *Kronke*, Stiftungstypus und Unternehmensträgerstiftung, S. 200 ff.

1372 Siehe etwa *Burgard*, Gestaltungsfreiheit, S. 686; *Großfeld/Mark*, WuR 1985, 65–94 (S. 92).

insbesondere dreierlei Einwände hinsichtlich der Stellung einer Stiftung als Komplementärin einer KG[1373] artikuliert: Erstens verstoße die Konstruktion der Stiftung & Co. KG als eine Gestaltung, die das Mittel-Zweck-Verhältnis für Stiftung und Unternehmen umkehre, gegen das Verbot der Selbstzweckstiftung, da sich ihr Zweck in der Führung und Perpetuierung des jeweiligen Unternehmens erschöpfe.[1374] Zweitens werde gegen das Erfordernis und das Gebot der Sicherung der dauernden und nachhaltigen Erfüllung des Stiftungszwecks verstoßen, indem die Stiftung mit ihrer Komplementärstellung übermäßigen Haftungsrisiken ausgesetzt werde. Dies sei mit dem im Gebot der Vermögenserhaltung zum Ausdruck kommenden stiftungsrechtlichen Bestandsschutz nicht zu vereinbaren.[1375] Gehe die Stiftung mit ihrer Komplementärsstellung letztlich unkalkulierbare Risiken ein, sei eine dauernde und nachhaltige Zweckerfüllung nicht mehr gewährleistet.[1376] Drittens könne die Konstruktion einer Stiftung & Co. KG aus stiftungsrechtlicher Sicht missbräuchlich sein, etwa wenn sie dazu verwendet werde, Vorschriften zur Vermögensausstattung zu umgehen.[1377] Dabei haben sich die Stiftungsbehörden in der Vergangenheit insbesondere die Vorwürfe von Rechtsmissbrauch und Verstoß gegen den stiftungsrechtlichen Bestandsschutz zu Eigen gemacht, wenn sie einen Antrag auf Genehmigung/Anerkennung einer Stiftung & Co. KG ablehnten.[1378]

Zuzustimmen ist dem Einwand, dass eine Stiftung & Co. KG nicht gegen das Verbot der Selbstzweckstiftung verstoßen dürfe.[1379] Hieraus folgt jedoch noch keine generelle Unzulässigkeit der Stiftung & Co. KG. Vielmehr ist nur solchen Stiftungen die Anerkennung zu verweigern, deren Zweck sich allein in einer Komplementäreigenschaft der zukünftigen KG erschöpft.[1380] Nimmt die Stiftung

---

1373 Die Darstellung beschränkt sich im Folgenden auf die KG; zu den Fragen, die mit der Stellung der Stiftung als persönlich haftende Gesellschafterin einer OHG verbunden sind, etwa MüKo-*Reuter*, §§ 80, 81 Rn. 115 f.; *Kersten*, FS 45. DJT, S. 123–148 (140 ff.).
1374 *Hüttemann*, ZHR 167 (2003), 35–65 (S. 61); *K. Schmidt*, DB 1987, 261–263 (S. 263); siehe auch Seifart/von Campenhausen-*Pöllath/Richter*, § 12 Rn. 87.
1375 MüKo-*Reuter*, §§ 80, 81 Rn. 116; *Wochner*, MittRhNotK 1994, 89–112 (S. 94).
1376 MüKo-*Reuter*, §§ 80, 81 Rn. 116.
1377 *Hof*, DStR 1992, 1587–1591 (S. 1589 f.); *Sudhoff*-Froning, Unternehmensnachfolge, § 50 Rn. 34; *Großfeld/Mark*, WuR 1985, 65–94 (S. 92); *Wochner*, MittRhNotK 1994, 89–112 (S. 94).
1378 Vgl. hierzu *Hennerkes/Binz/Sorg*, DB 1986, 2269–2274 (S. 2269).
1379 So auch Seifart/von Campenhausen-*Pöllath/Richter*, § 12 Rn. 96.
1380 *K. Schmidt*, DB 1987, 261–263 (S. 263); *Hennerkes/Binz/Sorg*, DB 1986, 2269–2274 (S. 2269); *Kersten*, FS 45. DJT, S. 123–148 (143).

dagegen zumindest einen weiteren Zweck war, der nicht bloßer Nebeneffekt oder Reflex ihrer Stellung als Komplementärin ist, verstößt sie in der Regel nicht gegen das Verbot der Selbstzweckstiftung.[1381] Denkbar ist etwa die Förderung einer Familie oder eines Familieninteresses, wobei jedoch das vorbehaltlose Gewähren von Unterhalt nicht genügen kann.

Die stiftungsrechtlichen Bedenken gegen die Stiftung & Co. KG können nicht in jedem Einzelfall durchgreifen, soweit sie auf den Einwand gestützt werden, dass mit der Übernahme einer Komplementärsstellung für die Stiftung ein solches Risiko verbunden sei, dass dem stiftungsrechtlichen Bestandsschutz widersprochen und eine dauernde und nachhaltige Erfüllung des Stiftungszweckes gefährdet würde. Zunächst einmal ist schon der stiftungsrechtliche Grundsatz der Vermögenserhaltung abdingbar[1382] und die Frage nach der dauernden und nachhaltigen Zweckerfüllung letztlich vor allem von dem durch den Stifter gewählten Zweck abhängig. Möglicherweise gestattet oder erfordert dieser sogar die Übernahme nicht unerheblicher wirtschaftlicher Risiken. Dementsprechend kann man kaum ein allgemeinverbindliches Risikoprofil für Stiftungen vordefinieren[1383], vielmehr bestimmt der Stifter die Risikodisposition der Stiftung.[1384] Zwar ist das Risiko-Ertrag-Verhältnis bei der Komplementärstiftung mit Kleinstanteil[1385] ungünstiger als bei Unternehmensstiftungen im Allgemeinen. Dementsprechend mag der Komplementärstiftung ein erhöhtes Risiko für ihr Stiftungsvermögen anhaften. Gleichwohl ist mit der Risikoübernahme die Chance auf Mehrung desselbigen verbunden, etwa durch der Stiftung zufließende Beteiligungserträge sowie möglicherweise eine Geschäftsführervergütung und eine

---

1381 *Hof*, DStR 1992, 1587–1591 (S. 1589); *Hennerkes/Binz/Sorg*, DB 1986, 2269–2274 (S. 2269); *Fasselt*, Die Beteiligungsstiftung, S. 137; möglicherweise liegt dennoch eine verdeckte Selbstzweckstiftung vor, wenn die Komplementärstiftung dauerhaft an ein Unternehmen gebunden ist. Ob dies der Fall ist, richtet sich danach, ob die Bindung an ein bestimmtes Unternehmen der dauernden und nachhaltigen Erfüllung des äußeren Stiftungszwecks entgegensteht, hierzu bereits D.IX.3.d.b)(1).
1382 Richter/Wachter-*Panse/Bär*, § 6 Rn. 4 Fn. 3. Zu berücksichtigen ist freilich, dass die Abdingbarkeit nur im Rahmen der Gewährleistung einer dauernden und nachhaltigen Erfüllung des Stiftungszwecks möglich ist, *Burgard*, Gestaltungsfreiheit, S. 688.
1383 Seifart/von Campenhausen-*Pöllath/Richter*, § 12 Rn. 92.
1384 Dementsprechend kann sich nicht jede beliebige Stiftung als Komplementärin zur Verfügung stellen, *Burgard*, Gestaltungsfreiheit, S. 689.
1385 Im Extremfall kann der Kapitalanteil der Komplementärstiftung bei 0 % liegen, vgl. Richter/Wachter-*Richter*, S. 823 Rn. 229; Seifart/von Campenhausen-*Pöllath/Richter*, § 12 Rn. 88 ff.

Haftungsentschädigung.[1386] Soweit jedoch im Einzelfall Bedenken hinsichtlich der Risikoträchtigkeit der Komplementärsstellung verbleiben, können diese mitunter dadurch entschärft werden, dass die Kommanditisten die Stiftung als Komplementärin von Verlusten der KG freistellen.[1387] Dabei hängt die Qualität einer solchen Freistellungsvereinbarung von der jeweiligen Ausgestaltung und insbesondere der Solvenz der Kommanditisten ab.[1388] Insgesamt muss es bei einer einzelfallbezogenen Prüfung bleiben, ob die Risikoverteilung eine dauernde und nachhaltige Erfüllung des Stiftungszweckes gefährden erscheinen lässt. Zu berücksichtigen ist dabei auch, ob die Stiftung eine Einstandspflicht für von anderen geschaffene kaufmännische Risiken hätte.[1389] Jedenfalls soweit das Stiftungskapital erkennbar außer Verhältnis zur Geschäftstätigkeit der KG und der mit ihr verbundenen wirtschaftlichen Risiken steht, ist eine Stiftung & Co. KG nicht anerkennungsfähig.[1390] Gleiches gilt für den Fall, dass zwar nicht die Stiftung, aber die KG materiell unterkapitalisiert ist. Da die Stiftung als Komplementärin in ihrem Schicksal mit demjenigen der KG verknüpft ist, führt eine Unterkapitalisierung der KG aufgrund der hiermit verbundenen Haftungsrisiken unmittelbar zu einer Bestandsgefährdung der Stiftung. Daher ist auch in einem solchen Fall die dauernde und nachhaltige Erfüllung des Stiftungszwecks nicht gesichert, weshalb wiederum die Anerkennung zu versagen ist.[1391] Erreicht das Kapital der Stiftung dagegen noch nicht einmal die Seriositätsschwelle gemäß § 5 I GmbHG ist die Übernahme der Komplementärsstellung rechtsmissbräuchlich, da hierin eine sittenwidrige Gläubigergefährdung zu sehen ist.[1392]

1386 *Hennerkes/Binz/Sorg*, DB 1986, 2269–2274 (S. 2269); Seifert/von Campenhausen-*Pöllath/Richter*, § 12 Rn. 90.
1387 So auch *Hof*, DStR 1992, 1587–1591 (S. 1589).
1388 Kritisch gegenüber derartigen Freistellungsvereinbarungen etwa Seifert/von Campenhausen-*Pöllath/Richter*, § 12 Rn. 91.
1389 Eine derartige Bindung gegenüber von Mitgesellschaftern ist nach Möglichkeit zu vermeiden, zu diesem Aspekt MüKo-*Reuter*, §§ 80, 81 Rn. 115 f.
1390 *Burgard*, Gestaltungsfreiheit, S. 687; zumindest sollte es der Höhe nach demjenigen einer Komplementär-GmbH entsprechen, *Hof*, DStR 1992, 1587–1591 (S. 1589).
1391 *Burgard*, Gestaltungsfreiheit, S. 688.
1392 *Hennerkes/Binz/Sorg*, DB 1986, 2269–2274 (S. 2269 f.); *Weimar/Geitzhaus/Delp*, BB 1986, 1999–2010 (S. 2004); *Burgard*, Gestaltungsfreiheit, S. 687; mit Blick auf die Genehmigungspraxis der Stiftungsbehörden ist zumindest ein Mindeststiftungsvermögen von 50.000 Euro zu empfehlen, so *Nietzer/Stadie*, NJW 2000, 3457–3461 (S. 3460).

(2) Gesellschaftsrechtliche Einwände
Aus gesellschaftsrechtlicher Sicht sind für die Zulässigkeit der Stiftung & Co. KG zum einen Aspekte der Theorie vom Typenzwang und zum anderen Aspekte der Kapitalerhaltung sowie des damit verbundenen Gläubigerschutzes von Bedeutung. Im Ergebnis sprechen jedoch auch die gesellschaftsrechtlichen Einwände nicht gegen eine grundsätzliche Zulässigkeit der Stiftung & Co. KG.

Bei einer Stiftung & Co. KG handelt es sich um einen Fall von Grundtypenvermischung.[1393] Mit diesem Begriff wird das Phänomen einer gezielten, organisationsrechtlichen Verbindung zweier oder mehrerer Organisationen unterschiedlicher Rechtsform zu einer Einheitsorganisation beschrieben.[1394] Dabei stellt sich die Frage, ob eine zulässigerweise gewählte Rechtsform bis an die Grenze des zwingenden Rechts beliebigen Variationen unterworfen werden kann. Als Antworten stehen sich das Konzept der Typengesetzlichkeit oder auch des Typenzwangs auf der einen Seite und das Konzept einer möglichst weitgehenden gesellschaftsrechtlichen Gestaltungsfreiheit auf der anderen Seite gegenüber.[1395] Kontroversen sind diesbezüglich bisher insbesondere anhand der GmbH & Co. KG und der GmbH & Co. KGaA ausgetragen worden.[1396] Dabei machte unter anderem das Wort vom Institutsmissbrauch die Runde.[1397] Auch wenn ein groß angelegter Ansatz eines Typenzwangs heutzutage als abgelehnt angesehen werden muss, bedeutet dies gleichwohl nicht, dass jedwede kautelarjuristische Gestaltung als Ausdruck von Typenfreiheit zu akzeptieren wäre.[1398] In Detailfragen kann dem Gedanken eines Typenzwangs insofern Bedeutung zukommen, als bestimmte Typusmerkmale einer Gesellschaftsrechtsform zwingend sind.[1399] Dies sind im Fall der Stiftung & Co. KG die personengesellschaftlichen Grundsätze des Prinzips der Selbstorganschaft und der unbeschränkten

---

1393 Hierzu etwa *Westermann*, FS K. Schmidt, S. 1709–1729 (S. 1709 ff.).
1394 Geprägt wurde dieser Ausdruck von *Zielinski*, Grundtypenvermischung und Handelsgesellschaftsrecht.
1395 Zur Auseinandersetzung ausführlich etwa *Wüst*, FS Duden, S. 749–771 (749 ff.); *H. Schulte*, FS Westermann, S. 525–540 (525 ff.); *K. Schmidt*, ZHR 160 (1996), 265–287 (S. 270 ff.).
1396 Vgl. etwa (jeweils m.w.N.) *Burgard*, Gestaltungsfreiheit, S. 677 ff.; *K. Schmidt*, ZHR 160 (1996), 265–287 (S. 265 ff.); *ders.*, Gesellschaftsrecht, § 5 III1.c), S. 111 f.
1397 Zur Debatte anhand der GmbH & Co. KG etwa *Sack*, DB 1974, 369–373 (S. 369 ff.); zum Institutsmissbrauch und den damit verbundenen Gerechtigkeitserwägungen ausführlich *L. Raiser*, Summum ius summa iniuria, S. 145–167 (145 ff.).
1398 *K. Schmidt*, ZHR 160 (1996), 265–287 (S. 272).
1399 *K. Schmidt*, Gesellschaftsrecht, § 5 III.b), S. 120; siehe auch *Frey*, NZG 2004, 169–177 (S. 169).

persönlichen Haftung. Obwohl beide Grundsätze eigentlich umgangen werden, spricht dies letztlich nicht gegen eine Zulässigkeit der Stiftung & Co. KG. Für das Prinzip der Selbstorganschaft folgt dies schon daraus, dass es zwar dem Grunde nach zwingend ist[1400], aber im Rahmen von gesellschaftsrechtlichen Gesamtkonstruktionen derart geschickt eingebaut werden kann, dass es wie Fremdorganschaft wirkt.[1401] Dementsprechend sind etwa schon die vergleichbaren Rechtsformen der GmbH & Co. KG[1402] sowie der GmbH & Co. KGaA[1403] ausdrücklich durch die Rechtsprechung anerkannt worden. Problematischer erscheint dagegen die Umgehung des Grundsatzes der persönlichen Haftung unter dem Aspekt von Kapitalerhaltung und Gläubigerschutz. Denn schließlich kann die Einsetzung einer Stiftung als Komplementärin dazu führen, dass das personengesellschaftsrechtliche Gläubigersystem nur noch formal, aber nicht mehr materiell eingehalten wird: Zwar haftet die Stiftung als Komplementärin unbeschränkt für die Verbindlichkeiten der KG. Alle an der KG als Kommanditisten beteiligten natürlichen Personen sind jedoch von der unbeschränkten Haftung befreit, §§ 171 ff. HGB.[1404] Hinzu mag im Einzelfall noch die Gefahr kommen, dass die KG durch Ausschüttungsinteressen der Stiftungsdestinatäre finanziell ausblutet.[1405] Diese Gefahr ist deswegen erhöht, weil den Interessen der Kommanditisten keine natürliche, als Komplementär unbeschränkt haftende, Person entgegenwirkt.[1406] Eine solche Funktion können – und müssen – aber Kapitalgarantien übernehmen.[1407] Im Falle der Stiftung wird dies durch das stiftungsrechtliche Kapitalerhaltungsgebot erreicht.[1408] Zusätzlich sollten im

---

1400 Str., vgl. *Burgard*, Gestaltungsfreiheit, S. 679 (m.w.N.); zum Prinzip der Selbstorganschaft siehe auch *K. Schmidt*, Gesellschaftsrecht, § 14 II. 2. a), S. 409 ff.
1401 *H. Schulte*, FS Westermann, S. 525–540 (S. 526).
1402 RG v. 4.6.1922, RGZ 105, 101, 104 f.
1403 BGH v. 24.2.1997, BGHZ 134, 392 ff.
1404 *Wochner*, BB 1999, 1441–1449 (S. 1441 f.); eine entsprechende Darstellung zur GmbH & Co. KG bei *Burgard*, Gestaltungsfreiheit, S. 681.
1405 Vgl. *Wochner*, MittRhNotK 1994, 89–112 (S. 101).
1406 Vgl. *Frey*, NZG 2004, 169–177 (S. 176).
1407 Vgl. BGH v. 19.2.1990, BGHZ 110, 342, 357; auch *Kronke*, Stiftungstypus und Unternehmensstiftung, S. 87; daneben wird eine analoge Anwendung des Ausschüttungsverbotes gem. §§ 30 f. GmbHG befürwortet, so etwa *K. Schmidt*, Gesellschaftsrecht, § 56 VII. 3., S. 1664; a.A. *Weimar/Geitzhaus/Delp*, DB 1986, 1999–2010 (S. 2007); *Hennerkes/Binz/Sorg*, DB 1986, 2269–2274, S. 2271; *Burgard*, Gestaltungsfreiheit, S. 690.
1408 Hierzu bereits D.IX.3.c.b)(2)ii; soweit der Kapitalschutz im Einzelfall gelockert ist, darf er in wirtschaftlicher Hinsicht nicht hinter demjenigen einer GmbH

Gesellschaftsvertrag Kautelen aufgenommen werden, die Ausschüttungen an die Kommanditisten verhindern, soweit sie wirtschaftlichen Notwendigkeiten oder zwingenden Aspekten des Gläubigerschutzes widersprechen.[1409] Im Anerkennungsverfahren ist es dann Sache der Stiftungsbehörde, den Gesellschaftsvertrag auf derartige Regelungen hin zu überprüfen und mit in ihre Entscheidungsfindung auf Anerkennung oder Ablehnung der Stiftung aufzunehmen. Soweit die Stiftung über ausreichend Eigenkapital verfügt und der Gesellschaftsvertrag den personengesellschaftsrechtlichen Anforderungen der Kapitalerhaltung gerecht wird, spricht aber nichts gegen eine Anerkennung der betreffenden Stiftung & Co. KG. Denn dann erscheint die dauernde und nachhaltige Erfüllung des Stiftungszwecks gewährleistet.

(3) Weitere Gestaltungsmöglichkeiten
Die Gestaltungsmöglichkeit für Stifter erschöpft sich nicht allein in der Verbindung einer Stiftung mit einer KG.[1410] Spätestens seit Anerkennung der GmbH & Co. KGaA[1411] stellt auch die Stiftung & Co. KGaA eine denkbare Alternative dar.[1412] Gleichwohl dürfte die Entwicklung der Gestaltungsvarianten hiermit noch nicht an ihr Ende gelangt sein. Aufgrund des immer stärker voranschreitenden internationalen Austausches auf dem Gebiet des Gesellschaftsrechts wird es wohl nur eine Frage der Zeit sein, bis auch ausländische Stiftungen als Gesellschafter von Personengesellschaften oder die BGB-Stiftung als Gesellschafterin ausländischer Gesellschaftsrechtsformen ins Spiel gebracht werden. Bedenkt man dabei allerdings den beträchtlichen, jahrzehntelangen Zeitraum, welcher erforderlich war, um für die GmbH & Co. KG im Wege der Rechtsprechung einen konsolidierten Rechtszustand herauszubilden, deutet sich die Dimension der mit dieser Entwicklung verbundenen Folgeprobleme an.[1413]

---

zurückbleiben. Sinkt das Mindestkapital auf einen nominellen Mindestbetrag ab, muss es durch eine Ausschüttungssperre geschützt sein, vgl. *Burgard*, Gestaltungsfreiheit, S. 689.
1409 Zu den Einzelheiten etwa *Hof*, DStR 1992, 1587–1591 (S. 1590); *Burgard*, Gestaltungsfreiheit, S. 690 f.
1410 Zur konzernrechtlichen Perspektive der Stiftung *Schwintowski*, NJW 1991, 2736–2742 (S. 2736 ff.); *Hüffer*, GS Tettinger, S. 449–464 (449 ff.); *Heinzelmann*, Die Stiftung im Konzern, S. 91 ff.; *Rösner*, Die Konzernierung der Stiftung; *Schick*, FS Spiegelberger, S. 1351–1357 (1351 ff.).
1411 Hierzu ausführlich *Motte*, DStR 1997, 1539–1542 (S. 1539 ff.).
1412 Vgl. *K. Schmidt*, ZHR 160 (1996), 265–287 (S. 284); *Hof*, DStR 1992, 1587–1591 (S. 1590) (m.w.N.); *Burgard*, Gestaltungsfreiheit, S. 691.
1413 Vgl. etwa *K. Schmidt*, ZHR 160 (1996), S. 265–287 (S. 283 ff.).

4. Stiftung als zweckmäßiges Gestaltungsmittel

Wie sich in den vorangegangen Darstellungen gezeigt hat, gibt es keine stiftungs- oder gesellschaftsrechtlichen Argumente, welche die Annahme einer grundsätzlichen Unzulässigkeit von Unternehmensstiftungen rechtfertigen. Es verbleibt bei den grundsätzlichen Bedenken, dass die Verwendung der Stiftungsrechtsform zur Verfolgung wirtschaftlicher Ziele und die durch die kautelarjuristische Beratungspraxis vorangetriebene Fachdiskussion zu Grundtypenvermischungen zwischen Stiftungs- und Gesellschaftsrecht nicht geeignet sein dürften, die gesellschaftliche Akzeptanz von Stiftungen auf Dauer zu erhalten, geschweige denn zu erhöhen. Nach wie vor ist das klassische Idealbild eines an der Gemeinwohlpflege orientierten Stiftungswesens weit verbreitet. Die Gefahr, dass Konstruktionen wie die Doppelstiftung oder die Stiftung & Co. KG etwa als propagierte Modelle zur Vermeidung von Erbschaftssteuer – trotz ihrer weitestgehenden rechtlichen Zulässigkeit – dem bisher noch guten Leumund der Stiftungen in der Öffentlichkeit weiter schaden können, ist vorhanden. Man denke dabei nur an das Echo, welches durch die liechtensteinische Stiftungsaffäre um den ehemaligen Post-Chef Klaus Zumwinkel ausgelöst wurde. Dabei sind diese Bedenken insbesondere für die gemeinnützigen Stiftungen von Bedeutung. Denn ihre fiskalischen Privilegien werden sich auf Dauer nur erhalten lassen, wenn die Stiftungen ihre gesamtgesellschaftliche Akzeptanz bewahren können.[1414]

Ob eine Stiftungskonstruktion im Einzelfall überhaupt die beste Option ist, ein Unternehmen zu institutionalisieren, bedarf einer genauen Prüfung. Dabei sollte sich der interessierte Unternehmer insbesondere zwei Fragen stellen: Erstens, ob das Unternehmen von seiner Person als jetzigem Unternehmer ablösbar und damit überhaupt institutionalisierbar ist und zweitens, warum gerade die Rechtsform der Stiftung als Hilfsmittel zur Institutionalisierung des Unternehmens gewählt werden soll.[1415]

Soweit die Institutionalisierung nicht ohne die Stiftung gelingen würde, dürfte dies auch nicht mit ihr zu schaffen sein. Denn diesbezüglich handelt es sich nicht um eine Fragestellung nach der passenden Rechtsform, sondern um ein inhaltliches, unternehmerisches Problem.[1416] Insgesamt gelingt es dabei unabhängig von der jeweils gewählten rechtlichen Konstruktion nur einem verschwindend kleinen Prozentsatz an Unternehmen, mehrere Generationen zu überdauern.

1414 Entsprechende Bedenken äußert auch *Rawert*, ZEV 1999, 294–298 (S. 294, 298).
1415 Seifart/von Campenhausen-*Pöllath/Richter*, § 12 Rn. 9 f.
1416 Seifart/von Campenhausen-*Pöllath/Richter*, § 12 Rn. 9; ähnlich auch *Hüttemann*, GS Schindhelm, S. 377–394 (379).

Für Familienunternehmen entstehen die Stabilitätsrisiken dabei genau dort, wo auch ihre Chancen liegen, nämlich in der Familie. Dabei ist die Entfremdung der bedeutendste Destabilisierungsfaktor. Je mehr die Familie wächst, desto stärker wird sie durch die Entfremdung auseinandergetrieben.[1417] Hier kann durch die Errichtung einer Stiftung durchaus ein stabilisierendes Element geschaffen werden, wenn auch um den Preis einer damit einhergehenden Unpersönlichkeit und Starrheit.[1418]

Im Hinblick auf befürchtete Interessenkonflikte zwischen Erben und damit verbundene Erbstreitigkeiten bleibt zu bedenken, dass sich mit einer Stiftung Probleme mit pflichtteilsberechtigten Familienangehörigen nur beschränkt lösen lassen. Denn die Stiftung von Todes wegen lässt Pflichtteilsansprüche gänzlich unberührt und auch die Stiftung unter Lebenden führt zu einem Pflichtteilsergänzungsanspruch, der erst nach Ablauf einer 10-Jahres-Frist gemäß § 2325 III BGB vollständig erlischt. Möchte der Unternehmer solche Ansprüche vermeiden, müsste er sich entsprechend früh von seinem Unternehmensvermögen trennen und sich auf die Rolle des Stiftungsvorstandes zurückziehen.[1419]

In keinem Fall sollte sich ein Unternehmer von der Vorstellung leiten lassen, dass er durch eine Stiftung ein bestehendes Nachfolgeproblem lösen könnte. Vielmehr reicht er das Problem, einen geeigneten Nachfolger zu finden, lediglich an die Stiftung weiter.[1420] Nun ist es an ihr, einen Unternehmensführer mit Kreativitäts- und Verantwortungsbewusstsein zu finden, der seine Dienste der Stiftung als entpersonifizierter Eigentümerin des Unternehmens zur Verfügung stellt.[1421]

Zuletzt muss gleichfalls bezweifelt werden, dass der Unternehmer mit der Errichtung einer Stiftung eine Unternehmenskontinuität in dem Sinne schaffen könnte, dass dauerhaft eine bestimmte Unternehmenskultur erhalten bliebe.[1422] Denn eine solche ist im Wesentlichen etwas Geistiges, das sich nur als Theorie in Statuten, Reglementen oder Testamenten festschreiben lässt. Praktisch ist sie

---

1417 Richter/Wachter-*von Peter*, § 2 Rn. 4 ff.
1418 *Schwarz*, BB 2001, 2381–2390 (S. 2387); *Druey*, WuR 1985, 95–106 (S. 97) spricht diesbezüglich von einem „Klappergestell der Stiftung, einer Prothese".
1419 Vgl. *Rawert*, ZEV 1999, 294–298 (S. 296).
1420 *Druey*, WuR 1985, 95–106 (S. 97); Seifart/von Campenhausen-*Pöllath/Richter*, § 12 Rn. 10 ff.; *Rawert*, ZEV 1999, 294–298 (S. 296).
1421 Zu Einzelfragen der Kontrolle der Unternehmensleitung *Schwarz*, BB 2001, 2381–2390 (S. 2382, 2385 f.).
1422 Befürwortend diesbezüglich aber *Schwarz*, BB 2001, 2381–2390 (S. 2382, 2386).

dagegen untrennbar mit denjenigen Personen verbunden, die sie (vor-)leben, im Falle eines Unternehmens also mit der Person des Unternehmers.[1423]

Die Stiftung kann durchaus zum Zweck der Unternehmensfortführung und der Aufrechterhaltung eines starken Familienbezuges eingesetzt werden.[1424] Dabei kommt es aber auf die Eignung im Einzelfall an. Diese ist sorgfältig zu prüfen, da die Fehlerträchtigkeit bei der auf Dauer angelegten Struktur der Stiftung beträchtlich ist. Im Zweifel sollte daher von einer Stiftungskonstruktion abgesehen und auf andere Optionen zurückgegriffen werden, etwa auf eine Kein-Mann-GmbH[1425] oder auf eine Unternehmensbindung durch Auflage.[1426]

X. Unterhaltsstiftung aus internationaler Perspektive

Ein Blick auf die (reine) Unterhaltsstiftung aus internationalem Blickwinkel verdeutlicht einmal mehr, welch vielfältige und unterschiedliche Interessen und Wertungen aufeinandertreffen, wenn die Frage nach ihrer Zulässigkeit gestellt wird. Die rechtsvergleichende Bestandsaufnahme macht deutlich, wie sehr die Antwort mit dem jeweiligen nationalen Stiftungsverständnis zusammenhängt, das wiederum durch die entsprechenden zugrundeliegenden Sozial- und Gesellschaftsstrukturen vorgeprägt ist. Dabei zeigt sich, dass die zeitlich schrankenlose Zulassung privatnütziger Stiftungen im Kontext von wirtschaftlich vergleichbar verfassten Rechtsordnungen die Ausnahme darstellt.

Dem Kollisionsrecht kommt für Stiftungen eine steigende Bedeutung zu. Bei der Bestimmung des Stiftungsstatuts dürfen die mit (Unterhalts-) Stiftungen verbundenen spezifischen Interessenlagen nicht unberücksichtigt bleiben.

Zuletzt unterstreichen die Bemühungen um die Idee einer Europäischen Stiftung die steigende Bedeutung der internationalen Perspektive für Stiftungen. Diesbezüglich sind jedoch privatnützige Stiftungen wie die Unterhaltsstiftung bei den diesbezüglichen Überlegungen zur Schaffung einer entsprechenden supranationalen Rechtsform (bisher) ausgeklammert worden. Denn diesbezüglich stehen die Vorstellungen der nationalen Stiftungsrechte zu weit auseinander, als

---

1423 Zu diesem Aspekt *Druey*, WuR 1985, 95–106 (S. 97).
1424 Der Übergang zur Stiftungskonstruktion sollte dabei möglichst ohne Bruch verlaufen. Erforderlich ist eine gewisse Zeit zur „Einübung" der Unternehmer- bzw. Eigentümerfunktion der Stiftung, vgl. Seifart/von Campenhausen-*Pöllath/Richter*, § 12 Rn. 14.
1425 Die Kein-Mann-GmbH ist höchst strittig, vgl. etwa Saenger/Inhester-*Pfisterer*, § 1 Rn. 45 (m.w.N.).
1426 Seifart/von Campenhausen-*Pöllath/Richter*, § 12 Rn. 15 ff.

dass mit einer Einigung zu rechnen wäre. An der Unterhaltsstiftung scheiden sich einmal mehr die Geister.

1. Rechtsvergleichende Betrachtung

Die Rechtsvergleichung als „école de vérité" bereichert den Vorrat an Lösungen und bietet so die Chance, die für die jeweilige Zeit und den jeweiligen Raum bessere Lösung zu erkennen.[1427] Dementsprechend soll mit den folgenden Ausführungen ein Blick auf andere Rechtsordnungen geworfen werden, in denen das Stiftungsrecht eine bedeutende gesellschaftliche und wirtschaftliche Rolle spielt.[1428] Neben einer Betrachtung der umliegenden Rechtsordnungen des deutschsprachigen Raumes in der Schweiz, Liechtenstein und Österreich, wird das angelsächsische Recht anhand Englands und der USA in die Untersuchung einbezogen. In jeder der untersuchten Rechtsordnungen zeigt sich dabei in jüngerer Vergangenheit eine erhöhte Sensibilität des Gesetzgebers für die mit privatnützigen Stiftungen verbundenen Fragestellungen und eine diesbezüglich dynamische Entwicklung. Hieraus ergeben sich bereichernde Ausblicke, die für die mit den Unterhaltsstiftungen verbundenen Problemstellungen im deutschen Recht fruchtbar gemacht werden können.

a. Schweiz

Aufgrund der dortigen bestehenden günstigen rechtlichen und steuerlichen Rahmenbedingungen wird die Schweiz häufig als Stiftungsparadies bezeichnet.[1429] Dabei ist das schweizerische Stiftungsrecht als klassische Stiftungsrechtsordnung bekannt.[1430] Daran haben auch Revisionen in jüngerer Zeit nichts geändert.[1431] Das Errichten von Familienstiftungen ist in der Schweiz grundsätzlich möglich, wobei die zulässigen Zwecke durch Gesetz einerseits positiv mit einer abschließenden Aufzählung (Art. 335 I ZGB) und andererseits negativ mit dem Verbot von Familienfideikommissen (Art. 335 II ZGB) umschrieben werden. Reine Unterhaltsstiftungen sind demnach nicht zulässig.

1427 *Zweigert/Kötz*, Einführung in die Rechtsvergleichung, S. 14.
1428 Die Auswahl der untersuchten Rechtsordnungen orientiert sich dagegen nicht an einem Denken in Rechtskreisen; kritisch zur Rechtskreislehre *Thorn*, Der Mobiliarerwerb vom Nichtberechtigten, S. 31 f.
1429 Vgl. auch *Egger*, Stiftungsparadies Schweiz, S. 156.
1430 *Jakob*, ZEV 2009, 165–170 (S. 165).
1431 Ausführlich hierzu Richter/Wachter-*Sprecher/von Salis*, S. 1328 Rn. 8 ff.

a) Gesellschaftliche und wirtschaftliche Bedeutung

Im schweizerischen Handelsregister waren zum Jahresende 2005 insgesamt 18.881 Stiftungen eingetragen, von denen etwa 7.000 Personalfürsorgestiftungen[1432] und der Rest so genannte klassische Stiftungen waren.[1433] Der Stand zum 1.1.2012 betrug insgesamt 17.761 Stiftungen, ist in der Tendenz also leicht rückläufig.[1434] Man schätzt das Gesamtvermögen der Personalfürsorgestiftungen auf etwa 300 Milliarden CHF und dasjenige der klassischen Stiftungen auf etwa 10 Milliarden CHF. Die genaue Anzahl der Familienstiftungen ist allerdings unbekannt, da diese regelmäßig nicht in das Handelsregister eingetragen werden müssen.[1435] Dementsprechend gehen die Meinungen über ihre praktische Bedeutung auseinander. Jedenfalls gibt es in der Schweiz noch eine nicht zu unterschätzende Anzahl von Familienstiftungen, die zum Teil über bedeutende Vermögen verfügen. Ihre Gesamtzahl dürfte zwischen 100 und 1000 liegen.[1436]

b) Rechtliche Ausgestaltung[1437]

Die schweizerische Familienstiftung ist zunächst eine Stiftung, für welche das allgemeine Stiftungsrecht der Art. 80–89 ZGB gilt. Demnach ist sie mit ihrer Errichtung ein rechtlich verselbstständigtes, beziehungsweise personifiziertes Zweck- oder Sondervermögen, über deren Stiftungsurkunde, Existenz und Vermögen begrifflich keiner der Stiftungsbeteiligten verfügen darf. Sie hat in der Folge keine Mitglieder oder Teilhaber, sondern gehört sich quasi selbst.[1438]

1432 Personalfürsorgestiftungen sind Träger der beruflichen (betrieblichen) Alters-, Hinterlassenen- und Invalidenvorsorge. Für sie gilt neben zahlreiche Sondernormen im Ausgangspunkt das allgemeine Stiftungsrecht; ausführlich hierzu BaK-*Grüninger*, Art. 89.

1433 BaK-*Grüninger*, Vor Art. 80–89bis Rn. 1.

1434 Angaben der Schweizerischen Eidgenossenschaft, abrufbar unter http://www.zefix.ch/zfx-cgi/hrform.cgi/hraPage?alle_eintr=on&pers_sort=original&pers_num=0&language=1&col_width=366&amt=007 (zuletzt abgerufen am 25.1.2012).

1435 Gleichwohl hat man das Vermögen der Familienstiftungen schon 1959 auf insgesamt 1 Milliarde CHF geschätzt, vgl. BaK-*Grüninger*, Art. 335 Rn. 2.

1436 BaK-*Grüninger*, Art. 335 Rn. 3.

1437 Ausführlich zum schweizerischen Stiftungsrecht BaK-*Grüninger*, Vor Art. 80–89bis-Art. 89bis; *Gutzwiller*, Schweizerisches Privatrecht II, §§ 57–59; Richter/Wachter-Sprecher/von Salis, S. 1323 Rn. 1 ff.

1438 *Riemer*, Stiftungsrecht in Europa, S. 511–519 (S. 512); erwähnenswert ist der neue Art. 86a ZGB, wonach sich der Stifter in der Stiftungsurkunde eine Zweckänderung vorbehalten kann. Gleichwohl soll diese Vorschrift keine Anwendung auf Familienstiftungen finden, BaK-*Grüninger*, Art. 86a Rn. 2.

Art. 335 I ZGB beschreibt die Familienstiftung als ein Vermögen, das mit einer Familie dadurch verbunden werden kann, dass zur Bestreitung der Kosten der Erziehung, Ausstattung oder Unterstützung von Familienangehörigen oder zu ähnlichen Zwecken eine Familienstiftung nach den Regeln des Personenrechts oder des Erbrechts errichtet wird. Entscheidendes Kriterium ist die Konzentration des Destinatärkreises auf Angehörige einer bestimmten Familie.[1439] Für die Familienstiftungen bestehen in der Schweiz dabei einige Sonderregeln im Vergleich zu den klassischen Stiftungen. So setzt ihre Errichtung keinen Eintrag im Handelsregister voraus (Art. 52 II ZGB), sie unterliegt keiner staatlichen Aufsicht (Art. 87 I ZGB) und sie ist von der Pflicht ausgenommen, eine Revisionsstelle zu bezeichnen (Art. 87 I^{bis} ZGB).

(1) Zweckumschreibung der Familienstiftung
Schweizerische Familienstiftungen dürfen nicht voraussetzungslos Leistungen gewähren. Vielmehr umschreibt Art. 335 I ZGB ihren Stiftungszweck, indem die dort aufgeführten Beispiele jeweils um eine besondere Bedürfnissituation kreisen.[1440] Sie haben gemeinsam, dass Familienmitgliedern in Lebenslagen mit speziellen Bedürfnissen, etwa im Jugendalter, bei Gründung eines eigenen Hausstandes oder einer eigenen Existenz oder in Notfällen gezielt geholfen werden soll.[1441] Der allgemeine Lebensunterhalt der Begünstigten darf dagegen nicht aus der Familienstiftung finanziert werden.[1442] Dieses Verbot der Unterhaltsstiftung ist im Zusammenhang mit weiteren Einschränkungen zu sehen, nämlich dem Verbot der Familienfideikommisse (Art. 335 II ZGB), dem Verbot der sukzessiven Nacherbeneinsetzung (Art. 488 II ZGB), dem Verbot des sukzessiven Nachvermächtnisses (Art. 488 II ZGB) sowie der zeitlichen Beschränkung von Auflagen. Durch diese Restriktionen soll eine längerfristige Bindung von Vermögen verhindert werden.[1443] Daneben beruht das Verbot von Unterhaltsstiftungen auf sittlichen und ideologischen Erwägungen. Zum einen sollen Erben

---

1439 BG v. 17.3.1949, BGE 75 II 81, 88; ausführlich zu den mit diesem Destinatärkreis verbundenen Einzelfragen BaK-*Grüninger*, Art. 87 Rn. 2 f.
1440 CHK-*P. Breitschmid/M. Vetsch*, Art. 335 Rn. 4.
1441 *Sprecher/von Salis*, Die schweizerische Stiftung, S. 199; ausführlich zu den hiermit verbundenen Einzelfragen BaK-*Grüninger*, Art. 335 Rn. 10 ff.
1442 BG v. 8.5.1947, BGE 73 II 81, 86; diese restriktive Praxis hat das Bundesgericht wiederholt bestätigt, vgl. BG v. 10.6.1982, BGE 108 II 393; BG v. 15.12.1967, BGE 93 II 448; BG v. 5.12.1963, BGE 89 II 440; BG v. 28.1.1955, BGE 81 II 171; BG v. 17.3.1949, BGE 75 II 90.
1443 *Künzle*, FS Riemer, S. 173–192 (185).

vor Müßiggang geschützt, zum anderen feudalistische Strukturen beseitigt und verhindert werden.[1444]

Die Vorschrift des Art. 335 I ZGB und dabei insbesondere der Terminus der „ähnlichen Zwecke" wird vom Bundesgericht restriktiv ausgelegt. So hat es die Zulässigkeit einer Stiftung verneint, deren Zweck es sein sollte, Familienangehörigen ein Landhaus und weitere Vermögenswerte zu erhalten. Das Vorhalten eines Landhauses, das Familienangehörigen zu Ferienzwecken zur Verfügung gestellt werde, könne eindeutig nicht als Hilfeleistung im Sinne von Art. 335 I ZGB ausgelegt werden. Denn es diene ausschließlich der bloßen Erhaltung von Vermögenswerten und der Verbesserung des Lebensniveaus der Familie. Es handele sich daher um eine reine Genuss- oder Unterhaltsstiftung. Daran ändere sich auch nichts dadurch, dass das Haus nicht nur als Ferienhaus, sondern auch als Zufluchtsstätte in Notzeiten dienen könne.[1445] Daneben wurde in einer weiteren Entscheidung die Benutzung einer Burg als Aufenthaltsort und zu Repräsentationszwecken als unzulässiger Stiftungszweck eingestuft.[1446]

Diese restriktive Sichtweise wird in der Literatur kritisch gesehen.[1447] Neben veränderten Umständen und steuerrechtlichen Fußangeln sei insbesondere die einschränkende Rechtsprechung der Gerichte dafür verantwortlich, dass die Familienstiftungen in der Schweiz ihre beste Zeit gesehen und zu einem weitestgehend unbrauchbaren Instrument des Zivilrechts verkommen seien.[1448] Es sei daher jedenfalls eine großzügige Auslegung der in Art. 335 I ZGB genannten Beispiele erforderlich, nicht zuletzt um den gewandelten sozialen Verhältnissen gerecht werden zu können.[1449] Andere fordern darüber hinaus eine diesbezügliche Revision des Art. 335 ZGB.[1450] Im Rahmen der jüngeren Stiftungsrechtsrevisionen ist derartigen Vorstößen jedoch nur insoweit nachgegeben worden,

---

1444 Vgl. *Künzle*, FS Riemer, S. 173–192 (189).
1445 BG v. 10.6.1982, BGE 108 II 393.
1446 BG v. 15.12.1967, BGE 93 II 439.
1447 *Tabet*, Les bénéficiaires, S. 68 f.; *Opel*, Steuerliche Behandlung von Familienstiftungen, S. 23 ff.; *Jakob/Picht*, FS Reuter, S. 141–156 (148) (m.w.N.).
1448 BaK-*Grüninger*, Art. 335 Rn. 3; *Zeiter*, Die Erbstiftung (Art. 493 ZGB), S. 163 f.
1449 CHK-*P. Breitschmid/M. Vetsch*, Art. 335 Rn. 4 f.; *Zeiter*, Die Erbstiftung (Art. 493 ZGB), S. 163 f.; tendenziell großzügig auch BaK-*Grüninger*, Art. 335 Rn. 8 ff.; a.A. BK-*Riemer*, Personenrecht, Systematischer Teil Rn. 142 ff.
1450 So etwa *Künzle*, FS Riemer, S. 173–192 (189 ff.); vgl. auch BBl. 2006, S. 582.

als der lebende Stifter sich seit dem 1.1.2006[1451] das Recht zur Änderung des Stiftungszwecks vorbehalten kann, Art. 86a ZGB.[1452]

(2) Fideikommiss
Gemäß Art. 335 II ZGB ist die Errichtung von Familienfideikommissen nicht mehr gestattet. Dabei definiert ihn das Bundesgericht als „ein durch gültige Privatdisposition unveräusserlich mit einer Familie verbundener, zum Genusse durch die Familienmitglieder nach festgesetzter Successionsordnung bestimmter Vermögenskomplex".[1453] Familienfideikommisse haben daher keine Rechtspersönlichkeit wie Familienstiftungen, sondern sind bloße Sondervermögen.[1454] Gleichwohl weisen beide ihrer Zweckbestimmung nach eine große Ähnlichkeit auf.[1455] Daher ist das Verbot der Familienfideikommisse in Art. 335 II ZGB auch für die Frage von Bedeutung, wann noch eine zulässige Familienstiftung im Sinne von Art. 335 I ZGB vorliegt.[1456] Ziel der Regelung ist es zu verhindern, dass unter dem Mantel einer Familienstiftung eine Einrichtung zur Anhäufung und dauernden Bindung von Vermögen zugunsten einer voraussetzungslos berechtigten Familie entsteht.[1457] Daher sind solche Familienstiftungen unzulässig, deren Zweckbestimmung mit derjenigen der Familienfideikommisse übereinstimmt, also solche, die ohne Rücksicht auf die wirtschaftliche Lage ihrer Destinatäre deren allgemeinen Lebensunterhalt finanzieren und ihre Mittel nicht zweckbestimmt im Hinblick auf eine bestimmte Bedürfnissituation ausschütten, sondern voraussetzungs- und bedingungslos.[1458]

1451 Seit diesem Tag ist die betreffende Teilrevision des Stiftungsrechts in Kraft, BBl. 2004, S. 5435; zu Fragen des zeitlichen Anwendungsbereichs der Vorschrift BaK-*Grüninger*, Art. 86a Rn. 11 ff.
1452 Ausführlich zu den Revisionen BaK-*Grüninger*, Vor Art. 80–89bis Rn. 9 f.
1453 BG v. 12.10.1883, BGE 9, 586.
1454 BaK-*Grüninger*, Art. 335 Rn. 14a; ausführlich zur Abgrenzung für das schweizerische Recht BK-*Riemer*, Personenrecht, Systematischer Teil Rn. 133; ausführlich insoweit zum deutschen Recht bereits D.VI.
1455 *Baur*, FS Vischer, S. 515–525 (521).
1456 BK-*Riemer*, Personenrecht, Systematischer Teil Rn. 142; *ders.*, Stiftungen in Deutschland und Europa, S. 349–360; zur Bedeutung des Fideikommissverbotes für die Zulässigkeit von unternehmensverbundenen Stiftungen siehe *Eitel*, FS Riemer, S. 79–97 (90 ff.).
1457 Vgl. BG v. 8.5.1947, BGE 73 II 81, 86; BG v. 15.12.1967, BGE 93 II 439, 448; BG v. 7.10.1982, BGE 108 II 393, 398.
1458 BK-*Riemer*, Personenrecht, Systematischer Teil Rn. 142 (m.w.N.).

c) **Trust**

Starke Parallelen zur Stiftung weist die insbesondere im angelsächsischen Rechtskreis verbreitete Rechtsfigur des trusts auf.[1459] In beiden Fällen geht es um eine Widmung von Vermögenswerten, die in der Folge ein verselbstständigtes Zweckvermögen bilden. Dabei ist der trust in der Schweiz wirtschaftliche und rechtliche Realität, wo bedeutende Vermögenswerte liegen, die von trusts gehalten oder im Namen von trusts verwaltet werden. So spezialisieren sich immer mehr schweizerische Unternehmen, Treuhandgesellschaften und Anwälte auf die Verwaltung und Betreuung von trusts. Banken haben inzwischen eigene Trustabteilungen.[1460] Nicht zuletzt aufgrund dieser immer weiter voranschreitenden Entwicklung hat die Schweiz das Haager Trust-Abkommen mit Wirkung zum 1.7.2007 ratifiziert.[1461]

Schon vor der Ratifizierung dieses Übereinkommens war umstritten, inwieweit im Ausland errichteten Unterhaltsstiftungen die Anerkennung zu versagen wäre. Dabei sind etwa in Liechtenstein errichtete Unterhaltsstiftungen aufgrund eines allgemeinen fraus-legis-Vorbehaltes mitunter für nichtig erklärt worden.[1462] Seit Einführung des IPRG gelten Stiftungen nunmehr jedoch als Gesellschaften und unterstehen als solche dem Recht des Inkorporationsstaates.[1463] Daher besteht für diese Rechtsprechung nunmehr kein Raum mehr, weil diese Anknüpfung grundsätzlich auch für Inkorporationen gilt, welche die Umgehung der Normen einer anderen Rechtsordnung bezwecken.[1464] Umstritten war ebenfalls, ob das Verbot von Unterhaltsstiftungen gemäß Art. 335 II ZGB als Eingriffsnorm (loi d'application immédiate) anzusehen ist (Art. 18 IPRG, Art. 16 I Haager Trust-Abkommen) und entsprechenden Trustgestaltungen entgegenstünde.[1465] Anhand des Falles einer liechtensteinischen Unterhaltsstiftung

---

1459 Zum trust ausführlich D.X.1.d.b).
1460 Richter/Wachter-*Sprecher/von Salis*, S. 1362 Rn. 216 f.
1461 Vgl. hierzu auch die Botschaft zur Genehmigung und Umsetzung des Haager Übereinkommens über das auf Trusts anzuwendende Recht und über ihre Anerkennung, BBl. 2006, 551 ff.; *Grüninger*, ZEV 2007, 431 (431); *Jakob/Picht*, FS Reuter, S. 141–156 (141 ff.); zum Haager Trust-Abkommen ausführlich D.X.2.a.a)(2).
1462 So etwa BG v. 7.10.1982, BGE 108 II 398, 403.
1463 BaK-*Grüninger*, Vor Art. 80–89bis Rn. 32 ff.
1464 BaK-*Grüninger*, Art. 335 Rn. 16; vgl. BG v. 17.12.1991, BGE 117 II 494.
1465 So etwa *Künzle*, FS Riemer, S. 173–192 (189); a.A. BaK-*Grüninger*, Art. 335 Rn. 16; differenzierend Richter/Wachter-*Sprecher/von Salis*, S. 1365 Rn. 224; vgl. auch die Motion 03.3233 von *Suter/Pelli*, welche angeregt hatten, diese Frage im Rahmen der Ratifikation des Haager Trust-Übereinkommens zu klären; hierauf Bezug nehmend BBl. 2006, 582; vgl. auch *Bonomi*, Le trust en droit international privé, S. 115–120 (119).

hat das Bundesgericht allerdings inzwischen festgestellt, dass Art. 335 II ZGB keine international zwingende Eingriffsnorm im Sinne von Art. 18 IPRG, Art. 16 I Haager Trust-Abkommen ist.[1466]

b. Liechtenstein

Das liechtensteinische Stiftungswesen ist in jüngerer Zeit insbesondere im Zusammenhang von Maßnahmen der Staatsanwaltschaft und Steuerfahndung aufgrund der so genannten Zumwinkel-Affäre ins mediale und öffentliche Bewusstsein gerückt. Bereits zuvor wurde Liechtenstein immer wieder im Zusammenhang mit Begriffen wie Steuerparadies, Steuerflucht oder Briefkastenfirma assoziiert. Dementsprechend negativ fallen regelmäßig die entsprechenden Schlagzeilen aus. Erinnert sei an dieser Stelle an den Ausspruch von Gerhard Schröder im Bundestagswahlkampf 2002: „Lieber Arbeit in Leipzig als Geld in Liechtenstein."[1467] Gleichwohl ist der Standort Liechtenstein auf dem Gebiet der Stiftungen international weiterhin von sehr großer Bedeutung. Um dieser Bedeutung gerecht zu werden, Missbrauchsmöglichkeiten vorzubeugen und insbesondere auch, um den nach alter Rechtslage bestehenden rechtlichen Unsicherheiten abzuhelfen[1468], ist das liechtensteinische Stiftungsrecht mit Wirkung zum 1.4.2009 einer Reform unterzogen worden.[1469] Gleichwohl hat sich hierdurch für die Zulässigkeit von privatnützigen Stiftungen nichts Wesentliches geändert. So ist es auch weiterhin vom Prinzip der Zweckoffenheit geprägt[1470], wonach sowohl gemeinnützige als auch privatnützige Stiftungen zulässig sind,

---

1466 BG v. 25.11.2008, BGE 135 III 6.
1467 Vgl. hierzu *Marxer*, ZEuP 2004, 477–502 (S. 477).
1468 Zu diesen rechtlichen Unwägbarkeiten siehe im Überblick *Attlmayr/Rabanser*, Das neue liechtensteinische Stiftungsrecht, S. 4 f.
1469 Mit ausschlaggebend hierfür waren die so genannte BND-Affäre im Jahr 1999, als ein der Öffentlichkeit zugänglich gemachter Bericht des BND feststellte, dass liechtensteinische Stiftungen von Mafia- und Drogenclans genutzt würden und die Tatsache, dass Liechtenstein 2002 von einer internationalen Arbeitsgruppe zur Bekämpfung der Geldwäsche vorübergehend als nicht kooperativer Staat auf eine so genannte *black list* gesetzt wurde, vgl. *Lennert/Blum*, ZEV 2009, 171–177 (S. 171); sehr kritisch zum erwähnten BND Bericht äußert sich der Vizepräsident des OGH, der dem BND unter anderem vorwirft „schlampig recherchiert" zu haben, *Delle Karth*, LichtstJZ 2008, 51–59 (S. 51 f.); ausführlich zu den Gründen für die Gesetzesreform *Tschütscher*, LichtstJZ 2008, 79–82 (S. 80).
1470 *Tschütscher*, LichtstJZ 2008, 79–82 (S. 81).

Art. 552 § 2 PGR. Dies gilt auch für solche Stiftungen, die ihre Ausschüttungen voraussetzungslos tätigen.

a) Gesellschaftliche und wirtschaftliche Bedeutung

Das Stiftungswesen ist für Liechtenstein von überragender Bedeutung. Auch wenn dieses nur rund 30.000 Einwohner zählt, finden sich dort etwa 50.000 Stiftungen. Unter den existierenden juristischen Personen ist sie die wichtigste Rechtsform im Land.[1471] Vorsichtige Schätzungen gehen dabei von 2,5 Mio. CHF je Stiftung und einem gesamten durch Stiftungen gehaltenen Vermögen von 100 Mrd. CHF aus. Andere sehen die Gesamtsumme der durch Stiftungen verwalteten Beträge bei 150–200 Mrd. CHF.[1472] Jedenfalls ist das Stiftungswesen in volkswirtschaftlicher Hinsicht für Liechtenstein von ganz erheblichem Gewicht, wenn man sich vor Augen führt, dass jede der nicht im liechtensteinischen Öffentlichkeitsregister eingetragenen Stiftungen jährlich eine Mindestkapitalsteuer von 1.000 Franken zu zahlen hat, Art. 83 f. SteG. Mit diesen Einnahmen kann ein nicht unerheblicher Anteil der Staatsausgaben gedeckt werden.[1473]

b) Rechtliche Ausgestaltung[1474]

Das liechtensteinische Stiftungsrecht hat in seiner Ausgestaltung die schweizerische Rechtslage zum Vorbild, ist dabei jedoch eingehender geregelt und weicht in zentralen Punkten von dieser ab.[1475] Dabei hat die zum 1.4.2009 in Kraft getretene Reform die bereits zuvor bestehenden Unterschiede zur schweizerischen Rezeptionsvorlage noch einmal verstärkt, so dass in Zukunft nicht mehr ohne Weiteres schweizerische Rechtsquellen zur Interpretation des liechtensteinischen Stiftungsrechts herangezogen werden können.[1476]

1471 *Attlmayr/Rabanser*, Das neue liechtensteinische Stiftungsrecht, S. 2.
1472 Vgl. *Lennert/Blum*, ZEV 2009, 171–177 (S. 171 Fn. 7); genaue Angaben sind an diesem Punkt schwer zu machen, da etwa 97% der Stiftungen hinterlegte Stiftungen sind und daher keiner Eintragungspflicht ins Öffentlichkeitsregister unterliegen, vgl. *Ettinger/D. Bauer*, RIW 2008, 445–453 (S. 446 Fn. 2).
1473 *Lampert/Taisch*, Stiftungsrecht in Europa, S. 521–540 (523).
1474 Ausführlich zum neuen liechtensteinischen Stiftungsrecht etwa *Attlmayr/Rabanser*, Das neue liechtensteinische Stiftungsrecht; *Jakob*, die liechtensteinische Stiftung.
1475 *Santo-Passo*, LichtstJZ 2005, 1–6 (S. 2); ausführlich zum Verhältnis des liechtensteinischen und schweizerischen Stiftungsrechts *Marxer*, Familienstiftung.
1476 *Attlmayr/Rabanser*, Das neue liechtensteinische Stiftungsrecht, S. 3; *von Hippel*, RabelsZ 72 (2008), 643–651 (S. 644); zum Verhältnis zwischen schweizerischem und liechtensteinischem Stiftungsrecht auch *Hammermann*, Repr ax 2009, 84–98 (S. 84 ff.).

Stattdessen dürfte die einschlägige österreichische Literatur und Rechtsprechung an Bedeutung gewinnen, da das öPSG (Privatstiftungsgesetz) wiederum ein Derivat des liechtensteinischen Stiftungsrechts ist und sich dieses zum Vorbild genommen hat.[1477]

Vor seiner jüngsten Reform[1478] war das liechtensteinische Stiftungsrecht in den Art. 552–570 PGR (a.F.) geregelt. Daneben erfolgte hinsichtlich der Befugnisse und Pflichten von Organen der Stiftung eine Verweisung auf das Anstaltsrecht (Art. 534–551 PGR) und für die Stiftungsbeteiligten auf das Recht der Treuunternehmen, Art. 932a §§ 1–170 PGR. Insbesondere diese Verweisungstechnik war Grund für erhebliche Rechtsunsicherheiten. Nunmehr ist das Stiftungsrecht in einem abschließenden Normenkatalog innerhalb des PGR geregelt (Art. 552 §§ 1–41 PGR). Gleichwohl bleibt das alte Recht weiterhin auf Altstiftungen, die schon vor dem 1.4.2009 bestanden haben anwendbar.[1479] Zukünftig gelten in Liechtenstein daher zwei Stiftungsregime.

(1) Prinzip der Zweckoffenheit
Eine liechtensteinische Stiftung ist ein rechtlich und wirtschaftlich verselbstständigtes Zweckvermögen, welches als Verbandsperson (juristische Person) durch einseitige Willenserklärung des Stifters errichtet wird, Art. 552 §§ 1 I PGR. Sie ist eigentümerlos und in ihrer durch den Stifter festgelegten Verfassung den Begünstigten entzogen.[1480] Art. 552 § 13 I PGR schreibt dabei als Mindestkapital von Stiftungen 30.000 CHF, bzw. 30.000 Euro oder USD vor.

Das liechtensteinische Stiftungsrecht räumt dem Stifter die Möglichkeit ein, sich das Recht zum Widerruf der Stiftung oder zur Änderung der Stiftungserklärung vorzubehalten, Art. 552 § 30 PGR.[1481] Zwar können diese Rechte nicht abgetreten oder vererbt werden. Gleichwohl bedeuten sie, dass die

---

1477 *Santo-Passo*, LichtstJZ 2005, 1–6 (S. 6); *von Hippel*, RabelsZ 72 (2008), 643–651 (S. 643); daneben ist die liechtensteinische Regelung auch zum Vorbild des Stiftungsrechts von Panama geworden, *Attlmayr/Rabanser*, Das neue liechtensteinische Stiftungsrecht, S. 3.

1478 Gesetz vom 26.6.2008, LGBl. 2008, S. 220; zur Stiftungsrechtsreform etwa *Zwiefelhofer*, Trusts and Trustees 2009, 373–381 (S. 373 ff.); *Lennert/Blum*, ZEV 2009, 171–177 (S. 171 ff.).

1479 Ausnahmen hiervon stellen die Regelungen zur Meldepflicht sowie zur Stiftungsaufsicht und -kontrolle dar, die auch für Altstiftungen Anwendung finden, siehe *Tschütscher*, LichtstJZ 2008, 79–82 (S. 82); *Attlmayr/Rabanser*, Das neue liechtensteinische Stiftungsrecht, S. 5.

1480 *Attlmayr/Rabanser*, Das neue liechtensteinische Stiftungsrecht, S. 6.

1481 Ausführlich hierzu *Schauer*, LichtstJZ 2009, 40–50 (S. 45 ff.).

Vermögenswidmung zur Verfolgung des Stiftungszwecks bis zum Tode des Stifters keine dauerhafte ist.[1482] Während des Reformprozesses stand die Abschaffung dieses Widerrufsrecht des Stifters zur Debatte. Gleichwohl ist es aus Gründen der Tradition und aus Sorge um die internationale Sonderstellung des liechtensteinischen Stiftungswesens beibehalten worden.[1483]

Das PGR unterscheidet zwischen gemeinnützigen und privatnützigen Stiftungen, wobei die Familienstiftungen ein im Gesetzestext ausdrücklich genannter Unterfall der privatnützigen Stiftungen sind.[1484] Neben der gemischten Familienstiftung (Art. 552 § 2 IV Nr. 2 PGR), die ergänzend zu bloßen Familieninteressen auch gemeinnützige Zwecke verfolgt, ist dabei die so genannte reine Familienstiftung zulässig, deren Stiftungsvermögen ausschließlich der Bestreitung der Kosten der Erziehung oder Bildung, der Ausstattung oder Unterstützung von Angehörigen einer oder mehrerer Familien oder ähnlichen Familieninteressen dient, Art. 552 § 2 IV Nr. 1 PGR. Auch nach neuem Recht bleiben hierbei solche reinen Familienstiftungen zulässig, die ihre Ausschüttungen an keinerlei besondere Voraussetzungen knüpfen.[1485]

(2) Asset Protection
Die liechtensteinische Stiftung wird immer wieder als attraktives Instrument für die diskrete Nachlassplanung gepriesen.[1486] Daher war der Gesetzgeber auch im Rahmen der jüngsten Reformen bestrebt, die Stiftung weiterhin als Instrument der internationalen Nachfolgeplanung und als Mittel zum Vermögensschutz zu positionieren.[1487] Tatsächlich sind die Möglichkeiten, das in eine liechtensteinische Familienstiftung eingebrachte Vermögen vor dem Zugriff Dritter zu schützen, sehr weitgehend. Diese Gestaltungsmöglichkeiten werden mit dem Terminus „Asset Protection" umschrieben.[1488]

1482 Zu den sich hieraus ergebenden steuerrechtlichen Konsequenzen aus deutscher Sicht *Schütz*, DB 2008, 603–607 (S. 603 ff.).
1483 Vgl. *Lennert*, ZEV 2008, 429–430 (S. 430); *Jakob*, Die liechtensteinische Stiftung, Kapitel 1 Rn. 6.
1484 Ausführlich zur diesbezüglichen Systematik des neuen Stiftungsrechts *Jakob*, LichtstJZ 2008, 83–89 (S. 84 f.).
1485 Schauer-*Schauer*, Art. 552 § 2 Rn. 11.
1486 Vgl. *N. Becker*, ZEV 2009, 177–180 (S. 178) (m.w.N.).
1487 *Lennert/Blum*, ZEV 2009, 171–177 (S. 175); dies war schon ein Anliegen des historischen Gesetzgebers, als er erstmals stiftungsrechtliche Regelungen geschaffen hat, vgl. *Böckle*, LichtstJZ 2001, 63–72 (S. 63 f.).
1488 Dabei ist es jedoch dogmatisch noch ungeklärt, in welchem Maße im Rahmen ausländischer Vollstreckungsverfahren auf diese Regelung Rücksicht zu nehmen ist,

Zunächst kann der Stifter bei Familienstiftungen gemäß Art. 552 § 36 PGR bestimmen, dass die Gläubiger von Begünstigten deren unentgeltlich erlangte Begünstigtenberechtigung oder Anwartschaftsberechtigung, beziehungsweise einzelne Ansprüche daraus, auf dem Wege des Sicherungsverfahrens, der Zwangsvollstreckung oder des Konkurses nicht entziehen dürfen. Dieser Schutz des Stiftungsvermögens soll auch dann gelten, wenn sich der Stifter Stiftungsrechte vorbehalten hat, also etwa die Stiftungserklärung abzuändern oder die Stiftung zu widerrufen. Diese können nicht von Gläubigern im Wege der Zwangsvollstreckung verwertet werden.[1489]

Daneben bestehen für potentielle Gläubiger schon im Vorfeld praktische Probleme, überhaupt vom Bestehen der jeweiligen Stiftung zu erfahren: Die Errichtung der Mehrheit der Familienstiftungen in Liechtenstein erfolgt auf fiduziarischem Wege. Dies bedeutet, dass der originäre Stifter das Stiftungsgeschäft nicht selbst im eigenen Namen vollzieht, sondern sich zu diesem Zweck einer liechtensteinischen Vertrauensperson (Rechtsanwalt, Treuhänder, Treuhandgesellschaft) bedient und diese mit der Stiftungserrichtung beauftragt.[1490] Der wirtschaftliche Stifter kann auf diese Weise seine Anonymität weitgehend wahren.[1491] Das Auffinden der einzelnen Stiftung wird für die Gläubiger dabei insbesondere dadurch erschwert, dass privatnützige Stiftungen im Regelfall keiner Rechtspflicht zur Eintragung ins Öffentlichkeitsregister unterliegen, Art. 552 § 14 V PGR. Vielmehr unterliegen diese Stiftungen lediglich einer Hinterlegungspflicht der Gründungsanzeige beim Grundbuch- und Öffentlichkeitsregister. Daher treten sie für die Allgemeinheit nicht in Erscheinung.[1492] Hinzu kommt, dass zwischen Deutschland und Liechtenstein kein Vollstreckungsabkommen besteht, weshalb deutsche Titel in Liechtenstein nicht vollstreckbar sind. Hierdurch besteht ein weiterer Schutz für das Stiftungsvermögen.

Um den Vermögensschutz der Stiftungen abzurunden, hat der liechtensteinische Gesetzgeber im Rahmen der Stiftungsrechtsreform auch Änderungen im Internationalen Privatrecht vorgenommen. Hiermit ist beabsichtigt, die Geltendmachung und Durchsetzung von Pflichtteilsansprüchen gegenüber

---

vgl. *Lennert/Blum*, ZEV 2009, 171–177 (S. 172, 175 f.); *Feick/Pawlytta*, liechtensteinjournal 2009, 71–80 (S. 76 ff.).
1489 *J. Wagner*, RIW 2008, 773–780 (S. 774).
1490 Vgl. Richter/Wachter-*E. Müller/Bösch*, S. 1091 Rn. 75; gleichwohl gilt nunmehr auch der wirtschaftliche Stifter als Stifter im Rechtssinne, vgl. Art. 552 § 4 III PGR; zur alten Rechtslage *von Löwe/Pelz*, BB 2005, 1601–1605 (S. 1601 ff.).
1491 Ausführlich zu diesem Punkt *Schauer*, LichtstJZ 2009, 40–50 (S. 44).
1492 Vgl. *Lennert*, ZEV 2008, 79–80 (S. 79).

Stiftungen zu erschweren, falls in den entsprechenden ausländischen Rechtsordnungen eine längere Pflichtteilsergänzungsfrist gilt als diejenige von zwei Jahren in Liechtenstein.[1493] Insbesondere vor dem deutschen Pflichtteilsrecht konnte das liechtensteinische Stiftungsrecht wegen der Verweisung auf das Personalstatut des Erblassers in Art. 29 IPRG bisher keinen wirkungsvollen Schutz bieten. Diese wurden daher in der Praxis erfolgreich gemäß § 2325 BGB bzw. § 2329 BGB in Anspruch genommen. Nunmehr bestimmt der neue Art. 29 V IPRG, dass Pflichtteilsergänzungsansprüche gegen eine liechtensteinische Stiftung nicht nur nach dem anwendbaren Erbrecht bestehen, sondern darüber hinaus auch nach demjenigen Recht zulässig sein müssen, das auf den Erwerb des Vermögens durch die Stiftung anwendbar ist. Es ist daher davon auszugehen, dass das liechtensteinische Obergericht in der Folge Pflichtteilsergänzungsansprüche gemäß Art. 29 V IPRG auf zwei Jahre kürzen wird.[1494] Gleiches gilt für diesbezügliche Auskunftsansprüche potentieller Pflichtteilsberechtigter gegenüber der liechtensteinischen Stiftung.[1495]

c) Fideikommiss

Die unbeschränkte Zulassung reiner Familienstiftungen in Art. 552 § 2 Nr. PGR stellt insoweit keine Überraschung dar, als dass Liechtenstein nach wie vor auch das Fideikommiss zulässt, Art. 829–833 PGR. Dies wiederum ist vor dem verfassungsrechtlichen Hintergrund Liechtensteins als konstitutioneller Erbmonarchie keinesfalls verwunderlich.[1496] Obwohl das Fideikommiss als „aristokratisches Überbleibsel aus früherer Zeit"[1497] mit der Neuordnung Europas nach dem ersten Weltkrieg nahezu vollständig verschwand, ist es im Fürstentum Liechtenstein 1926 als Eigenschöpfung des damals neu eingeführten PGR geregelt worden. Die dem Fideikommiss dabei zugemessene Bedeutung zeigt sich schon anhand seiner ausführlichen Regelung, die immerhin fünf Normen umfasst.[1498]

1493 *Lennert/Blum*, ZEV 2009, 171–177 (S. 175); in Liechtenstein erfasst der Pflichtteilsergänzungsanspruch lediglich Schenkungen der letzten beiden Jahre vor dem Tod des Erblassers. Daneben sind Pflichtteilsergänzungsansprüche bei Schenkungen an gemeinnützige Institutionen vollkommen ausgeschlossen, § 785 III ABGB.
1494 *Lennert/Blum*, ZEV 2009, 171–177 (S. 176).
1495 Ausführlich hierzu *N. Becker*, ZEV 2009, 177–180 (S. 177 ff.); *Summer*, LichtstJZ 2005, 36–53 (S. 36 ff.).
1496 Zum Fideikommiss in Deutschland und seiner gesellschaftlichen Bedeutung bereits D.VI.
1497 Vgl. *Santo-Passo*, LichtstJZ 2004, 16–23 (S. 17).
1498 So auch *Santo-Passo*, Die liechtensteinische Stiftung, S. 43–66 (S. 46).

In der Folge ergeben sich mit der Zulassung der reinen Familienstiftungen in Liechtenstein keine Wertungswidersprüche wie in anderen Rechtsordnungen.[1499]

c. Österreich

In Österreich kam dem Stiftungswesen bis 1993 nur eine untergeordnete Bedeutung zu. Dies war insbesondere auf die recht schwerfällige Ausgestaltung der bis dahin hauptsächlich maßgeblichen Rechtsgrundlage für das Errichten von Stiftungen in Gestalt des Bundesstiftungs- und Fondgesetzes (BStFG)[1500] zurückzuführen. Dabei konnten Stiftungen gemäß BStFG ausschließlich zu gemeinnützigen und wohltätigen Zwecken errichtet werden. Dies hatte zur Konsequenz, dass nicht unerhebliche Vermögensmassen ins Ausland abgeflossen sind. Um diesem Trend entgegenzuwirken und nach Möglichkeit umzukehren, hat Österreich daher das zum 1.9.1993 in Kraft getretene Privatstiftungsgesetz (PSG)[1501] erlassen. Dieses ist in seiner Entstehung maßgeblich durch das liechtensteinische Stiftungsrecht beeinflusst worden.[1502] Seitdem ist das österreichische Stiftungsrecht im Wesentlichen ein zweigeteiltes, auf der einen Seite mit den Regeln des nach wie vor bestehenden BStFG und auf der anderen Seite mit dem PSG.[1503] Dabei ist nach dem PSG auch das Errichten nicht gemeinnütziger Privatstiftungen möglich, deren überwiegender Zweck die Versorgung von natürlichen Personen ist. Diese sind jedoch in ihrem Bestand zeitlich begrenzt.

a) Gesellschaftliche und wirtschaftliche Bedeutung

Vor Einführung des Privatstiftungsgesetzes bestanden in Österreich etwa 190 nach dem BStFG gegründete Stiftungen.[1504] Im Jahre 2000 waren es nach Auskunft der Stiftungsaufsicht immerhin 214.[1505] Dazu steht die Entwicklung der nach dem PSG errichteten Stiftungen in deutlichem Gegensatz. Zum Stichtag 1.10.2007 waren in Österreich gemäß einer Erhebung des Bundesrechenzentrums

---

1499 Insoweit vorsichtig *Bösch*, Liechtensteinisches Stiftungsrecht, S. 118; gleichwohl werden die Regelungen des Fideikommisses zur Auslegung des Stiftungsrechts herangezogen, vgl. etwa *Schyle*, LichtstJZ 2004, 181–216 (S. 187).
1500 ÖstBGBl. 1975, S. 11.
1501 ÖstBGBl. 1993, S. 694.
1502 *Attlmayr/Rabanser*, Das neue liechtensteinische Stiftungsrecht, S. 2 f.
1503 *Doralt/Kalss*, Stiftungsrecht in Europa, S. 419–440 (S. 419); *Wachter*, DStR 2000, 474–480 (S. 474).
1504 *Wachter*, DStR 2000, 474–480 (S. 474).
1505 Vgl. *Doralt/Kalss*, Stiftungsrecht in Europa, S. 419–440 (S. 419).

exakt 3.000 Privatstiftungen im Firmenbuch eingetragen.[1506] Diese Stiftungen verwalten inzwischen ein geschätztes Vermögen von 50–60 Mrd. Euro, wobei der überwiegende Teil dieses Vermögens aus Unternehmensbeteiligungen besteht. Dabei wird angenommen, dass heute 80 der 100 größten österreichischen Unternehmen im Mehrheitseigentum von Privatstiftungen stehen.[1507] Dies erklärt sich daraus, dass mit der Privatstiftung nunmehr ein Rechtsinstitut zur Verfügung steht, mit welchem eine Vermögensteilungen im Erbgang vermieden werden kann.[1508]

b) Rechtliche Ausgestaltung[1509]

In Österreich können Stiftungen neben den schon erwähnten Rechtsgrundlagen des PSG und des BStFG darüber hinaus nach landesgesetzlichen Bestimmungen oder kanonischem Recht errichtet werden. Weiterhin bestehen sondergesetzlich geschaffene Stiftungen wie beispielsweise die Stiftung „Österreichischer Rundfunk".[1510] Im Folgenden sollen die Ausführungen wegen dessen überragender praktischer Bedeutung jedoch auf das Privatstiftungsgesetz beschränkt bleiben.

Die Stiftung im Sinne des PSG ist ein Rechtsträger, dem vom Stifter ein Vermögen gewidmet ist, um durch dessen Nutzung, Verwaltung und Verwertung der Erfüllung eines erlaubten, vom Stifter bestimmten Zwecks zu dienen; sie genießt Rechtspersönlichkeit und muss ihren Sitz im Inland haben, § 1 I PSG. Ein Negativkatalog schließt dabei bestimmte Stiftungswecke als unzulässig aus, § 1 II PSG.[1511] Gemäß § 4 PSG ist der Privatstiftung dabei mindestens ein Vermögen von 70.000 Euro zu widmen.

Der Stifter kann sich selbst für den Zeitraum nach Stiftungserrichtung erheblichen Einfluss auf die Stiftung sichern.[1512] Gemäß §§ 9 II Nr. 6, 33 II PSG ist ein Vorbehalt der Änderung der Stiftungserklärung möglich und gemäß §§ 9 II

1506 *Rasteiger*, Aufsichtsrat aktuell 6/2007, 6–10 (S. 6 Fn. 2).
1507 *Rasteiger*, Aufsichtsrat aktuell 6/2007, 6–10 (S. 7).
1508 Vgl. *App*, BWNotZ 1998, 93 (S. 93); *Perscha/Stögner/Pawlytta*, ZEV 2008, 412–416 (S. 413 f.); zur diesbezüglichen Diskussion das Pflichtteilsrecht betreffend *Welser*, ZfRV 2008, 175–184 (S. 175 ff.).
1509 Ausführlich etwa *N. Arnold*, Privatstiftungsgesetz.
1510 Zu den Einzelheiten und weiteren Nachweisen siehe *N. Arnold*, Privatstiftungsgesetz, Einleitung Rn. 8.
1511 Demnach darf die Privatstiftung keine über eine Nebentätigkeit hinausgehende gewerbsmäßige Tätigkeit ausüben, die Geschäftsführung einer Handelsgesellschaft übernehmen oder unbeschränkt haftende Gesellschafterin einer eingetragenen Personengesellschaft sein.
1512 Ausführlich *Nowotny*, JBl 2003, 778–783 (S. 778 ff.).

Nr. 8, 34 PGS sogar der Vorbehalt ihres Widerrufs. Dabei sind diese Rechte höchstpersönliche, das heißt sie sind nicht übertragbar und enden mit dem Ableben des Stifters.[1513] Ebenso wie im liechtensteinischen Recht bedeuten sie jedoch, dass die Vermögenswidmung zugunsten der Stiftung bei Erklärung eines entsprechenden Vorbehaltes jedenfalls bis zum Ableben des Stifters keine dauerhafte ist.[1514]

Trotz des insoweit auf den ersten Blick irreführenden Namens, kann für die Privatstiftungen nach dem PSG je nach Stiftungszweck und Kreis der Begünstigten zwischen gemeinnützigen[1515] und eigennützigen Stiftungen unterschieden werden. Dabei besteht die einzige Differenzierung zwischen beiden darin, dass eigennützige Stiftungen nicht auf die Begünstigung der Allgemeinheit abzielen können, § 9 I Nr. 3 PSG.

Das PSG lässt die so genannten Familienstiftungen, deren Zweck ausschließlich in der Förderung von Familienangehörigen besteht, zu, enthält dabei jedoch keine gesetzliche Definition derselben.[1516] Auch eine Stiftung, die der nachhaltigen Versorgung der Begünstigten dient (Versorgungsstiftung) ist zulässig, sogar in Ausgestaltung einer Verbrauchsstiftung, bei welcher die Vermögenssubstanz und nicht nur deren Erträge an die Begünstigten zugewendet werden.[1517] Gleichwohl findet sich im PSG eine zeitliche Beschränkung für Versorgungsstiftungen. Gemäß § 35 II Nr. 3 PSG sind diese nach 100 Jahren aufzulösen, es sei denn alle Letztbegünstigten[1518] beschließen einstimmig die Fortsetzung der Stiftung. Dabei kann eine solche Fortsetzung längstens für weitere 100 Jahre erfolgen.

1513 In der Praxis wird diese Beschränkung dadurch umgangen, dass auch die nachfolgende Generation mit als Stifter in die Stiftungssatzung aufgenommen wird. Eine nachträgliche Begründung der Stifterstellung ist dagegen nicht möglich, *Kalss*, FS K. Schmidt, S. 857–869 (S. 863) (m.w.N.).

1514 *Gröhs/Staringer*, Handbuch zum Privatstiftungsgesetz, S. 293–316 (313 f.); zu den sich hieraus ergebenden Problemfeldern *Eiselsberg*, 10 Jahre Privatstiftungsrecht in Österreich, S. 7–21 (14 ff.).

1515 Ausführlich zur die Allgemeinheit begünstigenden Privatstiftung *Jud*, JBl 2003, 771–777 (S. 771 ff.).

1516 Dagegen finden sich in einigen Landesgesetzen die Familienstiftung ausschließende Regelungen, vgl. hierzu KommPSG-*Kalss*, Einl Rn. 29; zu den steuerlichen Bezügen der österreichischen Familienstiftung im Verhältnis zu Deutschland *Wachter*, DStR 2000, 1037–1047 (S. 1037 ff.); *von Löwe*, IStR 2005, 577–584 (S. 577 ff.); *Jülicher*, ZEV 2008, 64–68 (S. 68).

1517 *N. Arnold*, Privatstiftungsgesetz, Einleitung Rn. 10.

1518 Dies sind gem. § 6 PSG all diejenigen, welchen nach Abwicklung der Privatstiftung das verbleibende Vermögen zukommen soll; zu den diesbezüglichen Einzelfragen siehe *N. Arnold*, Privatstiftungsgesetz, § 6.

c) **Fideikommiss**

Ein gewisser Wertungswiderspruch besteht wegen der Zulässigkeit der Versorgungsstiftungen mit dem in Österreich geltenden Verbot des Fideikommisses (§§ 618–645 ABGB a.F.). Dieses war in mehreren Schritten während der ersten Republik eingeschränkt und dann 1939 zur Gänze verboten worden.[1519] Hierdurch sollte gerade die Zusammenballung großer Vermögenswerte und der damit einhergehenden Macht in einzelnen Familien unterbunden und Vermögenswerte mobilisiert werden. Gleichwohl unterscheidet sich die heutige Versorgungsstiftung vom ehemaligen Fideikommiss durch ihre zeitliche Beschränkung, welche für die Fideikommisse gerade nicht bestanden hatte.

d. England

Die langfristige Bindung von Vermögen zugunsten eines bestimmten Zwecks ermöglicht im englischen Recht insbesondere der trust. Diesem kommt damit eine den Stiftungen funktional vergleichbare Rolle zu.[1520] Zwar ist der trust mangels eigener Rechtspersönlichkeit keine Rechtsform „Stiftung" im Sinne eines deutschen Stiftungskonzeptes. So gehen schon die Gestaltungsvarianten des trust weit über diejenigen hinaus, welche mithilfe der kontinentaleuropäischen Stiftungen möglich sind[1521]: „Any attempt to enumerate the purposes for which a trust can be created is bound to be futile."[1522] Gleichwohl ist er eine stiftungsartige Erscheinungsform und soll als solche hier in die rechtsvergleichende Betrachtung mit einbezogen werden.

a) **Gesellschaftliche und wirtschaftliche Bedeutung**

Der trust ist seit seinen frühen Ursprüngen stets das Mittel der Wahl von englischen Juristen gewesen, wenn es darum ging, eine passende Lösungsmöglichkeit für den eigenen Fall auch bei ungünstiger Gesetzeslage zu finden.[1523]

1519 Kdm GBlÖ 1938/254; zur insoweit auch für das heutige Österreich wirksamen Fideikommissauflösungsgesetzgebung siehe ausführlich D.VI.
1520 Siehe auch *Rebsch*, Die Europäische Stiftung, S. 25 f. (m.w.N.); *Jorde/Götz*, FS Spiegelberger, S. 1301–1320 (1301 ff.).
1521 Aus diesem Grund wird mitunter auch die funktionale Vergleichbarkeit von (rechtsfähiger) Stiftung und trust verneint, so etwa *Czermak*, express trust, S. 113.
1522 *Scott*, The Law of Trusts, § 59; *Mankowski*, FS Kühne, S. 795–807 (797) bezeichnet den trust als ein vielseitig verwendbares und ausgestaltbares working horse.
1523 *Oakley*, The Modern Law of Trusts, S. 1: „The modern trust is the direct succcessor of the medieval use. Ever since the use was first invented, it has been impossible for any property lawyer to give a comprehensive service to his client unless he has had a thorough grasp of the law governing the creation, operation and determination

Dementsprechend reichen die Verwendungen des trust von der Gestaltung familiärer Situationen, der Regelung von eigentums- oder erbrechtlichen Fragen, über rein kommerzielle Ziele und deren Finanzierung bis hin zu rein der Steuerersparnis gewidmeten Konstrukten.[1524] Funktionales Äquivalent der Stiftung zu gemeinnützigen Zwecken ist dabei der *charitable trust*[1525], dasjenige der Familienstiftung der *private trust* als Instrument zur langfristigen Nachlassbindung zugunsten von Familienangehörigen.[1526] Die langfristige Vermögensbindung zugunsten der Familie ist dabei eine der traditionsreichsten Verwendungen des trust, die bis zur Zeit der Kreuzzüge zurückreicht. Damals sollte durch die Errichtung des trust das Land des in den Krieg ziehenden Ritters auch für den Fall seines Ablebens im Ausland in der Hand der Familie gehalten werden.[1527] Gleichwohl beschränkt die so genannte Rule against Perpetuities die durch den private trust mögliche Vermögensbindung in zeitlicher Hinsicht.

b) Rechtliche Ausgestaltung
(1) Struktur des trust[1528]
Eine einheitliche, allgemein verbindliche Definition des trust besteht aufgrund seiner Gestaltungsvielfalt nicht.[1529] Dennoch ist er in seinen Grundzügen einfach zu beschreiben: „A trust is an equitable obligation, binding a person (called a trustee) to deal with property owned by him (called trust property, being distinguished from his private property) for the benefit of persons (called beneficiaries or, in old cases, cestuis que trust), of whom he may himself be one, and any one of whom may enforce the obligation."[1530] Demnach überträgt bei der

---

of uses and, later on, of trusts. This is as true today as it has ever been; indeed, it is arguably more so. This is the case because lawyers have employed the use und the trust as devices to circumvent inconvenient rules of law throughout their history."
1524 Vgl. nur die Übersicht bei *Thomas/Hudson*, The Law of Trusts, S. 36 Rn. 1.69 ff.; *Parker/Mellows*, The Modern Law of Trusts, S. 6 ff.
1525 *Edwards/Stockwell*, Trusts and Equity, S. 64 f.
1526 *Edwards/Stockwell*, Trusts and Equity, S. 68.
1527 Vgl. *Parker/Mellows*, The Modern Law of Trust, S. 2 f.
1528 Für eine ausführliche Darstellung der mit dem trust verbundenen Einzelfragen sei auf die einschlägige Literatur verwiesen, etwa *Mowbray/Tucker/Le Poidevin/Simpson/Brightwell*, Lewin on Trusts; *Parker/Mellows*, The Modern Law of Trusts; *Edwards/Stockwell*, Trusts and Equity; *Thomas/Hudson*, The Law of Trusts; *Baxendale-Walker*, Purpose Trusts.
1529 *Edwards/Stockwell*, Trusts and Equity, S. 7.
1530 *Underhill/Hayton*, Law of Trusts and Trustees, S. 3; diese Definition fand Verwendung in *Re Marshall's WT* [1945] Ch 217, 219; *Green v Russel* [1959] 2 QB 226, 241;

Errichtung eines trust eine Person (*settlor/testator*) einer anderen Person (*trustee*) das Eigentum an einem Vermögensgegenstand (*trust property/trust res*) mit der Maßgabe, diesen Vermögensgegenstand zum Wohle eines Dritten (*beneficiary/cestui que trust*) zu verwalten. Einzelheiten regelt der settlor dabei regelmäßig im so genannten *trust instrument*. Der trust selbst hat keine Rechtspersönlichkeit. Formeller Träger des Vermögens ist der trustee, wobei das Eigentum am trust property ein aufgespaltenes ist: Der trustee ist Eigentümer *at law* (formell-juristisch), der beneficiary *at equity* (materiell). Dieser dualistische Eigentumsbegriff für den trust hat sich aus der historisch bedingten Unterscheidung von *Common Law* und *Equity* (Billigkeitsrechtsprechung) entwickelt. Das Common Law hatte die treuhänderische Beziehung zwischen trustee und beneficiary nicht erfasst, so dass letzterem bei abredewidrigem Verhalten des trustee keine rechtliche Handhabe zur Verfügung stand.[1531] Daher stellten die Equity-Gerichte dem formellen Eigentumsrecht des trustee ein eigentumsähnliches Recht des beneficiary (*equitable title*) gegenüber.[1532] Dieses verschafft dem beneficiary zwar keine Herrschaftsrechte an der Vermögenssache selbst. Dennoch gibt es ihm ein wirtschaftlich-materielles Eigentumsrecht, weshalb das trust-property dem beneficiary auch wirtschaftlich zugerechnet wird. Zwischen trustee und beneficiary besteht somit eine treuhänderische Beziehung (*fiduciary relationship*), wobei letzterer seine Ansprüche gegenüber dem trustee gerichtlich durchsetzen kann.[1533]

(2) Private trust
Neben den charitable trusts, die funktional den gemeinnützigen Stiftungen des deutschen Rechts entsprechen[1534], sind die private trusts als Instrumente zur

---

    dennoch ist es auch gerichtlich ausgesprochen worden, dass eine allgemeingültige Definition des trust nicht zu leisten sei, vgl. *Allen v Distillers Co (Biochemicals) Ltd* [1974] QB 384.
1531 *Thomas/Hudson*, The Law of Trusts, S. 13 Rn. 1.05.
1532 *Parker/Mellows*, The Modern Law of Trust, S. 1 ff.
1533 Die wesentlichen Merkmale des trust aufgrund seiner *equitable nature* beschreibt Lord Browne-Wilkinson in *Westdeutsche Landesbank v Islington* [1996] AC 669; hierzu ausführlich *Thomas/Hudson*, The Law of Trusts, S. 12 ff. Rn. 1.04 ff.
1534 Daneben existiert die so genannte *charitable company limited by guarantee* als Ersatzform zum charitable trust, Richter/Wachter-*Cutbill/Sturm*, Stiftungsrecht in Europa, S. 829 Rn. 2 (m.w.N.). Diese Rechtsform ist anders als der trust zwar rechtsfähig, zeichnet sich im Gegensatz zur rechtsfähigen Stiftung jedoch durch eine körperschaftliche, auf Mitgliedern beruhende Struktur aus. Sie soll hier daher nicht näher behandelt werden. Zusätzlich strebt der englische Gesetzgeber daneben an, zukünftig mit der so genannten *charitable incorporated organisation* (CIO) eine

langfristigen Nachlass- und Vermögensbindung der traditionelle Anwendungsbereich der Rechtsfigur trust.[1535] Sie entsprechen in ihrer Funktion den Familienstiftungen und können entsprechend vielfältig verwandt werden. Dabei ist der Gestaltungsfreiheit des settlor im trust instrument bis zur Schranke der Rechtswidrigkeit kaum eine Grenze gezogen.[1536] Dies gilt vor allem deshalb, weil der private trust im Rahmen seiner Errichtung keinerlei Kontrolle wie etwa die deutsche Stiftung durch die zuständige Behörde unterliegt.[1537] Vielmehr kann er gänzlich ohne Beteiligung des Staates wirksam errichtet werden. Lediglich charitable trusts müssen sich in das von der *Charity Commission* geführte *Register of Charities* eintragen lassen.[1538] Dementsprechend ist auch eine Ausgestaltung als *dynasty* beziehungsweise *perpetual trust* möglich, bei welcher der settlor seine Nachkommen langfristig an seinen Willen bindet und so über den eigenen Tod hinaus die Kontrolle über die Verwendung des von ihm hinterlassenen Vermögens behält. In solchen Fällen benennt der settlor regelmäßig mehrere beneficiaries nebeneinander oder nacheinander in zeitlich festgelegter Folge (*successive beneficiaries*). Dabei kann er sowohl von dem Gedanken geleitet sein, die Versorgung seiner Familie sicherzustellen als auch das Ziel vor Augen haben, das trust property vor einem Ausverkauf zu schützen und so in Familienhand zu halten. Dementsprechend kann der trust auch funktional vergleichbar einer reinen Unterhaltsstiftung ausgestaltet sein.[1539]

(3) The Rule against Perpetuities
Die Vermögensbindung im familiären Bereich durch den private trust[1540] findet eine zeitliche Begrenzung durch die dem Common Law entstammende *Rule against Perpetuities*.[1541] Demnach ist er bei seiner Errichtung auf einen solchen

---

weitere Möglichkeit zu schaffen, um ein Zweckvermögen juristisch personifizieren zu können, vgl. hierzu *Richter/Sturm*, RIW 2004, 346–351 (S. 346 ff.); *Rebsch*, Die Europäische Stiftung, S. 122.

1535 *Edwards/Stockwell*, Trusts and Equity, S. 68.
1536 Siehe hierzu *Thomas/Hudson*, The Law of Trusts, S. 187 ff. Rn. 8.01 ff.; ausführlicher zur diesbezüglich relevanten Rule against Perpetuities unter D.X.1.d.b)(3).
1537 Zur deutschen Stiftungsaufsicht bereits C.V.1.
1538 Siehe *Luxton*, The Law of Charities, S. 431 ff. Rn. 10.27 ff.
1539 Zu den vielfältigen Gestaltungsvarianten *Baxendale-Walker*, Purpose Trusts, S. 90 ff. Rn. 2.128 ff.
1540 Die Rule against Perpetuities ist dagegen nicht auf den charitable trust anwendbar, *Edwards/Stockwell*, Trusts and Equity, S. 127; zu weiteren Ausnahmen *Mowbray/Tucker/Le Poidevin/Simpson/Brightwell*, Lewin on Trusts, S. 161 f. Rn. 5–92.
1541 Daneben findet sich der Begriff *Rule Against Remoteness of Vesting*, vgl. hierzu *Thomas/Hudson*, The Law of Trusts, S. 190 Rn. 8.10; die Anwendbarkeit der Rule against

Zeitraum zu begrenzen, der sich nach der Lebensdauer des letzten im Zeitpunkt der Errichtung des trust lebenden Begünstigten und weiteren 21 Jahren bemisst.[1542] Verstößt der trust gegen diese Regel, so ist er nichtig.[1543] Faktisch ergibt sich hieraus im Regelfall eine Vermögensbindung zwischen 75 und 100 Jahren.[1544]

Abweichend von den Vorgaben der Rule against Perpetuities des Common Law kann der settlor einen private trust für einen bestimmten Zeitraum errichten, der jedoch 80 Jahre nicht überschreiten darf, s. 1 *Perpetuities and Accumulations Act 1964*. In einem solchen Fall kommt es nicht zur Anwendung der Rule against Perpetuities, sondern der trust endet automatisch mit Ablauf der gewählten Dauer. Dabei kann der Perpetuities and Accumulations Act 1964 auf all solche private trusts Anwendung finden, die nach dem 15. Juli 1964, jedoch vor dem 6. April 2010 errichtet worden sind. Denn an letzterem Datum ist der *Perpetuities and Accumulations Act 2009* in Kraft getreten, der weitere Reformen hinsichtlich der Rule against Perpetuities gebracht hat.[1545] Demnach gilt nun innerhalb seines Anwendungsbereiches eine einheitliche Höchstdauer für Vermögensbindungen

---

Perpetuities auf den trust wurde festgestellt in *Duke of Norfolk's Case* (1683) 3 Ch Cas 1; zur Abgrenzung von der *Rule against Inalienability* (*Lloyd v Lloyd*) (1852) 2 Sim. (N.S.) 255) siehe *Mowbray/Tucker/Le Poidevin/Simpson/Brightwell*, Lewin on Trusts, S. 165 Rn. 5–98; ausführlich zur Rule against Perpetuities *Morris/Leach*, The Rule against Perpetuities.

1542 Zum praktischen Hintergrund dieser Regel und des in ihr festgesetzten Zeitraums *Dukeminier/Krier*, UCLA L-Rev. 50 (2003), 1303–1343 (S. 1309).

1543 Die klassische Beschreibung der Rule against Perpetuities des Common Law stammt aus dem Fall *Re Thompson* [1906] 2 Ch 199, 202: „The rule against perpetuities requires that every estate or interest must vest, if at all, not later than 21 years after the determination of some life in being at the time of the creation of such estate or interest, and not only must the person to take be ascertained, but the amount of his interest must be ascertainable within the prescribed period. Or the rule my be stated thus: A grant or other limitation of any estate or interest to take effect in possession or enjoyment at a future time, and which is not, from the time of its creation, a vested estate or interest, will be void ab initio if, at the time when the limitation takes effect, there is a possibility that the estate or interest limited will not vest within the period of a life or lives then being, or within a further period of 21 years thereafter."

1544 So Richter/Wachter-*Cutbill/Sturm*, S. 838 Rn. 34.

1545 Ausführlich zu dessen Regelungsgehalt *Thomas/Hudson*, The Law of Trusts, S. 199 ff. Rn. 8.37 ff.

von 125 Jahren, ss. 1, 5 Perpetuities and Accumulations Act 2009.[1546] Faktisch bestehen nunmehr also drei parallele Regelungsregime hinsichtlich der zeitlichen Höchstdauer von Vermögensbindungen.

(4) The Rule against Excessive Accumulations
Eine weitere, private trusts beschränkende Regelung ist die so genannte *Rule against Excessive Accumulations*, die im Common Law mit der Rule against Perpetuities stets Hand in Hand gegangen ist. Demnach durfte die Thesaurierung von Erträgen eines Vermögens unter Ausschluss von deren Ausschüttungen nur solange angeordnet werden, wie der Anspruch auf das Vermögen selbst hinausgeschoben werden konnte.[1547] Daneben finden sich weitere diesbezügliche Einschränkungen in ss. 164–166 *Law of Property Act 1925* und s. 13 Perpetuities and Accumulations Act 1964.[1548] Jüngst hat dabei auch die Rule against Excessive Accumulations ebenso wie die Rule against Perpetuities eine Neuregelung durch den Perpetuities and Accumulations Act 2009 erfahren. Soweit dieser Anwendung findet[1549], gilt nunmehr auch für die Anordnung der Thesaurierung von Vermögenserträgen die einheitliche Höchstdauer von 125 Jahren, vgl. s. 13 Perpetuities and Accumulations Act 2009. Strengere Regelungen gelten jedoch für charitable trusts, deren Zweck es ja gerade sein soll, ihre Erträge zugunsten wohltätiger Zwecke auszuschütten, vgl. s. 14 Perpetuities and Accumulations Act 2009.

(5) The Rule in Saunders v Vautier
Eine der Rule against Perpetuities und der Rule against Excessive Accumulations ähnliche Wirkung auf die Begrenzung von private trusts hat die Rule in *Saunders v Vautier*.[1550] Demnach kann ein voll geschäftsfähiger beneficiary vom trustee die Auflösung des trust und die Herausgabe des trust property verlangen, wenn es niemanden gibt, der zeitlich nach ihm Inhaber des equitable interest werden soll. Dies gilt auch dann, wenn der settlor die Schlussverteilung des trust property auf einen späteren Zeitpunkt festgesetzt hat.[1551]

1546 Unklar ist dabei, weshalb auch die Bestimmung einer kürzeren Dauer als 125 Jahre unzulässig sein soll (vgl. s. 5 (1), (2) Perpetuities and Accumulations Act 2009), hierzu *Thomas/Hudson*, The Law of Trusts, S. 199 Rn. 8.38 Fn. 125.
1547 *Thellusson v Woodford* (1805) 11 Ves 112.
1548 Zu den Einzelheiten siehe *Thomas/Hudson*, The Law of Trusts, S. 222 f. Rn. 8.108 f.
1549 Zum zeitlichen Anwendungsbereich bereits D.X.1.d.b)(3).
1550 (1841) 4 Beav 115.
1551 Ausführlich *Thomas/Hudson*, The Law of Trusts, S. 225 f. Rn. 8.115 ff.

c) **Entail**

Das englische Recht kennt bis heute den dem Fideikommiss funktional vergleichbaren *entail* (oder auch *entailed interest*). Dieser ist in der Vergangenheit von größter Bedeutung für die Nachlassgestaltung des Familienbesitzes gewesen. Insbesondere Grund und Boden konnten mit seiner Hilfe über Jahrhunderte im Besitz einzelner Familien zusammengehalten werden.[1552] Gleichwohl ist er in jüngerer Zeit in seiner Bedeutung insbesondere aufgrund der gewandelten gesellschaftlichen Rahmenbedingungen deutlich herabgesunken.[1553] Bis zum Jahre 1925 war der entail noch als *legal estate* (gesetzliches Eigentumsrecht) anerkannt, nach Wirksamwerden des *Law of Property Act 1925* konnten entails bereits nur noch als *equitable interests* bestehen und nach 1996 dürfen nunmehr keine neuen entails mehr geschaffen werden, s. 2 (1) *The Trusts of Land and Appointment of Trustees Act 1996*.[1554] In dieser Entwicklung kommt deutlich zum Ausdruck, dass das moderne englische Recht die freie Übertragbarkeit und den ungehinderten Verkehr von Eigentum anstrebt und fördert.[1555]

e. USA

Ebenso wie in England ist der trust auch in den USA eines der wesentlichen Rechtsinstrumente der Nachlass- und Vermögensgestaltung. Dieser eröffnet die Möglichkeit für den settlor, mehrere Generationen an einem Vermögen zu beteiligen und dabei auch die Versorgung einer bestimmten Personengruppe durch einen private beziehungsweise dynasty trust sicherzustellen.

a) **Gesellschaftliche und wirtschaftliche Bedeutung**
Die USA gelten als Beispiel eines vorbildlichen Stiftungswesens und Mutterland der Philanthropie.[1556] Schon allein die reine Zahl und finanzielle Potenz der

---

1552 In seiner rechtlichen Ausgestaltung geht es insbesondere auf das Statute of Westminster II aus dem Jahre 1285 mit dem Titel „*De Donis Conditionalibus*" zurück, zur Geschichte des entail ausführlich *Burn/Cartwright*, Modern Law of Real Property, S. 481 ff.
1553 Hierzu *B. Bayer*, Sukzession und Freiheit, S. 187 ff.
1554 Gleichwohl bleiben vorher geschaffene entails nach Maßgabe des Law of Property Act 1925 bestehen, s. 2 (2) The Trusts of Land and Appointment of Trustees Act 1996; ausführlich *Sherrin/Barlow/Wallington/Meadway/Waterworth*, Williams on Wills I, S. 780 ff. Rn. 84.1 ff.
1555 *Edwards/Stockwell*, Trusts and Equity, S. 127.
1556 Zur gesellschaftlichen Bedeutung des Stiftungswesens in den USA ausführlich *Schlüter*, Stiftungsrecht zwischen Privatautonomie und Gemeinwohlbindung, S. 127 ff.

amerikanischen Stiftungen beeindruckt. Nach den letzten Berechnungen des Foundation Center in New York aus dem Jahre 2007 bestanden in den USA zu diesem Zeitpunkt rund 75.000 gemeinnützige Stiftungen mit einem verwalteten Vermögen in der Größenordnung von 682 Mrd. USD.[1557] Für weltweite mediale Aufmerksamkeit sorgt dabei immer wieder die Stiftung enormer Vermögenssummen zu gemeinnützigen Zwecken, man denke etwa an die Gates Foundation, der Microsoft-Gründer Bill Gates im Jahre 1998 noch eine Zustiftung in Höhe von 3,3 Mrd. USD zukommen lies und die damit nun ein Vermögen von etwa 26 Mrd. USD verwaltet.[1558] Gleichwohl können über die Anzahl der in den USA zur Regelung von Erbfolgen gegründeten trusts – welche insoweit mit deutschen Familienstiftungen vergleichbar wären – nur wenig detaillierten Aussagen getroffen werden. Denn für sie bestehen keine vergleichbaren Publizitätspflichten, wie etwa für deutsche, gemeinnützige Stiftungen. Gleichwohl ist wohl vom Bestehen vieler tausend derartiger trust-Konstruktionen auszugehen.[1559]

b) Rechtliche Ausgestaltung

Das trust-Recht in den USA entspricht in seiner wesentlichen Ausgestaltung noch heute dem englischen Recht. Im Jahre 1776 hatten die nordamerikanischen Bundesstaaten das Common Law nach seinem Stand am Tag der Unabhängigkeitserklärung übernommen. Gleichwohl bestanden zunächst noch erhebliche Schwierigkeiten für die Entwicklung des trust-Rechts, da sich die Übernahme des englischen Rechts nicht auf das Recht der Equity bezog. Dieses erschien den republikanischen Amerikanern suspekt, da es letztlich auf einer Prärogative des Königs beruhte, die ihm das Recht gab, sich „for the sake of charity" über das Common Law hinwegzusetzen. Erst allmählich gingen die Bundesstaaten aufgrund des Drucks praktischer Bedürfnisse dazu über, ihren Gerichten die Anwendung des Equity-Rechts und damit auch des trust-Rechts zu gestatten.[1560] Dabei hat sich das trust-Recht Englands und der USA bis heute im Wesentlichen einheitlich entwickelt und weicht nur für Spezialfragen – dann mitunter jedoch erheblich – voneinander ab.[1561]

1557 http://foundationcenter.org/findfunders/statistics/pdf/02_found_growth/2007/04_07.pdf (zuletzt abgerufen am 10.7.2010).
1558 Hierzu *Toepler*, Stiftungen in Theorie, Recht und Praxis, S. 977–985 (977 f.).
1559 *Dukeminier/Krier*, UCLA L-Rev. 50 (2003), 1303–1343 (S. 1315 f.); vgl. auch Richter/Wachter-*Siegel Haum*, S. 1494 ff.
1560 *Kötz*, Trust und Treuhand, S. 24; vgl. auch Restatement of Trusts I, Intro. Note, S. 3.
1561 *Sieker*, Der US-Trust, S. 7; *Holdsworth*, L.Q.Rev. 56 (1940) 405–407 (S. 405).

Zu beachten bleibt, dass trust-Recht in den USA jeweils Recht des einzelnen Bundesstaates ist und daher 50 verschiedene Trustrechte bestehen, die sich jedoch in den meisten Fragen entsprechen. Hieran sollen sich auch die folgenden Ausführungen orientieren und insbesondere die Abweichungen des US-amerikanischen trust-Rechts vom englischen Recht beschreiben, welche für die Verwendung des trust als Mittel zur dauerhaften Vermögensbindung zugunsten einer Familie bestehen.[1562] Diese zeigen sich im Wesentlichen in der unterschiedlichen Ausgestaltung der zeitlichen Beschränkungen von private trusts.

(1) The Rule against Perpetuities
Ebenso wie im englischen Recht gilt für US-amerikanische private trusts in zeitlicher Hinsicht die Rule against Perpetuities. Diese entspricht im Wesentlichen dem englischen Vorbild[1563] und hatte sich in den USA zeitweise den Statuts eines „sanctum sanctorum" des Rechts erworben[1564]. Im Laufe der Zeit war sie in den meisten Bundesstaaten kodifiziert worden.[1565] 1986 hatte dann die *NCCUSL* (*The National Conference of Commissioners on Uniform State Laws*) die *Uniform Statutory Rule against Perpetuities* aufgestellt, die von etwa der Hälfte der US-Bundesstaaten übernommen wurde, jüngst in 2010 von New York und den Virgin Islands.[1566] Demnach können private trusts für einen vorher festgelegten Zeitraum von bis zu 90 Jahren[1567] errichtet werden, ohne dass eine Unwirksamkeit entsprechend der ursprünglichen Rule against Perpetuities verwirkt wird.[1568]

1562 Für eine ausführliche Darstellung des US-amerikanischen trust-Rechts siehe etwa *McGovern/Kurtz*, Wills, Trusts and Estates, S. 34; Richter/Wachter-*Siegel Haum*, S. 1443 ff.; Restatement of Trusts I, II.
1563 „No interest in property shall be valid unless it must vest, if at all, not later than twenty-one years after one or more lives in being at the creation of the estate and any period of gestation involved.", vgl. *McGovern/Kurtz*, Wills, Trusts and Estates, S. 450 (m.w.N.).
1564 *Leach*, Law of Wills, S. 203.
1565 Zur diesbezüglichen Entwicklung siehe *McGovern/Kurtz*, Wills, Trusts and Estates, S. 445 ff.; *Leach*, Law of Wills, S. 204.
1566 *McGovern/Kurtz*, Wills, Trusts and Estates, S. 467; weitere Informationen unter: http://www.nccusl.org/nccusl/uniformact_factsheets/uniformacts-fs-usrap.asp (zuletzt abgerufen am 10.7.2010).
1567 90 Jahre sollen dabei der durchschnittlich von der *Wait-And-See-Doctrine* zugestandenen Höchstdauer eines trusts entsprechen, *Dukeminier/Krier*, UCLA L-Rev. 50 (2003), 1303–1343 (S. 1308); zur Wait-And-See-Doctrine *McGovern/Kurtz*, Wills, Trusts and Estates, S. 465 (m.w.N.).
1568 § 1(a)(2) Uniform Statutory Rule Against Perpetuities.

Wie schon in England gelten die Beschränkungen der Rule against Perpetuities nicht für charitable trusts.[1569]

In jüngerer Zeit haben weitere Reformen zu einer Lockerung oder gar vollständigen Abschaffung der Rule against Perpetuities in einigen Bundesstaaten geführt.[1570] Da es sich hierbei um einen Bereich handelt, der in die Gesetzgebungszuständigkeit der einzelnen Bundesstaaten fällt, bestehen nunmehr in den USA zum Teil erhebliche regionale Unterschiede hinsichtlich der zeitlichen Höchstdauer von private trusts:

Einige Bundesstaaten haben die Höchstlaufzeit von private trusts erheblich verlängert, indem sie die Zeitspanne der Rule against Perpetuities ausgedehnt haben. So ist in Wyoming und Utah nunmehr eine trust-Laufzeit von maximal 1000 Jahren, in Nevada von 365 Jahren, in Florida von 360 Jahren und in Washington von 150 Jahren zulässig. Andere Bundesstaaten haben die Rule against Perpetuities dagegen gleich vollständig abgeschafft und lassen private trusts nunmehr zeitlich unbeschränkt zu.[1571] Als dritte Variante sehen einzelne Bundesstaaten eine optout-Regelung vor, nach welcher im trustagreement ausdrücklich aufgeführt werden kann, dass die Rule against Perpetuities auf den trust keine Anwendung finden soll.[1572] Für diesen Niedergang der Rule against Perpetuities und den damit verbundenen Aufstieg der perpetual/dynasty trusts gibt es im Wesentlichen zwei Gründe, die Steuergesetzgebung des Bundes und die Konkurrenz zwischen den einzelnen Bundesstaaten im Wettbewerb um den Zufluss von Finanzkapital.

Bis 1976 konnte die 1916 eingeführte *Federal-Estate-Tax (FET)* auf Vermögen, das im Todesfall übertragen wird, vermieden werden, indem der Erblasser einen trust zugunsten seiner Nachkommen errichtet hat.[1573] Dieses Schlupfloch hat der US-Kongress im Jahre 1976 mit Einführung der so genannten *Generation-Skipping-Transfer-Tax (GSTT)* geschlossen, die grundsätzlich mit

---

1569 Restatement of Trusts II, § 47 Comment a., S. 222.
1570 Ausführlich *McGovern/Kurtz*, Wills, Trusts and Estates, S. 465 ff.; *Dukeminier/Krier*, UCLA L-Rev. 50 (2003), 1303–1343 (S. 1304) sprechen von „The Fall of the Rule Against Perpetuities".
1571 Alaska, Arizona, Colorado, Delaware, Idaho, Illinois, Maine, Maryland, Missouri, Nebraska, New Hamshire, New Jersey, Ohio, Rhode Island, South Dakota, Virginia und Wisconsin, vgl. *Dukeminier/Krier*, UCLA L-Rev. 50 (2003), 1303–1343 (S. 1310 ff.); Richter/Wachter-*Siegel Haum*, S. 1463 Rn. 62.
1572 Eine solche Regelung sieht etwa das Recht von Illinois vor, Richter/Wachter-*Siegel Haum*, S. 1463 Rn. 62.
1573 *Dukeminier/Krier*, UCLA L-Rev. 50 (2003), 1303–1343 (S. 1312).

Beendigung des trust anfällt.[1574] In der Folge haben die einzelnen Bundesstaaten die Laufzeit der nach ihrem jeweiligen Recht gegründeten trusts verlängert. Dies geschah dabei nicht vorrangig, um einer bestimmten wohlhabenden Personengruppe die Möglichkeit zu geben, langfristig ihre Nachkommen an den eigenen Willen zu binden, sondern in der Hauptsache, um dieser Klientel eine Möglichkeit anzubieten, die GSTT zu vermeiden und sich selbst im Konkurrenzkampf zwischen den Bundesstaaten um privates Kapital eine gute Ausgangslage zu verschaffen. In der Folge sind nach Schätzungen bereits mehrere 1000 derartige dynasty/perpetual trusts errichtet worden.[1575] Die weitere Entwicklung dieser noch recht neuen Trusterscheinung dürfte stark von der zukünftigen steuerlichen Gesetzgebung des Bundes abhängen. Die weitere Erhebung der FET und der GSTT über das Jahr 2010 hinaus stand zwar zur Debatte.[1576] Der *Tax Relief, Unemployment Insurance Reauthorisation, and Job Creation Act 2011* sieht jedoch nunmehr eine fortgesetzte Erhebung dieser Steuern mit einem Steuersatz von 35% bei einem Freibetrag von 5 Millionen USD bis einschließlich 2012 vor. Anschließend soll der Steuersatz zwischen 41–45% bei einem Freibetrag von 1 Million USD liegen. Dementsprechend ist davon auszugehen, dass das Interesse an dynasty/perpetual trusts zunehmen wird, um das Anfallen dieser Steuern zu vermeiden.

(2) The Rule in Saunders v Vautier
Ein weiterer Unterschied zwischen englischem und US-amerikanischem trust-Recht zeigt sich hinsichtlich der englischen Rule in *Saunders v Vautier*, die in den USA so nicht gilt.[1577] Zwar sind einige Gerichte dieser Entscheidung gefolgt, gleichwohl ist der gültige US-Grundsatz, dass Verfügungsbeschränkungen des Erblassers in vollem Umfang Wirkung haben.[1578] Dementsprechend ist die vorzeitige Auflösung eines trusts nur dann zulässig, wenn dadurch nicht derjenige Zweck vereitelt wird, den der Erblasser mit dem Aufschieben des Zeitpunktes der Schlussverteilung bezweckt hat. Ist dies nicht der Fall, können die Begünstigten den trust allerdings einvernehmlich beenden.[1579]

1574 Zur GSTT etwa Richter/Wachter-*Siegel Haum*, S. 1469 ff. Rn. 89 ff.
1575 Ausführlich *Dukeminier/Krier*, UCLA L-Rev. 50 (2003), 1303–1343 (S. 1312 ff.).
1576 Vgl. *Dukeminier/Krier*, UCLA L-Rev. 50 (2003), 1303–1343 (S. 1342 f.).
1577 Zur Rule in *Saunders v Vautier* siehe D.X.1.d.b)(5).
1578 Clafin v. Calfin, 149 Mass. 19, 22–24, 20 N.E. 454, 455–456 (1889).
1579 Dabei können Bedenken des settlors hinsichtlich der Fähigkeit des Begünstigten zur Vermögensverwaltung, hinsichtlich seiner Urteilsfähigkeit oder seines persönlichen Reifegrades wesentliche Zwecksetzungen des trust sein und einer Beendigung

c) Fee Tail

Auch das amerikanische Recht kennt die Rechtsfigur des entail, allerdings unter dem Begriff *fee tail*. Diese wurde von englischen Siedlern in die US-amerikanischen Kolonien nach dem Vorbild der entails eingeführt, um dort vergleichbare aristokratische Gesellschaftsstrukturen zu etablieren, wie in der Heimat.[1580] Dementsprechend konnte sich das Rechtsinstitut des fee tail nach der Unabhängigkeit der USA und dem Übergang zu einer republikanisch verfassten Gesellschaftsordnung im Wesentlichen nicht halten. Schon 1776 ist es dementsprechend in Virginia und 1782 in New York abgeschafft worden.[1581] Gleichwohl existiert es noch heute in einzelnen US-Bundesstaaten, wenn auch nicht in seiner ursprünglichen, sondern nur in abgeschwächter Form.[1582] Es bestehen insbesondere weitreichende Möglichkeiten, das fee tail als unverfügbares Gut wieder in frei verfügbares Vermögen umzuwandeln.[1583] Eine dauerhafte Vermögensbindung mithilfe von fee tails ist in den USA dementsprechend nicht mehr möglich.

f. Vergleich

Es hat sich gezeigt, dass in den untersuchten ausländischen Rechtsordnungen das Stiftungswesen von erheblicher gesellschaftlicher und wirtschaftlicher Bedeutung ist. So hat zum einen die fortschreitende, gesteigerte Bedeutung des Dritten Sektors dazu geführt, dass dem Stiftungsrecht eine erhöhte Aufmerksamkeit zuteil wurde. Zum anderen ist aber auch ein Wettbewerb unter den Rechtsordnungen erkennbar, ein attraktives Stiftungsrecht anzubieten, um so Kapital im Inland zu halten und nach Möglichkeit aus dem Ausland anzuziehen. Vor allem hierin dürfte einer der Hauptgründe für die Erneuerungen der stiftungsrechtlichen Regelungen in den untersuchten ausländischen Rechtsordnungen liegen. Deutlich erkennbar wird dies etwa im Falle Liechtensteins, wo das Stiftungswesen sogar der entscheidende Sektor des dortigen Finanzgewerbes sein dürfte. Daneben werden jedoch auch in den anderen untersuchten Volkswirtschaften hohe dreistellige Milliardenbeträge von Stiftungen verwaltet.

---

durch die Begünstigten entgegenstehen, Restatement of Trusts II, § 65 Comment d., e., S. 487 ff.
1580 *Chase*, Property Law, S. 235.
1581 Vgl. *Friedman*, A History of American Law, S. 210.
1582 Insbesondere Delaware, Maine, Massachusetts und Rhode Island kennen noch das fee tail, *Donahue/Kauper/Martin*, Property, S. 391.
1583 Siehe zu den einzelnen bundesstaatlichen Ausgestaltungen *Donahue/Kauper/Martin*, Property, S. 391; *Casner/Leach*, Cases and Text on Property, S. 217.

Hinsichtlich der Zulässigkeit von reinen Unterhaltsstiftungen zeigt sich letztlich kein einheitliches Bild. Vielmehr sind im Vergleich der untersuchten Rechtsordnungen erhebliche Unterschiede hinsichtlich der Anforderungen an den Stiftungszweck festzustellen. Für das deutsche Stiftungsrecht mag diesbezüglich von einer relativen stifterlichen Zweckfreiheit gesprochen werden.[1584] Im internationalen Vergleich erscheint diese gleichwohl als moderat, obwohl die untersuchten Rechtsordnungen alle ein Bewusstsein für die mit dauernden Vermögensverewigungen verbundenen Probleme erkennen lassen. Dem bestehenden Spannungsverhältnis zwischen Ewigkeitsbindung und Gestaltungsfreiheit nehmen sie sich jeweils auf unterschiedliche Weise an. So lässt Liechtenstein reine Unterhaltsstiftungen vollumfänglich und schrankenlos zu, um sich im internationalen Wettbewerb weiterhin als bevorzugter Standort für internationale Nachfolge- und Vermögensplanungen profilieren zu können. Die Schweiz und Österreich sehen dagegen Beschränkungen für reine Unterhaltsstiftungen vor. Erstere erlaubt generell die Errichtung von Familienstiftungen nur, um die begünstigten Personen in besonderen Bedürfnissituationen zu unterstützen. Reine Unterhaltsstiftungen sind dagegen nicht zulässig. Anders ist die Rechtslage in Österreich, welche insoweit nicht unwesentlich vom liechtensteinischen Stiftungsrecht beeinflusst wurde, als 1993 das PSG in Kraft getreten ist und hierdurch das Errichten von nicht gemeinnützigen Privatstiftungen ermöglicht wurde. Seitdem können in Österreich reine Unterhaltsstiftungen (Versorgungsstiftungen) begründet werden, obgleich sie einer zeitlichen Beschränkung auf 100 Jahre unterliegen, einem Zeitraum, der nach Ablauf noch einmal um weitere 100 Jahre verlängert werden kann, soweit dies alle Letztbegünstigten einstimmig beschließen. Im Unterschied zum deutschen Recht, das im Leitbild von der Stiftung als einer dauerhaften Vermögenswidmung ausgeht, kommen diese beiden freizügigen Stiftungsrechte Österreichs und Liechtensteins dem Gestaltungswillen des Stifters in einem weiteren Punkt erheblich entgegen. Beide ermöglichen es diesem, sich weitgehende Zweckänderungs- und Widerrufsrechte vorzubehalten. Der Stifter ist dort nicht gezwungen, sein Vermögen tatsächlich endgültig aus der Hand zu geben, sondern kann sich Zeit seines Lebens einen ganz erheblichen Einfluss auf den Bestand der Stiftung sichern. Auch in der Schweiz hat der Stifter seit dem Jahr 2006 die Möglichkeit, sich zumindest das Recht zur Änderung des Stiftungszwecks vorzubehalten.

Die Trustmodelle der untersuchten Staaten des angelsächsischen Rechtskreises, England und den USA, unterscheiden sich schon in ihrer Rechtsform von

---

1584 So etwa MünchHdbGesR-*Jakob*, § 119 Rn. 29.

der deutschen Stiftung, da sie selbst keine Rechtspersönlichkeit haben. Gleichwohl wird hier die Rechtsfigur Stiftung funktional im Wesentlichen durch den trust und die Familienstiftung durch den private trust ersetzt. Daneben kennt das englische Recht mit der charitable company als Ersatzform des charitable trust noch eine Art Stiftungsgesellschaft mit beschränkter Haftung. Die beiden angloamerikanischen Rechtsordnungen lassen die Errichtung von so genannten dynasty/perpetual trusts zu, welche den kontinentaleuropäischen reinen Unterhaltsstiftungen entsprechen. Diese sind jedoch zeitlich durch die so genannte Rule against Perpetuities beschränkt, welche Trustkonstruktionen im praktischen Regelfall auf einen Bestandszeitraum von 75 bis 100 Jahren beschränkt. In jüngerer Zeit zeigen sich jedoch Tendenzen zur Aufweichung oder gar vollständigen Abschaffung der Rule against Perpetuities. So brachte der Perpetuities and Accumulation Act 2009 in England eine Ausdehnung der zeitlichen Höchstdauer für nach dem 5.4.2010 errichtete trusts auf 125 Jahre. Noch weitergehend ist die Entwicklung in einigen US-Bundesstaaten, die mitunter Laufzeiten für private trusts von 150, 360 oder 1000 Jahren kennen. Noch weitergehend lässt eine nicht unerhebliche Zahl von ihnen sogar schon zeitlich unbeschränkte private trusts zu. Hintergrund dieser Entwicklung in den USA ist dabei der Versuch, durch die zeitlich unbeschränkte Zulassung mit dem private trust ein Instrument zur Umgehung der so genannten Generation-Skipping-Transfer-Tax anzubieten, wodurch Kapital angelockt werden soll. Im Ergebnis bietet der private trust im angloamerikanischen Rechtskreis so die Möglichkeit, privatnützige Anliegen bei weitestgehender Gestaltungsfreiheit sehr flexibel und dauerhaft zu verwirklichen.

Die in den einzelnen Rechtsordnungen (noch) geltenden zeitlichen Beschränkungen für Vermögensbindungen im familiären Bereich gehen jeweils mit einem entsprechenden Verbot von Fideikommissen einher. Einzig in Liechtenstein, das auch reine Unterhaltsstiftungen zulässt, können noch Fideikommisse errichtet werden. Dies ist dabei jedoch insoweit konsequent, als es sich bei Liechtenstein um eine konstitutionelle Erbmonarchie handelt. Funktionales Äquivalent des Fideikommisses im angelsächsischen Recht ist das entail in England, beziehungsweise das fee tail in den USA. Dabei dürfen in England seit dem 1.1.1997 keine neuen entails mehr errichtet werden. In den USA kennen zwar noch einige Bundesstaaten wie Deleware, Maine, Massachusetts und Rhode Island das fee tail, allerdings nicht mehr in seiner ursprünglichen Form als Mittel zur dauerhaften Vermögensverewigung. Hier bestehen heute weitreichende Möglichkeiten ein fee tail wieder aufzulösen, so dass eine wirksame und dauerhafte Vermögensbindung mit Hilfe dieser Rechtsfigur nicht mehr möglich ist.

Insgesamt hat sich gezeigt, dass die untersuchten Rechtsordnungen ein ausgeprägtes Bewusstsein für die mit Vermögensverewigungen verbundenen Fragen aufweisen. Die rechtlichen Ausgestaltungen in diesem Bereich sind umfangreich und von hoher Komplexität. Im Rahmen der jüngeren Reformdiskussionen in Österreich und der Schweiz ist die Vorsicht der Gesetzgeber deutlich geworden, künftig diesbezügliche rechtliche und auch gesellschaftliche Verwerfungen zu vermeiden. So hat insbesondere die Schweiz bei der Reform ihres Stiftungsrechts am grundsätzlichen Verbot von Familienfideikommissen und der nur eingeschränkten Zulässigkeit von Familienstiftungen festgehalten, obwohl vor der Reform des Stiftungsrechts im Jahre 2004 die Abschaffung des Art. 335 II ZGB gefordert worden war, um „liechtensteinische Verhältnisse" herzustellen und die Verlagerung großer Vermögen ins Ausland zu verhindern.[1585] Selbst das österreichische PSG, obwohl es sicherlich als ein sehr liberales Stiftungsgesetz zu bezeichnen ist, enthält eine zeitliche Beschränkung für Versorgungsstiftungen von grundsätzlich 100 Jahren und weist so eine mit der Rule against Perpetuities des Common Law vergleichbare Regelung auf. Gleichwohl kann aktuell im internationalen Rechtsvergleich für das Stiftungsrecht kein harmonisches Bild mehr gezeichnet werden. Insbesondere das Beispiel der USA verdeutlicht, mit welcher Leichtigkeit aktuell jahrhundertealte Rechtsgrundsätze wie die Rule against Perpetuities zugunsten vermeintlicher finanzieller Vorteile außer Kraft gesetzt werden.[1586] Im Wettbewerb der Rechtsordnungen um das international sehr mobile Kapital zeigt sich hier eine deutliche Tendenz zugunsten von dauerhaften Vermögensverewigungen. Diesbezüglich zurückhaltendere Rechtsordnungen wie die Schweiz mögen so im Vergleich als etwas angestaubt erscheinen. Gleichwohl sollten gerade sie für Deutschland Vorbild sein.[1587] Denn die zukünftigen Folgewirkungen der Versteinerung von Privatvermögen zugunsten Weniger sind heute konkret kaum absehbar, vor allem vor dem Hintergrund eines potentiell ewigen Bestandes der Vermögensmassen. Gleichwohl dürften sie am Ende aber zu vergleichbaren sozialen Spannungen führen, wie einst das Fideikommiss, auf

---

1585 Vgl. MüKo-*Reuter*, Vor § 80 Rn. 147.
1586 Ähnliches gilt etwa für Irland, das jüngst die Rule against Perpetuities abgeschafft hat, Art. 16 Land and Conveyancing Law Reform Act 2009. Interessanterweise ist im gleichen Rechtsakt die Neuer-richtung von entails verboten worden, vgl. Art. 13.
1587 So waren in diesem Punkt die schweizerische und die deutsche Regel Vorbild für das ägyptische Stiftungsrecht, siehe *Kemke*, Privatautonome Rechtsgestaltung im modernen Staat, S. 463.

dessen Vergleichbarkeit mit der reinen Unterhaltsstiftung bereits an anderer Stelle eingegangen worden ist.[1588]

2. Unterhaltstiftung im Kollisionsrecht (Internationales Privatrecht)

Die fortschreitende Globalisierung führt nicht nur zu vermehrten internationalen Betätigungen auf dem Feld der Unternehmen, sondern gleichsam zu einer gesteigerten grenzüberschreitenden Aktivität von Stiftungen. So können etwa die Stiftungszwecke nicht nur im Inland, sondern auch im Ausland verfolgt werden und eine entsprechende Mittelvergabe über nationale Grenzen hinweg erfolgen. Denkbar ist auch eine Vermögensanlage im Ausland. Für (reine) Unterhaltsstiftungen kommt daneben auch eine umgekehrte Überlegung in Betracht, nämlich zwar vornehmlich im Inland tätig zu werden, sich hierzu jedoch einer Stiftung ausländischen Rechts zu bedienen.[1589] In jedem dieser Fälle mit Auslandsberührung stellt sich entsprechend die Frage nach der maßgeblichen Rechtsordnung und dem anwendbaren Recht.[1590] Im Folgenden sollen die für die (reine) Unterhaltsstiftung maßgeblichen kollisionsrechtlichen Aspekte und das Stiftungsstatut dargestellt werden.

a. Staatsverträge

Gemäß Art. 3 EGBGB gehen völkerrechtliche Vereinbarungen den Regeln des autonomen deutschen IPR vor. Für Stiftungen können dabei sowohl multi- als auch bilaterale Staatsverträge von Bedeutung sein.

a) Multilaterale Staatsverträge

Als Staatsverträge mit Bezug zu Stiftungen sind vier (potentielle) Abkommen zu nennen: das *Haager Anerkennungsabkommen über die Anerkennung von ausländischen Gesellschaften, anderen Personenverbindungen und Stiftungen* vom 1.6.1956[1591], das *Haager Trust-Abkommen* vom 1.7.1985[1592], das *EWG Anerkennungsübereinkommen über die gegenseitige Anerkennung von Gesellschaften und*

1588 Siehe D.VI.2.b.
1589 *Leible*, FS O. Werner, S. 256–274 (256 f.).
1590 Dem IPR kommt dabei diesbezüglich die Koordinierungsfunktion zu, *Thorn*, Koordinierung von Privatrechtsordnungen, S. 1.
1591 Text der Art. 1–9 als französische Fassung abgedruckt in RabelsZ 17 (1952), S. 270–272.
1592 Text abgedruckt in IPRax 1987, S. 55–58.

juristischen Personen vom 29.2.1968[1593] sowie die *Konvention des Europarates über die Anerkennung von Nicht-Regierungsorganisationen* vom 24.4.1986[1594]. Gleichwohl entfaltet zunächst keines von ihnen Bedeutung für deutsche reine Unterhaltsstiftungen. Das Haager Anerkennungsabkommen[1595] sowie das EWG Anerkennungsübereinkommen[1596] sind schon nicht in Kraft getreten, der Europarats-Konvention über die Anerkennung von Nichtregierungsorganisationen und dem Haager Trust-Abkommen ist Deutschland nicht beigetreten. Damit ist zunächst keiner dieser multilateralen Staatsverträge unmittelbar anwendbares innerstaatliches Recht im Sinne von Art. 3 EGBGB geworden.[1597] Gleichwohl ist eine Anwendung der beiden letzteren Abkommen auch auf deutsche Stiftungen nicht a priori ausgeschlossen. Soweit etwa das autonome deutsche IPR auf das Recht eines anderen Staates verweist, ist gemäß Art. 4 I 1 EGBGB im Sinne des dort normierten, den internationalen Entscheidungseinklang fördernden Grundsatzes der Gesamtverweisung[1598] auch dessen Internationales Privatrecht anzuwenden, sofern dies nicht dem Sinn der Verweisung widerspricht. Dementsprechend sind bei der Bestimmung des Personalstatuts von juristischen

---

1593 BGBl. 1972 II, S. 300, Zustimmungsgesetz vom 18.5.1972 BGBl. II, S. 369.
1594 ETS Nr. 124; Text in englischer Fassung abrufbar unter http://conventions.coe.int/ Treaty/en/Trea-ties/Html/124.htm (zuletzt abgerufen am 15.11.2011).
1595 Der Entwurf des Abkommens war deutlicher Kritik ausgesetzt. Daher und auch, weil es die mit der Anerkennung von ausländischen juristischen Personen verbundenen Probleme nur unzureichend löst, dürfte es keine Aussicht darauf haben, geltendes Recht zu werden, siehe auch *Schlüter*, Stiftungsrecht, S. 541 f.
1596 Das Abkommen hätte von allen sechs ursprünglichen EWG-Mitgliedern ratifiziert werden müssen. Belgien, Frankreich, Deutschland, Italien und Luxemburg als die fünf Sitztheoriestaaten haben dies getan, der Gründungstheoriestaat Niederlande allerdings nicht, vgl. *Kronke*, Stiftungen in Deutschland und Europa, S. 361–382 (363 f.).
1597 Zu den Einzelheiten des jeweiligen Staatsvertrages, insbesondere zum sachlichen Anwendungsbereich siehe *Schlüter*, Stiftungsrecht, S. 539 ff.; *Kronke*, Stiftungen in Deutschland und Europa, S. 361–382 (363 ff.).
1598 Gegen den Begriff „Gesamtverweisung" wenden sich *Kegel/Schurig*, Internationales Privatrecht, § 10 II, S. 391, wonach der Begriff „IPR-Verweisung" zutreffender sei, da nicht auf die fremde Rechtsordnung in ihrer Totalität verwiesen werde, sondern nur entweder auf das fremde Privatrecht ohne das fremde IPR (dann Sachnorm-Verweisung) oder auf das fre NZG 2012, 1001mde IPR ohne das übrige fremde Privatrecht (dann IPR-Verweisung); konsequenterweise soll nach dieser Ansicht auch der Wortlaut des Art. 4 I 1 EGBGB unrichtig sein, soweit er das fremde IPR „auch" zur Anwendung bringt.

Personen Rück- und Weiterverweisungen zu beachten.[1599] Da es dementsprechend durchaus möglich ist, dass auf diesem Wege einmal die Rechtsordnung eines solchen Staates als Stiftungsstatut zur Anwendung berufen wird, welcher der Konvention des Europarates über die Anerkennung von Nicht-Regierungsorganisationen oder dem Haager Trust-Abkommen beigetreten ist, sollen diese in Kraft getretenen Abkommen in ihrem Regelungsgehalt nachfolgend skizziert werden.

(1) Europarats-Konvention über die Anerkennung von Nichtregierungsorganisationen

Nachdem der Europarat am 24.4.1986 die Konvention über die Anerkennung von Nicht-Regierungsorganisationen[1600] zur Zeichnung ausgelegt hatte, ist diese am 1.1.1991 in Kraft getreten. Beigetreten sind der Konvention bisher Österreich, Belgien, Frankreich, Griechenland, Portugal, Slowenien, die Schweiz sowie das Vereinigte Königreich. Darüber hinaus hat auch Zypern die Konvention unterzeichnet, diese allerdings noch nicht ratifiziert.[1601] Durch die Konvention soll die Arbeit von Nichtregierungsorganisationen[1602] erleichtert werden.

i. Anwendungsbereich

Die Konvention ist gemäß ihrem Art. 1 auf all solche NGOs anwendbar, die folgende vier Voraussetzungen erfüllen: nicht-wirtschaftlicher Zweck im internationalen Interesse (Art. 1 lit. a EKNGO), Gründung nach dem innerstaatlichen Recht eines Vertragsstaates (Art. 1 lit. b EKNGO), Ausübung ihrer Aktivitäten mit Wirkung in zumindest zwei Staaten[1603] (Art. 1 lit. c EKNGO) und satzungsmäßiger Sitz in einem Vertragsstaat sowie Hauptverwaltung und -kontrolle in eben diesem oder in einem anderen Vertragsstaat (Art. 1 lit. d EKNGO). Nicht erfasst vom Wortlaut des Art. 1 EKNGO wird die Rechtsfigur des trust und zwar auch nicht, soweit er von „foundations and other private institutions" spricht.

1599 Palandt-*Thorn*, Anh zu Art. 12 EGBGB Rn. 4; ausführlich zur Bestimmung des Personalstatuts der Stiftung nach autonomem deutschen IPR siehe D.X.2.b.
1600 Im Folgenden EKNGO.
1601 *Gallop*, Handbuch Stiftungen, S. 983–1030 (1007).
1602 In Anlehnung an den Wortlaut der englischen Originalfassung (eine französische Fassung ist gleichsam abrufbar unter http://conventions.coe.int/Treaty/FR/Treaties/Html/124.htm, zuletzt abgerufen am 1.4.2010) soll im Folgenden für Nichtregierungsorganisationen von „NGOs" gesprochen werden.
1603 Diese müssen nicht zwingend Vertragsstaaten sein, vgl. *Schlüter*, Stiftungsrecht, S. 547.

Dies folgt schon aus dem Ziel der Konvention, den NGOs in den jeweiligen Vertragsstaaten zu einer automatischen Anerkennung ihrer Rechtsfähigkeit zu verhelfen, der trust aber gerade keine Rechtspersönlichkeit hat, die anerkannt werden könnte. Ein Grund für den Ausschluss des trust mag darüber hinaus in der Annahme der am Abkommen Mitwirkenden gelegen haben, dass diese in ausreichendem Maße durch das in etwa zeitgleich beratene Haager Trust-Abkommen Berücksichtigung finden würden.[1604] Soweit Art. 1 lit. a EKNGO einen nichtwirtschaftlichen Zweck im internationalen Interesse („international utility") voraussetzt, enthält die Konvention keine diesbezügliche Definition. Der erläuternde Bericht verweist insoweit auf die Präambel, welche davon spricht, dass NGOs Tätigkeiten ausüben, die von Wert für die internationale Gemeinschaft sind und zwar insbesondere auf den Gebieten der Wissenschaft, Kultur, Wohltätigkeit („charity"), Menschenfreundlichkeit („philanthropy"), Gesundheit und Erziehung, soweit sie denn dazu beitragen, die Ziele und Grundsätze der Vereinten Nationen und des Europarates zu fördern.[1605] Durch diese Umschreibung dürfte die Identifizierung eines nicht-wirtschaftlichen Zwecks in Einzelfällen nicht wesentlich erleichtert werden. Insbesondere enthält weder das Abkommen selbst, noch dessen erläuternder Bericht einen Hinweis auf Grenzfälle der Verbindung von wirtschaftlichen und nicht-wirtschaftlichen Zwecken, wie sie in den meisten Rechtsordnungen bekannt sind.[1606] Hintergrund dieser weiten Definition war das Problem des Europarates, auf der einen Seite präzise Begrifflichkeiten zu finden, welche den Kreis der vom Abkommen erfassten Institutionen hinreichend klar bestimmen, auf der anderen Seite aber zu vermeiden, durch eine zu enge Wortwahl in Widerspruch zu in den Vertragsstaaten bestehenden Vorstellungen betreffend die gesellschaftliche Funktion der Organisationen zu geraten. Auf der Suche nach dem insoweit kleinsten gemeinsamen Nenner und in der Absicht eine fruchtlose Debatte unter den Vertragsstaaten über die Frage zu vermeiden, wann eine Organisation nicht-wirtschaftlich und dem internationalen Interesse verpflichtet ist, hat sich der Europarat am Ende für eine Kombination aus formalen und materiellen Kriterien entschieden: Formal darf die Organisation keine Gewinnerzielungsabsicht haben, materiell muss sie einem internationalen Interesse dienen (wobei es bezüglich letzterem jedoch bei dem bereits angeführten Problem einer unzureichenden Präzisierung bleibt).[1607]

1604 Zum Haager Trust-Abkommen D.X.2.a.a)(2).
1605 Explanatory Report, Art. 1 Rn. 9 (abrufbar unter http://conventions.coe.int/Treaty/EN/Re-ports/HTML/124.htm, zuletzt abgerufen am 15.11.2011).
1606 *Kronke*, Stiftungen in Deutschland und Europa, S. 361–382 (365 f.).
1607 *Schlüter*, Stiftungsrecht, S. 547.

ii. Rechtsstellung der NGOs
Art. 2 I EKNGO ordnet an, dass die in einem anderen Land erworbene Rechtspersönlichkeit einer Stiftung in den anderen Beitrittsstaaten automatisch ohne besonderes förmliches Prüfungsverfahren anzuerkennen ist. Gleichwohl bleibt es nach nationalem Recht möglich, Verfahrens- und Rechtsfähigkeitsausübungsregeln auf die ausländische Organisation anzuwenden. Der diesbezügliche ordre-public Vorbehalt gemäß Art. 2 II EKNGO ist im Vergleich mit denjenigen der autonomen Internationalen Privatrechte sehr weit gefasst.[1608] Hieran wird erkennbar, dass nach der Auffassung vieler Rechtsordnungen das Recht der nichtstaatlichen Körperschaften noch immer Polizei- und Ordnungsrecht ist.[1609] Daneben verpflichtet das Abkommen die Vertragsstaaten nicht dazu, NGOs anderer Vertragsstaaten Steuerprivilegien zukommen zu lassen. Entsprechend können sich diese weder auf solche Steuervorteile berufen, die sie in ihrem Heimatstaat genießen, noch darauf, dass vergleichbaren einheimischen NGOs des Vertragsstaates ebensolche zuteil werden.[1610]

iii. NGO-Statut
Für die internationalprivatrechtliche Frage nach dem Statut der NGOs scheint das Abkommen einen Kompromiss zwischen der Gründungs- und der Sitztheorie zu suchen.[1611] Dementsprechend wird weder an den tatsächlichen Sitz der Hauptverwaltung, noch an den Gründungsort der NGO angeknüpft, sondern an den Satzungssitz, Art. 1, 2 I EKNGO. Der erläuternde Bericht nennt für die Wahl dieses Anknüpfungspunktes zwei Gründe: erstens komme in der satzungsmäßigen Festlegung des Sitzes der zu respektierende Wunsch zum Ausdruck, einer bestimmten Rechtsordnung unterworfen zu sein; zweitens verhindere diese Anknüpfung, dass es durch einen Statutenwechsel für die NGO zu unpraktischen Unterbrechungen im Bestand ihrer Rechtspersönlichkeit komme, etwa wenn ein Leitungsorgan sein Domizil in einen anderen Staat verlege. Tatsächlich eröffnet diese Anknüpfung den NGOs die Möglichkeit, ihre Verwaltung in einem anderen Staat als dem Gründungsstaat durchzuführen. Gleichwohl unterscheidet sich diese Begründung letztlich nicht von denjenigen Argumenten, welche auch für die Gründungstheorie ins Feld geführt werden.

1608 Für Deutschland Art. 6 EGBGB, hierzu Palandt-*Thorn*, Art. 6 EGBGB Rn. 1 ff.
1609 Zum historischen Hintergrund diesbezüglich B.III.; ausführlich hierzu *Kronke*, Stiftungstypus und Unternehmensträgerstiftung, S. 42 ff., 58 f., 65 ff.
1610 Vgl. *Gallop*, Handbuch Stiftungen, S. 983–1030 (1007).
1611 Ausführlich zu Gründungs- und Sitztheorie im Rahmen der Ausführungen zum autonomen, deutschen IPR unter D.X.2.b.a).

iv. Bedeutung des Abkommens für reine Unterhaltsstiftungen deutschen Rechts
Das Abkommen bietet mit seiner „modifizierten Satzungssitzanknüpfung"[1612] letztlich keine abschließende Antwort auf die weiterhin bestehenbleibende Frage nach der Möglichkeit einer identitätswahrenden (Satzungs-)Sitzverlegung. Darüber hinaus enthält es auch sonst keine neuen Organisationsformen für internationales Engagement.[1613] Vor allem aufgrund der Nähe des Abkommens zur so genannten Gründungstheorie ist es daher nicht zu erwarten, dass Deutschland seine ablehnende Haltung aufgeben und ihm doch noch beitreten wird. Nichtsdestotrotz mag es aufgrund von internationalprivatrechtlichen Rück- und Weiterverweisungen auch einmal durch deutsche Gerichte zur Anwendung gebracht werden, wobei seine praktische Relevanz auf Fälle mit Bezug zur Schweiz beschränkt sein dürfte, da im Übrigen (EU und EWR) die Anknüpfung an das Gründungsrecht gilt. Das Abkommen gilt entsprechend seinem Anwendungsbereich jedenfalls nicht für reine Unterhaltsstiftungen, da diese keinem Zweck von internationalem Interesse verpflichtet sind. Die diesbezügliche Verweisung des Abkommens auf die Ziele und Grundsätze der Vereinten Nationen und des Europarates schließt die Verfolgung rein privatnütziger Ziele hiervon aus. Gleichwohl kann dem Abkommen eine Wertung für die Frage nach der Zulässigkeit von reinen Unterhaltsstiftungen entnommen werden. Denn deren Ausgrenzung aus dem Anwendungsbereich des Abkommens macht deutlich, dass die im Europarat zusammengefasste internationale Gemeinschaft den mit ihnen verfolgten Zielen keine besondere Schutz- oder Förderungswürdigkeit beimisst.

(2) Haager Trust-Abkommen
Die II. Kommission der 15. Haager Konferenz über internationales Privatrecht von 1984 hat sich mit dem Entwurf eines „Übereinkommens über das auf trusts anzuwendende Recht und über ihre Anerkennung" befasst.[1614] Den Beratungen war ein ausführlicher Bericht vorausgegangen, der so genannte *„von Overbeck Report".*[1615] Nachdem dieser Entwurf vom Plenum der Konferenz verabschiedet

---

1612 *Kronke*, Stiftungen in Deutschland und Europa, S. 361–382 (367).
1613 Siehe auch *Schlüter*, Stiftungsrecht, S. 549.
1614 Im Folgenden HTÜ.
1615 Die französischsprachige Originalfassung des „Rapport von Overbeck" ist zusammen mit einer englischen Übersetzung abrufbar unter: http://www.hcch.net/upload/expl30.pdf (zuletzt abgerufen am 10.12.2011); daneben findet sich eine gedruckte Version bei *Hague Conference on Private international Law/Conférence de la Haye de droit international privé (HCCH)*, Actes et Documents/Proceedings, S. 370 ff. und bei *Harris*, The Hague Trusts Convention, S. 449 ff.

worden war, ist das Übereinkommen insbesondere in Common Law-Staaten sowie in einer kleinen Gruppe von Mitgliedstaaten der EU in Kraft getreten. So gilt es heute in Australien, Italien, Kanada, Liechtenstein, Luxemburg, Malta, Monaco, den Niederlanden, San Marino und dem Vereinigten Königreich. Von Zypern und Frankreich ist es lediglich gezeichnet worden. Darüber hinaus gilt das HTÜ seit dem 26.4.2007 auch in der Schweiz.[1616]

Grund für die Ausarbeitung eines Trustübereinkommens war ursprünglich das voranschreitende Sich-Ausbreiten der Rechtsfigur des trust im Rahmen von internationalen Finanzgeschäften.[1617] Das Bedürfnis nach einer diesbezüglichen Vereinheitlichung des Internationalen Privatrechts war dabei anfangs zwischen den Staaten unterschiedlich beurteilt worden, da es sich bei der Rechtsfigur des trust bis heute um eine Rechtsfigur handelt, die vielen Rechtsordnungen in ihrer klassischen Common Law-Form gar nicht bekannt ist.[1618] Eine besondere Schwierigkeit bei den Beratungen zum HTÜ bestand somit darin, solche Regeln zu entwerfen, die sowohl dem Rechtsverkehr zwischen Trust-Staaten untereinander als auch dem Rechtsverkehr zwischen Trust-Staaten und Nicht-Trust-Staaten gerecht werden. Dem Abkommen kommt in diesem Sinne insbesondere auch eine pädagogische Rolle zu, indem es eine Brücke hinweg über strukturelle Unterschiede zwischen Common Law und Civil Law schlagen möchte.[1619]

i. Anwendungsbereich

Gemäß Art. 2 HTÜ bezeichnet der Begriff trust die von einer Person, dem settlor, – durch Rechtsgeschäft unter Lebenden oder für den Todesfall – geschaffenen Rechtsbeziehungen, wenn Vermögen zugunsten eines Begünstigten oder für einen bestimmten Zweck der Aufsicht eines anderen, des trustee, unterstellt worden ist, so dass dieser hierüber nach Maßgabe der Anordnungen des settlor und im Einklang mit den anwendbaren Rechtsnormen verfügen kann. Diese in Art. 2 HTÜ aufgeführten Merkmale haben eine rein beschreibende Funktion

---

1616 Eine Übersicht zum aktuellen Stand findet sich unter http://www.hcch.net/index_en.php?-act=conventions.status&cid=59, zuletzt abgerufen am 10.12.2011; zur Bedeutung des trust in der Schweiz siehe D.X.1.a.c).

1617 Hierzu *Elland-Goldsmith*, Rev dr aff int 1985, 683–719 (S. 683 ff.) und 945–968 (S. 945 ff.).

1618 Ablehnend diesbezüglich in Deutschland etwa *Kegel/Schurig*, Internationales Privatrecht, § 17 IV 2., S. 593; kritisch diesbezüglich auch *Kötz*, RabelsZ 50 (1986), 562–585 (S. 584 f.); befürwortend aber etwa *Pirrung*, FS Heldrich, S. 925–931 (930 f.); *Schlüter*, Stiftungsrecht, S. 544 f.

1619 *von Overbeck*, Rapport explicatif/Explanatory Report, Nr. 12.

und sollen nicht etwa die Rechtsfolgen bestimmen, welche im Falle des Vorliegens eines trust einzutreten hätten.[1620] Gemäß Art. 3 HTÜ findet es jedoch nicht auf alle trusts Anwendung, sondern nur auf solche, die freiwillig errichtet und schriftlich bestätigt worden sind.[1621] Hierdurch werden trusts ausgeschlossen, die zwar die in Art. 2 HTÜ genannten Merkmale aufweisen, jedoch nicht durch Rechtsgeschäft, sondern kraft objektiven Rechts gegründet worden sind.[1622] Allerdings sind die genauen Grenzen des Anwendungsbereichs wegen der unpräzisen Formulierungen unklar. Es stellt sich insbesondere die Frage, ob das Übereinkommen nur auf trusts im technischen Sinne des Common Law anzuwenden ist[1623] oder auch auf mit dem trust funktionsgleiche Institute wie etwa den *fideicomiso* einiger lateinamerikanischer Rechtsordnungen[1624], die *fiducie* des Rechts von Québec[1625] und darüber hinaus auf funktionsvergleichbare Rechtsinstitute wie die deutsche Treuhand[1626], den islamischen *waqf*[1627] oder den holländischen *bewind*[1628].[1629] Insofern scheint sich immer mehr die letztgenannte Ansicht durchzusetzen.[1630] Dies ist insofern von Vorteil, als hierdurch ungereimte Ergebnisse im Rahmen der Anwendung von Art. 5 HTÜ vermieden werden können, wonach das Übereinkommen dann nicht anzuwenden ist, wenn dem nach Art. 6, 7 HTÜ bestimmten trust-Statut das Rechtsinstitut des trust (oder der Art von trust, um die es geht) unbekannt ist.[1631]

1620 *Kötz*, RabelsZ 50 (1986), 562–585 (S. 565); *Harris*, The Hague Trusts Convention, S. 105 f.
1621 Ausführlich hierzu *Harris*, The Hague Trusts Convention, S. 123 ff.; *A. Conrad*, Qualifikationsfragen des Trust, S. 55 ff.
1622 *Mowbray/Tucker/Le Poidevin/Simpson/Brightwell*, Lewin on Trusts, S. 391 Rn. 11–38; *Kötz*, RabelsZ 50 (1986), 562–585 (S. 566).
1623 So etwa *Wittuhn*, IPR des trust, S. 150 ff.
1624 Vgl. hierzu *Fratcher*, The Trust and Its Counterparts Outside the Common Law, Nr. 101–141.
1625 Vgl. etwa *Brierley*, Rev int dr comp 1995, 33–49 (S. 33 ff.).
1626 Zur Vergleichbarkeit von trust und Treuhand ausführlich *Kötz*, Trust und Treuhand.
1627 Hierzu *Hondius/van der Ploeg*, Foundations, Nr. 8.
1628 Hierzu *Venema*, Trustrecht en bewind.
1629 *Kötz*, RabelsZ 50 (1986), 562–585 (S. 566).
1630 *von Overbeck*, Rapport explicatif/Explanatory Report, Nr. 26; *Thomas/Hudson*, The Law of Trusts, Rn. 41.74, S. 1362; *Harris*, The Hague Trusts Convention, S. 123; *A. Conrad*, Qualifikationsfragen des Trust, S. 55.
1631 *Kötz*, RabelsZ 50 (1986), 562–585 (S. 566).

ii. Anerkennung des trust
Gemäß Art. 11 HTÜ wird ein trust, der nach dem auf ihn anwendbaren Recht errichtet worden ist, ohne formalen Akt als trust anerkannt. Dabei ist es grundsätzlich unerheblich, ob das Recht, nach welchem der trust begründet worden ist, dasjenige eines Vertragsstaates ist.[1632] Dies wäre nur dann von Belang, wenn sich der mit der Anerkennung des trust befasste Vertragsstaat gemäß Art. 21 HTÜ vorbehalten hätte, gerade nur solche trusts anzuerkennen, die auch nach dem Recht eines Vertragsstaates errichtet worden sind.[1633] Der Grundsatz der Anerkennung in Art. 11 HTÜ stellt letztlich nicht mehr als eine Selbstverständlichkeit dar und dient überwiegend der Klarstellung. Schließlich ergibt es sich schon aus dem anwendbaren Recht, und zwar ohne die Notwendigkeit einer besonderen „Anerkennung", dass einem trust diejenigen Wirkungen beigelegt werden müssen, die ihm nach seinem Statut zukommen. Dass die Anerkennung dennoch angeordnet worden ist, erklärt sich aus der mit dem HTÜ bezweckten pädagogischen Wirkung für Rechtsanwender aus Civil Law-Staaten, denen der trust bisher ungewohnt und fremdartig gewesen ist. Nicht-Trust-Staaten sollten dazu gebracht werden, trusts zu akzeptieren, nicht dazu sie zu übernehmen.[1634]

Gemäß Art. 11 I 2 HTÜ bedeutet Anerkennung insbesondere die Berücksichtigung der Wirkung des trusts, die sich aus dem auf ihn anwendbaren Recht ergeben. Mindestens erstreckt sich die Anerkennung stets auf die Trennung des trust-Vermögens vom persönlichen Vermögen des trustee und zwar auch in solchen Staaten, wo eine vergleichbare Vermögenssonderung sonst nur in anderer Form möglich wäre. Insofern nähert sich der trust, der ansonsten kaum mit einer juristischen Person vergleichbar ist, einem sonderrechtsfähigen Gebilde an.[1635]

Das für die Anerkennung maßgebende Recht bestimmt sich nach den Art. 6 f. HTÜ Danach kann der settlor gemäß Art. 6 I HTÜ ausdrücklich oder stillschweigend das Recht bestimmen, dem der trust unterstehen soll. Nur die Wahl des Rechts eines Nicht-Trust-Staates ist gemäß Art. 5 HTÜ ausgeschlossen. In einem solchen Fall findet das HTÜ keine Anwendung und die Mitgliedstaaten sind nicht verpflichtet, den trust anzuerkennen, Art. 13 HTÜ.[1636] Soweit der settlor

---

1632 *von Overbeck*, Rapport explicatif/Explanatory Report, Nr. 32–35.
1633 Dieser Artikel war eingefügt worden, nachdem man die erga-omnes Wirkung des Übereinkommens diskutiert hatte, siehe *von Overbeck*, Rapport explicatif/Explanatory Report, Nr. 170; ktitisch *Kötz*, RabelsZ 50 (1986), 562–585 (S. 577).
1634 *Kötz*, RabelsZ 50 (1986), 562–585 (S. 576 f.).
1635 *Pirrung*, IPRax 1987, 52–55 (S. 54).
1636 Zur insoweit problematischen Frage, welche Rechtsfiguren als trust im Sinne des HTÜ zu verstehen sind, siehe D.X.2.a.a)(2)i.

von seinem Wahlrecht keinen Gebrauch macht oder die Rechtswahl unwirksam ist, bestimmt sich das trust-Statut nach Art. 7 HTÜ, wobei die Grenze zwischen Rechtswahl und objektiver Anknüpfung fließend ist.[1637] Gemäß Art. 7 I HTÜ gilt die Grundregel, dass auf einen trust dasjenige Recht anzuwenden ist, mit dem er die engste Verbindung aufweist. Art. 7 II HTÜ enthält einen Katalog von Anknüpfungsmerkmalen, um diese engste Verbindung zu bestimmen. Dabei bleibt es jedoch dem Richter überlassen, in welcher Reihenfolge er diese Merkmale prüft und welches Gewicht er jedem einzelnen beimisst. Auch andere als die dort aufgeführten Kriterien kann er bei seiner Beurteilung heranziehen. Zur Bestimmung des trust-Statuts sind demnach insbesondere zu berücksichtigen: der vom settlor bezeichnete Ort der trust-Verwaltung, der Belegenheitsort des trust-Vermögens, der Ort des gewöhnlichen Aufenthaltes oder der Niederlassung des trustee sowie die Zwecke des trusts und die Orte, an denen sie erfüllt werden sollen.[1638] In den Beratungen hatte sich gezeigt, dass in den Common Law-Staaten die Ansicht vorherrscht, für die Bestimmung des trust-Statuts den Grundsatz der Privatautonomie uneingeschränkt gelten zu lassen, wohingegen die Vertreter der Civil Law-Staaten im Interesse der Rechtssicherheit präzise Regeln favorisiert hatten. Die Vorschrift des Art. 7 II HTÜ stellt nunmehr einen Kompromiss zwischen diesen beiden Ansichten dar.[1639]

iii. Umfang des trust-Statuts

Den Umfang des trust-Statuts beschreibt Art. 8 I HTÜ, wonach es für alle den trust betreffenden Fragen maßgeblich ist.[1640] Dies gilt im Ausgangspunkt nur für materielle, den trust betreffende Aspekte, Formfragen sind dagegen nicht genuin erfasst.[1641] So regelt das trust-Statut die Gültigkeit des trust, seine Auslegung, seine Wirkungen und seine Verwaltung, Art. 8 I HTÜ. Dabei enthält Art. 8 II HTÜ eine instruktive, aber nicht erschöpfende Aufzählung der vom trust-Statut umfassten Bereiche. Genannt sind etwa die Rechte und Pflichten der trustees untereinander und gegenüber den beneficiaries, die Frage, welche Investitionen erlaubt sind, die Verteilung des trust-Vermögens bei dessen Beendigung,

---

1637 *Hayton*, IntCompLQuart 36 (1987), 260–282 (S. 271).
1638 Möglich bleibt eine *depeçage*, das heißt ein trust kann in seinen Teilbereichen unterschiedlichen Rechten unterliegen, Art. 9 HTÜ.
1639 *von Overbeck*, Rapport explicatif/Explanatory Report, Nr. 76 f.
1640 *Kötz*, RabelsZ 50 (1986), 562–585 (S. 566); *A. Conrad*, Qualifikationsfragen des Trust, S. 61 f. sieht das trust-Statut dagegen auf das Innenverhältnis beschränkt.
1641 *von Overbeck*, Rapport explicatif/Explanatory Report, Nr. 82; ausführlich *Harris*, The Hague Trusts Convention, S. 272 ff.

die Rechnungslegungspflicht sowie die Haftung der trustees.[1642] Gemäß Art. 8 II lit. f) HTÜ erstreckt sich das trust-Statut auch auf die Wirksamkeit von Beschränkungen hinsichtlich der Dauer des trust und hinsichtlich der Anordnung, aus den Einkünften des trust unter Ausschluss von Ausschüttungen Rücklagen zu bilden, also auf die so genannten rules against perpetuity and accumulation.[1643] Bezüglich letzteren spricht viel dafür, dass etwa ein englisches Gericht – um einen klassischen Trust-Staat zu nennen – eine Umgehung dieser Regeln mittels Bestimmung eines fremden Rechts zum trust-Statut nicht akzeptieren und vom ordre public-Vorbehalt in Art. 18 HTÜ Gebrauch machen würde.[1644]

Nicht erfasst vom HTÜ werden gemäß dessen Art. 4 Vorfragen, welche die Übertragung des Vermögens auf den trustee betreffen. Um mit dem von der beratenden Haager Konferenz gebrauchten Bild zu sprechen: der Raketenwerfer – das Testament oder die Urkunde, durch welche der trust errichtet wird – unterfällt nicht dem HTÜ, das Abkommen regelt nur diejenigen Aspekte, welche die Rakete selbst betreffen, also den trust.[1645] Darüber hinaus grenzt Art. 15 HTÜ bestimmte Fragen ganz vom Anwendungsbereich des Abkommens aus. Hierdurch wird die Anwendung zwingender Vorschriften desjenigen Rechts, auf welches das Kollisionsrecht des Forums verweist, sichergestellt. Exemplarisch nennt Art. 15 HTÜ Vorschriften auf den Gebieten des Schutzes von Minderjährigen und Handlungsunfähigen, der persönlichen und vermögensrechtlichen Wirkungen der Ehe, des Erbrechts und dabei insbesondere des Pflichtteilsrechts, der Übertragung von Eigentum und dinglicher Sicherungsrechte, des Schutzes von Gläubigern bei Zahlungsunfähigkeit sowie des Schutzes gutgläubiger Dritter in anderen Belangen. Mit dieser Vorschrift sollen die Befürchtungen einzelner Mitgliedsstaaten zerstreut werden, dass trusts zur Umgehung allgemeiner Vorschriften missbraucht werden könnten.[1646] In die gleiche Richtung zielt Art. 16 HTÜ. Diese Norm regelt die Anwendung von Eingriffsnormen (lois d'application immédiate/lois de police), also derjenigen Vorschriften, die ohne Rücksicht auf Kollisionsnormen auch auf internationale Sachverhalte angewendet sein

---

1642 *Kötz*, RabelsZ 50 (1986), 562–585 (S. 571); *von Overbeck*, Rapport explicatif/Explanatory Report, Nr. 81.

1643 Siehe zur so genannten rule against perpetuities und zur so genannten rule against excessive accumulations ausführlich D.X.1.d.b)(3) und D.X.1.d.b)(4).

1644 Dies wäre umso wahrscheinlicher, als das trust-Vermögen im Inland belegen ist vgl. *Harris*, The Hague Trusts Convention, S. 244 f.; *Dicey/Morris/Collins*, The Conflict of Laws II, 29–030, S. 1316.

1645 *von Overbeck*, Rapport explicatif/Explanatory Report, Nr. 53.

1646 Vgl. *Harris*, The Hague Trusts Convention, S. 355 ff.

wollen.[1647] Dabei darf der Richter ausnahmsweise solche Normen auch dann anwenden, wenn sie nicht dem Recht des Forums entstammen, sondern demjenigen eines dritten Staates. Insofern einem Vertragsstaat dieses „dürfen" zu weit geht, bleibt es ihm unbenommen, gemäß Art. 16 III HTÜ einen entsprechenden Vorbehalt zu erklären.[1648]

iv. Bedeutung des Abkommens für reine Unterhaltsstiftungen deutschen Rechts
Durch das HTÜ ist eine eigene Kollisionsnorm für trusts geschaffen worden. Somit wird mit Beitritt zu diesem Übereinkommen ein mehr oder weniger unbekanntes Rechtsinstitut in das Kollisionsrecht der Mitgliedsstaaten – jedenfalls in dasjenige der Nicht-Trust-Staaten – eingeführt. Allerdings soll das im Wege der Rechtsvergleichung erarbeitete Abkommen hier im Ausgangspunkt erst einmal dazu dienen, den trust zu verstehen, nicht aber schon dazu, ihn in bekannte Rechtsinstitute von Nicht-Trust-Staaten zu übersetzen.[1649] Denn die Mitgliedstaaten werden durch das Abkommen nicht verpflichtet, den trust in das eigene Sachrecht zu übernehmen. Die Delegierten der Haager Konferenz haben sich in diesem Punkt einer bildhaften Sprache bedient, um die mit dem Abkommen verbundene Intention zu beschreiben. So sprachen die Vertreter der Nicht-Trust-Staaten davon, sich kein trojanisches (-trust-) Pferd in die eigene Rechtsordnung holen zu wollen oder davon, dass man den trust nicht in das Prokrustesbett der kontinental-europäischen Kollisionsnormen pressen solle.[1650]

Abschließende Bewertungen des HTÜ fallen nicht immer positiv aus. So werden ihm Schönheitsfehler[1651] oder sogar technische Mängel[1652] nachgesagt. Tatsächlich ist es unbefriedigend, dass das Abkommen keine klare Beschreibung dessen enthält, was tatsächlich unter einem trust im Sinne des HTÜ zu verstehen ist. Dies macht es in der Folge schwer vorherzusagen, wann eine Rechtsordnung die Rechtsfigur des trust im Sinne der Art. 5, 6 II, 13 HTÜ „nicht kennt".[1653] Mit Blick auf die deutsche Rechtsordnung wird man gleichwohl davon ausgehen können, dass die Treuhand noch einen trust im Sinne des Abkommens darstellt.[1654]

1647 Ausführlich zu den Eingriffsnormen siehe etwa *Kegel/Schurig*, Internationales Privatrecht, § 2 IV 2., S. 150 ff.
1648 Vgl. auch *Kötz*, RabelsZ 50 (1986), 562–585 (S. 583).
1649 Siehe aber auch A. *Conrad*, Qualifikationsfragen des Trust, S. 73.
1650 A. *Conrad*, Qualifikationsfragen des Trust, S. 71 (m.w.N.).
1651 *Kötz*, RabelsZ 50 (1986), 562–585 (S. 583).
1652 *Kegel/Schurig*, Internationales Privatrecht, § 17 III 2., S. 593.
1653 Vgl. auch *Kötz*, RabelsZ 50 (1986), 562–585 (S. 583 f.).
1654 Hierzu bereits D.X.2.a.a)(2)i.

Soweit daneben Rechtsfragen im Verkehr zwischen Trust-Staaten und Nicht-Trust-Staaten nicht unter das trust-Statut fallen, sind die entsprechenden kollisionsrechtlichen Probleme durch das HTÜ nicht beseitigt (so entscheidet etwa das Sachstatut, an welcher Sache überhaupt ein trust errichtet werden kann[1655]). Diese Fragen stellen sich im IPR der Nicht-Trust-Staaten vorrangig nicht bei Qualifikation und Umdeutung, sondern im Rahmen der Anerkennung.[1656] Entsprechend kann hierin eine bloße Verlagerung der Anknüpfungsprobleme gesehen werden.[1657] Noch gravierender dürfte daneben sein, dass es wegen der vielen Ausweich- und Kontrollvorschriften des HTÜ in jedem Einzelfall unsicher bleibt, ob das Vertrauen in eine in trust-Bestimmungen enthaltene Rechtswahlklausel gerechtfertigt ist und der trust durch den Richter letztlich auch anerkannt werden wird.[1658]

Dagegen ist dem HTÜ zugute zu halten, dass es eine klare Anknüpfungsregel des trust enthält, die sich in den Common Law-Staaten bewährt hat. Diese unterscheidet nicht danach, ob der trust durch Verfügung von Todes wegen oder durch Rechtsgeschäft unter Lebenden errichtet worden ist oder ob mit ihm Angehörige versorgt, geschäftliche oder wohltätige Zwecke verfolgt werden.[1659] Zwar sind die Vorschriften des HTÜ für das autonome Kollisionsrecht der Mitgliedstaaten nicht viel mehr als eine Richtschnur. Gerade hierin liegt aber auch die Stärke des HTÜ, wenn es seine pädagogische und integrierende Wirkung ausspielen kann. Indem es durch seine Existenz erst einmal eine positive Haltung gegenüber trusts verkörpert, trägt es zur Verbreitung der trust-Idee bei.[1660] Dies kann im Zweifelsfall dazu beitragen, selbst dort eine praktikable Lösung zu finden, wo es noch an einer erschöpfende Regelung fehlt.[1661]

Für die deutschen Unterhaltsstiftungen kann das HTÜ von Bedeutung sein, wenn diese als unselbstständige Stiftungen verfasst sind. Denn in dieser Form, wo eine Zuwendung von Vermögen durch einen Stifter an eine natürliche Person oder einen anderen mit Rechtsfähigkeit ausgestatteten Rechtsträger mit der

---

1655 Hierzu und zum Bild vom Raketenwerfer und der Rakete unter D.X.2.a.a)(2)iii.
1656 *A. Conrad*, Qualifikationsfragen des Trust, S. 72.
1657 *Czermak*, express trust, S. 105 f.
1658 *A. Conrad*, Qualifikationsfragen des Trust, S. 72 (m.w.N.).
1659 Vgl. auch *Kötz*, RabelsZ 50 (1986), 562–585 (S. 584); anders das autonome deutsche Kollisionsrecht für den testamentary- und den inter vivos trust, hierzu D.X.2.b.d).
1660 *Kegel/Schurig*, Internationales Privatrecht, § 17 III 2., S. 592.
1661 *A. Conrad*, Qualifikationsfragen des Trust, S. 73 (m.w.N.) unter Hinweis darauf, dass etwa in Italien einem trust nun nicht mehr die Anerkennung verweigert werden könne, weil er per se gegen den ordre public verstoße.

Maßgabe erfolgt, die übertragenen Werte wirtschaftlich getrennt von seinem Eigenvermögen als Sondervermögen zu verwalten und dauerhaft zur Verfolgung des vom Stifter festgelegten Zweckes – des Unterhaltes der Begünstigten – zu verwenden, ist die unselbstständige Stiftung trust im Sinne des HTÜ. Denn sie basiert dann, ungeachtet welches Konzept man ihr im Detail letztlich zu Grunde legt, auf dem Treuhandprinzip, so wie es vom Anwendungsbereich des HTÜ erfasst ist.[1662] Das HTÜ kann für unselbstständige deutsche Stiftungen dabei lediglich vor ausländischen Gerichten Bedeutung haben:

Soweit deutsche Gerichte unselbstständige Stiftungen mit der vorherrschenden Meinung als Treuhandgeschäft einordnen, ist Anknüpfungsmerkmal zur Bestimmung des auf sie anwendbaren Rechts nach deutschem IPR grundsätzlich der gewöhnliche Aufenthalt des Treuhänders.[1663] Dabei spricht das Kollisionsrecht hier gemäß Art. 4, 20 Rom I-VO eine Sachnormverweisung aus, so dass das HTÜ selbst dann nicht zur Anwendung käme, wenn sich der gewöhnliche Aufenthalt des Treuhänders in einem HTÜ-Vertragsstaat befindet.[1664]

Dagegen ist es jedoch möglich, dass entweder Gerichte von HTÜ-Vertragsstaaten das Abkommen direkt auf unselbstständige Stiftungen deutschen Rechts anwenden oder drittstaatliche Gerichte, die nach einer Gesamtverweisung des eigenen IPR zur Anwendung des Kollisionsrechtes von HTÜ-Vertragsstaaten kommen. Die Rom I-VO steht dabei nicht entgegen, da sie gemäß ihres Art. 25 der Anwendung von internationalen Abkommen grundsätzlich Vorrang gewährt. In einem solchen Fall käme es vor dem ausländischen Gericht gemäß Art. 6, 7 HTÜ in aller Regel zur Anwendung deutschen Rechts auf die unselbstständige Stiftung. Gleichwohl bleibt hinsichtlich der Anwendung des HTÜ vor ausländischen Gerichten wegen Art. 21 HTÜ eine gewisse Unsicherheit bestehen. Denn danach kann sich jeder Vertragsstaat das Recht vorbehalten, trusts nur dann anzuerkennen, wenn die Frage nach ihrer Gültigkeit dem Recht eines HTÜ-Vertragsstaates unterliegt, aber Deutschland – und dies dürfte zumindest auch in näherer Zukunft so bleiben – kein ebensolcher ist.

1662 Zur unselbstständigen Stiftung bereits D.III.2.a.
1663 Palandt-*Thorn*, Art. 4 Rom I Rn. 12; anders nur, wenn der Auftraggeber Verbraucher ist, dann entscheidet unter den Voraussetzungen von Art. 6 Rom I-VO sein Aufenthaltsrecht, vgl. Staudinger-*Magnus*, Art. 4 Rom I-VO Rn. 396.
1664 Entsprechendes gilt gem. Art. 28, 35 EGBGB, soweit die Rom I-VO im Einzelfall nicht anwendbar sein sollte.

b) Bilaterale Staatsverträge

Für die gegenseitige Anerkennung von Stiftungen können weiterhin bilaterale Staatsverträge von Bedeutung sein. Hinsichtlich gemeinnütziger Stiftungen ist dabei an Doppelbesteuerungsabkommen zu denken, die sich spezifisch mit der Anerkennung der ausländischen Stiftung als gemeinnützige Einrichtung und den damit einhergehenden steuerlichen Privilegien beschäftigen.[1665] Dabei sind solche Doppelbesteuerungsabkommen zwar für die reine Unterhaltsstiftung aufgrund ihrer fehlenden Gemeinnützigkeit bedeutungslos. Gleichwohl können sie jedoch für solche Stiftungen Bedeutung entfalten, die zwar grundsätzlich gemeinnützig sind, aber dennoch zu einem (nicht unerheblichen) Teil Leistungen an den Stifter und seine Familie erbringen.[1666] Insgesamt sind entsprechende internationale Abkommen bisher jedoch wenig verbreitet.[1667]

Von Bedeutung ist weiterhin der *deutsch-amerikanische Freundschafts-, Handels- und Schiffahrtsvertrag* vom 29.10.1954.[1668] Nach dessen Art. XXV Abs. 5 sind in einem der Vertragsstaaten wirksam errichtete Stiftungen als solche im anderen Vertragsstaat anzuerkennen. Eine vergleichbare Regelung gegenseitiger Anerkennung von Stiftungen findet sich daneben in Art. 15 des *deutsch-spanischen Niederlassungsvertrages* vom 23.4.1970.[1669]

c) Rechtsakte der EU

Neben Staatsverträgen kann weiterhin Gemeinschaftskollisionsrecht nach Maßgabe seines Anwendungsbereichs für Stiftungen von Bedeutung sein. So könnten beispielsweise Kartellkollisionsrecht oder die Fusionskontrollverordnung zur Anwendung gelangen, falls Stiftungsunternehmen entsprechende Tatbestände verwirklichen.[1670] Daneben gibt es jedoch noch keine europäische Kollisionsnorm, die sich speziell auf Stiftungen beziehen würde. So nimmt etwa die Rom I-VO Fragen des Gesellschaftsrechts und des Rechts der juristischen Personen

---

1665 Ausführlich *Schlüter*, Stiftungsrecht, S. 539 ff.
1666 Siehe diesbezüglich C.VI.2.c.
1667 Eine entsprechende Vereinbarung findet sich etwa im deutsch-französischen Doppelbesteuerungsabkommen, Art. 21 VII b), eingefügt durch Ergänzungsprotokoll vom 28.9.1989, BGBl. 1990 II, S. 770.
1668 BGBl. 1956 II, S. 488, eingefügt durch Zustimmungsgesetz vom 7.5.1956, BGBl. 1956 II, S. 487.
1669 BGBl. 1972 II, S. 1042; eingefügt durch Zustimmungsgesetz vom 7.9.1972, BGBl. 1972 II, S. 1041.
1670 *Kronke*, Stiftungen in Deutschland und Europa, S. 361–382 (369).

von ihrem Anwendungsbereich aus, Art. 1 II lit. f. Rom I-VO.[1671] Daneben sind die Arbeiten an einem europäischen Rechtsakt zum Stiftungskollisionsrecht noch nicht über Vorarbeiten hinausgelangt.[1672]

b. Autonomes deutsches IPR

Soweit keine vorrangigen Staatsverträge oder Regelungen der europäischen Gemeinschaft Anwendung finden, gilt das deutsche autonome Kollisionsrecht, Art. 3 EGBGB. Das Stiftungskollisionsrecht ist dabei in Deutschland nicht kodifiziert. Nach insoweit allgemeiner Überzeugung herrscht jedoch ein Gleichlauf von Stiftungskollisionsrecht und Internationalem Gesellschaftsrecht. Demzufolge sind alle kollisionsrechtlichen Fragen hinsichtlich von Stiftungen nach den für Gesellschaften entwickelten Grundsätzen zu beantworten (Parallelität des Kollisionsrechts der Stiftungen und der Gesellschaften).[1673] Diese haben sich im Wesentlichen autonom entwickelt, wobei jedoch in den vergangenen Jahren eine erhebliche Beeinflussung durch die Rechtsprechung des EuGH erfolgt ist. Im Folgenden soll unter Berücksichtigung der nationalen und europäischen Rechtsquellen aufgezeigt werden, welche Grundsätze das Stiftungskollisionsrecht beherrschen und inwiefern stiftungsrechtliche Besonderheiten eine von den bestehenden Regelungen des Internationalen Gesellschaftsrechts abweichende Beurteilung rechtfertigen.[1674]

1671 Dagegen erfasst das Internationale Zivilverfahrensrecht in Art. 2 I iVm. Art. 60 EuGVO grundsätzlich auch Stiftungen, siehe hierzu *Geimer/Schütze*, Europäisches Zivilverfahrensrecht, Art. 60 Rn. 1 ff.

1672 Siehe hierzu die Dokumente *Consultation on a Possible Statute for a European Foundation* vom 16.2.2009 (abrufbar unter: http://ec.europa.eu/internal_market/consultations/docs/2009/-foundation/consultation_doc_en.pdf, zuletzt abgerufen am 5.4.2010) und *Synthesis of the Comments on the Consultation Document of the Internal Market and Services Directorate-General on a Possible Statute for a European Foundation* vom November 2009 (abrufbar unter: http://ec.europa.eu/internal_market/consultations/docs/2009/foundation/summary_report_en.pdf, zuletzt abgerufen am 5.4.2010); ausführlich zum Projekt einer Europäischen Stiftung D.X.3.

1673 *Behrens*, GS Walz, S. 13–32 (15); *Leible*, FS O. Werner, S. 256–274 (258); Richter/Wachter-*Hoffmann*, § 10 Rn. 15; *Rebsch*, Die Europäische Stiftung, S. 242 f.

1674 Dabei soll sich die Darstellung auf die rechtsfähige Stiftung des Privatrechts beschränken; siehe zu besonderen Problemlagen, etwa zur unselbstständigen Stiftung, der Stiftung des öffentlichen Rechts, der Kirchenstiftung oder der Zustiftung ausführlich Richter/Wachter-*Hoffmann*, § 10 Rn. 11 ff.; *Kronke*, Stiftungen in Deutschland und Europa, S. 361–382 (372); *Spickhoff*, FS O. Werner, S. 241–255 (250 ff.).

a) Gründungstheorie und Sitztheorie

Im Internationalen Gesellschaftsrecht stehen sich im Wesentlichen auf der einen Seite die *Sitz-* und auf der anderen Seite die *Gründungstheorie* gegenüber.[1675]

Nach der Gründungstheorie ist Gesellschaftsstatut dasjenige Recht, nach welchem die betreffende Gesellschaft errichtet und ausgestaltet wurde.[1676] Für sie spricht insbesondere die Rechtssicherheit, weil sie ein probates und einheitlich anwendbares Kriterium für die Ermittlung des Personalstatuts anbietet.[1677] Gleichzeitig begünstigt die einseitig gesellschafterfreundliche Anknüpfung jedoch Erscheinungen von Rechtsmissbrauch.[1678] Die Gründungstheorie ist insbesondere im anglo-amerikanischen Rechtskreis vorherrschend.[1679]

Rechtsprechung[1680] und Lehre[1681] in Deutschland folgen hinsichtlich der Anknüpfung der Rechtsbeziehungen von juristischen Personen der Sitztheorie.[1682] Demnach unterliegen diese dem Recht des Staates, in dem sich der

---

1675 *Thorn*, IPRax 2001, 102–110 (S. 102).
1676 Die Gründungstheorie ist im England des 18. Jahrhunderts entwickelt worden, um den Interessen der damaligen Kolonialmacht gerecht zu werden und einen effektiven Schutz der überseeischen Wirtschaftsaktivitäten sicherzustellen, vgl. *Schlüter*, Stiftungsrecht, S. 549; *Kronke*, Stiftungen in Deutschland und Europa, S. 361–382 (370); MüKo *Kindler*, IntGesR Rn. 339.
1677 MüKo-*Kindler*, IntGesR Rn. 341; *von Hoffmann/Thorn*, Internationales Privatrecht, § 7 Rn. 24, S. 288.
1678 *von Hoffmann/Thorn*, Internationales Privatrecht, § 7 Rn. 24, S. 288.
1679 Daneben gilt sie ferner im Grundsatz in den Niederlanden, der Schweiz, Italien und in Japan, vgl. hierzu MüKo-*Kindler*, IntGesR Rn. 340.
1680 Die deutsche Rechtsprechung folgt seit jeher der Sitztheorie, RG v. 29.6.1911, RGZ 77, 19, 22; RG v. 16.12.1913, RGZ 83, 367, 369 f.; RG v. 19.1.1918, RGZ 92, 73, 76; RG v. 3.6.1927, RGZ 117, 215, 217; BGH v. 11.7.1957, BGHZ 25, 134, 144; BGH v. 30.1.1970, BGHZ 53, 181, 183; BGH v. 2.4.1970, BGHZ 53, 383, 385; BGH v. 5.11.1980, BGHZ 78, 318, 334; BGH v. 21.3.1986, BGHZ 97, 269, 271; zur Anwendung der Sitztheorie auf Stiftungen BayObLG v. 17.3.1965, IPRspr. 1964–65 Nr. 25; BGH v. 30.6.1965, IPRspr. 1964–65 Nr. 4; OLG Hamburg v. 25.11.1977, IPRspr. 1977 Nr. 5; OLG Düsseldorf v. 8.12.1994, IPRax 1996, 423.
1681 *Ebenroth/Bippus*, JZ 1988, 677–683 (S. 677 ff.); *Einsele*, IPRax 1995, 163–166 (S. 164); *Jayme*, IPRax 1996, 87–88 (S. 88); *Großfeld/Strotmann*, IPRax 1990, 298–301 (S. 298); *Kegel/Schurig*, Internationales Privatrecht, § 17 II 1, S. 575; *Kindler*, NJW 1993, 3301–3306 (S. 3304); *K. Schmidt*, ZGR 1999, 20–35 (S. 22 f.); Palandt-*Thorn*, Anh zu Art. 12 EGBGB Rn. 3; MüKo-*Kindler*, IntGesR Rn. 400 ff.
1682 Die Sitztheorie wurde im 19. Jahrhundert in Belgien und Frankreich entwickelt, vgl. MüKo-*Kindler*, IntGesR Rn. 400 (m.w.N.). In seiner ersten Entscheidung zur Rechtsfähigkeit (bzw. im konkreten Fall zur Parteifähigkeit) einer Stiftung hat der

tatsächliche Sitz der Hauptverwaltung der juristischen Person befindet. Tatsächlicher Sitz ist dabei nicht der in der Satzung genannte, sondern „der Tätigkeitsort der Geschäftsführung und der dazu berufenen Vertretungsorgane, also der Ort, wo die grundlegenden Entscheidungen der Unternehmensleitung effektiv in laufende Geschäftsführungsakte umgesetzt werden"[1683]. Durch die Anknüpfung an den tatsächlichen Verwaltungssitz werden die Interessen der Gläubiger und des Rechtsverkehrs gewahrt (die Schutzinteressen des am meisten betroffenen Staates[1684]), auch wenn das Auffinden desselben im jeweiligen Einzelfall schwierig sein kann.[1685] Der Sitztheorie folgten bisher die meisten kontinentaleuropäischen Staaten, neben Deutschland etwa Frankreich, Belgien, Luxemburg, Portugal und Österreich.[1686]

Aus der grundsätzlichen Geltung der Sitztheorie in Deutschland ergeben sich im Hinblick auf die Mobilität von Stiftungen und deren Sitz unterschiedliche Konsequenzen, je nachdem ob ein Fall von Stiftungszuzug oder -wegzug vorliegt.[1687] Dabei ist die Frage, ob „die von einer bestimmten Staatshoheit verliehene Rechtsfähigkeit beliebig in ein anderes Land hinübergetragen werden kann"[1688]. Zu einem Statutenwechsel kommt es dabei nur, wenn mit der Sitzverlegung das für die Bestimmung des Stiftungsstatuts maßgebliche Anknüpfungsmerkmal über die Grenze verlegt wird. Für die Sitztheorie handelt es sich dabei um den Verwaltungssitz, für die Gründungstheorie um den Satzungssitz. Die Verlegung des Satzungssitzes einer Stiftung ist eine internationale formwechselnde Umwandlung. Daher ist mit ihr zwingend ein Statutenwechsel, also ein Wechsel des auf sie anwendbaren Rechts, verbunden.[1689] Dementsprechend beschränken sich

---

BGH die Frage noch offen gelassen, sich aber mit der Aussage beholfen, eine ausländische Stiftung müsse im Interesse des Rechtsverkehrsschutzes verklagt werden können, vgl. BGH v. 28.1.1960, IPRspr. 1960–61 Nr. 186.
1683 BGH v. 21.3.1986, BGHZ 97, 269, 272; OLG Hamburg v. 21.1.1987, RIW 1988, 816.
1684 MüKo-*Kindler*, IntGesR Rn. 401 (m.w.N.).
1685 von *Hoffmann/Thorn*, Internationales Privatrecht, § 7 Rn. 24, S. 288.
1686 Vgl. *Leible*, FS O. Saenger, S. 256–274 (260).
1687 Kritisch zur Unterscheidung zwischen Zuzugs- und Wegzugsfällen *Spickhoff*, FS O. Werner, S. 241–255 (S. 245).
1688 BGH v. 11.7.1957, BGHZ 25, 134, 144.
1689 Umstritten ist jedoch schon, ob der Satzungssitz überhaupt ins Ausland verlegt werden kann. Richter/Wachter-*Wachter*, § 22 Rn. 109 hält dies schon zivilrechtlich für unmöglich, weil sich aus der Gesamtschau des Stiftungsrechts ergäbe, dass dieser zwingend im Inland liegen müsse; ausführlich zur Verlegung des Satzungssitzes *Behrens*, GS Walz, S. 13–32 (S. 29 f.).

die folgenden Ausführungen auf die umstrittenen Fälle der Verlegung des Verwaltungssitzes von Stiftungen.

Von der Frage, ob die Rechtsfähigkeit einer Stiftung im Falle ihrer Sitzverlegung bestehen bleibt, ist die Frage zu trennen, ob eine ausländische Stiftung, ohne dass ein Fall von Sitzverlegung in Rede steht, im Inland als rechtsfähig anerkannt wird. Dies ist regelmäßig der Fall. Da die Rechtsfähigkeit der Stiftung zum Regelungsbereich des Stiftungsstatuts gehört, ergibt sie sich aus der Anwendung der entsprechenden Bestimmungen über die wirksame Errichtung und die Erlangung der Rechtsfähigkeit. Ein besonderer inländischer Anerkennungsakt der ausländischen Stiftung als rechtsfähig ist dagegen nicht erforderlich, denn nach ständiger Praxis werden ausländische juristische Personen in Deutschland ohne weiteres anerkannt.[1690] Auch der ordre-public-Vorbehalt in Art. 6 EGBGB soll einer Anerkennung regelmäßig nicht entgegenstehen, insbesondere könne er nicht als „Einzelwaffe" gegen die Rechtsfähigkeit ausländischer juristischer Personen eingesetzt werden.[1691] Dieser Vorbehalt greift jedoch dann, wenn im konkreten Fall die Stiftung gegen die guten Sitten oder den Zweck eines deutschen Gesetzes verstößt, sie also beispielsweise der Steuerhinterziehung dient.[1692] Ruft man sich nun die bereits dargestellten Wertungs- und Wirkungswidersprüche in Erinnerung, welche in der deutschen Rechtsordnung durch reine Unterhaltsstiftungen hervorgerufen werden, erscheint die geübte Praxis, welche auch die besonders relevanten liechtensteinischen Stiftungen, Anstalten, Treuhandunternehmen und Fonds ansonsten im Regelfall anerkennen möchte[1693], in einem fragwürdigen Licht. Denn zu berücksichtigen ist, dass auch Kollisionsnormen und die in ihnen zum Ausruck kommenden IPR-Interessen in einem

---

1690 OLG Stuttgart v. 9.6.1964, IPRspr. 1964–65 Nr. 23a; BayObLG v. 17.3.1965, NJW 1965, 1438; BFH v. 25.4.2001, ZEV 2001, 495; daher handelt es sich bei der Frage nach der *Anerkennung* ausländischer Stiftungen letztlich um ein Scheinproblem, vgl. *Kronke*, Stiftungen in Deutschland und Europa, S. 361–382 (374); vergleichbares gilt etwa in Italien, Corte di Cassazione v. 28.7.1977, RabelsZ 44 (1980), 105.

1691 *Kronke*, Stiftungen in Deutschland und Europa, S. 361–382 (375 f.).

1692 OLG Stuttgart v. 9.6.1964, IPRspr. 1964–65 Nr. 23a; BGH v. 23.3. 1979, WM 1979, 692; OLG Düsseldorf v. 30.4.2010, ZEV 2010, 528–533; *Serick*, RabelsZ 23 (1958), 624–642 (S. 639 ff.); kritisch hierzu *Jakob/Uhl*, IPRax 2012, 451–456 (S. 452 ff.).

1693 *Schönle*, NJW 1965, 1112–1117 (S. 1112 ff.); *Serick*, RabelsZ 23 (1958), 624–642 (S. 624 ff.); *Naumann zu Grünberg*, ZEV 2012, 569–575 (S. 574 f.); in diesem Sinne jetzt auch für die Schweiz BG v. 25.11.2008, BGE 135 III 6; zur diesbezüglich vorangegangenen Diskussion, ob ausländische Unterhaltsstiftungen wegen des in Art. 335 II ZGB normierten Fideikommissverbotes anzuerkennen seien, siehe *T. Mayer*, Organisierte Vermögenseinheit, S. 45 ff.

engen Zusammenhang mit den Interessen des materiellen Rechts stehen.[1694] In Fällen ausländischer Stiftungen und äquivalenter Gestaltungen, die ihrem Gehalt nach den reinen Unterhaltsstiftungen entsprechen, ist es daher angezeigt diesen die Anerkennung nach den Grundsätzen des ordre-public-Vorbehalts zu versagen.[1695]

(1) Zuzug

Eine internationale Sitzverlegung von Stiftungen unter Wahrung ihrer Identität ist nur dann möglich, wenn dies sowohl das Recht des Wegzugsstaates als auch das Recht des Zuzugsstaates (Deutschland) zulassen.[1696]

Zunächst einmal dürfen weder das Kollisions- noch das materielle Recht des Wegzugsstaates einer Sitzverlegung Hindernisse entgegenstellen.[1697] Auf materiellrechtlicher Ebene kann der Wegzug etwa von der vorherigen Bezahlung von Steuerschulden abhängig gemacht werden.[1698] Aus Sicht des Kollisionsrechts im Wegzugsstaat ist eine Sitzverlegung zumindest dann unproblematisch, wenn der Wegzugsstaat der Gründungstheorie folgt. Denn dann führt der Wegzug nicht automatisch zu einem Wechsel des Gesellschaftsstatuts und in der Folge auch nicht zum Verlust der Rechtsfähigkeit.[1699] Anderes gilt jedoch, wenn der Wegzugsstaat der Sitztheorie folgt. Dann führt die Verlegung des Stiftungssitzes als Anknüpfungsmoment aus einem Sitztheoriestaat heraus – vorbehaltlich einer Rück- oder Weiterverweisung – dazu, dass die Stiftung ihren Status und damit ihre Rechtsfähigkeit verliert.[1700]

Vergleichbares gilt, wenn der Zuzugsstaat der Gründungstheorie folgt. In diesem Fall führt das Kollisionsrecht des Zuzugsstaates zur Anwendung des Rechts des Gründungsstaates der Stiftung (soweit dieser ebenfalls der Gründungstheorie folgt). Ein Statutenwechsel unterbleibt, weshalb die Stiftung ihren Status und ihre Rechtsfähigkeit behält. Dagegen ist es die Konsequenz der Verlegung des Stiftungssitzes in einen Sitztheoriestaat wie Deutschland hinein, „dass eine im Ausland wirksam gegründete, in der Bundesrepublik zunächst als rechtsfähig anerkannte

---

1694 *Kegel/Schurig*, Internationales Privatrecht, § 16 I, S. 516.
1695 A.A. insbesondere für die liechtensteinischen Stiftungen *Jakob/Uhl*, IPRax 2012, 451–456 (S. 452 ff.).
1696 MüKo-*Kindler*, IntGesR Rn. 497; so bereits in einem obiter dictum BGH v. 5.2.1958, IPRspr. 1958–59 Nr. 38.
1697 R. *Werner*, ZSt 2008, 17–22 (S. 17); *Behrens*, GS Walz, S. 13–32 (27 f.).
1698 So geschehen im Fall *Daily Mail*, EuGH v. 27.9.1988, EuGHE 1988, 5483.
1699 Richter/Wachter-*Hoffmann*, § 10 Rn. 22.
1700 Richter/Wachter-*Hoffmann*, § 10 Rn. 22.

Gesellschaft ihre Rechtsfähigkeit verliert, wenn sie ihren ständigen Verwaltungssitz in der Bundesrepublik Deutschland nimmt"[1701].[1702] Denn die neu zugezogene Stiftung genügt nicht den Bedingungen, deren Beachtung das deutsche Recht zur Anerkennung der Rechtsfähigkeit einer Stiftung voraussetzt. Der Zuzug einer nach ihrem Gründungsstatut rechtsfähigen Auslandsstiftung führt daher automatisch zum Verlust ihrer Rechtsfähigkeit.[1703] Hier stellt auch § 86 BGB in Verbindung mit § 23 BGB keinen Ausweg dar, nach dem einer Auslandsstiftung mit Wirkung für das Inland die Rechtsfähigkeit verliehen werden kann. Denn diese Regelung bezieht sich nur auf echte Auslandsstiftungen, die ihren effektiven Verwaltungssitz tatsächlich im Ausland und nicht im Inland haben.[1704]

(2) Wegzug
Für die Frage, ob nach deutschem Recht errichtete Stiftungen ihren Verwaltungssitz unter Wahrung ihrer Rechtspersönlichkeit in einen anderen Staat verlegen können, kommt es ebenfalls darauf an, ob Wegzugsstaat (Deutschland) und Zuzugsstaat[1705] dies zulassen.

Das materielle deutsche Stiftungsrecht steht – ebenso wie das Gesellschaftsrecht – als Wegzugsstaat einer Sitzverlegung von Stiftungen ablehnend gegenüber und dürfte Stiftungen nach ihrer Sitzverlegung als erloschen behandeln. Das Gesellschaftsrecht sanktioniert den Wegzug und damit die „Flucht aus dem Gesellschaftsstatut" einer nach deutschem Recht errichteten juristischen Person ins Ausland ungeachtet einer möglichen Anerkennung im Zuzugsstaat durch die Auflösung der betreffenden Gesellschaft.[1706] Gleiches soll für Stiftungen gelten.[1707]

1701 BGH v. 30.3.2000, IPRax 2000, 423 (Vorlagebeschluss zum Verfahren *Überseering*).
1702 OLG Zweibrücken v. 27.6.1990, IPRax 1991, 406; für Gesellschaften erfolgt daher eine Umqualifizierung des nicht anerkannten Gebildes, was bei nicht anerkannten Kapitalgesellschaften zur Anwendung des Rechts der GbR bzw. bei Betrieb eines Handelsgewerbes zum Recht der OHG führt, BGH v. 1.7.2002, BGHZ 151, 204. Bei Stiftungen ist mangels eines persönlichen Substrates eine solche Umqualifizierung jedoch nicht möglich, vgl. *O. Werner*, ZSt 2008, 17–22 (S. 18); Richter/Wachter-*Hoffmann*, § 10 Rn. 22.
1703 *O. Werner*, ZSt 2008, 17–22 (S. 18).
1704 MüKo-*Kindler*, IntGesR Rn. 727; *Schwarz*, DStR 2002, 1767–1773 (S. 1770).
1705 Zur Lage im Zuzugsstaat gilt das bereits unter D.X.2.b.a)(1) ausgeführte.
1706 RG v. 5.6.1882, RGZ 7, 68; RG v. 29.6.1923, RGZ 107, 94; BGH v. 11.7.1957, BGHZ 25, 134, 144; *Kegel/Schurig*, § 17 II, S. 582; *von Hoffmann/Thorn*, Internationales Privatrecht, § 7 Rn. 30, S. 290.
1707 *O. Werner*, ZSt 2008, 17–22 (S. 20); Richter/Wachter-*Hoffmann*, § 10 Rn. 22; weniger kritisch etwa *Sorg*, BB 1983, 1620–1627 (S. 1624).

Dies hätte allerdings zur Folge, dass das Vermögen der Stiftung mit ihrem Erlöschen regelmäßig gemäß § 88 BGB zu einem Vermögensanfall beim Fiskus und damit zu einer dauerhaften Vereitelung des Stifterwillens führen würde. Ob die Rechtsprechung tatsächlich eine solche Rechtsfolge annähme, ist aktuell kaum mit Sicherheit vorhersagbar, da eine solche Konstellation bisher noch nicht zum Gegenstand richterlicher Beurteilung geworden ist. Jedenfalls wird man im Verlegungsbeschluss der Stiftung keinen konkludenten Auflösungsbeschluss sehen können.[1708] Denn eine Auflösung der Stiftung steht ja regelmäßig nicht im Belieben der Stiftungsorgane.[1709] Vorzugswürdig wäre es daher, den Verlust der Rechtspersönlichkeit im Wegzugsfalle nicht als Konsequenz eines konkludenten Auflösungsbeschlusses anzusehen, sondern als quasi-automatische Folge daraus, dass das nationale deutsche Stiftungsrecht ausdrücklich eine Ansässigkeit der Stiftung auf dem Gebiet der Bundesrepublik vorschreibt.[1710]

(3) Zusammenfassung
Es lässt sich feststellen, dass das deutsche Recht – vorbehaltlich der Anwendung europarechtlicher Grundfreiheiten – einer grenzüberschreitenden Sitzverlegung von Stiftungen ablehnend gegenübersteht und Mobilität diesbezüglich somit nicht gegeben ist. Eine zuziehende Stiftung wird aufgrund der geltenden Sitztheorie und des durch sie angeordneten Statutenwechsels nicht in ihrer Rechtspersönlichkeit anerkannt. Der Wegzug einer inländischen Stiftung dürfte als Sanktion deren Auflösung zur Folge haben.[1711]

b) Vorgaben des Unionsrechts
Die dargestellte Geltung der Sitztheorie für Gesellschaften in Deutschland und die aus ihr folgenden Konsequenzen erfahren aufgrund der in Art. 49, 54 VAEU (Art. 43, 48 a.F.) niedergelegten europäischen Niederlassungsfreiheit Modifikationen. Diese können grundsätzlich auch für Stiftungen Wirkung entfalten.[1712]

1708 Richter/Wachter-*Hoffmann*, § 10 Rn. 24; *O. Werner*, ZSt 2008, 17–22 (S. 21).
1709 Vgl. ausführlich hierzu Richter/Wachter-*Hoffmann*, § 10 Rn. 24.
1710 Vgl. *O. Werner*, ZSt 2008, 17–22 (S. 21); Richter/Wachter-*Wachter*, § 22 Rn. 109.
1711 Siehe nunmehr aber den Vorschlag der Europäischen Kommission für eine Verordnung über das Statut der Europäischen Stiftung v. 8.2.2012, COM(2012) 35 final, Art. 36, wonach eine Sitzverlegung unproblematisch möglich wäre.
1712 Die steuerrechtlichen Aspekte in ihren europarechtlichen Bezügen sollen hier ausgeklammert bleiben; ausführlich zu den hiermit verbundenen Fragen *Frotscher*, GS Walz, S. 199–212 (199 ff.); *von Hippel*, GS Walz, S. 213–231 (213 ff.).

(1) Rechtsprechung des EuGH
Mit der Rechtsprechung des EuGH zur Niederlassungsfreiheit von Gesellschaften ist im deutschen Internationalen Gesellschaftsrecht eine Spaltung eingetreten[1713]: Für Auslandsgesellschaften, die in einem Mitgliedsstaat der Europäischen Union oder des EWR oder in einem mit diesen aufgrund eines Staatsvertrags in Bezug auf die Niederlassungsfreiheit gleichgestellten Staat gegründet worden sind, gilt in Zuzugsfällen die Gründungstheorie, in anderen Fällen dagegen weiterhin die Sitztheorie.[1714] Auch die jüngste Entscheidung des EuGH zur Niederlassungsfreiheit (*Cartesio*)[1715] hat die Tradition der beiden Entwicklungslinien fortgeführt, wonach eine Sitzverlegung unter Änderung des Gesellschaftsstatuts erlaubt, eine Sitzverlegung unter Wahrung des Statuts dagegen der Hoheit der Mitliedstaaten überlassen ist.[1716] Fraglich bleibt, inwieweit diese zum Gesellschaftsrecht ergangene Rechtsprechung auf Stiftungen übertragbar ist.[1717]

(2) Bedeutung der EuGH-Rechtsprechung für Stiftungen
Für die Frage, ob sich die Niederlassungsfreiheit des VAEU und die hierzu ergangene Rechtsprechung auch im Internationalen Stiftungsrecht auswirkt, kommt es zunächst entscheidend darauf an, ob die rechtsfähigen Stiftungen des Privatrechts überhaupt in den Anwendungsbereich der Niederlassungsfreiheit fallen. Dies wäre dann nicht der Fall, wenn Stiftungen keine Gesellschaften im Sinne von Art. 54 VAEU (Art. 48 a.F.) wären oder keinen Erwerbszweck gemäß Art. 54 II VAEU (Art. 48 II a.F.) verfolgten. Ob Stiftungen diese Voraussetzungen erfüllen und auf sie damit die zu den Gesellschaften entwickelte Rechtsprechung des EuGH anwendbar ist, kann nicht pauschal, sondern nur für den Einzelfall

---

[1713] Grundlegend insoweit die bisher ergangenen Entscheidungen EuGH v. 27.9.1988, EuGH Slg. 1988, 5483 (*Daily Mail*); EuGH v. 9.3.1999, EuGH Slg. 1999, I-1459 (*Centros*); EuGH v. 5.11.2002, EuGH Slg. 2002, I-9919; EuGH v. 30.9.2003, EuGH Slg. 2003, I-10155 (*Inspire-Art*); EuGH v. 13.12.2005, EuGH Slg. 2005, I-10805 (*Sevic*); EuGH v. 16.12.2008, NJW 2009, 569 (*Cartesio*).
[1714] *Spickhoff*, FS O. Werner, S. 241–255 (245); *R. Werner*, ZSt 2008, 17–22 (S. 18); Richter/Wachter-*Hoffmann*, § 10 Rn. 34 ff.; *Leible*, FS O. Werner, S. 256–274 (266 ff.); *von Hoffmann/Thorn*, Internationales Privatrecht, § 7 Rn. 32 f., S. 291; ausführlich zur Unvereinbarkeit der Sitztheorie mit der Niederlassungsfreiheit *Behrens*, RabelsZ 52 (1988), 498–525 (S. 498 ff.).
[1715] EuGH v. 16.12.2008, NJW 2009, 569.
[1716] *Frobenius*, DStR 2009, 487–492 (S. 487, 492).
[1717] Auf eine ausführliche Auseinandersetzung mit dieser Rechtsprechung soll hier verzichtet werden; siehe für eine solche etwa *Herrler*, DNotZ 2009, 484–492 (S. 484 ff.); *W. Bayer/J. Schmidt*, ZHR 2009, 735–774 (S. 735 ff.).

anhand der konkreten Stiftung und ihrer Tätigkeit beantwortet werden. Denn Stiftungen fallen zwar unter den Gesellschaftsbegriff in Art. 54 VAEU (Art. 48 a.F.) dienen aber mitunter keinem Erwerbszweck im Sinne von Art. 54 II VAEU (Art. 48 II a.F.).

i. Stiftungen als Gesellschaften im Sinne von Art. 54 II VAEU
Zunächst müssten Stiftungen unter den Gesellschaftsbegriff des Art. 54 VAEU (Art. 48 a.F.) gefasst werden können. Demnach gelten als Gesellschaften die Gesellschaften des Bürgerlichen Rechts und des Handelsrechts einschließlich der Genossenschaften und die sonstigen juristischen Personen des öffentlichen und privaten Rechts mit Ausnahme derjenigen, die keinen Erwerbszweck verfolgen. Diese Definition erfasst alle „rechtlich konfigurierten Marktakteure" und entsprechend alle juristischen Personen des nationalen Rechts.[1718] Daher fallen rechtsfähige Stiftungen grundsätzlich unter diesen Gesellschaftsbegriff.[1719]

ii. Erwerbszweck
Um sich auf die Niederlassungsfreiheit berufen zu können, müsste die jeweils betroffenen Stiftungen jedoch auch einen Erwerbszweck verfolgen, Art. 54 II VAEU (Art. 48 II a.F.). Ob dies der Fall ist, ist im Einzelfall anhand der konkreten Stiftung und ihrer Tätigkeit zu prüfen.[1720] Dementsprechend ist zwischen gemein- und privatnützigen Stiftungen zu unterscheiden.

Das Kriterium des Erwerbszwecks trägt dem Charakter der Grundfreiheiten als Marktfreiheiten Rechnung, weshalb zwar wirtschaftliche Tätigkeiten am Markt liberalisiert, nicht aber sonstige, nicht dem wirtschaftlichen Bereich zuzurechnende Tätigkeiten erleichtert werden.[1721] In der Folge können sich gemeinnützige Einrichtungen im Ausgangspunkt nicht auf die Niederlassungsfreiheit berufen.[1722] Denn insoweit kommt es nicht darauf an, ob die Einrichtung im

---

1718 Streinz-*Müller-Graff*, Art. 48 Rn. 2; Grabitz/Hilf-*Randelzhofer/Forsthoff*, Art. 48 Rn. 7.
1719 Streinz-*Müller-Graff*, Art. 48 Rn. 2; Grabitz/Hilf-*Randelzhofer/Forsthoff*, Art. 48 Rn. 7; umstritten ist, ob auch unselbstständige Stiftungen unter den Gesellschaftsbegriff des Art. 54 VAEU (Art. 48 a.F.) fallen, vgl. hierzu Richter/Wachter-*Hoffmann*, § 10 Rn. 50; R. *Werner*, ZSt 2008, 17–22 (S. 18).
1720 Richter/Wachter-*Hoffmann*, § 10 Rn. 49; *Rebsch*, Die Europäische Stiftung, S. 262.
1721 Streinz-*Müller-Graf*, Art. 48 Rn. 3; Richter/Wachter-*Hoffmann*, § 10 Rn. 51.
1722 Grabitz/Hilf-*Randelzhofer/Forsthoff*, Art. 48 Rn. 8; Streinz-*Müller-Graf*, Art. 48 Rn. 3; zum Aspekt der fehlenden Regelungskompetenz der Union für Fragen betreffend juristische Personen, die keinen Erwerbszweck verfolgen *Vollmer*, ZHR 157 (1993), 373–399 (S. 380); a.A. Richter/Wachter-*Hoffmann*, § 10 Rn. 54; *Behrens*, GS Walz,

Außenverhältnis am Wirtschaftsleben teilnimmt, sondern auf ihre Binnenstruktur. Es müssen Wettbewerbsverzerrungen vermieden werden, die aufgrund der bei gemeinnützigen Einrichtungen häufigen Quersubventionen und den damit einhergehenden Verzerrungen im Wettbewerb mit privatnützigen Marktteilnehmern zu befürchten stehen.[1723] Hiergegen erheben sich Einwände, unter Hinweis darauf, dass der Begriff der Erwerbsmäßigkeit in Art. 54 II VAEU (Art. 48 II a.F.) weit auszulegen sei und dementsprechend Erwerb und Gewinnstreben nicht Hauptzweck der jeweiligen Stiftung sein müssten. Vielmehr genüge jede wirtschaftliche Betätigung am Markt, weshalb nur solche Stiftungen aus dem Schutzbereich der Niederlassungsfreiheit herausfielen, die sich ausschließlich nicht gewinnorientierten Zwecken widmeten.[1724] Entsprechend seien Stiftungen nicht nur dann niederlassungsberechtigt, wenn sie Unternehmensträger seien, sondern auch dann, wenn sie sich neben ihren gemeinnützigen Zwecken zur Erzielung von Einkünften geschäftlich betätigten.[1725] Vorzugswürdigerweise ist zu differenzieren:[1726] Ausgangspunkt ist die Überlegung, dass gemeinnützigen Stiftungen zwar die Teilnahme am allgemeinen Wirtschaftsverkehr im Bereich der Union erlaubt ist und sie hierbei auch durch die Niederlassungsfreiheit geschützt werden, dass sich dieser Schutz jedoch nicht darauf erstreckt, gemeinnützige Aufgaben im Sinne einer nationalstaatlichen Definition zu erfüllen. Dementsprechend sind vom Ausschluss gemäß Art. 54 II VAEU (Art. 48 II a.F.) nicht diejenigen Aktivitäten erfasst, die die gemeinnützige Stiftung in Erwerbsabsicht betreibt. Dies sind insbesondere die Bereiche der Vermögensverwaltung und der Teilnahme am allgemeinen Wirtschaftsverkehr, weil sich die Stiftung hier nicht von anderen Marktteilnehmern unterscheidet. Soweit die gemeinnützige Stiftung jedoch zweckverfolgend und zweckerfüllend tätig ist, kann sie sich im Bereich der unmittelbaren karitativen Aufgabenerfüllung und eines dieser Aufgabenerfüllung untergeordneten Zweckbetriebes nicht mehr auf die Niederlassungsfreiheit berufen.

Auch für die privatnützigen Stiftungen ist eine Berufung auf die Niederlassungsfreiheit nicht als Regelfall anzusehen. Dabei ergeben sich jedoch zumindest für die reinen Unterhaltsstiftungen keine Probleme aus einem von diesen

---

S. 13–32 (20 f.); *Leible*, FS O. Werner, S. 256–274 (270 f.); differenzierend *R. Werner*, ZSt 2008, 17–22 (S. 18 f.); *Schlüter*, Stiftungsrecht, S. 497 ff.
1723 Grabitz/Hilf-*Randelzhofer/Forsthoff*, Art. 48 Rn. 8; Streinz-*Müller-Graf*, Art. 48 Rn. 3.
1724 Richter/Wachter-*Hoffmann*, § 10 Rn. 51.
1725 *Leible*, O. Werner, S. 256–274 (270 f.); *Behrens*, GS Walz, S. 13–32 (20 f.).
1726 Zum Folgenden *Schlüter*, Stiftungsrecht, S. 501 f.

verfolgten ideellen oder karitativen Zweck, denn ihre Tätigkeit ist in der Regel alleine darauf ausgerichtet, die individuellen Interessen eines bestimmten Personenkreises in persönlicher und wirtschaftlicher Hinsicht zu fördern. Ob dabei die bloße Verwaltung eigenen Vermögens ausreicht, um von einem Erwerbszweck im Sinne von Art. 54 VAEU (Art. 48 a.F.) auszugehen, erscheint fraglich, ist jedoch mit Blick auf die bisherige Rechtsprechung des EuGH zumindest nicht auszuschließen. Zwar hat der Gerichtshof im Zusammenhang mit der Interpretation von Richtlinien im Zusammenhang mit steuerbegünstigten Körperschaften die Qualifizierung bloßer Verwaltung eigenen Vermögens als wirtschaftliche Tätigkeit wiederholt abgelehnt.[1727] Allerdings handelt es sich dabei zum einen "lediglich" um Entscheidungen zum sekundären Unionsrecht und zweitens hat es der EuGH in einem anderen, eine italienische Stiftung betreffenden Fall, nur zur Voraussetzung der Anwendbarkeit der Niederlassungsfreiheit erklärt, dass eine dauernde Präsenz im Aufnahmemitgliedstaat sichergestellt ist und dass im Fall des Erwerbs und des Besitzes von Grundstücken deren Verwaltung aktiv erfolgt.[1728] Allein dass es sich bei der Erwerbstätigkeit um die Verwaltung eigenen Vermögens handelt, spricht somit nicht dagegen, den Anwendungsbereich der Niederlassungsfreiheit als für eröffnet anzusehen. Gleichwohl wird dies wie auch schon in den Fällen der gemeinnützigen Stiftungen je nach Einzelfall gesondert zu beurteilen sein.

iii. Anforderungen gemäß Art. 54 I VAEU
Neben den Voraussetzungen der Gesellschaftsdefinition und des Erwerbszweckes muss die konkrete Stiftung weiterhin die Anforderungen gemäß Art. 54 I VAEU (Art. 48 I a.F.) erfüllen, um sich auf die Niederlassungsfreiheit berufen zu können. Demnach muss die Stiftung zum einen wirksam nach mitgliedstaatlichem Recht gegründet worden sein und zum anderen ihren satzungsmäßigen Sitz, ihre Hauptverwaltung oder ihre Hauptniederlassung in der Gemeinschaft haben. Diesbezüglich ist jedoch der satzungsmäßige Sitz als ausreichend anzusehen, der im Regelfall schon im Gründungsstaat liegen muss, um überhaupt die Rechtsfähigkeit zu erlangen. Beide Voraussetzungen stellen sich daher faktisch nicht als Einschränkungen für Stiftungen dar.[1729]

1727 Siehe etwa EuGH v. 14.11.2000, EuGH Slg. 2000, I-9567; EuGH v. 6.2.1997, EuGH Slg. 1997, I-0074; EuGH v. 20.6.1991, EuGH Slg. 1991, I-03111.
1728 EuGH v. 14.9.2006, EuGH Slg. 2006, I-8234 Rn. 19.
1729 Vgl. Richter/Wachter-*Hoffmann*, § 10 Rn. 55.

iv. Zwischenergebnis
Hinsichtlich des Zusammenspiels von deutschem autonomen Kollisionsrecht und europäischer Niederlassungsfreiheit kann festgehalten werden, dass das Internationale Stiftungsrecht denselben Grundsätzen folgt wie das Internationale Gesellschaftsrecht. Dabei ist jedoch sowohl für gemeinnützige Stiftungen als auch für privatnützige Unterhaltsstiftungen gesondert im jeweiligen Einzelfall festzustellen, ob sich die betreffende Stiftung tatsächlich auf Art. 49, 54 VAEU (Art. 43, 48 a.F.) berufen kann. Diesbezüglich ist für das Stiftungsrecht bisher noch keine klärende Entscheidung des EuGH ergangen. Soweit im Einzelfall die Grundsätze der durch die Rechtsprechung des EuGH entwickelten Gründungstheorie auf die einzelne Stiftung Anwendung finden, gewährleistet dies zwar die Anerkennung zuziehender ausländischer Stiftungen, ermöglicht jedoch nicht den Wegzug inländischer deutscher Stiftungen. Im Übrigen gilt die Sitztheorie, welche der Mobilität von Stiftungen sehr restriktiv gegenübersteht.

(3) Überlagerung des Stiftungsstatuts
Wie dargestellt bewirkt die Niederlassungsfreiheit für Gesellschaften eine partielle Anwendung der Gründungstheorie. Es fragt sich jedoch, ob dies tatsächlich auch für Stiftungen gelten kann oder ob für diese nicht schon grundsätzlich eine wesentlich andere Interessenlage besteht, was kollisionsrechtlich nicht ohne Auswirkungen bleiben dürfte. Letztlich ist wohl tatsächlich davon auszugehen, dass Stiftungen aufgrund der im Stiftungsrecht bestehenden großen nationalen Unterschiede zukünftig nicht im gleichen Maße über ein Recht auf Anerkennung und Mobilität verfügen werden wie Gesellschaften.[1730]

Zunächst ist als ein Hauptunterschied zwischen Gesellschaft und Stiftung gegen eine Gründungsanknüpfung vorgebracht worden, dass für Gesellschaften die Interessenpluralität der Mitglieder auszubalancieren und zu garantieren sei, für Stiftungen dagegen vor allem die Achtung des Stifterwillens und der Schutz der Begünstigten im Vordergrund stehe.[1731] Insofern ließen sich die Mitglieder von Gesellschaften freiwillig auf ein bestimmtes Gründungsrecht ein und vertrauten darauf, dass die Lösungen späterer Konflikte und Probleme ebendieser Rechtsordnung entnommen würden. Daher sei ihr Vertrauen auf die Beständigkeit dieser internen Verfassung unabhängig vom Ort der unternehmerischen Aktivitäten durch Anwendung der Gründungstheorie zu schützen. Stiftungen

---

1730 Siehe auch *Rebsch*, Die Europäische Stiftung, S. 263 f.
1731 *Kronke*, Stiftungen in Deutschland und Europa, S. 361–382 (370 f.); *Schlüter*, Stiftungsrecht, S. 552.

entstünden und erhielten ihre Verfassung dagegen allein nach dem Willen des Stifters und eines staatlichen Konzessions- bzw. Registrierungssystems. Dies spreche für eine Anwendung der Sitztheorie.[1732] Dieses Argument kann so jedoch nicht vollständig überzeugen. Denn auch der Stifter orientiert sich bei Errichtung einer Stiftung an den Vorgaben einer bestimmten Rechtsordnung, insbesondere um abschätzen zu können, ob der Bestand der Stiftung und damit die Verwirklichung seines Stifterwillens auf Dauer abgesichert ist. Dabei kommt es ihm gerade entgegen, wenn auch für den Fall einer Sitzverlegung ins Ausland – eine andere Frage ist dabei, ob eine solche überhaupt vom Stifterwillen umfasst ist[1733] – weiterhin das Recht des Gründungstaates auf die Stiftung Anwendung findet.[1734]

Überzeugend ist dagegen der Einwand, die Notwendigkeit der Außenkontrolle über die Stiftungstätigkeit durch die entsprechende Behörde spreche für eine Anwendung der Sitztheorie.[1735] Stiftungen haben anders als Gesellschaften keine Mitglieder, die eine geeignete Selbstkontrolle der Stiftungsorgane sicherstellen würden. Daher kommt die Aufgabe, die Einhaltung von Gesetz und Stiftungssatzung durch die Stiftungsorgane sicherzustellen, der Stiftungsaufsicht zu.[1736] Die Stiftungsaufsicht wird nun allerdings am Stiftungssitz ausgeübt, § 80 I BGB.[1737] Gegen diese Argumentation ist eingewandt worden, dass dies noch nicht gegen die Anwendung der Gründungstheorie spreche. Denn eine wirksame Stiftungsaufsicht sei nicht allein an dem Ort möglich, an dem die Stiftungsgeschäfte vorgenommen werden, weil sie regelmäßig auf Dokumentenbasis stattfände. Daher stellten auch Ländergrenzen diesbezüglich kein Hindernis dar, denn der

---

1732 *Kronke*, Stiftungen in Deutschland und Europa, S. 361–382 (370 ff.).
1733 Zu dieser Frage etwa *Gallop*, Handbuch Stiftungen, S. 983–1030 (1001 f.); jedenfalls kann der Verlegungsbeschluss grundsätzlich nicht als Auflösungsbeschluss der Stiftung interpretiert werden, da ein solcher regelmäßig nicht in der Kompetenz der Stiftungsorgane liegt, vgl. ausführlich hierzu Richter/Wachter-*Hoffmann*, § 10 Rn. 23 f.
1734 So auch *Behrens*, GS Walz, S. 13–32 (17); *Leible*, FS O. Werner, S. 256–274 (264 f.).
1735 So *Kronke*, Stiftungen in Deutschland und Europa, S. 361–382 (371 f.); *Schlüter*, Stiftungsrecht, S. 552; *R. Werner*, ZSt 2008, 17–22 (S. 21); eine vergleichbare Problematik zeigt sich bei der Anwendung englischen Gesellschaftsrechts in Deutschland, das als Ausgleich für sein permissives Gründungsrecht eine hoheitliche, dem öffentlichen Recht zuzuordnende Staatsaufsicht über Kapitalgesellschaften kennt, ausführlich hierzu *Altmeppen*, NJW 2004, 97–104 (S. 99).
1736 Hierzu bereits C.V.1.
1737 Zur Praxis der Stiftungsaufsicht bei grenzüberschreitender Stiftungstätigkeit *Uhl*, Non Profit Law Yearbook 2012/2013, S. 189, 208 ff.

tatsächliche Zugriff auf die Stiftung werde zumindest in Europa nicht behindert.[1738] So sei etwa eine Stiftung, die von München aus verwaltet werde, ohne weiteres in der Lage, in Italien ihren dortigen Rechenschaftspflichten gegenüber der italienischen Stiftungsaufsicht nachzukommen.[1739] Dies kann so jedoch nicht überzeugen, weil eine Stiftungsaufsicht nicht allein dadurch wirksam ist, dass eine Stiftung ihren Rechenschaftspflichten nachkommt, sondern letztlich dadurch, dass diese Rechenschaftspflichten im Notfall durch die Aufsichtsbehörde wirksam durchgesetzt werden können. Hierbei können sich nationale Grenzen sehr wohl als Hindernisse erweisen. Denn die Vornahme staatlicher Hoheitsakte auf fremdem Staatsgebiet ist wegen des Grundsatzes *par in parem non habet imperium*[1740] grundsätzlich unzulässig.[1741] Maßnahmen der Stiftungsaufsicht könnten daher im Ausland gerade nicht so effektiv wie im Inland durchgesetzt werden.[1742] Nichts anderes sollte dabei für Unterhaltsstiftungen gelten. Zwar ist die Stiftungsaufsicht für privatnützige Stiftungen de lege lata eingeschränkter als für gemeinnützige. Allerdings sprechen diesbezüglich die besseren Argumente dafür, die Stiftungsaufsicht de lege ferenda auch auf privatnützige Stiftungen auszudehnen.[1743]

Neben der Notwendigkeit einer Stiftungsaufsicht spricht es weiterhin gegen eine Hinwendung zur Gründungstheorie, dass im Falle von Stiftungen keine inländische Registerpublizität besteht, die die Anwendung ausländischen Stiftungsrechts im Falle zugezogener, ausländischer Stiftungen erträglich machen und Rechtssicherheit garantieren würde.[1744] Zwar ist die stiftungsrechtliche Publizität anders ausgestaltet als die handelsrechtliche und hat insbesondere auch durch das Stiftungsmodernisierungsgesetz keine Aufwertung durch Einführung

---

1738 *Leible*, FS O. Werner, S. 256–274 (265 f.); *Behrens*, GS Walz, S. 13–32 (17 f.).
1739 So unter Bezugnahme auf EuGH v. 14.9.2006, EuGH Slg. 2006, I-8234; *Behrens*, GS Walz, S. 13–32 (17 f.).
1740 Hierbei handelt es sich um den allgemeinen Grundsatz der souveränen Gleichheit von Staaten, vgl. etwa *Geiger*, NJW 1987, 1124–1126 (S. 1124).
1741 Ausführlich *Ohler*, DÖV 2009, 93–101 (S. 93 f.).
1742 So auch R. *Werner*, ZSt 2008, 17–22 (S. 21).
1743 Zu den Fragen einer Stiftungsaufsicht über privatnützige Stiftungen in Deutschland C.V.1.
1744 MüKo-*Reuter*, Vor § 80 Rn. 155; MüKo-*Kindler*, IntGesR Rn. 726.

eines Bundesregisters erfahren.[1745] Allerdings verlangt das Gebot der Rechtssicherheit grundsätzlich auch gegenüber Stiftungen allgemeine Geltung.[1746]

Letztlich rechtfertigt sich auch im Lichte der bisher ergangenen Urteile des EuGH zur Niederlassungsfreiheit eine zukünftige Anwendung der Sitztheorie im Falle von Stiftungen, weil für diese bisher kein mit dem übrigen Gesellschaftsrecht vergleichbarer Harmonisierungsprozess stattgefunden hat. Wie der rechtsvergleichende Ausblick gezeigt hat, bestehen im Stiftungsrecht europaweit nach wie vor erhebliche Rechtsunterschiede. Anders als im Bereich der gewinnorientierten Gesellschaften, wo der Sitztheorie als Schutztheorie gegen die Umgehung inländischer Normativbestimmungen[1747] durch den europaweit voranschreitenden Angleichungsprozess, etwa von Gläubigerschutzbestimmungen, langsam die rechtspolitische Grundlage entzogen wird, hat sie für Stiftungen daher nach wie vor ihre Berechtigung.[1748]

Hinzuweisen bleibt auf den Referentenentwurf zum Internationalen Privatrecht der Gesellschaften, Vereine und juristischen Personen (Ref-E)[1749], der weitgehend auf den Empfehlungen des Deutschen Rates für Internationales Privatrecht für eine Regelung des Internationalen Gesellschaftsrechts auf europäischer/nationaler Ebene[1750] beruht.[1751] Dieser sieht vor, die Gründungstheorie im deutschen Kollisionsrecht ohne Differenzierung zwischen Gesellschaften aus Staaten im Geltungsbereich der Niederlassungsfreiheit und Drittstaaten zu verankern, Art. 10 Ref-E. Dabei soll die vorgeschlagene Regelung ausdrücklich auch Stiftungen erfassen.[1752] Das zuständige Referat im BJM hatte diesbezüglich noch Bedenken geäußert und darauf hingewiesen, dass das materielle Vereins- und

---

1745 Richter/Wachter/*Hoffmann*, § 10 Rn. 63 bezweifelt daher schon, ob eine Anwendung der deutschen Regeln zur stiftungsrechtlichen Publizität überhaupt geeignet wäre, Allgemeininteressen zu schützen.
1746 Ausführlich zur Publizität von Stiftungen in Deutschland C.V.2.
1747 *K. Schmidt*, ZGR 1999, 20–35 (S. 22 f.).
1748 *Rebsch*, Die europäische Stiftung, S. 262 f.; Kronke/Melis/Schnyder-*Kronke*/*Mazza*, Teil K Rn. 171 ff., S. 1181 f.; unbesehen angewendet wurde die Gründungstheorie auf eine Stiftung liechtensteinischen Rechts unter Berufung auf die Niederlassungsfreiheit dagegen von FG Rheinland-Pfalz v. 14.3.2005, ZEV 2005, 449, 450.
1749 Abrufbar unter http://www.bmj.de/files//2751/RefE%20Gesetz%20zum%20Internationalen%20-Privatrecht%20der%20Gesellschaften,%20Vereine%20und%20juristischen%20Personen.pdf (zuletzt abgerufen am 25.4.2010).
1750 Der Vorschlag ist abgedruckt als Beilage 1 zu RIW 2006 Heft 4.
1751 Ausführlich zum Referentenentwurf *R. Wagner/Timm*, IPRax 2008, 81–90 (S. 81 ff.); *Leuering*, ZRP 2008, 73–77 (S. 73 ff.).
1752 Ref-E, S. 9.

Stiftungsrecht in den §§ 55 I, 80 I BGB und §§ 73, 87 I BGB zu der vorgeschlagenen Regelung im Widerspruch stehe. Nach Ansicht der Kommission des Rates sei die sachrechtliche Ausgangslage jedoch nicht ausschlaggebend, sondern die grundsätzliche Interessenlage, die für eine Einbeziehung von Stiftungen spreche. Gegebenenfalls sei das Sachrecht anzupassen.[1753] In der Folge haben sich diese ursprünglichen Bedenken im BMJ gegen eine Einbeziehung von Stiftungen wohl zerstreut, so dass der Ref-E nun auch Stiftungen miteinbezieht. Sicherlich hat dabei eine einheitliche Anknüpfungsregel für juristische Personen zunächst den Charme von Einfachheit und Klarheit für sich.[1754] Dies bedeutet allerdings nicht zwangsläufig, dass hiermit auch tatsächlich eine erhöhte Rechtssicherheit verbunden sein muss. Aufgrund der erheblichen Unterschiede im Sachrecht der Stiftungen dürften vielmehr auf Dauer Schwierigkeiten und damit verbundene Unsicherheiten nicht ausbleiben, wenn Gerichte zur Anwendung ausländischen materiellen Stiftungsrechts verpflichtet sind.[1755] Aus den bereits dargestellten Gründen erscheint daher jedenfalls für Stiftungen auch weiterhin die Anwendung der Sitztheorie vorzugswürdig. In jedem Fall bleibt es jedoch völlig offen, ob und wann es für das Internationale Gesellschaftsrecht auf Grundlage des Ref-E zu einem Regierungsentwurf kommt.[1756]

c) Abgrenzung Erbstatut – Stiftungsstatut

Nicht nur die Bestimmung des jeweiligen Stiftungsstatuts kann im Einzelfall Schwierigkeiten bereiten, sondern auch die genaue Umschreibung von dessen Anwendungsbereich. Hierbei können sich insbesondere Abgrenzungsschwierigkeiten mit dem Erbstatut ergeben. Diesbezüglich sind drei Konstellationen denkbar: erstens, nach dem Erbstatut ist ausländisches Erbrecht anwendbar, nach dem Stiftungsstatut deutsches Stiftungsrecht; zweitens, nach dem Erbstatut ist deutsches Erbrecht anwendbar, nach dem Stiftungsstatut ausländisches Stiftungsrecht; drittens, nach dem Erbstatut ist ausländisches Erbrecht anwendbar, nach dem Stiftungsstatut ein weiteres ausländisches Stiftungsrecht.

Das Erbstatut beherrscht alle erbrechtlich zu qualifizierenden Fragen, also diejenigen, die mit dem Erbfall zusammenhängen. Hierzu zählen etwa die Berufung zur Erbschaft (insbesondere die Bestimmung des Kreises der gesetzlichen

---

1753 F. *Bauer*, Vorschläge zum internationalen Gesellschaftsrecht, S. 327–347 (329).
1754 Vgl. auch *Spickhoff*, FS O. Werner, S. 241–255 (248); *Kieninger*, NJW 2009, 289–293 (S. 293).
1755 Siehe zur parallel gelagerten Problematik im Internationalen Gesellschaftsrecht *Altmeppen*, NJW 2004, 97–104 (99).
1756 Palandt-*Thorn*, Anh zu 12 EGBGB Rn. 1.

Erben und ihrer Erbquoten), die Pflichtteilsrechte, die Erbfähigkeit sowie die dingliche Wirkung des Erbfalls. Daneben unterfallen Fragen der Testamentsvollstreckung und der Haftung für Nachlassverbindlichkeiten dem Erbstatut.[1757] Der Umfang des Stiftungsstatuts bestimmt sich aufgrund des bereits benannten Grundsatzes der Parallelität zwischen Gesellschafts- und Stiftungsstatut nach den für Gesellschaften geltenden Regeln. Demnach regelt es Fragen der Errichtung[1758], Entstehung[1759] und Beendigung[1760] der Stiftung, ihrer Rechtsfähigkeit und der Vertretungsmacht ihrer Organe. Mit den Worten des BGH bestimmt das Stiftungsstatut daher „unter welchen Voraussetzungen die juristische Person entsteht, lebt und vergeht"[1761]. Als Grundsatz der Abgrenzung zwischen Erb- und Gesellschaftsstatut gilt gemeinhin, dass das Erbstatut bestimmt, wer Erbe wird und das Gesellschaftsstatut, was dem Erben aus dem Gesellschaftsverhältnis zufließt.[1762] Übertragen auf Stiftungen bedeutet dies, dass das Erbstatut bestimmt, wer Erbe wird und das Stiftungsstatut, ob und welche Ansprüche dem Erben gegenüber der Stiftung zustehen.

Die Darstellung der von Erb- und Stiftungsstatut erfassten Regelungsbereiche zeigt, dass es zwischen beiden zahlreiche Berührungspunkte und Überschneidungen gibt. Dies sind im Einzelnen insbesondere folgende Bereiche: Die Vererblichkeit von Destinatärsansprüchen und Mitwirkungsrechten, die innere Ausgestaltung der Rechtsbeziehungen zwischen den Destinatären im Falle einer Mehrheit von Erben, Fragen des Erbganges sowie solche der Testamentsvollstreckung.

(1) Destinatärsansprüche und Mitwirkungsrechte
Das Erbstatut bestimmt zwar den Umfang des Nachlasses.[1763] Davon abzugrenzen ist jedoch die Frage, inwieweit überhaupt vererbliche stiftungsrechtliche Positionen bestehen.[1764] Hierbei handelt es sich um eine gesondert zu beurteilende

---

1757 *von Hoffmann/Thorn*, Internationales Privatrecht, § 9 Rn. 31, S. 408 f.
1758 Vgl. etwa BayObLG v. 17.3.1965, IPRspr. 1964–65 Nr. 25.
1759 Vgl. etwa OLG Dresden v. 6.5.1930, IPRspr. 1931 Nr. 95.
1760 BGH v. 5.2.1958, IPRspr. 1958–59 Nr. 38; OLG Köln v. 16.5.1957, IPRspr. 1956–57 Nr. 16.
1761 BGH v. 11.7.1957, BGHZ 25, 134, 144.
1762 MüKo-*Kindler*, IntGesR Rn. 681.
1763 Palandt-*Thorn*, Art. 25 Rn. 10, 15.
1764 Nur wenn stiftungsrechtliche Positionen vererblich sind, kann es überhaupt zu einer Kollision von Erb- und Stiftungsstatut kommen, Bengel/Reimann-*Haas/Sieghörtner*, 9. Kapitel Rn. 63; Schotten/Schmellenkamp-*Schotten/Schmellenkamp*, § 7 Rn. 335.

Vorfrage[1765], die sich nach dem Stiftungsstatut bestimmt. Denn die Möglichkeit die Destinatärsstellung und etwaige Mitwirkungsrechte vererblich auszugestalten, ist Ausfluss der Gestaltungsmöglichkeiten des Stifters im Rahmen der Stiftungserrichtung. Daher kann diese Vorfrage nicht dem Erbstatut (Gesamtstatut) unterstehen, sondern ist nach dem Stiftungsstatut (Einzelstatut) zu beurteilen.[1766] Entsprechendes muss für sonstige den Erbfall betreffende Gestaltungsfragen gelten, etwa ob die Destinatärsstellung oder die Mitwirkungsrechte als solche oder nur ein Abfindungs- bzw. Ausgleichsanspruch in den Nachlass fallen. Ebenso entscheidet das Stiftungsstatut darüber, ob eine unvererblich ausgestaltete Rechtsposition nachträglich in eine vererbliche umgewandelt werden kann.[1767]

(2) Mehrheit von Erben
Im Falle der Mehrheit von Erben herrscht das Erbstatut über die Erbengemeinschaft. Dabei entscheidet es unter anderem (Verwaltung des Nachlasses durch die Miterben, Abtretung des Erbteils, Vorkaufsrechte der Miterben, Ausgleichspflichten, Erbteilung) auch darüber, ob die Erbengemeinschaft als Gesamthands- oder als Bruchteilsgemeinschaft ausgestaltet ist.[1768] Ob die durch das Erbstatut vorgegebenen Strukturen allerdings tatsächlich auf die Stiftung zu übertragen sind, entscheidet letztlich das Stiftungsstatut. Denn dieses muss sich durch das Erbstatut keine Strukturen oktroyieren lassen, sondern kann darüber entscheiden, in welchem Maße es entsprechende Vorgaben übernimmt.[1769] Soweit es dabei zu dem Ergebnis kommt, dass die Struktur der Erbengemeinschaft mit dem Organisationsverständnis des Stiftungsstatuts unvereinbar ist, kommt es in analoger Anwendung der Rechtsfolge von Art. 3a II EGBGB zum Weichen des Erbstatuts (Gesamtstatut) vor dem Stiftungsstatut (Einzelstatut).[1770]

1765 Dabei ist sowohl der Begriff der Vorfrage als auch ihre Anknüpfung umstritten. Unterschieden wird zwischen Vorfragen im weiteren und im engeren Sinne. Daneben ist umstritten, ob Vorfragen selbstständig nach der lex fori oder unselbstständig nach der lex causae anzuknüpfen sind; zu den Einzelheiten ausführlich *von Hoffmann/Thorn*, Internationales Privatrecht, § 6 Rn. 56 ff., S. 240 ff.
1766 Zur entsprechenden Beurteilung im Rahmen der Abgrenzung Erb- und Gesellschaftsstatut siehe MüKo-*Birk*, Art. 25 Rn. 182 f.
1767 Vgl. *von Oertzen*, IPRax 1994, 73–80 (S. 74).
1768 Zum Gesellschaftsstatut *Kegel/Schurig*, Internationales Privatrecht, § 21 II, S. 1007.
1769 Zum Gesellschaftsstatut diesbezüglich MüKo-*Birk*, Art. 25 Rn. 248.
1770 Vgl. hierzu anhand der Vorgängerregelung in Art. 3 III EGBGB *von Oertzen*, IPRax 1994, 73–80 (S. 75 f.).

(3) Erbgang
Vergleichbares wie im Falle einer Mehrheit von Erben gilt generell für Fragen des Erbganges. Über diesen herrscht zwar wiederum generell das Erbstatut, welches bestimmt, ob ein Vonselbsterwerb bei den Erben eintritt oder ob hierfür etwa noch ein gerichtlicher Einantwortungsbeschluss[1771] oder eine Annahmeerklärung[1772] erforderlich sind. Auch die Beteiligung eines *personal representative*[1773] bestimmt sich nach dem Erbstatut. Dagegen ist es jedoch wiederum Sache des Stiftungsstatuts darüber zu entscheiden, ob es die durch das Erbstatut vorgegebene Ausgestaltung des Rechtserwerbes anerkennt oder nicht. In analoger Anwendung von Art. 3a II EGBGB muss es sich eine solche jedenfalls nicht aufdrängen lassen, wenn diese nicht mit seinen Regelungsvorstellungen vereinbar ist.[1774]

(4) Testamentsvollstreckung
Die Wechselwirkung zwischen Erb- und Stiftungsstatut zeigt sich ebenfalls anhand der Testamentsvollstreckung. Diese bestimmt sich grundsätzlich nach dem Erbstatut.[1775] Ob die Testamentsvollstreckung allerdings im Einzelfall auch die konkreten Destinatärsansprüche und Mitwirkungsansprüche umfasst, bestimmt sich nach dem Stiftungsstatut.[1776] Denn in welchem Maße diese dem einzelnen Erben zukommen, folgt direkt aus dem Gestaltungswillen des Stifters und hängt somit unmittelbar vom Stiftungsstatut ab. Dementsprechend kann es den Regelungswillen des Erbstatuts zurückdrängen, wenn es Testamentsvollstreckung an Destinatärsansprüchen und Mitwirkungsrechten für unvereinbar mit seinem Regelungssystem hält.[1777]

1771 So in Österreich, hierzu *Ludwig*, ZEV 2005, 419–424 (S. 420).
1772 So in Italien, hierzu *Fetsch*, RNotZ 2006, 1–42 (S. 7).
1773 So im anglo-amerikanischen Recht, hierzu *Süß*, ZEV 2008, 69–73 (S. 70).
1774 Denkbar bleibt eine Abstimmung von Erb- und Stiftungsstatut mittels Anpassung, *von Oertzen*, IPRax 1994, 73–80 (S. 76); zur Anpassung ausführlich *von Hoffmann/Thorn*, Internationales Privatrecht, § 6 Rn. 31 ff., S. 230 ff.
1775 MüKo-*Birk*, Art. 26 Rn. 113; Schotten/Schmellenkamp-*Schotten/Schmellenkamp*, § 7 Rn. 335.
1776 MüAnwHdb.ErbR-*Pawlytta/von Oertzen*, § 33 Rn. 60.
1777 *von Oertzen*, IPRax 1994, 73–80 (S. 76).

d) Kollisionsrecht und trust

Wie bereits dargestellt ist der trust die der Stiftung funktional vergleichbare Rechtsfigur des Common Law.[1778] Im grenzüberschreitenden Kontext stellt sich die Frage nach seiner Behandlung durch das Internationale Privatrecht.

Deutschland ist dem HTÜ bisher nicht beigetreten, so dass sich die Ermittlung des trust-Statuts als das auf Errichtung und Organisation des trust anwendbare Recht nach autonomem deutschem Kollisionsrecht richtet.[1779] Mangels spezieller Norm für den trust, ist dieser im Wege der Qualifikation unter den Tatbestand einer geschriebenen oder gewohnheitsrechtlich geltenden Kollisionsnorm zu subsumieren, das heißt im Sinne der Systembegriffe des IPR einzuordnen.[1780] Für den trust ist dies mit besonderen Schwierigkeiten verbunden. So wie seine funktionale Vielfalt schon eine allgemeine materiellrechtliche Definition quasi unmöglich macht, lässt eben diese Vielfalt auf kollisionsrechtlicher Ebene unterschiedlichste Qualifikationsansätze zu. Zu unterscheiden ist dabei zwischen trusts die von Todes wegen errichtet werden (*testamentary trusts*[1781]) und solchen, die unter Lebenden errichtete werden (*inter vivos trusts*[1782]).[1783]

Überwiegende Einigkeit besteht hinsichtlich der Qualifikation des testamentary trust. Dieser ist nach ganz herrschender Meinung erbrechtlich einzuordnen und damit nach den erbrechtlichen Anknüpfungsregeln zu beurteilen.[1784] Allein vereinzelt wird vorgeschlagen, den testamentary trust, dann wenn er auf die Errichtung eines charitable trust oder eines private trust abzielt, gesellschafts-

---

1778 *Rebsch*, Die Europäische Stiftung, S. 25 f. (m.w.N.); zu den verbleibenden Unterschieden zwischen trust und Stiftung siehe etwa *Czermak*, express trust, S. 110 ff.; im Übrigen siehe auch D.X.1.d.b).
1779 Zum HTÜ ausführlich bereits D.X.2.a.a)(2).
1780 Zur Qualifikation ausführlich etwa *Kegel/Schurig*, Internationales Privatrecht, § 7, S. 325 ff.; Palandt-*Thorn*, Einl v Art. 3 EGBGB Rn. 27 f.
1781 Siehe etwa *Mowbray/Tucker/Le Poidevin/Simpson/Brightwell*, Lewin on Trusts, S. 74 ff. Rn. 3–71 ff.
1782 Siehe etwa *Thomas/Hudson*, The Law of Trusts, S. 128 ff. Rn. 5.09 ff.
1783 Staudinger-*Magnus*, Art. 4 Rom I-VO Rn. 398; a.A. *Fischer-Dieskau*, Die kollisionsrechtliche Behandlung von trusts, S. 83–89.
1784 BGH WM 1969, 72; BGH WM 1976, 811; OLG Frankfurt IPRspr. 1962/63 Nr. 146; OLG Frankfurt IPRspr 1966/67 Nr. 168a; OLG Frankfurt DNotZ 1972, 543; *Kötz*, Trust und Treuhand, S. 105 ff.; *Söldner*, Die Behandlung des trust im IPR, S. 51 f.; *A. Conrad*, Qualifikationsfragen des Trust, S. 29 ff.; Staudinger-*Magnus*, Art. 4 Rom I-VO Rn. 399.

beziehungsweise stiftungsrechtlich zu qualifizieren.[1785] Unstreitig sind einige Fragen selbstständig anzuknüpfen, etwa die Formgültigkeit des Testamentes[1786] und die dinglichen Wirkungen des trust[1787].

Für die Qualifikation des inter vivos trust besteht kein vergleichbar homogenes Meinungsbild. Der Grund hierfür liegt, wie bereits erwähnt, in der funktionalen Vielfalt des trust. Je nachdem, welchen Zweck dieser verfolgt und abhängig davon, ob im Einzelfall schuld-, erb-, familien- oder sachenrechtliche Rechtsbeziehungen bestehen, soll der trust einer entsprechenden Kollisionsnorm zuzuordnen sein. Obwohl eine einheitliche Anknüpfungsregel für die verschiedenen Formen des trust durchaus erstrebenswert ist[1788], hat sich bisher auch wegen eines Mangels an Rechtsprechung noch keine diesbezügliche, einheitliche Ansicht geformt. Vielmehr wird weiterhin Unterschiedlichstes vorgeschlagen, etwa trust-Anknüpfungen nach den Kollisionsregeln für Gesellschaften[1789] beziehungsweise denjenigen für Stiftungen[1790], für Sachen[1791], Verträge[1792] oder für die Treuhand[1793]. Man kann diese bestehenden Anknüpfungsvorschläge nach der jeweiligen Funktion des trust dabei in etwa folgendermaßen gruppieren:[1794] Charitabel trusts, die wohltätigen Zwecken dienen, werden überwiegend stiftungsrechtlich eingeordnet, private trusts dagegen gesellschaftsrechtlich. Weiterhin

---

1785 Vgl. *T. Mayer*, Organisierte Vermögenseinheit, S. 171 ff. (m.w.N.); zum charitable trust diesbezüglich auch *Czermak*, express trust, S. 115 (m.w.N.); dagegen ausdrücklich *Wittuhn*, IPR des trust, S. 102 ff.; siehe auch *Rebsch*, Die Europäische Stiftung, S. 282.

1786 Insofern gilt das *Haager Abkommen über das internationale Privatrecht der Form testamentarischer Verfügungen* (ZustG vom 27.8.1965, BGBl. II 1144; in Kraft seit 1.1.1966, BGBl. II 11); zum Abkommen ausführlich etwa *Ferid*, RabelsZ 27 (1962), 411–455 (S. 417 ff.).

1787 *Serick*, FS Nipperdey II, S. 653–666 (663); *Söldner*, Die Behandlung des trust im IPR, S. 56 f.

1788 Eine solche einheitliche Anknüpfungsregel enthält etwa das HTÜ, hierzu ausführlich D.X.2.a.a)(2).

1789 Vgl. Reithmann/Martiny-*Martiny*, Rn. 62, S. 70 (m.w.N.).

1790 *Mankowski*, FS Kühne, S. 795–807 (798 ff.); *Fischer-Dieskau*, Die kollisionsrechtliche Behandlung von trusts.

1791 *Knauer*, RabelsZ 25 (1960), 318–338 (S. 335).

1792 *Wittuhn*, IPR des trust, S. 130; Reithmann/Martiny-*Martiny*, Rn. 62, S. 70; Staudinger-*Magnus*, Art. 4 Rom I-VO Rn. 398.

1793 *Kötz*, Trust und Treuhand, S. 125; *Coing*, AcP 167 (1967), 99–131 (S. 123 f.); *Czermak*, express trust, S. 190.

1794 *A. Conrad*, Qualifikationsfragen des Trust, S. 75; *Rebsch*, Die Europäische Stiftung, S. 281 f.

wird eine güterrechtliche Qualifikation in Betracht gezogen, wo der trust eine eherechtliche Güterordnung regelt[1795] sowie eine erbrechtliche Qualifikation, wenn mit dem trust eine postmortale Vermögensverwaltung und -übertragung bezweckt wird[1796]. Andere wiederum sprechen sich grundsätzlich für eine vertragliche Qualifikation aus.[1797] Als vorzugswürdig erscheint es, den inter vivos trust zunächst nicht schuldrechtlich anzuknüpfen, sondern entsprechend den Regeln des Internationalen Stiftungsrechts. Zwar verfügt der trust nicht wie die Stiftung über eine eigene Rechtsfähigkeit.[1798] Gleichwohl haben beide Rechtsfiguren eigene Organe und eine eigene Struktur. Darüber hinaus unterscheidet sich der trust von einem einfachen Vertrag dadurch, dass er in seiner Existenz nicht von der Person einer bestimmten Vertragspartei abhängig ist. Für eine stiftungsrechtliche Anknüpfung spricht daneben auch die Einsicht, dass der trust ein Sonderzweckvermögen darstellt, das seiner Natur nach wenig vereinbar mit den Kollisionsregeln für Schuldverhältnisse ist.[1799] Gleichwohl kann es die Ausgestaltung des einzelnen trust rechtfertigen, von der grundsätzlich vorzugswürdigen Anknüpfung nach den Regeln des Internationalen Stiftungsrechts abzuweichen. So muss für die Qualifikation des hier besonders interessierenden private trust, welcher in seinen Wirkungen den reinen Unterhaltsstiftungen gleichkommt, dessen vorrangiger Zweck entscheidend sein, nämlich die langfristige Vermögens- und Nachlassbindung. Dieser legt eine erbrechtliche Qualifikation solcher trust-Gestaltungen nahe. Denn dem settlor geht es in diesen Fällen insbesondere darum, sein Vermögen auch über den eigenen Tod hinaus zum Wohle der von ihm bestimmten Personen verwaltet zu wissen. Zwar mag er das trust property schon vor seinem Tod übertragen haben. Gleichwohl steht hier vor allem eine post-mortale Vermögensverwaltung im Vordergrund. Dies wird umso deutlicher, je mehr der einzelne trust von den ihm ursprünglich durch die

---

1795 So etwa in Frankreich, vgl. Trib. Civ. de la Seine, 8.8.1888, Clunet 1889, 635; Trib. Civ. de la Seine, 26.12.1894, Clunet 1895, 587; Trib. Civ. de la Seine, 23.2.1927, Rev. Crit.d.i.p. 1927, 263; CA Paris, 18.4.1929, Rev. Crit. d.i.p. 1935, 149; zur funktionalen Qualifikation des trust in Frankreich siehe entsprechend *Batiffol/Lagarde*, Droit International Privé I, S. 481 Rn. 294; *Audit*, Droit International Privé, S. 175 f. Rn. 196.
1796 *Rebsch*, Die Europäische Stiftung, S. 282.
1797 *Mankowski*, FS Kühne, S. 795–807 (798); so wohl auch die überwiegende Meinung in der Schweiz, vgl. *Rebsch*, Die Europäische Stiftung, S. 282 (m.w.N.).
1798 *Czermak*, express trust, S. 195 f.
1799 So auch *Mankowski*, FS Kühne, S. 795–807 (798); *Fischer-Dieskau*, Die kollisionsrechtliche Behandlung von trusts, S. 94 ff.

rule against perpetuities auferlegten zeitlichen Schranken befreit ist und seine Wirkung in der Folge mitunter grenzenlos über den Tod des settlors hinaus entfalten kann.[1800] Daher ist es konsequent einen solchen trust nach den Regeln des Internationalen Erbrechts anzuknüpfen.

c. Zusammenfassung

Die spezifische Interessenlage im Falle von (Unterhalts-) Stiftungen bewirkt auf kollisionsrechtlicher Ebene, dass der grundsätzliche Gleichlauf von Gesellschaftsstatut und Stiftungsstatut in Teilen nicht durchzuhalten ist. Zu unterscheiden ist zwischen Zuzugs- und Wegzugsfällen.

In Wegzugsfällen gilt stets die Sitztheorie, wobei eine Berufung auf Unionsgrundfreiheiten nicht möglich ist. Eine Mobilität von Stiftungen über nationale Grenzen hinweg aus Deutschland heraus besteht hier daher nicht. Für Zuzugsfälle ist jedenfalls für (Erwerbs-) Gesellschaften die im Ausgangspunkt geltende Sitztheorie im Zuge der Rechtsprechung des EuGH durch die Gründungstheorie abgelöst worden. Allerdings muss für Stiftungen dennoch in jedem Einzelfall gesondert geprüft werden, ob sich die betreffende Stiftung tatsächlich auf Art. 49, 54 VAEU (Art. 43, 48 a.F.) berufen kann. Dies ist ihr dabei solange möglich, als sie Aktivitäten in Erwerbsabsicht betreibt, insbesondere im Bereich der Vermögensverwaltung und der Teilnahme am allgemeinen Wirtschaftsverkehr. Dagegen scheidet eine Berufung auf die Niederlassungsfreiheit aus, wenn die Stiftung zweckverfolgend und zweckerfüllend tätig wird. Für diesen Bereich ihrer unmittelbaren Aufgabenerfüllung besteht kein Schutz durch die europäische Grundfreiheit, auch nicht für einen dieser Aufgabenerfüllung untergeordneten Zweckbetrieb.

Die von den Gesellschaften abweichende kollisionsrechtliche Behandlung von Stiftungen ist nicht zuletzt dadurch gerechtfertigt, dass für diese nach wie vor große Unterschiede in den einzelnen nationalen Sachrechten bestehen und in diesem Bereich bisher gerade kein europaweiter Harmonisierungsprozess wie im Gesellschaftsrecht stattfindet.[1801] Dieser Befund zeigt sich insbesondere

---

1800 Zur rule against perpetuities ausführlich D.X.1.d.b)(3).
1801 Aufgrund der erheblichen, historisch gewachsenen Unterschiede der nationalen Stiftungsrechte erscheint eine solche Harmonisierung auch nicht erstrebenswert. Dementsprechend hat sich bei einer Umfrage der durch die Europäische Kommission eingesetzten *High Level Group of company law experts on a regulatory modern framework for company law in Europe* (abrufbar unter: http://ec.europa.eu/internal_market/company/docs/modern/report_en.pdf, zuletzt abgerufen am 1.5.2010) die Mehrheit der Befragten gegen eine Harmonisierung der nationalen Stiftungsrechte ausgesprochen, vgl. *High Level Group*, S. 158.

anhand der reinen Unterhaltsstiftung. Wie der Rechtsvergleich gezeigt hat, ist gerade eine solche zeitlich schrankenlose Zulassung von privatnützigen Stiftungen eine Ausnahme im Kontext wirtschaftlich und sozial vergleichbar verfasster Wirtschaftsordnungen.

3. Unterhaltsstiftung und Idee einer Europäischen Stiftung

Die Initiativen zur Schaffung einer Europäischen Stiftung verdeutlichen einmal mehr die Außenseiterstellung der reinen Unterhaltsstiftung im internationalen und insbesondere europäischen Vergleich. In keinem der bisherigen wissenschaftlichen Projekte zur Ausarbeitung eines diesbezüglichen Gesetzesvorschlages ist sie ernsthaft als auf europäischer Ebene konsensfähig erkannt worden. Vielmehr beschränken sich die vorgeschlagenen Stiftungszwecke auf karitativ-fördernde Tätigkeiten.

Die Überlegungen zur Schaffung einer einheitlichen europäischen Stiftung reichen bis in die achtziger Jahre zurück, als 1982 die damaligen Mitgliedstaaten der Europäischen Gemeinschaft den Entwurf eines Vertrages über eine einheitliche Europäische Stiftung entwickelten.[1802] Gleichwohl ist diese Idee bis zur Jahrtausendwende kaum mehr in Wissenschaft und Praxis erörtert worden. Stattdessen standen andere Rechtsformen im Vordergrund, allen voran die Europäische Aktiengesellschaft, die 2001 nach über 30-jähriger Vorbereitungszeit eingeführt wurde.[1803] Inzwischen hat sich die Europäische Kommission jedoch von Neuem mit der Rechtsform Stiftung als europäischem Projekt befasst und dementsprechende Vorarbeiten für einen zukünftigen gemeinschaftsrechtlichen Rechtsakt aufgenommen.[1804] In der Folge hat die Europäische Kommission eine Befragung hinsichtlich eines zukünftigen gemeinschaftsrechtlichen Regelwerks einer Europäischen Stiftung durchgeführt, nachdem in ihrem Aktionsplan von 2003 zur Modernisierung des europäischen Gesellschaftsrechts[1805] die Prüfung eines solchen Vorhabens zur mittelfristigen Priorität

---

1802 *Schlüter/Stolte*, Stiftungsrecht, Kapitel 7 Rn. 16.
1803 Ausführlich zu dieser Rechtsform *Hirte*, NZG 2002, 1–10 (S. 1 ff.); zu nennen sind daneben die Vorschläge zu einer Verordnung für die Europäische Genossenschaft (hierzu ausführlich *R. Schulze*, NZG 2004, 792–796 (S. 792 ff.)) und die Europäische Gegenseitigkeitsgesellschaft (hierzu ausführlich *Theis*, Die Europäische Gegenseitigkeitsgesellschaft).
1804 Zu den Vorarbeiten der EU-Kommission ausführlich *Jakob/Studen*, ZHR 174 (2010), 61–107 (S. 61 ff.).
1805 COM(2003) 284 final.

erklärt worden war.[1806] Bezüglich der dabei gestellten Frage, ob eine zukünftige Europäische Stiftung gemeinnützige Zwecke verfolgen sollte, sind zwar Bedenken hinsichtlich der damit verbundenen steuerrechtlichen Implikationen erhoben, grundsätzliche Vorbehalte gegen die Ausklammerung privatnütziger Zwecke jedoch nicht artikuliert worden.[1807] Der nunmehr veröffentlichte Vorschlag für eine Verordnung über das Statut der Europäischen Stiftung vom 8.2.2012 bekennt sich ausdrücklich zur Gemeinnützigkeit der Stiftung.[1808] Diese habe für die Gesellschaft, Wirtschaft und Umwelt den größten Nutzen.[1809] Dabei stellt die Kommission deutlich heraus, dass für Stiftungen insbesondere deren Glaub- und Vertrauenswürdigkeit eine große Bedeutung haben.[1810] Daher sieht der Vorschlag vor, dass das Stiftungsvermögen auch tatsächlich für ihren gemeinnützigen Zweck eingesetzt werden muss. Schon der Anschein eines diesbezüglichen Interessenkonflikts wird als dem Ruf und dem Ansehen der Stiftung schädlich eingestuft.[1811] Folgerichtig sollen gemäß Art. 32 III des Vorschlages jegliche direkten oder indirekten Vergünstigungen an den Stifter, ein Vorstands- oder Aufsichtsratsmitglied sowie an solche Personen, mit denen diese in einer geschäftlichen oder engen familiären Beziehung stehen, untersagt sein.

Neben den Vorarbeiten der Kommission, kommen auch von privater Seite her Impulse zur Einführung einer Europäischen Stiftung. Diese privaten Initiativen stimmen dabei insofern mit dem Vorschlag der Kommission überein, als sie sich in ihren jeweiligen Projektarbeiten darüber einig sind, dass die reine Unterhaltsstiftung keinen Platz im Rahmen einer Europäischen Stiftung haben kann.

1806 European Commission MARKT/16.2.2009, Consultation on a Possible Statute for a European Foundation; siehe hierzu auch *Weitemeyer*, FS O. Werner, S. 288–305 (301 ff.).

1807 *Synthesis of the Comments on the Consultation Document of the Internal Market and Services Directorate-General on a possible Statute for a European Foundation* (November 2009), S. 12 (im Folgenden *Synthesis*); zu den Vorzügen, die Europäische Stiftung inhaltlich ungebunden auszugestalten siehe *Rebsch*, Die Europäische Stiftung, S. 342 f.

1808 Hierzu *Hopt/von Hippel*, ZEuP 2013, 235–262 (S. 235 ff.); *Hüttemann*, EuZW 2012, 441–443 (S. 441 ff.); *Weitemeyer*, NZG 2012, 1001–1010 (S. 1001 ff.); *Stöber*, DStR 2012, 804–808 (S. 804 ff.); *Jung*, BB 2012, 1743–1745 (S. 1743 ff.); *Cranshaw*, DZWir 2013, 299–316 (S. 299 ff.); *Richter/Gollan*, ZGR 2013, 551–595 (S. 551 ff.).

1809 COM(2012) 35 final, Erwägungsgrund 7.

1810 COM(2012) 35 final, Begründung 4., Erwägungsgrund 16, 17.

1811 COM(2012) 35 final, Erwägungsgrund 16.

Neben dem *European Foundation Project*[1812] hat sich das *European Foundation Centre*[1813] damit befasst, einen Gesetzesentwurf für eine Europäische Stiftung zu erarbeiten.[1814] Beide möchten die zulässigen Stiftungszwecke dabei auf *public benefit purposes* beschränken.[1815]

Die Einführung einer Europäischen Stiftung ist zu begrüßen und einer Harmonisierung der nationalen Stiftungsrechte vorzuziehen.[1816] Denn eine solche dürfte aufgrund der erheblichen, historisch gewachsenen rechtlichen und funktionalen Unterschiede der nationalen Stiftungsrechte schon nicht erstrebenswert, geschweige denn politisch durchsetzbar sein.[1817] Mit der Einführung einer Europäischen Stiftung würde dagegen eine Möglichkeit geschaffen, grenzüberschreitende Stiftungsaktivitäten zu erleichtern und diesbezügliche Hindernisse abzubauen.[1818] Insbesondere eine Beschränkung auf gemeinnützige Stiftungszwecke verdient dabei Zustimmung.[1819] Denn die Rechtsform als Europäische Stiftung ist grundsätzlich geeignet, das Image einer Stiftung positiv zu beeinflussen. Sie kann darüber hinaus im günstigsten Fall Vorbildfunktion entwickeln und so Reformen nationaler Stiftungsrechte anstoßen. Denn durch ihren Namen vermag sie möglicherweise bestehende Vorurteile gegenüber ausländischen Rechtsformen abzubauen.[1820] Dieses positive psychologische Potential würde gefährdet, wenn die Europäische Stiftung auch zu rein privatnützigen Zwecken eingesetzt werden könnte. Durch die Beschränkung auf gemeinnützige

---

1812 Dieses Projekt ist in Zusammenarbeit mit der Bertelsmann Stiftung, der Zeit-Stiftung Ebelin und Gerd Bucerius sowie der italienischen Compagnia di San Paolo durchgeführt worden, vgl. *von Hippel*, ZSt 2004, 120–126 (S. 121).
1813 Das European Foundation Centre ist der Verband der europäischen Stiftungen.
1814 Der Vorschlag des European Foundation Projects ist abrufbar unter: http://www.bertelsmann-stiftung.de/bst/en/media/xcms_bst_dms_15347__2.pdf (zuletzt abgerufen am 1.5.2010), derjenige des European Foundation Centre unter: http://www.efc.be/SiteCollectionDocuments/-EuropeanStatuteUpdated.pdf (zuletzt abgerufen am 1.5.2010).
1815 Art. 1.2 European Foundation Project und Art. 1.2, 2 European Foundation Centre.
1816 Dies ist auch das Ergebnis der von der Europäischen Kommission durchgeführten Befragung, vgl. *Synthesis*, S. 9 f.; dementsprechend nunmehr auch COM(2012) 35 final, Begründung 2.
1817 COM(2012) 35 final, Begründung 2.; siehe auch *von Hippel*, ZSt 2004, 120–126 (S. 120); zu den politischen Schwierigkeiten auch *Schlüter*, Stiftungsrecht, S. 510 f.
1818 COM(2012) 35 final, Begründung 1.2.; siehe auch *von Hippel*, ZSt 2004, 120–126 (S. 122 ff.); *Rebsch*, Die Europäische Stiftung, S. 409.
1819 Art. 5 COM(2012) 35 final; siehe auch *Rebsch*, Die europäische Stiftung, S. 345.
1820 *von Hippel*, ZSt 2004, 120–126 (S. 125).

Stiftungszwecke verleiht sie sich dagegen eine selbstimmanente Legitimation und ebnet politische Ressentiments von vorneherein ein.[1821]

XI. Zusammenfassung

In den vorangegangenen Darstellungen hat sich gezeigt, auf welch unterschiedliche Weise reine Unterhaltsstiftungen Rechtssätzen und Wertentscheidungen unserer Privatrechts- und Wirtschaftsordnung sowie der diese tragenden Gesellschaftsverfassung widersprechen:

- Reine Unterhaltsstiftungen beeinflussen die soziale Akzeptanz von Stiftungen nachteilig und lassen in der Konsequenz das Stiftungswesen aus gesellschaftlicher Perspektive insgesamt in einem fragwürdigen Licht erscheinen. Hierdurch stehen sie dessen Integration in die Bürgergesellschaft im Wege und gefährden dadurch seinen dauerhaften Bestand.[1822]
- Das Errichten von Stiftungen steht wegen der damit verbundenen Verewigung des Stifterwillens im Widerspruch zu dem durch die Aufklärung entwickelten Grundsatz, dass es nicht an der Vergangenheit sein soll, über die Gegenwart und Zukunft zu bestimmen, sondern dass die Gegenwart souverän ihre gesellschaftliche Welt erschaffen können muss, ohne hieran durch Versuche der Verstorbenen, eine Herrschaft der Toten über die Lebenden zu errichten, gehindert zu sein. Stiftungen sind daher tendenziell gerechtigkeitsschädlich. Gemeinnützige Stiftungen können dies noch durch ihre Orientierung und ihren Dienst am Gemeinwohl rechtfertigen. Reine Unterhaltsstiftungen wirken der Idee einer (Generationen-) Gerechtigkeit dagegen strukturell entgegen.[1823]
- Stiftungen verdanken die zeitliche Kontinuität und Bestandskraft ihrer rechtlichen Existenz der Anerkennung als juristische Person durch die bestehende Gesellschafts- und Wirtschaftsordnung. Dabei stellt diese Anerkennung als juristische Person ein Privileg dar, welches den Freiraum begründet, in dem sich der Stiftungszweck dauerhaft verwirklichen kann. Diesem Privileg werden reine Unterhaltsstiftungen nicht gerecht, da sie allein dem Wohl weniger dienen und sich so in Widerspruch zu den Grundlagen der sie tragenden

---

1821 *Jakob/Studen*, ZHR 174 (2010), 61–107 (S. 76).
1822 Hierzu D.I.
1823 Hierzu D.II.

Rechtsordnung setzen, zu welchen die Grundsätze von Chancengleichheit und fairem Wettbewerb gehören.[1824]
- Es gibt kein eigenständiges „Grundrecht auf Stiftung", aus welchem sich die Zulässigkeit reiner Unterhaltsstiftungen ableiten ließe.[1825]
- Die geltende Erbrechtsordnung beschränkt die Testierfreiheit des Erben zugunsten der Entscheidungsfreiheit seiner Nachkommen und wirkt mittels Pflichtteils- und Erbschaftssteuerrecht strukturell einer sozial und wirtschaftlich schädlichen Vermögenskonzentration entgegen. Reine Unterhaltsstiftungen sind geeignet diese Wirkungen des Erbrechts zu unterlaufen.[1826]
- Eine Zulässigkeit reiner Unterhaltsstiftungen widerspricht den Wertungen der Fideikommissauflösungsgesetzgebung, die ein Rechtsinstitut der vormals bestehenden Adels- und Feudalgesellschaft beseitigt hat, das nach der vollzogenen gesellschaftlichen Wandlung hin zu einer grundsätzlich privilegienfeindlichen Demokratie keine Existenzberechtigung mehr besaß.[1827]
- Soweit die Rechtsordnung in Abweichung von den grundsätzlichen Wertentscheidungen der Erbrechtsordnung und des Fideikommissverbotes Vermögensverfestigungen durch Sonderrechtsnachfolgen zulässt, geschieht dies aufgrund einer mit diesen verbundenen besonderen gesellschaftlichen Nützlichkeit. Dies spricht im Umkehrschluss gegen die Zulässigkeit reiner Unterhaltsstiftungen, da diese keinen positiven Effekt für das Gemeinwohl haben, sondern allein dem materiellen Interesse weniger dienen.[1828]
- Reine Unterhaltsstiftungen stehen im Widerspruch zu den unsere Rechtsordnung prägenden Grundprinzipien von Leistungsfähigkeit und Eigenverantwortung, die maßgeblich für das Unterhaltsrecht und das zivilrechtliche Haftungssystem sind. Sie vermögen so das geltende zivilrechtliche Haftungssystem auszuhöhlen, da sich die Destinatäre gegenüber Gläubigern als vermögenslos und ohne Einkommen ausgeben können, obwohl die Stiftung ihnen tatsächlich ein sorgenfreies Leben ermöglicht. Hierdurch entfällt für sie das Interesse, sich eigenverantwortlich um ihre Leistungsfähigkeit zu bemühen.[1829]

1824 Hierzu D.III.
1825 Hierzu D.IV.
1826 Hierzu D.V.
1827 Hierzu D.VI.
1828 Hierzu D.VII.
1829 Hierzu D.VIII.

- Sind reine Unterhaltsstiftungen in Unternehmenszusammenhänge eingebunden, ergeben sich je nach Ausgestaltung im Einzelfall zusätzliche Wertungswidersprüche. Diese gehen im Kern auf das grundlegende Spannungsverhältnis zurück, dass Unternehmen flexible, nach Gewinn und Vermögensmehrung strebende Konstrukte sind, Stiftungen mit ihrer statischen Struktur dagegen solche, bei denen die Erfüllung des Stiftungszwecks und die Vermögenserhaltung im Vordergrund stehen.[1830]
- Aus internationaler Perspektive zeigt sich das Folgende: Erstens, in rechtsvergleichender Hinsicht kennen nur Liechtenstein und einige US-Bundesstaaten unbeschränkt zulässige Unterhaltsstiftungen. Daneben deutet sich jedoch auch in Ländern, die diesbezüglich zeitliche Schranken vorsehen, ein Trend an, solche Beschränkungen zu lockern und die entsprechenden Fristen zu verlängern.[1831] Zweitens, auf kollisionsrechtlicher Ebene bewirkt die spezifische Interessenlage im Fall der (Unterhalts-) Stiftungen, dass ein Gleichlauf von Gesellschafts- und Stiftungsstatut nicht durchzuhalten ist.[1832] Drittens, im Rahmen der Initiativen zur Schaffung einer Europäischen Stiftung wird die Außenseiterstellung des Zwecks von reinen Unterhaltstiftungen deutlich, wobei für diesen keine Aussicht besteht, als auf europäischer Ebene konsensfähig anerkannt zu werden.[1833]

1830 Hierzu D.IX.
1831 Hierzu D.X.1.
1832 Hierzu D.X.2.
1833 Hierzu D.X.3.

E. Konsequenzen und Ausblick

Reine Unterhaltsstiftungen passen nicht in das Wertungsgefüge der deutschen Rechtsordnung. Die Rechtsform Stiftung ist ein „Adelsprivileg"[1834], welche als öffentliches Gut[1835] dem gemeinen Wohl dienen sollte und nicht der Absicherung familiärer Privilegien bis „in alle Ewigkeit". Hierzu steht die reine Unterhaltsstiftung, welche ihre Leistungen voraussetzungslos an die Destinatäre verteilt, im Gegensatz. Denn Sinn und Zweck dieses Rechtsinstituts ist es, in privatnütziger Weise allein und ohne jeglichen Gemeinwohlbezug dem Wohl und Auskommen einer durch persönliche Merkmale gekennzeichneten Gruppe zu dienen.

Das Rechtsinstitut der Stiftung ist in die Gesamtrechtsordnung eingebettet. Es hat sich gezeigt, dass diese Gesamtrechtsordnung eine Vielzahl von gesetzlichen Bestimmungen enthält, deren Wertungen und Teloi gegen die Zulässigkeit von reinen Unterhaltsstiftungen sprechen. Denn die Gesamtrechtsordnung ist im Kern privilegienfeindlich und möchte ewige Vermögensbindungen vermeiden. Soweit sie dennoch Privilegien wie eine längerfristige Konzentration von Vermögen (und eine damit einhergehende Konzentration und Verfestigung von Macht) gestattet, geschieht dies nicht grundlos, sondern aufgrund von im Allgemeininteresse liegenden Bedürfnissen. Im Umkehrschluss spricht dies gegen die Zulässigkeit von reinen Unterhaltsstiftungen, weil diese im Widerspruch zu den Interessen der Allgemeinheit stehen. Die unbeschränkte Anerkennung reiner Unterhaltsstiftungen verstößt somit gegen das Gebot der Einheit der Rechtsordnung und das ihm verwandte Kohärenzgebot. Denn beide gebieten, dass im geschlossenen Konstrukt unserer Rechtsordnung ein widerspruchsloses Normgefüge verwirklicht werden soll und auf Wertungs- und Prinzipienwidersprüchen basierende Systembrüche zu vermeiden sind.[1836]

1834 *von König*, Grenzen der Instrumentalisierung von Stiftungen, S. 9–12 (11); *Zoppini*, Stiftungen in Deutschland und Europa, S. 403–417 (404); vgl. auch *Ballerstedt/Salzwedel*, Gutachten 44. DJT, S. 38 ff.; Staudinger-*Rawert* (1995), Vorbem zu §§ 80 ff. Rn. 133 spricht vom Privileg der Rechtsfähigkeit, das der Stiftung zu Teil wird.
1835 Soergel-*Neuhoff*, Vor § 80 Rn. 6.
1836 *Bracker*, Kohärenz und juristische Interpretation, S. 170 ff.; *Canaris*, Systemdenken und Systembegriff, S. 112 ff.; bereits mehrfach ist dementsprechend – mit teilweise

Tatsächlich kann sich als Ergebnis der Auslegung des für die Zulässigkeit reiner Unterhaltsstiftungen entscheidenden § 80 II BGB wegen der dargestellten, durch diese hervorgerufenen Wertungs- und Wirkungswidersprüchen nur deren Unzulässigkeit ergeben. Auch eine teilweise vorgeschlagene zeitliche Beschränkung derartiger Stiftungskonstrukte[1837] würde nichts daran ändern, dass die entsprechenden Systembrüche dann zumindest für den entsprechenden Zeitraum hingenommen werden müssten. Demjenigen, der das finanzielle Auskommen seiner Familie oder eines sonst nach persönlichen Merkmalen bestimmten Personenkreises mittels einer Stiftung sicherstellen möchte verbleiben damit insbesondere zwei Möglichkeiten:

Erstens kann er die Stiftung als *bloße* Unterhaltsstiftung (in Abgrenzung zur *reinen* Unterhaltsstiftung) ausgestalten. Dies bedeutet, dass die Leistungen der Stiftung von zusätzlichen, qualitativen, in der Person des Destinatärs begründeten Merkmalen abhängig gemacht werden, die sich aus einer besonderen Bedürftigkeit oder Würdigkeit des Einzelnen ergeben. Zu denken ist hierbei an Fälle von Bedürftigkeit aufgrund Krankheit, Ausbildung oder einer Familien- beziehungsweise sonstigen Existenzgründung. Fälle besonderer Würdigkeit können daneben besondere anerkennenswerte persönliche Leistungen des Einzelnen sein oder auch Projekte des jeweiligen Destinatärs, die einen bestimmten sozialen Mehrwert versprechen. Hierbei ergibt sich über die bloße privatnützige Stiftungsleistung hinaus jeweils ein mittelbarer Gemeinwohlbezug, weil die Stiftung hier in solchen Fällen tätig wird, die sonst grundsätzlich in den Aufgabenbereich eines solidarisch verfassten Gemeinwesens fallen würden. Solche Stiftungen sind daher im Ausgangspunkt zwar rein privatnützig, gleichwohl können sie ihre Existenz mit einer gesellschaftlichen Nützlichkeit rechtfertigen, die sich aus ihrem mittelbaren Gemeinwohlbezug ergibt.

Als zweite Möglichkeit bleibt es stiftungswilligen Personen unbenommen, eine gemeinnützige Stiftung zu errichten. Auch wenn es auf den ersten Blick anders erscheinen mag, auch eine solche ist durchaus geeignet, die finanzielle Versorgung von Familienangehörigen sicherzustellen. Dies ergibt sich aus § 58 Nr. 5 AO, wonach eine Stiftung bis zu einem Drittel ihres Einkommens dazu verwenden kann, um in angemessener Weise den Stifter und seine nächsten Angehörigen zu unterhalten, ihre Gräber zu pflegen und ihr Andenken zu wahren, ohne dabei ihre Anerkennung als gemeinnützig zu verlieren.[1838] In dieser

---

    unterschiedlicher Begründung – schon der Schluss gezogen worden, dass reine Unterhaltsstiftungen unzulässig sein müssen, vgl. auch C.II.1.a.
1837 So etwa der Vorschlag von Bündnis90/Die Grünen, BT-Drs. 13/9320, S. 10.
1838 Hierzu C.VI.2.c.

Regelung kommt ein tauglicher Kompromiss zwischen den Interessen des Stifters und denjenigen der Allgemeinheit zum Ausdruck, wobei insbesondere ein relevanter Anreiz zum Stiften aufrechterhalten wird: Dem Stifter mag es um die Sicherstellung einer finanzielle Versorgung seiner Familie gehen, das Interesse der Allgemeinheit geht dahin, nur ein solches Stiftungswesen zu tragen, dass sich ohne Widersprüche in die Rechts- und Gesellschaftsordnung einfügt. Die hier in Rede stehenden Stiftungen mögen zwar ein Drittel ihres Einkommens dem Stifter und seiner Familie zukommen lassen, der Rest des Einkommens steht jedoch für gemeinnützige Zwecke zur Verfügung. Hierdurch lösen sich bereits einige der für rein privatnützige Stiftungen bestehenden Wertungs- und Wirkungswidersprüche auf, die sich aus der Begünstigung einzelner ansonsten ergäben. Die verbleibenden kritikwürdigen Punkte, etwa das mit jeder Stiftung verbundene Problem der Willens- und Vermögensverewigung, können aufgrund der überwiegenden gesellschaftlichen Nützlichkeit akzeptiert werden.

De lege ferenda wäre es wünschenswert, wenn die Unzulässigkeit reiner Unterhaltsstiftungen im BGB auch expliziten Ausdruck finden würde. Nur hierdurch könnte der Streit um ihre Unzulässigkeit endgültig beendet werden. Gleichzeitig müsste eine Übergangsregel für die bestehenden reinen Unterhaltsstiftungen geschaffen werden. Hier bietet es sich an, auf die zeitliche Grenze des Erbrechts von 30 Jahren zurückzugreifen und das Stiftungsvermögen nach Ablauf dieser Frist den Destinatären zufallen zu lassen.[1839]

Gleichzeitig sollte der in § 58 Nr. 5 AO formulierte Kompromiss auch im BGB aufgenommen werden. Hierdurch würde verhindert, dass dem Steuerrecht eine ihm in diesem Umfang grundsätzlich nicht zustehende Maßgeblichkeit für das Zivilrecht zukommt. Hierbei sollten jedoch die für die Auslegung der steuerlichen Regelung bestehenden Unklarheiten vermieden werden.[1840] Demzufolge sollte keine Beschränkung auf einen „angemessenen" Unterhalt erfolgen und der Stifter zudem frei bestimmen können dürfen, welche Angehörigen Destinatäre der Stiftung werden. Um zu verhindern, dass sich die Stiftung doch zu einer verkappten reinen Unterhaltsstiftung entwickelt, müsste das Drittel der Erträge zugunsten der Stifterfamilie gleichwohl auf ein Drittel der *tatsächlich ausgeschütteten* Erträge beschränkt werden. Dies stellt sicher, dass auch wirklich eine Gemeinwohlförderung erfolgt.

1839 Zur vergleichbaren Regelung des österreichischen PSG unter D.X.1.c.b); einen ähnlichen Vorschlag macht *Däubler*, JZ 1969, 499–502 (S. 502); MüKo-*Reuter* (4. Aufl.), Vor § 80 Rn. 40, 42 spricht sich für eine Rücknahme der Genehmigung/Anerkennung gem. § 48 I 1 VwVfG aus.
1840 Hierzu C.VI.2.c.

Insgesamt würden Abgrenzungsschwierigkeiten weitestgehend vermieden, da die Grenzen zulässiger Stiftungszwecke scharf umrissen wären: Auf der einen Seite stünde das Verbot der reinen Unterhaltsstiftung, auf der anderen Seite die Freiheit der Stiftung, bis zu einem Drittel ihrer ausgeschütteten Erträge unbeschränkt zugunsten der Stifterfamilie zu verwenden. Soweit der Stifter allerdings auch eine steuerlich wirksame Anerkennung seiner Stiftung als gemeinnützig anstrebt, müsste er sich – jedenfalls so lange noch kein eigenständiger und dann auch für das Steuerrecht maßgeblicher, zivilrechtlicher Gemeinwohlbegriff entwickelt worden ist – im durch den § 58 Nr. 5 AO vorgegebenen Rahmen bewegen.

Als Formulierung dieser Regelung (vorzugswürdigerweise als neu einzufügender § 80 IIa BGB) bietet sich dabei der folgende Wortlaut an:

[1]Reine Unterhaltsstiftungen, die ihre Leistungen nicht von solchen Merkmalen in der Person des Begünstigten abhängig machen, die zumindest mittelbar einen Gemeinwohlbezug der Stiftungsleistung herstellen, sind unzulässig. [2]Jedoch kann eine Stiftung bis zu einem Drittel ihrer insgesamt ausgeschütteten Erträge unbeschränkt zugunsten solcher Personen verwenden, die der Stifter bestimmt hat.

F. Résumé

I. Présentation sommaire

Il a été établi dans les représentations précédentes de quelles manières différentes des fondations à seul but d'entretien, ayant pour objet uniquement de subvenir aux besoins des personnes, sont en contradiction avec les règles de droit et les éthiques faisant partie du fondement de notre système juridique et économique :
- Des fondations à seul but d'entretien influencent, en général, de manière négative l'acceptation sociale des fondations et laissent en conséquence refléter un éclairage douteux sur le concept de la fondation dans l'ensemble. De cette façon, elles s'opposent à leur intégration dans la société et compromettent leur pérennité.[1841]
- Déjà à priori, l'établissement des fondations est contradictoire sur le principe rationaliste selon lequel, ce ne devrait pas être le passé qui domine le présent et le futur mais au contraire, le présent qui règne souverainement son monde social. La raison pour cette contradiction est l'immortalisation de la volonté du fondateur par l'acte de fondation. Par conséquent, les fondations ont une tendance à nuire l'équité. Des fondations à but non lucratif peuvent justifier cette tendance par leur orientation au bien commun, qui n'est pas possible pour les fondations à seul but d'entretien. Donc ces dernières contrarient l'idée d'une équité entre des générations.[1842]
- Les fondations doivent la continuité temporelle de leur existence juridique à la reconnaissance comme personne morale par l'ordre social et économique. Cette reconnaissance représente un privilège, qui constitue l'espace libre dans lequel le but de la fondation peut se réaliser en permanence. Les fondations à seul but d'entretien ne disposent pas de ce privilège, parce qu'elles ne servent qu'au bien-être de quelques-uns. Comme cela, elles sont aux antipodes de l'ordre juridique qui en est leur fondement, parce qu'elles ne respectent pas les principes de l'égalité des chances et de la libre concurrence.[1843]

1841 Voir D.I.
1842 Voir D.II.
1843 Voir D.III.

- Il n'y a aucun « Droit fondamental de la fondation » indépendant, duquel on pourrait en déduire licéité des fondations à seul but d'entretien.[1844]
- L'ordre du droit de succession limite la liberté de tester en faveur de la liberté de décision des descendants. De par la réserve héréditaire et par l'impôt sur les successions, il se produit structurellement un effet contre une concentration nuisible des biens. Les fondations à seul but d'entretien sont capables de contourner ces vertus.[1845]
- Une licéité des fondations à seul but d'entretien contredit les appréciations de la législation se retrouvant dans la dissolution des fidéicommis de famille, où elle a éliminé une institution juridique de la société noble et féodale existante autrefois qui a perdu son droit d'exister après le retournement social vers une démocratie hostile aux privilèges.[1846]
- Les consolidations des biens par succession testamentaire, qui sont tolérées par l'ordre juridique en contradiction avec les vertus du droit de succession et d'interdiction des fidéicommis de famille, comportent toutes une utilité sociale. A contrario, les fondations à seul but d'entretien ne peuvent pas être tolérées car elles n'ont aucun effet positif au bien-être commun mais au contraire, servent seulement les intérêts de peu.[1847]
- Les fondations à seul but d'entretien sont contradictoires aux principes fondamentaux de notre système juridique, notamment la capacité de performances individuelles et la responsabilité propre. Ces principes sont fondamentaux pour le régime juridique du devoir d'entretien et pour le système de la responsabilité individuelle du droit civil. Les fondations à seul but d'entretien minent ce système de la responsabilité individuelle, parce que les bénéficiaires peuvent se prétendre sans ressources ni sans salaire face aux créanciers, bien que la fondation leur permette une vie sans soucis. Par conséquence, leur intérêt à rechercher une propre performance est supprimé.[1848]
- Quand les fondations à seul but d'entretien sont engagées dans un contexte d'entreprise, des incohérences supplémentaires d'appréciations se présentent au cas par cas selon la configuration. Cela nous ramène à la base des tensions selon laquelle l'entreprise est, fondée en tant que construction flexible

---

1844 Voir D.IV.
1845 Voir D.V.
1846 Voir D.VI.
1847 Voir D.VII.
1848 Voir D.VIII.

cherchant le profit tandis que la fondation, qui est une construction statique, cherche la réalisation de son but et la préservation de sa fortune.[1849]
- D'une perspective internationale on peut faire le constat suivant : premièrement, en respectant le droit comparé seulement le Liechtenstein et quelques rares états des États Unis connaissent des fondations à seul but d'entretien sans restrictions. Néanmoins, mêmes dans des autres états, qui prévoient des limites temporales pour ces fondations, il y a une tendance à desserrer les restrictions et à prolonger les délais.[1850] Deuxièmement, la constellation des intérêts dans le cas des fondations (à but d'entretien) a comme effet, que le synchronisme du statut des entreprises privées avec le statut des fondations ne peut pas être préservé sur le niveau du droit international privée.[1851] Troisièmement, dans le cadre de l'initiative pour la création d'une fondation européenne, le rôle d'un outsider des fondations à seul but d'entretien devient ostensible. Il n'y a pas de perspective pour eux de devenir l'objet d'un consensus sur le niveau européen.[1852]

II. Conséquences et perspective

Les fondations à seul but d'entretien sont un corps étranger dans l'ordre juridique global. La forme juridique de la fondation est un privilège noble, qui devrait servir comme bien public au bien commun au lieu de protéger les privilèges familiaux « pour toute l'éternité ». À ce point, les fondations à seul but d'entretien contredisent, parce qu'au sens et au but elles ne servent que le bien et les moyens d'existence d'un groupe défini par des caractéristiques personnelles sans présenter un lien avec le bien être commun.

L'institution juridique de la fondation est incorporée dans l'ordre juridique global. Cet ordre contient un grand nombre de règles, qui contestent la licéité des fondations à seul but d'entretien à cause de leur appréciation et leur objectif. Sur le fond, l'ordre juridique global est hostile aux privilèges et veut éviter la concentration de biens permanents. Dans les cas où il permet des privilèges comme la concentration de biens à long terme (et par conséquence une concentration et solidification du pouvoir), c'est qu'il y a une raison qui est fondée sur des intérêts communs. A contrario, on peut déduire que les fondations à seul but d'entretien ne sont pas licites à cause de leur contradiction avec des intérêts de la

---

1849 Voir D.IX.
1850 Voir D.X.1.
1851 Voir D.X.2.
1852 Voir D.X.3.

communauté. Ainsi, l'acceptation générale des fondations à seul but d'entretien contreviendrait à l'impératif de l'unité de l'ordre juridique et à sa cohérence, car ces deux impératifs montrent qu'il faut que le système des normes soit sans contradictions. À cet effet, il est obligatoire d'éviter des ruptures du système à cause d'incompatibilités des principes et des appréciations.

Effectivement, l'interprétation de § 80 II BGB est décisive pour la question de la licéité des fondations à seul but d'entretien. Néanmoins, à cause des contradictions décrites plus haut, le résultat de cette interprétation ne peut être que l'illicéité de cette construction juridique. Il a été proposé de limiter temporairement les créations de fondations à seul but d'entretien. Néanmoins, une telle limitation temporelle ne pourrait éviter les contradictions et les ruptures dans le système juridique pour la période en question. Donc, pour celui qui voudrait assurer la situation financière de sa famille et de ses descendants par le moyen d'une fondation, il reste particulièrement deux possibilités :

Premièrement, le fondateur potentiel peut mettre en place la fondation comme fondation à but d'entretien (au lieu d'une fondation à seul but d'entretien). À cet effet, les prestations de la fondation sont dépendantes de critères supplémentaires, tels que les critères qualitatifs de la personne du bénéficiaire, par exemple une indigence ou une dignité particulière louable au cas par cas. Comme cas d'indigence, il est concevable une maladie, une formation ainsi que la constitution d'une famille ou d'une entreprise. En outre, des cas d'une dignité particulière louable dans la personne du bénéficiaire peuvent être des performances personnelles ou ses projets, qui promettent une valeur sociale pour la communauté. Dans ces cas, un lien avec le bien être commun est réalisé même si de manière indirecte, parce que la fondation agit dans les situations qui touchent essentiellement le domaine des tâches d'une communauté fondée sur le principe de la solidarité. Au départ, ces fondations sont certes purement d'utilité privée, mais peuvent justifier leur existence par une utilité sociale résultant de leur lien avec le bien être commun.

Deuxièmement, il reste toujours la possibilité au fondateur de créer une fondation d'utilité publique. Bien qu'elles semblent différentes à première vue, même une fondation d'utilité publique est capable d'assurer la situation financière d'une famille. Il en ressort du § 58 Nr. 5 AO, qu'une fondation peut utiliser jusqu'au tiers de son revenu – sans perdre sa reconnaissance d'utilité publique – pour entretenir le fondateur et ses parents plus proches, cultiver leurs tombes et préserver leur mémoire. La règle de § 58 Nr. 5 AO représente un compromis approprié entre les intérêts du fondateur et ceux de la communauté, avec lequel une incitation pertinente, en particulier, est maintenue pour le fondateur de finalement fonder : il est l'intérêt du fondateur d'assurer la situation financière de sa famille et pour la communauté réside l'intérêt dans le fait de soutenir des fondations s'intégrant sans contradictions dans l'ordre social et juridique. Néanmoins, il est possible, pour les fondations en question, de dispenser d'un tiers de leur revenu en faveur du fondateur et de sa famille le solde reste à la disposition pour des buts d'utilité publique. Conséquemment, certaines des contradictions liées à des fondations d'utilité privée se règlent. Les points dignes de critiques restants peuvent être acceptés grâce à l'utilité sociale prépondérante de ces fondations, par exemple le problème de l'immortalisation de la volonté du fondateur et de la fortune.

De lege ferenda, il serait souhaitable d'inscrire dans le BGB par moyen explicite l'illicéité des fondations à *seul* but d'entretien. Uniquement avec un changement du texte de loi, la dispute concernant ces fondations pourrait être définitivement terminée. En même temps, il faudrait créer une règle transitoire pour les fondations existantes. Il est dès lors indiqué de tenir compte, dans le développement de cette loi, du délai du droit de succession de 30 ans. Après écoulement de cette période, il est aisément concevable de verser le capital des fondations aux bénéficiaires.

En même temps, il semble favorable d'intégrer le compromis de § 58 Nr. 5 AO dans le BGB. Avec cela on éviterait, que le droit fiscal détermine le droit civil d'une manière non appropriée. Néanmoins, il faudrait empêcher des imprécisions de la loi fiscale. Ainsi, il serait souhaitable de ne pas codifier une limitation à un entretien « raisonnable » et de donner au fondateur la liberté de choix relatif aux personnes bénéficiaires. Afin d'éviter le développement camouflé des fondations vers des fondations à seul but d'entretien, il serait nécessaire de limiter le montant utilisé en faveur de la famille du fondateur au tiers du rendement *réellement* distribué. De cette manière, il est assuré qu'il s'agit d'une véritable promotion du bien commun. Dans l'ensemble, des problèmes de délimitation seraient évités grâce à une description pointue des buts admissibles de la fondation : d'un côté il y aurait l'interdiction de la fondation à *seul* but d'entretien et de l'autre, la liberté de la fondation serait respectée en consacrant jusqu'à un tiers de ses gains réellement distribués en faveur de la famille du fondateur. Néanmoins, dans le cas où le fondateur désire une reconnaissance d'intérêt général de la fondation, ce qui serait fiscalement valable, il devrait respecter le cadre du § 58 Nr. 5 AO.

Il est dès lors favorable d'intégrer un nouveau § 80 IIa BGB avec le libellé suivant :

> [1]*Des fondations à seul but d'entretien, qui ont pour unique but de subvenir aux besoins des personnes, qui sont qualifiées par des caractéristiques personnelles sans établir un rapport avec le bien commun, au moins dans une manière indirecte, sont interdites.*
> [2]*Cependant, une fondation peut utiliser un tiers de son revenu réellement distribué en faveur des personnes déterminées par le fondateur.*